经以侪七
赶往闹事
贺教方即
起大汉向项目
心王王儿

李铁林
础石有八

教育部哲学社会科学研究重大课题攻关项目

中国大众媒介的传播效果与公信力研究

——基础理论、评测方法与实证分析

STUDY ON COMMUNICATION EFFECTS AND CREDIBILITY OF CHINESE MASS MEDIA:

THE FOUNDATIONAL THEORY, MEASURING METHODS AND EMPIRICAL ANALYSES

喻国明 等著

经济科学出版社
Economic Science Press

图书在版编目（CIP）数据

中国大众媒介的传播效果与公信力研究——基础理论、评测方法与实证分析／喻国明等著．—北京：经济科学出版社，2009.9

（教育部哲学社会科学研究重大课题攻关项目）

ISBN 978 – 7 – 5058 – 7858 – 7

Ⅰ．中⋯　Ⅱ．喻⋯　Ⅲ．大众传播 – 传播媒介 – 研究 – 中国　Ⅳ．G219.2

中国版本图书馆 CIP 数据核字（2009）第 001534 号

责任编辑：崔新艳
责任校对：徐领弟　远瑞华
版式设计：代小卫
技术编辑：潘泽新　邱　天

中国大众媒介的传播效果与公信力研究
——基础理论、评测方法与实证分析
喻国明　等著
经济科学出版社出版、发行　新华书店经销
社址：北京市海淀区阜成路甲 28 号　邮编：100142
总编部电话：88191217　发行部电话：88191540
网址：www.esp.com.cn
电子邮件：esp@esp.com.cn
北京中科印刷有限公司印装
787×1092　16 开　31 印张　600000 字
2009 年 9 月第 1 版　2009 年 9 月第 1 次印刷
印数：0001—8000 册
ISBN 978 – 7 – 5058 – 7858 – 7　定价：68.00 元

课题组主要成员

（按姓氏笔画为序）

丁汉青　　张洪忠　　张　燕　　欧　亚
韩晓宁　　靳　一

编审委员会成员

主　任　孔和平　罗志荣

委　员　郭兆旭　吕　萍　唐俊南　安　远

　　　　文远怀　张　虹　谢　锐　解　丹

总　序

哲学社会科学是人们认识世界、改造世界的重要工具，是推动历史发展和社会进步的重要力量。哲学社会科学的研究能力和成果，是综合国力的重要组成部分，哲学社会科学的发展水平，体现着一个国家和民族的思维能力、精神状态和文明素质。一个民族要屹立于世界民族之林，不能没有哲学社会科学的熏陶和滋养；一个国家要在国际综合国力竞争中赢得优势，不能没有包括哲学社会科学在内的"软实力"的强大和支撑。

近年来，党和国家高度重视哲学社会科学的繁荣发展。江泽民同志多次强调哲学社会科学在建设中国特色社会主义事业中的重要作用，提出哲学社会科学与自然科学"四个同样重要"、"五个高度重视"、"两个不可替代"等重要思想论断。党的十六大以来，以胡锦涛同志为总书记的党中央始终坚持把哲学社会科学放在十分重要的战略位置，就繁荣发展哲学社会科学做出了一系列重大部署，采取了一系列重大举措。2004 年，中共中央下发《关于进一步繁荣发展哲学社会科学的意见》，明确了新世纪繁荣发展哲学社会科学的指导方针、总体目标和主要任务。党的十七大报告明确指出："繁荣发展哲学社会科学，推进学科体系、学术观点、科研方法创新，鼓励哲学社会科学界为党和人民事业发挥思想库作用，推动我国哲学社会科学优秀成果和优秀人才走向世界。"这是党中央在新的历史时期、新的历史阶段为全面建设小康社会，加快推进社会主义现代化建设，实现中华民族伟大复兴提出的重大战略目标和任务，为进一步繁荣发展哲学社会科学指明了方向，提供了根本保证和强大动力。

　　高校是我国哲学社会科学事业的主力军。改革开放以来，在党中央的坚强领导下，高校哲学社会科学抓住前所未有的发展机遇，紧紧围绕党和国家工作大局，坚持正确的政治方向，贯彻"双百"方针，以发展为主题，以改革为动力，以理论创新为主导，以方法创新为突破口，发扬理论联系实际学风，弘扬求真务实精神，立足创新、提高质量，高校哲学社会科学事业实现了跨越式发展，呈现空前繁荣的发展局面。广大高校哲学社会科学工作者以饱满的热情积极参与马克思主义理论研究和建设工程，大力推进具有中国特色、中国风格、中国气派的哲学社会科学学科体系和教材体系建设，为推进马克思主义中国化，推动理论创新，服务党和国家的政策决策，为弘扬优秀传统文化，培育民族精神，为培养社会主义合格建设者和可靠接班人，做出了不可磨灭的重要贡献。

　　自 2003 年始，教育部正式启动了哲学社会科学研究重大课题攻关项目计划。这是教育部促进高校哲学社会科学繁荣发展的一项重大举措，也是教育部实施"高校哲学社会科学繁荣计划"的一项重要内容。重大攻关项目采取招投标的组织方式，按照"公平竞争，择优立项，严格管理，铸造精品"的要求进行，每年评审立项约 40 个项目，每个项目资助 30 万～80 万元。项目研究实行首席专家负责制，鼓励跨学科、跨学校、跨地区的联合研究，鼓励吸收国内外专家共同参加课题组研究工作。几年来，重大攻关项目以解决国家经济建设和社会发展过程中具有前瞻性、战略性、全局性的重大理论和实际问题为主攻方向，以提升为党和政府咨询决策服务能力和推动哲学社会科学发展为战略目标，集合高校优秀研究团队和顶尖人才，团结协作，联合攻关，产出了一批标志性研究成果，壮大了科研人才队伍，有效提升了高校哲学社会科学整体实力。国务委员刘延东同志为此做出重要批示，指出重大攻关项目有效调动各方面的积极性，产生了一批重要成果，影响广泛，成效显著；要总结经验，再接再厉，紧密服务国家需求，更好地优化资源，突出重点，多出精品，多出人才，为经济社会发展做出新的贡献。这个重要批示，既充分肯定了重大攻关项目取得的优异成绩，又对重大攻关项目提出了明确的指导意见和殷切希望。

　　作为教育部社科研究项目的重中之重，我们始终秉持以管理创新服务学术创新的理念，坚持科学管理、民主管理、依法管理，切实增强服务意识，不断创新管理模式，健全管理制度，加强对重大攻关项目的选题遴选、评审立项、组织开题、中期检查到最终成果鉴定的全过程管理，逐渐探索并形成一套成熟的、符合学术研究规律的管理办法，努力将重大攻关项目打造成学术精品工程。我们将项目最终成果汇编成"教育部哲学社会科学研究重大课题攻关项目成果文库"统一组织出版。经济科学出版社倾全社之力，精心组织编辑力量，努力铸造出版精品。国学大师季羡林先生欣然题词："经时济世　继往开来——贺教育部重大攻关项目成果出版"；欧阳中石先生题写了"教育部哲学社会科学研究重大课题攻关项目"的书名，充分体现了他们对繁荣发展高校哲学社会科学的深切勉励和由衷期望。

创新是哲学社会科学研究的灵魂，是推动高校哲学社会科学研究不断深化的不竭动力。我们正处在一个伟大的时代，建设有中国特色的哲学社会科学是历史的呼唤，时代的强音，是推进中国特色社会主义事业的迫切要求。我们要不断增强使命感和责任感，立足新实践，适应新要求，始终坚持以马克思主义为指导，深入贯彻落实科学发展观，以构建具有中国特色社会主义哲学社会科学为己任，振奋精神，开拓进取，以改革创新精神，大力推进高校哲学社会科学繁荣发展，为全面建设小康社会，构建社会主义和谐社会，促进社会主义文化大发展大繁荣贡献更大的力量。

教育部社会科学司

前　言

$\mathbf{有}$些东西就像空气和水一样，当它正常存在的时候我们对它全无感觉，但是当它出现问题的时候，我们才感到它须臾不可失去的珍贵。大众媒介公信力便属于这样一种东西。

实际上，大众媒介公信力这一概念是最近几年才逐渐在我国大陆的新闻传播学术界有了较多的提及，虽然从 20 世纪 80 年代中后期以来就有个别的调查数据涉及这一问题，[①] 但总体上对于公信力的研究还停留在一种简单提及和使用的层面上，缺少理论的探究、梳理和深入的专题性研究。在美国，大众媒介公信力研究已经有八十多年的历史，主要是依寻着实证研究的道路进行的。其中有两个重要的先行研究：一是米切尔·查莱（Mitchelly V. Charnley）20 世纪 30 年代在对报纸报道的准确性研究中开始提出公信力问题；二是耶鲁大学的霍夫兰（Hovland）研究团队在 20 世纪 50 年代开展的消息来源可信度作为说服性传播的一个影响因素的研究。自从霍夫兰的研究之后，大众媒介公信力逐渐成了大众传播学的一个重要研究领域。

2003 年以喻国明教授为首席专家的中国人民大学新闻学院课题组通过激烈竞标，一举拿下教育部首度在全国范围内以竞标的形式发标的哲学社会科学重大课题攻关项目《中国大众媒介的传播效果与公信力研究》（项目批准号：03JZD0023）。在筹备竞标的两个多月时间里，课题组成员夜以继日地工作，收集、整理和研究了国际国内在本课题

---

① 　陈崇山、弥秀玲主编：《中国传播效果透视》，沈阳出版社 1989 年版；喻国明等：《面对重大事件时的传播渠道选择》，载于《新闻记者》2003 年第 6 期。

论域范围内的数百篇文章、研究报告及相关资料，复印资料达 3 000 多页。在此基础上，最后形成的申报书长达 115 页，附录 700 余页，课题组为此所付出的心血由此可见一斑。

需要说明的是：本书的标题为原招标课题的名称，在本项研究中，"传播效果"与"公信力"并不是一个并列的概念，在我们的课题设计和实际研究中是把"公信力"作为研究的核心，而"传播效果"则体现在"公信力"视野之下的效果、效应研究，因此本报告并不是对"传播效果"的专门研究。

以下这篇文字，原出自于申报阶段的研究成果，我们把它作为前言呈现给读者，一个用意就是让读者更好地了解我们在这一重大课题研究之初的认识起点，以此作为掌握我们最终研究成果的逻辑参考系。

一、"信用"、"信赖"与赢得信赖的品质和能力：关于大众媒介公信力的理论界定

要了解大众媒介公信力，我们不妨先从对"公信力"的概念把握开始。

在一般人看来，"公信力"的核心是信任、信赖。但我们知道，信任、信赖总是与特定对象的"信用"相关联的，是建立在主体对于特定对象的信用体验和认定的基础上的。那么，什么是"信用"呢？从最一般的意义上看，所谓信用是一种信守、履行承诺的品质。社会是由分工而成的，每一种职业都履行着特定的社会功能、扮演着特定的社会角色，这种特定的社会功能的履行及特定社会角色的扮演，其实就是每一种职业对于全体社会成员的一种职业承诺。譬如医生，就应该像唐代名医孙思邈在《大医精诚》中所描绘的那样："凡大医治病，必当无欲无求，誓愿普救含灵之苦。不得瞻前顾后，自虑吉凶，护惜身命。昼夜、寒暑、饥渴、疲劳，一心赴救。"再譬如官员，就应该像中共十六大所要求的那样："权为民所用，情为民所系，利为民所谋。"至于新闻媒介，其第一位的职责就是应该成为社会的"守望者"，客观、真实、全面、平衡、深刻地为改善和消除社会成员的信息不对称状况而恪守职责。在这种职业角色的社会期待之下，谁能够更加优秀地履行职业承诺、信守职业责任，谁就具有较高的职业"信用"，进而享有较高的社会信任和信赖。

从"信用"到"信任"和"信赖"，是人们在对特定对象履行承诺的社会性体验中累积产生的，表现为一种可信赖度的判断和评价。而"公信"则是指这种判断和评价不是个别人或少数人的判断和评价，而是社会成员的集合性判断与评价。一般而言，人们对于特定对象的"可信赖度"判断和评价通常都不是以"即期"的形式出现的，就是说，人们并不是通过"这一次"的体验来立即对其"这一次"履行承诺的可信赖度做出判断和评价的。因此，今天的信赖是建立在昨天对其"履约"体验的基础上的，而明天的信赖，则又会加入今天对其"履约"的新近体验。换言之，我们靠自己的昨天换取今天别人对自己的信赖，而我们今天的履约又会成为明天博得信赖的前提。

最后，"公信力"中的"力"则是指特定对象赢得社会信赖的能力及与这种能力相对应的信用品质。这种能力或信用品质并不是自在的，而是相对于特定社会期待与角色规范的能力和品质，属于关系范畴。换言之，"公信力"虽然从形式上看总是表现为特定对象的某些品质，但只有当这些品质与特定的社会角色期待相对应并能够博取人们信赖感的时候，才能成为"公信力"的构成因素。

公信力有"类"的公信力和"个体"的公信力之分。譬如，人们既有对于大众传播媒介公信力的总体评价，也有对于某个传播媒介公信力的个体评价。当"个体"的公信力高于"类"的公信力的平均水平时，人们就会更多地信赖这个"个体"；反过来说，当"个体"的公信力低于"类"的公信力的平均水平时，人们就会更加不信赖这个"个体"。

那么，什么是大众媒介公信力呢？

在英语中，大众媒介公信力相对应的词汇是 credibility。美国传播学者对于 credibility 的理解经历了两个阶段。最早是属性说，即把大众媒介公信力视为是媒介本身的一种属性，其核心是媒介的"信用"问题，研究的重心落在媒介造成社会信任的种种特质上。其后是关系说。后来的学者们发现，前者对于公信力的理解虽然与 credibility 的原义比较接近，但越来越多的理论和实证研究表明，公信力不仅仅是媒介的一种属性，更多的是媒介与受众之间的一种关系。因此就将媒介公信力（credibility）视为是一种传播过程的产物，其研究重心便开始由媒介自身转向对受众的研究。[①] 这是媒介公信力（credibility）研究的一项重要发展——从受众与媒介相互关系的角度来研究，将其置于关系范畴的视野下，这便极大地拓宽了公信力（credibility）研究的社会内涵，提升了理论研究对于丰富的传媒实践的解释力和把握力。

显然，媒介公信力评价是公众通过社会体验所形成的，对于媒介作为社会公共产品所应承担社会职能的信用程度的感知、认同基础上的评价，而媒介公信力则是指媒介所具有的赢得公众信赖的职业品质与能力。

二、从现象的思考入手：解析影响大众媒介公信力评价的秘密

认识的深化总是从现象的研究开始的。对于大众媒介公信力的研究，首先应该从实际出发，从对于媒介公信力的社会表征的思考入手。只有在此基础上，对媒介公信力的深入分析与探讨才具有坚实的理论起点和对于丰富实践的可靠解释力。

1. 现象的讨论：我国大众媒介的公信力是高还是低？

2003 年春天的非典前期，媒体的缺位造成了民众的恐慌，之后媒介公信力问题成了我国学界的一个讨论热点。[②] 但对于目前我国媒介公信力总体上究竟状况如何还未见令人信服的研究成果系统评述。具体来说就是我国媒介公信力相对而言究竟是高还是低到目前为止还只是一个见仁见智的问题。对公信力现象把握不清晰，就不可能从纵向和横向两个方面来对我国媒介公信力进行描述与趋势分析，也就更难进一步探讨我国媒介公信力的内在成因、影响因素，以及评估公信力未来变化可能带来的影响等问题。

对于以上问题，我们在此根据最近几年我国学者的三次调查数据进行分析，并通过横向对比美国的数据对我国媒介公信力的现状作一个基本的判断。

---

① Jacobson, H. K. Mass media believability, a study of receiver judgments. Journalism Quarterly, 46 (1), 20 – 28. 1969.

② 2004 年 10 月 12 日，在 google 上检索"非典，媒介公信力"，有 687 条内容；2004 年 12 月 21 日，再次检索，有 1 200 项；同时检索"非典，公信力"，有 8 070 项。

（1）柯惠新在 2001 年进行的《北京奥运申办媒介传播效果研究》中，有两次北京居民调查涉及媒介公信力问题。调查的题目是："通常情况下，您对新闻媒介所报道内容的信任程度。"结果显示，"完全信任"和"基本信任"两次合计分别达到了 85.3% 和 91.2%。其中"完全信任"分别有 21.3% 和 30.2%。[①]

由于题项的设计不完全一样，不能与美国等的情况进行直接比较，只能通过间接的对比分析来看。同样在 2001 年，从罗佩尔机构（Roper 机构）对美国报纸的调查来看，五分量表中的"非常信任"和"比较信任"两项合计只有 36%，其中"非常信任"为 13%。对新闻界信任情况的调查中，三分量表中的"较多信任"从 1973 年的 25% 降到 2000 年的 10%，而"几乎没有信任"却从 1973 年的 21% 上升到 2000 年的 41%。[②]

还有一组数据出自美国芝加哥大学国家民意研究中心（the National Opinion Research Center at the University of Chicago）的基本社会调查报告。学者张可文和郝晓鸣对从 1973 年到 1993 年之间的数据进行了纵向整理后发现，在 20 年间报纸和电视的公信力都呈现出一条从高到低的明显下降轨迹，三分量表中报纸和电视的"较多信任"选项分别从 1973 年的 23.4% 和 18.8% 降到 1993 年的 11% 和 11.7%，而"几乎不信任"分别从 1973 年的 14.9% 和 22.1% 上升到 1993 年的 39.2% 和 37.2%。[③]

从上面数据的对比分析可以看出，我国民众绝大多数对媒介是基本信任的（高达九成左右），其中 1/3 表示完全信任。而在美国，总的来看，对报纸、电视、新闻界都分别有近四成的民众是几乎不信任的。由此可见，我国民众对于媒介的信任程度明显高于美国民众对媒介的信任程度。

（2）中国人民大学舆论研究所进行的《有关非典问题的北京居民调查》（执行时间是 2003 年 4 月 22～23 日）采用随机电话号码拨号

---

① 转自中国社会科学院新闻与传播研究所《中国新闻年鉴——传媒调查篇（2003 卷下）》，第 700 页。

② http://www.ropercenter.uconn.edu/.

③ Zhang，Kewen & Hao Xiaoming. Television credibility revisited：a longitudinal study. AEJMC Conference Papers，Washington，D. C. August 9 – 12. 1995.

（RDD）抽样方法、通过电脑辅助电话调查系统成功访问了 396 户北京居民家庭。需要特别注意的是，调查时间是在 4 月 20 日——即政府刚刚公布非典真相后的两天，在之前媒介报道那样回避真实疫情的情况下，还有 66.3% 的人相信官方的大众媒介。[①]

（3）在非典后期，同济大学研究团队于 2003 年 5 月 23～25 日对上海市区 18 岁（包括 18 周岁）以上市民进行了调查，调查采用 RDD 抽样方法，通过电脑辅助电话查询系统进行，共访问有效样本 431 个。对媒介信任情况的调查结果显示，认为"很可信"和"比较可信"的各有四成，两项合计高达 83.3%。而"不太可信"和"不可信"两项不足 10 个百分点。[②]

很可信	比较可信	不太可信	不可信	说不准	合计
42.7%	40.6%	7.2%	1.9%	7.2%	99.5%

通过以上这些数据的分析，可以做出一个基本的判断：我国媒介公信力不但不低，而且相对较高。

2. 现象背后的理论发现：影响公信力评价的维度及其差异。

其实，从理论的高度看，造成上述状况的一个重要原因在于，我国大陆和西方在公信力的判断维度上存在着明显的差异。

美国的学者们在早期的研究中很快发现了这样一个事实：媒介公信力不是一个单一维度上的概念，而是一个多维度的概念，并为此展开了大量的研究。也就是说，影响媒介公信力评价的因素是多方面的，在得出信赖或者不信赖评价的表象背后，公众其实是有不同评判维度的。打个比方，同样是信任一个人，有人可能是因为他的道德水平（"因为他是好人"）而赋予信任，也有人却因为他的能力（"因为他是能人"）而赋予信任，还有人则可能因为彼此间的亲缘关系（"上阵还需父子兵"）而赋予信任。这样，对于我国大陆媒介公信力较高这一现象，我们便可以通过对它判断维度的分析来进一步深化我们的认识。

对于媒介公信力判断维度的最早研究，是霍夫兰、贾尼斯和凯利

---

① 喻国明等：《面对重大事件时的传播渠道选择》，载于《新闻记者》2003 年第 6 期。
② 丁未、王轩等：《危机传播（Crisis Communication）——上海"非典"事件传播调研》，同济大学传播与艺术学院危机传播课题组研究报告，2003 年 6 月 20 日。

在 20 世纪 50 年代初以消息来源为研究对象来进行的，认为公信力具有专业知识（expertise）和可靠性（trustworthiness）两个最主要的维度。后来的学者在消息来源、媒介渠道、媒介机构等判断维度上都进行了大量的研究。

弗拉纳根（Flanagan）等在 2000 年所写的论文中认为，媒介公信力的研究已经争论了 50 多年，并且一些研究已经表明，研究方法不同导致得出不同的概念类别。最一致的公信力概念维度是可信赖（believability），但正确（accuracy）、可靠（trustworthiness）、偏见（bias）和信息的完整性（completeness）是在研究中被经常使用的几个维度。因此，媒介公信力是一个多维度的概念。①

在我国台湾，学者钟蔚文采用开放式问卷，当受访者对媒介做了整体的相信或不相信评估之后，进一步要求他们提出理由。结果发现，受访者明确指出他们评估媒介信任标准的情况如下：②

正确性	34%（n＝77）
公正无私	12.3%（n＝28）
专业精神	10.6%（n＝24）
立场独立	6%（n＝14）
其他	19.4%（n＝44）
角度模糊	17.2%（n＝39）
总数	n＝226

那么，对于我国大陆民众来说，判断媒介可信与否的标准是否同美国及我国台湾地区一样？即对于我国大陆较高的媒介公信力，它背后的判断维度和美国媒介公信力的判断维度有什么样的差别？

由于我国大陆还没有对这一问题进行专门的实证研究，为此，我们进行了一次小规模的前期访谈，并引用一则对广告信任情况的分析文献来进行分析。

先来看小样本的访谈情况。2004 年 11 月 13～20 日对北京报摊读者进行了 30 个小样本的访谈调查。调查结果显示，对于读者为什么相

---

① Flanagan，A. J. & Metzger，M. J. Perceptions of internet information credibility. Journalism & mass Communication Quarterly，77（3），515－540. 2000.

② 钟蔚文：《从媒介真实到主观真实》，中国台北正中书局 1992 年版，第 103～104 页。

信报纸新闻，有近一半多的人表示说不出来，但在追问下，也能够或多或少地表达出相信的理由。首先，多数人共同的一个说法是，报纸是政府办的，应该是可以相信的。"官办的，有权威性"是被访者在被追问原因后说的频率最高的一个词，有近 1/3 的被访者第一反应就是这个理由。其次，有一些受访者认为媒介是有用的，如有些贪污腐败、不公平的事情可以找媒介来曝光。再其次，受访者对新闻内容的真实性有要求。如多数人认为娱乐新闻是狗仔队制造的，炒作较多，绯闻不断，真假各半；广告是夸大事实，虚假信息较多；体育比赛输赢判断标准客观明确，不会有假。还有个别受访者认为消息是否真实会影响到其对具体媒介的信任，如友邦保险公司的一名女保险员认为，京城 A 报有 80% 的可信度，而 B 报只有 30% 的可信度，因为 B 报曾经报道过与其所在公司相关的一件事，她认为报道有很多地方与实际不符，她从此不再相信 B 报。

再来看对广告信任情况的一则研究分析。据有关调查表明，"在我国虚假成分占很高比率的广告，却拥有高达 60% 多的信任度。"仔细推敲，不难发现，这其中的玄妙就在于我们的媒体是官方性质的，在我国受众对广告高达 60% 的信任度，实际上是对"官方"媒体的信任，对政府权威的信任。而在这种信任中，我们的媒体充当了"威权教化"的角色，充当了商家说服的传声筒和扩音器。这样很容易对受众的消费观甚至文化观、价值观形成误导。因此，由于传媒与官方的高度关联性而造成的我国受众对传媒权威的盲目信任，其实是隐含着极大危险的。①

由此，虽然小样本的探测性访谈不具有严格的推论意义，但在没有更好实证数据的情况下，多少可以从一个侧面反映出我国大陆民众判断媒介公信力的大致情况。结合其他学者对广告的分析文献，我们至少可以初步推断出我国民众判断媒介公信力的一个首要维度是"政府权威性"；其次，"有用性"、"真实性体验"也是我国民众判断媒介公信力的维度。

---

① 林爱兵、王希华：《面对当代受众：媒体的素养教育》，载于科学网（http://www.sciencetimes.com.cn/col116/col154/article.html？id=30658，2004－01－12）。

三、影响大众媒介公信力评价的三个维度：专业主义特质、社会角色期待的中心指向、社会的感知与认同

综合前人的理论研究成果和我们的逻辑思考，我们认为，大众媒介公信力评价有三个基本维度：

1. 媒介在社会分工体系下的专业主义特质，即与媒介完成社会所要求的功能与角色扮演相关的所有品质，如：客观、公正、及时、平衡、全面、深刻，等等。这是形成媒介公信力的基础。

2. 公众对媒介社会角色期待的中心指向。在不同的社会制度结构以及不同的社会发展阶段，社会及公众对媒介履行的社会功能和扮演的社会角色要求是不同的。因此，公众要求媒介所表现出的专业主义特质其重点也是有差别的，有时，这种差别甚至是相当巨大的。比如，在计划体制之下，党和政府作为"全能政府"掌握和管理着社会生活的所有方面和全部细节，因此，人民群众对于大众媒介的要求就不主要是"守望者"，而是看它能否忠实地充当党和政府的喉舌。这种情况下，人们对于媒介的公信力评价就会主要看它是否"一字一句都代表党的声音"，这其中媒介的行政级别便起到至关重要的作用——行政级别越高，媒介代表党和政府信息的传真度往往被认为越高。换言之，只有当媒介所表现出来的履行其社会职能的特质与特定社会发展阶段社会和公众对媒介的基本角色期待相吻合，媒介的公信力才有可能得到较高评价。

3. 公众对媒介社会角色扮演的感知与认同。大众媒介的公信力评价是在公众的社会体验中形成的，而这种体验和评价既然是一种价值判断，就不可能仅仅与其所表现出来的专业主义特质相关，更重要的是与公众对特定媒介在文化上、情感上和价值观上的认同相关。晓之以理只能形成判断，动之以情才能产生信赖。在计划体制下，社会高度一体化，所以社会认同比较容易形成。但是在市场体制下，利益多元化所带来的社会的、文化的和价值观上的差异不可避免地扩大了，因此，大众媒介获得社会认同的难度也随之增加，表现为认同者的数量、规模必然大打折扣。特别是在传播技术手段日益丰富化、平民化的今天，传统媒介一向标榜的权威地位势必受到严重挑战。譬如，一向被视为是美国新闻界专业主义楷模的 CBS 新闻主播丹·拉瑟的黯然

9

退场并非主要是由于所谓"服役门"的错误报道（那只不过是压断骆驼脊梁的最后一根稻草），而是由于博客新闻网站等新传播手段的崛起，使包括他在内的一向靠信息的不对称和话语权的不对称所建立起来的新闻权威，在"横看成岭侧成峰"式的社会多元表达的认同危机中被解构了。

在美国，根据 20 世纪 80 年代中期的调查，50% ~70% 的美国人赞同新闻的"看门狗"（守门人）作用，赞同新闻关注政治领导人的行为，不让他们做不该做的事情。也就是说，大众媒介形式上是独立于政府的，在一定程度上能够表现出与政治权力相并行的监督力量，被认为是行政、立法、司法之外的第四权，在各种力量的制衡中媒介有一定的独立空间。当然媒介的这种独立性有一定的表面性、相对性，在它背后不可避免地会受到政治和经济势力的操控。但在这样的政治结构体系中，对于公众的感知而言，媒介与政府表现出来的是各自独立的关系，公众对于媒介的期待就是作为社会的瞭望哨、权力的监督者。因此，公众是否信任媒介取决于媒介在新闻专业取向上的一些做法，如正确、可靠、无偏见、信息的完整等。

在我国，媒介是党的"喉舌"，是政府行政职能的延伸，是党和政府的宣传机器，是从属于政治权力的，政府直接控制媒介。媒介与政府在公众面前表现出来的是一体化的关系。如我国澳门大学的学者陈怀林认为的，政府"喉舌"的地位赋予传媒巨大的"无形资产"。传媒是党政领导部门开动起来的行政机器上的"齿轮和螺丝钉"，因此在民众中享有普通企业难以企及的威信和声望。在"宣传部门"型的传媒制度体系中，传媒主管实际上是政府（或上级部门）在传媒的代理人。传媒主管的职责是保证传媒正常运作，为政府提供宣传和公关服务。①

这样，对于老百姓而言，媒介更多的是扮演政府代言人的角色，人们对于媒介的期待更多的是对它的政府职能的一种期待。所以，"政府权威性"是首选的一个维度。民众对于媒介的信任，更多的是出于对媒介政治身份的信任，是透过媒介对政府权威的信任。在当前

---

① 陈怀林：《九十年代中国传媒的制度演变》，载于《二十一世纪》1999 年第 53 期。

我国政治体系稳定的状况下，媒介作为政治体系链条上的一环，相应地人们对它的信任度也高。

四、我国大众媒介公信力面临的问题和挑战

前面提到的 Roper 机构和美国芝加哥大学国家民意研究中心等不同调查机构的长期调查数据显示，从历史纵向上来看，美国大众媒介的公信力，无论纸媒还是电视，总体上呈现出下降的轨迹。

对媒介公信力总体下降的影响因素进行分析发现，具体的微观变量或者单一的宏观变量可能对某一类（或某一家）媒体在特定时间的公信力产生影响。但影响媒介公信力在历史纵向上总体下降的因素并不是某一个单一的微观变量或单一的宏观社会制度变量，而是一种系统性的、多种不同层次变量的合力。如微观层面的公众教育水平的普遍提高，人际交流的增多；中观层面的网络和通讯技术的快速发展，公众传播渠道的多样选择与获得各种消息的便利；宏观层面的文化价值观和政治观点的纷繁和多元，等等。媒介公信力的历史变化轨迹是这些微观、中观、宏观因素共同作用的结果。这种系统性的影响是随着社会的发展而产生的。

对处于改革开放大背景下的我国大众媒介来说，随着社会的发展，也不可避免地会受到上述这种系统性因素的影响。从本书的论述角度来看，我国大众媒介公信力的实践已经和将要遇到的一些现实问题是：

1. 我国大众传媒依靠党和政府的权威性所建立起来的"一荣俱荣，一损俱损"的公信力获得关系还能维持多久？这种关系对于党和政府以及对于媒介自身到底是利大于弊还是弊大于利？

2. 面对日益多元化的社会分层和文化选择的多样性，我国大众媒介扮演的社会角色早已经不是"铁板一块"。由此产生的问题是，在渐渐失去官方身份作为权威依托的背景下，媒介靠什么获得公众的信赖？

3. 如何根据新的社会发展阶段的特点和要求建立起有利于我国大众媒介公信力保持和提升的制度安排及社会支撑机制？

4. 如何建立起一整套关于我国大众媒介公信力的有效评估体系，以便为政策制定和实践操作提供更加科学可靠的依据？

实际地说，我国大众媒介的公信力尚未处于危机状态。但是，考虑到改革发展的加速推进、社会面临的风险和不确定性的逐渐加大，以及大众媒介在整合社会、促进社会认同、降低社会风险中扮演的角色越来越重要，媒介公信力研究的迫切性是不言而喻的。

摘　要

1. 本项目成果首次对媒介公信力问题进行了系统的理论探讨，对媒介公信力的中英文概念以及相关概念关系作了基础性的界定，第一次从横向的跨地域差异及纵向的制度与社会变迁角度对媒介公信力的判断维度和影响因素作了探讨，对一些建立在西方社会基础上的分析理论提出了新的思考，原创性地提出了基于我国现实的媒介公信力判断维度的理论假设和媒介公信力生成模式，全面分析了公信力对媒介功能的影响。本项研究成果在具体探讨了媒介公信力理论问题的五个方面（基本概念的界定、维度探讨、影响因素分析、生成机制、对传播效果的影响）后，又针对我国的现实提出了两点思考：一是社会系统性因素作用下的媒介公信力下降对政府形象的影响问题；二是市场化进程下我国媒介公信力的可能变化问题。

2. 本项目成果在大量研究、总结国际学术界近百年来关于传媒公信力评测理论和方法及众多实证案例的基础上，成功地建立起一个可将中国大众传媒公信力状况进行量化表达的传媒公信力测评指标。中国大众传媒公信力的状况究竟如何、怎样才能提高传媒公信力，可以说是传媒公信力研究中最为迫切、最具有现实意义的论题。而这一问题解决的基础就是建立适合中国社会背景的传媒公信力测评体系，因为只有在确切了解公信力实际状况的基础上，才能对传媒公信力的建设问题提出具有现实指导意义和实证支持的方案和建议。因此，探究中国公信力的特点并建立传媒公信力测评指标，成为本项研究的另一重点。围绕这一目标，本项研究重点解决了评测方法上的两个基本问题：第一是分析中国大众在判断媒介是否可信时都看重哪些因素；第二是建立传媒公信力的测评量表。在调查数据的基础上，我们对传媒公信力评判准则的重要程度和公信力的评判特点进行了分析。最后，通过探索性和证实性因子分析、信度效度检验等统计技术对中国大众传媒公信力的测量指标进行筛选和分析，最终建立起了具有很高科学认识价值和实践价值的传媒公信力的测评量表。

3. 我们于 2005 年 11 月组织实施了《中国传媒公信力问题的全国居民调查》，这是迄今为止我国所进行的最大规模、指标体系最为完整、综合测评传媒种类最多的一项实证研究与评测分析，具有很高的实践认识价值和理论促进价值。事实上，通过调查，我们不但对我国传媒的公信力现实状况进行了全面描述、梳理和测评判断，同时也进一步完善了我们的方法论体系和相应指标体系的构建。

Abstract

1. The study represents the first systematic theoretical exploration on of the public credibility of media. By defining the concept of media public credibility both in Chinese and English and related conception, the research makes the initial discussion on the judging dimensions and influential factors of media public credibility from the horizontal perspective of cross-region differences and vertical perspective of historical changes of regimes and social transition. The research also proposes new thoughts on part of analytical theories stemming from western society, and brings forward a original theoretical hypothesis of judging dimensions of media public credibility based on China's reality as well as the pattern where such credibility is generated. A comprehensive analysis is provided to probe into the influence of public credibility on media functions. Investigating into five aspects of media public credibility, i. e. definition of basic concepts, discussion on dimensions, analysis of influential factors, generation mechanism, influence on communication effects, the research sheds light on two issues related to China's current circumstance: (i) the influence of reduced media public credibility on government image affected by social systematic factors, and (ii) potential changes in media public credibility in the process of marketization.

2. On the groundwork of massive research and encapsulation of measurement theories and approaches related to media public credibility and numerous empirical case studies of international academic circle during the past a hundred years, the research establishes a measurement index to quantify the mass media public credibility of China. The investigation into the actual condition of Chinese mass media public credibility and discussion on practical approaches to enhancing such public credibility is of the most imperative and practical significance to the research on media public credibility. The solution to this problem lies in the establishment of media public credibility measure-

ment system suitable for Chinese social conditions. The reason is that, only a precise understanding of actual condition of media public credibility is achieved can a set of practical and empirical solutions and suggestions be raised to provide guidance for the construction of media public credibility. Thus, a priority of this research lies in the investigation into the distinct characteristics of China's media public credibility and the establishment of relevant measurement indices. To achieve that, the research places its focus on two fundamental problems of measurement approaches: (i) probing into the basic factors the Chinese audience values as the yardstick for media credibility, and (ii) formulating a media public credibility measurement scale. Relying on data from investigation, the researchers conduct analysis of importance of various assessment benchmarks for measuring media public credibility and the characteristics of public credibility assessment. Finally, a measurement scale is created by screening and analyzing measurement indices with statistical methods such as exploratory and authenticated factor analyses and credibility and validity testing, which is of high scientific cognition and practical value.

3. The National Survey on the Chinese Media Public Credibility conducted in November 2005 represents the first largest-scale empirical research and measurement analysis with the highest completeness of index system and the broadest variety of measurement media. The research is of great practical and theoretical value. The investigation not only provides comprehensive description of actual conditions of China's media public credibility, straightens out and assesses relevant indices, but also further improves the methodological framework and the establishment of corresponding indices systems.

目　录

Contents

Contents

Part I

A Theoretical Study On Mass Media Public Credibility   1

大众媒介
公信力理论研究

第1章

基本概念的界定

1.1 "公信力"的词义

1.1.1 词义解读

"公信力"在汉语中属于一个新词，在《辞海》、《现代汉语词典》、《新华词典》等汉语工具书中均没有这一词条。社会学者郑也夫认为，在辞典中"信"的意义按照从有形到无形的排列是：（1）书信、消息；（2）使者（发信臣）；（3）凭据、符契；（4）诚实；（5）信用；（6）相信；（7）信任；（8）的确；（9）任凭、听凭。其中，"诚实"、"信用"、"相信"、"信任"四个词表达抽象的意思。在这四个词中，"相信"、"信任"是表达主体性的词汇，是主体的态度和判定；而"诚实"、"信用"属于被观察者的属性，是表达客体性的词汇，如判定对方是否有信用或是否诚实。① 而"公"有两个含义：一是主体的公众；二是客体的公家。

对于公信力概念表达的意思可以归纳如表1－1。

---

① 郑也夫：《信任论》，中国广播电视出版社 2001 年版，第 8～9 页。

表 1－1

"公"	
主体	客体
公众	公权力或公共机构
"信"	
表达主体性的词汇	表达客体性的词汇
相信	诚实
信任	信用
信赖	

下面分别对表达主体性和客体性的"信"的词汇进行分析。

对于表达主体性的"相信"、"信任"、"信赖"三个词汇的基本意思是一样的，只是有些语感的区别。在社会学、经济学中，"信任"是一个专门探讨的概念范畴。本书在讨论公信力主客体关系中的主体属性时，使用"信任"一词。

同样，对于"诚实"和"信用"这两个表达客体性的词汇，基本意思是一样的，也只是有些语感的差别。在中国古代这两个词就是相通的，如程颐认为的"诚则信矣，信则诚矣"和张载说的"诚善于心谓之信"都是指在处理人际关系时，要言行一致，努力履行自己的诺言和义务。在经济学、法学等学科中，"信用"一词较多使用，是一个专门讨论的概念范畴。所以，本书在讨论公信力主客体关系中的客体属性时，使用"信用"一词。

"力"体现了公信力概念的两层含义：第一层含义表明了概念的关系属性，也就是公信力是一个关系范畴的概念；第二层含义表明了概念的具体意义，也就是在这个关系概念中，公信力是客体赢得主体信任的一种能力。

1.1.2 概念的关系模式

根据前面对公信力的词义解读，在此提出公信力概念的关系模式。

公信力是一个属于关系范畴的概念。什么是关系呢？"所谓关系，是指建立在传播双方相互作用的方式基础上各自对对方的一组期望。"① 公信力是主客体之间互相作用的关系概念，即主体（公众）对于客体信用的期望，而客体的期望就是赢得公众的信任。这里以大众媒介公信力为例来看，公众通过认知媒介的信用情况来判断是否信任媒介或者信任的程度；而媒介要赢得公众的信任，就需

---

① ［美］斯蒂文·小约翰：《传播理论》，中国社会科学出版社 1999 年版，第 451 页。

要有相对应的信用品质。关系模式表示如图 1 −1 所示：

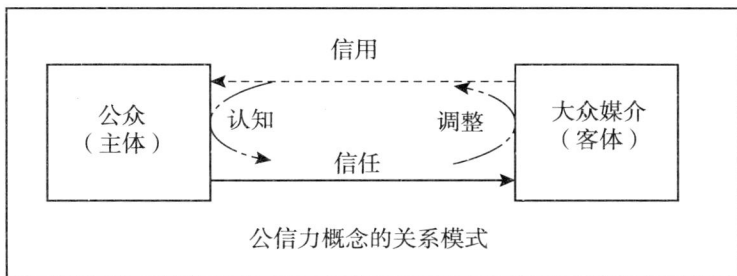

图 1 −1　公信力概念的关系模式

依据上面模式再来分析公信力概念的第二层具体含义。

对于大众媒介公信力来说，立足点在客体"大众媒介"上面，即从客体角度出发。"力"表达第二层的含义：能力。简单概括，大众媒介公信力的意思就是大众媒介赢得公众信任的能力。大众媒介这种能力的大小取决于公众的信任，媒介与公众之间是一种互相作用的信任关系。所以，信任就是公信力概念的逻辑起点，而表达客体的信用是公信力的一个评价内容。

1.1.3　概念的逻辑起点——信任

前面在对公信力概念关系模式的建立中认为，"信任"是公信力概念的逻辑起点。那么，什么是逻辑起点呢？根据逻辑哲学的规定，逻辑起点又叫逻辑始项，是一个理论体系的出发范畴，并且是一个全息的开端，能够衍生出整个的理论体系。形象地说，逻辑起点就如理论体系的原初胚胎。

在本书关于大众媒介公信力理论的论述中，各个论述问题都从"信任"这一逻辑起点出发来展开。在此，首先来看"信任"本身的概念含义。

一、"信任"的内涵

在英语中，"信任"对应的词语是"trust"。对于"信任"的定义，在社会学、经济学、政治学、人类学等不同社会学科中有较多论述，主要有两种角度的定义。

（1）多数学者从主体行为的角度来定义"信任"，认为"信任"是一种心理行为方式。

约翰·邓恩（John Donn）认为"信任"既是一种人类情感又是一种人类行

为方式：一定程度上是应对他人行动之自由的策略。①

克雷默（Coleman）将"信任"定义为：通过预测他人未来可能的行为，"冒险地作出是否参与行动的决定"。②

福山认为，"信任"指的是在正式的、诚实和合作行为的共同体内，基于共享规范的期望。③

迪戈·甘姆贝塔（Diego Gambetta）作了更具体的定义，"信任"是一个行动者（agent）评估另外一个或一群行动者将会进行某一特定行动的主观概率水平，他的这种评估发生在他能监控（monitor）此特定行动之前，而且，这种评估在一定的情境下做出，并影响了该行动者自己的行动。④

（2）从信任的功能角度来定义信任。我国学者郑也夫认为"信任"是一种态度，相信某人的行为或周围的秩序符合自己的愿望。它表现为三种期待，对自然与社会的秩序性，对合作伙伴承担的义务，对某种角色的技术能力。"信任"又是交换与交流的媒介。媒介可以有多种形式：介绍人、信物、誓言、抵押，也可以不依据这些形式，但其本质是信任感。⑤

综合上面两种不同角度的定义，本书认为"信任"是主体对客体未来行为的预期，这种预期影响主体对客体的下一步行动。

对于"信任"的这一定义，本书归纳有四个特点。

（1）时间差。在古汉语和现代汉语中，信任都是包含"信"和"任"有先后时间顺序的评判与行为。《论语·阳货》中说："宽则得众，信则人任焉。"庄子在《庄子·盗跖》中说："无行则不信，不信则不任，不任则不利。"庄子这段话的意思是：没有德就不能取信，不能取信就不能被任用，不能被任用就不能获利。这里，庄子说出了信任产生的前提和结果：德→取信→任用→获利，信任产生的前提是要有"德"，信任的最后结果是"利"。

社会学者郑也夫归纳的信任关系具有的第一点性质就是时间差与不对称。他认为行动和兑现较之诺言和约定必然是置后的。言与行，承诺与兑现之间存在着时间差，信任者与被信任者之间存在着某种不对称性。⑥

① 约翰·邓恩（John Donn）：《信任与政治行为》，载于《信任：合作关系的建立与破坏》，中国城市出版社 2003 年版，第 89 页。

② 转自泰勒（Tom R. Tyler）：《信任向何处去》；Coleman，1990；载于［美］罗德里克·M·克雷默、汤姆·R·泰勒编：《组织中的信任》，中国城市出版社 2003 年版，第 12 页。

③ ［美］弗朗西斯·福山著，彭志华译：《信任——社会美德与创造经济繁荣》，海南出版社 2001 年版。

④ 迪戈·甘姆贝塔（Diego Gambetta）著，杨玉明译，彭泗清校：《我们能信任吗？》，载于郑也夫编：《信任：合作关系的建立与破坏》，中国城市出版社 2003 年版，第 270～271 页。

⑤⑥ 郑也夫：《信任论》，中国广播电视出版社 2001 年版，第 19 页。

（2）不确定性。这是信任存在的一个前置项，即信任是在一种不确定状态下才出现的。"具备了确定性，就不存在风险与应对风险这一特定方式了，也就不叫信任了。"① 迪戈·甘姆贝塔认为信任是在一种不了解或无法了解他人行为的无知或不确定状态下出现的。就这点而言，信任关注的不是普遍意义上的未来行为，而是所有那些能制约我们现在的决策的未来行为。②

（3）主观性。信任是主体的一种主观心理活动，是主体对客体的一种评价与判断。如郑也夫归纳的信任关系三点性质中的最后一点就是："因为没有足够的客观根据，信任属于主观的倾向和愿望。"③ 主体对于客体后续行为的发生以及采取的方式依赖于这种信任的主观性，正如迪戈·甘姆贝塔所认为的，界定我们自身的行为依赖于主观概率。④

（4）阀点特性。阀点的意思就是信任如同一个控制行为发生的阀，只有到了一定的阀点上，行为才能发生。因此，不同的信任程度就对应着不同的行为方式。信任度越高，就可能采取越是亲近的行为。"最好把信任看做是一个阀限点，这点位于更普遍的预期的概率分布上，其取值范围从完全不信任到完全信任，其中点代表不确定状态。"⑤

二、信任的外延

目前，信任研究的外延比较宽泛，研究的主客体包括个体→个体、个体→机构、群体→机构等，学术界也没有一个系统的整理。本书分别从信任的主体外延和客体外延两个角度对这一问题进行梳理。

（1）针对信任的主体不同来说，信任的外延包括个体层面和群体层面的信任。

个体层面的信任是一个最基本的内容。西班牙巴塞罗那庞比法布拉大学（Pompeu Fabra）政治与社会学教授雅森特·佛丹纳（Jacint Fordana）认为，应该把社会和政治理论构筑在个体意向基础之上，以便在每一理论解释中都能找到微观因素。因为在社会科学领域，基本的事件是人类个体行为（包括如信念构成这样的行为）。⑥ 信任作为社会学、经济学等社会科学的研究范畴，它的基本研究单位同样是个体。

个体层面的信任又包括两个方面，一是人际信任，即个体→个体。人际信任

---

①③　郑也夫：《信任论》，中国广播电视出版社 2001 年版，第 19 页。

②④⑤　迪戈·甘姆贝塔（Diego Gambetta）著，杨玉明译、彭泗清校：《我们能信任吗？》，载于郑也夫编：《信任：合作关系的建立与破坏》，中国城市出版社 2003 年版，第 270～271 页。

⑥　雅森特·佛丹纳（1999）的这篇文章收录在曹荣湘选编的《走出囚徒困境——社会资本与制度分析》一书中，上海三联书店 2003 年版，第 200 页。

是信任研究的一个重要内容。如在社会学中，自从 20 世纪 70 年代信任成为一个专门的研究课题以来，艾森斯塔德（Eisenstadt）等著的《保护人、被保护人和朋友》、福山的《社会道德与繁荣的创造》等代表性著作中，讨论的都是人际信任问题。另外一个方面是个体对事物（如机构等）的信任，即个体→事物（如机构等）。这些事物是由人来把持的，这其实也还是个体→个体、个体→群体的关系，只是他们之间不是直接接触，而是通过外在的事物来发生关系的。这一点可以引用大卫·古德（David Good）对《牛津英语字典》中有关信任的理解来看："在《牛津英语字典》中'信任'的第一个含义是：'对某个人、某个事物的品质和属性或某个陈述的真实性的相信或信赖。'后一个引申的定义更强调它的经济学用法，意思是'对于一个买者拿现货而将来付钱的能力和意向的信心。'根据这两个定义中的任意一个，我认为，信任的基础是个体的理论，即根据对方现在或从前的要求来判断他在未来的场合中将如何行动。"①

群体层面的信任是主体外延的另外一个构成部分，如公众→客体、受众→客体等。信任是建立在个体意向基础之上的理论，可以理解为最基本的构成单位是个体，但这并不是说对它的分析就必须要限制在个体之间，因为个体有很多不同的集合，如群体、公众等，可以有不同的分析层次。如有学者认为信任被假定广泛地存在于不同的分析层次中。它存在于个人层面，也存在于团体或组织内部和组织之间，甚至在制度层面信任也存在——比如，公众对政治体系的信任。对于一个个人的集合体来说（例如一个群体或是完整的组织），信任的操作化定义是这个集体成员的平均信任水平。②

（2）针对信任的客体外延来说，具有代表性的是从信任结构理论来将信任划分为人格信任和系统信任。

与主体信任外延一样，同样可以依据客体的不同分为不同的信任外延。英国社会学家安东尼·吉登斯从社会学的信任结构理论来概括两种客体角度的信任结构，一种是人格信任，即个体信任（personal trust），也是前面的人际信任；一种是非人格的系统信任（system trust），③ 如主体→政府、主体→媒介、主体→货币

---

① 大卫·古德（David Good）著，龚晓京译，《个体、人际关系与信任》，载于郑也夫编：《信任：合作关系的建立与破坏》，中国城市出版社 2003 年版，第 36 页。

② 在《组织对于危机的反应——信任的核心地位》一文中，艾尼尔·K·米什拉（Aneil K. Mishra）就是这样认为的。载于罗德里克·M·克雷默、汤姆·R·泰勒编，岳添辉、王红英译：《组织中的信任》，中国城市出版社 2003 年版，第 365 页。

③ 我国学者彭泗清在《关系与信任：中国人人际信任的一项本土研究》中提到，学者们对于系统信任所用的术语不太一致。如"系统信任"（system trust, Luhmann, 1979），"基于制度的信任"（institution-based trust, Zucker, 1986），"非私人信任"（impersonal trust, Shapiro, 1987），"社会信任"（social trust, Earle 等，1985）。近年来，使用"社会信任"一词的学者似乎多些。但对于社会信任也有两种理解。

等的信任。

学者们认为，人格信任是传统社会结构的基本特征，它的产生可以说是源自于人的本性，源自于人的本能，用吉登斯的话讲，"信任是人格发展中决定性的普遍现象——与个体早期获得本体性安全感直接相联"，它是建立在具体的人际血缘与熟悉的关系基础之上的，是最为基础性的信任。① 而系统信任是现代社会的主要特征。"传统社会结构是以熟人的社区为基本单元的，其信任也是熟人中的人际信任。现代社会的最大特征是走出了熟人的范围，其信任建立在抽象的系统之上……现代社会生活虽然不可能排除人际信任，但在很大程度上日益依赖于系统信任。"②

因而，人格信任和系统信任体现的是一种传统与现代的关系。如郑也夫认为，传统的人格信任与现代的系统信任间的关系是继承、对应和共存。如果我们一定要在继承与对应中指出哪一种关系更关键，那无疑是继承。一个灭绝了自己传统精神资源的民族不可能有光明的前途。当传统的组织资源不复存在时，等待他的只能是文化与文明上的漫长的休养、生息、复苏。在当前的现实生活中，社会学者们认为人格信任和系统信任之间的影响互为背景。"目前我们社会生活中已经引起人们关注和不安的信任缺失与信任危机的问题，仅仅看到个人层面的信任缺失是远远不够的。并且许多个人性的信任离不开系统信任这个基本的背景。"③

三、公信力概念的逻辑链

从上面对信任外延的分析可以看出，从客体角度定义的系统信任是公信力概念的一个逻辑环节，即公信力概念的逻辑链是：信任→系统信任→公信力。

有学者直接认为"系统信任实际上就是一种公信力。"④ 其实，系统信任与公信力还有词义上的区别，主要有两点：（1）系统信任没有界定信任主体的范围，可以是个体、群体或公众对系统的信任，而公信力明确是公众；（2）系统信任没有"力"的界定，即概念的关系特征和表达客体属性的"能力"。但系统信任与公信力一样都是表达客体属性的，客体对象都是政府、媒介等。也就是系统信任是公信力概念的一个逻辑环。同样，大众媒介公信力与系统信任一样是现代社会的一个特征。

---

① 转自刘文会：《从信任结构看中西法律原则与精神的基本差异》，西南政法大学硕士论文。
②③ 郑也夫：《信任论》，中国广播电视出版社 2001 年版。
④ 孙立平：《重建社会公信力》，载于《经济观察报》，2002 年 4 月 22 日。

1.1.4　概念的评价内容——信用

一、信用的含义

在《现代汉语词典》中信用的解释有四个：（1）能够履行跟人约定的事情而取得的信任；（2）不需要提供物质保证，可以按时偿付的；（3）指银行借贷或商业上的赊销、赊购；（4）〈书〉信任并任用。其中的第二、第三条释义是商业方面的内容。

《辞海》列出了信用的三种释义：（1）信任使用；（2）遵守诺言，实践成约，从而取得别人对他的信任；（3）价值运动的特殊形式。

信用比较多的在经济学科中使用，是经济学中的一个重要概念。在此引述经济学者的定义来看信用的学术定义。

信用有广义和狭义之分。广义的信用是指参与经济活动的当事人之间建立起来的以诚实守信为基础的践约能力，即我们通常所说的"讲信用"、"守信誉"、"一诺千金"。现代市场经济条件下所指的狭义信用，则是指受信方在特定时间所做的付款或还款承诺的兑现能力（也包括对各类经济合同的履约能力）。①

我国著名经济学家吴敬琏认为："所谓的信用，是指一种建立在受信人在特定的期限内付款或偿还承诺的信任基础上的能力，它是使后者无须付现就可以获取商品、服务或资金的能力。信用是多少发展了的市场交易的一个必备的要素。"②

从上面可以看出，信用首先是表达客体（被观察对象）的一种属性，其次，这种属性是在和主体（观察者）的交往活动中建立起来的，再其次，这种属性表现为主体对客体未来行动的一种预期，最后，这种预期又成为客体本身的一种能力，并且"这种能力可以量化为信用度，信用度标志着信用相关者的诚信状态"。③

二、信用与公信力的关系

信用是表达客体的词汇，是公信力的一个重要评价内容。政治学、伦理学等一些学科的学者论文中对信用与公信力的关系问题有过直接论述，认为公信力是公众对客体信用的信任程度。这里引用行政学一篇论文的讨论来看两者的区别：

---

① 引自国务院发展研究中心市场经济研究所"建立我国信用体系的政策研究"课题组观点，2002 年。

② 转自马清锐、杜治洲：《发挥信用对市场经济的驱动作用》，载于《湖北社会科学》，2001 年第 3 期。

③ 宋希仁：《诚信与信用之辨析》，载于《人民日报》，2003 年 5 月 20 日。

"政府公信力与政府信用是既紧密相关又有所区别的两个概念。所谓政府信用，指的是政府履行其对公众承诺的状况，它是现代民主与法治条件下的责任政府的重要标示。政府公信力体现的是政府的信用能力，它反映了公民在何种程度上对政府行为持信任态度。政府公信力的强弱，取决于政府所拥有的信用资源的丰富程度。这种信用资源既包括意识形态上的、物质上的、也包括政府及其工作人员在公民心目中的具体形象等等。"①

从这个角度看，信用是公信力概念中公众所评价客体的内容。把公信力放在不同的学科中，就有不同对象的信用评价。如上面所说的政府公信力就是公众对政府信用能力的评价，新闻媒介公信力就是公众对新闻媒介信用能力的评价，非营利机构的公信力就是公众对这些机构信用能力的评价，经济组织公信力就是公众对于这些组织信用能力的评价等。

1.2　英文中的大众媒介公信力词义

对于媒介公信力的英文对照词汇，学术界一直没有一个统一的说法。有认为公信力对照的英语词汇是 public trust，有认为是 credibility。在美国，传播学者们主要是对 credibility 的研究。这个词在中文中有的翻译为公信力，有翻译为可信度。而这些词的本身词义是有区别的。这一方面容易引起研究概念混乱，另一方面与国外的研究很难接轨。

由此，本节试图对这些问题作一梳理，并着重对 credibility 概念的研究内涵进行探讨。

1.2.1　credibility 研究的两种观点分析

一、credibility 研究的特质说与关系说

在 20 世纪 50 年代末、60 年代初，媒介公信力的研究开始成为美国实证传播学的一个重要研究内容后，经过几十年的不断研究，在 credibility 的测量、判断维度的研究等方面都有了长足发展。对于 credibility 的理解，学者们有两种定义。

---

① 何水明、汪水波：《地方政府公信力与政府运作成本相关性的制度分析》，载于《国家行政学院学报》2002 年专刊，第 44 页。

一是特质说。持这种观点的学者们认为 credibility 是表示媒介（或消息来源）的一种特质，这种特质取决于媒介本身的情况，与受众无关。

如冈瑟（Gunther）在对 credibility 的文献分析中指出的，（之前学者们对）公信力最常见的解释指的是媒介的特质。用《华盛顿邮报》编辑本·布拉德利（Ben Bradlee）（1981）的话说："报纸公信力是它最重要的财产，并且几乎完全取决于它的记者的诚实。"确实，在大众传媒研究中，公信力已经被首先定义为消息来源的特质。①

在 20 世纪 50 年代和 60 年代初的早期研究中，研究的重心主要集中在媒介方面，如调查媒介 credibility 的高低，比较不同媒介 credibility 的情况。即使作了不同受众指标维度与媒介 credibility 的分析，也只是一些交叉关系的分析，只是看看在不同媒介 credibility 上受众群的分布，未从受众角度深入探讨影响 credibility 的原因等。② 这时的 credibility 研究关注点主要在媒介上面。

二是关系说，认为 credibility 是受众与媒介之间的一种关系，credibility 是通过受众的认知③来形成的，受众是 credibility 内涵的一个重要构成，而不是单纯的取决于媒介本身。

在 20 世纪 60 年代中后期，学者们开始对 credibility 的含义进行重新思考。如雅各布森在对信源 credibility 的研究中认为："耶鲁大学的霍夫兰研究团队在 20 世纪 50 年代对 credibility 的研究是后来学界研究的理论起点。近期，伯罗（Berlo）、勒默特（Lemert）、默兹（Mertz）作了更进一步的思考，将 credibility 这个词概念化为媒介的一种关系（relational）而非媒介的特质（property），将 credibility 设想为对信源广泛评价的一部分，并依据接收者的认知来运作。过去 credibility 通常被假设为单一维度、二分法的（非高即低）并且是信源的一种客观特质。诸如此类的规定意味着 credibility 或多或少是稳定的属性，而不是依据接收者的评估来改变的。这些说法没有考虑将 credibility 视为是传播过程的产物。"④

---

① Gunther, A. C. (1992). Biased press or biased public? attitudes toward media coverage of social groups. Public Opinion Quarterly, 56, P. 148.

② 如韦斯力和赛佛林（1964）调查了 1 000 个样本，比较了报纸、电视、广播受众的人口特征、社会、经济等指标与 credibility 交叉关系的分析；布拉德利和格林伯格在 1964 年做的调查研究将 credibility 与人口特征等多变量指标的交叉关系的分析。

③ 在心理学中，知觉（感知）只是认知的一个最开始层面。美国学者们使用的词是 perceive（perception），直译就是"感觉、知觉"。但在实际研究中是表达"认知"（cognition）的意思，我国学者也翻译为"认知"，如"媒介角色认知（media role perception）"（参见《传播统计学》，柯惠新、祝建华、孙江华编著，第 466 页）。所以，本书认为媒介公信力也是公众的一种认知，而不仅仅停留在知觉（感觉）层面，故使用"认知"一词。

④ Jacobson, H. K. (1969). Mass media believability, a study of receiver judgments. Journalism Quarterly, 46 (1), P. 21.

从受众的角度来看，credibility 是一个表达受众认知的词汇。如冈瑟认为媒介公信力是接受者的评价，不是消息本身的特质，因此，预测公信力更多的是与受众相关的，而不是与消息本身相关的。[①] "实际上，所有研究 credibility 的学者们将之描述为——被认知的、多维度的。首先，credibility 是一个被认知的词汇，它不属于一个客体、一个个人或者一则信息。"[②]

从特质说到关系说，可以看出学者们不再将 credibility 作为单纯的取决于媒介（或消息来源）本身的一个客观属性，而是将之放到了传播过程中来看，是通过受众的认知来实现的，要受到受众的不同状况的影响。举例来说，同样的消息来源在同样的媒介上发布，面对不同的受众，按照早期的看法，credibility 是一样的，因为它是媒介的一种客观特质，是相对恒定的。但如果把 credibility 视为一种关系，一种传播的产物，是受众的性别、年龄、政党认同、媒介使用、媒介依赖等作用的结果，那么，在不同的受众中媒介的 credibility 是不一样的。这里，后者的重心在于受众。

本书从关系说的角度来理解 credibility 的概念，这样，credibility 与汉语中的公信力概念是相对应的，首先是一个关系概念，作为媒介的属性是通过传播过程中受众的信任认知来决定的，而不是单一的取决于媒介本身。关系说从受众角度来研究媒介的 credibility，拓宽了 credibility 的内涵。credibility 是受众的一种认知，这一点已经在学者中得到共识，这是 credibility 研究的一个重要特征。

二、credibility 与 "可信度"、"公信力"、"public trust" 的关系

1. credibility、可信度、公信力三者的基本词义关系

可信度与公信力的区别是：可信度的 "度" 是程度的意思，也就是说可信度是一个度量概念，是表示客体（媒介）可信任的程度，是表达客体属性的词汇。而公信力的 "力" 表达的第一层意思是一个关系概念，是表示主客体之间的信任关系，"力" 的第二层意思是从客体角度来看的，是能力的意思，即表示客体赢得主体信任的能力。此外，公信力概念界定了信任主体的范围是公众。

可信度和公信力在表达客体属性时，都是表示客体（媒介）被主体（受众）的一种信任，这种信任是由信任主体（受众）的评价与判断产生的。只是可信度的关注点完全在客体（媒介）上面，具体的是客体（媒介）获得信任的程度大小；而公信力讨论的范围更广，既包含了客体（媒介）方面的可信度内容，

① Gunther, A. C. (1992). Biased press or biased public? attitudes toward media coverage of social groups. Public Opinion Quarterly, 56, P. 152.

② The Stanford Persuasive Technology Lab and Makovsky & Company (2002). Stanford-makovsky web credibility study 2002, ——Investigating what makes web sites credible today.

也包括了主体（公众）的影响变量等内容。

也就是说，可信度是公信力的外现，是公信力的一个具体表现方式。按照前面对 credibility 的英文解释看，是一个表示品质、能力的概念，它的属概念是 the quality、或者 the quality capability，这点与公信力的"力"更能对应。

2. credibility、可信度、公信力三者在实际研究中的使用情况

在我国香港和台湾地区的学者们有关媒介可信度的研究中，可信度的实际研究内涵超出了它本身词义的范围，没有限定在媒介本身，而是从受众性别、经历、教育程度、政治观点、媒介知识、媒介接触、媒介使用等方面来展开研究的。[①] 也就是说，媒介可信度的实际研究内涵与公信力的概念内涵是一致的，与 credibility 研究内涵也是一致的。

实际上，许多学者对这三个词汇也没有做区分，是互相混合使用的。如一些学者将 credibility 翻译为可信度，"另一种范畴分析'媒介可信度'（media credibility）"；"他们的研究发现，报纸可信度呈现两个面向：'报道可信度'（credibility）与'社会关怀'（social concern）"；[②] "Roper 机构的'相对可信度'（relatively credibility）问法，也成为往后媒体可信度研究者主要参考对象。"[③]

而我国香港、台湾地区以及新加坡一些学者的论文和报章中，也将 credibility 翻译为公信力。如："到了 60 年代，美国报纸销数下降，使公信力危机（Credibility Crisis）成为新闻从业人员最担心的问题。"[④] 这里就将 credibility 翻译为公信力。香港大学钟庭耀博士主持的"香港新闻传媒的公信力评估"网站上，英文为：Appraisal of Credibility of the News Media in HongKong，使用公信力的英语词汇是 Credibility。[⑤] 在新加坡《联合早报》的一篇中英双语的文章中，《Credibility is a prized asset of the media》的中文译文为《公信力是媒体的宝贵财富》。[⑥]

所以，新闻传播学中 credibility 的研究内涵与汉语"公信力"的内涵是一致

---

① 如我国台湾学者罗文辉对可信度进行了较多研究，是从受众角度来探讨影响因素的，实际上探讨的是一种受众与媒介的信任关系问题。具体的可以参见罗文辉等：《新闻媒介可信度之研究》，中国"台湾国科会专题研究报告"，1993 年 2 月；王旭等（1999），《媒介表现：关于新闻可信度的讨论与测量》，1999 年中华传播学会年会论文。学者们对于媒介可信度的研究实际上是从受众角度来进行的，与公信力表达的含义是一样的。

② 罗文辉、林文琪、牛隆光、蔡卓芬：《媒介依赖与媒介使用对选举新闻可信度的影响：五种媒介的比较》，载于《新闻学研究》2003 年第 74 期。

③ 叶恒芬：《网路媒体可信度及其影响因素初探研究——以台湾地区网路使用者为例》，台湾中正大学电讯传播研究所硕士论文（2000）年。

④ 罗文辉：《新闻理论与实证》，黎明文化事业公司 1993 年版，第 10 页。

⑤ 引自网站：http://hkupop.hku.hk/chinese/popexpress/nm_credibility/。

⑥ 引自网站：http://www.zaobao.com/bilingual/pages1/bilingual150303.html，By Ding Shu（丁恕）2003 - 03 - 15。

的，两者是一种中英文的对应关系；我国香港、台湾有的学者把 credibility 翻译为"可信度"，在实际的研究中这个词表达的其实是"公信力"的内涵，而不仅仅是它本来的词义。credibility 与我国香港、台湾学者使用的"可信度"在本书中统一为"公信力"一词。

3. credibility 与 public trust 的对应中文词语

美国依阿华大学的学者周树华认为应该将可信度和公信力做出区别，并且可信度对应的英文是 credibility，公信力对应的词汇是 public trust。他这样认为："可信度（credibility）是从传播者的角度定义的。我们说某一消息来源、某些新闻内容或某一媒体更加可信是因为这些消息来源、内容或媒体固有的一些特性使受众感觉上认为它们拥有可信的特点。媒介公信力（public trust）的概念是从受众的角度定义的，受众对某些媒体、信息来源及内容投信任票是从多种总和因素总结后做的决定。这些因素可以包括受众所处的文化氛围、受众个人的经历、受众的教育程度，受众的媒介应用率等等。当然，信息的来源、内容和形式的可信度在信任的决定中扮演重要的角色。正因为如此，媒介工作者都认识到受者本身的因素是他们无法控制的，但信息的特点是传播工作者决定的，正因为如此，增加'可信度'便成为研究的中心。"[1]

从汉语的词义上理解，周树华对可信度和公信力的定义作了很清楚的区分，本书也认同他的说法。这里的问题是 credibility 和 public trust 对应的中文概念。周树华认为 credibility 对应的概念是可信度，public trust 对应的概念是公信力。

显然，周树华将 credibility 还定格在早期"特质说"的研究内涵上，认为 credibility 是从传播者的角度定义的，而没有从 credibility 的发展内涵上看。从"关系说"的研究内涵上看，credibility 的研究实际上已经是周树华所说的公信力的定义，即是从受众的角度来定义的，是从受众的教育程度、环境等因素的影响来看的。实际上，可信度概念的研究内涵也如此，这点在前面已经作了论述。在实际的研究中，三者的研究内涵都与公信力的内涵一样，并未按照本来的词义严格区分。

public trust 直译为公众信任，前面已经论述了信任（trust）是公信力概念的逻辑起点，也就是说，credibility 的含义已经包含了 public trust 的意思。还有一点是 public trust 直译为公众信任，这个英文词很难体现公信力的"力"的两层意思，而 credibility 的词根可以有这种意思。

因此，公信力的英文对照词汇用 credibility 更能与国外的研究相对应，本书讨论公信力对应的词汇是 credibility；我国香港、台湾学者所用的可信度与公信

---

[1]　周树华：《媒介公信力概念、心理、社会功能及其研究》，文稿（2004 年）。

力没有实质的研究内涵区别，讨论的是同一个问题，在本研究中将两者统一为公信力。

1.2.2 信任、信用、信仰、信赖、相信的英文对照词汇

再来看有关"信"的其他几个常见词汇的英文对照。

我国社会学者郑也夫对"信任"的两个英文词汇作了语意的区别，他认为在西方学术界日益成为显学的"信任"研究就是对"trust"的研究。与"trust"意思相近的词汇是"confidence"。这两个词也是英语世界中的"信任"研究者们努力区分的同义词。有学者认为，二者的主要差别是程度，前者的信任程度更强。还有一些学者认为，"confidence"指对一个制度的信任，而"trust"是指对一个制度的界限和空隙处的处理态度。卢曼则认为，"confidence"与归为无选择的事物中的危险相联系，"trust"与风险和主观选择相联系。①

可以看出，英语学者们对于区分"trust"和"confidence"也很难有统一的意见，也就是说两者的基本词义是一样的，但有语感的区别，"confidence"的语感强于"trust"。这一点与前面讨论的"信任"与"信赖"的关系相似，即"confidence"对应的中文词汇是"信赖"。"与'信任'同义的词汇寻常得混淆不清，'信仰'（faith）、'信任'（truth）和'信赖'（confidence），这些词都表示相信。"② 另外，"相信"对应的英语词汇是"believe"。这些英语词汇都是表达主体性的词汇。

而对于信用，在经济学中对应的英语词汇是"credit"。如"Law Merchant 制度在现代社会就相当于信用报告制度（credit reporting bureau）。"③ "所谓信用（credit），是指一种建立在授信人对受信人偿付承诺的信任的基础上、使后者无须付现即可获取商品、服务或货币的能力。"④

这样，这几个词的中英文对照关系是：信任—truth、信用—credit、信仰--faith、信赖—confidence，相信—believe。

---

① 郑也夫：《信任论》，中国广播电视出版社 2001 年版，第 12 页。
② 基思·哈特（Keith Hart）：《亲戚、合同和信任——非洲城市贫民窟的移民经济组织》（杨玉明译），载于郑也夫编：《信任：合作关系的建立与破坏》，中国城市出版社 2003 年版，第 232 页。
③ 张维迎：《经济学家看法律、文化与历史》，转自网站 http://finance.hust.edu.cn/forum/article/chinese。
④ 吴敬琏：《不讲信用危害无穷——经济学家吴敬琏纵论信用建设》，参见 http://news.sohu.com/97/63/news147596397.shtml。

1.3 媒介公信力的概念界定

根据前面的论述，在此从概念的逻辑起点、内涵、外延、传播特点几个方面来界定媒介公信力概念。

（1）媒介公信力概念的逻辑起点是"信任"。什么是信任呢？本书认为，"信任"是主体对客体未来行为的预期，这种预期影响主体对客体的下一步行动。后面几章关于媒介公信力的判断维度分析、影响因素分析、生成机制分析以及对媒介功能的影响分析几个方面都以信任为起点来展开。

（2）什么是媒介公信力（credibility）呢？按照前面的论述，本书认为媒介公信力就是在公众与媒介的相互作用关系中，媒介赢得公众信任的能力。从媒介方面来看它的内容就是媒介的信用情况，信用是媒介公信力的评价内容。这种评价是通过公众的认知来形成判断，"公信力是一种对信息来源的广泛判断，而且是由受众来认知的"，[①] 即媒介公信力属于公众的一种主观行为。

（3）媒介公信力的外延包括以下几个部分：媒介总体公信力、媒介渠道公信力、消息来源公信力、媒介组织机构公信力、新闻从业人员公信力。在美国，学者们对媒介渠道公信力和消息来源公信力的研究比较多，如有学者认为，公信力概念主要要在两个范畴上被研究：信息来源和传播渠道。[②] 在我国学者的论述中，对于整体媒介公信力和媒介组织机构公信力的论述较多。如："媒介的公信力是指受众对新闻媒介的信任程度，媒介要依靠公正客观的报道、真实的新闻取得受众的信任，反之不真实或不客观就很难获得受众的信任。"[③] "媒介公信力指的是媒体的社会信誉度，即社会与公众对媒介机构的积极性评价和赞誉的程度，是媒介机构取信于社会与公众、保持自身良好社会形象、求得自身生存与发展的基本条件。"[④] "传媒的公信力是指传媒在长期发展过程中形成的，在社会和受众

---

① Berlo, D. K., Lemert, J. B., and Mertz, R. J. Dimensions for evaluating the acceptability of message sources. Public Opinion Quarterly, 33, 563–576. 1970.

② Kiousis, S. Public trust or mistrust? perceptions of media credibility in the information age. Mass Communication & society, 4 (4), 381–403. 2001.

③ 陈绚，访谈《2003 中国网络媒体论坛之四：公信力——互联网发展的生命线》，参见 http://www.cctv.cn/tvguide/tvcomment/wtjj/xzlz/7517_2.shtml.

④ 郑保卫，访谈《2003 中国网络媒体论坛之四：公信力——互联网发展的生命线》，参见 http://www.cctv.cn/tvguide/tvcomment/wtjj/xzlz/7517_2.shtml。

中的信誉度、权威性和影响力。"① "媒介公信力就是因公众的信任所产生的社会权力，或者说社会影响力、媒介能力。"②

本书中媒介公信力的外延包括上面的各个部分，既是指媒介渠道、消息来源、组织机构、从业人员等各个部分的公信力，也是指媒介的总体公信力。在本书后面的论述中，如果没有特别说明时，指的是媒介总体公信力。

（4）媒介公信力是在传播过程中建立起来的，是传播过程的产物。那么，媒介公信力在传播过程中处于什么位置？有学者认为："信任与其说是合作的一个前提，还不如说它是合作的一个结果。"③ 但也有学者认为是信任是合作关系的开始。本书认为媒介公信力是上一个传播活动的结果，并影响着下一个传播活动的进行。

1.3.1　民众与大众媒介之间的契约关系④

一、"非社会信息需求"与"社会信息需求"

民众的信息需求来源于自己所处的环境，内容非常广泛，信息需求的性质具有相当大的差异，有些信息需求仅供娱乐消遣，比如八卦消息、趣味性故事、电视剧等媒介信息。虽然近年来大众媒介的娱乐功能已经越来越突出，但大众媒介不是单纯的商业机构，它在一定程度上是一种"社会公器"，人们普遍认为大众媒介具有促进"公共利益"（Public Interest）的责任，因此民众对媒介寄托了监测环境、监督政府、传承文化、维护社会秩序等期望，这些与公众利益相关的社会期望构成了民众对于媒介的另一类信息需求。我们将与公众利益相关的信息需求称为"社会信息需求"，其余的与公众利益无关的需求称为"非社会信息需求"。提出"社会信息需求"的民众群体与公众利益诉求相关联，具有一定的公共精神，在此意义上的媒介受众（民众、大众）自身也转化为了公众（Public）。

二、"非社会契约"与"社会契约"

契约用于规定签约各方的责、权、利，以保证共同获利并互相约束，公众和

---

① 余文斌：《公信力——传媒竞争的重要砝码》，载于新华网湖南频道，2002 年 5 月 31 日。

② 刘笑盈，访谈《2003 中国网络媒体论坛之四：公信力——互联网发展的生命线》，参见 http://www.cctv.cn/tvguide/tvcomment/wtjj/xzlz/7517_2.shtml。

③ 甘姆贝塔：《我们能信任吗？》，载于郑也夫编：《信任：合作关系的建立与破坏》，中国城市出版社 2003 年版，第 265 页。

④ 自本部分起至第 1 章结束，原为中篇的独立一章（位于第 8 章之后、第 9 章之前）。为对公信力的概念有一个集中的论述，在本书中调整至第 1 章。——编者注

媒体之间的交往关系，实际上就是一种基于各自责、权、利的契约关系。民众对媒介信息需求种类的不同决定了契约内容也有所差别，其中一个很重要的差别在于民众分别用什么手段来保证自己不同信息需求的满足。

媒介对民众的"非社会信息需求"的满足类似于单纯的商品交换关系，民众与媒介之间的契约可以称之为"非社会契约"。契约的内容可以简述为：受众付出钱（或注意力）获得媒介产品，用以满足自己的"非社会信息需求"；而媒介提供给受众媒介产品，满足受众的需求，从而得到金钱（或注意力）。当媒体无法满足受众的"非社会信息"需求时，受众一般采取的惩罚督促手段就是不再购买或接触该媒体，直接影响到媒体的经济收益，这对于媒体来说是一种经济惩罚。

而对于那些与公共利益有关的信息需求，媒介与公众之间签订的是一份"社会契约"。与"非社会契约"不同的内容就在于，公众对"社会信息需求"得不到满足的惩罚手段不仅包括了不购买不接触媒体的经济惩罚，还包括了对媒体不再信任或降低信任的"公共信任惩罚"。

因此可以说媒介公信力的本质就是"公众对媒介所抱有的社会期望（社会信息需求）得到满足程度的心理反映"。

三、"经济惩罚"与"信任惩罚"

从以上论述我们可以看到，公众对于媒介履行自己的社会责任（也就是实现公众的社会期望）的制约手段包括了"经济惩罚"和"信任惩罚"两种。经济惩罚相对来说是一种作用效果更为迅速直接的制约手段。经济惩罚可以比较迅速地通过媒体的发行量、收视率下滑等表现出征兆，从而起到督促媒体改进自己的不足，以更好的满足公众的社会期待，如果是在自由竞争的媒介市场上，那些一直得不到改善的媒体还将被市场淘汰出局。经济惩罚直接关系到媒体的经济利益和生存，是一种较为有力的制约手段。但仅依靠"经济惩罚"手段并不能保证一定可以实现公众的社会期望，因为媒体在仅满足民众"非社会期望"的情况下也可以得到经济支持，从而维持媒体的生存和发展。而且有时候民众对媒介的许多"非社会信息需求"同公共利益是相违背的，媒体为了经济利益很可能会做出损害公共利益的行为。

相对于经济惩罚手段，公众对媒介的"信任惩罚"带有消极、滞后的特征。信任是个历时较长的心理变化过程，这一过程并没有明显的征兆，也就不能够对媒体起到预警作用。而且只有相当比例的民众对媒介失去了信任，信任惩罚的制约效果才能够明显表现出来，因而不信任比例由少到多也需要一定时间的积累。

如果媒介体制缺乏对媒介的经济惩罚手段，比如在非市场化的媒介体制之下，人们对媒介无法满足自身社会信息需求的惩罚手段就会集中于缺乏预警征兆的"信任惩罚"，正因为"信任惩罚"存在滞后等特点，则会产生一个相当危险的隐患：媒介在信任危机出现之前可能是毫无知觉的，公众对媒体信任的降低或丧失一般只有到了矛盾激化时才会表现出来，而这时媒介想要挽回信任往往需要付出相当大的代价，更为重要的是这种信任危机一旦发生，遭受损失的不仅仅是单个媒体，整个媒介体系甚至整个社会都有可能受到伤害。

1.3.2　公众对媒介的社会期望与媒介公信力

以上讨论明确了"媒介公信力"由"公众对媒介的社会期待"以及"媒介对这种社会期待的落实"两个因素所决定。那么公众对媒介具有哪些社会期待，以及这些社会期待通过媒体怎样的表现才能更好地落实是公信力研究的基点。

一、媒介期望的具体内容

对于大众媒介应该怎样才能更好地实现社会责任，传播学和新闻学的规范性理论（normative theories），也就是讨论新闻媒介的"应该怎样"（should）与"不应该怎样"（should not）的理论，提供了许多意见。麦奎尔对此有过一系列的总结，他用"自由"（freedom）、"平等"（equality）及"秩序"（order）三个概念，作为新闻媒介表现的核心，然后又进行了更为细致的分析，大致可以归结出 23 个媒介"应然"的表现。[①] 为简明起见，将这些论述用表格来呈现（如表 1－2 所示）：

表 1－2　　　　　麦奎尔对于媒介"应然"表现的总结

媒介表现 （Media performance）	自由 （freedom）	独立（independence）	1. 可靠性（reliability）
			2. 独创性（originality）
			3. 批判立场（critical stance）
	平等 （equality）	发讯者的媒介使用权 （access for senders）	4. 对任何消息来源一视同仁的开放或平等 （open and/or equal）
			5. 内容要能反映消息来源的比例 （proportional）

---

① McQuail, D. Mass communication theory: an introduction. (3rd.). Thousand Oak, CA: Sage. 1994.

续表

			多样化的节目供给（diversity of supply）	6. 接收者有其选择（choice）
媒介表现（Media performance）	平等（equality）	接收者可接触的多样性（diversity for receivers）	多样化的传播管道及新闻内容（diversity of access and content）	7. 内容的改变（change）
				8. 顾及社会上不同群体（reach）
		内容的客观性（objectivity of the content）	9. 新闻内容为中立（neutrality）	
			10. 公平（fairness）	
			11. 真实（truthfulness）	
	秩序（order）	社会的（social）	团结（solidarity）	12. 新闻的内容具有同情心（empathetic）
				13. 可被认同的（identified）
			14. 亲社会的影响（pre-social influence）	
			控制（control）	15. 内容应提供符号上的共识（consensus）
				16. 公共秩序（public order）
		文化的（cultural）	品质（quality）	17. 教育/科学（educational/scientific）
				18. 艺术/审美的内容（artistic/aesthetic）
			非文化（un-cultrual）	19. 低品位（teste）
				20. 粗鄙（in-decency）
				2. 暴力（violence）
			认同（identity）	22. 提供国家的认同（national）
				23. 次文化的认同（sub-cultural）

　　而大众媒介究竟应该怎样，不同的媒介理论有不同的观点。自由主义媒介理论、马克思主义媒介理论、社会责任理论的看法既有相同又有不同。表1－2所

列出的麦奎尔的总结也只是代表了部分学者们的观点。

对于"媒介公信力"研究来说，公众是媒介"应该怎样"的决定者，因为公众心目中的对于媒介"应该怎样"的看法（也就是公众对媒介的社会期望）正是他们对媒介公信力进行评判的基点。也许公众的一些意见在专家和学者看来是浅显甚至错误的，但无论公众有怎样的意见都是现实生活中的客观存在，公众就是依据自己所认定的"媒介应然的表现"来对媒介进行评判的，也就是说公众对媒介的社会期望构成了媒介公信力的基础，而民众对媒介完成社会期待情况的评价所反映的就是媒介的公信力状况。

二、媒介表现与媒介期望

公众对媒介的期待也即公众与媒介建立的社会契约条款并非明文条款，更大程度上是一种心理约定。这些约定不仅是无形的，而且条款的内容和每一条款的评价标准与受众的性格、心理、知识素养、生活经历等多种因素相关联，因此也是复杂多变的。而公信力状况如何，由媒介期待所落实的情况所决定。在此意义上，大众媒介的具体表现与公众对媒介的社会期望之间的契合程度，是媒介公信力的决定因素。

媒介表现与公众的心理预期之间可以有三种情况：没有满足预期、符合预期、超越预期水平，不同情况对媒介的公信力有不同的影响。当公众的期待得到落实会对公信力有正面影响；如果公众的媒介期望没有在媒介的实际表现中落实，期望成为失望，媒介公信力则会受到负面影响；如果媒介能有超越公众期待的媒介表现，相应地会对公信力的提高有显著的影响（比如"焦点访谈"的轰动效应就在于超越了当时中国公众对媒介的心理预期）。

综上所述，对媒介公信力的探讨应考虑以受众的媒介期望为研究起点，将公众的媒介期待作为媒介公信力评判准则的基础。从这个角度观察媒介公信力就可以解决类似的疑问：如果今天的人去看"大跃进"时期的报纸，会觉得很不可信，但在当时，人们对报纸的信任度虽然没有具体调查数据可循，但可以推想是相当高的，这就是因为不同时期民众对媒介具有不同的期待。当时的报纸在民众心目中的角色类似于政府文件，因此对报纸的"期望"类似于对"文件"的期望，信息是否真实并不是最重要的，发布信息的单位级别是信任的最重要依据。从公众的媒介期望出发探讨媒介公信力，也就解决了不同历史、文化和社会背景下媒介公信力评价标准无法简单整齐划一的问题。

以上所论及的"公众与媒介之间的契约关系"、"媒介期望"以及"媒介表现"等概念之间的逻辑关联揭示了媒介公信力的本质内涵和发生机制，这一逻辑关联可以用图1-2来表示：

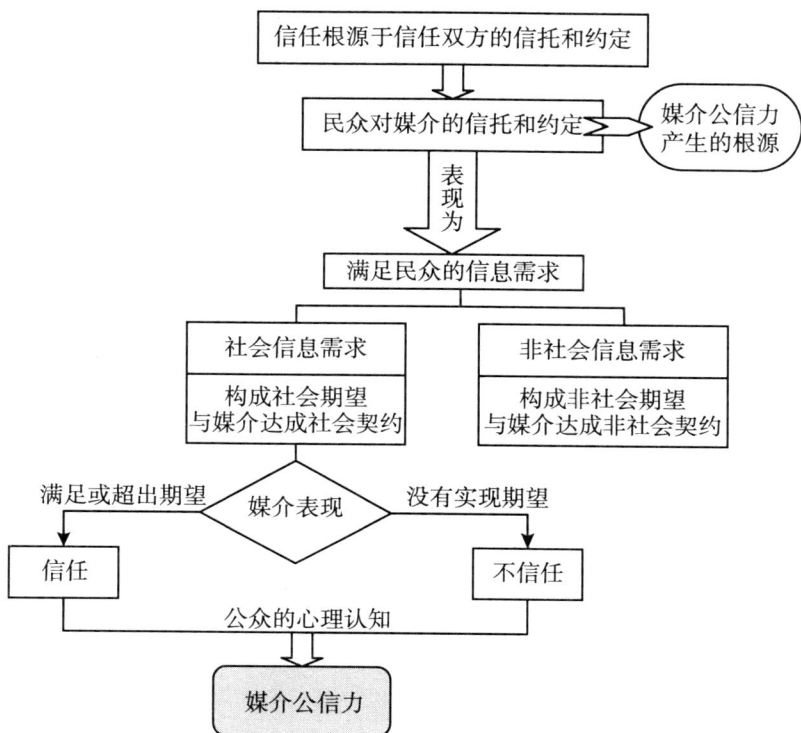

图 1 - 2　媒介公信力生成机制示意图

1.4　媒介信任在大众媒介体系中的坐标

对于媒介公信力的意义和作用，研究者大多持有较为一致的看法，比如认为媒介缺乏可信度会有降低发行量或收视（听）率、政府无法透过新闻媒介传达政令、民众无法借新闻媒介监督政府等负作用。[①] 以下从制度经济学和现代契约理论的角度来探讨究竟媒介公信力为什么会达到这种影响效果，其作用力发生的机制如何。

制度是一系列被制定出来的规则、守法程序和行为的道德伦理规范，它旨在

---

① 　罗文辉、陈世敏：《新闻媒介可信度之研究》，中国台北"行政院国科会专题研究报告"（1993年）。

约束追求主体福利或效用最大化利益的个体行为。① 大众媒介体系（媒介机制、媒介制度）实际上就是一个契约体系（契约制度），媒介体系的存在价值就是通过各种契约的制定使媒体体系内部的不同利益主体形成有效的自我约束和相互制衡机制。

国家权力中心、媒体机构和民众是大众媒介体系主要的参与主体和利益相关者，如果缺乏制度约束，各个利益主体之间会产生过多的利益摩擦，影响媒介系统的运行效率。而一个具有合理制度约束的媒介体系可以给各个参与主体带来利益，而且从宏观上来说也有利于整个社会系统的运转。所谓无规矩不成方圆，媒介体系的规制是媒介系统存在的必然要求。

在媒介体系的形成过程中，国家权力中心、媒体机构和民众为了实现自身的权益，会凭借各自所拥有的实力、以满足自己的和共同的利益诉求为目标展开"谈判"，通过三方的讨价还价形成一个由各种正式或非正式契约所构成的媒介体系，三方根据媒介体系的规则分配各自的责任、权利和利益，形成相互制衡，进而获得一个有利于理性决策的媒介运转环境，使三方的共同利益最大化，利益摩擦最小化。

媒介体系的规则或契约内容究竟怎样（也就是媒介体系有怎样的制度安排）由利益相关者希望通过媒介体系所获得的利益以及各自所拥有的"谈判"实力两方面因素所共同决定。

国家权力中心对媒介体系的利益诉求可分为政治诉求和经济诉求两方面，政治诉求简单地讲就是政治支持最大化，经济诉求可概括为获得财政收益；

媒体机构的诉求也可分为政治和经济两种，政治上包括实现自身的新闻理念、获得社会地位等，经济上主要是通过媒介获得利润；

民众对媒介的利益诉求概括地讲就是获得自己所需要的信息。具体需要什么样的信息在不同的社会背景和历史时期具有不同的情况。可划分为"非社会信息需求"和"社会信息需求"两大类。

三个利益相关者的"谈判实力"本质上来说就是对其他利益主体的制约能力，它决定了不同利益主体在契约制定（也就是媒介制度安排）过程中讨价还价的能力，而讨价还价的能力又决定了利益主体最终能够从媒介制度安排中获得多少利益分配权。

一般情况下国家权力中心拥有以国家机器为后盾的绝对实力优势（除非国家政权面临危机）。

媒体机构的实力状况也就是媒介的权力，其大小取决于媒体机构经济和政治

---

① 诺思：《经济史中的结构与变迁》，上海三联书店 1991 年版。

上自由和独立的程度。有些国家（比如美国）的绝大部分媒体以市场化方式运营，拥有一定的经济自主权；并有宪法保护其政治独立性，从而成为所谓的"第四权力"，拥有较多的经济和政治权力。有些国家（比如新加坡）媒体机构市场化运营，因此拥有一定的经济实力，但缺乏政治力量。有些媒体机构则在政治和经济上都完全隶属于国家权力中心，仅仅是权力中心的附属机构。但无论媒体机构实力多么强大，媒介权力总还是处于国家的控制之下，不能与国家权力中心的实力相提并论。

而民众在媒介制度安排中的实力状况最为特别。民众缺乏强有力的维护自己利益的积极手段，从这个角度来讲民众一方在媒介制度安排过程中讨价还价的能力很弱。但从另一方面来看，无论是国家权力中心还是媒体机构，两者政治和经济诉求的实现都是以民众对媒介信息的接受为前提的，因此如果一旦民众拒绝接受媒介信息，直接后果是整个大众媒介体系的消亡。因此民众虽然缺乏强有力的积极制衡手段，但拥有一项对整个媒介体系具有重要意义的惩罚手段——对媒介信息的排斥。这种"排斥"反映在行为层面就是不接触媒介、反映在心理层面就是不信任媒介。也就是说当民众认为自己的利益诉求（获得所需要的信息）不能够被现有的媒介系统保障时，会通过不接触媒介或者不信任媒介的手段行使"退出权"作为惩罚性对策来保证自己的利益不受损害。民众"退出权"的使用会导致三方利益都受到损失，而从宏观层面上来看，整个社会的运转也将受到损害。

至此我们可以为媒介信任找到它在整个大众媒介体系中的位置：公众信息需求的满足程度影响公众对媒介的信任，公众对媒介的信任作为大众媒介体系的一个运转环节又影响着这一体系其他利益主体（国家权力中心和媒体机构）的利益获得，同时也会影响整个大众媒介体系和社会体系的运转。因此虽然民众对媒介的信任是媒介体系中一个很小的环节，但这个环节的断裂却会产生巨大的破坏力。这也正是媒介信任的重要性所在。

媒介信任与三个利益主体、媒介体系以及社会体系的逻辑关系可以用图 1-3 来表示。

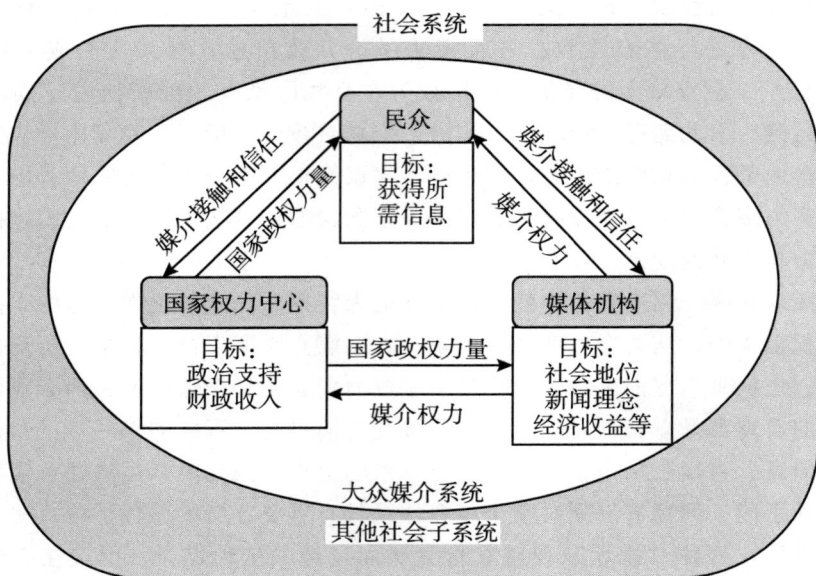

图 1 - 3　媒介公信力与三个利益主体、媒介体系以及
社会体系的逻辑关系示意图

1.5　媒介公信力的维系和调控方式

在媒介完全市场化运作的媒体体系中，对媒介社会责任的约束主要依靠经济的力量来实现，这种约束得以存在的基础是健全的媒介市场经济体系。在非市场化的媒介体系当中，公众对媒介的经济约束很难实现，因为媒介本质上不存在资金以及破产的经济压力。在这种情况下公众自然会较为集中的使用"信任惩罚"手段。"信任惩罚"如前所述，作用力的发挥具有滞后、隐忍的特点，在信任危机爆发前不易被察觉，从而有可能产生较大的破坏力。

不同的媒介体制对媒介公信力的维系有不同的策略和手段。在媒介市场完全开放的环境下，以美国为典型代表，媒介与公众之间的社会约定主要依靠经济手段来维系，政府一般不直接介入媒介的管理。这种制约手段的问题在于，大众媒介对经济利益的追求很多时候与公众利益无关甚至会有损公众利益。因此在美国，媒介公信力的威胁主要来自于媒介为了经济利益而对公众利益的损害。因此仅依靠经济作为制约手段无法完全保证媒介的公信力。

在我国情况则不同，国家和政府是最广大人民群众利益的代表，媒介由政府直接管理，其自然的逻辑推演就是媒介代表了人民的意志。但这里的问题在于，媒介还不是由公众直接建立和管理，而是间接由代表民众利益的政府代为管理，在这个代理的过程中难免会有政府意愿和民众意愿的错位。"非典"事件就是一个很好的例证，民众急切想要知道有关疫情的真实详细情况，而管理者出于"避免社会骚乱"等想法致使媒介隐瞒事实，在媒介失信于民之后社会中谣言四起、民众情绪紧张、疯狂抢购食品药品……无论是民众、社会、媒介都承受了巨大的损失，所幸管理部门及时纠正了这种民众和管理者意愿的错位，媒体得以翔实地公布疫情、引导民众抗击疫情，也从而重新获得了民众的信任。[①] 因此，在中国内地，媒介公信力的威胁主要来源于政府意愿与民众意愿的错位，而尽量弥合这种错位的手段之一就是经常性地进行媒介公信力的调查和研究，了解公众对媒介的期待以及对媒介的评价。

如果说媒介的公信力水平由公众期待和媒介实际表现两方面决定，那么对媒介公信力可以有两种调控手段：调整媒介期望或者调整媒介表现。提高媒介的实际表现水平和品质一直是新闻实践界和理论界的重要关注点，从媒介公信力的角度来说，如果要提高媒介的公信力，则媒介表现的努力方向要以受众的期待和需求为重要参考。

媒介期待也是调控媒介公信力的重要方面，与此相关联的是对民众实施媒介素养教育，媒介素养教育可以引导民众树立科学和合理的媒介期待，但这种教育的结果很可能会在一定时期降低媒介公信力，比如教育民众提高对"广告新闻"的辨识能力，很可能会导致一些原来不知道广告新闻的民众对媒介的信任度降低。但从长远来看，公众媒介素养的提高可以促进媒介提高品质，而且建立在理性基础之上的媒介公信力比建立在"愚民"基础上的媒介公信力显然更为牢靠。

通过以上的探讨我们可以对公信力的内涵做出这样的概括：

媒介公信力的本质含义就是：公众对于大众媒介的社会期待被落实情况所引起的公众心理感知和评价，同时公众的这种感知和评价也是媒介获取公众信任的能力和素质的体现。简单地说就是公众对媒介的社会期望与媒介实际表现之间契合程度在公众心理上的反映。

---

① 喻国明等：《信息透明化处理的传播效果——SARS 事件中的民意调查及分析》，载于《新闻记者》2003 年第 7 期。

第 2 章

大众媒介公信力的判断维度①分析

前面对媒介公信力的基本概念及相关概念的关系作了界定，接下来本章需要探讨的问题是公众对媒介的信任判断问题，即公众是怎样判断是否信任媒介的？这种判断在理论上如何解释？接着就需要回答：具体的判断内容是什么、有什么特点？对于不同国家或地区的判断内容是否有差异，又有什么规律？同样的判断内容在不同国家或地区有没有意义指向的差别？

2.1 分析的理论基础——从认知心理学切入

2.1.1 媒介公信力的判断是多维度的

同样是信任一个人，不同的人信任的原因可能是不一样的。有的可能是因为

① 维度最开始是一个数学用词，又称维数，英文对应的词是：dimensions，指独立参数的个数；后来开始在别的学科中使用，如在物理学和哲学的领域内，指独立的时空坐标的个数；最近几年这个词在人文社会学科中的使用逐渐变多。维度与"角度"的意思比较相似，但维度有立体的意味，如二维空间、三维空间。为了与社会学中的用词统一，本书使用"维度"一词。台湾学者使用的是"面向"一词，是同一个意思的不同说法；单维度（单面向）的英文是 unidimension，多维度（多面向）的英文是 multidimensions。

对方讲义气而信任，有的可能是因为与对方是亲属关系而信任，有的可能是因为对方的教师等身份而信任，还有的可能是几个方面的原因共同作用的结果，等等。也就是说，人们的信任判断不是单一维度的，而是不同的人有不同的信任判断维度，即信任的判断是多维度的。信任背后的真正意义不是单一固定的，其实是由这些不同的判断维度共同构成的。在社会学中，信任是一个多维度判断的概念已经得到学者们的普遍认同。如有学者这样认为："过去的研究对于信任的定义是模糊不清的……近期的研究已经开始明确地把信任作为多维结构来研究。"[1]

在传播学中，学者们将媒介公信力定义为一个关系范畴的概念后，就从公众角度来看媒介的公信力，不是像早期"特质说"那样，仅仅从媒介本身的角度来看——将媒介公信力单纯地看做是取决于媒介本身的一个特质，是一个不变的常量。而从公众角度来看，公众是变化的，不同的人对媒介的信任有不同的判断标准。自此，媒介公信力是一个多维度的判断取得了学者们的共识。正如我国台湾学者所论述的："以往的可信度研究，似乎认为可信度这个概念的意义是固定不变的，是一个独立于受访者之外的客体。然而即使受访者使用同样的字句或概念，所指涉的可能是不同的意义，例如张三、李四都认为电视可以相信，可信度高，但是张三的可信度指的可能是电视'消息快速'，李四认为电视可以相信却是因为电视声光画面俱全。尽管两人使用相同的概念，他们对于公信力的定义却不尽相同。"[2]

由此，再来看媒介公信力两种常用测量方法背后的意义差异问题。这两种测量方法分别是相对测量法和绝对测量法。相对公信力的测量是 Roper 机构在1959 年开始采用的，一直以来常被学者们采用与发展。[3] 具体问受访者下列问题：如果你发现广播、电视、杂志或者报纸对同一则新闻的报道不一致或不同，对这四种不同的报道，你会倾向相信哪一种——广播、电视、杂志、还是报纸？

针对相对公信力具有无法测量新闻媒介到底多可信、无法比较各媒介报道一致时的公信力情况等缺点，卡特（Carter）与格林伯格（Greenberg）等学者提出了绝对公信力的测量方法，认为测评公信力比较好的方法是请受访者分别对各媒介的公信力加以评估。他们对受访者提出的问题是：我们想知道你对（如广播

---

① 艾尼尔・K・米什拉（Aneil K. Mishra），Butler，1991；Swan，Trawick，Rink &Roberts，1988，《组织对于危机的反应——信任的核心地位》，岳添辉、王红英译，载于《组织中的信任》，第 358 页。

② 钟蔚文：《从媒介真实到主观真实》，中国台北正中书局 1992 年版，第 97 页。

③ Gaziano，C. and K. MeGrath. Measuring the concept of credibility. Journalism Quarterly，452. 1986. 当时统计至少有十四份有关这方面的研究报告。20 世纪 90 年代的研究可举的例子有 Major 和 Atwood 的文章"Changes in Media Credibility When a Predicted Disaster doesn't Happen"，载于《JEMC QUARTERLY》（1997年冬）等。

等）新闻可信赖程度的意见。如果完全可信是 100%，以你的看法，你会相信多少百分比的（广播等）新闻（相信程度从 0 到 100%）。①

无论是相对公信力的测量，还是绝对公信力的测量，测量结果都是对媒介的一种整体认知。当用这些方法进行媒介公信力比较时，得出的高低结果是单一维度的、整体的，也就是这样的结果是表面现象之间的比较。其实，这种高低现象背后是有意义差异的，因为媒介公信力是多维度的判断，即公众有不同的判断维度。

2.1.2 多维度的心理学分析——基模②理论

进一步分析媒介公信力多维度判断的发生机理，即为什么公众对媒介信任的判断是多维度的？本书运用认知心理学的基模理论来解释，并且本章后面各节的分析都是建立在基模理论基础之上的。

大众媒介是否可信，在多大程度上可信，这是通过公众对媒介的认知来实现的。对于这一点，国内外这方面研究的学者们已经取得了一致的意见。什么是认知呢？"认知（知觉）是感官活动的初始意识；表明对周围刺激或事件产生意识并加以解释的过程，是表示对来自整个直观世界的材料进行主动的选择与理解，为信息——经过感觉过程而被筛选的信息——提供基础，从而支持并指导随后的观察（monitoring）。认知（知觉）若想把握任何完型，就得大量依赖以前的知识、经验与记忆。"③ 也就是说，要对媒介公信力的多维度进行深入探讨，就需要从公众的心理认知角度来进行分析。"心理学中的社会判断（social judgment）、社会认知（social cognition）及人格理论，对人如何判断及认知社会情境，均有丰富的相关文献。善加利用这些现有的理论，才能把可信度研究纳入理论架构中，使媒介可信度研究更具有理论价值。"④

---

① Carter, R., & Greenberg, B. (1965). Newspapers or television: which do you believe? Journalism Quarterly, 42, 29 – 34.

② schema 翻译为基模是我国台湾学者用的术语，我国大陆有学者使用的词语是图式或模式（刘京林，1997，第134页），最近几年，我国学者也逐渐开始使用基模这一说法（如林之达，2004）。本书采用基模一词。schemata 有台湾学者翻译为基模块，还有学者翻译为基模架构。在大陆学者李彬翻译的《关键概念——传播与文化研究辞典》中，将 schema、schemata 分别对应为图式和基模。

③ ［美］约翰·费斯克编撰，李彬译著：《关键概念——传播与文化研究词典》，新华出版社 2004 年版，第 203 页。在这本书中，译者将 perception 翻译为知觉，这是该词的原有词义。文中对 perception 的释义，与社会心理学中的认知概念的意义是一样的，而知觉只是认知的第一层含义，所以，本书翻译为认知。具体在第二章第二节第一部分的"（二）credibility 研究的特质说与关系说"中有注释特别作了说明。

④ 罗文辉等：《新闻媒介可信度之研究》，中国台湾"行政院国科会专题研究报告"，1993 年 2 月，第 61 页。

进一步来看社会认知。社会心理学中社会认知的基本过程依次递进是：社会知觉→社会印象→社会判断。按照社会心理学者的解释，社会知觉是整个社会认知过程的第一步，是关于认知对象和自我所具有的各种属性和特征的一种整体性的知觉。社会印象是在社会知觉基础上形成的一种社会心理现象，是人们通过与认知对象的接触和知觉，在头脑中形成并留在记忆里的认知对象的形象。社会判断是在社会知觉和社会印象基础上对认知客体的评价和推论。① 可以看出，媒介公信力的认知最后是以判断的形式外现的。

但上面论述的社会认知的基本过程还没有解释"为什么公众对媒介公信力的判断是多维度的"这一问题。对于我们探讨的问题来说，公众对于媒介是否信任的知觉、印象以及最后的判断究竟是怎么形成的？即它的内在作用机制是怎样的？这就需要运用认知心理学中的认知结构理论来分析。这一点我国台湾的传播学者在十多年前就提出了："过去十年中，在社会认知方面的研究，认知结构的理论也居于主导的地位。我们相信，可信度研究是社会认知的一种，也应能引用认知结构理论加以诠释。"② 具体地说，就是认知结构的基模理论。

瑞士心理学家皮亚杰从发生认识论的角度出发认为个体出生不久，就开始主动运用他与生俱来的一些基本行为模式对于环境中的事物做出反应，可以视之为个体用以了解周围世界的"认知结构"（cognitive structure）。而当个体遇到某事物，便用某种对应的认知结构予以核对、处理时，则此种认知结构称之为"基模"（schema）。按照皮亚杰的说法，基模就是个体吸收新的信息的一个基本框架，是认知的基本单位，这种框架是随着年龄或者见识的增长而变化的。

进而，鲁姆哈特（Rumelhart）认为一个基模就是一种信息结构，用来表征储存于记忆中的一般性概念；而一组组的基模就构成了基模块（schemata）。简言之，基模理论是在说明这些基模块是如何表征出来，以及这些表征如何在特殊的情境中加以使用的。③ 我国学者林之达教授将认知结构的基模作用机制表示如图 2 - 1 所示:④

---

① 周晓虹：《现代社会心理学》，上海人民出版社 1997 年版，第 170～176 页。
② 钟蔚文：《从媒介真实到主观真实》，中国台北正中书局 1992 年版，第 98～99 页。
③ 参见中国台湾师大心辅系张景嫒教授的观点（http://www.worldone.com.tw/magazine/26/26_08.htm）。
④ 林之达：《传播心理学新探》，北京大学出版社 2004 年版，第 146 页。

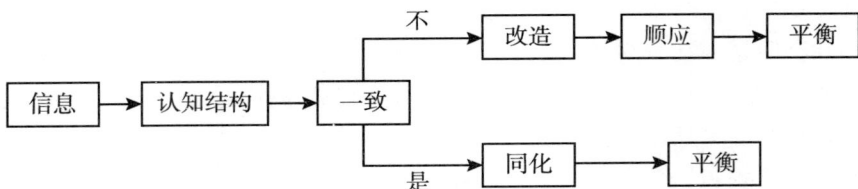

图 2 - 1　认知结构的基模作用机制

林之达教授认为，新闻学、传播学借用基模这一概念是想说明，人是怎么样利用基模来识别、理解、支配表征客观事物的信息的。当受传者心理系统中进来一种陌生的信息，不知它指代什么，心理系统便把这一信息放到各种各样的基模中，当这一信息与某一基模吻合或基本吻合时，心理系统就据此判断这一信息所指代的事物就是这一基模所指代的事物，因而，便用这一基模的名称来称呼这一信息。在成人的头脑中有成千上万的基模，但是，基模不是人生下来就有的，也不是一下子就产生出很多来的，而是从幼儿开始，从小到大逐渐积累起来的。①

对于大众传播中受众的认知基模来说，有学者归纳了三个特征。一是主观性，指的是同一或同类媒介信息在不同受众个体或群体头脑中会产生不同的认知基模。二是层次性，指的是受者认知基模按其表征事物内涵的深浅、含量的多少，由低到高逐次排列组合形成阶梯递进的网络，并以整合的认知结构的形式表现出来。三是可塑性，受者已有的基模一旦形成，就具有相对的稳定性。但为了适应不断变化着的客观世界，受者必须扩充或深化已有的基模。②

由此，运用认知的基模理论来看媒介公信力的多维度判断问题。在个体层面上，每个个体的认知基模是有差异的。认知基模的不同，对于同样的媒介表现就会有不同的知觉、印象、判断，从而对媒介是否可信就可能有不同的判断维度。在地区或群体层面上，同一个地区或者同一群体的人，因为受到的环境塑造是相似的，形成的认知基模结构也有一定的相似性，对于媒介是否信任的判断也是有一定的相似性，在他们内部就会形成一些主要相似的判断维度。而对于不同地区、不同群体来说，由于他们之间的认知基模存在着差异，他们的判断维度就可能有着地区之间或群体之间的差异。

在本书对大众媒介公信力的研究中，不探讨认知基模的具体作用机制，而是运用这种理论视角来分析公众与媒介这对主客体的信任关系，如分析公信力维度之间的关系特点、诠释公信力维度构成的变异性、分析地区之间维度构成的差异等。

---

① 林之达：《传播心理学新探》，北京大学出版社 2004 年版，第 144 ~ 145 页。
② 刘京林：《大众传播心理学》，北京广播学院出版社 1997 年版，第 136 ~ 138 页。

2.2　判断维度的构成与特点

2.2.1　维度构成

前面的论述指出了媒介公信力不是一个单一维度的，而是一个多维度的判断，并运用认知心理学的基模理论进行了原因诠释。下面来看媒介公信力判断维度的具体构成情况。首先来看逻辑起点信任的维度构成情况以及这些维度的具体含义。

一、信任的多维度

对于信任的判断维度情况，较具代表性的是艾尼尔·K·米什拉（Aneil K. Mishra）的研究。[①]

米什拉是从企业组织的角度来研究的，研究的是企业中个体之间、组织之间以及组织与个体之间的信任关系。他认为信任是指，一方当事人愿意对另一方表现信任时，其基础在于后一方是：a 能胜任的，b 公开的，c 关切的，d 可信赖的。即信任具有胜任、公开性、利害关系（关切）、可靠性四个维度结构，并对每个维度进行了具体的分析。

1. 信任的胜任维度

米什拉认为，在组织当中管理者们与下属及其他管理者之间的关系主要建立在信任基础之上，这里，信任部分是从胜任角度来界定的。在组织的和组织之间的层面上，信任的胜任维度也受到关注，特别是涉及交换关系的时候。比如说，一种商品的供应商所提供的产品总是能够符合买方的质量标准，经过一段时间的合作后，这种商品的买方不再每次检查供应商的货品，这一事实很好地证明了供应商具备了让买方信任的胜任能力。

米什拉通过访谈来探讨胜任是存在于组织和个人之间的一种信任维度。如他对一位管理者在组织中是如何维持和发展信任的访谈如下：

> 他们认为你有能力带领他们走出困境，因为他们很喜欢你。但是，
> 如果他们以为你是一个白痴，他们会说："我们不能相信他所说的话，

---

① 本部分有关信任的多维度内容参见艾尼尔·K·米什拉（Aneil K. Mishra）：《组织对于危机的反应——信任的核心地位》（岳添辉、王红英译），载于《组织中的信任》，第 357～364 页。

他将会将我们引向绝境。"我的意思是说，他们必须信任你是胜任的。他们认为你应当知道自己在说什么，而且当你告诉他们某些事情时，要让他们觉得这是紧要的。

2. 信任的公开性维度

学者们对于企业组织中信任的公开性维度作了一些论述与实证探讨。如戴维斯（Davis）和劳伦斯（Lawrence，1977）在对信任概念的描述中认为，公开性可以协调矩阵式部门中的信任关系。在巴特勒（Butler，1991）建构可信度的研究中发现公开性有助于信任的建立。

公开性是信任的一个维度，但米什拉进一步分析了这一维度是一柄双刃剑。如，有时候公开性超出了某一限度，也有可能削弱而非提高信任的程度。比如，告诉某人事情的真相，包括你做事的每一个细节，他（她）的个性中的缺陷可能会降低你们之间的信任。然而，由于这种极致的诚实并非只削弱了公开性，也降低了信任的利害关系和能力层面，因而在本质上削弱了整体的信任水平。

3. 信任的利害关系（关切）维度

米什拉认为利害关系这个维度意味着，一方相信不会被另外一方不公平地利用。比如，有时候我方认为另外一方不仅会避免不公平地利用我方，而且对方也会关心我方的利益和整体利益时，这并不意味着对方忽视了自身的利益，更确切地说，信任意味着利益的均衡。

米什拉的访谈也证实了这一维度：

> 我认为获得信任的关键是你要设身处地为员工的利益着想，让他们相信你在为他们而努力……如果他们知道你是真的关心他们。我的责任就是要为3 000名员工和他们的家人负责，我唯一的目标就是确保我的员工有良好的生活条件和美好的未来，这就是他们给予我的信任。

4. 信任的可靠性维度

可靠性主要是指行为的前后一致、语言和行为的一致两个方面。可靠性是信任的一个维度被很多学者都作了论述。如麦克戈雷格（Mcgregor）认为语言和行动的不一致性降低了信任，大内（Ouchi）发现信任的预期取决于一致性或可靠性行为，加巴罗（Gabarro）对于管理者和下属之间的信任的定义为一致的行为。

在米什拉的信任问题访谈中，可靠性被受访者反复的提出，认为是信任的一个重要构成部分。如：

> 我认为最重要的是，顾客对我们的信任是最好的商品。因为，第一，我们在工作中必须做到，如果我们说了17日完成，就必须是17日。如果工作进度受到某些突发事件的阻碍，我希望我们应建立起一种提前防范的机制。第二，顾客只信任你，因为你的历史传递了你所说的话。

另外一个供应公司的管理者明确地比较了他们对于顾客的可靠性：

> 在大部分案例中，我们当然会和某些公司发展出比另外一些公司更好的信任关系。我相信这主要是因为他们的中层管理者始终和上层管理者保持言行一致。这些公司很少会让直接处理事务的人员不知所措。而另外一些公司经常朝令夕改，导致让人措手不及的状况，这样的公司我们一般不会与之维持长久的合作。

二、媒介公信力的多维度

信任的胜任、公开性、利害关系（关切）、可靠性四个维度在媒介公信力中也一样是存在的，这四个维度的基本含义在媒介公信力中也是一样的。但与信任的主客体是企业中的个体之间、组织之间以及组织与个体之间不同，媒介公信力的主客体是公众与媒介，并且媒介公信力的外延包括媒介渠道公信力、媒介机构公信力等不同部分。所以，信任的四个维度会在不同的外延中出现，并与媒介公信力各个外延的维度结构有差异。

在传播学术界，学者们基本上是沿着媒介（传播渠道）和消息来源两个外延来进行公信力的判断维度探讨的。传播学者凯奥赛斯（Kiousis）认为虽然媒介（传播渠道）公信力和消息来源公信力的概念明显是重叠的，但一些研究工作已经表明区分清楚二者是有意义的，注意这一点是很重要的。例如，索尔森（Thorson）和摩尔（Moore）认为"公信力是一个关于消息来源和传输信息的媒介或渠道两个方面的问题"。因此，从这两条研究途径进行文献梳理，避免理论和实际工作的混淆显然是审慎的做法。[1] 除了消息来源和媒介（传播渠道）外，还有学者从媒介机构的角度进行公信力内涵的探讨，即不同媒介机构的公信力。在此，本书对消息来源公信力、媒介（传播渠道）公信力、媒介机构公信力三个外延的维度构成情况进行论述。

从基模理论的角度来看，公众对于消息来源、传播渠道、媒介机构分别会有不同的认知基模，它们共同构成了媒介整体的基模块。也就是说，对于新闻信息的接收，一是有媒介渠道的认知基模，对于报纸、电视、广播等媒介渠道，会有不同的功能判断，有高低不同的信任，这影响到受众会选择哪一种传播渠道。二是有媒介机构的认知基模，不同的媒介机构，受众有不同的信任判断，就会依据不同的新闻信息需要来选择不同的媒介机构，如对于阿富汗战争，有人信任CNN 的，有人信任 BBC 的，有人信任新华社的、有人信任半岛电视台的，等等。

---

[1] Kiousis, S. (2001). Public trust or mistrust? Perceptions of media credibility in the information Age. Mass Communication & Society, 4 (4), 381 – 403.

三是有消息来源和内容的认知基模，如消息来源是新华社的或者是某位市民提供的，这是有公信力差异的。还有如同样的一个频道，不同的栏目，不同的主持人，也同样有不同的认知。

下面就以美国学者的实证研究发现为例来看媒介公信力这三个外延的维度结构情况。之所以只选择美国学者的研究为例，这主要是由于一方面传播学的实证研究是以美国学者为主的，媒介公信力的研究主要集中在美国；另一方面我国在媒介公信力方面的研究才起步，还没有这方面的实证研究资料。

消息来源公信力主要探讨传播者（包括个人、团体、组织）的信任程度。霍夫兰（Hovland）、贾尼斯（Janis）和凯利（Kelley）在早期的研究以消息来源为研究对象，认为其公信力具有专业知识（expertise）和可靠性（trustworthiness）两个最主要的维度。[1] 马克汉姆（Markham）以新闻记者为研究对象，设计55个语义差距题项的量表，由大学生评估电视主播的表现，得出严谨（reliable-logical）、表现技巧（showmanship）和可靠性（trustworthiness）三个公信力因素。[2] 伯罗（Berlo）等人通过一系列的语义差异量表的因素分析，认为消息来源公信力有三个维度：资格（qualification）、安全（safety）和动力（dynamism）。[3] 进入20世纪90年代后，学者们拓宽了消息来源公信力研究的范围。如斯雷特（Slater）和鲁纳（Rouner）提出如信息的审美表达或者真实的内容等内在特征，能够对消息来源公信力的理解产生影响。[4]

对于传播渠道公信力的判断维度，梅耶（Meyer）的研究得到较多的认可，他的研究发现，不论报纸或是电视新闻的公信力，都可各得出两个因素：相信（believability，包含七个题项）和社区关联（community affiliation，包含四个题项）。梅耶继续对构成"相信"这个维度的各个测量题项进行信度与效度分析，删去两个题项，认为公平（fairness）、无偏见（unbiased）、报道完整（telling the whole story）、正确（accuracy）和可靠性（trustworthiness）这五个题项，是构成此一因素的最佳指针。[5]

对于新闻机构公信力判断维度的探讨，时报—镜报机构（Times Mirror）

① Hovland, C. I., Janis I. L., & Kelley, H. H. (1953). Communication and persuasion. New Haven, CT: Yale University Press.

② Markham, D. (1968). The dimensions of source credibility of television newscasters. Journal of Communication, 18, 57 – 64.

③ Berlo, D. K., Lemert, J. B., and Mertz, R. J. (1970). Dimensions for evaluating the acceptability of message sources. Public Opinion Quarterly, 33, 563 – 76.

④ Slater, M., & Rouner, D. (1996). How messager evaluation and source attributes may influence credibility assessment and change. Journalism & Mass Communication Quarterly. 73 (4), 974 – 991.

⑤ 王旭、莫文雍、汤允一：《媒介表现：关于新闻可信度的讨论与测量》，1999年中华传播学会年会论文。

（1986）的研究发现，新闻机构的公信力呈现四个维度：特别利益与新闻机构（the special interests and the press）、权力结构与新闻机构（the power structure and the press）、新闻机构及其表现（the press and its performance）、新闻机构的特性（the character of the press）。[①]

2.2.2 维度特点

对于媒介公信力的判断维度，本书归纳有整体性、关联性、变异性三个比较明显的特点。

一、整体性

媒介公信力既然是一个多维度结构的概念，那么，这些维度之间是怎样的关系？

首先来看信任的判断维度之间的关系。对于前面介绍的艾尼尔·K·米什拉所认为的信任概念的四个维度构成，米什拉通过实证研究得到了验证。他进一步对这四个维度之间的关系进行了分析。米什拉认为被分开讲述的信任的四个维度应该被看做是一个整体结构。这些相互组合的信任的多重维度决定了一群人和特定对象之间的信任的整体性。也就是说，任何一个维度的低水平的信任会抵消其他维度的高水平的信任。比如说，一个制造商可以相信一个供应商的能力，也能够信赖他送货时间的准确性。但是，在他们的交易的当中，制造商仍然会怀疑供应商没有报出商品的真实价格，并对他进行价格欺骗。换句话说，制造商可能不信任供应商的诚实性和利害关系。在这种情况下，制造商对于供应商的信任层次是很低的。

同样，媒介公信力的各个判断维度之间也是一种整体的关系。同一地区或者同一群体的人认知媒介是否值得信任的判断是多维度的，媒介公信力概念的全部内在含义就是这些不同维度共同构成的，每一个维度的降低，都会对媒介公信力的整体造成损害。

根据这一认识，在前面介绍的相对测量法和绝对测量法之外，学者们发展出了"多角度测量法"来对媒介公信力进行测量，即对构成媒介公信力的各个维度进行调查，这些维度的调查结果的总和就是媒介的公信力。所以，某一个维度的降低就影响到整个媒介公信力的水平。

---

① 罗文辉、林文琪、牛隆光、蔡卓芬：《媒介依赖与媒介使用对选举新闻可信度的影响：五种媒介的比较》，载于《新闻学研究》，2003 年第 74 期。

二、关联性

前面探讨了消息来源公信力、传播渠道公信力、媒介机构公信力的判断维度差异，下面我们需要回答的一个问题是：消息来源、传播渠道、媒介机构共同构成了媒介的整体，那么，它们之间的公信力维度是不是一种完全分割的关系？

凯奥赛斯认为消息来源和传播渠道在实际中不是截然分开的，但又不是完全一样的。他认为："假定消息来源公信力与传播渠道公信力之间有共同的概念基础，那它们在一定程度上的界限是模糊的，但又是有关联的。因为顾及到它们概念之间的区别，但又承认它们有共同的特点，所以它们既不是区分开的，但也没有共同的理论框架。同样的，本来测量有关传播渠道的公众意见的，但对于消息来源的认知也必然受到同样看法的影响。人们对于传播渠道公信力的印象可以引导他们对于消息来源公信力的判断，反过来说，对于消息来源公信力的评价也引发对于传播渠道公信力的看法。"[①]

对于媒介机构公信力，与消息来源公信力和传播渠道公信力一样，在概念上是区分开的，但是它们的概念基础是互相联系的，没有实质上的区分界限。媒介机构的公信力是建立在消息来源与传播渠道之上的。因此，这三者在概念上可以区别，但公众评价的本质是一致的。

也就是说，公众对它们三者有各自的认知基模，各自的公信力判断有不同的维度指标。但三者的影响是互相关联、互为影响的，最底层的心理判断是一致的。如电视媒介形象生动、现实感强的特点是公众信任它的一个重要因素，但这个因素是传播渠道和媒介机构、传播内容共享的。内容的好坏也直接影响着传播渠道的信任程度等。

三、变异性

实证学派的传播学者们对于媒介公信力的判断维度进行了大量的研究，但迄今为止还没有一个能广为接受的维度量表，并且不同的研究得出的维度结构有差别。这一方面是各个研究的设计不同等原因，但更主要的一点是这些研究在不同的时间、地点进行。也就是说，媒介公信力的判断维度不是固定的，具有变异性。

从认知心理学的基模理论来看，在不同的时间、地点所调查的不同群体，人们的认知基模是有差异的，因为在不同的地区、不同的年代，人们的认知基模都

---

① Kiousis, S. (2001). Public trust or mistrust? perceptions of media credibility in the information Age. Mass Communication & Society, 4 (4), 381 - 403.

有它的时代与地域特点。即使是同样的研究设计和针对同样的人群，在不同的时间，得出的维度结构都可能有一定的差异，因为人们的认知基模在变化。当然，时间与地域的差异越大，研究得出的判断维度的差异就越大。反之，这种差异就越小，或者在一定的时间、地域范围内，差异相对会不明显。总之，媒介公信力的维度构成是依据不同的时间、地点变化的。

2.3 判断维度构成的地区差异比较

媒介公信力的判断维度有变异性的特点，这是因为人们受到不同环境的影响，可能会形成不同的认知基模，最后会有不同的判断维度。对于在国家或者大的地区层面来说，人们的环境差异就是政治、文化的不同，这种不同就可能影响到人们对媒介公信力判断的认知基模，从而形成媒介公信力判断维度的差异。这里选择美国、我国台湾来与我国大陆进行比较，之所以选择这两者来与我国大陆对比，是因为"我国台湾与美国有类似的政治系统，但是拥有不同的文化背景；我国台湾与大陆具有相同的文化传统，但是有不同的政治体系。"[1] 探讨的问题是：我国大陆与美国、与我国台湾相比，媒介公信力的维度构成是否有差异？如果有差异，背后的影响原因是什么？这种差异有什么特点？

首先，通过文献法来先看美国和我国台湾的维度构成情况，再通过文献法、深度访谈法探讨我国大陆的判断维度构成；其次，对三地媒介公信力维度的构成进行对比，考察政治、文化两个宏观变量对三地公信力判断维度构成的影响关系；最后，深入分析维度构成的地区差异原因，并对这种差异进行理论层面的分析与归纳。

2.3.1 考察对象的维度构成情况

一、美国的媒介公信力判断维度构成

对于美国媒介公信力的判断维度，在前面的维度构成中已经分别对媒介

---

① 祝建华等：《社会、组织、个人对媒介角色认知的影响——中国大陆、中国台湾和美国新闻工作者的比较研究》，载柯惠新、祝建华、孙江华编著：《传播统计学》，北京广播学院出版社2003年版，第467页。

（渠道）、消息来源、媒介机构三个部分的公信力维度作了一些介绍。在这里根据年代的演进作一个梳理，对美国学者的研究发现作一个大体的勾勒。自从霍夫兰等在 20 世纪 50 年代初以消息来源为研究对象，并发现公信力具有专业知识和可靠性两个最主要的维度以来，学者们不断对媒介（渠道）、消息来源、媒介机构三个部分的公信力判断维度进行了实证探讨。

1966 年，雅各布森（Jacobson）在他的博士论文中用二十个语义差异题项来进行因素分析，得出了四个消息来源公信力的判断维度。这四个维度是：真实感（authenticity），包括可信赖的—不可信赖的、准确的—不准确的、专业—生手、开放思维—封闭思维；客观（objectivity），包括不偏见的—偏见、非个人的—个人的；活力（dynamism），包括丰富的—不丰富的、重要的—不重要的、容易的—困难的、大胆的—胆小的；消闲（respite），包括放松的—紧张的、高兴的—不高兴的。雅克布森认为真实和客观是公信力的判断维度，而活力和消闲不是判断维度。[①]

辛格尔特里（Singletary）在 1976 年的研究发现，媒介公信力呈现六个维度：知识性（knowledgeability）、吸引力（attraction）、可靠性（trustworthiness）、清晰（articulation）、敌意（hostility）及稳定性（stability）。李（Lee）在 1978 年的研究更进一步发现，媒介公信力的维度会受不同媒介及新闻性质的影响。他的研究发现，请受访者评估报纸的全国及国际新闻时，公信力会呈现四个维度：可靠性（trustworthiness）、亲近（intimacy）、专业知识、易得性（availability）。如果请受访者评估电视的全国及国际新闻时，公信力则呈现三个维度：偏向（bias）、亲近、活力（dynamism）。而评估报纸的地方新闻及州新闻时，公信力又会呈现四个维度：可靠—真实—同意（trustworthiness-authenticity-agreeableness）、动力、亲近、偏向。如果请受访者评估电视的地方新闻及州新闻时，公信力则呈现三个维度：可靠—真实、立即—亲近（immediacy-intimacy）、活力—专业知识。[②]

嘎轧诺（Gaziano）和麦克格拉斯（McGrath）在 1986 年对美国报纸新闻公信力的探讨是最受重视的一次研究。他们采用了美国报纸编辑协会（ASNE）的一套十六个题项的五级语义量表来进行分析。因素分析的结果显现出一个支配性的因素："报道公信力"（credibility），包括可信赖的、正确、公平、尊重隐私等

---

① Jacobson（1966）. Mass media believability：a study of receiver judgments. 这是来自作者在威斯康星大学的博士论文，指导教师是 Westley 教授。

② 罗文辉、林文琪、牛隆光、蔡卓芬：《媒介依赖与媒介使用对选举新闻可信度的影响：五种媒介的比较》，载于《新闻学研究》2003 年第 74 期。在这篇论文中，作者将 trustworthiness 翻译为可信赖的，将 dynamism 翻译为动力，本书认为翻译为可靠和活力更符合大陆的说法。

十二个题项。另外一个因素是社会关切（social concerns），包括不道德、不注意读者想法、冲动三个题项。[①]

但梅耶（Meyer）在 1988 年认为，嘎轧诺等人所使用量表里各题项正反陈述夹杂，可能误导受访者，且缺乏表面效度及理论基础。在前面的维度结构中已经对梅耶发现作了论述，即他认为有公平、无偏见、报道完整、正确和可靠性五个维度。[②]

梅耶的同事韦斯特（West）在 1994 年后来就梅耶提供的原始数据作进一步的检视，支持这五个题项所构成的"相信"因素，与嘎轧诺等人原先十二个题项组成的"报道公信力"因素相比，在测量报纸和电视新闻公信力上都更具效度；不过，其他题项的测量结果经重新分析，难以支持"社会关切"或"社区关联"是媒介公信力里一个单独因素的说法。[③]

弗拉纳根（Flanagan）等在 2000 年认为，媒介公信力的研究已经争论了 50 多年，并且一些研究已经表明了研究方法的不同得出不同的概念类别。最一致的公信力判断维度是可相信程度（believability），但正确（accuracy）、可靠性（trustworthiness）、偏见（bias）和信息的完整性（completeness）是另外一些在研究中常被使用的维度。因此，媒介公信力是一个多维度的概念。[④] 对于媒介来说，学者们在嘎轧诺和麦克格拉斯的研究基础上作了较多工作，沿着这条线索作了较深入的探讨。综合学者们的研究，美国媒介公信力主要有五个维度：公平（fairness）、无偏见（unbiased）、报道完整（telling the whole story）、正确（accuracy）和可靠性（trustworthiness）。

对于消息来源公信力的维度，尽管学者们对它的重要含义并无共识，但多数学者同意，消息来源的专业知识（expertise）与可靠性（trustworthiness）是公信力最主要的两个维度。[⑤]

二、我国台湾的媒介公信力判断维度构成

我国台湾学者的研究沿续的是美国学者的实证方法与理论模式。

比较有代表性的研究是罗文辉等在探讨台湾地区的公信力指标维度上，以

[①] Gaziano, C. and K. McGrath (1986). Measuring the concept of credibility. Journalism Quarterly, 63, 451 – 62.

[②③] 王旭、莫文雍、汤允一：《媒介表现：关于新闻可信度的讨论与测量》，1999 年中华传播学会年会论文。

[④] Flanagan, A. J. & Metzger, M. J. (2000). Perceptions of internet information credibility. Journalism & mass Communication Quarterly, 77（3），515 –540.

[⑤] 罗文辉、林文琪、牛隆光、蔡卓芬：《媒介依赖与媒介使用对选举新闻可信度的影响：五种媒介的比较》，载于《新闻学研究》2003 年第 74 期。Hovland, Janis, & Kelley, 1953；Kiousis, 2001。

41

ASNE（1985）所采用的指标为基础，并依照焦点团体访问的结果加以修改，测量报纸和电视各有十六个题项。按照 ASNE 的研究认为，这十六个题项形成"报道可信度（credibility）"和"社会关切（social concerns）"两个维度。这十六个题项如表 2－1 所示：

表 2－1

报道可信度题项	社会关切题项
可靠程度	关心大众利益
正确程度	重视国家利益
客观程度	关心社会福利
公正程度	重视大众意见
详细程度	尊重隐私
不偏颇的程度	维护大众知的权利
不夸张的程度	推动社会改革
值得信赖的程度	维护社会公义

调查数据的主成分因素分析显示，上面十六个题项没有像 ASNE 的研究那样形成"报道可信度（credibility）"和"社会关切（social concerns）"两个因素，在报纸和电视的评估上都是一个因素。也就是可靠程度、正确程度等与关心大众利益、重视国家利益等十六个题项一起构成了一个因素，共同构成公众判断媒介公信力的指标维度。①

钟蔚文从常人理论②的角度对媒介公信力的判断维度进行了调查。采用开放式问卷，当受访者对媒介做了整体的评估之后（相信或不相信），进一步要求他们提出理由。结果发现，大约 77.2% 的受访者都能明确指出他们评估媒介的标准。具体如表 2－2 所示：③

表 2－2

正确性	34%（n＝77）
公正无私	12.3%（n＝28）
专业精神	10.6%（n＝24）
立场独立	6%（n＝14）
其他	19.4%（n＝44）
角度模糊	17.2%（n＝39）
总样本数	n＝226

---

① 罗文辉等：《新闻媒介可信度之研究》，中国台北"行政院国科会专题研究报告"（1993 年）。
② 常人理论是从研究对象的视角来看问题，致力于对日常生活中例行性的平凡活动进行直接经验性的研究。具体解释参见本章"2.4 判断维度的价值分析"。
③ 钟蔚文：《从媒介真实到主观真实》，中国台北正中书局 1992 年版，第 103～104 页。

罗文辉等的研究直接引用 ASNE 的指标维度，虽然有前期的访谈，并作了修订，但从研究一开始就设定了一个框架，讨论也是在研究者事先设计的框架上进行的，要么无法确保能否包括台湾地区公众的所有想法；要么是太笼统，撒大网，无法确切地看到台湾民众判断公信力的最主要指标维度。

钟蔚文采用开放式的问卷调查，更能了解公众的判断情况。从钟蔚文的研究来看，台湾地区的民众并没有像罗文辉所列的十六个题项这么复杂的想法，只有5％以上的人有一个以上的标准。

所以，依据钟蔚文的研究更能说明台湾民众的公信力判断维度，即主要指标维度就是：正确性、公正无私、专业精神、立场独立。

三、我国大陆的媒介公信力维度构成

由于没有这方面的直接实证研究资料，本书从两个方面来探索我国大陆公众判断媒介公信力的维度：一是文献研究，从学者们的论述和新闻中的记者采访报道来探讨可能有哪些公信力的维度；二是实证研究，进行了 30 个样本的深度访谈。[①] 最后综合这两个方面的发现来探寻我国媒介公信力概念的维度构成。

首先看两段国内学者的论述。

> 据有关调查表明，"在我国虚假成分占很高比率的广告，却拥有高达 60％ 多的信任度。"仔细推敲，不难发现，这其中的玄妙就在于我们的媒体是官方性质的，我国受众对广告高达 60％ 的信任度，实际上是对"官方"媒体的信任，对政府权威的信任。而在这种信任中，我们的媒体充当了"强权教化"的角色，充当了商家说服的传声筒和扩音器，其中不乏浮夸、虚假的广告。这样很容易对受众的消费观甚至文化观、价值观形成误导。因此，我们国家的受众对传媒权威盲目的信任中隐含着极大的危险。[②]

> 在任何领域中，具有权威性的事物总是最能得到人们的信赖。"党报是党和政府特别倚重的新闻机构，也是在人民群众中有着很高权威性和很大影响力的新闻媒体。"马克思一贯强调："人民的信任是报刊赖以生存的条件，没有这种条件，报刊就会萎靡不振。"经济报道作为党报内容的一个重要组成部分，要想有所作为，就离不开广大人民群众的

---

① 由于本次研究是国内第一次对这个问题进行探讨，是一次探索性的研究，故采用了质化的深度访谈来获取我国媒介公信力判断维度构成情况。深度访谈是一种直接的、个人的访问，可以掌握访谈对象对问题的潜在动机、信念、态度和感情，可以获得比较深入全面的心理资料，适合了解一些新的、复杂的问题。

② 林爱兵、王希华：《面对当代受众：媒体的素养教育》，参见 http://www.sciencetimes.com.cn/col116/col154/article.html？id＝30658。

信任和支持。①

上面两段文字说出了我国媒介能够取得民众信任的一个重要方面是媒介的权威性，而媒介能够获得这种权威性的原因在于我们媒介是党的"喉舌"，即上面所说的官办性质。第一段文字分析了我国媒介虚假广告多却还有如此高信任度的一个原因是媒介的官办性质，即受众是基于对政府权威的信任而信任媒介广告。第二段文字是说党报因为具有权威性可以取得信任。

对于上面的分析，引用一则报道来作诠释。这是《南方周末》对湖北农民刘文豹的采访报道。刘文豹热爱将荒滩变粮田的劳作，一度从田埂走进了中南海，成了国家领导人嘉誉的"一代粮王"。而在实际中却受到各种刁难，他几番迁徙，诉讼缠身。在记者采访时，他感到多了一份欣喜，因为他觉得"新闻媒体的关注比领导干预速度快、效果好"。②

其次，根据实证的深度访谈从受众角度来看媒介公信力的维度。

2004年11月13~20日对北京报摊读者进行了30个样本的访谈调查。访谈提纲有三个问题：

1. 今天您买的报纸是：＿＿＿＿＿＿＿＿

2. 就您买的这份报纸，您对上面登的各类新闻相不相信？如果用最相信是100分，完全不相信是0分，那么，您认为各类新闻具体的得分情况：

国内的时事新闻：＿＿＿＿＿＿＿＿

国际新闻：＿＿＿＿＿＿＿＿

本地的社会新闻：＿＿＿＿＿＿＿＿

体育新闻：＿＿＿＿＿＿＿＿

娱乐新闻：＿＿＿＿＿＿＿＿

财经、证券新闻：＿＿＿＿＿＿＿＿

广告：＿＿＿＿＿＿＿＿

3. 您为什么会这么认为：＿＿＿＿＿＿＿＿

调查结果显示，调查的读者购买《北京晚报》、《新京报》、《京华时报》、《娱乐信报》、《北京青年报》、《南方周末》的都有。国内的时事新闻、国际新闻、本地的社会新闻、财经新闻、证券新闻都有很高的信任度得分，普遍在80

---

① 丁柏铨、南海芬：《权威·深刻·实用——试论党报经济报道的核心价值》，载于《新闻实践》2004年7月。

② 参见《一代粮王：土地上的漂泊》，记者朱红军，载于《南方周末》，2005年3月10日。

分以上；而娱乐新闻得分一般在 50～70 分之间；广告得分最低。

对于读者为什么相信报纸新闻，有近一半多的人表示说不出来，但在追问下，就能够或多或少地表达出相信的理由。第一，多数人共同的一个说法是，报纸是政府办的，有权威性，应该是可以相信的。"官办的"、"权威性"、"政府的"是被访者在被追问原因后说的频率最高的几个词，有近 1/3 的被访者第一反应就明确说了这些理由，其他的人在交谈中也程度不同地表达了这个意思。第二，有一些受访者认为媒介是有用的，如有些贪污腐败、不公平的事情可以找媒介来曝光，特别是多数人表示遇到消费问题首先会想到向媒体投诉。第三，对于新闻内容的真实性有要求。如多数人认为娱乐新闻是狗仔队弄的，炒作较多，绯闻不断，真假各半；广告是夸大事实，虚假信息较多；体育比赛输赢判断标准一致，不会有假。还有个别受访者认为消息是否真实会影响到她对具体媒介的信任，如有一个友邦保险公司的女保险员，她认为《新京报》有 80% 的可信度，而《娱乐信报》只有 30% 的可信度，因为娱乐信报曾经报道过与其所在公司相关的一件事，她认为报道有很多地方与实际不符，她从此不再相信《娱乐信报》。

虽然 30 个样本的访谈不具有总体推论意义，但在没有更好实证数据的情况下，该访谈可以从一个侧面反映出我国大陆民众判断媒介公信力的基本维度情况，而且主要的一点是这种深度访谈能够探测到民众深层心理层面的信任认知，是探测性研究的常用方法。结合其他学者的分析，我们至少可以初步归纳出我国民众判断媒介公信力的一个首要维度是"权威性"，包含有"政府的"、"官办的"的意思；其次，"实用性"也是一个重要的维度，就像刘文豹那样认为能够解决问题，或者是民众的一个投诉渠道；此外，"真实性"也是我国民众判断媒介公信力的维度。

2.3.2　比较结果与影响因素发现

前面分别论述了我国大陆、我国台湾和美国媒介公信力的判断维度情况，现在进一步来对三地媒介公信力判断维度的构成异同进行比较。首先是对比分析我国大陆、我国台湾和美国三地媒介公信力的判断维度构成的异同；然后，引用香港城市大学祝建华教授提出的三角比较法对维度构成异同背后的社会宏观变量的影响进行探讨，两个宏观社会变量分别是政治和文化。

一、三地公信力判断维度的构成比较

根据前面对三地公信力维度构成的研究，综合比较三地的维度构成。在美国，无论是消息来源还是媒介渠道，公平、无偏见、报道完整、正确、专业知

识、可靠性六个方面基本包含了公信力的维度。在我国台湾，按照钟蔚文的研究
是正确性、公正无私、专业精神、立场独立。在我国大陆是权威性、实用性、真
实性。这样，将这三地比较普遍一致的维度指标放在一起进行对比如表 2 - 3
所示：

表 2 - 3　　　　　　　　　　三地公信力判断维度指标

美　国	中国台湾	中国大陆
正确	正确性	权威性
公平	公正无私	实用性
专业知识	专业精神	真实性
无偏见	立场独立	
报道完整		
可靠性		

从上面的对比可看出，美国和我国台湾的公信力维度结构有很多相似，两者
的维度意思基本能对应，如：正确——正确性、公平——公正无私、无偏见——
立场独立，专业知识——专业精神。而我国大陆与前两者相比，则差异较大，
"权威性" 和 "实用性" 两个主要维度都与前两者不同。在三地中，美国媒介的
公信力维度结构与我国台湾的媒介公信力维度结构更接近，而我国大陆媒介的公
信力维度结构与美国和我国台湾的差异较大。

二、维度异同背后的政治决定因素

香港城市大学的祝建华等针对美国、中国大陆、中国台湾三地新闻工作者的
媒介角色认知的比较研究发现，在社会因素、组织因素和个人因素三个层面上，
社会因素比后两者的影响力要强大得多，个人因素几乎不起作用。社会因素解释
了媒介角色认知方差的 50% ~74%，而媒介行业这个组织因素只解释了 3% ~
4%。专业训练这个个人因素只能解释 1%，甚至少于 1%。[①]

在此，三地公众对于媒介公信力的认知也直接放到宏观社会层面来进行深入
考察。引用祝建华教授提出的三角比较法[②]来进行分析。

---

① 祝建华等：《社会、组织、个人对媒介角色认知的影响——中国大陆、中国台湾和美国新闻工作
者的比较研究》，载于柯惠新、祝建华、孙江华编著《传播统计学》，北京广播学院出版社 2003 年版，第
467 页。

② 祝建华：《传播学比较研究的 "三角分析法"》（A Triangulation Approach to Comparative Communi-
cation Research），第八次全国传播学讨论会讲稿。祝建华在研究中是对数据的比较，本书只是引用这一方
法的思路来进行结论的比较分析。

首先，我们来看三角比较的分析框架（Analytical Framework），如表 2 - 4 所示。

表 2 - 4

变量一	变量二	
	取值 A	取值 B
取值 A	个案 1	个案 2
取值 B	个案 3	（个案 4）

对于上面的框架，它的检验和解释是：

（1）"变量一决定论"（具体表现为个案 1 = 3、1 ≠ 2、2 ≠ 3）；

（2）"变量二决定论"（具体表现为个案 1 = 2、1 ≠ 3、2 ≠ 3）；

（3）"主谋身份不明"（具体表现为个案 1 ≠ 2 ≠ 3，由于两个变量均无影响而说明本研究没有找对真正有影响的宏观变量而失败了）；

（4）"社会影响不存在"（具体表现为个案 1 = 2 = 3，说明不仅被比较的两个变量、而且其他任何没被比较的变量均无影响）；

（5）"理论上不可能之现象"（即 2 = 3、1 ≠ 2、1 ≠ 3；因为 2 和 3 在两个变量上的取值都不一样，这在理论上不可能。如果出现这种反常现象，往往暗示数据的收集、分析等有问题）。

其次，对于上面的比较框架，祝建华在对美国、中国大陆、中国台湾三地新闻工作者媒介角色认知的研究时转换为具体的分析模型。在社会层面上运用此模型比较了"政治决定论"和"文化决定论"两个方面的作用，结果发现符合"政治决定论"的模型预测，也就是政治比文化发挥着更大的影响力。所用的具体模型预测如表 2 - 5 所示：[①]

表 2 - 5

模型预测	美国	中国台湾	中国大陆
政治决定论	相同	相同	不同
文化决定论	不同	相同	相同
概念不合理	相同	不同	相同
错误指定	不同	不同	不同
无社会效果	相同	相同	相同

---

① 祝建华等：《社会、组织、个人对媒介角色认知的影响——中国大陆、中国台湾和美国新闻工作者的比较研究》，载柯惠新、祝建华、孙江华编著《传播统计学》，北京广播学院出版社 2003 年版，第 466 ~ 472 页。

最后，对于三地媒介公信力维度结构的考察，同样参照上面的分析模式从政治与文化两个宏观变量上进行比较。需要说明的是，对于三角比较法的运用，祝建华是用数据来进行量化分析的，由于缺少基本数据，本书在此借用三角比较法的思路，直接引用公信力判断维度的结论来进行对比，只是一种概念间的质化探讨。

根据前面对三地公信力维度结构的对比分析，具有相同政治制度的美国和我国台湾的媒介公信力维度结构比较接近，而具有相同文化背景的我国大陆和台湾地区的公信力维度结构差异较大，这符合上面模型中的"政治决定论"的模型预测。也就是说，政治因素更多地对公信力维度构成具有决定作用。

2.3.3　理论提出：地区政治因素差异下的两种维度取向

前面的比较发现了三地媒介公信力维度构成在宏观社会层面上更多地受政治因素的支配，在此部分中进一步从政府与媒介的关系对比来探讨政治因素对媒介公信力维度构成的影响关系，以及媒介公信力维度构成的特点。首先是对有关政府与媒介关系类型的研究进行回顾；其次，对美国、我国台湾与我国大陆在两种不同政治框架下的媒介功能扮演进行分析；最后，对于在不同政治体系影响下的媒介公信力维度特点进行归纳。

一、媒介与政府的关系类型

1956 年，西伯特（Frederick Siebert）、彼得逊（Theodore Peterson）和施拉姆（Wilbur Schramm）三人合写了《报刊的四种理论》（Four Theories of the Press）一书，并迅速在学术圈中产生了广泛的影响。他们提出的四种理论是：报刊的集权主义理论、报刊的自由主义理论、报刊的社会责任理论、报刊的苏联共产主义理论。

20 世纪 80 年代，报刊的四种理论开始受到强有力的学术挑战。如阿特休尔（J. Herbert Altschull）在《权力代理机制》（Agents of Power）一书中指出，"四种报业理论"的讲法，只是冷战时期的产物，不再适合解释现今的媒介制度。他进而指出，所谓"独立报业"已不存在，大众媒介在每个社会体系里，只不过是那些握有政治、经济及社会权力者的代理机制罢了。

我国台湾学者对报刊的四种理论作了新的解释，并在新的信息技术发展形势下提出了媒介与政府的四种关系类型。①

----

① 参见我国台湾世新大学新闻传播学院彭怀恩教授的讲义（http://cc. shu. edu. tw/~distance/dist/classinfo）。

1. 威权主义报业制度下媒介与政府的关系

威权主义媒介与政府的关系，是政府由上而下的控制，媒介受到全面的管制，没有"新闻自由"可言。媒介不停地想摆脱政府的控制，但经常遭遇到挫折和限制。政府有时想把媒介当做统治的工具，但是充其量也是把它当做一种附属品，目的在于控制；其许多措施，往往出于一种防患的心态。有时政府或全面动员媒介帮助从事宣传，或干脆公营，但各媒介只有听命的份，其活动无法与政府的政治行为相抗衡。

这种媒介与政府的关系，大都存在于农业社会或初期及中期工业社会。到中期工业社会，中产阶级已成长，或因社会繁荣，或因文明进步，或因民主自由理念发达，显然政府的全面控制已无法继续那么有效，所以媒介与政府之关系会逐渐发生变化。

2. 自由主义报业制度下媒介与政府的关系

随着中产阶级的民主革命兴起，报业自由已逐渐充分，媒介与政府之关系渐趋平等与独立。其关系状况可分两种：

（1）媒介与政府是平行对立的：它们互相制衡又互相影响，这是目前许多英美报业人员的报业理念，认为这样才符合自由报业的精神。媒介本身有相当的自主权。政府固然基于人民的同意在治理国家，但媒介也自奉为人民的代表，在监督政府。媒介是行政、立法、司法之外的第四权（或第四部门），制衡政府，对人民提供充分的信息，并自认是社会公益的保护者。

（2）媒介与政府相互合作：他们也认为报业有其自主权，但认为媒介与政府不应对立，而应该是好朋友，并且要相互合作，其关系基本上是和谐、交融的。媒介应该配合政府的运作，来遂行其功能。所以有的报人与政府官员走得很近，并为政府服务。其理想的做法是做人民与政府之间的桥梁而已。但是这种关系形态亦有其危险之处，有时媒介会受到政府的利用而不自知；尤其是由于政府掌握许多资源，报人容易被政府人员变相收买，而失去独立性。

3. 共产主义报业制度下媒介与政府的关系

共产主义报业制度下，媒介与政府的关系状况是媒介受到政治（政府或政党的部门）的全面控制，但是政府真正重视媒介，它是"集体的宣传者、鼓动者和组织者"，它是政府的一个部门。在这种关系形态下，新闻制度在理论上和实际上都是政治制度的一环，它为政府服务也为人民服务。新闻传播活动只是政治行为的一部分，媒介活动就是政治活动，但是政治行为并不必定受媒介的制衡或制约。

4. 在信息社会中媒介与政府的关系

社会进入信息化的社会，或网际网络的世界以后，整个社会生活形态会发生很大的改变，媒介与政府的关系也会主客易位。

在信息社会中，媒介活动无所不在，并在社会生活中属于主导的地位。不但从事信息工作的人口超过工业人口，在信息即权力的情况下，政府的行政权威也相对减少。尤其在电脑乌托邦中，由于社会的开放性及人类的心智日趋成熟，社会的动力与制衡的关系，皆在信息的畅通中，自然运作着。所以政府及其法令规章可能大都是备而不用。政治活动，可能只是社会活动的一小部分而已，政府反而要归属于信息的现实中，功能大失。但此时，可能会有许多自愿性的团体产生，以代替一些政府的原有功能。

二、不同政治架构下的媒介功能扮演

上面介绍的我国台湾学者归纳的四种政府与媒介的关系类型，发展了之前施拉姆等人的理论，对于现实具有一定的解释力，尤其是关注到新技术发展下的媒介与政府关系的可能形态。对于本研究来说，有一定的参考意义。从上面归纳的四种媒介与政府的关系来看，美国属于第二种的"自由主义报业制度下媒介与政府的关系"类型，我国属于第三种"共产主义报业制度下媒介与政府的关系"类型。但对于美国的这种自由主义报业制度背后的政治渗透与控制的程度分析得不够，媒介实际上不可能有真正的自由，背后必定要受到政治和经济力量的操控。第四种"在信息社会中媒介与政府的关系"类型还不是一种现实，只是信息技术发展下一种未来的可能情况。不过信息社会是我们当前发展中的一种趋势，提出信息社会中媒介与政府的关系具有理论上的前瞻意义。

下面具体就美国和我国大陆的政府与媒介的关系进行分析，并从这个角度来看媒介所扮演的功能。

美国的政治结构是联邦制，政权组织形式为总统制，实行三权分立与制衡相结合的政治制度和两党制的政党制度。政权组织形式上采用总统制，总统为国家元首和政府首脑。实行分权与制衡的原则，立法、行政、司法三种权力分别由国会、总统、法院掌管，三个部门行使权力时，彼此互相牵制。而我国是共产党一党执政下的多党合作和政治协商制度。概括来说，美国社会的政治结构表现为一种横向的结构，我国大陆是一种纵向的结构。[①]

在美国这样横向的社会结构里，大众媒介表面上是独立于政府的私营机构（除了很少的公共电视等媒介外），在一定程度上能够表现出是与政治权力并行的监督力量，是行政、立法、司法之外的第四权（或第四部门），在各种力量的

---

① 对于西方的横向社会结构和我国大陆的纵向社会结构的论述，可以参考高西庆、赵谦：《信用在法制结构中的位置》，载于《比较》第 10 期，中信出版社。在这篇文章中，作者从法制角度对这方面作了详尽的论述。

制衡中有一定的独立空间。当然媒介的这种独立性有一定的表面性、相对性，在它背后不可避免地会受到政治和经济势力的操控。但在这样的政治结构里，对于民众而言，媒介与政府表现出来的是各自独立分开的关系，民众很难完全了解到媒介独立背后的政治、经济力量的操控。这样，公众对于媒介的期待主要是"看门狗"的功能，也就是应该作为社会的瞭望哨，权力的监督者。根据 20 世纪 80 年代中期的一份调查，50% ～ 70% 的美国人赞同新闻的"看门狗"的作用，赞同它们关注政治领导人的行为，不让他们做不该做的事情。

而在我国大陆这种纵向的政治体系结构里，媒介是党的"喉舌"，是政府职能部门的延伸，是党和政府的宣传机器，党和政府直接领导媒介，媒介是从属于政治权力体系的。媒介与政府在公众面前表现出来的是一体的关系。我国澳门大学的学者陈怀林认为，首先，政府"喉舌"的地位赋予传媒巨大的"无形资产"。传媒同党政领导部门有着"近水楼台"的密切关系，并在民众中享有普通企业难以企及的威信和声望。其次，政府为传媒提供了财政上的"保险"和优惠。最后，政府为传媒维持了"垄断经营"的局面。也就是说，在"宣传部门"型的传媒制度体系中，传媒主管实际上是政府（或上级部门）在传媒的代理人。传媒主管的职责是保证传媒正常运作，为政府提供宣传和公关服务。政府向传媒及其员工提供足额财经保障，并为传媒主管提供在行政系统内晋升的机会。[1]

所以，对于我国大陆民众而言，媒介更多的是扮演政府代言人的角色，人们对于媒介的期待更多的是对它的政府职能的一种期待。

三、两种政治体系下的维度构成特点：专业取向与权力取向

在美国的横向政治结构里，由于媒介表现为相对独立于政府，只是众多社会部门中的一个，公众对于媒介的要求更多的是瞭望哨的作用，期望媒介能对权力进行监督，也就是说人们对于媒介的信任更多的是对它专业表现的预期。而媒介要扮演好这种角色，取得公众的信任，一是要尽量达到作为一种职业的专业规范要求，如新闻报道要准确、可靠、专业等，还有就是需要表现出一定程度的专业主义追求。

什么是新闻的专业主义（professionalism）？在中国青年政治学院新闻系的学者展江看来，新闻专业主义是西方新闻学中的重要概念，核心是新闻报道的客观性（objectivity），相信可以从非党派、非团体的立场客观地报道新闻事实，目标是服务于全体公众，而不是某一利益团体，在具有商业和政治双重性质的机构中，强调自己是公共利益的保卫者，以此获得公众信任。展江认为，新闻专业主

---

[1] 陈怀林：《九十年代中国传媒的制度演变》，载于《二十一世纪》1999 年第 53 期。

义有两个主要特征——中立的把关人和客观的反映者。"也就是说，在商业社会环境中，媒体可以是独立于政府、独立于市场的，用专业的价值观和力量加强新闻工作者对自我职业形象（追求真理、服务社会）的心理需求，将专业的规定内化为自我约束，成为新闻工作者恪守的最主要的新闻职业规范。"①

这样，从职业和专业主义要求两个层面来看，公众对于媒介的预期就是专业规范的要求和专业主义的要求，那就是要求媒介做到客观、公正、准确、可靠、正确、专业知识等。而这些要求与美国学者的实证研究发现是基本一致的，也就是说，美国公众是从专业规范和专业主义的维度来判断媒介是否可信任。在此，本书概括美国媒介公信力的判断维度是具有专业取向的特点。

需要注意的是，西方新闻工作的专业主义对于媒介本身来说是表面性的，或者被认为是："在西方社会，'专业主义'被认为是资产阶级意识形态霸权的一部分，具有服务于既定体制（the establishment）的功能和保守趋向。"② 但对于公众来说，他们很难了解到这种背后的运作机制，只能从表面现象来认知媒介应该是专业的，进而用专业取向的要求来判断媒介是否可信。

而在我国大陆，虽然从 20 世纪 90 年代以来媒介开始了市场行为，现在普遍认为媒介具有双重功能——"喉舌"功能和经济创收功能，但"喉舌"功能还是我国大陆媒介最根本的功能。这样，对于老百姓而言，媒介扮演的更多是政府代言人的角色，人们对于媒介的期待更多的是对它的政府职能的一种期待。在"喉舌"功能下，公众对于媒介的信任其实是透过媒介对政府的一种信任，是出于对媒介政治身份的信任，媒介的公信力是建立在政府信用基础之上的。所以，我国大陆媒介公信力的首要判断维度是权威性。如近些年报道的农民从报纸上了解税费改革等政策，手拿报纸抵制一些地方行政部门不合理的乱收费，认为报纸的报道就是政策等。③ 在此，本书概括我国媒介公信力判断维度的特点是一种权力取向的，这里的权力是指行政方面的含义。

在这种权力取向的认知下，老百姓遇到麻烦可以找媒体投诉，将媒体作为了一个可以解决问题的可行途径。我国媒体也设立了相应的职能部门，如群工部，就是接待民众的一个部门。近些年市场化程度高的媒体也有专门针对居民这种需要的部门或者热线，如《成都商报》的一条读者热线就专门请政府相关部门的工作人员定期进行热线接听，直接面对投诉来现场解决问题。还有一些与政府职

---

① 张晋：《胡舒立：新闻专业主义的领悟者和实践者》，载于《中国经济时报》，2004 年 10 月 27 日。

② 转自陆晔、潘忠党：《成名的想象》，载于中国台湾《新闻学研究》，2002 年 4 月；Hackett & Zhao，1998；Tuchman，1978；Said，1994。

③ 案例较多，如 2003 年 6 月 30 日《羊城晚报》的《致全省农民的公开信》就达到了这种效果。参见红网（http://news.rednet.com.cn/Articles/2003/07/435175.htm）《一封让农民兄弟感动的信》。

能部门不是直接相关的事情，如情感、求助、上学信息等，媒体也可以是一条最广泛的渠道；就像前面提到的湖北农民刘文豹认为的新闻媒体报道后解决问题快。这样，老百姓对媒介的信任还有实用性的因素。

另外，由于我国大陆媒介公信力维度是一种权力取向的，在媒介体系中媒介本身的行政地位也会影响到它的公信力。媒介的行政级别高，权威性也相应的高，公信力也高。媒介作为纵向的政治权力体系中的一个组成部分，本身有行政级别的高与低、或者与行政机构的"近"与"远"的区别。如党报有中央级党报、省级党报、地级市党报，或者国家级电台、省级电台、地级电台、县级电台等；在同一家报业集团中，主报是党报，行政级别最高，与政治权力"近"，都市报是子报，要承担更多的经济创收功能，相应地与政治权力离得"远"，行政级别也低。这种区别普通的民众也很容易区分。

这里，我们引用中国人民大学舆论研究所在 2002 年 9～10 月对北京居民的调查结果来做二次数据分析。将调查中的"哪家报纸最能给您以信任感"和"每周拥有读者的累计规模"两项数据进行相关分析，选择北京地区的八份日报（两份为党报，其余为早报）和在中国知识阶层中有广泛影响的《南方周末》共九张报纸进行对比。具体的数据如表 2－6 所示：[1]

表 2－6

哪家报纸最能给您以信任感？			每周拥有读者的累计规模
信任名次	报　　纸	最信任的报纸中选率（％）	（万人）
1	《北京青年报》	17.3	452.2
2	《人民日报》	9.8	121.8
3	《北京日报》	6.3	171.6
4	《京华时报》	4.6	307.2
5	《北京晨报》	4.3	265.1
6	《北京娱乐信报》	2	155.3
7	《南方周末》	1.4	59.7
8	《劳动午报》	1	37.8
9	《北京现代商报》	0.5	20.6

首先，我们对除了《人民日报》和《北京日报》两份党报以外的报纸来进行分析，对于这两组数据的相关性测量发现，两者的 pearson 相关系数为 0.881，

---

[1]　数据来源参见喻国明：《传媒影响力》，南方日报出版社 2003 年版，第 103～135 页。

是强相关。也就是说，这几张报纸在北京居民中的最信任中选率是与它们的读者规模成正比例的，读者规模越大，获得信任的选择率越高。具体如图 2 - 2 所示：

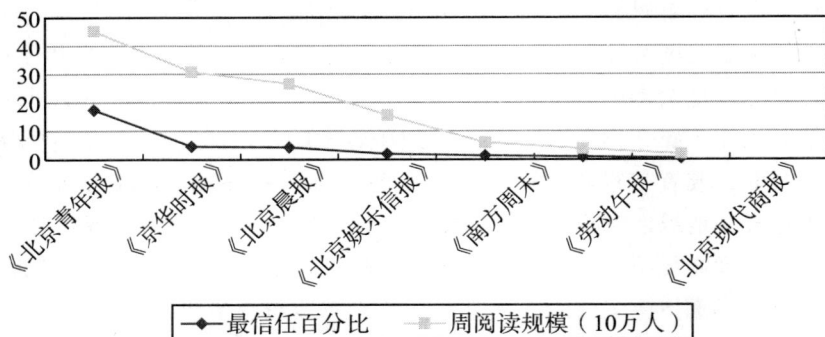

图 2 - 2　几份报纸的信任中选率与读者规模对比

但当我们把《人民日报》和《北京日报》纳入分析中来看时，它们的信任中选率和读者规模情况并不遵守上面的规律。首先，它们的信任中选率排在了比它们的读者规模大的《京华时报》、《北京晨报》、《北京娱乐信息》等三张报纸的前面，仅在发行量遥遥领先的《北京青年报》的后面。其次，同为党报的《人民日报》信任中选率高于《北京日报》，但它们的发行量刚好相反。最后，党报《人民日报》和《北京日报》的读者规模数分别低于它们的子报《京华时报》和《北京晨报》，但两者的最信任中选率都高于子报。

这从一个侧面可以说明媒介公信力的大小与它行政等级是相关的，根本的一点是我国民众判断媒介公信力的指标维度是行政权力取向的，因为权力取向的权威性是公信力判断的最重要维度。

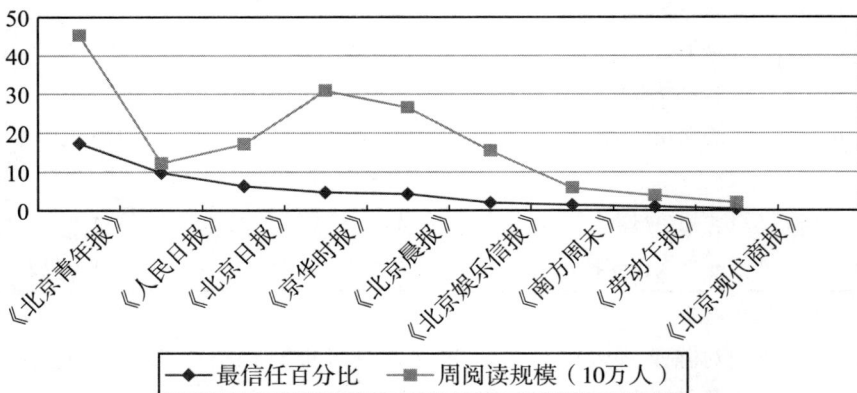

图 2 - 3　增加党报后的报纸信任中选率与读者规模对比

2.4 判断维度的价值分析

前面讨论了不同地区媒介公信力的判断维度构成差异，不同地区有同样的判断维度，那么，这些维度背后的意义是否都一样呢？也就是本章讨论的最后一个问题：同样的判断维度在不同地区（或人群）有没有意义指向的差异？如客观、公正等这些词语对于中国人、美国人、以色列人、巴勒斯坦人或其他国家的人来说有没有意义指向上的差别？是不是都是一个意义指向？即判断维度的价值取向问题。

2.4.1 维度的两个判断层面

在传播学中，一些学者运用常人方法论（ethnomethodology）来探讨媒介公信力问题。常人方法论发展于 20 世纪 70 年代的美国，是从行动者的视角来看问题，致力于对日常生活中例行性的平凡活动进行直接经验性的研究。我国台湾学者钟蔚文教授的解释是：一般人对于社会现象的本质是什么、社会如何运作以及社会应该如何运作都有一套自己的看法，对于媒介公信力的评估亦如此。一般大众对于媒介的看法也许不如学术论述得清楚明白、立论严谨，可是同样有他们的理论基础。[1]

进而，从认知心理学角度，钟蔚文教授提出了一个分析媒介公信力[2]的常人方法论框架，他认为媒介公信力的判断维度有两个层面，每个维度（评估标准）下面都有自己的依据。框架表示如图 2 – 4 所示。[3]

钟蔚文认为，上面的分析框架是最基础的常人理论分析框架，分为两层：第一层为判断媒介的标准；第二层是证据，这就像是建构科学理论的过程，个人对于媒介的评估，往往建立在一些对媒介的认知、证据上。

简单地说，在这个框架中，人们判断公信力实际上有两个心理层次。首先是判断可不可信的标准，也即公信力的维度。这是能够测量的，位于表面的。在每个维度下面其实隐藏着支撑各自维度的证据。按照钟蔚文的说法就是，一个人相

---

[1] 钟蔚文：《从媒介真实到主观真实》，台北正中书局 1992 年版，第 96 页。
[2] 钟蔚文的书中用的是可信度，为了与全文用词的统一，在此改用公信力。
[3] 钟蔚文：《从媒介真实到主观真实》，台北正中书局 1992 年版，第 96～100 页。

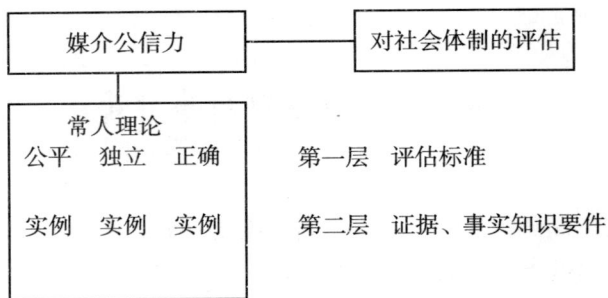

```
┌─────────────────┐      ┌─────────────────┐
│    媒介公信力    ├──────┤  对社会体制的评估 │
└────────┬────────┘      └─────────────────┘
    ┌────┴──────────────────────────────────────┐
    │         常人理论                            │
    │  公平    独立    正确      第一层  评估标准  │
    │                                            │
    │  实例    实例    实例      第二层  证据、事实知识要件 │
    └────────────────────────────────────────────┘
```

图 2 - 4   分析媒介公信力①的常人方法论框架

不相信媒介，往往视其对于媒介整体的看法、认识而定，也就是说，个人对于媒介的评估，事实上是隐藏、依附于个人的常人理论之下。不同的人有不同看法的理论基础。

这个分析框架提供了对媒介公信力维度的判断层面进行深入分析的理论基础，从这个分析框架能够对媒介公信力维度的意义指向作出更多探讨。

2.4.2   维度是一种价值判断

在法学和哲学中，判断一般分为事实判断和价值判断。简单地说，事实判断是对客体现实状况的判断，是对客体"是什么"的判断；价值判断是客体对于主体的意义的判断，是对客体"应该是什么"的判断。如美国人推翻了萨达姆政权，这是客观事实，认为这件事是真的就是事实判断；有人说好，有人说不好，这是价值判断。

从常人理论来看，媒介公信力维度是公众的一种价值判断。

对于正确这个维度，同一条新闻报道，不同人认为正确或不正确的意义指向可能是不一样的。这点在足球比赛中可以经常看到，如在一次冲撞中，裁判对双方的队员都出示黄牌或红牌，在比赛后的新闻发布会上，双方主教练可能都会说裁判的判罚是不正确的，但同样的不正确说法背后的指向是不一样的，分别是从各自的立场来评判，都认为应该只给对方球员处罚，而不应该处罚本方球员。我国有句俗话叫"两头不讨好"，就有这种意思，同一种方式在对立的双方得到一个都不认可的相同结果，但因为对立双方认知基模的不同，这种相同结果后面的意义指向是不一样的。同样，对于新闻媒介的报道正确与否也如此，即使不同立场的人都认为是正确或不正确的，但其判断正确或不正确的意义是有差异的。

---

①　在钟蔚文的书中用的是可信度，为了与全文用词的统一，在此改用公信力。

对于偏见这个维度，学者瓦隆（Vallone）、罗斯（Ross）和莱珀（Lepper）（1985）将有关贝鲁特大屠杀的新闻影片分别给支持以色列和支持阿拉伯的两群人欣赏，然后测量他们对于该则新闻的认知与态度，结果发现两个团体的成员结论相同，都认为不公平，但是他们的认知基础却截然不同：他们都觉得这则新闻偏袒另外一方。①

对于公正这个维度，不同个体或群体的意义指向也是有差异的。如钟蔚文的研究发现，有两位受访者都指责媒介不公平，然而引用的证据却完全不同，第一位受访者指责媒介忽视了社会光明的一面，而第二位受访者则指责媒介偏袒执政党。因此，不能因为受访者选择了同样的答案、同样的形容词（例如：我相信，媒体十分公正），就下结论认为他们持有同样的态度，这是过于简单化的推论。②

同样，公信力概念其他的维度也与正确和偏见一样，相同的维度背后公众有各自的价值立场。

由此可见，大众媒介公信力的判断维度包含着主体的意义指向，也就是说媒介公信力是一种价值判断。正如普特南所认为的："事实与价值的二分至少是极为模糊的，因为事实陈述本身，以及我们赖以决定什么是、什么不是一个事实的科学探究惯例，就已经预设了种种价值。"③ 从认知基模理论来看，基模具有主观性，同一或同类媒介信息在不同受众个体或群体头脑中会产生不同的认知。公众判断媒介公信力的各个具体维度的意义是从自身的认知基模出发的，有自身的主观价值。

既然媒介公信力是一种价值判断，那么，对于媒介的事实判断是否就无关紧要了呢？事实判断处在一种什么样的位置？

前面介绍了基模具有层次性，这种层次性有两个特点。一是不同水平的认知基模呈阶梯状结构，下一个层次的基模是构成上一层次基模的基础。当相邻层次的基模出现缺失时，就会造成认知"断层"并导致认知阻滞。二是各种层次基模的综合，就反映了基模的整合性。当受者头脑中形成的数以千万计的基模处于有序状态，既各自整合、相互包涵、相互影响，构成了一个庞大的认知网络、系统时，受众面对纷纭繁杂的媒介信息，就可以做到眼不乱、心不迷、择其要、消化之。④

简言之，事实判断与价值判断是一种层次性的关系，事实判断是做出价值判

① 钟蔚文：《从媒介真实到主观真实》，台北正中书局1992年版，第99页。

② 同①，第108页。

③ ［美］希拉里·普特南著，童世骏、李光程译：《理性、真理与历史》，上海译文出版社1997年版，第139页。

④ 刘京林：《大众传播心理学》，北京广播学院出版社1997年版，第137页。

断的基础，两者并不是分开的，而是一个整体。公众对于媒介公信力的判断，首先是关于媒介对基本事件描述的判断上，这是判断的起点。即使一家媒体的价值取向得到公众的认同，但如果没有遵守基本的事实原则，它的价值判断就无从得到实现，媒介公信力也不会很高。即使一家媒体一般情况下公信力是很高的，但在某一件事上明显违背客观事实的原则，价值判断也无从起到作用。

例如，2003 年 2 月初在广东的"非典"事件中，媒介一直回避这件事，到了 2 月 10 日上午，广州的报纸才发了一条家家都一样的四五百字的通稿，"模糊"地说近期广州患"感冒"和"肺炎"的病人增多等。稿件内容如下：

> 记者昨天从广州各大医院了解到，近期广州患感冒和肺炎的病人增多，专家提醒广大市民，春季容易滋生细菌，市民要避免到人群密集的地方活动，预防方法包括在家里煲醋杀毒和服食预防性抗病毒药物。
>
> 市一医院呼吸内科副主任曾军告诉记者，广州春天温差和湿度都比较大，这种天气易使人体免疫力下降，特别是人体的呼吸道更容易受到感染，其中最常见的是感冒和肺炎。由于呼吸道疾病都可以通过空气传播，咳嗽、随地吐痰都能传染病菌，因此人群密集的地方往往是致病的"高危地带"……[1]

事实是，就连在广州火车站等一些公共场所的公安干警都已经戴着橄榄绿的口罩在执勤，说明了并不是感冒这么简单。所以，虽然我国民众对于媒介的信任度是很高的，但在这件事上，当媒介缺少基本的事实基础时，就不能取得公众的信任。结果是当天广州市民对于这种"非典"的恐慌达到了一个高点，对板蓝根、白醋、口罩的抢购也达到最高潮。

所以，只有在基本的事实判断之后，公众才会对媒介公信力的权威性、正确、可信赖性、偏见和完整性等维度构成做出价值判断，进而形成媒介整体的公信力。

---

[1] 《新快报》，2003 年 2 月 10 日。

第3章

大众媒介公信力的影响因素分析

3.1　影响因素的体系结构

1938 年美国著名的管理学家巴纳德发表了《经理的职能》一书，开创了管理理论体系的社会系统学派。他认为组织是一个复杂的社会系统，应从社会学的观点来分析和研究管理的问题，把各类组织都作为协作的社会系统来研究。对于传播学研究来说亦如此。

文献梳理发现，以美国学者为代表的实证学派，对于大众媒介公信力影响因素的探讨主要集中在公众和媒介两个方面。具体地说，从公众的性别、年龄、教育程度、种族以及媒介使用和媒介依赖等方面，媒介方面的媒介特质差异、媒介组织的专业表现等方面进行研究，探讨这些方面对媒介公信力的影响情况。而对于宏观的社会层面的影响则较少有涉及。从所查找的文献看，[①] 有一些从时间纵向和地域横向的现象比较，但未发现专门从横向的跨文化、跨地域差异和纵向的制度、社会变迁等角度来对媒介公信力的影响进行的探讨。也就是说，研究主要集中在对微观层面变量的分析，而对于宏观层面的变量则甚少考虑，并对于微观和宏观变量之间的影响有什么不同方面更没有探讨。

由此，本章试图对媒介公信力各个层面的影响因素进行系统的分析。要系统

---

① 　主要包括书后的参考文献所列文献。

分析媒介公信力各个层面的影响因素，首先需要将媒介放在一个系统中来考察。

约翰·赖利与马蒂尔达·怀特·赖利于1959年发表的"大众传播与社会系统"一文，通过把大众传播看做是社会上各种社会系统中的一个系统，用社会学的方法来分析大众传播。

赖利夫妇认为，作为传播过程的传播者和接受者，个人均受到基本群体的影响。作为传播者，他可能受到影响而用一种特别的方式去选择和制作他的信息；作为接受者，他可能在如何对信息作出选择、理解和反应方面受到这些群体的指导。基本群体也不是在社会真空中发挥作用的。相反，赖利夫妇把它们看做是一个更大的社会结构的组成部分。这样构成了传播系统。但这个传播系统是处于一个包罗一切的社会系统框架之中。大众传播过程影响这个更大的社会过程，同时又受到它的影响（参见图3-1）。①

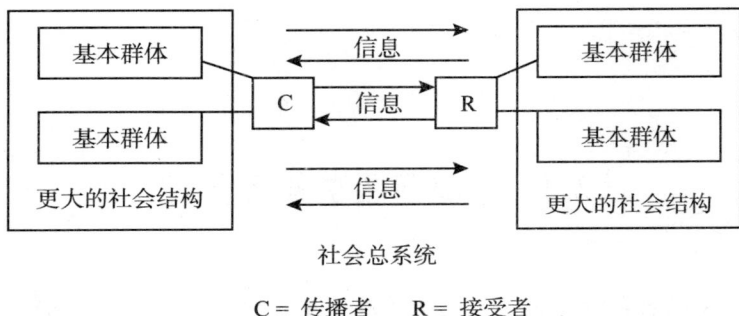

C = 传播者　　R = 接受者

图3-1　赖利夫妇的传播系统模式

这是目前对于传播过程的社会学考察具有代表性的模式，勾勒出了传播过程所处的社会环境以及与社会环境之间的关系。正如麦奎尔的评注："这一模式确实帮助人们把大众传播的概念与现有的社会学理论挂起钩来，并且使人们得以对以前解释不够充分的研究成果进行社会学分析。它提出大众传播应被看做是各种社会过程中的一个过程，大众传播可以影响周围的社会，也可受周围社会的影响，这个看法同样具有重要意义。"②

赖利夫妇的这个模式对于传播过程与社会环境的关系作了系统性的表述，将整个传播过程置于不同层次的社会系统之中。具体传播过程的主客体——传播者和接受者分别处在自身周围一定的社会环境之中，共同构成了微观的传播系统，包括两个子系统——受众系统和媒介系统。整个传播系统则是处于宏观层面的社会总系统之中。

---

①② 丹尼斯·麦奎尔、斯文·温德尔著，祝建华、武伟译：《大众传播模式论》，上海译文出版社1997年版，第47～50页。

从系统的角度来看，媒介公信力就分别受到宏观的社会系统、微观的受众系统和微观的媒介系统的影响。

在此，从四个方面来探讨大众媒介公信力的影响因素：（1）宏观的社会系统影响；（2）微观的受众系统影响；（3）微观的大众媒介系统影响；（4）宏观社会系统、微观受众系统和微观媒介系统之间的影响关系。

3.2 宏观的社会系统影响因素分析

3.2.1 社会系统的分析结构

本节主要是对宏观层面的社会系统结构进行分析，找出社会系统中可供分析的结构组成，以及这些结构组成在理论模式上的关系，即每个结构组成在社会系统中的作用大小。进而分析这些结构对媒介公信力的影响。由此，就从结构功能理论的视角来首先对宏观层面的社会系统进行分析。

帕森斯是结构功能理论的代表人物，他首先将人类一切活动所涉及的各个方面用"系统"加以区分，总的活动就是一个行动系统。行动系统包括三个子系统：人格系统、社会系统和文化系统。人格系统是指维护个人发展的一切过程和特点，融合了动机取向和价值取向两种要素。社会系统围绕着"担当各种角色的人物"之间的关系以及群体与群体之间的关系而运作，并且用各种准则和社会价值来规定这种关系。文化系统是着力于表述事物的意义，界说道德的内涵，它的组成部分是信念、存在的概念以及象征，这些组成部分表达了一些概念和道德价值。在人格系统、社会系统和文化系统三个子系统中，帕森斯认为文化系统起支配性的作用。①

① 这段参考了詹姆斯·皮科克的《美国：一种文化体系》文中的一些说法，李家齐译，汪培基校订，载于《美国社会〈心灵的习性〉的挑战》，http://www.usembassy-china.org.cn。对于帕森斯的这三个系统，亚历山大（Jeffrey C. Alexander）在对集体环境的分析中作了解释。第一，社会系统为行动者提供行动的真实目标：（1）构成行动者解释和分析重要环境的政治权威机构和劳动分工；（2）团结的成分，或那些行动者赖以建立共同体观念的成分，以及影响行动者解释和分析这些纽带的特质；（3）塑造行动的社会角色规范及组成部分。第二，文化系统构成了第二个环境，通过对现实的认知，阐明何为神圣与亵渎神圣，以及建立潜在的制度化体系使文化渗透到行动中去。通过建立认知参照、道德和价值分类、符号系统来引导解释和策略性算计。第三，第三个行动系统——人格系统包括两个行动的微观维度、解释和策略性的算计。参见［美］乔纳森·特纳的《社会学理论的结构》，邱泽奇译，华夏出版社2001年版，第52页。

帕森斯进一步对人类所处的社会系统进行了分析，认为社会系统包括四个部分：经济、政治、信用、社会共同体。其中的信用和社会共同体又构成社会系统中的一个文化内容，这两者又在社会系统中起支配性的作用（参见图3 - 2）。①

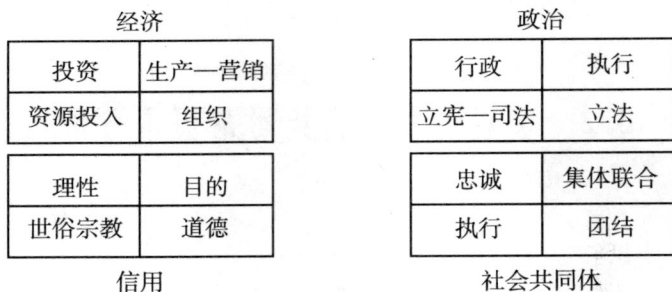

经济	
投资	生产—营销
资源投入	组织

政治	
行政	执行
立宪—司法	立法

理性	目的
世俗宗教	道德

忠诚	集体联合
执行	团结

信用　　　　　　　　　　　社会共同体

图3 - 2　社会系统的子系统

资料来源：Parsons and Platt，1973；［澳］Malcolm Waters，有所改动。

这里的一个问题是，在第一层次的行动系统中，文化系统指的是道德、知识、价值等内容的阐释、归类、制度化等。而在第二级的社会系统的子系统中，信用和社会共同体的内容也是道德、宗教等内容。这两者之间是递进关系还是一体关系？按照帕森斯本人的解释可看出，文化系统是最高等级的控制层级——行动系统中的支配性系统，它是一种抽象层面的文化含义，是对社会系统中的信用内容的概念化、制度化；而在社会系统中，信用和社会共同体的内容是一种具体的、现实的文化内容，是文化系统在社会系统中的具体体现部分，由于信用、社会共同体是文化内容，所以，帕森斯认为在社会系统中它又是起支配性的作用。

对于社会系统中的这一问题，在哈贝马斯看来，信用和社会共同体在社会系统中应该组成单一的社会文化系统。这样，社会系统应该是三个而不是四个子系统，即：文化系统、经济系统、政治系统。对于这三个子系统的关系，哈氏认为，政治系统位于经济系统和社会文化系统之间，而它们本身的相互联结则是间接性的。政治系统以操控运作交换经济系统的征税，以大众忠诚交换社会文化系统的社会福利执行。② 与帕森斯的文化支配论不同，在哈氏的眼中，政治起核心作用（如图3 - 3所示）。

---

① ［澳］Malcolm Waters，《现代社会学理论》，杨善华等译，华夏出版社2000年版，第162页。
② 同上，第176页。

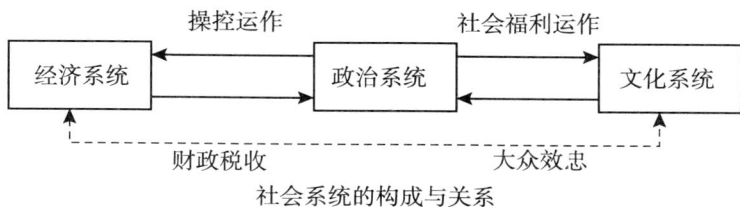

操控运作　　　　社会福利运作

经济系统　　　　政治系统　　　　文化系统

财政税收　　　　大众效忠

社会系统的构成与关系

图 3 - 3　社会系统的构成与关系

　　这样，社会系统就包括政治、经济、文化三个子系统。对于三个子系统的关系，理论模式上两种观点：帕森斯的文化支配论和哈贝马斯的政治核心论。对于本研究来说，首先，媒介公信力在宏观社会层面的影响就引用这个社会系统的分析模式，从政治、经济和文化三个方面来分析对媒介公信力的影响。其次，在宏观社会系统的两种决定论中，找出对媒介公信力的影响起主要作用的因素，并着重探讨这个因素的影响效果和背后的原因分析。

3.2.2　影响信任的两种决定论

　　前面分析了宏观社会系统结构的理论模式，以及理论模式提出的两种决定论观点：帕森斯的文化支配论和哈贝马斯的政治核心论。具体到信任研究中，政治和文化哪一个社会宏观变量起决定性的影响作用？这一问题也同样存在着两种决定论观点：一种是文化决定论；另一种是政治决定论。在探讨宏观社会系统对媒介公信力的影响之前，首先来看社会系统对信任影响的两种决定论。

　　文化决定论[①]主要代表是福山，他认为群体的形成依靠的是信任，而信任是由文化决定的，不同的文化有不同的自发群体，而且自发的程度也不尽相同。那么，什么是文化呢？福山认为文化是继承而来的伦理习惯。信任可以在一个行为规范、诚实而合作的群体中产生，它依赖于人们共同遵守的规则和群体成员的素质。而这些规则不仅包含公正的本质这种深层次的"价值"问题，而且还包括世俗的实实在在的规则，如职业规则、行为准则等。也就是说，群体所拥有的文化情况决定了是否能产生信任以及信任的程度。进而，在福山看来，社会或社会的一部分普遍信任所产生的一种力量构成了社会资本。

　　福山认为中国、法国和意大利南部是一种低信任度的文化，而美国、英国和日本等地是一种高信任程度的文化。对于福山的这种论述，一些学者认为他的这

---

① 福山著，彭志华译：《信任——社会美德与创造经济繁荣》，海南出版社 2001 年版，第 27～49 页。

些结论其实只是建立在他个人的印象之上，没有任何实证基础。对此，英格哈特三次对几十个国家进行了"世界价值调查"，调查发现，一般而言，受新教和儒家学说影响的国家比受天主教、东正教、伊斯兰教影响的国家更容易产生信任，[①] 虽然结论与福山的不一致，但却印证了福山的文化决定论观点。

政治决定论主要是一些制度学派学者的观点。他们认为存不存在一个有效的政府对信任是至关重要的。如霍布斯认为没有公共权威体制的社会必定是尔虞我诈、互相残杀的社会。在那种状况下，人们是无法彼此信任的。当然并不是所有类型的政府都有利于增进社会信任。至少政府应该奖励守信者，惩罚失信者。这就要求有健全的法制。在健全的法制下，失信的代价较大，这样人们就更可能对他人产生信任感。

霍布斯的理论问题源自这样的假设：无政府状态，缺少强制力，将导致不信任和社会瓦解。但有学者反驳霍布斯的观点，指出一些经验事实正好表达了一个相反的方向：正是无政府状态促成了信任的产生，即无政府状态产生了社会凝聚力。而正是有效率的政府破坏了信任。论点是无政府状态产生了信任而政府破坏了信任。[②]

上面的争论，双方都可以找出理由来支持各自的论点。问题的关键在于需要对不同的政府区别讨论。

例如，18世纪的那不勒斯是社会学者们一个常用的信任研究对象。在18世纪早期西班牙武装进入那不勒斯后，实行君主制，从而毁坏了那里的信任。为了在不影响统治权的前提下把那不勒斯市民的财富减到最少，政治道德降到最低，王权政府开始设法破坏社会中原有的信任关系。其中之一是采用法国国王对付其贵族的方法——封授大批忠于国王的新贵族，换句话说，用以名誉为基础的社会来取代以信任为基础的社会。[③]

而对于共和政体来说，则有助于建立信任。吉诺维希和多利亚两人都确信，信任（公众信任）依赖于预见的可靠性，能产生和维持高预见性并带给它的公民以富裕和幸福的社会形式只有一种，那就是有道德的共和政体。这种政体是西塞罗（Ciceronian）所说的"秩序良好的共和国"，在这样的国家里，所有的法

---

① 王绍光、刘欣：《信任的基础：一种理性的解释》；载于郑也夫等编：《中国社会中的信任》，中国城市出版社2003年版，第226页。

② 欧内斯特·戈尔尼（Ernest Gellner）：《信任、凝聚力和社会秩序》；载于郑也夫编：《信任：合作关系的建立与破坏》，中国城市出版社2003年版，第177~178页。

③ 安东尼·帕格顿（Anthony Pagden）：《信任毁灭及其经济后果：以18世纪的那不勒斯为例》；载于郑也夫编：《信任：合作关系的建立与破坏》，中国城市出版社2003年版，第157~174页。

律都是为了公众的利益，而统治者亦从人民的利益出发来治理国家。①

3.2.3　社会系统影响的整体性与支配性

宏观的社会系统对于媒介公信力的影响，有两层含义。首先，宏观的社会系统的三个组成部分是一个整体，都发挥着作用；其次，在社会系统的三个组成部分中，每一个部分并不是都发挥着相同的作用。下面对这两个方面分别进行论述。

一、社会系统影响的整体性

前面分析了社会系统包含政治、文化、经济三个子系统，这三个子系统对于媒介公信力都发挥着影响。

首先，政治、文化、经济三者都是一个整体的构成部分，不是截然分开的。按照唯物主义的观点，经济基础是一定时期的社会生产关系，它是政治和意识形态等上层建筑的基础。政治则是经济的集中表现，核心问题是国家政权问题。文化指人类创造性活动的总和，主要指精神文化或其中的社会意识形态。经济基础决定上层建筑，反过来上层建筑又影响经济基础。

其次，现实中的大众媒介在三个系统中都扮演着角色。如哈贝马斯在论述公共领域的发展阶段时指出的，报纸从文化领域进入到政治领域，最后又进入到经济领域。在 17、18 世纪欧洲各地出现的新兴报纸，以传递信息、批评时政为主。报纸在这一时期积极地担负起舆论引导者的角色，报纸新闻发行的机构变成民意的传达者及引导者。这时报纸的商业目的退居其次，甚至不以盈利为目标。但随着资本主义的兴起，具有影响的私人企业力量逐渐介入报纸，并且这些利益集团逐渐控制报纸。新闻媒体随之进入了商业化经营阶段。哈贝马斯认为，公关和广告两者影响了新闻运作过程，使得报纸的经营目的由早期的促进理性批判讨论转为满足商业利益。同时，国家势力介入媒体公共领域。这样，新闻媒体沦入了经济与政治势力的控制，仅仅剩下了统一意识形态的功能，公共领域原有的平等开放的特性随之逐渐瓦解。②

报纸、电视、杂志等大众媒介一方面是社会文化的传承者，是社会文化系统

---

① 安东尼·帕格顿（Anthony Pagden）：《信任毁灭及其经济后果：以 18 世纪的那不勒斯为例》；载于郑也夫编：《信任：合作关系的建立与破坏》，中国城市出版社 2003 年版，第 157～174。

② 这是哈贝马斯在论述公共领域时提出的，他将报纸公共领域的发展分为了三个阶段，在商业化的第三阶段，哈氏认为公共领域开始逐渐瓦解。参见 ［德］哈贝马斯著，曹卫东等译：《公共领域的结构转型》，学林出版社 1999 年版；张锦华：《从公共领域理论及多元化报道观点探讨选举新闻报道》，载于《新闻学研究》第 55 期。

的一个重要构成部分。同时，大众媒介运营所带来的媒介产业又是经济领域中的一个大部门，如在我国，媒介产业已经超过烟草业成为第四大产业部门。对于任何一种制度的社会来说，大众媒介都是政治力量角力的场域，大众媒介在我国是党的"喉舌"，是政治体系中的一个直接组成部分。

所以，宏观社会系统的政治、经济、文化三者不可避免地都会对媒介公信力产生影响。哈佛大学肯尼迪政府管理学院院长 Joseph S. Nye（1998）用数据说明了大众媒介公信力是受外在宏观社会因素的影响。他指出，公众对各种组织机构的评价与其说是随着他们对某一组织机构具体行为的判断而升降，不如说是随着国家经济和政治的健康状况而升降。例如，当 1965 ~ 1995 年公众对美国新闻业的信任度下降了一半时，公众对大学、主要公司和医药行业的信任度也下降了一半。[①]

二、政治因素影响的支配性

虽然社会系统的政治、经济、文化三个子系统对媒介公信力都发挥着影响，但三者的影响不可能是完全一样的，影响可能有大有小，有支配性的，有从属性的。

前面已经论述过，在整个社会系统层面上，有帕森斯的文化支配论和哈贝马斯的政治核心论两种观点。具体到对信任的影响，也有文化决定论和政治支配论两种观点。那么，对于媒介公信力来说，政治、文化两个子系统哪一个才是起主要作用的呢？

在前面关于媒介公信力判断维度的讨论中，探讨了文化与政治两个宏观变量对于判断维度的影响，在对美国、我国大陆和台湾地区三地公信力的判断维度指标进行比较后，发现了公信力的判断是受政治因素支配的。在具有相同政治制度的美国和我国台湾地区，人们判断公信力的维度大体是一样的；而在具有相同文化背景的我国大陆和台湾地区，人们判断公信力的维度是不一样的。也就是说，在媒介公信力的判断维度上面，政治因素是起决定性作用的。相应地，政治因素是宏观系统中影响媒介公信力的一个支配性因素。

3.2.4 政治因素与媒介公信力的正相关影响

一、政治因素影响效果的争论

在宏观社会系统中，政治因素对媒介公信力发挥着支配性的影响作用。那

---

① Stephen Hess. Credibility：Does It Drive the Bottom Line? (http://www. naa. org//presstime/9807/cred. html.)

么，这里的问题是政治因素的这种支配性影响作用是正还是负呢？对于这一问题，有不同的说法。在此以我国香港的情况为例，就媒介公信力的下降与政府对媒介监管的关系来看一些争论。

香港学者陈滔文（1999）在论及香港媒介公信力下降的原因时认为："有报道说美国媒介的公信力日渐低落，而根据苏钥机教授、李金铨教授和我的研究所得，香港媒介的公信力在 90 年代也总体下降。市民受众把媒介公信力下降归因于日渐激化的媒介竞争和媒介对中国当局的自我检查。这些都是危险的讯号。"[①]陈滔文认为媒介公信力的下降不能简单地从政府的新闻控制和市场竞争方面找原因，而应该强调媒介自身的自律性，因为离开了新闻从业人员，专业标准的坚持与提升也就无从谈起。应该发动社会的文化运动，提升市民的媒介素养，从而改善媒介环境，这样来提高媒介公信力。

香港的一位评论员论述这一问题是："另一个值得深思的现象是一些人将政府介入形容成洪水猛兽，反对由政府委任的组织监管传媒，似乎假定一管即死，但现时监管本港电子传媒的广播事务管理局，所有成员全是由官方委任的，一直以来并未出现严重争议性的事故，亦不见得削弱了传媒的公信力。在中大的调查中，属于公务员系统的香港电台在市民和新闻工作者心目中，反而公信力排第二，分别有 7.52 分和 7.55 分，比起所有畅销报章高得多！当然，笔者亦绝不赞成官方委任的报评会，但对杞人忧天、上纲上线的一管即死言论不敢苟同。"[②]

可以看出，虽然政治系统是影响人们公信力判断维度的宏观支配性因素，但这种影响结果对于媒介公信力来说究竟是高是低还无法判断，需要进一步从比较分析中探讨。

二、政治因素与媒介公信力的正相关关系

媒介与政治的关系，本书依据两者的关系由近及远可以归纳为三种模式：政治权力对媒介的直接控制、间接控制和间接影响。分别以我国大陆、新加坡和美国为例进行横向比较。

直接控制就是我国这样的情况，媒介是党的"喉舌"，是政府权力部门的延伸，由党和政府直接控制媒介，即媒介就是权力的一个构成部分，政府通过行政方式来控制媒介。

---

① 这是陈滔文在一次会议上的临场回应发言，提到的调查是香港中文大学新闻与传播学系在 1998 年 8～9 月间进行一项调查，对象为 18 或以上（包括 18 岁）的市民，经随机抽样，以电话访问，最后成功完成访问的有 656 位，响应率为 50%，误差约 4%。

② 蔡志森，香港，参见 www.truth-light.org.hk/article_v1/doc/a0000272.doc 35K 2002－9－27。

间接控制就是新加坡的情况，政府通过法律和间接的行政手段双重方式来控制媒介。"关系到国家安全和政治利益的问题，媒介被要求尽可能地支持国家发展，而不是挑战政府。政府是引导而不是直接控制媒介。具体的是通过法律、政治操控和行政管理等体系，政府可以施加大量的影响在媒介的运作上。……由于新加坡的媒体环境已经具有高度的限制性，所以新加坡政府并没有在加强新闻法的限制性方面做得更严厉。虽然政府在早期通过关闭报社和逮捕惹事的新闻工作者来尽量惩罚媒介，但今天政府是指导而不是直接控制媒介，并且新闻检查更平常的进行。媒介的角色被定义为：通过告知和教育新加坡人国家政策和议题，并培育人们好的价值观，使不同种族、不同信仰的人能产生国家认同感和民族归属感。"①

间接影响主要是美国为代表的资本主义国家，政府间接影响媒介，媒介表面上表现为独立于政治权力，媒介与政治权力是平行的，媒介是对政治权力的一种制衡力量，而且媒介是以私营为主的，不受政治权力控制与影响。其实，在最根本上，媒介不可能脱离政治的影响，每家私营媒介机构背后都有它的政治利益团体，都会受到政治利益团体的影响乃至操控。这里最典型的例子是新闻集团。20世纪80年代，默多克在连续三届的选举中都支持保守党的撒切尔夫人，并与其保持着良好的私人关系。默多克在政治上的投资得到了丰厚的经济回报。在撒切尔夫人之后，继续支持保守党的梅杰。但当梅杰谋求连任时，默多克发现工党的布莱尔呼声更高，竞选成功的可能性更大，便一改他一贯对工党政策的不感冒态度，一口拒绝了老朋友撒切尔夫人的求情，毅然决定抛弃梅杰，转而支持布莱尔。他所控制的媒体便开始为布莱尔摇旗呐喊，而这一点也正是布莱尔所急需的，两者很好地联姻。

现在，我们来看看三种情况下的媒介公信力状况。

对于新加坡的间接控制模式与西方的间接影响模式，新加坡南洋理工大学的学者郝晓鸣对此进行了论述。② "新加坡的这种新闻模式常常受到西方传播学者的挑战，他们相信这种模式仅仅是发展中国家的领导者们维护他们统治的一种策略而已。大部分的批评是建立在西方传统的自由主义基础之上的，那是强调媒介的独立和对政府的自由批评。这种批评是不值得惊讶的，因为新加坡的领导人从来没有让国家的媒介变成自由的意图，至少不是西方的水平。"

---

① Xiaoming Hao（1994）. The press and public trust：the case of Singapore. 打印稿。

② Xiaoming hao（1994）. The press and public trust：the case of Singapore. 打印稿。英国的数据出自 Han Foo Kwang（1995）. How do I live with myself writing this column. The Straits Times. 美国的数据引自 Zhang, Kewen and Xiaoming（1995）. Television credibility revisited ：A longitudinal study. presented at 1995 AEJMC Convention ，Washington，D. C. August 9 – 12。

郝晓鸣的调查发现，对当地报纸有多少信任这一问题，36.5%的被访者表示有非常多的信任，53.6%的被访者认为有一些信任，仅有大约10%的被访者说他们很少或者完全不信任当地报纸。郝晓鸣将新加坡与美国和英国进行了对比分析认为："尽管新加坡媒介受到西方学者的批判，但在新加坡人看来当地报纸是做得很好的。总体调查结果表明大部分被访者相信当地报纸的质量是好的。同时，人们也表示了对当地报纸强烈的信任。与英国相对应的研究相比较，那里仅仅只有大约10%的人相信新闻报道是真实的，或者在美国接触媒介的人中，仅仅大约有14%的人们对媒介有强烈的信任感。显然，报纸在新加坡更多受到人们的对待。"也就是说，新加坡的媒介公信力是高于英国、美国的。

再来看看我国与美国的比较。

对于这个问题，在此根据最近几年我国学者的三次调查数据来进行分析，并通过横向对比美国的数据来对我国媒介公信力的现状作一个基本的判断。

（1）柯惠新在2001年进行的《北京奥运申办媒介传播效果研究》中，有两次北京居民调查涉及媒介公信力问题。调查的题目是："通常情况下，您对新闻媒介所报道内容的信任程度。"结果显示两次调查的"完全信任"和"基本信任"两项合计分别达到了85.3%和91.2%。其中"完全信任"在两次调查中分别有21.3%和30.2%。[①]

（2）2003年中国人民大学舆论研究所进行的《有关非典问题的北京居民调查》，调查的执行时间是2003年4月22～23日，采用RDD抽样方法、通过电脑辅助电话调查系统成功访问了396户北京居民家庭。需要注意的一点是调查时间，是在4月20日——即政府刚刚公布非典真相后的两天，在之前媒介报道那样回避疫情的情况下，还是有66.3%的人相信大众媒介。[②]

（3）在非典后期，同济大学研究团队于2003年5月23～25日对上海市区18岁（包括18周岁）以上市民进行了调查，调查采用DDA抽样方法，通过电脑辅助电话查询系统进行，共访问有效样本431个。对媒介信任情况的调查结果显示，"很可信"和"比较可信"各有四成，两项合计高达83.3%。而"不太可信"和"不可信"两项不足10个百分点[③]（参见表3-1）。

---

① 参见中国社科院新闻与传播研究所主办的《中国新闻年鉴——传媒调查篇》（2003卷下），第700页。

② 喻国明等：《面对重大事件时的传播渠道选择》，载于《新闻记者》2003年第6期。

③ 丁未、王轩等：《危机传播（Crisis Communication）——上海"非典"事件传播调研》，同济大学传播与艺术学院危机传播课题组研究报告，2003年6月20日。

表 3－1　　　上海市区 18 岁（包括 18 周岁）以上市民的媒介
信任情况的调查结果　　　　单位：%

可信度	很可信	比较可信	不太可信	不可信	说不准	合计
	42.7	40.6	7.2	1.9	7.2	99.5

由于题项的设计不一样，不能和美国等的情况进行直接的比较，只能通过间接的对比分析来看。同样在 2001 年，从 Roper 机构对美国报纸的调查来看，五份量表中的"非常信任"和"比较信任"两项合计只有 36%，其中"非常信任"为 13%。对新闻界信任情况的调查中，三份量表中的"较多信任"从 1973 年的 25% 降到 2000 年的 10%，而"几乎没有信任"却从 1973 年的 21% 上升到 2000 年的 41%。[①]

还有一个数据是美国芝加哥大学国家民意研究中心（the National Opinion Research Center at the University of Chicago）的基本社会调查报告。学者张可文和郝晓鸣对从 1973～1993 年之间的数据进行了纵向的整理后发现，在 20 年间报纸和电视的公信力都是一条从高到低的明显下降轨迹，三份量表中报纸和电视的"较多信任"选项分别从 1973 年的 23.4% 和 18.8% 降到 1993 年的 11% 和 11.7%，而"几乎不信任"分别从 1973 年的 14.9% 和 22.1% 上升到 1993 年的 39.2% 和 37.2%。[②]

从上面数据的对比分析可以很容易看出，我国民众绝大多数对媒介是基本信任的，高达九成左右，其中还有 1/3 是完全信任的。而在美国，总的来看，对报纸、电视、新闻界都分别有近四成的民众是几乎不信任的。即我国民众对于媒介的信任程度高于美国民众对媒介的信任程度。

因此，在比较的三地中，媒介公信力与政治权力是一种正相关的关系，即媒介与政治权力近的国家或地区，媒介公信力高；媒介与政治权力远的国家或地区，媒介公信力较低。

三、原因探讨

哈贝马斯认为的在政治、经济、文化三个社会系统构成部分中政治是核心的观点，体现在对媒介的作用上，就是政治对于媒介的影响是支配性的。也就是相对于经济、文化来说，政治体系对媒介角色扮演的影响更加直接和强烈。不同的

[①]　http://www.ropercenter.uconn.edu/.

[②]　Zhang, Kewen & Hao Xiaoming (1995). Television Credibility Revisited: A Longitudinal Study. AEJMC Conference Papers, Washington, D.C. August 9－12.

政治体系对媒介有不同的要求，媒介在民众面前就扮演着不同的角色。由此的结果是，在不同政体结构下的广大民众对各自媒介的角色期待是不一样的。这一点在前面一章有关媒介公信力维度的两种取向中做了分析。这里只做简单的原因分析。

由于这种对媒介角色期待的不一样，人们信任媒介的预期也是不一样的，即不同政治体系下的民众对媒介公信力的判断维度是不一样的。这点在前面已经论述过。

在我国大陆，媒介是党的"喉舌"，民众对于媒介的信任，更多的是出于对媒介政治身份的信任。在当前我国政治体系稳定的状况下，媒介作为政治体系链条上的一环，人们对它的信任度也相应比较高。

在美国，媒介表现为独立于政府，媒介只是众多社会部门中的一个，人们对于媒介的信任更多的是对它专业表现的预期。但媒介一方面又是众多的社会部门中的一个比较特殊的部门，人们对它的专业表现要求程度也高；另一方面，媒介的背后不可能摆脱政治、经济的干扰，并会受到政治、经济的操控，这种操控有时又不可避免地会在公众面前表露出来，从而影响到公众对它的预期。所以，公众对于媒介的信任度就不可能很高。

3.3 微观的受众系统影响因素分析

3.3.1 研究的理论视角：三种受众理论模式

简单地说，受众是接触媒介的个体的集合，这些个体的地域分布广泛，数量多。如何看待这个集合，传播学者们发展出了许多受众理论。其中，影响不一致理论是被学者们广为应用的一个理论。本书对媒介公信力影响因素的文献分析发现，目前受众方面的影响因素探讨基本上是建立在影响不一致理论的个体差异论、社会分类论、社会关系论三种理论模式上。下面就首先对这三种理论模式进行论述。[1]

---

[1] 有关受众三种理论的论述和一些学者话语的引述，参考了 Melvin L. Defleur 和 Sandra Ball-Rokeach 著，杜力平译：《大众传播学理论》，五南图书出版公司 1995 年版，第 187～255 页。

一、受众的个体差异论

个体差异论认为，受众认知心理结构上的个体差异是影响他们对媒介注意力以及对媒介所讨论的问题和事物所采取行为的关键因素。同样的传播内容和传播方式，对于不同的个体就会有不同的传播效果。

个人差异论的理论基础是行为主义心理学派的"刺激—反应"论。在行为主义学派看来，人的心理和性格虽然有遗传的因素，但主要还是后天"学习"形成的。而人们的"学习"形成了各自的心理结构，包括心理过程和个性心理特征两点。心理过程指的是认识过程、情感过程和意志过程，也就是我们常说的知、情、意。个性心理特征是指个人在社会化过程中受到家庭、学校、党团等社会环境的影响并形成自身独特的兴趣、习惯、气质等性格和心理特征。

由于人们在"学习"过程中有各自不尽相同的环境和经历，个体获得的观念、立场本身就有所不同，即个体心理结构会不尽相同。这样，这些性格和心理结构上的不同决定了受众的态度倾向和实际行动的不同。具体到大众传播学来说，并不存在整齐划一的受众，也不存在像"魔弹论"所认为的强传播效果。在大众传播提供的信息面前，每个个体会因为心理、性格的差异而对信息做出不同的选择和理解，随之而来的态度和行为的改变也会因人而异。

二、受众的社会分类论

社会分类论又名社会分化论、社会类别论、社会范畴说。

对于传播学而言，个体差异论的主要理论贡献在于越过了"魔弹论"等早期忽视受众作用的强传播效果理论，开始注意受众在传播过程中的主动性，提出了受众的选择性和注意性理解。它的主要局限在于所展示的人与大众传播之间的关系并不完全。

而社会分类论认为，受众可以根据年龄、性别、种族、文化程度、宗教信仰以及经济收入等人口学意义上的相似而组成不同的社会群体。这些因人口学因素相同或相似而结成的群体，又有着相似的性格和心理结构，在人生观、价值观等方面也有着较为一致的看法。因此，统一群体中的成员在媒介的选择、内容的接触甚至对信息的反应上都会有很多统一的地方。这样，就可以把受众分成不同的群体来加以研究。社会分类论不囿于个体差异而强调群体内部的统一性，同时又注意到了群体之间的差异性，这是其优于个人差异论的地方。个人差异论注重个人性格和心理上的差异；而社会分类论则看到了社会群体的特征差异。可以说，社会分类论是对个人差异论的修正与改进。

三、受众的社会关系论

拉扎斯菲尔德等学者在研究中发现，有些传播效果并不是个体差异论和社会分类论能解释的。如传播学者伊利·卡茨说："直到最近，大多数传播学者头脑中的社会形象还是由原子化的个人所组成，他们由大众媒介相连，而不是彼此相连。社会'受众'被看做是年龄、性别、社会阶层等等的聚合体，很少有人想到比较非正式的关系的含义。问题不在于传播学者没有意识到受众都有家庭和朋友，而在于他们不相信这些关系影响竞选结果；所以，非正式的人际关系被认为与现代社会体制不相干。"

进而，拉扎斯菲尔德、卡茨等学者认为，受众的社会关系对受众有着巨大的影响，在受众的媒介接触中，非正式的社会关系是影响人们选择和解释媒介内容并对其采取行动的重要中介因素，也就是社会关系既能加强也能削弱媒介的影响。社会关系主要包括人际网络、群体规范和意见领袖等，具体到受众的社会关系则主要有他们所处的工作单位、社会组织以及各种非正式的群体等。社会关系论为大众传播和人际交往提供了一个结合点，而结合的桥梁就是社会关系。

还有一种与社会关系论相关的理论是群体压力理论，这种理论认为，群体压力能够影响受众对媒介内容的接受。人们一般都会选择加入与自己意见一致的团体，团体对这些意见的认同会加强个人关于此意见的信心。媒介的信息一旦不合团体的利益和规范时，便会受到团体的抵制。在这种情况下，团体成员往往会对这一媒介产生怀疑，固守并加强对原有信念的坚持。这时，媒介的力量被削弱已经成为不争的事实。如果媒体内容与团体规范的冲突并不是特别严重，团体则会对媒介意见另作解释，由于与其原有意见较为接近，所以团体成员也倾向于接受这种解释。这时，媒介的作用也会被减弱。因此，传播媒介要想改变人们固有的意见是非常困难的，除非它与这些人所处群体的意见一致。

总的来说，三种受众理论不是绝对的，在传播过程中每一种模式的情况都可能会存在。就如德弗勒认为的，每个理论模式都在某种程度上作用于受众对媒介的选择性，这些理论模式中代表受众不同特点的干预变量，在大众传播过程中的影响颇为相似。德弗勒具体从受众的注意、认知、回忆和行动这四个方面分别对三种模式的选择性机制作了分析。

3.3.2　受众变量的影响情况

在对媒介公信力受众影响因素的研究中，学者们的探讨主要是建立在社会分类论和社会关系论两种理论基础之上。如美国俄亥俄大学的伊扎德（Izard）教授（1985）认为影响媒介公信力的受众因素有：（1）受众本身的意识形态（ide-dogy）；（2）受众本身的政党认同（party identity）；（3）受众的年龄；（4）地理区域；（5）种族因素。① 除了伊扎德教授列出的这些因素外，还有受众的媒介使用、媒介依赖等。下面分别从受众的人口统计变量、媒介使用、媒介依赖、媒介知识以及社会团体、政党认同和政治意识等几个方面来看这些具体的因素对媒介公信力的影响情况。

一、人口统计变量

建立在社会分类论基础上的性别、年龄、种族、教育程度等人口统计变量，是探讨媒介公信力影响因素中最常用的受众变量。如有学者认为的，在探究可能影响公信力的因素方面，美国早期的研究多半将焦点置于受众的性别、年龄、种族、教育程度、居住地区、个人收入、家庭社会经济地位等人口变项上，与其对于媒介公信力所作评价之间的关联屡经验证，研究发现则不尽相同。可能的原因之一是各个研究的受访者本就不代表同一母体，有的研究以全国成年人为抽样范围，有的则以某一地区民众为访问对象，有的采取便利抽样访问在校学生。②

对于人口统计方面的各个变量对媒介公信力的影响情况，在不同地点、不同时间的研究没有一个统一的结果。下面分别来看这些具体变量的一些研究发现。

（1）在性别方面。美国学者的研究发现男性更相信报纸，而女性更相信电视。③ 但我国台湾学者罗文辉等在对台湾选举新闻的研究中发现，男性比较相信电视选举新闻，并认为男性对电视选举新闻的依赖程度较高，这也可能是男性较相信电视选举新闻报道的原因之一。④

网络方面，美国有学者通过对有政治兴趣的网络使用者的调查发现，所调查的在线消息公信力有四个因素：可靠性、正确性、偏见和完整性，性别与它们都是显著相关。总体上看，女性比男性更相信网络。⑤ 台湾学者叶恒芬的研究（2000）则发现男性对网络可信度的评价较高。⑥

---

① http://distance. shu. edu. tw/distclass/classinfo/8602cs01/c8602t01cst03. htm.

② 罗文辉、陈世敏：《新闻媒介可信度之研究》，中国台北"行政院国科会专题研究报告"（1993 年）；王旭、莫文雍、汤允一：《媒介表现：关于新闻可信度的讨论与测量》，1999 年中华传播学会年会论文。

③ Carter, R., & Greenberg, B. (1965). Newspapers or television：which do you believe? Journalism Quarterly, 42, 29 – 34；Reagan & Zenaty, 1979.

④ 罗文辉、林文琪、牛隆光、蔡卓芬：《媒介依赖与媒介使用对选举新闻可信度的影响：五种媒介的比较》，载于中国台湾《新闻学研究》2003 年第 74 期。

⑤ Johnson, T. J. & Kay, B. Cruising is believing? Comparing internet and traditional sources on media credibility measures. Journalism & Mass Communication Quarterly, 75（2），325 – 340. 1998.

⑥ 叶恒芬，《网路媒体可信度及其影响因素初探研究——以台湾地区网路使用者为例》，台湾中正大学电讯传播研究所硕士论文（2000 年）。

（2）在年龄方面。对于报道的内容公信力来说，有学者对新加坡的研究显示，中青年人（30~49岁）对于执政党和政府的报道是否是公正和客观的评价最低，年轻人（18~29岁）评价稍微高些，评价最高的是50岁以上的人。[①]

对于电视，美国学者马尔德（Mulder）研究发现年龄与电视公信力呈负相关，即年龄越小，越相信电视。但对于报纸，学者们的研究结果各异。如马尔德发现年龄大的人比较相信报纸，台湾学者罗文辉与陈世敏的研究发现却是相反的，即年龄小的人更相信报纸。[②]

约翰逊（Johnson）和凯耶（Kaye）对网络新闻公信力的可靠性、正确性、偏见和完整性等四个因素的研究发现，其中有三个因素与年龄显著负相关。也就是说年龄越小，对网络新闻越相信。[③] 台湾的叶恒芬（2000）也发现年龄愈轻愈相信网络媒体。[④]

（3）在教育程度方面。由于研究的样本与方法的不同，不同研究关于教育程度与媒介公信力的评价不一样。如台湾的罗文辉等发现教育程度越高的人越不相信电视的选举新闻，给的解释是教育程度高的人可能通常对电视持较批判的态度，对电视选举新闻的依赖程度比较低，因而对电视选举新闻可信度的评价较低。[⑤] 但马尔德的研究发现，教育程度高的人认为电视新闻比较可信，教育程度低的人较相信报纸。[⑥]

（4）在收入方面。新加坡学者郝晓鸣发现，收入越高，对有关执政党和政府方面的新闻报道的公平性和客观性越持怀疑态度，在月收入5 000新元或更高的家庭中，接近一半认为这方面的新闻是不公平不客观的。[⑦] 约翰逊（Johnson）和凯耶（Kaye）对网络使用者的研究发现，收入水平与对网络公信力的评价成

---

① 来自打印稿"The press and public trust: the case of Singapore"，作者：郝晓鸣，调查的执行时间是1994年10月。

② Mulder, R. A log-linear analysis of media credibility. Journalism Quarterly, 58, 635 – 638. 1981；罗文辉、陈世敏：《新闻媒介可信度之研究》，中国台北"行政院国科会专题研究报告"（1993年）；Mulder, 1980。

③ Johnson, T. J. & Kay, B. Cruising is believing? Comparing internet and traditional sources on media credibility measures. Journalism & Mass Communication Quarterly, 75（2），325 – 340. 1998.

④ 叶恒芬：《网路媒体可信度及其影响因素初探研究——以台湾地区网路使用者为例》，台湾中正大学电讯传播研究所硕士论文（2000年）。

⑤ 罗文辉、林文琪、牛隆光、蔡卓芬：《媒介依赖与媒介使用对选举新闻可信度的影响：五种媒介的比较》，载于中国台湾《新闻学研究》2003年第74期。

⑥ Mulder, R. A log-linear analysis of media credibility. Journalism Quarterly, 58, 635 – 638. 1981.

⑦ 来自打印稿"The press and public trust : the case of singapore"，作者：郝晓鸣，调查的执行时间是1994年10月。

反比，即收入越高，对网络可相信程度的评价愈低。[1] 但我国台湾地区的相关研究则发现，收入和媒介可信度无显著的关系。[2]

（5）其他人口统计变项。伊扎德1985年对美国的研究发现，受访者地理位置不同，对媒介公信力的评价也不同，愈靠近政治中心华盛顿的受众，对媒介公信力的评估愈低。还有种族的不同，也对媒介公信力的评价有影响，如黑人对媒介公信力的评价比白人低。[3]

二、媒介使用

媒介使用是经常被研究的媒介公信力影响因素，学者们的多数研究结论是媒介使用与媒介公信力呈正相关关系。约翰逊和凯耶的研究发现，对于在线报纸、在线杂志等五种网络媒介，使用情况对所使用媒介的公信力有明显的预测力。[4] 罗文辉和陈世敏在台湾地区进行的研究发现，报纸使用是预测报纸公信力的显著变量，电视新闻使用则是预测电视新闻公信力的显著变项。[5]

也有一些研究发现媒介使用与媒介公信力的相关性不明显。例如，里梅尔（Rimmer）和维弗尔对 ASNE（1985）的全国性研究进行二手分析，发现媒介使用频率与公信力的关系并不明确，读报的频率与报纸公信力的相关程度并不显著；收看地方电视及电视网的电视新闻，与电视公信力的相关程度也不显著；只有看电视的天数与电视新闻的公信力呈显著相关。新闻选择与媒介公信力呈显著相关，越倾向选择某种媒介的某种新闻，越会认为该媒介的该类新闻较可信。[6]

三、媒介依赖

按照梅尔文·L·德弗勒（Melvin L. Defleur）和桑德拉·鲍尔—洛基奇（Sandra Ball-Rokeach）的理解，媒介依赖论是："把媒介系统设想为现代社会结构的一个重要部分，它与个人、群体、组织和其他社会系统具有关系。……生活在一个社会的部分意义就在于个人、群体和大型组织为了达到个人和集体目标，

---

[1][4]　Johnson, T. J. & Kay, B. Cruising is believing? Comparing internet and traditional sources on media credibility measures. Journalism & Mass Communication Quarterly, 75（2），325–340. 1998.

[2]　罗文辉、陈世敏：《新闻媒介可信度之研究》，中国台北"行政院国科会专题研究报告"（1993年）；Mulder, 1980。

[3]　http://distance. shu. edu. tw/distclass/classinfo/8602cs01/c8602t01cst03. htm.

[5]　罗文辉、陈世敏：《新闻媒介可信度之研究》，中国台北"行政院国科会专题研究报告"（1993年）。

[6]　Rimmer, T., & Weaver, D. Different questions, different answers? Media use and media credibility. Journalism Quarterly, 64（1），28–36. 1987；罗文辉等，2003。

必须依赖其他的人、群体或系统控制的资源，反之亦然。"[1] 他们认为媒介依赖有两种情况：一是日常依赖，平常提供的信息满足其基本需求；二是异常依赖，社会重大变化，情况不明，急于从媒介了解情况或看法。

罗文辉等通过测量受访者对报纸、电视、广播、杂志、网络的依赖程度，研究与媒介公信力的关系，发现对选举新闻的公信力媒介依赖比媒介使用有较高的预测力，在研究分析的五种媒介中，媒介依赖均是预测选举新闻可信度的最有力变项。该研究对此提出了两个进一步需要探讨的问题：第一个问题是未来有兴趣研究媒介依赖对阅听人影响的学者，值得分析媒介依赖、媒介公信力及媒介效果之间的关系。第二个问题是在本次研究中发现电视依赖不仅是预测电视选举新闻公信力的最有力变量，对广播、杂志、网络等媒介选举新闻的公信力也具有显著的预测力。造成这种现象的原因，可能是因为电视是受访民众最相信、最依赖的媒介。相对而言，相信与依赖广播、杂志、网络等媒介的人数较少，因此即使受访者依赖这三种媒介报道的选举新闻，也可能同时依赖电视来获得选情信息，因而使电视依赖对广播、杂志、网络等媒介的选举新闻公信力也具有显著的预测力。上述论点只是作者的推论，是否如此则有待未来的研究验证。[2]

四、媒介知识

公众对媒介知识的了解程度是否会影响到对媒介公信力的评判？对于这一问题，我国台湾学者进行的探讨发现两者没有相关性。罗文辉教授在台湾地区的研究中列了十四个有关媒介知识的题项，如"请问李四端是哪一家电视台的新闻主播"、"就您所知，报纸上的新闻是不是要先经过政府检查后才能印出来"等。对于这些媒介知识的题项，最后与公信力题项的回归分析显示，无论是报纸还是电视，媒介知识对其公信力都不具有预测力。[3] 这一变量在我国大陆是否对媒介公信力构成影响，目前还没有研究涉及。

五、社会团体、政党认同和政治意识

对于社会关系论认为的非正式社会关系会影响受众对媒介的选择性，在媒介公信力的研究中对非正式社会关系的探讨主要是在社会团体和政党方面。研究发现受众的政党、社团情况影响到对媒介公信力的评判。如冈瑟的研究发

① 〔美〕梅尔文·L·德弗勒和桑德拉·鲍尔—洛基奇：《大众传播学诸论》，新华出版社 1990 年版，第 339～340 页。

② 罗文辉、林文琪、牛隆光、蔡卓芬：《媒介依赖与媒介使用对选举新闻可信度的影响：五种媒介的比较》，载于中国台湾《新闻学研究》2003 年第 74 期。

③ 罗文辉、陈世敏：《新闻媒介可信度之研究》，中国台北"行政院国科会专题研究报告"（1993 年）。

现，同一则新闻报道所获得的评价，有因为受众所属团体不同而呈现显著差异的现象。[①] 约翰逊的研究里操作政治立场此一变项，也有类似发现。台湾学者认为，对于这些研究结果，以及政党认同和政治意识对于公信力的影响，都可用"第三者效果"（the third-person effects）提出的论述来解释：受众有高估与本身立场相违信息影响力的倾向，此一认知连带地会左右受众对信息公信力所作的评价。[②]

3.3.3　研究理论的新视角探讨

受众情况是影响媒介公信力的一个重要因素。目前学者们的实证研究显示，建立在社会分类论基础上的各项人口统计变量对于媒介公信力都有程度不等的影响，并且同样的变量在不同地区的影响效果不一样。媒介使用、媒介依赖、政党认同、社会团体这些变量对于媒介公信力也都有影响，媒介知识一项在我国台湾的研究发现没有影响。

从上面的论述可以看出，传播学者们对于三种受众理论模式基础上的影响因素进行了深入的探讨，对于某一时某一地的这些受众变量对媒介公信力的影响作了大量的实证研究。但是从研究文献来看，目前这种主要对特定时间与地点的受众影响因素的探讨一是还比较零散和个案化，二是主要都按照西方的受众理论来进行类别分析的。对此，结合我国国情，可以从三个理论视角来进一步探讨。

（1）社会分类论、社会关系论等受众影响因素的理论基础都是源自对西方社会的研究，对于我国，这些理论是否也具有较强的解释力？正如柯惠新等学者指出的："传播学产生于上个世纪的美国。那个时候，美国已经是成熟的工业社会。到现在为止，主要的传播理论和受众研究模式也都来源于西方社会。西方媒体的受众特点相对比较接近，和我们的社会转型时期的受众有很大差别。所以流行的大众传播理论，特别是它的受众理论和研究模式，与我们的受众现实可能存在着本质上的不匹配。要了解我国现在的受众状况就必须从我国特定阶段的人的构成入手。"

柯惠新等具体分析了我国和西方的差别。他们认为，目前我国和西方在社会形态方面有根本的差异。从社会发展阶段上考虑，西方的受众类型比较一致，受

① Gunther, A. C. Biased press or biased public? attitudes toward media coverage of social groups. Public Opinion Quarterly, 56, 147 – 67. 1992.

② Johnson, T. J. & Kay, B. Cruising is believing? Comparing internet and traditional sources on media credibility measures. Journalism & Mass Communication Quarterly, 75（2），325 – 340. 1998；王旭、莫文雍、汤允一，1999。

众划分一般是一种横向的划分：在同一个社会阶段里，根据受众的"社会经济地位、性别、年龄或生活形态"来划分。比如可以分成上班族、银发族、大学教师、儿童等各社会阶层的受众，或传统的性别、年龄、文化程度、职业、收入等社会研究指标。

但是在我国，受众的差异可能更多地体现在他们所处的社会发展阶段的根本差异上。现阶段我国的受众之间最大的差别体现在他们的"纵向"的差别上，尽管表面上他们存在于同一个时代，但是实际上他们所处的社会发展阶段根本不一样，因此受众的属性也就可能会不同。横向的划分只有在纵向的基础上才有意义。进而，柯惠新等提出了现阶段我国的受众可以"纵向地"划分为三大类：传统的"群体型"受众、工业社会的"大众型"受众和后工业社会的"新群体型"受众。[①]

柯惠新等提出的我国受众研究三种类型的划分是否合理，这还需要具体的研究检验，但重要的是他们提出的问题非常重要。用什么样的受众理论基础来进行我国大陆媒介公信力的受众影响分析，这是最后的研究是否具有现实解释力的一个关键，也是后续研究需要进行深入探讨的一个问题。

（2）目前对于具体影响变量的研究还缺少历史纵向上的比较分析。其实，通过分析具体变量影响情况的历史变化，可以探讨这些变量影响媒介公信力的变化特点，并透过这些特点进一步探寻社会变迁的一些规律。

（3）可以对这些变量的影响进行地理横向上的比较，对比同样变量在不同地区的影响情况，从这些对比中发现一些不同宏观社会背景下的规律。这样就可以将单独"点"的研究变为"线"，将微观与宏观相结合，就会具有更多的理论解释力。

3.4 微观的大众媒介系统影响因素分析

赖利夫妇的"大众传播与社会系统"模式中，媒介系统与受众系统是微观层次的子系统。媒介系统的结构可以分为三个部分：媒介渠道、媒介组织机构、新闻从业者，其中，将媒介渠道中的新技术发展单独分出来列为一个分析部分。媒介系统本身的这些结构表现如何直接影响到媒介公信力的状况，如媒介是否遵

[①] 尚大雷、柯惠新：《社会转型时期我国不同受众类型对实证研究的影响》，载于《现代传播》2002 年第 4 期。

守伦理标准，对一般民众的隐私权是否尊重，意见和事实是否分开，是否隐匿了某些该报道而未报道的新闻，是否受商业势力的控制，报道事情是否公平、公正等等。下面分别从媒介系统的媒介渠道、媒介组织机构、新闻从业者、媒介新技术发展四个方面来进行分析。

3.4.1 媒介渠道特性的影响

同样的新闻内容，通过不同的传播渠道来报道，公众的认知是有差异的。也就是说，媒介渠道特性的不一样，会影响到媒介的公信力。

比较多的研究是对电视和纸媒的对比。电视直观生动，容易使受众形成眼见为实的印象，而报纸、杂志受众却只能通过阅读文字来接受信息。雅各布森在20世纪60年代的研究发现，电视公信力明显高于报纸。电视、报纸的公信力维度分析显示，被访者认为电视新闻比报纸新闻更加完整。对于这一现象，研究者的解释是报纸是单渠道的视觉媒介，而电视是双渠道的听觉和视觉媒介。对于受众来说，越多的感觉形式被卷入，就会越感到真实。运用声音、形象的画面、色彩来进行报道的电视，远远胜过另外一些以虚拟现实来进行报道的媒介。[①]

这种媒介渠道特性带来的公信力差异，学者们进行了判断维度的探讨。纽哈根（Newhagen）和纳什（Nass）认为，人们评价电视公信力和评价报纸公信力的标准是不同的。电视是及时的、生动的，人们对电视公信力的评价主要是对其具体报道内容的评价，即电视公信力的判断是建立在观众对新闻镜头中一系列个体的认知之上的。而报纸则在读者和采编之间的时空上是分开的，人们对报纸公信力趋向于作为一个机构来评价，即人们判断报纸是否可信是建立在对报纸作为一个机构的扮演基础之上的，而不是对报纸一系列报道内容的认知之上。[②] 到目前为止，纽哈根和纳什的这种说法还停留在假设的层面，还没有实证研究来证实。

媒介的渠道特性所带来的公众认知的差异，对于媒介公信力来说，是一个相对的恒量，在一个相对的时期内它对于公信力的影响是相对稳定的。除了电视、纸媒和广播的渠道特性差异外，网络的渠道特性是另外的一个类型，除具有电视的视觉和听觉外，最大的特点是互动性，可以和受众产生交互式传播。在网络上，人际传播、小群体传播和大众传播等传播形式并存。网络的渠道特性对于媒

---

① Jacobson, H. K. Mass media believability, a study of receiver judgments. Journalism Quarterly, 46 (1), 20 – 28. 1969.

② Newhagen, J. & Nass, C. Differential criteria for evaluating credibility of newspapers and TV news. Journalism Quarterly, 65, 277 – 284. 1989.

中国大众媒介的传播效果与公信力研究

介公信力的影响需要分开讨论，论坛、网页、传统媒体的网站、新闻网站等不同的类别有不同的影响。

3.4.2　媒介组织机构的影响

媒介组织机构是整个媒介系统价值取向的决定性部分，它在操作中的每一个举动或者疏忽都可能对媒介公信力产生大的影响。媒介组织机构对媒介公信力的影响，下面从新闻寻租和管理滞后两个方面来进行论述。

一、新闻寻租

新闻寻租来源于经济学、政治学的权力寻租这一概念，在此是指媒介组织机构利用掌握的新闻报道权力，为自身牟取不正当的政治、经济利益。目前讨论较多的是商业方面的寻租现象。

对于目前西方传媒界的兼并、收购扩张，有学者认为，"新闻机构被巨型公司掌控，在那里，新闻和其他商品一样，仅仅是供出售的商品。这种新联合已经导致新闻行为标准的瓦解。"[1] 媒介被商业侵袭的一个问题是媒介独立性受到威胁，掌控者可以利用手中的权力来为商业目标服务，从而使媒介的专业品质降低。这样的结果就会使得媒介会失去公众的信任。

新闻寻租行为的一个典型是媒介机构被商业组织收买，为这些商业组织进行变相的"有偿新闻"，或者为了经济利益，主动对商业机构进行要挟。在我国媒介走向市场的过程中，也有这种情况出现。例如，2004 年 11 月 24 日《中国新闻周刊》披露了这样一份晚报新闻勒索路线图：出于创收的冲动，自 2003 年以来《鄂东晚报》内部达成以曝光当事方丑闻的方式强拉广告的默契，形成了一条报社领导——记者——受要挟单位的"媒体腐败食物链"。

还有一种情况是"封口费"，即媒介采访到对商业机构的不利新闻后，商业机构通过给予媒介机构一定的经济补偿来要求信息不发布。如《中华工商时报》总编辑黄文夫在一次论坛上说，"封口费"已经成为少数财经媒体的一笔特殊收入。他呼吁，企业要讲社会责任，媒体更应该讲社会责任。[2] 简而言之，"封口费"就是发生负面新闻的企业，拿出来用于堵媒体之口的钱。有报道中举例，一家全国知名的饮料企业就曾以广告费的形式，给北京一家不太知名的行业报支

---

[1]　Lasica, J. D. Marvin Kalb on journalism in the internet age. http://jdlasica. com/interviews/kalb. html. 1999.

[2]　《中国青年报》，2003 年 11 月 29 日。

付过 60 万元"封口费"。"封口费"其实是一个公开的秘密，是媒体圈内众所周知的"潜规则"，并非财经类媒体的"专利"。①

对于媒介机构来说，"封口费"的一种常见方式是用广告换取话语权。例如 2003 年 10 月 24 日《21 世纪人才报》发表了《博士胡坤"冤拘案"调查》，报道了之前一年多时间网上有关复旦大学博士胡坤因为和"老东家"平安保险公司的著作权纠纷而受到刑事追究的传闻。这一事件终于"落实"到传统媒体，使之有了一个更为可信的载体。在这起事件中，我们除了对胡坤的个人命运关注之外，也不得不关注一个并不新鲜的话题——媒体的操守。

《21 世纪人才报》的报道说，一位在 2003 年 9 月份还与胡坤接触过的朋友告诉记者："胡坤最感意外的是，近两年时间所有媒体都高度一致地保持沉默，没有一家公开报道此事。"但一位男子在打给《21 世纪人才报》记者的电话中透露，"关注的媒体不少，但最后连中国公认的最具公信力的南方某报纸都被平安公司用广告费摆平了。"我们暂且不讨论这种"交易"是否存在以及它的可信度，但我们不能否认的是，用批评报道换取广告收入，在一些媒体已经成为公开的秘密。所以，我们经常可以看到，一家报纸这期刚发了某单位的负面报道，下期就是这个单位的广告，美其名曰"挽回影响"。有的媒体在巨额广告费的诱惑下干脆把负面报道压住不发，可谓是把这种交易做到了极致。②

媒介机构这些只讲眼前的经济效益，置报道内容的真实性、客观性于不顾的行为，最终的代价是媒介长期形成的公信力的丧失，或者媒介无法建立起应有的公信力。

二、管理滞后

媒介机构的内部管理不好，报道内容的质量就会出现问题，假新闻、错别字、细节错误等情况就比较容易出现，对于受众而言，就是不真实、不准确等认知。

《纽约时报》的作假事件就是一个典型的例子。2003 年 5 月，《纽约时报》布莱尔假新闻和布拉格的所作所为丑闻曝光后，报社还成立了一个特别委员会，负责检讨内部编采政策。该委员会由 23 人组成，由副总编西格尔领导，并有 3 名特邀委员，他们是美联社总裁博卡迪，前《华盛顿邮报》监察员伯德、乔治马森大学教授威金斯。特别委员会要检查的第一个重点，便是布莱尔式的"捕风捉影式"报道（the Blair Witch Hunt）；其二是报道署名的问题；第三是"电

---

① 《燕赵都市报》，2004 年 12 月 2 日。
② 参见《观察："新闻寻租"是媒体本义的蜕变》，载于《燕赵都市报》，2003 年 10 月 29 日。

头政策"。

《纽约时报》记者约翰·威尔福德认为，正是上下级之间沟通渠道的不畅通导致布莱尔长期得以留在报社并委以国内新闻报道的职务。还有就是前面分析过的在新通讯工具出现的情况下如何管理的问题。

这次作假事件后的有关调查显示，只有46%的调查对象认为《纽约时报》是可信的。这一比例远低于当地报纸（73%）、Fox Nws（72%）和CNN（66%）。[1]

3.4.3　新闻从业者的影响

除了媒介的渠道特性和媒介组织机构外，新闻从业者的表现也直接影响到媒介公信力。新闻从业者包括记者、编辑以及相关的工作人员。

一、媒介从业人员的认知与受众认知的差异

这种情况是新闻从业人员能认识到公信力的重要，并在具体的工作中维护媒介的公信力，但从业者对于公信力主要体现在媒介哪些方面的认知与公众的认知有差异，实际的结果是从业者的具体工作反而有可能危害媒介的公信力。美国报纸编辑协会在1999年推出的《公信力之审视：公众和报业的观点》（Examining Our Credibility：Perspectives of the Public and the Press）报告中，得出了六个结论。这六个结论比较了受众和新闻从业者在公信力问题上的认知差异，此差异实际上也可以作为解释媒介公信力问题的传播者因素。[2]

媒介从业人员的认知与受众认知的差异对媒介公信力来说是一种隐形的损害，因为当事者不能意识到这种差异的危害，也容易避开媒介组织的各种纠错机制的检查。

二、新闻专业要求的把握

新闻报道的ABC——准确（accuracy）、简洁（brevity）、清晰（clarity）是新闻专业的根本要求。美国学者门彻认为，准确体现在事实和语言中，简洁要求开门见山，清晰指对所发生的事情没有任何疑问。这些既可以被视为道德要求，也可以被认为是必备的实践技巧。记者承担了以下责任：告诉人们周围世界的情况，这样人们便能按照他们的所读、所见和所闻行动。但是行动依赖于清晰的、

---

[1]　中新网，2003年5月16日。

[2]　Urban，C. D. Examining our credibility：Perspectives of the public and the? press. American Society of Newspaper Editors. 1999.

可理解的和准确的信息。恢复新闻界作为可信任的、可靠的信息提供者的地位，或许要从以下的简单事情开始：正确拼出人名、准确写出地址、如实引用别人的话，坚持亲眼目睹。① 也就是说，新闻报道要取得公众信任的一个基本前提是新闻报道本身首先需要做到准确、简洁和清晰。

另外一方面是从业者对于具体报道的理解偏离了新闻内涵的要求，如有文章论述："（新闻）分析和公信力成反比，一头上去，一头就下来。尽管业界普遍持有的观点是美国新闻从业者越来越严肃，他们的文化水平越来越高，但民意调查显示，新闻公信力下降的一个重要原因是报纸已经有意变得越来越倾向于做分析与解释。这种做法改变了新闻的定义……"②

三、记者的素质

记者的素质一是指文化品位方面的；二是指道德方面的。

文化品味方面是指记者过多注意一些媚俗、低级的事情。这方面的典型是"狗仔队"，专门挖名人的隐私、甚至是八卦消息。比如在香港，③ 有学者指出，近年香港部分报纸发展出一种所谓"狗仔队"文化，派遣记者贴身跟踪某些艺人和社会知名人士，极力揭发他们的私生活。记者发掘新闻固然是他们的天职，但也有人质疑这种行为严重侵犯个人隐私和自由，记者在享有新闻自由之余，也应该兼顾他人的权利和感受。香港媒体兴起"狗仔队"文化后，艺人与记者之间的冲突层出不穷，显示出这种偏激的采访手法引起了反弹，为社会和媒体之间带来了摩擦和不信任。

道德方面的素质包括真实的报道事件，不作假、不欺骗报道对象，尊重报道对象，不故意歪曲事实等。从这个角度看，《纽约时报》的布莱尔造假事件就是记者道德素质低下的一个典型。还是引用一个香港事件为例，1999 年香港发生媒体制造假新闻的不幸事件。事情缘由是，《苹果日报》率先以金钱利诱一名男子到中国大陆嫖娼，然后根据他的经历撰写新闻；其后部分媒体竞相效尤，结果遭到社会猛烈抨击。后来，《苹果日报》老板黎智英亲自在报章上刊登声明，表示愿意道歉。

有文章认为香港媒体的"狗仔队"问题和造假事情的接连发生，大大削弱香港媒体在民众心中的声誉和形象。香港大学 2003 年 9 月发布的一项调查指出，香港人对媒体公信力的评分只有 5.48 分，仅仅及格；同年 7 月，媒体获得的评

---

① ［美］梅尔文·门彻（Melvin Mencher）著，展江主译：《新闻报道与写作》，华夏出版社 2003 年版，第 70 页。

② http://www.naa.org//presstime/9807/cred.html.

③ 这部分关于香港的论述资料来源于东方网（www.eastday.com.cn），2000 年 10 月 29 日。

分也只有 5.84 分。但 1997 年的评分却是 6.55 分，显示出港人正逐渐失去对媒体的信心。更令人诧异的是，这次调查中，竟然有 38.8% 的受访者认为媒体在报道上不负责任，只有 17.9% 认为媒体负责任，其余大都没有明确表态。

3.4.4 新技术发展的影响

媒介新技术的发展改变了原有的媒介生态，这样不可避免地会对媒介公信力造成影响。针对这一问题，在此讨论新技术发展对新闻专业主义的消解、对媒介传统管理模式的挑战以及传播渠道的多元化三个方面，分析这些方面的变化对媒介公信力可能产生的影响。

一、新技术发展背景下的新闻专业主义面临的消解

传统的报纸、电视、广播、杂志等大众媒介对于其从业人员的要求可以概括为两个层面：一是基本的技能和操作规范层面；二是新闻的理念层面。运用新闻专业主义的论述来说，就是"新闻工作是门职业（occupation），其内容就是新闻信息的采集、整理、加工和扩散。说它是专业（profession）是指从事新闻工作必需的专业技能、行为规范和评判标准，而这些又必须通过专门的训练来获取，并为新闻从业者所共享。因此，业界的人士常以'专业'或'业余'（amateur）来评判新闻产品，并赋予前者以褒义。'专业主义'（professionalism）的概念则远远超出了职业的基本社会学特征。在此基础上，它还包括一套关于新闻媒介的社会功能的信念，一系列规范新闻工作的职业伦理，一种服从政治和经济权力之外的更高权威的精神和一种服务公众的自觉态度。"[①]

随着网络技术的发展，网络成了一个开放的平台，网络论坛、网页、网站等改变了报纸、电视等传统媒体的把关人形式，任何一个人都可以成为传播者，在网上发布消息。特别是博客技术的运用，将这种开放的传播方式推向了一个新的高度。还有各种通讯工具的出现，如手机技术的日益更新，可以很方便地向大面积的人群同时发出一条信息，也可以与网络兼容等。建立在这些技术基础上的传播工具，对于传播者来说，不需要有专业技能，不需要受职业操作规范的约束，一般的内容发布没有惩罚机制的制约。由于传播者不是专业人士，更不可能期望他们具备专业主义的信念。也就是说，在新技术发展的情况下，新闻的专业主义在新的传播工具面前受到了挑战，面临消解。

在这种情况下，这些新技术传播工具的传播内容就是泥沙俱下，后果之一是

---

① 陆晔、潘忠党：《成名的想象》，载于中国台湾《新闻学研究》，2002 年 4 月。

对自身公信力造成影响；还有就是各种消息说法的增多，影响到公众对传统新闻媒介内容可信程度的判断。

二、新技术的发展挑战大众媒介的管理模式

网络和通信技术在报纸、电视、广播等大众媒介编辑工作中的应用，就直接挑战媒介编辑部门的质量控制问题。

有学者认为，莱温斯基事件出现在个人主页后，48 小时之内，它作为主要新闻出现在《华盛顿邮报》和《洛杉矶时报》上。"我怀疑在随后几年里，（网络对主流媒体的）影响将伤害新闻从业者职业地从事他们工作的能力、出版以前核查实事的能力、注意出版必要性的能力和广播可靠、真实信息的能力。"[1]

最直接的例子是《纽约时报》的记者杰森·布莱尔造假事件。事件的调查中说，27 岁的黑人记者杰森·布莱尔靠一台手提电脑和一部手机迷惑了读者和报社同仁。编辑们常常收到他的邮件，声称自己在马里兰州、得克萨斯州或者其他遥远之地。大家以为他在外地勤奋工作时，他却一直待在纽约"闭门造车"。他一边隐藏自己真实下落，一边连续进入时报新闻稿件数据库剽窃。[2]

网络和通信技术等新技术的出现，为新闻从业人员的造假、不遵守专业操作规范提供了方便。对大众媒介机构在新技术高速发展的进程中有效地管理"投机者"，从而保持新闻的品质是一个挑战。

因此，在新技术传播渠道上新闻的专业主义面临消解，信息发布源头的广泛与非职业化会影响到公众对大众媒介内容真假的判断；在新技术的发展过程中，大众媒介的内容品质管理受到挑战。这些将直接影响到大众媒介的公信力。

三、技术发展加速受众的传播渠道选择多元化

网络和通信技术等新技术的发展，对受众的一个最大影响就是传播渠道选择的多样化。对原有媒介的依赖降低了，媒介依赖的降低进而影响到媒介公信力。这里，以我国在 2003 年春季的"非典"事件为例来看新技术发展下的媒介渠道多元化情况。[3]

首先，手机等通信工具的出现、普及以及网络应用的普及使人们了解信息的渠道越来越多样化。"非典"期间对北京居民获知信息的渠道调查发现，北京居

---

① Lasica, J. D. Marvin Kalb on journalism in the internet age. 1999. http://jdlasica.com/interviews/kalb.html.

② 论述转自《新民周刊》，王巧丽编译。

③ 喻国明等：《面对重大事件时的传播渠道选择》，载于《新闻记者》2003 年第 6 期。

民了解非典信息的渠道是多元化的，既有大众传播渠道，又有网络、手机等通信工具，并且后者已经占有很大比例（参见图3－4）。

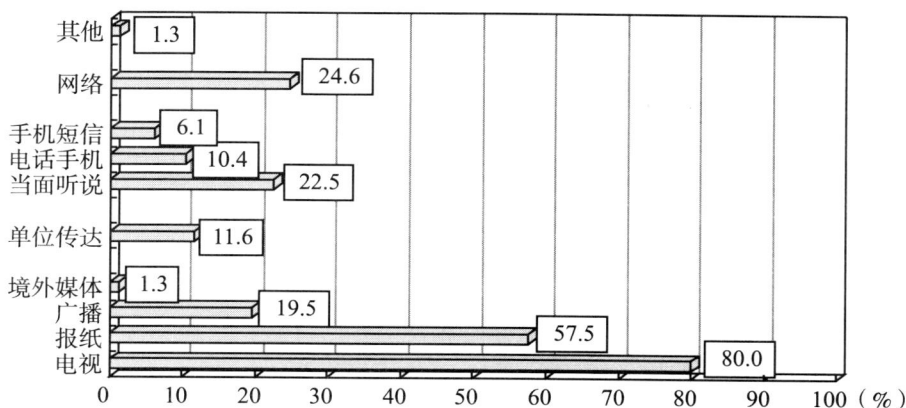

图3－4　北京居民了解"非典"的信息渠道分布

其次，从年龄层来看，网络和通信等新技术传播渠道的受众年龄较轻，而传统的大众媒介的受众年龄层相对较高。网络的受众整体年龄最年轻，其后依次是：电话手机、单位传达、报纸、当面听说、电视、广播（参见表3－2）。

表3－2　　　　　　七种传播渠道的受众年龄构成比较　　　　　　单位：%

	12～19岁以下	20～29岁	30～39岁	40～49岁	50～59岁	60岁以上	合计	平均年龄（岁）
总体	6.5	26.1	22.7	18.0	12.8	14.1	100.0	39.31
网络	8.2	44.3	28.9	11.3	5.2	2.1	100.0	31.31
电话手机	—	37.5	37.5	15.0	7.5	2.5	100.0	34.50
单位传达	10.9	15.2	26.1	23.9	17.4	6.5	100.0	38.73
报纸	6.4	25.1	24.7	18.3	15.1	10.5	100.0	38.81
当面听说	7.0	22.1	27.9	17.4	14.0	11.6	100.0	38.98
电视	6.5	22.3	23.9	19.7	12.0	15.5	100.0	40.02
广播	3.9	23.7	15.8	17.1	17.1	22.4	100.0	43.24

对于上面的这些现实现象，喻国明等认为，从发展的眼光来看，大众传播在整个传播体系中的地位将面临严峻挑战。主要的一个依据就是新兴通讯技术的迅猛发展，各种更便利的、功能更完备的通讯工具不断涌现，人们面对的选择越来越多，特别是新兴通讯技术对新生代的吸引力很大。本次调查的统计数字也证实了这一点：年轻的、学历高的白领阶层较多地选择网络、电话手机，而传统的三大大众传媒的受众群年龄都相对偏大，广播的受众规模更是已经退居网络之后。其次，本次调查结果表明：人际传播已经达到了相当规模，其中的当面听说规模

则超过了广播。可以预见的是，随着我国经济的快速发展，人的流动（国内外）肯定会越来越频繁，这样人际传播的机会也将随之快速增加，传播的范围也会随之扩大。

传播渠道的增加与多样，对于已有的媒介来说，公信力不可避免地会受到影响。每增加一种传播渠道，公众就又多了一种选择、多了一个比较，公众对于原有传播渠道的使用与依赖就会减弱，相应的媒介公信力就会受到影响。典型的是20世纪50年代末、60年代初，电视出现，报纸公信力明显下降；20世纪90年代网络兴起，电视的公信力又受到挑战。而且从趋势上看，年轻人对新技术媒介的选择明显偏高，即传统的大众媒介越来越面临新技术发展对其公信力的挑战。

3.5　影响因素的整体考察

3.5.1　影响因素的系统性作用

前面对影响媒介公信力的宏观和微观层次的系统因素都逐一做了分析，现在要提出的问题是，这些因素都有可能对媒介公信力产生影响，那么，它们之间有什么样的影响关系？

回到前面介绍的赖利夫妇的"大众传播与社会系统"模式上。在这个模式中，受众和媒介都处于不同层次的社会结构中，受到不同层次社会结构因素的影响。媒介公信力也是置身于这样的一个整体影响系统中，不只是受单一的某一个变量、或者某一个子系统的影响，而是受到宏观社会系统和微观传播系统各个变量的整体影响，这是一种系统性的影响。

从具体的媒介个体来看，处于系统性影响因素体系中的具体媒介，由于有自身媒介定位等方面的不同和受众群的差别，某一个或某些变量的影响作用可能会比较突出，媒介公信力会有差异。

从宏观的历史角度来看，整体媒介的公信力变化是影响因素的系统性作用的结果，而不是单一或部分变量作用的结果。这种系统性的影响是与整体社会的变迁相呼应的，是社会系统的发展变化带来影响因素的系统性改变，从而影响到整体媒介的公信力状况。而个体媒介的公信力状况服从于整体媒介的变化趋势，虽然会有个体差异，或者在某一段时间里似乎会与这种总体趋势不相符，但从历史的总体趋势上看是一致的。

3.5.2 影响因素系统性作用下的媒介公信力下降趋势

从历史坐标上看，媒介公信力受到影响因素的系统性作用。那么，这种系统性作用的结果是怎样的呢？其对于媒介公信力是产生提升影响还是降低的影响？下面做进一步的探讨。

（1）首先考察整体媒介公信力的历史变化情况。

因为在我国大陆和其他地区还没有连续性的相关调查数据，这里就以美国为例来看整体媒介公信力的历史变化。

本研究选择了媒介公信力调查历史最久的两家机构——Roper 机构和芝加哥大学国家民意研究中心的调查数据。两家调查机构的数据显示，从历史纵向上来看美国大众媒介的公信力，无论纸媒的报纸、杂志，还是电视，或者对新闻从业者的信任，总体呈现出下降的趋势。

Roper 机构是在大众媒介公信力调查方面具有代表性的机构，本书对它的有关新闻从业者信任情况的调查数据进行纵向整理后发现，1973～2000 年这段时间里，新闻界获得"较多信任"的比例数持续下降。Roper 机构的具体调查问题有三个选项：较多信任、一些、几乎没有。"较多信任"从 1973 年的 25% 降到 2000 年的 10%，而"几乎没有信任"从 1973 年的 21% 上升到 2000 年的 41%。对于"较多信任"的变化如图 3-5 所示。[①]

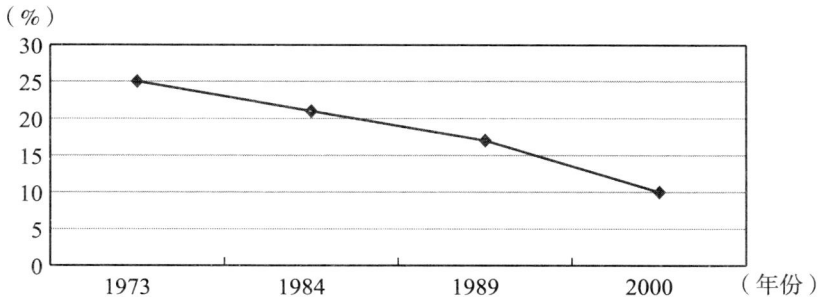

图 3-5 Roper 机构调查的新闻界获得"较多信任"的比例变化

对于芝加哥大学国家民意研究中心的基本社会调查报告，学者张可文和郝晓鸣对 1973～1993 年间的数据进行了纵向的整理后发现，并不像多数学者发现的

---

① 参见 http://www.ropercenter.uconn.edu。Roper 机构的调查问题是："I am going to name some institutions in this country. As far as the people running these institutions are concerned, would you say you have a great deal of confidence in them, only some confidence, or hardly any confidence at all in them?"

那样电视公信力高于报纸，而是报纸高于电视。对于这一点在此不作讨论，在此关注的问题是，20 年间报纸和电视的公信力都呈现出从高到低的明显下降轨迹。

表 3 - 3   **对报纸和电视的信任度（1973 ~ 1993）**

年份	媒介	比较多（%）	一些（%）	几乎不（%）
1993	报纸	11.0	49.6	39.3
	电视	11.7	51.1	37.2
1991	报纸	16.7	54.9	28.4
	电视	14.5	55.0	30.4
1990	报纸	15.2	59.5	25.3
	电视	13.9	58.9	27.2
1989	报纸	17.1	55.5	27.4
	电视	14.3	56.3	29.5
1988	报纸	18.9	55.0	26.0
	电视	14.4	58.9	26.7
1987	报纸	19.3	57.4	23.2
	电视	12.7	59.7	27.5
1986	报纸	18.6	55.4	25.9
	电视	15.2	56.6	28.2
1984	报纸	17.3	59.9	22.8
	电视	13.4	57.8	28.8
1983	报纸	13.7	62.3	24.0
	电视	12.7	58.6	28.7
1982	报纸	18.3	61.6	20.2
	电视	15.5	59.3	25.2
1980	报纸	22.6	59.6	17.8
	电视	16.3	55.5	28.2
1978	报纸	20.5	59.5	20.1
	电视	14.0	54.4	31.6
1977	报纸	25.7	58.5	15.8
	电视	17.7	56.8	25.5
1976	报纸	29.0	53.0	18.0
	电视	19.1	53.2	27.7
1975	报纸	24.5	57.1	18.4
	电视	18.3	58.8	22.9
1974	报纸	26.2	56.1	17.7
	电视	23.7	58.8	17.5
1973	报纸	23.4	61.7	14.9
	电视	18.8	59.1	22.1

资料来源：Zhang，Kewen & Hao Xiaoming（1995）. Television Credibility Revisited：A Longitudinal Study. AEJMC Conference Papers，Washington，D. C. August 9 - 12.

（2）其次，从这种现象来看媒介公信力影响因素的系统性作用。

对于美国媒介公信力这种历史纵向上的整体下降趋势，单独的某一个受众、媒介方面的变量或者宏观的社会变量显然都很难解释。如多数的研究发现受众的教育水平与对媒介的信任成反比，即学历越高，越不信任媒介。但这种相关关系要看具体对什么媒介，对电视成立，可能对报纸就不明显。同样的，对于技术发展的影响也可以解释一些媒介下降的原因，文化的多样性也可以解释一些。媒介公信力的历史变化轨迹是这些微观、宏观因素共同作用的结果。

也就是说，具体的微观变量或者单一的宏观变量可能对某一家或某一类媒体在特定时间与地点的公信力产生较大影响，可能某一家媒体在某一时期、某一地点的公信力会特别高。但对于媒介公信力历史纵向上的总体下降来说，影响因素并不是单一的某一个微观变量或者宏观社会制度变量的影响，而是一种系统性的影响，是多种不同层次系统变量的合力。

3.5.3 影响因素系统性负作用的原因分析

上面提到的美国媒介公信力影响因素的系统性负作用是宏观社会系统、受众系统和媒介系统三个方面共同发生作用的结果。下面从这三个方面作简要原因分析。

（1）在宏观社会系统层面上，美国社会的一个变化特点是社会力量在不断地分化与组合，越来越多元化。宏观社会的多元在政治、经济、文化三个方面都有所表现。比如，取消了种族隔离制度，黑人和其他少数族裔有了一定的政治权利；新经济的发展导致出现了新的利益群体等等。正如我国法学者在对美国辛普森案的论述中提到的："辛普森案是堂精彩的课，我从中学到了课堂上学不到的东西：……在此多元化社会，利益集团和种族团体更趋分化，因而全国一致的改革必步履艰难。"① 在这种大的环境变化下，大众媒介作为社会系统的一个构成部分，它的影响力也要受到多元化的影响。

（2）在个体层面上，社会公众的教育水平普遍提高，价值观念越来越个性化。比如消费领域的个性化。《体验经济》的作者派恩二世和吉尔摩认为，随着大规模顾客定制化的出现，消费者越来越重视服务的个人体验与感受。"人们不断积聚的财富为新的生活体验模式提供了保障，并且这种新的生活体验以前所未有的广度滋养了心理个人主义倾向，更加复杂、强烈和多样化的感受促使人们追

---

① 参见顾肃观点，来自于哲学在线（http://philo. ruc. edu. cn/pol04/Article/ethics/e_appli/200407/837. html）。

求更加个性化的自主生活，也使整个社会更加重视个人生活的丰富内涵，更加愿意投资于个人生活的多样化方式。这种社会变化正是从大规模生产的社会向试图开拓新梦想天地的新型个人主义社会转变的驱动力。"① 这种个性化的后果是媒介越来越难以满足整体受众的需求，进而影响到它的公信力。

（3）在微观层面上，媒介本身存在问题。诸如《纽约时报》布莱尔的造假等一系列主流媒介的假新闻事件、媒介的互相攻讦、媒介被商业所侵蚀等，影响了公众对媒介的信任。还有一个比较大的影响是新技术的发展，传播媒介渠道的多样化，媒介公信力不可避免地要降低。考察美国媒介公信力的数据可以发现有几个明显的节点。如在前面提到过的在 20 世纪 60 年代初，电视出现与普及的情况下，报纸的公信力明显低于电视。90 年代中期后，网络广泛使用的情况下电视、报纸的公信力受到影响下降。每一次传播新技术的发展，带来的是民众对大众传播媒介信任情况新的审视。目前，除了网络技术外，通讯技术的发展更是日新月异，手机、电话等迅速普及，人们可以依赖的传播渠道越来越多。社会交通的发达、便利，为人际传播的频繁创造了条件。网络和通讯技术的快速发展，使公众可以对传播渠道进行多样选择并且能够便利地获得各种消息。

美国社会的这种情况对于其他国家和地区来说，有一定的借鉴性。

媒介公信力的这种系统性影响是随着社会的发展而产生的。虽然整个世界发展不平衡，存在明显的国家、地区之间发达与落后的差异，但总的都处在比自身以前更加快速的发展趋势上。发展的结果就是教育水平的提高、传播工具的增多、人际交流的加大、社会结构的立体化等等。这些都为个体提供了独立判断的方便，"当一个国家的公民见多识广，变得越来越世故的时候，他们的思维方式就会变得越来越独立，头脑也就会越来越'固执'。每个人都有主见，大家都不会被某一种观点、某一个立场所轻易地说服，更不会被某一篇社论所牵制。"② 这种说法未必合乎学理，但从一个侧面提出了整体社会发展下个体独立思考与批判能力的增强对媒介公信力会造成影响的问题，这一点值得我们注意。每一个国家和地区的媒介公信力在这种社会整体发展面前，都或多或少会受到影响

从理论上来推演，社会发展所带来的对媒介公信力的系统性影响，在今后的一段时间内将继续发生作用。

具体从年龄这一变量来看。《华盛顿观察》上有一篇文章：专家们对美国年轻一代的新闻消费创了历史新低表示关注。在 30 岁以下的受访者中，只有 23%的人说，他们经常读报，18%的人看晚间新闻，29%的人看有线电视新闻，36%

---

① 参见夏业良观点，载于《中华读书报》，2004 年 6 月 14 日。

② 杜平：《媒体再也不能呼风唤雨》，载于《联合早报》（http://www.zaobao.com/yl/tx501_221004.html），2004 年 10 月 22 日。

中国大众媒介的传播效果与公信力研究

的人则从网上获取信息。"从 20 世纪 80 年代中期起，我们就注意到了这种趋势。"道尔蒂说，"可能是因为美国年轻人觉得，新闻和他们的日常生活离得太远了。"①

绝对多数调查数据的分析都支持年龄越小对新媒介的使用越高，对传统的报纸、电视、广播等大众媒介的使用程度越低；并且多数的数据也都支持年龄越小对于大众媒介的信任程度越低。

由此，从总的趋势和具体的变量情况来看，随着社会的发展，可以预见的是，大众媒介公信力将可能受到系统性影响因素的更大作用。系统性因素对于大众媒介的影响会到什么程度，有没有临界点，如何应对这种系统性影响等，都是今后有待进一步深入探讨的问题。

---

① 参见李燕文章，《华盛顿观察》周刊（Washington Observer weekly）第 22 期，2004 年 6 月 23 日；转自《新闻传播学评论》。

第4章

大众媒介公信力的生成机制与控制分析

4.1　媒介公信力的生成模式

　　要探讨大众媒介公信力的生成机制，首先需要考察信任的生成机制。通过对信任生成机制的分析，建立本研究的媒介公信力生成模式。

　　文献梳理与研究发现，学者们对于信任的生成机制有不同的研究模式，分别都是从各自的学科和研究角度提出的。对这些不同学科学者的研究进行综合分析后，本书将信任的生成机制划分为横向产生和纵向发展两个维度：一是从横向角度看信任产生的模式；二是从纵向角度看信任发展的模式。

4.1.1　信任的横向产生模式

　　有代表性的是从社会学角度提出的产生模式和经济学者提出的博弈论模式。下面分别对这两种产生模式进行论述。

一、信任产生的社会学模式

　　信任是如何产生的？在西方的信任研究中，具有代表性的是茹克尔（Zuck-er）从社会学视角分析的信任的产生机制。茹克尔划分出了信任产生的三种重要模式：来源于过程的信任、来源于特征的信任以及来源于制度的信任。①

第一种模式来源于过程的信任。信任来源于个人屡次参与交换的经历，如互换礼物。互惠是这个过程的核心。此外，经过过程的参与，还可以产生以名誉为基础的预期，根据对他人过去行为和声誉的了解而决定是否给予信任。简言之，屡次发生互惠交换的可靠性和稳定性使参与者能够学习，同时培育出人际间的信任。在茹克尔看来，这种来源于过程的信任实际上说的是一种基于信誉的信任，即是过程中产生的信誉形成的信任。

第二种模式来源于特征的信任。这是建立在义务规范和社会相似性培植出的合作基础之上——料想某某人可靠不可靠，往往顾及他的家庭背景、年龄、社会地位、经济地位、种族等等。一般来说，相似性越多，信任度越高。这是因为：相似的社会背景往往意味着有相近的行为规范、容易相互理解、在交往或经济交换中容易达成共识。

第三种模式来源于制度的信任。信任与正式的社会结构紧密相连，对于个体所属机构的属性来判断是否可信，如因专业资格、科层组织、中介机构及各种法规等的保证而给予信任。②

茹克尔运用这个模式对 1840～1920 年间的美国经济活动中的信任问题进行了分析，并发现随着大量外来移民的涌入、人口流动加剧等原因，第一种来源于过程的信任的有效性降低；而由于理性化科层组织的发展、专业资格制度的推广、规章和立法的加强，由法制产生信任的机制得到越来越广泛的应用，第三种来源于制度的信任模式越来越广泛。还有学者运用茹克尔的分析模式来对华人社会信任生成机制进行分析。林林根（Limlingan）、怀特利（Whitley）和约沙依哈拉（Yoshihara）等学者先后认为，华人社会中主要是通过声誉和关系产生信任，而法制化的信任很少。

我国学者认为，茹克尔划分的三种模式未能说明我国信任产生的主要机制。他们认为，在茹克尔的三种模式之外还有一种建立人际信任的机制——关系运作，即建立、发展、维持和利用关系的活动。考虑到关系在中国社会中独一无二的重要性，我国学者认为，关系运作可能是中国人建立信任的主要机制。

比如，杨中芳教授认为，在社会交往中，关系的主要功能在于它保证了交往各阶段所需要的信任。关系意味着相互的义务，而义务感会使人做出值得信任的

---

① 彭泗清：《信任的建立机制：关系运作与法制手段》，载于《社会学研究》1999 年第 2 期；Limlingan，1980；Whitley，1991；Yoshihara，1988。

② 道格拉斯·里德（W. E. Douglas Creed）、雷蒙得·E·米尔斯（Raymond E. Miles），载于罗德里克·M·克雷默、汤姆·R·泰勒编：《组织中的信任》，中国城市出版社 2003 年版，第 24 页。茹克尔是在 1986 年提出这个观点的。

行为。回报性的义务是关系的核心因素。一个人如果不履行自己的义务，他就会失去面子，不仅会受到别人的谴责，而且可能会付出极大的代价——失去关系网及其中所包含的社会资源。既然关系中蕴涵的义务对个人行为有如此大的制约作用，那么，信任的建立就可以通过关系的建立和发展来实现。[1]

再如，彭泗清认为，信任的建立机制会因文化而异，随时代的发展而变迁。关系运作在中国人信任建立中的重要性反映了文化的影响，美国工业化过程中信任产生机制的变化则反映了时代变迁的影响。中国目前正处于社会转型时期，这种转型对中国人的信任建立机制势必产生一定的影响。茹克尔所提到的美国工业阶段的一些主要社会特征（如人口流动的加剧、法规制度的加强等）都已经在当前的中国社会中出现，与之相对应的法制化信任在中国也可能会得到加强。[2]

综上所述，信任的产生模式就有四种形式：来源于过程的信任、来源于特征的信任、来源于制度的信任以及来源于关系运作的信任。

二、信任产生的经济学博弈模式

经济学家构造了博弈模型来理解信任的产生机制。[3]

博弈机制是：假定有两个当事人，一个是委托人（principal），另一个是代理人（agent）。委托人可以理解为顾客、受众、雇主等；代理人可以理解为商家、媒介、经理等。这样，在博弈的第一阶段，委托人如果不信任代理人，交易不进行，则双方的收入均为0。如果委托人选择信任，博弈进入第二阶段，这时就需要代理人来选择——诚实或者欺骗。如果代理人选择诚实，双方就各得5个单位的收入；如果代理人选择欺骗，代理人得到10个单位的收入，委托人损失5个单位收入（参见图4-1）。图4-1中第一个数字表示委托人的收入，第二个数字表示代理人的收入。

从图4-1中可以看出，对于一次性博弈来说，代理人的欺骗可以获得最大的利益。但要长期获得利益，就需要建立重复博弈机制，使博弈能够进行下去。这种收益关系可以用图4-2来表示。

从图4-2中可以看出，显然，代理人选择欺骗的这种博弈不能进行重复博弈。欺骗只能获得一次最大的A的收益，但更大的、长远的收益B却不能获得。这样，当事人为了合作带来的长远利益，愿意抵挡欺骗带来的一次性眼前好处的诱惑，选择诚实的博弈机制。在市场经济中，企业将一次性博弈转化为重复博弈

① 彭泗清：《信任的建立机制：关系运作与法制手段》，载于《社会学研究》1999年第2期。

② 同上，彭泗清后来在建立了一个中国本土的"信任—关系模型"，参见《关系与信任：中国人人际信任的一项本土研究》，载于《中国社会中的信任》，中国城市出版社2003年版。

③ 这部分参见张维迎：《信息、信任与法律》，三联书店2003年版，第35~38页。

中国大众媒介的传播效果与公信力研究

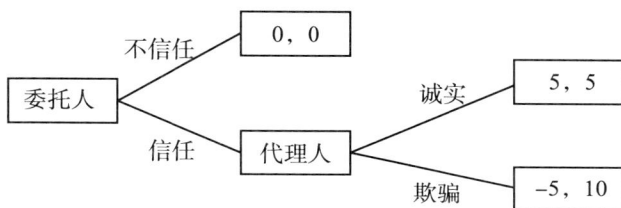

图 4 - 1　信任博弈

资料来源:转引自张维迎《信息、信任与法律》。

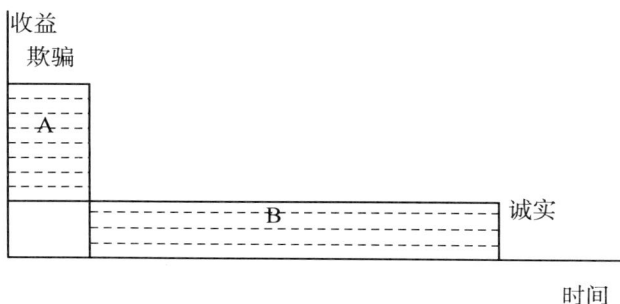

图 4 - 2　当前收益与未来收益

资料来源:Baker, Gibbons and Murhpy, 2000;转自张维迎, 2003。

的机制,是信誉的载体。在这种重复的博弈中,信任就建立起来了。

与福山等社会学者认为信任更多地取决于文化不同,经济学家认为虽然与文化有关,但更重要的信任往往也是人们理性选择的结果。在重复博弈模型中,经济学家得出人们追求长期利益会导致产生信任的结论。

4.1.2　信任的纵向发展模式

前面从横向维度介绍了社会学和经济学中有代表性的信任产生模式。下面从纵向维度来看信任的发展模式。信任的发展模式有代表性的是莱维茨基和邦克(Lewicki and Bunker)在 1996 年提出的信任发展三阶段模式。①

莱维茨基和邦克根据夏皮罗等人(Shapiro, et al., 1992)的早期著作提出了一个信任的发展模式,认为信任至少有三个成分,而且,这些成分以一种可预

---

①　莱维茨基和邦克(Lewicki and Bunker)的信任发展三阶段发展模式论述,参见《工作中信任的发展与维持》,载罗德里克·M·克雷默、汤姆·R·泰勒编:《组织中的信任》,中国城市出版社 2003 年版,第 151 ~ 163 页;后来在莱维茨基和斯蒂文森(Lewicki and Stevenson)的《谈判中的信任发展:行为方案与研究事项》一文中,对这三种模式进行了补充论述,参见 [美] 金黛如(Daryl Koehn):《信任与生意:障碍与桥梁》,上海社会科学院出版社 2003 年版,第 105 ~ 141 页。

测的、发展的方式在职业关系中运作。三个成分是：基于计算的信任、基于了解的信任、基于认同的信任。

第一阶段是基于计算的信任。信任是一种不断发展中的、以市场为导向的、基于计算的，其价值是由创造和维持关系的相关费用的收益结果决定的。基于计算的信任通常由信任（和可信）所得到的奖赏以及破坏信任所得到的惩罚威胁二者来保证。

第二阶段是基于了解的信任。这种信任形式是基于对方的可预测性——非常充分地了解对方，以至于能够期望对方的行为。基于了解的信任依赖于信息而不是威慑，它持续地发展，双方具有相互作用的特性，这种特性允许双方去发展一种普遍的期望，期望对方的行为是可预测的，期望对方的行为是值得信任的。

第三阶段是基于认同的信任，是信任的第三种形式。基于认同对方的愿望和目的之上的。在这个层面上，信任的存在是由于双方都有了解和欣赏对方的愿望；这种多方面的了解发展到双方都能为对方有效地行动。信任发展的三阶段模式如图4-3所示。

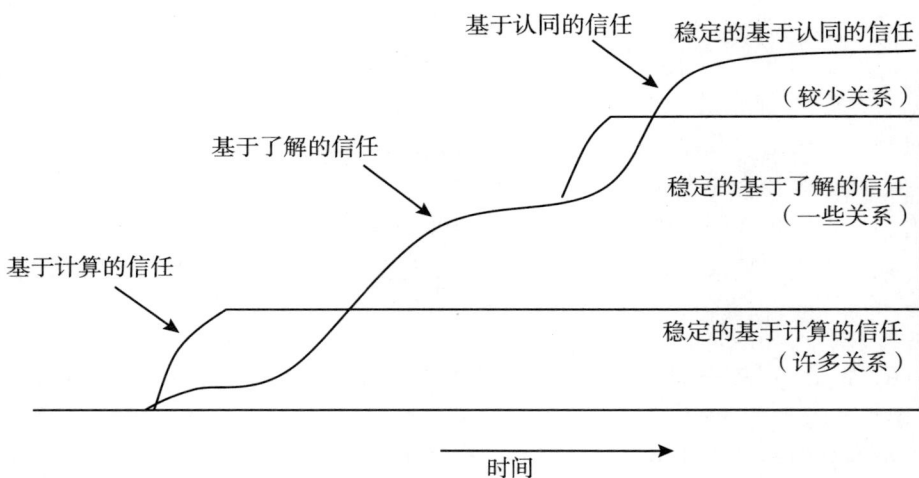

图4-3　信任发展的三阶段模式

4.1.3　媒介公信力生成模式的建立

一、信任生成模式的评析

首先，如果把信任作为交往活动的起点（即信任先于交往活动），茹克尔从社会学角度提出了信任产生的三种模式，我国的社会学者从关系运作角度概括出了信任产生的主要形式。也就是说，信任是从这四种模式中产生的：来源于信誉的信任、来源于特征的信任、来源于制度的信任和来源于关系运作的信任。

这里就有了两个问题，第一个问题是：先有信任还是先有交往活动？信任是不是一开始就有的？信任仅仅是在基于对信誉、特征、制度的认知或者关系运作中产生的，还是在交往活动中产生的？显然，信任是在交往活动中产生的，并对交往活动产生影响。茹克尔等的这四种模式是离开了交往活动来讨论信任的产生机制。第二个问题是：信誉、特征、制度、关系等与年龄、性别、文化程度、收入、职业等变量一样，是影响交往活动的外在因素，而不是交往活动的内在机制。所以，比较全面地理解是把信任作为交往活动的产物，同时又是信任双方对下一个交往活动的预期。无论是来源于信誉的、特征的、制度的信任，还是关系运作的信任，都只是在交往过程中影响信任产生的因素，或者是一些对信任的产生起到很大影响作用的因素，但不是信任形成的机制本身。信任形成机制应该是交往活动的内在机制本身。

其次，经济学的博弈模式是从交往活动中来看信任的产生。信任是交往双方博弈行为的产物，并且影响着下一次博弈行为的进行。同时，信任不是在一次博弈中产生的，而是在重复博弈中形成的。博弈模式对信任产生的内在机制作了很直观的描绘，找出了信任产生的内在作用机制。

但博弈模式的一个问题是将个体完全作为理性人来看，博弈完全是一种理性的博弈，信任是一种理性计算的结果。其实，正如茹克尔认为的，信任不是单一理性的，还有情感、信仰等方面的成分。同样在信任的博弈过程中，也掺杂着这些成分，而不是一种完全理性的博弈。也就是说，博弈模式的单一理性不能完全解释信任的心理内容。

再有，莱维茨基和邦克的纵向发展模式将信任的层次作了很好的划分，信任在纵向发展上是一个有深浅层次的概念——从理性的计算到情感的认同，这个模式对信任的纵向发展作出了很好的解释。莱维茨基和邦克的纵向信任发展模式很好地解决了博弈模式的单一理性问题，将两个模型结合可以对信任的产生和发展机制作出较好的解释。

二、媒介公信力生成机制的分析模式——多维层次上的框架博弈

首先，信任是公信力概念的逻辑起点，人际之间信任生成机制的基本模式对于媒介公信力也是适用的。它们只是在一些具体内容上有区别。如通过重复博弈来产生信任，这个机制对于公信力和人际信任都是一样的。不同之处一是主客体不一样，人际信任的主客体是两个个体，而媒介公信力的主客体是公众和大众媒

介；二是人际信任的博弈收益可能是长期的合作好处，货币的或者权力的等；而媒介公信力的博弈收益对于公众而言可能就是得到可靠的信息、娱乐、消遣等，媒介的博弈收益就是提高收视率、阅读率等，最后产生影响力和好的广告回报。

综合前面人际信任的生成模式研究，对于大众媒介公信力生成机制的分析，在总的纵向发展阶段上同样采用莱维茨基和邦克提出的信任发展的三阶段模式：基于计算的信任、基于了解的信任、基于认同的信任，对于媒介公信力来说，相应的就是：基于计算的媒介公信力、基于了解的媒介公信力、基于认同的媒介公信力。同时，对于每一个发展阶段横向的具体运作机制，运用博弈模式来进行分析。特别是在第一阶段基于计算的信任中，更是一种典型的理性博弈模式。这样将横向和纵向模式相结合，将单一维度的理性博弈模式放到不同的发展维度层次上——从理性的计算到了解，最后到一种情感的认同。

其次，对于人际信任来说，主客体都是个体，两个个体之间的信任生成机制分析，以具体的个体为分析单元。但对于大众媒介公信力来说，主体是公众，客体是大众媒介，公众和大众媒介就不像个体那么简单，公众是很多个体的集合，大众媒介更是记者、编辑的多个个体加上组织机构的一个综合体，即大众媒介公信力主客体的构成是比较复杂的。那么，下一个问题就是公众和大众媒介是如何来进行博弈的？更直接地说，大众媒介和它的受众之间是以什么样的单元来进行博弈活动的？①

对于这一问题，本书运用框架理论的视角来对媒介公信力的主客体进行分析，即媒介和受众分别是以媒介框架和受众框架的单位来参与博弈的。下面就通过探讨受众框架与媒介框架之间的博弈来分析公信力的发展阶段。

由此，对于大众媒介公信力的生成机制，从总的纵向发展来看有三个阶段：基于计算的媒介公信力、基于了解的媒介公信力、基于认同的媒介公信力，简单的说法就是计算型阶段、了解型阶段、认同型阶段。在每一个具体阶段主客体之间的作用机制是一种博弈模式。而主客体都不是单一的个体，而是相对复杂的集合体，具体地说，就是受众框架与大众媒介框架之间的博弈。这样，本书提出媒介公信力的生成模式如图4-4所示。

---

① 大众媒介公信力概念中的主体是公众，客体是大众媒介。在下面具体的分析中主体指受众。

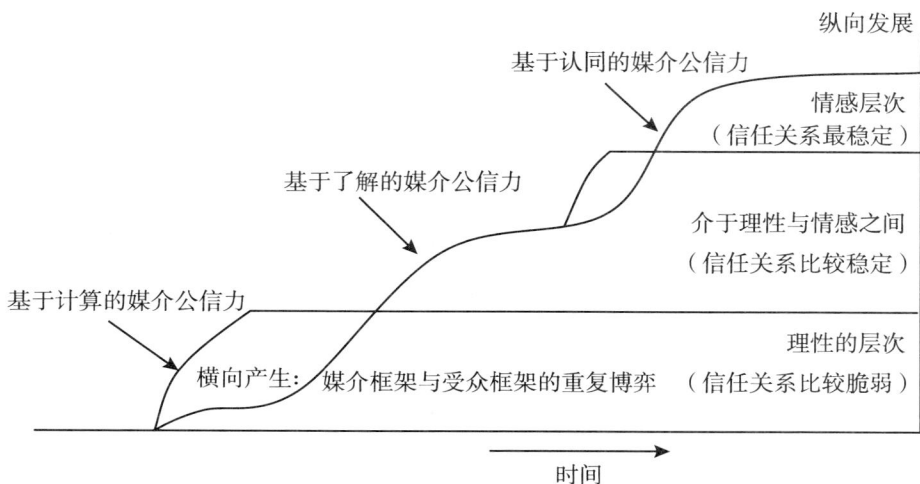

图4-4 媒介公信力的生成模式

4.2 媒介公信力的产生机制

媒介公信力的产生是媒介框架与受众框架的重复博弈。在此，首先对媒介框架和受众框架的含义以及两者的关系进行论述，然后分析公信力如何在这两者的博弈活动中产生。

4.2.1 媒介框架[①]与受众框架

框架的概念源自贝特森（Bateson），由高夫曼（Goffman）将这个概念引入文化社会学。高夫曼认为对于一个人来说，真实的东西就是他或她对情景的定义。这种定义可分为条和框架。条是指活动的顺序，框架是指用来界定条的组织类型。[②] 简单地说，高夫曼定义的框架就是人们将社会真实转换为主观思想的

---

① 媒介框架与新闻框架的说法，不同的学者有不同的说法，如 Gitlin（1980）称为媒介框架（media frames），Gamson（1989）则称为新闻框架（news frames）；参见藏国仁，《新闻媒体与消息来源——媒介框架与真实建构之论述》的注释，中国台湾三民书局1999年版，第108页。在该书中作者对这两个概念交换使用，指的是新闻媒体或新闻工作者对事件的主观解释与思考结构。在本书中，对这两个概念也不作区别，交互使用。

② ［美］斯蒂文·小约翰：《传播理论》，中国社会科学出版社1999年版，第300页。

一种基模，基模的作用机制在前面第 3 章中作了论述。按照我国台湾学者藏国仁的解释，框架就是人们或组织对事件的主观解释与思考结构，是理解社会行为，或处理事情的一套原则，人们借由框架来确立情境的意义。所以，框架是个人或组织对事件或信息的设定、认知、辨识和标示。① 那么框架是如何来的呢？高夫曼认为一方面是源自过去的经验，另一方面经常受到社会文化意识的影响。

学者们对媒介框架与受众框架的研究基本上是源自高夫曼的思想。下面分别对媒介（新闻）框架和受众框架进行论述。

我国台湾学者藏国仁是为数不多的对媒介框架作了深入理论探讨的华人学者，他认为媒介框架是新闻媒体或新闻工作者个人处理意义信息时所依赖的思考基模，也是解释外在事物的基本结构。媒介框架其实就是一种意义的建构活动。新闻工作者将原始事件转换为社会事件，并在考虑此一事件的公共性质与社会意义后，再将其转换为新闻报道。在此转换与再转换的过程中，新闻工作者一方面以自己的经验（框架）将事件从原有情境中抽离；另一方面则将此事件与其他社会意义联结（或再框架化），产生新的情境意义。②

对于媒介框架的具体机制，恩特曼认为框架包含了选择和凸显两个作用，框架一件事，就是把认为需要的部分挑选出来，在报道中特别处理，以体现意义解释、归因推论、道德评估及处理方式的建议。藏国仁归纳为选择机制和重组机制。也就是高夫曼所说的，真实的片段常透过"一双看不见的手"重新塑型，因而产生符合原有结构但内容却相去甚远的结果。这双"看不见的手"也经常选举真实的部分片段并加以重新排列组合，以达成"再现"或转换真实的目的。③

受众框架是指受众在接触媒介时，他们的认知基模会影响对新闻报道内容的选择、解读与判断。也就是说面对新闻媒介，受众并不是被动地接收，而是通过自己的认知框架来对新闻内容过滤，从自身的框架对新闻报道的真实性、客观性、人文关怀等方面进行诠释。对于受众认知基模，在前面的章节中已经做过介绍，在此不再过多论述。

---

① 参见藏国仁：《新闻媒体与消息来源——媒介框架与真实建构之论述》，中国台湾三民书局 1999 年版，第 26 页。
② 同上，第 108~109 页。
③ 同上，第 45~50 页。

4.2.2 媒介框架与受众框架的关系

媒介框架与受众框架是如何发生作用的?

首先来看媒介框架。藏国仁认为媒介框架的内涵结构包括媒介组织框架、新闻个人框架、文本框架三个部分。媒介组织框架是指新闻工作中所制定的一系列惯例与程序,决定了社会事件是否会被选择与报道,是媒介的一个框架机制。新闻个人框架包括记者和编辑两个部分,是指新闻工作者受到自身认知结构影响,自有一套常人理论,一是据此拟定工作目标,二是受制于这些认知结构,无法逃脱这种自我成见的限制。文本框架是指新闻写作文本是一种语言意义的建构过程,语言与其他符号信息是对社会真实的转换,在这个过程中文本本身有一个框架。[①] 也就是说,媒介框架事实上是经过三个子框架作用下的结果。这样,客观世界的真实最后形成新闻报道的流程是:客观真实→媒介组织框架→记者个人框架→文本框架→编辑个人框架→新闻报道。

再来看受众框架。受众框架对于新闻报道内容首先是过滤似的选择,对于完全与框架要求不相容的内容不予选择,而对于其他内容有一个同化或改造的步骤,即与自身框架一致的内容进行吸收与同化,对于与自身框架不一致的内容,进行改造;然后,受众框架对报道产生意义的诠释,并影响更深的心理层次与媒介的消费等行为。反过来这些行为又影响到媒介框架。

因此,新闻真正形成不是在媒介报道之后,而是在媒介框架与受众框架共同作用之后。也就是说,一则新闻实际上是经过媒介框架和受众框架的互动后,才产生出意义。一系列的媒介框架和受众框架的互动就构成了整个传播过程。例如伍(Woo,1994)等学者认为,框架是新闻工作人员、消息来源、受众、社会情境之间互动的结果。[②]

[①] 参见藏国仁:《新闻媒体与消息来源——媒介框架与真实建构之论述》,中国台湾三民书局1999年版,第109~148页。

[②] 同上,第113页。

真实世界
原始社会事件

消息来源的
组织框架

媒介组织的框架

记者个人框架

记者的观察与选择

记者的文字组织

文本框架

编辑个人框架

编辑对文字的认知与选择

编辑对版面的组织

读者的认知与选择

读者的因应与行动

读者的框架

后续新闻的发展
新的框架互动

新闻常规（如路线、时间、写作形式）
内部控制、专业意理

对事件的假设与分类
类别假设、主题假设
等消息来源的选择

新闻写作组织与结构

句法结构/情节结构
主题结构/修辞结构
用字

问题表征（初步分析、分类基础、知识结构）

解决方案（解题策略、评估策略、监控能力）

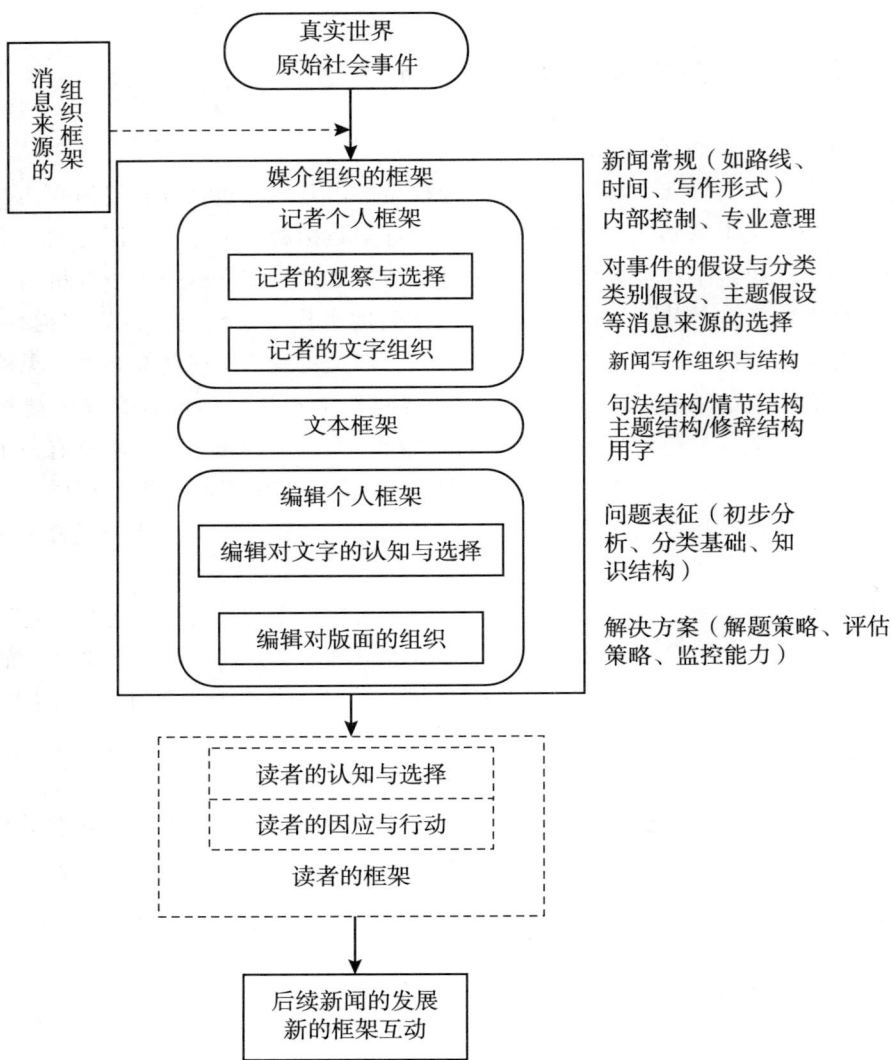

图 4 - 5　新闻（媒介）框架的基本内涵结构

4.2.3　媒介公信力的产生：媒介框架与受众框架的重复博弈

媒介框架与受众框架的互动关系其实就是一种博弈活动，这种博弈活动要持续下去，需要满足的一个条件就是媒介框架与受众框架之间建立起一定的信任关系。从信任的博弈论模式来看，如果在媒介框架与受众框架的初次博弈中产生了初步的媒介公信力，这种程度的媒介公信力又使后续的博弈能够发生，如此重复，就在不同的博弈阶段形成了程度不等的媒介公信力。也就是说，媒介公信力是在媒介框架与受众框架的重复博弈中产生的；如果媒介框架与受众框架的博弈不能发生，或者只能发生一次，则公信力就不会形成。

（1）首先分析媒介框架与受众框架的内在博弈机制。

社会事件经过新闻媒介的框架化报道后，由客观真实变为媒介真实。在媒介框架化后，媒介真实不可能完全是现实的翻版，新闻报道就好比是李普曼所说的"一支不断移动的手电筒，使我们能看到一片黑暗中的部分情景。"[①] 媒介真实与客观真实是有差别的。然后，在传播过程中，媒介真实又经过受众的框架化，变为受众接收的真实。这样，就存在着客观真实、媒介真实、受众真实三个方面的关系。

受众对媒介的客观、公正等公信力维度方面的评价，并不是在媒介真实与客观真实之间的对照，它的作用机理是媒介真实与受众真实的对照，也就是受众框架对媒介真实的评价。受众框架对媒介真实的评价在两个层面上，一是在事实层面，通过受众框架自身对客观真实的诠释，对照受众理解的媒介真实，从而判断在基本的真实层面上媒介是否真实。二是在价值层面，受众框架对媒介真实的基本价值理念的判断（如图 4 - 6 所示）。

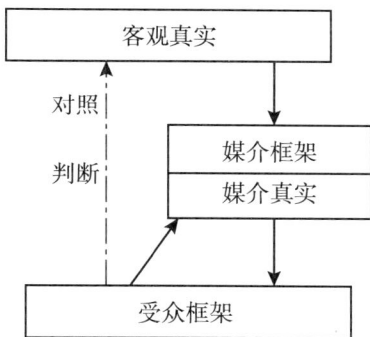

图 4 - 6

另外一方面，媒介要获得受众信任的判断，就需要不停地调整自身的框架，尽量与受众框架的要求相吻合，使受众能够发生后续的媒介接触行为。同时，对于许多媒介来说，或多或少都有自己的一些新闻理念，也就是媒介框架并不是一味地

---

① 李普曼（Lippmann）：《民意》，转自臧国仁：《新闻媒体与消息来源——媒介框架与真实建构之论述》，台北三民书局 1999 年版，第 68 页。

去迎合受众框架的各种要求，而是在自身的框架定位基础上通过调整来满足受众框架的要求。这样，在媒介框架与受众框架的重复博弈中，媒介公信力就产生了。

（2）其次分析媒介框架与受众框架的博弈收益问题。

公信力是通过媒介框架与受众框架的重复博弈来产生的，那么，博弈中双方的收益是什么呢？对于受众来说，不同地区的公众是有区别的。如在本书前面对公信力判断维度的分析中所讨论的，在不同的政治制度下，由于媒介扮演功能的不同，受众对媒介的期待不一样，公信力的判断维度是有差别的。受众的收益就是对这些判断维度方面的具体内容的认知情况。如在我国，媒介公信力的判断维度是权威性、实用性等，那么，对于受众方面来说，受众的博弈收益就是对接触到的信息感到是否是权威的或者有用的；而对于媒介方面来说，党报、党刊的博弈收益就是是否起到了宣传作用、舆论引导作用，市场化媒体除了宣传作用和舆论引导作用外，还要看是否取得了经济效益。对于美国的媒介来说，受众的博弈收益就是对接触到的新闻信息感到是否是客观的、准确的，等等；媒介方面的收益是拥有更大的受众，取得经济效益，或者谋取更大的政治利益。

如果受众框架在与媒介框架的博弈过程中没有博弈收益，那么，博弈活动就不可能进行下去。反之，就是获得了博弈收益，就有助于进行下一次博弈的进行。

4.3 媒介公信力的发展层次

通过媒介框架与受众框架的重复博弈产生媒介公信力，像信任一样，产生的媒介公信力有一个纵向的发展历程。从莱维茨基和邦克的三阶段模式来看，媒介公信力的发展阶段依次就是：计算型阶段、了解型阶段、认同型阶段。

4.3.1 理性的计算型阶段

这是媒介公信力的第一阶段，也可以称作计算型媒介公信力，或者简称计算型公信力。① 这个阶段有三个比较明显的特点。

---

① 在社会学中，有些是说"基于计算的信任"，有的说是"计算型信任"，这两者表达的是同一个意思。同样，对于媒介公信力来说，"基于计算的媒介公信力"（calculus-based trust）和"计算型媒介公信力"是一个意思的不同说法，简要的说法就是"计算型公信力"。后面的"了解型媒介公信力"（knowledge-based trust）和"认同型媒介公信力"（identification-based trust）也如此。

一是受众框架与媒介框架的博弈是一种理性的计算。在这一阶段，由于受众无法预期媒介的表现，是否信任媒介，还需要通过与媒介接触后的认知来判断。对于受众来说，就表现为对每一次媒介接触行为都可能要做收益的计算，如可能会想这份报纸有没有权威性，这些本地社会新闻可不可信，找它投诉物业问题有没有效果，等等。这一阶段的情况在新创建的媒介上比较常见。如一张新报纸的出刊，读者不可能一开始就信任它，只有在阅读一段时间后才会有是否信任、多大程度信任的判断。还有就是一家媒介要发展新的受众，由于新的受众以前可能没有接触过该媒介，不知道该媒介的报道是否值得信赖，于是在开始的时间里他们对媒介是否可信的评价要通过接触后才能逐渐形成。

二是计算型媒介公信力是脆弱的。对处于这一阶段的媒介来说，它的每一次表现可能都会影响到公信力的高低。由于受众对媒介的每一次接触都是一次媒介框架与受众框架之间的信任博弈，媒介框架与受众框架的每一次不一致，都可能影响到受众对媒介公信力的评价，成为一个公信力的破坏因素。如果受众在博弈中对媒介的信任评价低，就会影响到下一次的子博弈，连续的低信任评价，使公信力降到一个最低点时，就可能影响到后续博弈行为的发生。对于主流媒体来说这种影响更是明显。所以，媒介需要小心翼翼地对待读者的反应，一旦发现有破坏公信力的因素存在，能否及时补救或者把握结果，就显得很重要。

三是按照社会学者们对信任的研究来看，基于计算的信任一般由所得到的奖赏和破坏信任所得到的惩罚两个方面来保证。对于媒介来说，公信力是媒介赢得受众的一个重要因素，特别对于像《纽约时报》、《华盛顿邮报》这样的主流媒介，或者我国的《南方周末》这样的精英媒体，公信力的高低对于是否能赢得受众是至关重要的，可以说公信力就是这些媒体的生命线，失去了受众的信任，就等于是失去生存的基础。对于一些相对通俗定位的媒体来说，公信力也是一个程度不等的影响受众规模的因素。

媒介如果不能建立应有的公信力，那么，它得到的处罚首先可能是对受众规模的影响，而受众规模是一家媒介进行市场行为的基础，受众规模的减小就意味着媒介对广告吸引力的减弱以及其他多种经营能力的减弱，最后影响到总的经济回报。而如果媒介建立起应有的公信力，得到的奖赏就可能是受众规模的正影响，吸引更多的广告，最后得到更多的经济回报。

所以，在这个阶段，媒介框架需要积极的调整来保持与受众框架的一致。

4.3.2　介于理性与情感之间的了解型阶段

第二阶段是基于了解的媒介公信力，也可以称作了解型媒介公信力，或者了解型公信力。这一阶段是建立在受众对媒介有前期了解的基础之上，受众对于媒介的信任不需要在接触之后才能作出判断，对于媒介的未来行为有一定的预期，能够预见到下一步的媒介表现。了解型公信力没有计算型公信力中的不确定性，了解型公信力中的维系要素是可预测性，而在计算型公信力中由于是不确定性的，只能通过惩罚机制来作为维系要素。对于受众来说，可预测性是成本更低的，更有保证的。

按照夏皮罗等人的观点，对对方了解越多，就越能准确地预见对方将做什么，也就是提供了更多信任的信息。[①] 对于计算型媒介公信力，受众需要在接触媒介后才能作出信任的判断，重要的一点是受众对于媒介的不了解，也就是媒介和受众之间的信息是不对称的。而对基于了解的媒介公信力来说，则是受众对媒介有了一定的了解，媒介也能满足受众的要求，两者之间的信息相对是对称的。

这种信任在一些报摊零售点的调查中最能得到说明。这里，先看一组在2002年对北京零售报摊主的调查数据（参见表4－1）。

表4－1　　　　　　　人们在零购报纸时，是随机选择性
购买还是固定对象式购买[②]

购买类型	选择比例（%）
总是比较固定地购买某种（些）报纸	45.2
不固定，随机地选择购买	22.9
两种情况都有，固定购买的情况多一些	24.8
两种情况都有，随机购买的情况多一些	7.0

对于购报的第一种情况"总是比较固定地购买某种（些）报纸"，笔者分别在成都、重庆和北京的报摊做过专门的观察和访谈。这种比较固定地购买某种或某类报纸的读者，一般是到报摊直接点名买报纸，不需要看报纸的头版或者导读，也很少受其他报纸在报摊促销活动的影响。对报摊主的访谈也证实了这一点，他们绝大多数认为通常这些读者已经形成了习惯，来到报摊直接就交钱，说出要买的报纸名，根本不看当天报纸有什么内容，也不看报摊其他报纸有什么内容，有时报摊有别的报纸进行促销活动，对他们的效果也不明显。

从公信力的发展阶段来看，上面情况的一个具有解释力的视角就是这些报纸对于这部分固定购报的读者已经建立了了解型公信力，读者对于报纸有什么内容已经有了预期，不需要先选择、比较，就可预测到报纸内容是他所需要的。

---

① ［美］金黛如（Daryl Koehn）：《信任与生意：障碍与桥梁》，上海社会科学院出版社2003年版，第112页。

② 喻国明：《传媒影响力》，南方日报出版社2003年版，第77页。

与计算型媒介公信力比较脆弱相比,了解型媒介公信力是比较稳定的,媒介与受众之间建立了一种相互可预测的信任关系,不会因为媒介框架与受众框架的某一次不一致而受到影响。体现在媒介消费上,就是受众会比较稳定地接触某一种(些)媒介,如上面报摊零售调查中发现的固定购报的读者情况。

夏皮罗等还认为,可预测性越大,越能增强信任;并且越是精确的预测,就越是要求有更多的接触,也就是像基于计算的信任一样,了解的过程是一个反复的相互作用。[①] 对于媒介公信力来说,亦如此。在受众对媒介建立了基于了解的信任后,受众对媒介的接触越多,对于媒介的预期就越是明晰,越能预测媒介的行为,这样的结果就是增强了对媒介的公信力。

对于这一命题,引用在 2002 年 8 月《成都商报》的一个读者调查数据来看我国的具体情况。[②] 对于读者对报纸可信性的评价,与读者一周阅读报纸的频率、阅读每份报纸花费的时间和阅读报纸内容的比例多少进行相关分析发现,皮尔逊(Pearson)系数显示,报纸可信性的评价与这三个都相关。其中,与阅读报纸内容的比例这一变量的相关性最高,皮尔逊系数为 0.573,也就是阅读报纸的内容越多,越认为报纸可信;与一周阅读报纸频率的相关性次之,皮尔逊系数为 0.25;与阅读每份报纸花的时间的相关性最低,皮尔逊系数为 0.197,比较弱。

4.3.3 情感的认同型阶段

基于认同的媒介公信力是最高的层次阶段,也称作认同型媒介公信力,或者认同型公信力。在这个层次上,受众对媒介的理念和偏好高度认同,把媒介当成自己的一样,能够分享媒介的成功,并且能主动替媒介思考,甚至为媒介作出行动。从框架理论来说,就是受众框架与媒介框架有了一定程度的同构。

一些百年大报和我国的党报党刊等是典型的具有认同型公信力的媒体。比如像《纽约时报》这样的百年大报,由于历史的积累等因素,它拥有一批非常认同报纸风格、理念的读者,他们信任报纸不会只是因为报纸的某些报道符合他们的认知框架,阅读报纸也不仅仅是为了求得一时的阅读收益(比如获取一些广告、时事信息),而是在更深层次的心理上有认同感。尽管《纽约时报》出现了

---

① [美] 金黛如(Daryl Koehn):《信任与生意:障碍与桥梁》,上海社会科学院出版社 2003 年版,第 112~113 页。

② 这是《成都商报》社进行的一次本报读者调查,采用入户读者访问和街头报摊读者访问相结合的调查方式。入户访问的抽样方法采用 pps 法(发行站→发行组→发行员→订户);报摊读者访问采取分区划片抽取报摊,然后对每个报摊读者进行随机访问的方法。共发放了 800 份问卷(入户访问和报摊零售读者分别发放了 400 份问卷),实际回收有效问卷 742 份,回收率 92.75%。调查的执行时间是 2002 年 8 月 15~25 日。

布莱尔这样的造假事件，可能会影响一般人对报纸可信度的评价，但对于已经认同报纸价值理念的读者来说，很难影响到他们对报纸的信任程度。

还有就是我国的《人民日报》、《求是》这样的党报党刊，许多老革命工作者和党员，他们的认知框架实际上是内化在这些媒介框架中，对媒介的信任是无条件的，并且会尽力维护这些媒介的公信力，捍卫报刊框架的理念。

对于媒介来说，这个层次阶段的公信力对于媒介的回报是最高的。第一，认同型公信力程度越高，媒介的受众群越稳定，这些受众群不会因为暂时出现一些有损媒介公信力的事件而不再信任媒介，或者不再接触媒介。相反，受众可能还会主动替媒介思考、建议，甚至参与媒介的一些行动。第二，认同型公信力程度越高，媒介的传播效果越明显。因为媒介框架与受众框架有一定程度的同构，两者的观念已经基本一致，媒介的报道就很容易为受众所接受。

当然，媒介具有较高的认同型公信力，并不是说就不需要在意与受众的关系，这个阶段的公信力也是需要随时维护的。计算型公信力和了解型公信力的一些维护方法，对于认同型公信力是同样需要的。认同型公信力一般不容易破裂，但一旦破裂，就表明是一种关系结构的破裂。如果要在破裂后进行修补、恢复，成本是计算型公信力和了解型公信力所不能比的。这种破裂不是简单的心理感觉层面的事情，而是深层的情感、观念的破坏。

4.3.4 三个层次媒介公信力的发展关系

对于媒介公信力的计算型、了解型、认同型三个层次之间的发展关系，主要有以下几点。

（1）从媒介公信力的发展路径来看，媒介公信力是从计算型公信力开始的，发展路径依次是计算型→了解型→认同型。受众对于一家媒介的信任，一开始是一种计算型的，受众需要与媒介接触后才能对它的信任程度作出判断。对于媒介而言，就是它的每一次表现对于其公信力都有可能产生影响。当这种关系发展到一定程度，受众对于媒介的表现开始有了一定的了解，并且对于媒介的未来表现有了一定的预期后（也就是可以预测到媒介下一步会是什么样的情况），这时媒介公信力就进入到了解型阶段。受众不仅仅能预测到媒介的表现，并且认同媒介理念，甚至主动替媒介思考，将媒介的事情视为自己的事情，这时就进入认同型的媒介公信力阶段。

（2）"计算型媒介公信力→了解型媒介公信力→认同型媒介公信力"这一过程，是受众对媒介认知心理由浅入深的过程。媒介公信力从计算型到了解型，再到认同型，每一个层次的发展，实际上都是受众对媒介的一种认知结构的变化，是受众的认知心理由浅到深的过程。在计算型阶段，受众对于媒介是理性的；而到了认同型公信力阶段，受众与媒介有了一定程度的认知框架的同构，是情感的。

（3）在一家媒介中，三种发展阶段的公信力成分一般都会有，只是在不同媒介中这三种阶段成分的构成比例不同。比如，对于一家有较高公信力的老牌大报来说，它的公信力成分中，既有认同型的，也有计算型和了解型的。同样一家创刊不久的严肃报纸，它的公信力构成成分中这三个层次的状况也都有。假设它们两者的公信力都是一样高的，但不同的可能是前者的公信力构成成分中，认同型占的比例较大；而在后者的公信力构成成分中，可能计算型的构成比例较大。

4.4 媒介公信力生成的控制分析

媒介公信力的控制是针对媒介本身的控制而言的。前面已经讨论了影响媒介公信力的诸因素，有宏观社会大环境、微观受众等方面的因素，这些外在的影响因素是媒介所无法控制的，媒介能够控制的就是自身的诸要素，使媒介能够应对这些外在因素的影响。

对于媒介来说，公信力是它的一个重要的资源。正如 Hirschman 教授的观点："信任，正如其他道德资源一样，用进废退。'有些资源通过使用，其供给很可能增加而不是减少；其次，如果这些资源维持不用的话，他们不会保持原封不动的；正如一门外语或弹钢琴一样，这些道德资源若不被使用，则很可能会变得枯竭和衰退。'"[1] 也就是说，媒介需要随时自我调整，适应公信力生成机制的要求，这样才能维持或者提高公信力。这里需要讨论的问题就是：对于公信力的生成，媒介自身是如何进行控制的？

前面在讨论媒介公信力产生时，认为公信力是媒介框架和受众框架的重复博弈而产生的。那么，从框架理论的视角切入来讨论，媒介自身是如何通过控制来维持公信力的生成这一问题，实际上就是讨论媒介框架的控制问题。媒介框架的子框架包括三个部分：媒介组织框架、新闻个人框架、文本框架。其中，新闻个人框架又分为记者个人框架和编辑个人框架。下面就分别对这几个部分进行论述。

---

[1] 引自帕萨·达斯古普塔（Partha Dasgupta）文章，皮小林译，转自郑也夫编：《信任：合作关系的建立与破坏》，中国城市出版社 2003 年版，第 66 页；Hirschman，1984。

4.4.1 媒介组织框架的控制

媒介公信力生成的第一步就是媒介组织框架的作用，要寻求提升媒介公信力的途径，首先就需要对媒介组织框架的情况进行分析。本书从媒介组织框架的对内诉求和对外诉求两个方面进行分析。

一、媒介组织框架的对内诉求

媒介组织框架的对内诉求包括媒介的规章制度、内部控制的方式和专业意识等。我国台湾学者藏国仁认为，新闻组织框架包括新闻常规、内部控制、专业意识[①]三个方面。新闻常规是指新闻机构所制订的惯例与程序，可视作是新闻媒体框架社会事件的第一道机制，如决定哪些社会事件能够被选择与报道等。对于内部控制，也借用台湾学者郑瑞城的论述，内部控制是指新闻编采人员的工作环境，常常有三种控制方式：惩罚、奖赏、规范。[②] 如新闻写不好或漏掉大的新闻，上级会加以指责或威胁开除，这是惩罚作用；记者跑了独家，上级给予口头或物质报酬，此为奖赏；规范则是以理服人，媒体组织借由各种内部渠道传达组织文化的目标。专业意识一般是指工作资格应该如何取得，应该如何认知大众媒介的角色，应该如何维持角色的独立、免于外界干预，如何正确采访，新闻专业与企业利润孰轻孰重，专业与娱乐风格如何调和与取舍等等。[③]

新闻常规的一个重要内容是新闻媒体的定位，一旦确定就不易改变。专业意识在我国大陆一直受到重视，特别是最近十来年市场化进程对从业人员新闻观念的影响较大的背景下，在全国实行了新闻观教育、记者资格考试等。

这里着重看内部控制问题。对于内部控制的具体操作方式，有了许多研究和业界的总结。我国台湾学者罗文辉认为要提高新闻媒介的公信力，首先是保证新闻报道必须尽量正确与公正。这就要求新闻机构严格禁止记者捏造新闻，并要求记者尽力查证真实，避免发布不实的消息。有效方法之一就是要求记者在新闻报道中指出明确的消息来源，有效方法之二是新闻报道应该遵守真实与意见分离的原则。其次是加强新闻从业人员的道德观念，如应当拒绝收受当事人礼物、接受

---

① 藏国仁的文中是"专业意理"，实际上是我国大陆的"专业意识"的词意，用后者更为容易理解。

② 郑瑞城（1988）所用的词语是：强制、酬庸、规范，这里分别用惩罚、奖赏、规范更符合大陆的说法，词意是一样的。

③ 藏国仁：《新闻媒体与消息来源——媒介框架与真实建构之论述》，中国台湾三民书局 1999 年版，第 114～122 页。

免费旅行等。①

　　媒体的商业化深入到采编系统，是造成内部管理出问题的一个重要原因，应该从这个角度来进行内部控制的改进。如在《纽约时报》的布莱尔造假事件出现后，新闻学教授阿尔·佐丹奴认为时报应该对自己的运营模式进行反思。在变得像恐龙一样庞大之后，时报的内部管理混乱、漏洞百出。同时，阿尔·佐丹奴教授认为，美国的许多商业传媒机构都已经变成了年轻人的"血汗工厂"，年轻人在其中承受着外人难以想象的巨大压力。《纽约时报》调查文章其实只是展示了"商业媒体黑暗海洋上的冰山巨大一角"。佐丹奴做了一个简单的计算。7个月见报73篇文章，平均每个月10篇，每三天一篇。按每周5个工作日计算，在强大的《纽约时报》编辑部，这个刚上路的新手平均两天要发表一篇文章。另外，不要忘了他的特点是到外地频繁出差写"真人故事"。②

　　在我国大陆的一些市场化媒体也开始出现为追逐市场目标而制定的相关内部管理制度，也是媒介公信力内部控制需要注意的一点。如媒介内部的考核制度，规定记者必须要完成一定的工作量才有基本的收入，收入的高低只与"产量"相关。正如有业界人士认为的："在目前记者与报社的关系事实上已成打工者与工厂之间的关系、越来越多的记者仅仅只是把记者这一职业作为一种谋生的手段的现状下，除了少部分尚有职业理想的记者，事实上很难让他们不以各自报社的考核、考评目标为追求目标和衡量标准……事实上，近些年来，各地各单位都开展了一遍又一遍的职业道德教育、思想素质教育、马克思主义新闻观教育。但记者们从培训班、学习班出来，做起新闻来依然故我，失真新闻和假新闻仍层出不穷。什么原因？因为促使记者们有意或无意地做出失真新闻、假新闻的各媒体内部的考核制度并没有多大改变。"③

　　下面摘选一段对CBS《60分钟》的资深编导哈瑞·莫塞斯（Harry Moses）的采访，来看这个美国老牌节目是如何保证它的报道真实性的。④

　　　记：美国的调查性报道如何保证新闻的真实性？新闻作品是个产品，我们必须考虑这样的问题，是控制采访的制作过程，还是最后由几个满头白发的聪明人凭经验判断其真实性？CBS在这方面有没有成文规定或者流程控制？

　　　哈瑞·莫塞斯：要看故事来源。如果来自小报的八卦新闻，说某政

---

　　① 罗文辉：《新闻理论与实证》，中国台北，黎明文化事业公司1993年版，第12～16页。

　　② 冉旭，编译王巧丽，摘自《新民周刊》。

　　③ 黎勇：《"真实"掌握在记者手中？市场化媒体内部考评机制与新闻失真》，载于《青年记者》2005年第1期。

　　④ 《拷问CBS"60分钟"台前幕后》，记者朱强、特约撰稿朱雨晨，载于新华网，2004年6月14日。

界要人是吸血鬼，你得再核查一下。但是如果来自像《华盛顿邮报》这样的成熟大报，就有一种信任感，值得继续调查。当然也会有些坏苹果，去年的《纽约时报》就出现过新闻造假的事情，他最后被查出来了。虽然造成了恶劣影响，但这种情况很少见。

如果一个人违背道德良心，刻意编造新闻，不管用何种手段进行掩盖，总会被抓到。比如在"60分钟"，如果有人编造故事，可能会有一段时间才会被发现。所以媒体公司聘请人的时候也会很小心，一定会选择真正尊重新闻价值的人。

记：企业的质量控制和督导是否在美国媒体中存在？比如采访笔记、到场记录、消息源记录等等，你们是直接看稿件，还是综合考察？

哈瑞·莫塞斯：CBS有自己的标准和指引，一个编辑会看全部采访的录音（像），审查所有的新闻素材。问题在于即使有这些指引，也不可能把全部东西都记录下来。如果你是个有良知的记者，就能判断自己是对还是错，这是一种直觉。

上面提到的这些媒介组织框架的具体控制措施对于任何媒介都是值得借鉴的。对于我国媒介来说，还需要强调的一点是我国媒介的政治属性要求，这是我国媒介首要的一个框架，那么，如何让媒介的政治框架能表现得让受众容易接受、建立信任感，具体的操作方式是需要有自身特点的。比如，典型报道的问题，媒介框架是照搬以前的操作方式呢？还是运用新的、符合当代受众心理的操作方式进行报道，这对于受众是否信任报道内容是有很大关系的。

二、媒介组织框架的对外诉求

媒介组织框架的对外诉求主要是指媒介的公共关系，即媒介如何处理好与公众的关系。这是操作性的内容，在实际中有许多具体做法。建立与自身受众的互动是最常见的一种媒介公关行为，如最近几年我国许多都市类报纸举办的大型读者节，建立读者俱乐部或读者联谊会等。组织或参与公益活动，在公众中树立良好的形象也很常见。还有通过各种机会宣传自身形象、理念的行为等。

4.4.2 新闻个人框架的控制

新闻个人框架是指新闻工作者的认知结构，是新闻工作者个人选择、解释、强调或组织外界事物的心理结构，主要包括记者框架和编辑框架两个部分。有学者强调新闻其实是记者、编辑个人框架社会事件的某些成分、排除其他成分后的呈现。① 换句话说，客观的真实是经过主观的人去报道的，是要经过个人的主观加工的。记者、编辑是一个个不同的个体，存在着个人认知框架的差异。这种记者、编辑个人框架的不同，就会影响到对新闻报道真实性原则的把握。这里有两个方面的控制问题。一是新闻从业者的专业意识、专业水平、对受众的了解等方面的欠缺。因为这方面的欠缺而对媒介公信力造成影响，不是从业者的主观愿望，是无意识的或者能力不够所致。二是新闻从业者因为个人利益而损害媒介公信力，这是有意识的。对利益冲突的控制是新闻个人框架控制的一个重要方面。

比如，罗文辉等发现，接受免费馈赠与兼职是台湾新闻人员面临的最严重伦理问题。也就是说，新闻从业人员一方面要扮演好个人的专业角色，另一方面由面临着商业利益的诱惑。当一个人同时扮演两种或多种角色，或在执行专业任务时，面临个人利益、组织利益与专业责任间的冲突，便会产生利益冲突问题。沃夫梅尔（Wulfemeyer, 1989; 1990）针对新闻人员的利益冲突问题，进行实证研究将新闻人员面临的利益冲突大致分为了五种类型：免费馈赠，兼职，涉入社区组织，个人态度、信念、价值和社会经济地位，来自老板、上司、广告商、政府的外在压力。②

美国密苏里大学新闻学院的两位教授桑德斯（Sanders）和陈（Chang, 1977）曾调查 123 位报纸新闻人员，请他们评估各种免费馈赠会不会影响新闻报道的客观性。结果发现，有 77% 的人受访者认为接受"免费到国外旅游"，会影响他们对相关新闻报道的客观性；有 71% 的人认为接受"免费成为乡村俱乐部会员"，会影响他们的客观性。此外，也有五成以上的受访者认为，接受免费礼品、免费或减价上高尔夫球课、职业赛的免费季票，均会影响新闻报道的客观性。③

除了经济利益外，新闻从业人员可能还有一些社会关系、个人政治需求等方面的利益，同样在他们的专业角色上面临着冲突。这样，他们的认知框架就会偏离专业角色所要求的客观、公正等。这种利益冲突框架下的新闻操作，就不可避免地会反映到新闻报道中，最终影响的就是媒介的公信力。

对于新闻个人框架这些新问题的控制，这里同样摘选一段在一次学术会议上CBS "60 分钟"资深编导哈瑞·莫塞斯（Harry Moses）等的介绍，来看这个老牌节目的具体控制方式。④

---

① 藏国仁：《新闻媒体与消息来源——媒介框架与真实建构之论述》，中国台湾三民书局 1999 年版，第 123、128、129 页。

②③ 罗文辉、陈韬文、潘忠党：《大陆、香港与台湾新闻人员对新闻伦理的态度与认知》，台湾《新闻学研究》第 68 集，2001 年 7 月。

④ 《拷问 CBS "60 分钟"台前幕后》，记者朱强、特约撰稿朱雨晨，载于新华网，2004 年 6 月 14 日。

记："60 分钟"记者的平均年龄是多少？

哈瑞·莫塞斯：差不多四十七八岁左右，过去差不多要平均 60 岁。

……

记：当你们做和公共利益相关的调查时，采取哪些方法才能达到相对完美的结果？优秀的调查记者应该具备哪些必备素质？

路易斯·威利：美国有很多地方报纸都有专门的新闻调查团队，不同的记者掌握不同的采访技术，有人能看懂警察的记录，有人则可以理解医院文件、公司内部的金融资料等。对一些比较困难的题目，报社会进行特别训练。还有对线人的保护、关系维持等。优秀的调查记者需要有良好的素质去接触各类人群，说服对方提供资料，有些记者就是有这样的天赋。

涉及具体的采访技艺，可以有不同的答案：如有时候虽然不能在报道中披露消息来源的名称，但你还是可以发表相关资料，在这种情况下，你需要至少两个以上消息来源才行，这是最起码的要求。如果是做电视报道，你可以拍摄敲门却没人开的镜头；而在平面媒体的报道中，你则可以直接描写对方拒绝接受采访。你还可以在已经发表的报道中说明，对不愿接受采访的对象的答复依旧怀有兴趣和期待，并且会持续关注。这种方法可能说服对方在看完报道后同意回答你的问题。

从对 CBS "60 分钟"的编导哈瑞·莫塞斯的采访可以看出这么几点媒介个人框架的控制方式，一是新闻记者的年龄、阅历；二是记者的培训；三是记者工作的专长；四是确定消息的方式；五是采访的方式。

对于我国新闻媒介从业者来说，还有两点值得注意：一是年龄，二是我国媒介的政治属性需要新闻从业者有一定的政治素质。CBS "60 分钟"的记者年龄要求与目前我国一些市场化程度高的媒介要求不一样。不管是电视、报纸、还是杂志，不管是定位都市类的报纸、还是要走主流路线的政经类媒介，我国这些媒介要求的记者年龄普遍都是年轻化。[①] 而要对复杂的社会事件进行报道，把握住它的客观本质，一个人的年龄和阅历是极为重要的，单纯把年轻能跑作为挑选记者的一个关键指标，对于要办主流大报或台的媒介来说，CBS "60 分钟"的这个现象是值得重视的。

---

① 现在我国大陆的媒介招聘记者基本的年龄是在 30 岁以下，还有规定要 28 岁以下的，可以参见我国媒介的招聘广告。

4.4.3 文本框架的控制

新闻文本框架就是通过运用句法结构、情节结构、主题结构、修辞结构等将故事整理为一个有中心意思的整体。新闻故事中的字词选择与组合并非雕虫小技，而是决定辩论情境、议题定义、引发读者心智再现与启动讨论的重要利器。[①]

语态是新闻文本框架控制的一个重要内容，简单地说就是以什么样的叙述方式来进行新闻报道，尽可能以受众喜欢接受的、可以打动受众的方式来安排文本结构。这就需要不同的媒介对自己受众群的接收心理有比较准确地掌握。

文本框架对受众的影响，可以参见我国台湾的这则资料：朱玉芬曾分别以传统新闻倒金字塔报道与一般正写方式报道测试读者的阅读情感强度，发现前者较无法引发读者情感涉入。即使在导言部分，虽然此一写作结构本应是新闻故事最重要的一段，也无法引起读者阅读兴趣；相对而言，叙事性形式的写作较能引发读者强烈情感反应。[②]

朱玉芬的这个研究是针对台湾地区的，对于我国大陆或者西方国家是怎样的影响，还需要实证数据支持。但有一点是明确的，就是文本的结构本身也是对客观真实的一个框架。同样的一件事，用不同的词来表达，或者不同的修辞语句，就会有不同的意境，对于读者来说就有不同的认知。电视也如此，不同的语态会生出不同的认知效果。

不同的文本框架对于媒介公信力就会有不同的影响。在 2004 年 12 月，中国人民大学舆论研究所进行的一次"媒介公信力研究的前期试调查"中，非随机地调查了北京海淀区的 738 位居民，在中央电视台、北京电视台、湖南卫视、东方卫视、凤凰卫视五家电视的公信力打分中，这五家电视的各自观众对其电视的公信力评价中，凤凰卫视的得分最高。[③] 在对凤凰卫视的研究文献中，凤凰卫视的相比于大陆其他电视台的最明显特点之一是它语态的不同。[④] 凤凰卫视在意识形态上与大陆电视台是基本一致的，但同样的新闻内容用不同的语态来报道，观众却能很容易地区分两者的差异，因为语态上的不同，给受众的认知是有差异

---

① 藏国仁：《新闻媒体与消息来源——媒介框架与真实建构之论述》，中国台湾三民书局 1999 年版，第 143 页。

② 转自藏国仁：《新闻媒体与消息来源——媒介框架与真实建构之论述》，中国台湾三民书局 1999 年版，第 147 页；朱玉芬，1995。

③ 这是中国人民大学舆论研究所的课题"中国大众媒介公信力与传播效果"的一项前期试调查，是非随机抽样，在海淀进行的街头拦访，共成功访问了 738 位居民，访问执行时间是 2004 年 12 月 11、12 日。

④ 这方面国内的论述文章较多，如《凤凰的语态表达》，传媒学术网，等等。

的。这种语态的差异进而影响到观众对它们信任认知的不同。

　　总之，对于媒介角度的媒介组织框架、新闻个人框架、文本框架的三个部分来说，公信力的控制是一个整体性的工作，需要各个部分共同协作，每一部分的漏洞都会影响到公信力的控制效果。这就像是"木桶原理"，整个木桶盛水量的大小取决于最矮的那块木板的高度。此外，媒介公信力的建立不仅仅取决于媒介内部，不是单方面的，对于媒介来说，还需要时时把握受众对于媒介的信任预期和传播环境的变化等（如需要了解不同受众群体分别是从哪些维度来判断媒介是否可信的，媒介的语态是否符合受众群的接收要求等）。从与受众的关系角度来进行管理，能够更有效果。

第 5 章

公信力对媒介功能的影响

20 03 年春天的非典前期，媒体的缺位造成了民众的恐慌，媒介公信力问题成了我国学界的讨论热点之一。其中讨论较多的一个话题是媒介公信力的降低将影响到我国媒介的传播效果。美国传播学者雅各布森（Jacobson）认为媒介公信力因为直接影响着传播效果，在理论层面上，消息来源公信力是一个很重要的传播学研究范畴。[①] 在改变受众的态度上，从认知反应原理角度看，较高的消息来源公信力比低消息来源公信力更能产生传播效果。[②] 美国 Roper 机构、美国报纸编辑协会等的研究报告显示，最近 50 年来，美国报纸的公信力一直呈下降趋势，特别是《纽约时报》的年轻记者布莱尔（Blair）造假事件揭露后，媒介公信力问题一时成了学术界、业界都共同关注的一个热门话题。[③]

由此，本章讨论的问题是：公信力对媒介功能的发挥究竟有何种影响？要探讨这一问题，就需要对媒介功能有清楚的认识——有哪些层面、包括哪些内容等。

---

① Jacobson, H. K. Mass media believability, a study of receiver judgments. Journalism Quarterly, 46（1）, 20. 1969.

② Stamm, K. and Dube, R. The relationship of attitudinal components to trust in media. Communication Research, 21（1）, 105 – 123. 1994；Petty & Cacioppo, 1981.

③ 2003 年 10 月 12 日，在 google 上检索"非典，媒介公信力"，有 687 条内容；2004 年 12 月 21 日，再次检索，有 1 200 项；同时检索"非典，公信力"，有 8 070 项；在 2005 年 2 月 12 日检索"公信力，传播效果"词条时，则相关词条显示有 10 100 项。

5.1 媒介功能的分析视角

5.1.1 媒介功能①的三个视角

1. 首先，我们需要界定清楚传播学中常常提及的媒介"功能"与"效果"两个词的关系

对于媒介活动的结果，从媒介本身的角度来看，就是"效果"，即通常说的"传播效果"；从社会或者受众的角度来看，就是"功能"。两者是一个问题的两面，表达的实质内容是一样的。如我国台湾学者李茂政认为，研究大众传播的人常被"效果"和"功能"两个名词所困扰。如媒介的"社会化"（to socialize）或"引起注意"（to focus attention）等概念，有人列为"效果"，而有人却列为"功能"。事实上"功能"和"效果"只是从不同的角度来观察媒介活动的现象。对媒介所造成的结果，如果是以媒介本身的角度来看就是"效果"，如果是以社会角度或阅听人的角度来说则是"功能"。因为角度不同，所以有很多地方显现其差异。尤其是大众传播活动或传播研究，渐渐以阅听人为本位，并以社会中的个人为中心，相对地也提高了人的价值研究，在扩大注重社会团体与个人行为关系的研究之后，就越来越注重功能的探讨。从另一方面来说，"效果"是指媒介活动所造成的最后结果，而"功能"则重视其"过程"所产生的影响。②在本研究中，使用"功能"一词，将这两个视野下的研究内容都纳入到"媒介功能"中来进行讨论。

2. 其次，学者们对媒介功能的研究视角作了更具体的划分

我国有学者从三个层次上来对大众媒介功能进行理解：（1）大众媒介本身固有的社会功能。这是由媒介的传播特性所决定的。（2）大众媒介的所有者及社会各方面对媒介功能的期望。这是媒介的工具属性带来的，如政界视之为从政

---

① 学者们对媒介功能（大众媒介功能）与大众传播功能的说法没有作区分，这两种说法都在互相使用。如郭庆光在《传播学教程》书中、郑贞铭在《新闻学与大众传播学》书中用的是大众传播功能这个词。张国良在《新闻媒介与社会》书中、李茂政在《大众传播新论》书中说的是媒介功能（大众媒介功能）。李金铨在《大众传播理论》一书中两者都用。所以，在本书中，对这两个词不作区分，除了特别的说明外，所代表的含义一样。

② 李茂政：《大众传播新论》，中国台湾三民书局 1994 年版，第 329 页。

的武器、商家视之为经商的手段等。严格来说，这一层次应视为"媒介功能观"。（3）大众媒介对受众个体及群体产生的实际影响和作用。这一层次通常被称为"媒介效果"。①

学者李良荣认为，大体上可以将大众媒介功能归纳为三种具有代表性的见解。第一种观点认为，功能是指大众媒介本身的、在它和社会互动中可以发挥的作用；第二种观点认为，功能是指新闻媒介的主持人以及社会上方方面面从其自身利益出发希望（或期望、要求）新闻媒介发挥的作用，或者说希望新闻媒介成为他们的某种工具；第三种观点认为，功能是大众媒介在传播过程中在社会上实际产生的作用和影响。②

上面三种说法的意思是一样的，分别是从社会、公众、媒介三个角度来看媒介活动的。一是从社会角度来看媒介活动的，即媒介的社会功能；二是从公众的角度来看媒介的功能，即媒介的一种"工具"功能；三是从媒介的角度出发来看的，即媒介的传播效果。

3. 进一步分析以上三种视角下的媒介功能内容

对于大众媒介功能的具体内容，学者们从"效果"与"功能"角度作了较多的论述，一直没有统一的说法，这一方面是由于社会现实在不停地发展，媒介的功能也在不停地变化；另一方面是学术研究总在发展，对媒介功能的认识也在深化之中，不可能有一步到位的论述。

（1）从社会角度和公众角度来看，关于媒介的功能，最有代表性的是传播学四大先驱之一——拉斯维尔在《传播的社会功能与结构》一文中提出的三大社会功能：守望环境的功能、社会协调的功能、社会遗产传承的功能。后来，著名的社会学者赖特（Wright）在他所著的《大众传播：功能的途径》一书中，对拉斯维尔三功能说进行了补充，加上了"娱乐"一项，变为了四功能说。

施拉姆从宏观社会的层面来划分媒介功能，对媒介功能作了一个总体性的概括。他将宏观社会分为三个方面：政治、经济和社会。这样，就将大众媒介的功能归类到这三个范畴内。

（2）从媒介本身的角度来看，媒介功能就是媒介的传播效果。传播效果研究是以美国学者为主的实证学派的一个研究重点，从20世纪中早期开始，经过几十年的发展，传播效果理论从强效果论的"子弹论"，到有限效果论，再发展到70年代以来的宏观效果论。主要的一些宏观传播效果研究有：议程设置理论、沉默的螺旋理论、培养理论、知沟理论等。

---

① 张国良主编：《新闻媒介与社会》，上海人民出版社2001年版，第59页。
② 李良荣著：《西方新闻事业概论》，复旦大学出版社1997年版，第85页。

表5-1　　　　　　　施拉姆对大众传播社会功能的概括①

政治功能	经济功能	一般社会功能
1. 监视（收集情报）	1. 关于资源以及买和卖的机会的信息	1. 关于社会规范、作用等的信息；接受或拒绝它们
2. 协调（解释情报；制定、传播和执行政策）	2. 解释这种信息；制定经济政策；活跃和管理市场	2. 协调公众的了解和意愿；行使社会控制
3. 社会遗产、法律和习俗的传递	3. 开创经济行为	3. 向社会的新成员传递社会规范和作用的规定
		4. 娱乐（消遣活动，摆脱工作和现实问题，附带地学习和社会化）

5.1.2　媒介功能的两层次分析框架的提出

本研究将媒介功能分为两个层面来进行分析。

在第一个层面，首先从社会系统论的角度来考察媒介的功能。在前面章节对帕森斯、哈贝马斯关于社会系统的分析中，社会系统划分为政治、经济、文化三个子系统。这样，媒介在社会系统的第一个子系统层次上的功能就是媒介分别对政治、经济、文化三个社会子系统的影响，也就是媒介功能首先体现为三个方面：政治功能、经济功能和文化功能。

在第二个层面，进一步来看媒介政治功能、经济功能、文化功能的具体内容。将从社会、公众、媒介三个角度分别来看的媒介一般社会功能、"工具"功能和传播效果的具体内容，按照社会系统的划分维度，分别归入到政治、经济、文化三个社会子系统中，作为媒介政治功能、经济功能和文化功能的具体内容。如，在政治功能下就包含议程设置、协调（政治沟通）等具体内容，在经济功能下包含有经济创收等内容，在文化功能下包含文化的传承（教师功能）、塑造、娱乐等内容。

---

① 郭庆光：《传播学教程》，中国人民大学出版社1999年版，第114～115页。

5.2 公信力对媒介政治功能的影响

5.2.1 媒介的政治功能

大众媒介的政治功能是指媒介在政治生活领域中具体发挥的作用。在激进的法兰克福学派的学者们眼中，媒介不仅是国家的"话筒"、权力的工具，它还是被国家加以利用的维护意识形态、传递统治阶级意志的工具，甚至它本身就是意识形态，直接履行着意识形态的社会控制职能，维护着国家统治的合法性。如，霍克海默与阿多诺就认为："广播系统是一种私人的企业，但是它已经代表了整个国家权力……切斯特农场不过是国家的烟草供给地，而无线电广播则是国家的话筒。" 马尔库塞也告诫人们，"人们真的能将作为信息和娱乐工具的大众媒介同作为操纵和灌输力量的大众媒介区别开来吗？必须记住，大众媒介乍看是一种传播信息和提供娱乐的工具，但实质上不发挥思想引导、政治控制等功能的大众媒介在现代社会是不存在的。"① 也就是说，只要是媒体，即使是娱乐类的媒体，也不可避免地、或多或少地充当着一定的政治角色。

与在本章前面提到的有社会和媒介两种视角的媒介功能观一样，对于大众媒介政治功能具体内容的视角也有两个：社会的视角和媒介本身的视角。

第一种视角：从社会的角度来看。施拉姆从社会的角度出发将媒介的政治功能概括为三点：监视（收集情报），协调（解释情报；制定、传播和执行政策），社会遗产、法律和习俗的传递。②

第二种视角：从媒介本身的角度来看。相对于施拉姆从社会的视角来看的媒介政治功能，政治学者们从媒介本身的角度出发对媒介的政治功能进行了具体化的归纳。一些新闻传播学的学者也引用了政治学者们的这些论述，如有新闻学者根据政治学者的研究文献，将大众媒介的政治功能归纳为六个方面：政治参与、

---

① 转引自《大众媒介：霸权、意识形态与政治三维中的角色》，钱峰，文化研究网（http://www.culstudies.com）。

② 在施拉姆看来，监视环境，就是对于生存环境中的威胁与机会，传播媒介起到一个监视的作用。拉斯维尔认为驻外记者、外交官是监视环境的专门人才。社会协调，就是在社会这个大系统中，各个组成部分之间需要不停地协调，整个社会大系统才能有效、和谐地运转。社会遗产、法律和习俗的传递，就像是学校和家庭在传承文化一样，大众媒介也在传达知识、价值和规范上起着作用。

议程设置、舆论监督、政治沟通、政治控制、政治社会化。[①]

另外，我国媒介的最核心定位是它的"喉舌"功能。从这个角度来看，党和政府与媒介的关系就是一体的，老百姓在很大程度上也是这样认为的，这点在前面关于宏观社会变量对媒介维度的影响中已经有论述。电视、报纸报道了，就等于是政府确认了，代表党和政府的声音。也就是说，媒介作为是党和政府的一个"器官"，政府职能部门的延伸，它的形象好坏就与政府形象的好坏密切相关，公信力的高低就影响到政府公信力的高低。所以，大众媒介还有的一个政治功能是：代表政府形象的功能。

下面的分析采用第二种视角来看媒介的政治功能。这样，大众媒介政治功能的具体内容就归纳为七项：政治参与、议程设置、舆论监督、政治沟通、政治控制、政治社会化、政府形象。以下分别考察媒介公信力对政治功能的这七个方面的影响。

5.2.2　公信力对媒介议程设置功能的影响

一、议程设置

议程设置的最直接理论来源是科恩（Cohen）的论述：报纸或评论不能决定让读者怎样想，但在让读者想什么上很有效。麦库姆斯和肖分别在 1968 年和 1972 年作的实证研究证实了这一假设的成立。它的主要含义是：大众媒介集中报道某些问题，忽略另一些问题，可以提升集中报道问题在公众心目中的重要性；由于传媒对某些问题的有意忽略，使本来应该得到重视的问题反而会被大众忽略，进而可以影响公众舆论；并且对于大众媒介注意的那些问题，大众对这些问题重要性的先后顺序的关注程度，与大众媒介为各种问题所确定的先后顺序是一致的。

在议程设置的内涵研究上，学者们对"媒介议程→公众议程"这一范式中的媒介方面和受众方面的影响因素、时程问题、议程建立步骤、定向需求等都做了很多实证探讨。在议程设置外延的发展上，研究又回到命题本身：是谁设置了媒介议程，并对媒介议程与公众议程的因果关系再作思考。魏斯理（Westley）认为：压力团体或特别利益团体能促使一个问题成为媒介议程，冯克豪斯提出了受传媒注意力多少的五种运作方式，还有媒介议程之间的比较研究等。[②]

---

① 张昆：《大众媒介的政治社会化功能》，武汉大学出版社 2003 年版，第 140 页。
② 议程设置理论的介绍参考张洪忠：《大众传播学的议程设置理论与框架理论关系探讨》，载于《西南民族学院学报——哲学社会科学版》，2001 年第 10 期。

从两个角度来分析议程设置在政治中的作用发挥，一是"媒介议程→公众议程"这一内涵范式中的政治议题的设置，即大众媒介是如何让一项政治议题或与之相关的议题成为公众议题的（也就是起到了对舆论引导的作用）。"'舆论导向'这个概念首先使人想到的可以参照的理论假设便是议程设置，因为它是直接探讨媒介如何引导舆论或转变已有舆论的"。[①] 二是相反方向的议程建构，既从公众议程到媒介议程，进而促成了政策议程，即一项公众议程如何成为了媒介议程，并影响到政府政策执行与制定。

综上，媒介公信力对议程设置政治功能的影响主要表现在两个方面：对媒介舆论引导的影响和对政策议程的影响。

二、公信力对舆论引导的影响

政治统治的一个先决条件是政府有能力引导公众舆论，能让公众舆论按照政治设计的轨道行进。正如有学者认为的："政府和公众意见的一致，表现为上层和下层意见的融合，这种舆论同化是社会维持发展的先决条件。如果社会制度陷于腐朽、衰亡的泥潭，国家行政机器又不能有效根治死亡病症，下层意见就会直指上层意见而产生舆论对立，按社会运行机制的内在要求，不断发出天理民心的昭示。"[②] 引导舆论最重要的实现手段就是大众媒介的议程设置。具体来说，就是政府通过直接或间接设置媒介议程，通过媒介议程来影响公众议程，进而使公众议程与政府议程尽可能同构，这样就起到了有效的舆论引导作用。对于舆论引导分别从面对国内、国外两个环境来考察。

（1）考察媒介公信力对议程设置的影响情况。美国传播学者万塔（Wanta）和胡（Hu）采用路径分析的方法研究了在议程设置中三个受众特征与议程设置效果的关系，这三个受众特征是：媒介新闻的公信力、受众在信息上对媒介新闻的依赖、媒介接触。具体模型如图 5－1 所示。[③]

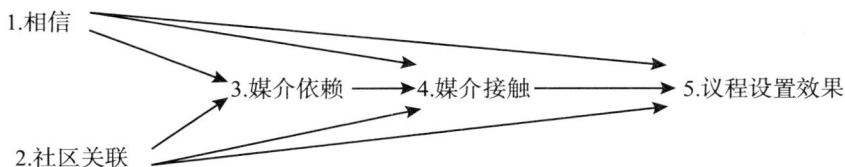

图 5－1　媒介公信力对议程设置效果影响的路径分析

①　陈力丹：《舆论学——舆论导向研究》，中国广播电视出版社 1999 年版，第 78 页。
②　刘建明：《天理明心——当代中国的社会舆论问题》，今日中国出版社 1998 年版，第 10 页。
③　Wanta, W. and Hu, H. W. The effects of credibility, reliance, and exposure on media agenda-setting: a path analysis model. Journalism Quarterly, 71（1），90－98. 1994.

万塔和胡将媒介公信力分解为两个指标维度：相信（believability）和社区关联（affiliation）。他们假设受众对某一媒介公信力的评价越高，在获取信息时他们将更依赖于此媒介，这样受众接触此媒介新闻的频率就增加，最终，该媒介议程设置的议题就更容易产生效果。路径分析结果显示，此模型是成立的，在公信力的"相信"和"社区关联"两个维度上的统计系数都是显著的。也就是说，媒介公信力影响到受众的媒介依赖，媒介依赖又影响到受众的媒介接触，最后，媒介接触影响到议程设置效果。

具体来说，如果不相信某一媒介，则这家媒介所设置的话题很难引起兴趣。"例如，一位华尔街律师可能认为，《国家调查者报告》在国际新闻方面其信誉度不如《纽约时报》；这样，当这位律师读到《国家调查者报》刊登的一则裁军新建议的议题时，对这则新闻的突出作用似乎并不接受。《国家调查者报》将这则新闻告知了律师，但没有使他信服这则新闻是重要的。"①

（2）对于面向国内传播环境的政府舆论导向来说，高的媒介公信力对舆论导向的发挥起着积极的作用，而低的媒介公信力不但作用很小，或者没有作用，还可能起到消极的甚至相反的作用。下面以《中国农民调查》中描写的一件事为例来做一说明。

1998年2月9日在安徽省固镇县唐南乡小张庄，在乡纪检书记主持下，全村87户村民推选了12名群众代表组成联合清账小组，清查村委会的账目。掌握着实权的村委会副主任张桂全却在2月18日带着几个儿子残忍地杀害了三位村民代表。张桂全是一个尚在刑期、未经村民民主选举、完全是乡党委和村支部个别领导人强行指派上任的村委副主任。张桂全凭借着庞大的家族势力（七个儿子），在小张庄一手遮天，成为横行乡里的"村霸"，是一个强取豪夺、侵占土地、霸占渔塘、侵占公物、贪占公款、奸污妇女的恶棍。

在小张庄发生凶杀案的第二天晚上，整个小张庄沉浸在巨大的惊骇和悲痛之中，固镇县有线电视台突然播报了这条"新闻"。报道称，本县唐南乡张桥村小张庄，因村民之间的民事纠纷导致了一起重大的误杀案。画面上展示出的似乎全是从现场收缴的"凶器"，其实，那是公安人员因为一无所获从被害者张桂玉家里找去的镰刀、菜刀等器物。

村民们被这条假新闻激怒了。在电视新闻播出的第二天一大早，自发集结了三百多人找到有线电视台，质问台长：一个刑期未满的犯罪分

---

① 　罗杰斯（Rogers）和迪林（Dearing）：《议程设置的研究：现在它在何处，将走向何方?》，载于《大众传播学：影响研究范式》，中国社会科学出版社2000版，第83页。

子当上了村委会副主任，变本加厉地欺压村民，大家不堪重负，依凭自己的民主权利要求清账，再说这还是县里部署的，乡里批准的，却遭到了如此灭绝人性的报复，怎么叫"错杀"？"错"杀了谁？杀谁才不算"错"？台长无言回答，只好说是县委领导要求这样播放的。于是，愤怒的村民决定去找县委书记。

当村民们拥出电视台大院时，才发现大街上已围了个人山人海。大家都看到了那条"新闻"，都觉得这事太惨，凶手太狠，一听说小张庄的村民为"新闻"的事找到电视台，便料定"新闻"有诈。现如今，假冒伪劣的产品充塞市场，新闻的可信度也已经不高，特别是一些重大事故的新闻，老百姓对它的真实性是存有疑问的。于是不少人围过来就想弄个究竟，不多会儿，便里三层外三层地围上了三千多人。①

（3）在面向国际的传播环境中，媒介公信力面临着竞争的压力，媒介的舆论引导作用要充分得到发挥，媒介公信力状况就是一个至关重要的条件。随着传播科技的不断加速发展，地球村正在变为现实，各国民众接收信息的渠道越来越多元化，不仅仅是使用本国的传播渠道，还可以很容易地接触国外传播渠道的信息。在这种背景下，对于国家层面而言，媒介的议程设置已经成为国与国之间较量的一种越发重要的"软力量"，即通过设置媒介议程来影响别国的公众舆论，甚至干扰别国政策。要达到议程设置的效果，比拼的核心是媒介的公信力，谁的媒介公信力高，让民众更相信，谁的议程设置就更有效，就能掌握舆论导向的主动。

李希光、秦轩对 2001 年 4 月发生的中美空军对撞事件的官方报道和网络论坛的相关主题进行了框架分析，揭示了互联网时代官方媒体议程与舆论形成过程之间的关系。分析发现，在中美撞机这一重大新闻事件议题上，互联网的主流声音与政府的声音相左，从而导致政府信任度降低，并助长反政府的负面舆论泛滥。例如论坛中有文章将中国媒体比喻成阿 Q，认为中国媒体的报道是"精神胜利法"；还有文章说"我们被出卖了……子女在美国或者做中美贸易挣着钱……咱们怎么根除政府官员腐败？"

最后作者得出的结论是：从国际关系看，如果一个国家的公众不相信自己国家的媒体，他将转向国际媒体，甚至转向来自敌对国的媒体。通过媒体与互联网为其他国家设置议程，这已经成为国际政治中一种"软力量"的入侵。全球媒体和国外媒体可以影响一个国家的议程设置。媒体的公众信任度越高，其议程设置的效果也就越明显。在信息全球化时代，我们的党报不可能持续地期待自己的主流话题持续地为公众所关注。如果以党报为代表的中国主流媒体不尽早地开始

---

① 陈桂棣、春桃：《中国农民调查》，人民文学出版社 2004 年版，第 31～41 页。

新闻改革，按新闻规律办事，最终将会导致西方媒体为中国设置议程。[①]

三、公信力对政策议程形成的影响

罗杰斯（Rogers）和迪林（Dearing）认为议程设置有两个研究传统：一是传统的媒介议程设置，这是指大众传媒向公众传播各种问题和事件的相对重要性；二是议程建构，研究的重心是公众议程如何影响了政策议程。表示为如图5-2所示的模式：[②]

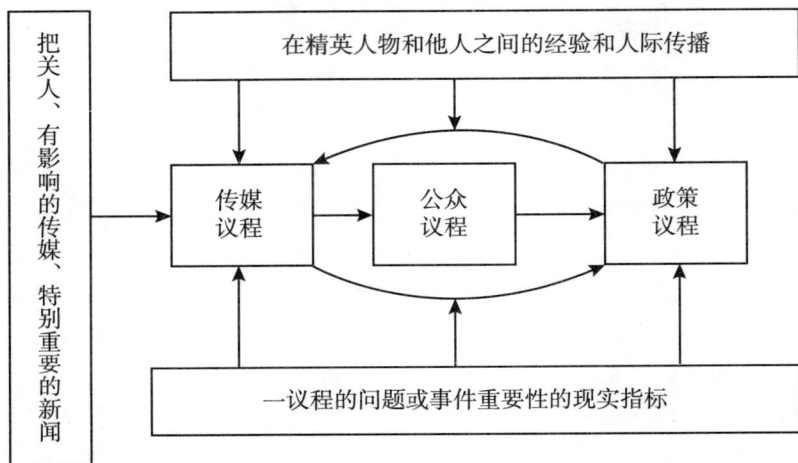

图5-2　议程设置的三个主要成分：传媒议程、公众议程和政策议程

罗杰斯和迪林的模式有一个缺陷是从媒介议程到公众议程是单向的，很难准确把握议程建构的内在含义。在现实中，公众议程对于政策议程的影响不是直接的关系，而是通过形成媒介议程，进而影响政策议程的。三者之间的关系是互动的。也就是说它们的顺序是：公众议程↔媒介议程↔政策议程。

这里，媒介就起到一座桥梁的作用。媒介公信力的高低对于议程建构有着直接的影响。如在英国，《太阳报》是小报，它的公信力无法与《泰晤士报》相比。当《太阳报》与《泰晤士报》分别都反映一个民众关注的话题时，毫无疑问《泰晤士报》的议程设置更能产生政策议程的效果。

我国大众媒介在民众中的公信力较高，[③] 议程建构一般能有较好的效果。如

---

① 李希光、秦轩：《谁在设置中国今天的议程？——电子论坛在重大新闻事件中对党报议题的重构》，载于《新闻与传播研究》2001年第3期。

② 罗杰斯（Rogers）和迪林（Dearing）：《议程设置的研究：现在它在何处，将走向何方？》，载于《大众传播学：影响研究范式》，中国社会科学出版社2000年版，第67页。

③ 参见第3章的有关论述。

一般报纸反映的民生问题，都能得到政府部门的积极回应。一个典型案例是 2003 年的孙志刚事件，在《南方都市报》报道后，网络上形成了巨大的公众议程，网络的公众议程又反过来形成了媒介议程，最后形成了政策议程，我国政府顺应民意，废止了自 1982 年 5 月来的《城市流浪乞讨人员收容遣送办法》，同时于 2003 年 6 月 20 日，国务院总理温家宝签署中华人民共和国国务院第 381 号令，公布《城市生活无着的流浪乞讨人员救助管理办法》。

5.2.3　公信力对媒介政治参与功能的影响

一、媒介的政治参与功能

政治参与（political participation）是普通公民通过各种合法方式参加政治生活，并影响政治体系的构成、运行方式、运行规则和政策过程的行为，是政治学领域的核心概念之一。公民的政治参与对于现代民主制度具有重要意义，一方面对政府形成合法的监督和制约，如公权力的合法行使等；另一方面政治参与是公民应该享有的基本权力。

政治参与要得到有效的实行，作为社会瞭望哨的大众媒介是一个重要的手段。公民政治参与的主要有政治投票、政治结社、政治表达、政治接触、政治冷漠等方式。在当今的信息社会，政治表达、政治接触、政治冷漠等方面都与媒介紧密相关，甚至媒介还起着重要的作用。具体到我国来说，只有其有广大民众对政府事务和政策有充分了解这个前提，政策才能够得到有效的执行。而政府的政策、法规以及政府官员的公务行为等要让广大民众了解，报纸、广播、电视、杂志是传播速度最快、传播范围最广的传播手段，是重要的传播途径。

对于公众来说，通过大众媒介的政治参与包括两个相互方向：一方面是从媒介了解政策等相关的政治信息，大众媒介的政治参与功能表现为媒介是政治信息的一个重要传播平台；另一方面是公民通过大众媒介来表达意见，媒介是公民政治参与的一个重要意见表达平台。

二、媒介公信力对公众的政治信息接收的影响

有学者从公共领域的角度来指出当代大众媒体特质应是提供能见度（visibility），对于公共事务的讨论，媒体虽不能真正提供人际对话空间，但却能够借由报道使事件的能见度大幅度提高。例如社会抗议活动的报道，虽不能让所有参与者互相讨论，但却能让代表意见曝光。也就是说，大众媒体的功能应是提供充分

的"信息"，民众可依据信息，自行对话讨论，做出合理判断。①

　　前面万塔和胡的研究证实了媒介公信力的高低影响到受众对媒介的依赖，而媒介依赖的情况又影响到媒介的接触。也就是说，大众媒介的公信力状况是影响它的政治参与功能能否得到实现的一个前提条件。我国大众媒介是党的"喉舌"，强调政治属性，要很好地发挥大众媒介的政治信息传播功能，使民众能通过大众媒介来接收政治信息，媒介的公信力更是一个核心要素。下面的这两则消息显示了我国媒介在这方面扮演的重要性。

　　消息一：

　　晨报讯（首席记者崔红）北京市政府法制办昨天说，除依法应当保密以外，政府重大行政决策法律论证中凡与公众切身利益相关的内容，包括行政决策事项、依据和结果都应该向市民公开。

　　市政府法制办昨天召开有关会议，下发《关于进一步深化依法行政信息公开工作的意见》，要求全市各级行政机关都应该建立依法行政信息公开制度，除国家和本市有保密规定外的依法行政信息都应当经常、定期向社会公开，充分保障公众的知情权、参与权和监督权。同时，将依法行政信息公开逐步从办事层面公开向决策领域公开推进。

　　会议说，公开内容应包括，政府重大行政决策法律论证过程中与市民切身利益相关的内容；涉及依法行政的各类方案、规划、制度以及有关监督结果等；起草法规、规章草案过程中的有关信息，包括法规、规章草案听取公众意见的情况等；依据法律、法规以及市委、市政府的要求，应当公开的涉及依法行政的所有内容。

　　公开依法行政信息的渠道主要有，提高起草法规、规章草案和规范性文件过程中的公众参与程度。重大或者关系群众切身利益的草案，要通过新闻发布会、论证或向社会公布草案等方式广泛听取公众意见，并将听取意见的情况包括听取意见的理由等向社会进行说明和回复。

　　通过政府公报、报刊和政府网站等形式，及时公布和公众利益有关的各类规范性文件，并提供各种条件，方便公众查阅，包括把各类政府规章文本送进社区、"一站式"办公大厅等及让市民自由索取。②

　　消息二：

　　本报讯（记者庞惊涛）记者昨日从市政府举行的新闻发布会上获悉，作为规范化服务型政府配套性文件之一的《成都市政府信息公开

---

　　①　张锦华：《从公共领域理论及多元化报道观点探讨选举新闻报道》，载于中国台湾《新闻学研究》第 55 期；Thompson，1995。

　　②　载于《北京晨报》，2004 年 9 月 23 日。

规定》获市政府常务会议讨论通过，将于 5 月 1 日起正式施行。成都成为继北京、广州之后第三个出台政府信息公开相应规定的城市。

……

以哪些形式公开政府信息

一是公开发行的政府信息专刊和其他报纸、杂志；二是成都公众信息网和互联网上的其他政府网站；三是广播、电视等公众媒体；四是召开新闻发布会。此外，还可以根据具体情况，采用便于公众知晓的其他形式。规定还明确，政府机关向公民、法人和其他社会组织主动公开政府信息，不得以任何理由收取任何费用。[①]

政府以行政方式要求通过大众媒介公布政策信息，这是社会主义民主的一个体现，但能否得到有效的实现，媒介公信力问题就凸现出了重要性。

民众如果不相信媒体，则不可能对媒体上报道的事情感兴趣，他们的表达方式要么不接触媒介，即使接触，可能只是把政治议题当成娱乐内容一样来对待。如香港大学[②]在 2000 年的一项调查表明，有 38.8% 的受访者认为媒体在报道上不负责任，只有 17.9% 的受访者认为媒体负责任，其余大都没有明确表态。这一方面是媒介大兴所谓"狗仔队"文化的报道风格，另一方面是发生了假新闻事件。这些事情大大削弱了香港媒体在民众心中的声誉和形象。根据香港大学 2003 年 9 月发布的一项调查指出，港人对媒体公信力的评分只有 5.48 分，仅仅及格；同年 7 月，媒体获得的评分也只有 5.84 分。但 1997 年的评分却是 6.55 分，显示出港人正逐渐失去对媒体的信心，难怪社会上一直有人戏称，"只要以看小说或故事的心态来看报纸和杂志，不必对内容过分认真"。

三、公信力对公众的媒介意见表达的影响

从新闻媒体公共领域这个角度思考，理想的公共领域绝非单一、通常的公共概念，而是能够开放给弱势者表达不同意见，容纳多样的意见表达，丰富公共论述的多元性。[③] 但这种理想的公共领域很难在现实的媒介中出现，媒介要表达公众意见的数量是有一定篇幅或时间限度的。公众直接通过报纸表达意见的主要方式是：读者投稿、承办版面、读者来信、公共活动、分类广告等。

新兴传播工具的发展，特别是网络的发展，丰富了媒介的政治参与功能，突破了报纸、广播、电视、杂志等传统的大众媒介只能容纳极少数受众的反映与交

---

① 载于《成都商报》，2004 年 4 月 3 日。

② 材料转自《近四成香港人不信任当地媒体》，参见 www.eastday.com.cn，2000 年 10 月 29 日。

③ Derrida，1991，引自张锦华：《从公共领域理论及多元化报道观点探讨选举新闻报道》，载于中国台湾《新闻学研究》第 55 期。

流的沟通瓶颈，能够为大多数人提供意见表达和讨论的空间。这样，就增强了媒介的政治参与功能。"在近几年的全国两会（包括地方的会议），中国公民积极参与'网上议政'，许多意见和建议像雪片一样纷纷通过电子邮件飞向全国人大和政协。在一些重大法规和措施正式出台前，政府事先也重视通过互联网广泛征求意见，实施'网上听证会'。如 2000 年国家计委在网上公开征求全国人民对国家'十五'规划草案的意见，引来全国各地积极地参与。"① 这里，民众的积极参与、表达意见，一个前提就是相信这种渠道能够起到作用。

总之，公信力是媒介政治参与功能实现的桥梁，一方面影响政治信息的传播效果，另一方面影响公众在媒介进行意见表达的行为。媒介公信力对媒介政治参与功能的这种桥梁作用，具体以新加坡《联合早报》的一篇分析报道来看：

3 月 1 日《联合早报·交流》版刊登了一篇来稿，题为《读者的话管用》。这位读者列举了几次通过早报提出建议，都迅速得到政府有关部门的回应，并及时解决了问题。

他由亲身经历认识到，"这是新加坡民主社会的一个侧影，报纸支持人民说话，人民在报纸上公开提出的意见受到有关当局的重视，从而使问题能够及时得到解决，影响深远……"

表面上看，这篇来稿只是反映了政府有关当局与民众之间的良性沟通。然而如果深入分析，就会发现这种良性沟通的背后，其实是以媒体的公信力作为桥梁的。

首先，民众必须相信媒体敢于为民请命，会把民生疾苦反映出来，才有可能把周遭发生的一些问题与状况反映给媒体，希望通过媒体这个"扩音器"，引起有关当局的重视，从而使问题得到解决。这是媒体公信力在民众一方的体现。

相应的，政府则因清楚了解媒体在民众中的影响力，才会随时关注媒体上出现的相关报道、反映和言论，一旦出现与己有关的问题，相关部门就进一步进行查证，并力求迅速完满地解决问题。这是政府相信媒体权威性，相信媒体读者言论真实性的体现。②

---

① 李冬梅、鲁晓静、金哲男、刘小伟、闫光永：《网络技术对中国政治参与的影响》，参见 www. ChinaMPAonline. com。

② 丁恕：《公信力是媒体的宝贵财富》，载于新加坡《联合早报》，2003 年 3 月 15 日。

5.2.4 公信力对媒介舆论监督功能的影响

一、媒介的舆论监督功能

新闻学者艾风认为："舆论监督是宪法赋予人民言论自由、出版自由权利的体现，它主要通过新闻媒介对党政机关和其工作人员实施监督，对国家事务和社会事务实施监督，是人民参政、议政的一种形式"。[①] 艾风从整个权力的监督体系层面上对我国舆论监督的地位作了定位。他认为，随着我国社会主义民主建设的推进，各种权力监督体系也逐步建立和完善起来，党内监督、人大监督、行政监督、民主监督、舆论监督，已经构成了我国权力监督的六大支柱。而舆论监督又是六大监督体系中最特殊的一种监督。它虽然不具有强制力和约束力，但在人们心中又是一种最具威力的监督，是世界上现代民主国家都重视运用的一种监督，是一种最直接、最群众性的监督。[②]

对于大众媒介在舆论监督中的作用，艾风认为舆论监督作为代表社会舆论行使对政治权力的监督，是大众传播媒介重要的政治功能之一。首先一点是大众媒介通过对现实社会充分的公开报道，促使了"政治过程透明化"。政治透明度的提高，使得政府工作人员和政府官员以及其他一切掌握权力的人，被置于大众的眼皮底下，从而增强了腐败和滥用权力所面临的道德压力。[③]其次，大众媒介对公权力行使中的腐败、渎职、滥用权力等不当行为的监督，还可以起到"社会排气阀"的作用，有助于我们社会的政治稳定。

换言之，新闻媒介的舆论监督功能体现在扮演监督主体（人民）和监督客体（公权力）之间的一种渠道作用，是对民众舆论声音的反映。在我们整个社会的权力监督体系中，新闻媒介的舆论监督是一种相对能反映民意的、影响面广的监督。这种监督真正实施的程度情况，与我们社会的现代民主建设和维护社会稳定有着直接的相关。

二、三种类型媒介公信力的舆论监督

家长、老师经常给小朋友们讲"狼来了"的故事。故事是说一个小孩爱恶作剧，经常大呼"狼来了"，听到呼救声的大人们赶来救他，最后才知道是假的。次数多了，大人们慢慢就不相信小孩的呼救了。直到有一天，这个小孩真的

---

① 艾风：《舆论监督与新闻策划》，四川人民出版社 1999 年版，第 7 页。
②③ 艾风：《舆论监督与新闻策划》，四川人民出版社 1999 年版，第 5 ～ 7 页。

遇到了狼，大呼"狼来了"，但没有人相信他，也没有人来救他，最终这个小孩真的被狼吃掉了。

将媒介比喻为上面小孩的话，公众就是上面的大人，如果媒介不能取信于公众，那么它的舆论监督就失去了生存的根基。也就是说，媒介本身的公信力情况是决定新闻媒介舆论监督功能实现程度的一个关键因素。媒介公信力对舆论监督效果的影响同时表现在监督的主客体中。如果媒介的公信力偏低，对于监督的主体公众来说，一是感到媒介不可信，自然地参与媒介舆论监督的积极性会降低，这样舆论监督的群众基础就会变小；二是如果公众对媒介舆论监督的客观公正性信任度不高，对舆论监督的反应不积极，媒介舆论监督的效用就会减弱。而对于客体公权力来说，具体的被监督对象因为媒介的公信力不高，可以辩解的余地较大，为自己开脱的空间就多；对于整个权力体系来说，感受被监督的压力就小，进而对监督的在意程度变弱。由此，舆论监督就会失去它应有的作用。

具有公信力的媒介才能够产生舆论监督的效果，媒介的舆论监督有三种表现形式。

（1）媒介因为被公众认为具有较高专业主义精神而具有较高的公信力，从而能够在舆论监督中发挥较大的效用。这类媒介长期展现的是敢于直面现实问题、保持客观公正的形象，留给公众的是追求新闻专业理想的印象，它们是通过公众对其专业精神的认可来营造自身的公信力，进而在社会中具有影响力。媒介具有这样的公信力，它的监督在民众中的影响比较广泛，受监督对象首先受到的谴责压力较大。这类媒介在国外往往是经过多年精心培育出来的。如《纽约时报》、《华尔街日报》、《泰晤士报》、《洛杉矶时报》等。最近两年，虽然《纽约时报》出了记者布莱尔的造假等事件，对其公信力造成了伤害。[①] 但从另外一角度看，《纽约时报》具有敢于自揭家丑的勇气，这也是维护自身公信力的最佳选择。正是由于有了这种维护公信力的专业主义选择，《纽约时报》也才能保持百年老牌主流大报的地位。这些报纸因为具有较高的公信力，也才能在美国的尼克松"水门事件"、克林顿绯闻案等舆论监督中发挥出影响力，成为美国媒体舆论监督的"得意之作"。

《南方周末》在我国算得上是一份通过其专业追求在民众中建立起较高公信力的报纸，它的批评性监督报道在全国的影响比较广，一是受到读者的关注度较高，能在社会上产生影响，二是政府对其报道比较重视。

（2）媒介公信力主要是通过其代表的行政权力地位建立起来的。与前一类

---

① 美国 Rasmussen 的调查显示，在《纽约时报》布莱尔造假事件出现后，它的公信力明显低于《华尔街日报》、CNN、福克斯新闻频道和地方报纸，转自 Bob Kohn：Does the New York Times have any credibility left? 2003 年 7 月 23 日，参见 http://indybay. org/news/2003/07/1629940. php。

媒介相比，这类媒介舆论监督的问题能够在相对极短的时间里得到政府重视，并且问题能够得到很大程度的解决。民众因为它的权威性而信任它。在我国典型的就是《焦点访谈》栏目，从1994年4月1日开播来的10来年中，播出几乎"雷打不动"，每天19时38分播出时长11分50秒，而且收视率一直在高位。目前，类似于《焦点访谈》的节目，在全国已经开办了60余个，但无一能有"焦点访谈"的影响力，这一方面在于它的节目质量好，但另一个原因在于它是全国最高级别电视台的节目，反映的问题能得到中央和地方的高度重视。

对于这种现象，莫林浩认为："央视的报道能起到这么好的效果，与它全国独一无二的地位是分不开的，在笔者看来，央视舆论监督节目的火爆是官本位效应的反映。严格说来，央视虽然是国家电视台，但央视工作人员并不属于国家公务员范围，似乎不能称之为官本位，可是等级制度的威力同样体现在新闻领域……在中国，媒体也是可以按县、市、省、中央的级别划分的，中央电视台无疑是级别最高的媒体之一，也是电视领域的最高媒体。央视的地位使得它能'言人所不能言'，节目的影响力也更大。"①

莫林浩进而认为，由于受地方保护主义等因素的影响，一般地方媒体对当地的一些负面报道存在诸多禁忌，央视能够不受或少受这种禁忌约束，因为地方政府对于中央媒体是没有制约力的。即使报道相同的新闻题材，央视节目的影响力也明显地大于地方媒体。例如阜阳劣质奶粉事件，其实当地媒体早就有所反映，但是直到央视节目播出后，才引起全国广泛关注和总理的批示，促进了问题的解决。因为媒体级别不同，所以能够反映上去的高度也不同，骨子里还是官本位效应在起作用。②

（3）网络，特别是网络论坛，具有公共领域的一些特征：公开、平等、合法，自由接近、意见表达，形成舆论的场域。在网络上网民能够很容易地发表自己的意见，并且能够得到一些传统大众媒介把关人控制不了的信息。网络这种看似没有专业训练的把关人控制的传播渠道，一般会认为它的公信力在网民中不会高。但恰恰相反，网络的这种包含近似公共领域内涵的传播渠道在网民中具有较高的公信力。

零点调查公司在2003年5月至7月进行的一项网络调查发现，互联网已经成为网民获取信息的主要渠道，其公信力仅次于电视，是网民信任的第二大媒体。在各类网络资讯中，新闻享有最高的信任度。从网民对各种媒体的信任程度来看，网络的地位并不低。认为网络信息最为可靠的网民占总数的24.8%，虽然低于电视49.5%，但明显高于报纸17.6%、广播2.6%等传统媒体。研究人员

---

①②　莫林浩：《为何央视舆论监督的威力大》，参见红网（http://www.rednet.com.cn），2004年5月29日。

认为，互联网在总体上享有较高的公信力说明目前经常出现的各种虚假新闻、娱乐八卦消息等不良资讯对网民的影响并不是决定性的。值得引起注意的是，网络的公信力与电视相比仍有较大距离，互联网的资源优势应该在建立适当的监测机制的基础上注重进一步提升真实性方能更有作为。①

正因为网络具有较高的公信力，从网络上发出的声音才能形成强大的舆论监督力量。我国网络在最近几年的舆论监督风头可以说盖过了电视、报纸。哈尔滨、长沙的宝马事件、孙志刚事件、珠海日本人嫖娼事件等，无不在网络上形成了巨大的舆论场，最后引起官方的高度重视。

5.2.5　公信力对媒介政治沟通功能的影响

一、媒介的政治沟通功能

简单地说，政治沟通是指政治系统运转过程中政治信息和情报的传递过程。按照美国学者阿尔蒙德和鲍威尔的归纳，政治沟通可以分为五种类型：一是非正式的面对面接触，有时称为初级交流；二是非政治的社会结构，如家庭、经济或宗教组织等；三是政治输入结构，如政党和其他对于政治过程输入多少的专业化组织；四是政治输出结构，如政治行政长官、立法机关和政府行政机构；五是专业化的大众传播工具，如报纸、杂志、电台和电视。②

在五种沟通类型中，大众媒介是传播范围最广、最及时的沟通类型，能够以极小的代价，将信息在最短的时间里传播到最广的范围。所以，在当代西方政治沟通理论研究中，形成了传统的以传播媒体为中心的研究模式。

大众媒介的政治沟通功能对于现代民主国家内部上下的政治运行、对等政治团体的意见传达以及国家之间的政策风向有着极为重要的作用。对于国家内部不同政见的政党之间，大众媒介是常常被借用的意见交换桥梁。如在我国两岸的交往过程中，大众媒介的参与对两岸往来所起的作用是全方位的。从娱乐界的相互渗透，到两方的经济交往，乃至政治上的互相叫板，大众传媒都扮演着重要角色。事实上，两岸之间对双方的态度、立场与具体政策的了解很多都是通过大众传媒的平台实现的。同样，在国家之间，大众媒介的沟通功能更是体现在从民间到官方不同级别的层次中。

---

① 《互联网公信力排第二》，载于《北京晨报》，2003 年 8 月 5 日。

② 加布里埃尔·A·阿尔蒙德，小 G·宾厄姆·鲍威尔著，曹沛林等译：《比较政治学：体系、过程和政策》，上海译文出版社 1987 年版，第 168 页。

二、媒介公信力对政治沟通成本的降低作用

美国学者马克菲尔（McPhail）在研究美国种族歧视和种族冲突问题时表示了他对现实政治沟通的疑惑和忧虑。他认为，政治沟通的一般形式是反对性的或对立性的，其特征是肯定自己、否定对方。对立性的政治沟通的一个非常可能的结果是沟通双方的远离和仇视。但是，还有另外一种结果可能出现：对立着的沟通各方的合作与融合。这种结果的出现有一个必要前提，即：在对立性的政治沟通过程中产生了能导致政治合作与融合的政治对话。[①]

如果我们把这两种沟通的结果用模型加以表示，就可以得到图 5 – 3。

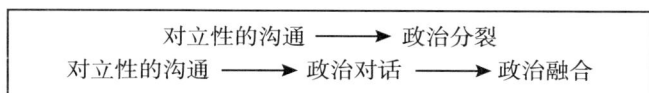

对立性的沟通 ⟶ 政治分裂
对立性的沟通 ⟶ 政治对话 ⟶ 政治融合

图 5 – 3

对于上面的两种沟通形式，显然第一种"对立性的沟通→政治分裂"是沟通的最差选择，在此不作讨论。第二种"对立性的沟通→政治对话→政治融合"模式是最佳结果，大众媒介就在其中扮演着政治对话的角色。

传播学研究从最早以媒介为中心的效果观发展到了今天以受众为中心的效果观，即不是媒介报道什么就能取得相应的效果，而还要取决于受众的接受情况。所以，政府的政策、决策通过大众媒介要让广大民众了解、理解、支持，需要的一个前提条件就是媒介本身是可信的。

如果媒介的公信力不高，公众对于媒介的认知是持怀疑态度的，政府通过媒介报道来展示的各种政策信息，就很难引起公众的兴趣。对于公众的态度层面来说，对于社会上出现的一些矛盾，民众对政府的意见，或者政府为一些受到民众抵触的政策、行为而通过媒介做的说服性报道，如果媒介本身的公信力不高，则不可能取得改变态度的效果。这就像是在人际交流中，一个不可信的人和可信的人传递同样的信息，接收者会有不同的反应。对于不可信的人，接收者可能要怀疑是不是真的，狐疑之下会去核实；而对于可信的人传递的信息，怀疑真实性的程度就很低。对于不可信的人和可信的人去说服，结果跟传递结果也是相似的，不可信之人的说服可能根本不会产生任何效果，或者产生相反的效果。

这样，政府要与民众做好政治沟通，就需要花费更多的时间、经济等成本。如果媒介的公信力高，则会减少这些多余的成本。而且还有一个问题是，如果因

[①] 田为民：《文化与权力——解读当代西方政治沟通理论研究中的文化取向》，载于《社会科学战线》2001 年第 2 期。

为媒介公信力不高而使得沟通效果不强、矛盾没有及时化解，可能会使意见冲突加剧，那么无疑加大了新的沟通成本。

在当前经济、社会处于转型时期的中国，会出现很多新的问题，政府新的政策、法规需要广大民众理解，也会有一些矛盾。大众媒介的政治沟通功能就显得异常重要，需要的是"对立性的沟通→政治对话→政治融合"这种模式，即让民众了解新的各项政策，理解、支持这些政策，这关系到整个改革的进程问题。如 20 世纪 80 年代中期开始的国有企业改革，大众媒介向成千上万的下岗工人报道中央政策的精神，使他们认识到这样做的重要性，进而在态度上接受这种改革。这里，就更加需要媒介有较高的公信力。

5.2.6　公信力对媒介政治控制功能的影响

一、媒介的政治控制功能

从系统控制的角度来看，政治控制是维系国家秩序的一种手段，与道德控制、教育控制等一样是社会控制的一个有机构成部分，要求社会构成体（个人、群体、组织机构等）对社会性行为和社会性规范的遵从。

对于社会控制，马克思认为："统治阶级的思想在每一时代都是占统治地位的思想。这就是说，一个阶级是社会上占统治地位的物质力量，同时也是社会上占统治地位的精神力量。支配着物质生产资料的阶级，同时也支配着精神生产的资料，因此，那些没有精神生产资料的人的思想，一般是受统治阶级支配的。"[①]媒介与政治控制的关系，在马克思看来，资产阶级社会统治阶级权力的基础，就是它对生产资料和通讯媒介所实行的控制。正是这种控制使一个阶级能够剥削一切没有这种控制的阶级，维护经济、社会和政治的不平等。正是这种控制使一个阶级成为统治阶级。[②] 也就是说，在一个国家，媒介舆论的失控，意味着政权的失控。所以，无论在社会主义国家，还是在资本主义国家，大众媒介都是政治控制的重要手段。大众媒介的政治控制功能发挥作用的大小直接影响着政治体系的稳定程度。

[①]　转自［美］安东尼·M·奥勒姆：《政治社会学导论——对政治实体的社会剖析》，浙江人民出版社 1989 年版，第 33 页；马克思：《德意志意识形态》，《马克思恩格斯选集》，第 1 卷，第 52 页。

[②]　［美］安东尼·M·奥勒姆：《政治社会学导论——对政治实体的社会剖析》，浙江人民出版社 1989 年版，第 34 页；迈耶：《马克思主义》，第 20 页。

二、公信力对媒介政治控制功能的决定作用

只有民众信任媒介，媒介的政治控制才能有效果。BBC 在 1941 年的手册中明确强调"现代世界中长期的宣传政策是不能建立在谎言之上的"。[1] 在第二次世界大战中，英国新闻媒介在机密消息过滤的前提下，力图在战时保持国内公众的信任，保持在国外的英国人心中赢得诚实、自由和真实的声誉，这点使英国的宣传战取得了成功，在另一条战线上为二战的胜利起到了巨大的作用。在战争中的欧洲，包括德国，尽管有许多的收听惩罚，但 BBC 的广播还是很受欢迎。在英国国内，甚至连乔治·奥维尔这样讨厌 BBC 呆滞风格的右翼评论员也承认它的"真实"，还评价说"BBC 在这里比报纸更可信。"S. 尼古拉斯评价说："当人们想到英国人只是被告知了领导们想让他们知道的，还有许多故意弄错的甚至被拒绝告之许多他们真正想了解的内容"时，BBC 受到的夸赞是令人感到奇怪的。[2]

对于我国来说，大众媒介本身的"喉舌"属性更是决定了政治控制功能的重要。而媒介公信力状况则决定着政治控制作用的大小。下面以非典期间的两个事例来看公信力对媒介政治控制的决定作用。

> "当非典病毒突如其来的时候，…… '我现在总是感觉实际状况比官方报道的要严重得多，老怀疑瞒报。另外，对政府控制疾病传播的手段、能力和措施表示怀疑。这种担心让我陷入了一种不可名状的焦急状态。'一位名叫"nkfeiyang（飞扬）"的网民在网上发帖子向心理学家求助。"[3]

再看我国在 2003 年 2 月广州发生的非典恐慌事件。[4]

2003 年 1 月中上旬，广东河源和中山出现了非典型肺炎病例，并出现了"流感死人"的传言。在春节前，广州也出现了非典型肺炎病例，并使一些医护人员受到了传染。这一事件到了春节后的 2 月 8 日，也就是大假后的第一个上班日，通过手机短信和口头传播变成了"广州发生致命流感"，这一信息很快在广州市民中传播开来。随即不少广东人开始在网上寻找这方面的信息。在死亡人数、病因等严重程度上，一些网络论坛上出现了不同说法的帖子。此后两天，传

---

① 卡拉瑟斯（Carruthers），《西方传媒与战争》，张毓强等译，新华出版社 2002 年版，第 94 页；布里格斯（Briggs），1995，10。

② 卡拉瑟斯（Carruthers）著，张毓强等译：《西方传媒与战争》，新华出版社 2002 年版，第 118 ~ 119 页。

③ 《非典反思：信息公开了 为啥还有人信谣》，载于《法制日报》2003 年 5 月 28 日。

④ 张洪忠：《新闻安全：基于现实的思考》，载于《西部广播电视学刊》2004 年第 3 期，第 12 页。

言迅速扩散并越来越耸人听闻，终于演变为一场全城范围的大恐慌，并使绝大多数的家庭都卷入了大规模的抢购板蓝根、白醋、口罩的风潮。

到了 2 月 10 日上午，火车站等一些公共场所的公安干警开始戴着橄榄绿的口罩执勤。这天，对板蓝根、白醋、口罩的抢购也达到最高潮。

2 月 11 日，广州市政府对此事召开新闻发布会。下午，广东省卫生厅也召开了新闻发布会。11、12 日，广州各大报也纷纷开始大篇幅报道。媒体的大规模介入迅速扼制了已在市民中蔓延多日的恐慌，对板蓝根、白醋、口罩的抢购也于 11～12 日基本平息。

刚刚经历了一场危机的广州市民惊魂未定，突然于 12 日下午莫名其妙地又卷入了大规模抢购大米和食盐的风潮中。13 日，《广州日报》在头版头条以"盐荒米荒是无稽之谈"为题，用很大的篇幅报道了广州及省内其他一些城市发生的抢购米盐风潮。新闻一见报，新一轮抢购风潮于当天下午就基本平息。整个过程中发生作用的传播模式概括如图 5－4 所示。

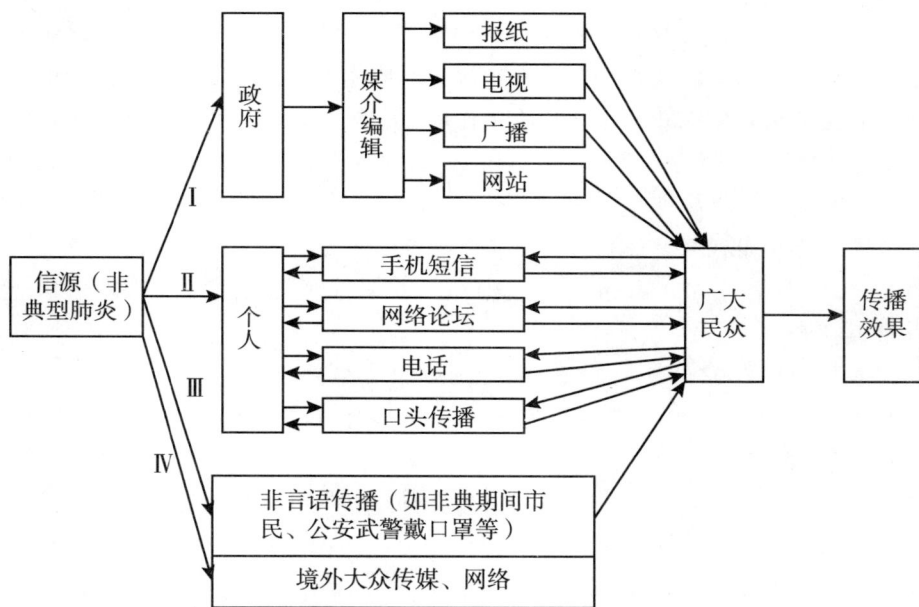

图 5－4

从图 5－4 的模式可以看出，整个事件中人们对于公共信息的获取渠道是多元的，既有官方的大众传播渠道，又有多样的民间传播渠道；既有传统的传播渠道，又有新兴的传播渠道。我们的大众传媒只是众多渠道中的一部分。我们的大众传播是处在一种与其他传播渠道相互竞争的环境中。同样传递一条信息，民众相信谁，依赖谁，关键的一个取决要素就是看谁的公信力高。

以上事件是大众媒介控制功能的典型表现。在事件中，只要大众媒介遵循基本的事实进行报道，我们的大众媒介的高公信力就能充分发挥政治控制作用。为什么民众在面对关系到个人安危的现实、各种谣言、小道消息时，大众媒介能发挥出巨大的控制效用？答案只有一个——民众相信大众媒介。所以，大众媒介的公信力状况是决定它的政治控制功能能否发挥作用的一个决定因素。

5.2.7 公信力对媒介政治社会化功能的影响

一、媒介的政治社会化功能

政治社会化就是人们通过学习和实践，获得或形成政治取向和行为的过程，不同政治体系下的社会化过程导致人们各不相同的政治取向，并从而形成人们不同的政治经验。有学者将之归纳为五个方面：（1）加强个人在政治上的行为定向及模式；（2）改变个人在政治上的行为定向及模式；（3）传达政治文化；（4）形成民众的"认同感"（empathy）；（5）影响政治参与的积极和消极。[①]

大众媒介的政治社会化功能主要是，在政治信息的传播过程中培育人们的政治观念，塑造政治人格。也就是说，政治社会化是一种学习过程。现实生活中，除了学校、家庭、朋友圈之外，大众媒介是一个重要的学习渠道。"对于一个青少年而言，他每天所接触大众传播媒介的时间，并不亚于学校教育和家庭生活所占的时间。美国学者格林斯坦（Greenstein）认为，如果学校由各种社会机构传达信息，则大众传播媒介亦复如此，后者尤其是政治社会化的机构。在20世纪60年代早期，一般的美国小学生每星期约花30小时看电视节目，并且花另外的时间接收其他媒介的传播。由此而接收的许多信息，虽没有特定政治内容，但是与政治消息有所关联则是难免的，同时小孩们会蓄意寻找某些重大政治事件。对于媒体加以注意，日积月累的结果，就可能逐渐不知不觉地建立了对于政治制度中基本要素的觉识。"[②]

二、公信力影响媒介的政治社会化功能

虽然儿童对于媒介的可不可信没有多大的判断力，但可以通过周围人（特别是父母）的影响来间接地作出选择。如果父母感到媒介不可信，他们的这种判断将会影响小孩对于媒介的接触，以及媒介内容的选择。并且父母的媒介接触

---

① 方兰生：《传播原理》，中国台湾三民书局1996年版，第408～412页。
② 同上，第407页。

对于儿童的现代性有间接的影响。我国学者卜卫对浙江和北京地区的研究证实了这一点。卜卫发现，父母的媒介接触等级和文化程度是影响儿童媒介接触的一个主要因素。父母媒介接触的等级越高，儿童接触书籍、报纸和杂志的频度也越高。对媒介内容的偏好，父母的媒介接触仍是一个重要影响因素。父母接触的媒介内容影响儿童接触的媒介内容。[①]

媒介接触情况和内容选择对儿童将来的社会规范、政治理念等无疑会产生影响。传播渠道的多样化使夹带的各种政治意识的泥沙俱下，对于那些代表社会主流政治价值观的媒介来说，面临的问题是与各种渠道的竞争。能否取信于人，更具体地说取信于家长，对于塑造符合今后社会要求、有现代民主意识的社会人就很关键了。

对于成年人来说也同样存在政治社会化的问题。哈佛大学的著名学者英格尔斯（Alex Inkeles）[②]在"人的现代化"的研究中发现，在人生的任何阶段，特别是在成年期的早期和中期，在适当的环境刺激和社会支持下，人们都可能经历非常实质性的人格变化，而不是如心理学家所普遍认为的那样：人格发展中所有重要的东西在 6 岁以前已经发生，在 16 岁以前已经定型。

5.2.8 公信力对媒介的政府形象功能的影响

这种功能主要针对我国媒介的情况来讨论。在前面的章节中已经论述过我国媒介的"喉舌"功能，在公众的眼中，媒介与政府实际上是捆绑为一体的。这样，媒介代表着党和政府，它的表现就直接与党和政府的形象相关联。

媒介的政府形象功能依据媒介市场化程度的不同而有一定的强弱区分，大体而言，可以分为四类。一是党报党刊、中央电视台、中央人民广播电台等媒介的政府形象功能最强。如《人民日报》就代表着党中央的声音，它的头版社论对于公众就意味着政策走向。二是市场化程度比较高的综合性或时政类的媒介，这类媒介的政府形象功能不像党报党刊那么强，它的娱乐、专刊等一些内容比较大众化，但这类媒介传播量大，是架在政府与老百姓之间的一座重要的桥梁，媒介扮演的政府形象功能影响较大。三是一些行业性的媒介，这类媒介一般是相关行业机构主办的，反映行业的政策、事件等，虽然它的政府形象功能影响没有第二种媒介的面广，但代表的机构形象目标明确。四是市场化高的娱乐、体育、健康

---

① 卜卫：《大众媒介对儿童的影响》，新华出版社 2002 年版，第 290～303 页。

② 阿列克斯·英格尔斯和戴维·H·史密斯著，顾昕译：《从传统人到现代人：六个发展中国家中的个人变化》，中国人民大学出版社 1992 年版；转自卜卫：《大众媒介对儿童的影响》，新华出版社 2002 年版，第 263 页。

等类媒介，相对来说政府形象功能是最弱的。

上面四类媒介的公信力高低对于政府形象的影响也依次有强弱的区分。对于党报党刊来说，公信力的降低对政府形象的影响相对最大，而娱乐、体育、健康等媒介的影响相对最小。

总的来说，由于我国媒介基本的"喉舌"属性，不管哪一类媒介，公信力的降低对于政府的形象都会有损害。我国媒介的这种与政府"捆绑"在一起的形式是一柄双刃剑。一方面，媒介可以借助于政府的权威性来提升公信力，更好地发挥媒介的政治功能，正如当前我国媒介的公信力状况。但另一方面，媒介公信力的降低又无疑会影响到政府的权威性。

5.3 理性意识——公信力对媒介政治功能发挥积极影响的前提

前面论述了公信力对媒介各项政治功能的影响，总的一个思路是公信力的降低对媒介各项政治功能会产生负作用。对于我国当前的现实来说，由于拥有较高的公信力，媒介的政治功能能够得到很好的发挥。一方面我们应强烈关注公信力降低的危害；另一方面需要注意对媒介的盲目信任导致的危害。本书在此特别提出媒介公信力的理性意识问题。

我国学者陈力丹指出舆论的质量问题，他认为舆论是一种群体意见的自然形态，因而带有较强的自发性和盲目性，发展到一定程度上是被动的，即舆论同时含有理智和非理智的成分。[①] 同样，媒介公信力也有质量问题，包含有理性意识和非理性意识的成分。对于媒介公信力不能单纯看它的高低，还要考察媒介公信力中的理性意识成分的大小，只有包含理性意识成分较多的媒介公信力才是高质量的。这样高质量的公信力才能对媒介政治功能发挥积极的影响。

反思一下我国大跃进、文革时期媒体的表现（如对刘少奇、邓小平、彭德怀等的歌颂与批判——今天报纸上还在报道的开国元勋，明天在报纸上就变成了走资派、叛徒等）或者新闻报道明显的不符合事实（如对大跃进时期的粮食亩产万斤的大放卫星的报道等），虽然媒体报道的一致性不强，对同一件事、同一个人报道的前后意思甚至完全相反，或者不符合基本的科学常识，但媒体报道的只言片语仍然是推动全国阵阵运动高潮的主渠道之一，全国群众似乎对媒体的报

---

① 陈力丹：《舆论学——舆论导向研究》，中国广播电视出版社 1999 年版，第 22 ~ 23 页。

道有一种近似膜拜的信任。

当然，这种现象的产生是时代大背景和各种社会、历史、政治等众因素使然，但就媒介公信力这一问题本身而言，我们需要思考的是，这种对媒介盲目膜拜似的信任，是不是就有利于媒介政治功能的发挥？显然，具有理性批判意识前提下的媒介公信力才有利于媒介政治功能的积极发挥，而盲目信任前提下的媒介公信力则不利于媒介政治功能的良性发挥。包含较多非理性意识成分的媒介，其公信力越高，对媒介政治功能可能产生的负面作用越大。

对媒介的信任需要具有理性的批判意识，这对当前我国媒介的政治功能来说，具有很现实的意义。除了对建设现代政治文明有重要的意义外，还有以下具体作用。一是网络的快速发展使传统媒介的把关人形式发生了变化，网络上有各种小道消息、流言等出现。要使这些小道消息、流言等不混淆视听，不致引起社会公众认识的混乱，接触这些信息的网民的理性批判程度就很重要。如果网民对网络的信任是理性的，就能识别这些信息假的一面，这些小道消息等就不会产生太大的危害；但如果网民对于网络的信任是盲目的，则网络上的各种流言飞语就会产生不利的传播效果。二是在市场化进程下，一些市场化程度高的媒介为了获得更多的经济效益，会使用一些媚俗的报道，或者过分报道一些利欲、物欲的内容，要不受这些内容的引导，受众的理性程度就很重要。公众理性的信任媒介，媒介的主流价值观的引导作用才能切实生效。三是随着交流的增多，一些境外的媒介或非法出版物会流入境内，如何识别是非，不受误导，首要的一点是不要盲目信任，而是要有理性的判断意识。

5.4 公信力对媒介经济功能的影响

施拉姆认为媒介的经济功能是：关于资源以及买和卖的机会的信息；解释这种信息，制定经济政策，活跃和管理市场；开创经济行为。在这些功能中，解释信息、制定经济政策这些内容在前面的政治功能中已经有了相似的论述。在此，公信力对媒介经济功能的影响分为两个方面来探讨：一是在整个经济系统中的影响，即在经济交易中的作用，也就是施拉姆说的关于资源以及买和卖的机会的信息；二是对媒介自身市场发展的影响，即在传媒产业发展中的作用，就是施拉姆说的开创经济行为。

要讨论媒介公信力的经济作用，首先需要考察信任在经济中的作用。在社会学和经济学中对于信任的经济作用有很多的论述，本书对此归纳为三个方面：交易中的润滑剂作用、决策的简化机制作用、交易的约束作用。下面先分别对信任的这三个经济作用进行论述。然后在此基础上分析公信力对媒介经济功能两个方面的影响。

5.4.1 信任的经济作用

一、润滑剂作用

在20世纪70年代，信任在经济中的作用逐渐引起重视，信任的概念开始被主流经济学家接受。经济学家的一个较普遍的看法是认为信任是交易中的润滑剂。如，诺贝尔奖得主、经济学家肯尼思·阿罗（Kenneth Arrow）认为：没有任何东西比信任更具有重大的实用价值。信任是社会系统的重要润滑剂。它非常有成效，它为人们省去了许多麻烦，因为大家都无需去揣测他人的话的可信程度。不幸的是，这不是一件可以轻易买到的商品。如果你必须买它，则说明你已经对你所买的那部分心存疑虑。信任和类似的价值观、忠诚或说真话等都是经济学家所说的"外部事物"的例子。它们是产品，它们有真实也很实用的经济价值；它们提高系统的效率，使你能够生产更多的产品或产生更多你所珍视的价值。但是它们不是在公开的市场可以买卖的，技术上完全不可行，甚至也缺少意义。①

简单地说，信任的这种润滑剂作用能够减少交易成本。对此还有学者进行过一些实际的论证，发现那些能够与其他公司形成强有力信任关系形式的人会享有某种竞争优势，他们可以减少与公司之间交易有关的各种费用。

在具体的商业活动中，信任的这种润滑剂作用得到了许多实际应用。布伦克特进而直接提出了"营销信任"的概念。他认为，信任促进人们所追求的关系。因而，营销者试图与其不同顾客发展信任关系。比如说，西尔斯公司鼓励其金融服务部门的潜在顾客，"信任西尔斯使之为你工作"。美国汽车业协会力劝其顾客"和信任你的人同行"。甚至外国公司也加入到这一行动行列，例如，印度的马鲁蒂汽车公司宣布要"在世界范围内营造信任"。②

对于信任在经济交易中的作用，有一些社会学者认为还不仅仅是润滑剂的作用，而是在经济中发挥着中心的作用。菲兰格利指出，信任是"商业的灵

---

① 转自［美］弗朗西斯·福山著，彭志华译：《信任》，海南出版社2001年版，第151～152页。
② 布伦克特的这篇《营销信任：障碍与桥梁》，载于《信任与生意：障碍与桥梁》一书。

魂"，而由信任产生的信用则被看成是"第二种货币"。① 对于这些看法，经济学家很少认同。"信任是所有交易的中心问题，然而经济学家很少谈到这一点。他们宁愿把信任当作呼之即来的背景，视为一种使得参与者顺利进行生产和交换的润滑剂。"②。

总之，信任对于经济交易起着非常重要的润滑剂作用，是经济活动中减少交易成本不可缺少的一个部分。

二、简化机制作用

德国社会学家卢曼（Miklas Lumann）在其 1979 年所著的《信任与权力》一书中提出，信任是社会简化复杂的机制之一。卢曼认为人类生活的自然与社会环境很复杂且日益复杂，必须建立一简化系统来应对它们，如语言、货币、分数和考试系统等。依靠简化机制是人类生存的策略，信任就是一种简化系统。所以卢曼指出："靠着简化复杂，信任打开了行动的可能性。"③

信任的简化机制是说信任能够减少交易决策的时间、风险考量等，极大地压缩了交易本身以外的干扰因素，使决策简单、快捷。正如有人论述的，面对时间差的问题，信任当然不能将时间简化压缩使诺言立马兑现，但信任关系可以不畏惧时间差而相信未来一个时点的结果（兑现），这样信任就起到了将时间压缩的效果。对不确定性的风险也是如此，人必须正常地面对不确定并在不能排除不确定性的情况下做决定并付诸行动。掷钱币是一种下决心的简化手段，信任也是一种帮助做决策的简化机制。信任某人，就是从主观上扬弃不确定性，把这些不确定因素交由被信任的人去应对，相信他会合理地应对；或当不确定因素出现时，相信双方的彼此信任关系必定会导致双方的善意解决，等等。经济学家最喜欢从降低交易成本的好处看信任关系，这实际上就是简化的功效，是信任大大减少了为对付时间风险、道德风险、不确定性风险所化的成本。④

三、约束作用

有学者认为有契约的存在，信任并不会在交易中发挥作用，因为契约能够约束交易的履行。如哈斯和德塞兰（Haas and Deseran）就论证说，信任对商业交

---

① 安东尼·帕格顿著，王艳芳译：《信任毁灭及其经济后果：以 18 世纪的那不勒斯为例》，载于郑也夫编：《信任：合作关系的建立与破坏》，中国城市出版社 2003 年版。

② 帕萨·达斯古普塔（Partha Dasgupta）著，皮小林译：《作为商品的信任》，载于郑也夫编：《信任：合作关系的建立与破坏》，中国城市出版社 2003 年版，第 57 页。

③④ 参考于海文章，载于《文汇报》，2004 年 3 月 3 日。

易并不必要，因为有法律约束力的书面契约取代了对买主与卖主之间信任的需要。

其实，信任实际上也是一种约束机制，因为有信任关系，交易就不是简单的买卖关系，而是有了许多单纯买卖之外的联系因素，这些因素对交易起到约束作用。而书面契约只是信任机制的一种表现形式，是信任约束作用的外在体现。如布卢姆（Bluhm）等人认为，信任是商业交易的先决条件，在买主和卖主之间有不止一笔交易的情况下尤其如此。布卢姆论证说，由于不信任是复杂社会所固有的问题，书面契约只不过是所谓的信任机制的一种表现——一种显示多个个人按照某种谅解进行互动的通行做法而已。书面契约保证而不是取代信任。[1]

进而，有学者还认为信任是买方/卖方关系中一种最富成效的约束力。正式的书面契约的详细文字，为了索赔而准备的厚厚的法律材料和各种求助形式，都不会像它那样使买方对推销员和他或她所代表的团体之间以单纯、基本的信任确立交易关系抱有如此之高的期待。[2] 在中国商场上一些比较广泛的说法也反映了信任的约束作用，如"买卖不成仁义在"、"先交朋友、后做生意"等。

四、信任在经济中的实际作用

信任在交易中起到润滑剂作用、简化机制作用、约束作用，这些作用在具体的经济活动中表现得怎么样呢？在此，引用经济学者的研究材料来看。

经济学者张维迎等对信任与地区的 GDP 水平、企业规模、企业的效益、产品销售利润、利润总额、私营企业发展速度、平均规模、外资引进等经济指标作了相关关系的数据分析，发现信任程度的高低与这些指标都有一定的相关关系。这是在 2000 年对全国企业家进行问卷调查基础上的数据分析。

张维迎的数据分析发现，我国各省的人均 GDP 水平与它的信任程度呈现一种正相关的关系，即人均收入最高的一组信任度越高，人均 GDP 最低的一组中，平均信任度最低，两者的信任水平相差十倍。人均 GDP 的增长与信任之间是强相关的关系。

信任还与企业规模之间有关系。信任度与国有及规模以上非国有企业的产值规模的相关系数为 0.55，与国有及国有控股企业的产值规模的相关系数为 0.63。

---

[1] Haas and Deseran, 1981；Bluhm, 1987；这几位学者的论述引自布朗、布兰克的《友谊与厂商——消费者关系的对比：信任是一种赢得的属性》一文，载于《信任与生意：障碍与桥梁》一书。

[2] 这样认为的学者如霍斯（Hawes）等，1989；布伦克特，1997；参见《信任与生意：障碍与桥梁》一书。

信任不仅会影响企业的规模及其分布，也会影响企业的效益。信任与国有及国有控股企业产品销售利润很有关系（0.59）；与国有企业的全员劳动生产率的相关性很显著（0.67），与产品销售利润及利润总额之间的相关性也很显著（0.67 和 0.62）。

信任与私营企业发展速度、平均规模的关系也明显。在信任度高的地区，每百万人口中拥有的私营企业数量明显也多（相关性为 0.89），而且私营企业户数、从业人员数量、投资者数量、私营企业户数增长和信任有一定的相关性，相关系数分别在 0.51 ~ 0.63 之间。如果将人均 GDP 信任度标准化，则它与私营企业户数相关系数为 0.80。

信任对外资引进有明显的影响，这是因为作为利润最大化的组织，外商只会垂青于信任度高的地区。外资企业的数量、外商投资总额、外资企业注册资本、每百万人口中引进的外资总额和信任的相关性分别为 0.50、0.61、0.63、0.81。

5.4.2　作为经济交易中信任代理角色的媒介公信力

前面论述的信任在经济交易中的润滑剂作用、简化机制作用等，主要指的是一种人际之间的信任。对于媒介公信力来说，也有着同样的作用。但媒介公信力发挥经济交易作用的具体机制与人际之间的信任不一样。人际之间的交易直接是：个体→个体，两个交易个体因为互相信任对方而发生交易。而通过媒介发生的交易是：个体→媒介→个体，媒介公信力发挥作用的机制是两个交易个体之间起一个中介作用，交易发生的一个前提条件是因为买方首先对媒介信任，进而信任媒介上的广告等商业信息或有关的商业报道。也就是说，媒介公信力实际上首先是扮演一个信任代理的角色。

目前，媒介公信力的这种信任代理角色日益显著，多数消费者会通过媒介广告来获知商品信息。如，根据零点调查公司于 2004 年 7 月在北京、上海全国十个大城市实施的"中国城市消费者广告接受度调查报告"显示，56.2% 的消费者承认了为了"及时了解新产品的信息"而主动关注广告，51.5% 的人是利用广告"在买东西前了解相关产品信息"。[①]

---

① 这次调查由零点研究集团于 2004 年 7 月实施，采用多阶段随机抽样方式，对北京、上海、广州、武汉、成都、沈阳、西安、济南、大连和厦门十个城市中 3 212 名 18 ~ 60 岁的居民，就广告接受度的问题进行了入户访问。数据结果已根据各地实际人口规模进行加权处理，在 95% 的置信度下调查的抽样误差为 ± 1.12%。参见《调查显示：不同产品应选择不同媒体广告》，载于《中国青年报》，2004 年 9 月 21 日。

对于媒介公信力在经济交易中的这种信任代理角色，也具体发挥着信任的润滑剂作用、简化机制作用。而对于约束作用，由于媒介公信力是信任代理，与交易行为不是直接的相关，媒介公信力的约束作用表现不是很明显。下面分别对媒介公信力的润滑剂作用和简化机制作用进行分析。

一、润滑剂作用

在扮演信任代理角色的过程中，媒介公信力对于交易起着润滑剂的作用。媒介公信力高，就能降低交易成本。因为消费者可以通过对媒介的信任而相信商品，能够快捷方便地获知商品信息，节约了解商品信息的时间和精力，降低了确认信息的成本。

消费者对广告的不信任，这里有两个方面的问题。一是因为对媒介本身的不信任，媒介的公信力低，从而对媒介广告的不信任；二是对媒介信任，只是对媒介的广告内容本身不信任。我们这里讨论的是第一个方面的情况，如果媒介的公信力低，即使媒介上的广告能够让人知晓，但广告效果也会受到很大的制约，受众还是需要从别的渠道来重新确认媒介的这些信息，这样就加大了成本。而公信力高的媒介发布的广告，受众对广告的信任度相应地会高。这时的媒介公信力就发挥着交易活动的润滑剂作用。

这里举一个例子来看。起源于 20 世纪 80 年代美国的电视直销业，由于是一种便捷、成本低、无店铺的全新商品销售方式，很快风行于欧美日等发达国家。在 90 年代中后期，美国电视直销的营业额在 60 亿美元左右，占了美国零售业的 2%，在日本也接近 60 亿美元。这种销售方式在 1995 年进入我国后，一开始也得到了迅速发展。但在经过三年的发展后却出现了问题。据 1998 年底对北京、上海等六大城市的 1 230 名消费者的一项调查显示：知道电视直销的占 80% 以上，其中只有 4% 对其表示感兴趣，而 71% 的消费者表示对其"不再感兴趣"或"完全不感兴趣"。造成这种结果的原因主要有广告哗众取宠、价格离谱等。总的来说，核心的一点就是出现了信任危机。[①]

这里需要回答的一个问题是：既然媒介公信力有经济交易的润滑剂作用，那为什么许多大众化报纸，它的公信力并没有一些严肃报纸高，但它吸引的广告却多，广告价格也高？

如在我国，省级党报的公信力高过它的子报都市报，但广告却远远比不上它的子报。对于这一问题从三个方面来看。第一，这两种报纸的功能在读者看来是有一定的区别，党报更多的是面向上，都市报是向下，即在基本的政治框架下，

---

① 王雄、秦浩源：《电视直销缘何出现信任危机》，载于《市场分析》1995 年第 5 期。

党报是面向政府的，市场化程度低；而都市类报纸针对的读者对象主要是老百姓，市场化程度相对高。所以，对于市场来说，它们是不是同类报纸。而比较需要在同类项中才有意义。即在同样类型报纸中，公信力高的，相应的对广告是一种正相关的作用。第二，读者基础阅读数量的多少是决定广告多少的一个主要因素，媒介公信力作用的比较在此基础上探讨更有意义。如，在同样的发行地区，发行量差不多的两张报纸，公信力高的，肯定它的广告价位高、广告数量也多。第三，重要的是广告内容品质与公信力情况是高度相关的。如一些大的品牌广告就需要在《南方周末》这样具有较高的公信力的全国性发行的报纸上刊发来树立形象，不可能在一些公信力低的同类报纸上刊发——即使这些报纸的价钱再便宜。同样，在一个城市的房地产广告，高档的房产广告不可能选择一家低公信力的媒介。公信力低、发行量大的媒介，它面对的广告内容也是相对低端的品牌。

二、简化机制作用

对于媒介公信力决策的简化机制作用，从卖方和买方两个角度来看。

对于卖方来说，媒介公信力对于经济交易的代理作用不仅取决于买方是否信任媒介，而且卖方对于媒介的信任也同样重要。卖方如果不信任媒介，则会对媒介有戒备。这种戒备就会使卖方不可能充分利用媒介的信息传递作用。而在信息社会的今天，一种产品不能充分利用媒介来传递信息，通过别的渠道来推广的话，要达到媒介的效果，则要花费更多的时间和货币成本。对于卖方来说，媒介具有较高的公信力无疑是简化了经济交易的形式。卖方相信媒介，其实是相信媒介背后代表的消费者，这样，卖方就会利用媒介来为其产品服务。

下面的这则事例就说明了一旦媒介失信于卖方，卖方的戒备就会表现出来，从而拒绝媒介。

据 2002 年 1 月 5 日《中华新闻报》报道，作为我国唯一一家为欧元提供造币材料的企业——洛阳铜加工集团有限公司在赢得招标后却拒绝了众多媒体宣传。按常理，这正是企业造势、作免费广告的好机会，可洛铜公司明确规定，此事不再宣传。洛铜称，不是不宣传，而是一些胡乱吹嘘的报道影响了企业的诚信形象，什么"击败了美国、德国、韩国等国的 11 家公司"、"为欧元造币厂家提供合格产品最早且质量最好的企业"，吹嘘之间让"我们在外商同行面前感到羞愧"。[1]

---

[1] 转自魏昕、博阳著：《诚信危机——透视中国一个严重的社会问题》，中国社会科学出版社 2003 年版，第 225 页。

从上面可以看出，如果媒介拥有较高的公信力，对于企业来说，实际上是简化了推广的考察程序、时间成本等，不需要为媒介的正常报道或广告选择而费过多的精力。

对于买方来说也是如此。如果媒介公信力不高，对于媒介上的广告或商业信息报道就不会很肯定，即使需要消费，也要花更多的了解才可能作出决定。而如果媒介公信力高，则消费者对于所需信息就不会有过多的怀疑，为消费者的决策起到了简化作用。

5.4.3 "刻度"和"阀门"——公信力对不同类型媒介受众市场的影响

一、媒介公信力与报纸发行量的不一致

媒介公信力对媒介自身产业发展的影响这一问题，按照通常的逻辑会认为媒介公信力会影响到媒介自身产业的影响，具体来说，就是媒介公信力对受众媒介消费行为会产生影响，媒介公信力高，那么受众就会多。如斯蒂芬·黑斯（Stephen Hess）认为，新闻业对公信力问题的兴趣部分地建立在"公信力卖报纸（Credibility sells newspaper）"（1987 年 ASNE 公信力委员会主席就是这样说的）的普遍信念上。[①] 这种观点的潜台词是：媒介公信力是媒体的生存之本，失去公信力的媒体就会失去受众，失去经济来源。

这里，我们来看一项调查数据。根据 1996 年 11 月出版的香港中文大学新闻与传播学系学生刊物《大学线》第 9 期报道，这年 9 月，该系组织学生进行了一次关于香港报纸公信力（即报纸在公众心目中的声誉或对报纸的信任度）调查。数据表明，发行量大并不是公信力就高，报纸的发行量与公信力二者之间似乎并没有直接的相关关系。这里就出现了问题：媒介的公信力与它的受众消费行为之间究竟有没有关系？两者之间是一种什么样的关系？根据调查得出的数据，香港各报公信力的排名如表 5-2 所示：

---

① Stephen Hess. The public and the media—The credibility gap revisited，1985-1995，http：//naa. org. / presstime/96/ptime/novhess. html. 1996.

表5-2　　　　　　　　　　香港各报公信力的排名

报纸名称	公信力指数排名	被调查者阅读该报人数排名	SRH 发行量排名
《明报》	1	4	5
《南华早报》	2	8	7
《星岛日报》	3	6	8
英文《虎报》	4		
《快报》	5		
《信报》	6	10	10
《东方日报》	7	1	1
《经济日报》	8	9	9
《成报》	9	3	3
《星岛晚报》	10		
《新报》	11	7	6
《苹果日报》	12	2	2
《香港商报》	13		
《天天日报》	14	5	4

二、媒介公信力与内容偏好的不相关

上面提出的"媒介公信力与报纸发行量的不一致"这一问题，实质是内容偏好与公信力两个概念的区别。受众对于媒介内容的偏好与他们对于媒介公信力的评价是两个问题。对于这一问题，引用美国学者的实证探讨来佐证。

美国传播学者韦斯力（Westly）和赛佛林（Severin）在 20 世纪 60 年代初的经典研究中，指出了媒介的公信力与偏好之间的不同，也就是说，人们不总是会认为他们最喜欢的媒介是最可信的。[①] 也就是信任一家媒介和偏好一家媒介是两回事。后来一些学者的研究也证实了两者的区别。斯蒂芬·黑斯（Stephen Hess）认为，"如果新闻业存在公信力问题，它将去改正（当它可改时），（改正）并不是因为公信力存在问题会导致潜在的市场流失，而是因为从业者们想把他们的工作做得最好。"进而引用了数据来说明："里梅尔（Tony Rimmer）和大卫·维弗尔（David Weaver）在 1 002 名成年人中所做的一项全国性的调查显示：'一个人读报纸、看电视的频次并不总是与他对报纸或电视新闻的公信力评价相关'"。"实际上，甘耐特集团报告（弗吉尼亚州阿林顿市）'没有显著的数据'反映发行量的变化是以提高媒体公信力的努力和其与所服务社区市民的关系为基础

---

① Westly, B. H., Severin, W. J. Some correlates of media credibility. Journalitsm Quarterly, 41, 325 - 335. 1964.

的"，"我不能证明公信力意味着经济上的成功，或者公信力的缺失将损及经济成功。"①

受众对于媒介的内容偏好与媒介公信力的评价是两个问题。有些媒介内容受众可能很喜欢接触，但对其公信力的评价却不高，如一些八卦的娱乐新闻，人们只是偏好，对这些内容也没有公信力的要求，只要好玩就行。这就可以解释前面香港中文大学调查发现的报纸公信力与销量之间的不相关的问题。

三、"刻度"和"阀门"

既然受众对于媒介公信力的评价与媒介内容的偏好是两个不相关的问题，那么，媒介公信力对于媒介自身产业的发展究竟在哪些方面发挥作用？

这里问题的答案是：媒介公信力并不是对所有媒介的市场发展都有程度一样的影响，而是对不同内容定位类型的媒介，有不同的影响。如果把媒介简单分为严肃时政类（表现为追求新闻的专业主义）和娱乐类（表现为市场追求至上，新闻的专业主义不是媒体要求的核心）两大类的话，媒介公信力主要是对两者读者市场作用的方式是不一样的。

首先，对于一家严肃的时政类媒介来说，公信力就是它的市场"刻度"，公信力的状况直接影响到它的收视率或阅读率。如英国的 BBC、美国的《纽约时报》等这样的主流严肃媒体，一旦出现类似"布莱尔造假事件"、"凯利事件"而影响到媒体的公信力，就会打击这些媒体受众的消费信心，进而可能会严重影响到它们的收视率、阅读率、收听率等。我国一些报纸明确提出了以公信力来建立其专业主义的形象，进而赢得受众和影响力，如上海一份新兴的《外滩画报》，它在报头明确打出的新闻理念是："公信就是生命力"。

其次，对于大众化、娱乐类的媒体来说，媒介公信力是一个市场的"阀门"。这些媒介扮演娱乐功能的比重超过了它的瞭望环境、教师的功能。公众对这类媒介的公信力要求就相对较低，公众对其首要的心理期待是好看、有噱头，满足受众的阅读偏好才是最重要的。最有代表性的是英国《太阳报》，我国香港的娱乐类报刊和一些娱乐类的电视、广播节目。如一些老百姓对于娱乐明星的隐私有猎奇心理，或者喜欢把明星绯闻当作茶余饭后的"甜点"。为迎合这种猎奇心态，一些媒体会在未经求证的情况下，不管真实与否地爆出所谓的"猛料"，致使假新闻产生；另外，传媒竞争的日趋激烈，也让某些媒体为了抢新闻、争独家，不惜故意编造、无中生有，以博取受众关注，赢得市场。对于这类媒介来

---

① Stephen Hess（1996）：The public and the media—The credibility gap revisited，1985－1995，http://naa. org. /presstime/96/ptime/novhess. html.

说，公信力问题不是主要的，重要的是要有吸引眼球的东西。

但公众对娱乐类媒介的公信力要求低，并不意味着对这些媒介没有公信力的要求，也不是完全不要公信力。对这类媒介而言，公信力就像是一个"阀门"，这些媒介在一定的公信力范围内，公信力不是决定它的市场好坏的主要因素，但一旦它们的公信力跌出了某一个"阈值"，就会产生相应的市场效应。举例来说，我国报摊的娱乐类报纸和火车上卖的一些八卦报纸的最大区别在于，前者的消息多少是有一些根据的，或者七分是夸大的，但至少有三分是事实，而火车上卖的八卦报纸则可能是百分百造假。这点是一个分水岭，一旦越过了这个界限，则报纸就很可能沦为纯粹的八卦报纸，失去满足读者猎奇心理的基本要求，从而会影响到读者对报纸的消费。

5.5　公信力对媒介文化功能的影响

5.5.1　传承与塑造——媒介的文化功能

18 世纪德国思想家赫尔德尔在他的名著《人类历史哲学概要》中给文化定位了三个基本特征：首先，文化是一种社会生活模式，它的概念是一个统一的、同质的概念，无论作为整体还是社会生活的方方面面，人的每一言每一行都成为"这一"文化无可置疑的组成部分；其二，文化总是一个"民族"的文化，用赫尔德尔的话说，它代表着一个民族的精华；其三，文化有明确的边界，文化作为一个区域的文化，它总是明显区别于其他区域的文化。可以说，这三个特征迄今为止一直被认为是关于文化理论的权威定论。①

但具体地说，什么是文化？这又是一个非常难解的问题。两位美国人类学家阿尔弗雷德·克洛依佰和克莱德·克勒克荷恩 1963 年出版的《文化：概念和定义批判分析》中，对百余条不同的文化定义逐一进行解析，归类得出九种基本文化概念，分别是：哲学的、艺术的、教育的、心理学的、历史的、人类学的、社会学的、生态学的和生物学的。②

按照上面对文化的理解，传播学中拉斯维尔认为的媒介三大功能之一的社会

① 陆扬、王毅：《大众文化与传媒》，上海三联书店 2000 年版，第 1 页。
② 同上，第 1～3 页。

遗产传承的功能实际就是一种文化功能，正如有学者对拉氏这一说法的解释是：传播把文化世世代代传下去，主要在于传达知识、价值和社会规范。[1]

大众媒介除了传承文化外，也是文化的塑造者。如当代大众文化的兴起，媒介起了至关重要的传播作用。还有网络文化的迅猛发展，一系列的网络文化形态（如博客文化等）开始在网民中形成，并传播到社会上。正如霍尔在《文化、传媒和"意识形态效果"》的文章中指出的，现代传媒首要的文化功能，便是选择建构"社会知识"和社会影像。大众是通过传媒建构的这类知识和影像来认知世界，来体味他们曾经经历过的现实生活。故无论从质还是从量来看，在资本主义高度发达的 20 世纪，传媒在文化领域里已经取得了举足轻重的领导地位。这就是说，随着现代社会中现实生活日渐分裂而成为支离破碎、互不相干的片断，大众传媒成了原子化、片断化社会生活得以保持一种"整体"感觉的主要途径。即使在经济及技术方面，它比较传统文化中那些历史更为悠久的社会传播工具，也具有无可比拟的优越性。在当代生活中，大众传媒的巨大身影是无处不在的，它的一个直接结果，正如赫尔强调的，自然就是大众经验的"类型化"。[2]

由此，本书所讨论的大众媒介的文化功能表现在传承与塑造两个方面。

5.5.2 公信力对媒介文化传承的影响

作为传播范围最广泛的传播渠道，大众媒介对文化的传承有很大的影响。拉斯维尔概括的大众媒介一般功能之一是社会遗产传承的功能，即像学校和家庭一样，大众媒介也在传达知识、价值和规范上起着作用。大众媒介的文化传承作用主要表现在两个方面。

一是大众媒介是各类教育的补充和辅助，甚至是直接独立的展开教育，这就是施拉姆所认为的大众媒介的教师作用。他认为："对于各种形式的教学、成人教育和技术培训，大众传播媒介能有极大的帮助；在缺乏教师、培训人员、辅导员的地方，媒介能够承担起相当大的教学量；而且，一旦学会了基本技能，媒介就能提供进一步学习的机会。"[3] 如在英国、美国，这种作用一般是由公共电视广播网来承担的；在我国，各级广播、电视台多数有各种不同的远程教育栏目，还有网络大学，等等。

二是大众媒介的日常报道无形之中在传承文化，文化传承的内容包括道德、

---

① 李金铨：《大众传播理论》，中国台湾三民书局 1996 年版，第 18 页。
② 陆扬、王毅：《大众文化与传媒》，上海三联书店 2000 年版，第 16～17 页。
③ ［美］韦尔伯·施拉姆著，金燕宁等译：《大众传播媒介与社会发展》，华夏出版社 1990 年版，第 150 页。

价值观念、行为规范、文学艺术等。比如，我国都市报的社会新闻是指发生在普通群众身边的新闻，它是非政治性的，如对火灾、救人、好的或不良的社会现象等的报道。其中，对救人、好的或不良的社会现象的报道就是传递一种道德规范，读者能直接从报道中看出哪些是好的事情，哪些是有违道德规范的行为。或者这些报道能激发起民众的议论，引发规模不等的受众议程，进而通过人际讨论来传承价值观。还有，我国晚报的副刊、电台的经典名著的播放、电视的戏曲栏目等，这些都在传承文化。

没有信任就没有教育，这是教育学中公认的道理。对于大众媒介在各类教育方面的文化传承方式，很显然没有公信力的媒介很难承担这样的功能，也不适合承担这样的功能。

这里着重讨论公信力对第二类媒介文化传承方式的影响。前面介绍了美国传播学者万塔和胡采用路径分析的方法发现了媒介公信力影响到受众的媒介依赖，媒介依赖又影响到受众的媒介接触，最后，媒介接触影响到议程设置效果。同样的，对于媒介的文化传承来说，没有媒介公信力，媒介的新闻背后所主导的价值观念、道德操守等就起不到议程设置的效果，媒介框架所倡导的传统的文学艺术等就引不起受众的注意。

还有，媒介对于儿童起着一个社会化的示范作用，这是媒介公信力对文化传承影响的一个重要方面。这里的媒介不包括完全通俗化的媒介。

（1）首先，我们来看媒介对儿童的示范作用。我国学者卜卫认为，家庭中的媒介至少扮演了四种角色：社会价值观念的传播者，信息和知识的重要来源，社会学习的指导老师，娱乐消遣的伙伴。她进而认为，媒介的介入正在改变以往的家庭教育模式。它实际上改变的是长辈与晚辈的关系，因为晚辈也有可能与长辈同时分享信息。也就是说，大众媒介在青少年的社会化过程中有着很明显的作用，是学校、家庭教育之外的一个重要途径，是我们社会文化传承的一种重要的渠道。在大量的媒介接触中，媒介的示范作用使青少年了解了许多社会的价值、行为观规范等。[①]

进而，卜卫对媒介的示范作用作了更进一步的分析。"社会学习论从长期角度来考察媒介对儿童的影响。它认为，人的行为的发生是学习的结果。学习行为可以分为由本人行为后果所引起的学习和通过他人示范过程所引起的学习两类。媒介影响属于学习活动的后一类。在社会情境中，人的大多数行为是通过观察示范过程学会的。人们从社会观察中形成了有关新行为如何操作的观念，这一编码的信息在以后的场合中成为行为的导向。在现代社会里，电视和其他媒介是示范

---

① 卜卫：《大众媒介对儿童的影响》，新华出版社2002年版，第389页。

的一个重要来源。"①

（2）其次，具体来看我国儿童对媒介的接触情况。这里引用一份对独生子女的每周平均媒介接触频度的调查数据来看（参见表5－3）。②

表5－3　　　　　　独生子女的每周平均媒介接触频度的调查数据　　　　单位：%

种类 ＼ 频度	报纸	课外书	杂志	电视	广播	录音带	游戏机	计算机
没有接触	15.5	12.0	41.0	18.0	39.0	26.1	87.9	78.7
1~2次	32.0	28.8	35.8	37.4	25.3	25.5	8.7	12.4
3~5次	29.9	30.1	15.3	19.7	13.9	23.3	2.4	5.7
天天接触	23.0	29.1	7.9	25.0	21.7	25.2	0.9	3.2
总人数（人）	3 276	3 284	3 261	3 268	3 273	3 267	3 276	3 247

可以看出，独生子女接触最多的媒介是课外书和报纸，其次是电视和录音带。尽管60%的孩子有游戏机，20%的孩子有计算机，但接触频度较低。研究者进一步统计发现，独生子女平均每天接触时间最多的媒介是课外书，为27分钟；其次是电视，为26分钟。以下依次是：报纸和录音带16分钟；广播12分钟；杂志11分钟；计算机6分钟；游戏机3分钟。总起来看，独生子女平均每天接触3.6种媒介，总计118分钟，接近2小时。

（3）随着经济与技术的发展，媒介对于儿童社会化的影响将会越来越大。在这种发展背景下，媒介能否有效地起到传承文化的功能，媒介本身的公信力问题就很重要。

媒介公信力的高低对于儿童来说没有多大的判断力，但儿童的媒介接触是受家长、老师的影响甚至选择的。一旦媒介公信力低，家长、老师的认知就会通过言传身教影响到儿童，媒介就会失去它的示范作用。这种不信任包括对媒介渠道的不信任，或者消息来源的不信任，或者是记者、编辑的不信任。因为家长、老师没有时间、也没有专业知识对媒介的整体作出评价，所以，不管是哪一方面的不信任，或者是在哪些点上对媒介产生了不信任，都会延及到对媒介的整体评价上。

这种对媒介的不信任容易形成刻板印象，而刻板印象形成后很难改变，对于媒介示范作用的影响是长期的。如果公众对于媒介形成的是信任的刻板印象，即媒介公信力高，媒介所倡导的价值观、传统规范等文化内涵就会在一段时间里对公众起到较好的示范作用，也就在示范中完成了文化的传承。反之亦然，如果有

① 卜卫：《大众媒介对儿童的影响》，新华出版社2002年版，第389页。
② 孙云晓、卜卫主编：《培养独生子女的健康人格》，见第八章《儿童与大众媒介》，天津教育出版社1998年版。

了不信任的刻板印象，即媒介公信力低，则媒介在短期内很难扭转公众的这种看法，影响到对儿童的社会化作用。

5.5.3 公信力对媒介文化塑造的影响

一、媒介对大众文化的塑造

有学者从审美角度提出了媒介与当代文化的关系，认为"传媒是当代文化的摇篮"。传媒变化（尤其是网络的全球化）把人类的这种感觉活动的可能性发展到极致，"图像"日益成为对大众生活与审美影响极强的力量，使人类文化生活从"视文化"开始经由"读文化"复归到一种新形态的"视文化"。[①]

传媒对文化的塑造讨论最多的是对大众文化的塑造。如"学者们真正视媒介为文化塑造者的，并不多见。他们倒是常把大众媒介当做是研究大众文化的主要对象，看看媒介内容负载了哪些'文化'，这些'文化'如何反映当时当地的社会价值观、思想潮流、生活和行为。换言之，他们倒是把媒介当做是反映社会百态的一面镜子。"[②] 媒介对于大众文化塑造作用的一个主要方面是它的传播力量。"大众文化之所以能成型，而且大量扩散，无疑是由于大众传播的力量所致。"[③] "无论如何，大众文化的成型，的确是受到了大众媒介的影响。所谓'大众文化'便是大众传播媒介所负载、传达的文化内容。"[④]

大众文化从它诞生的那一天起，就是与大众传媒携手并进的。但是大众传媒的一路走红，其利与弊不论是在学界还是在社会上，迄今为止同样是一个争执不清的问题。争论的焦点在于大众传媒产品的大众化特征，它是好事还是坏事？[⑤]对于这个问题有两种观点。

（1）在霍克海默等大众文化批判理论学派的学者看来，大众文化不同于民间文化，西方理论界对于大众文化主要是持一种批判的态度。美国大众文化批判理论家 D. 麦克唐纳（Macdonald）认为，民间文化来源于下层阶级，被认为是自发的、自足的，直接反映了民众的生活和经验。大众文化则是从上面下达，是为商人雇佣的技师制作，它的观众是被动的消费者，其参与程度就限制在买与不

---

① 中山大学罗筱筱副教授 2003 年 1 月 18 日在北京师范大学召开的"媒介变化与审美文化创新"学术研讨会上的发言。
② 李茂政：《大众传播新论》，中国台湾三民书局 1994 年版，第 338 页。
③ 同上，第 336 页。
④ 陈世敏：《大众传播与社会变迁》，中国台湾三民书局 1983 年版，第 56~58 页。
⑤ 陆扬、王毅：《大众文化与传媒》，上海三联书店 2000 年版，第 16~17 页。

买的选择上面。进而视之，民间文化是民众自己的一个小小的花园，四周有围墙，与其主人高雅文化的大花园隔离开来。但是大众文化打破了围墙，将大众统一到高雅文化的低级形式之中，如此成为政治统治的一个工具。[①] 这样，在麦克唐纳的眼中，大众文化成为标准文化、程式文化、重复文化和肤浅文化的同义语，是为一种虚假的感官快乐而牺牲了许多历久弥新的价值观念。[②]

（2）对大众文化持积极观点的学者们认为，大众媒介所负载、传达的文化内容具有快速、大量、通俗、直接的特性，中止了知识和文化的集中垄断，"高雅文化"已经不是某些特定人员的专利品。大众化报纸、广播和电视，不但促使大众社会的来临，并使"大众文化"蓬勃发展。大众化"民俗艺术"向"高雅文化"汲取养分，以提升大众的生活品质。[③] 也就是说，大众媒介所塑造的大众文化，虽然对我们传统文化可能有侵蚀，但它丰富了大众的生活品质，并建构着我们的社会。而且随着社会的发展，大众文化的这些作用会越来越得到发挥。

对大众文化持消极看法的批判理论最大一个问题在于把大众作为一个被动受控的客体，完全忽视了受众在接触媒介中的能动性。从传播学实证学派的传播效果研究来看，还停留在早期的"子弹论"等传播强效果论的阶段上面，大众文化批判理论的这一点显然这是站不住脚的。这样，就忽视了大众文化中民众自发要求的因素，而且，随着社会民主的发展，大众文化的自下而上的比重会越来越大。当然，这派学者提出的大众文化的消费性、肤浅性，对传统价值观的侵蚀等问题是需要值得关注的。

二、公信力对媒介社会建构的影响

媒介塑造的大众文化虽然有时批判理论学者们指出的一些问题，但媒介的这种塑造功能是不可回避的，更多的是积极的方面。媒介要很好地发挥它的文化塑造功能，它本身的公信力状况就很重要。对于媒介文化塑造的具体作用方式，霍尔认为现代传媒首要的文化功能是选择建构"社会知识"和社会影像，大众是通过传媒建构的这类知识和影像来认知世界、体味他们曾经经历过的现实生活。下面从媒介建构社会认知上来考察媒介文化的塑造功能。

（1）首先来看媒介建构对社会认知的影响。学者们通过对大众媒介与人们的暴力认知（行为）的关系研究，对媒介的这种建构作用做了很多深入的探讨。特别是电视节目，由于形象、生动，现场感强，对大众社会现实的影响一直受到关注。

例如，20 世纪 50 年代以来，许多研究者调查了青少年看电视暴力节目的时

---

①② 陆扬、王毅：《大众文化与传媒》，上海三联书店 2000 年版，第 19～21 页。
③ 陈世敏：《大众传播与社会变迁》，中国台湾三民书局 1983 年版，第 56～58 页。

间与他们侵犯性行为之间的关系，发现长期持续收看电视暴力节目可能会引发或强化儿童、青少年的侵犯性行为。研究者解释说，至少有三个原因会导致儿童和青少年的侵犯性行为：第一，电视暴力节目会让观众产生世界充满暴力的感觉。一些研究已经表明，接触暴力节目多的人比接触少的人更容易觉得暴力行为在社会上是普遍存在的，我们生活的世界充满了危险，人们多半自私自利，不可信任。这种感觉或想法，将促使大众容忍暴力，并认为暴力是无法控制的，而为了生存或解决问题人们必须使用暴力。第二，在电视里，暴力行为很少受到惩罚，相反倒是男子汉的英雄表现。第三，暴力是解决冲突及达到个人目标的有效方法，而其他解决冲突的方法如妥协、辩论、和解等常常是无效的。在这些情况下，儿童更容易模仿电视暴力行为来解决生活中的冲突。这三个方面是我们长期观看暴力节目后产生的错觉。[①]

（2）其次，考察媒介公信力对社会认知的影响。学者们的实证研究数据显示了媒介公信力与受众的媒介认知有不同程度的相关。

将大众媒介公信力作为一个影响受众认知的变量，学者们的实证研究发现在媒介对现实的不同报道程度和是否有亲身经验的情况下，受众对媒介公信力的评价会不一样，并进而相应影响对报道真实性的看法；同时，报纸和电视两种不同媒介的公信力与对报道真实性的看法相关度也不一样。如王旭、莫季雍、汤允一等在对 1998 年 7 月执行的"台湾社会变迁基本调查计划三期四次：大众传播组"[②] 的数据分析中发现，"就公信力认知社会真实的影响而言，在认知'产业外移'方面，相较于认为新闻报道实际情形严重，对有亲身经验的受访者而言，对报纸公信力所作评价高，将媒介真实视为社会真实的可能性愈大，电视公信力在此的作用不显著；相较于认为实际情形较新闻报道严重，不论受访者有无亲身经验，对报纸公信力所作评价高，将媒介真实视为社会真实的可能性愈大，电视公信力与认知社会真实之间的正向关联仅存在于没有亲身经验的受访者。在认知'暴力犯罪'方面，相较于认为新闻报道较实际情形严重，对没有亲身经验的受访者而言，对报纸公信力所作评价高，将媒介真实视为社会真实的可能性愈大，电视公信力在此的作用不显著；相较于认为实际情形较新闻报道严重，不论受访者有无亲身经验，不论报纸或电视新闻的公信力与认知社会真实之间都没有显著关联。"[③]

---

① 孙云晓、卜卫主编：《培养独生子女的健康人格》，天津教育出版社 1998 年版。

② 这是我国台湾省的"中央研究院社会学研究所筹备处"在 1998 年 7 月执行的"台湾社会变迁基本调查计划三期四次：大众传播组"调查，以台湾本岛为抽样范围，采分层集群随机抽样访员面访方式，成功访问 1920 名年满 18 岁的受访者。

③ 王旭、莫文雍、汤允一：《媒介表现：关于新闻可信度的讨论与测量》，1999 年中华传播学会年会论文。

澳门大学的林玉凤在对澳门居民的调查中发现，本地媒介的公信力情况影响到当地的社会建构。在澳门居民中愈相信澳门本地媒介的人，对于澳门的前景有愈趋乐观的倾向。而在澳门居民中愈相信香港传媒的受访者，则对澳门前景有愈趋悲观的倾向。[①]

5.5.4 媒介公信力、文化与社会资本

这部分是从社会资本的角度进一步来看媒介公信力对媒介文化功能的影响。讨论的是三个变量的关系：媒介公信力、文化、社会资本。依据福山的逻辑：文化决定了信任，信任构成了社会资本。但对于媒介公信力来说，一方面它像信任一样受到文化的影响，另外一方面它又塑造文化。这样就有两条逻辑：一是文化→媒介公信力→社会资本，文化影响到媒介公信力，媒介公信力是构成社会资本的一个部分；二是媒介公信力→文化→信任→社会资本，媒介公信力影响到对文化的塑造，文化又影响到整个社会的信任，最终影响到整个社会资本。

一、社会资本

社会资本一词是法国社会学者布迪厄（P. Bourdieu）在 1980 年的一篇短文中提出的。后来哈佛大学的罗伯特·D·普特南在 1993 年写成的《让民主政治运转起来》一书和在《美国展望》杂志发表的一系列具有广泛影响的文章中，都提到了社会资本概念，这个概念开始得到广泛的关注，并成为一个重要的社会学概念，甚至后来又成为一个重要的政治学概念和各个学科广泛使用的跨学科的概念。它的内容也发生了重大的变化。目前这个概念虽然尚没有一个权威性的统一定义，但各方面基本上认同普特南的定义，即把它理解为"能够通过推动协调的行动来提高社会效率的信任、规范和网络"。对这三个方面的不同强调，构成了关于社会资本概念的不同解释。[②]

学者福山从文化的角度论述了社会资本。他认为存在着三种资本：经济资本、人的资本、社会资本。其中，社会资本是由社会或社会的一部分普遍信任所产生的一种力量。我们从检验生活中获得的一个最重要的启示是：一个国家的福利以及它参与竞争的能力取决于一个普遍的文化特性，即社会本身的信任程度。

---

① 林玉凤：《媒介使用与社会建构——澳门传媒与社会变迁关系初探》，载于中国人民大学《2004全国博士生学术论坛论文集——社会学科分论坛》论文集中。

② 转自李惠斌的《什么是社会资本》一文，载于《社会资本与社会发展》，社会科学文献出版社2000 年版，第 6 页。

福山认为在制度趋同的今天，决定经济竞争力的主要因素是由文化所构建的社会信任和合作程度，也就是说，文化差异是导致社会和经济差异的决定因素。① 这样，对于媒介公信力与社会资本的关系，就分为两个方面：一是媒介公信力本身是社会资本的构成部分；二是公信力通过对媒介文化的传承与塑造作用又影响到社会资本。

二、媒介公信力是社会资本的一个构成部分

按照福山的观点，社会资本是社会本身的信任程度。那么，作为信任关系范畴的媒介公信力也自然是社会资本的一个重要构成部分。尤其在现代社会，媒介公信力作为一种系统信任，是现代社会的信任特征之一，对社会资本更是有现代意义。

社会资本对于国家经济的影响，这里引用福山的论述来看。关于信任的社会资本对信息技术发展的影响，福山认为，信息革命废除等级森严的大型机构或一旦等级制度被破坏，自发群体将立即产生的迹象根本还不明朗。因为群体的形成依靠的是信任，而信任是由文化决定的，不同文化有不同的自发群体，而且自发程度也不尽相同。一个大型等级机构转向灵活的网络式小公司的能力将取决于信任的程度，以及它所处社会的社会资本情况。像日本这种信任程度非常高的社会在信息革命如火如荼之前就有效地创建了网络；一个信任程度非常低的社会将永远无法利用信息技术带来的便利。

福山将一个国家竞争力高低的决定性因素归结为是由信任文化差异所带来的社会资本，虽然有点放大了社会资本的作用，他的论证有许多地方还值得进一步探讨，但福山提供了一个非常重要的思考角度，即信任文化差异所带来的社会资本对我们社会的影响是一个现实的问题，在思考物质类型的资本时，不能忽略社会资本的存在，它对社会的发展能产生同样的影响。②

三、媒介公信力通过对媒介文化传承与塑造的作用影响社会资本

按照福山的逻辑，文化差异决定了一个社会的信任程度，信任程度构成了社会资本的状况。文化是社会资本的一个最终决定因素。而大众媒介公信力除了本身是社会资本的一个构成部分外，还对决定社会资本的文化有影响——影响媒介文化的传承与塑造功能。

---

① ［美］弗朗西斯·福山著，彭志华译：《信任——社会美德与创造经济繁荣》，海南出版社 2000年版，第 8 页。
② 同上，第 29～30 页。

前面已经讨论了媒介公信力影响媒介的文化传承功能，讲求社会责任的精英类和政经类等媒介的文化传承内容主要是社会规范、道德观念、文学艺术等，如果这些媒介的公信力低，就可能给一些不讲社会责任、靠庸俗低级内容来吸引受众的小报小刊等留下空间，这无疑对于社会传统文化的延续是不利的，进而影响到社会资本。

同时，媒介公信力影响媒介的大众文化塑造功能。一个社会的文化除了传统文化之外，还应该有伴随着大众媒介而发展起来的大众文化。信任背后的文化含义就不应当仅仅是传统的这部分，还有新兴的、发展的大众文化这部分。由此，从文化角度来看，社会资本并不是静态的，而是可发展的。

对于大众文化的塑造，与文化的传承一样，讲求责任的媒介需要有更高的公信力，这样塑造的大众文化是健康的、有利于社会进步的。而如果讲求责任的媒介公信力低，一些社会责任感不强的媒介就可能对大众文化的塑造作用加强，势必影响到大众文化中积极成分的比重，进而影响社会资本。

所以，媒介公信力是现代社会构成与影响社会资本的一个重要的变量。

第6章

上 篇 结 语

　　大众媒介公信力问题在美国已经有了八十多年的研究历史，已经成为传播学中的一个重要研究领域。美国传播学者们的研究主要包括四个方面：媒介公信力的测量、维度探讨、影响因素分析、对传播效果的影响。但以美国学者为主的研究主要是在微观层面进行的实证探讨，缺少理论层面的系统分析。对于我国来说，媒介公信力问题还是一个新命题，在基本概念的界定、研究范式的确立、理论假设的提出等方面都还几乎是空白。

　　由此，本篇首次对媒介公信力问题进行了系统的理论探讨，对媒介公信力的中英文概念及相关概念关系作了基础性的界定，第一次从横向的跨地域差异和纵向的制度和社会变迁角度来对媒介公信力的判断维度和影响因素作了探讨，对一些建立在西方社会基础上的分析理论提出了新的思考，原创性地提出了基于我国现实的媒介公信力判断维度的理论假设和媒介公信力生成模式，全面分析了公信力对媒介功能的影响。

　　本篇依次探讨了媒介公信力理论问题的五个方面：基本概念的界定、维度探讨、影响因素分析、生成机制、对传播效果的影响。

　　本篇通过与美国等地的横向对比发现，我国大陆的媒介公信力不但不低，而是较高的。进一步实证探讨发现，我国大陆与美国的媒介公信力背后的意义是有差别的，也就是公众判断媒介是否可信的维度是不一样的。我国媒介公信力的判断维度是权威性、实用性等，而美国媒介公信力的判断维度是客观、公正、准确的。本篇对这种判断维度差异的对比分析发现，这与社会系统的政治因素有更多的相关性。简单地说，我国大陆的媒介是与党和政府一体的，而美国的媒介与政

164

中国大众媒介的传播效果与公信力研究

府在表面是分离的，两国媒介具体表现出来的角色扮演就有区别。媒介与政府的这种关系影响到公众的认知，从而形成对媒介是否可信的不同判断维度。最后，本篇提出了我国媒介公信力是一种（行政）权力取向的判断，而美国的媒介公信力是一种专业取向的判断。

由此，针对我国的具体情况，最后提出两个思考。

一是社会系统性因素作用下的媒介公信力波动对媒介政府形象的影响问题。我国媒介是党的"喉舌"，政府职能部门的延伸，媒介与党和政府是一体的。公众对于媒介这种角色的认知也是很明确的，在第2章探讨了我国媒介公信力的判断维度是权威性等行政权力取向的，公众对媒介的信任更多的是透过媒介对政府的信任，即媒介具有代表政府形象的功能。

在第3章公信力影响因素的讨论中，对美国媒介公信力的历史考察发现，媒介公信力呈现整体性的下降趋势，这种下降趋势是系统性的影响因素共同作用的结果，既有宏观社会层面的，也有微观个体和媒介层面的因素。对于我国媒介来说，也会遇到这种情况，即在这种发展大潮中，媒介公信力会受到社会系统各个层面变化的影响。如我国的各种传播通讯技术的快速发展，媒介传播渠道的多元；年轻人思想观念的前卫，个体观念的增强；经济发展下的人口结构的变化；与世界交流频繁下的各种多元文化的冲击，等等。这些影响因素是社会发展过程中必然出现的。受到这些社会系统性因素的作用，媒介公信力会发生波动。

媒介公信力的波动势必在一定程度上影响到党政机构的公信力。虽然当前我国媒介具有较高的公信力，但如何未雨绸缪寻找到有效的、可行的解决方法让媒介公信力的必然下降趋势不要影响到政治机构的公信力，这是我国一个现实的问题，需要进行更深入的探讨。

二是在市场化进程下，我国媒介除了具有根本的"喉舌"功能外，还有了经济创收功能。一些市场化程度高的媒介的经济创收功能特征逐渐变得比较突出，如体育类、娱乐类的报刊和电视广播节目；还有如《三联生活周刊》、《新闻周刊》、《外滩画报》等时政类报刊的市场特征也开始比较突出。这点对于受众的认知来说，就有这些变化：媒介公信力的判断维度会有变化，如果不是单纯的权力取向的判断维度，专业取向的判断维度比重会明显增加；媒介公信力的高低会发生变化，有可能由权力取向下的较高公信力变为专业取向下的较低公信力；公信力对媒介功能的影响作用也会相应发生变化，如公信力的高低对媒介政治文化功能的影响减弱，对媒介大众文化功能的影响增强等。这些都是理论上可能存在的变化，需要进一步的实证探讨。

中　篇

大众媒介
公信力测评方法
研究

第 7 章

测评方法文献探讨

媒介可信度研究在美国已经有几十年的研究历史，积累了相当丰富的研究成果，作为在中国大陆进行的系统的有关媒介信任问题的开创性研究，有必要对前人的研究成果进行系统的回顾和了解，借鉴其有价值的研究成果。另一方面通过文献回顾可以去发掘以往研究中尚需完善的地方，从而形成自己的研究主题和研究思路。

发源于美国的媒介可信度研究带有很强的实用主义特色，社会发展进程中的现实需求是媒介可信度研究的直接推动力和研究导向。因此，理清可信度研究发展历程与社会历史进程的关系脉络，有助于我们透过复杂的研究表象把握可信度研究的本质意义所在，避免中国的媒介可信度研究拘泥于表象化的具体问题，同时也是为本部分报告的研究目的之一："探讨媒介公信力的理论内涵" 奠定基础。而且，结合历史背景的文献探讨，也可以提醒我们谨慎对待那些带有文化特殊性的可信度研究成果，而不是机械盲目地引用借鉴。

另外，本部分报告的重点是建立媒介公信力的测评指标，有必要在文献探讨部分对有关媒介可信度测评的研究成果进行深入和全面的文献回顾，从中吸收有价值的研究成果、研究思路、研究方法等。

我国香港、台湾和大陆地区也对媒介可信度（公信力）问题有过相应的研究，由于研究带有中华文化背景，有必要对这三个地区的研究进行单独的介绍。

这样，文献探讨分为三个部分，分别有关 "可信度研究的社会历史脉络"、"媒介可信度测评量表的发展历程" 以及 "中国媒介可信度研究现状"。

7.1 可信度研究的社会历史脉络

传播领域的可信度①研究最早是作为传播效果的一个影响变量受到关注，后来开始发展为一个相对独立的研究课题。由于绝大部分的研究在美国进行，其研究的发展脉络同美国社会历史背景紧密相关联。伴随着美国历史上三次对传播学影响颇大的历史变迁——第二次世界大战、20世纪60年代以来电视的出现和普及、80年代的媒介信任危机——出现了三次可信度研究的高潮。经过这三个阶段的研究积累，可信度研究开始从零散走向系统，对可信度含义、研究领域的划分等基础问题开始有了比较统一的认识，近来的研究关注点也开始由基础性研究转向更为深入和广泛的问题探讨。但整体来看可信度的研究还处于初级阶段，甚至一些基础性问题，比如可信度的内涵，虽然在美国的文化背景下达成了一些共识，但还称不上是已经完善。

一般对可信度研究成果的回溯，或者按照时间跨度，或者按照研究类别（比如分为"比较不同媒介的可信度、探讨可信度的面向、分析影响可信度的因素"三类;② 或者分为"消息来源可信度、媒介可信度"两类③）。按照时间跨度的文献探讨容易出现概念和研究类别的含混，但仅以类型做成果回溯不容易参透研究发展与历史变迁的关联以及概念的演化过程。

由于可信度的基础研究有三次研究高潮，而每个研究阶段中都是以某一项规模和影响最大的研究项目为代表，同时这几项重要研究项目的侧重点和取向又各有不同，从而对可信度研究领域的分化有着重要的影响。因此，以下尝试以三个阶段的代表性研究为主轴，从时间和类别两个方面，对可信度的已有研究成果进行回顾和探讨。

7.1.1 第二次世界大战期间对"消息来源可信度"的研究

可信度研究始于人们对传播效果的关注，早期对可信度的研究课题主要围绕

---

① 媒介"可信度"（credibility）研究一直是媒介信任问题的研究主流，因此在文献探讨部分使用"可信度"一词。

② 罗文辉、陈世敏：《新闻媒介可信之研究》，中国台湾"行政院国科会专题研究报告"（1993年）。

③ Kiousis, S. Public trust or mistrust? Perceptions of media credibility in the information age. Mass Communication & Society, 4 (4), 381 – 403. 2001.

着"传播方可信度方面的特性是否会对传播（说服）效果造成影响"而展开。显然这时的可信度主要是作为传播效果研究的一个子课题或者说是一个影响变量来对待。随着研究成果的积累，研究内容的逐步深入和丰富，可信度渐渐成为一个专门的论题，但从其发源的最初动因来看是与传播效果密切相关联的。

一、早期有关消息来源可信度研究概述

对消息来源可信度的研究最早可以追溯到公元前4世纪，亚里士多德在他的修辞学著作中指出：使演说取得成功的重要人为手段有三种：ethos（信誉证明）、pathos（情感证明）、logos（逻辑证明），而其中最为重要和有效的手段就是演说者本人的品格和素质所产生的说服力——ethos（信誉证明），其含义与我们今天所探讨的"可信度"基本一致。亚里士多德指出，信誉证明包含"道德品格"及"专长和经历"两个方面，同时信誉取决于演说者是否具备下列三个条件："明智"（good sense）、"品德"（good moral character）、"善意"（good will）。明智，指演说者对所谈话题的判断力；品德，就是演说者的个人道德品质；善意，指演说者对听众的态度。"任何演说者若被认为具备了所有这三个条件，就一定能取得听众的信任"。[①]

第二次世界大战期间，为配合战争宣传的进行，信息来源可信度与宣传效果的关系等问题受到关注。以霍夫兰（Hovland）为首的耶鲁学派在著名的"传播与态度变迁计划研究"中，针对"发送消息的人"的可信度与传播效果问题进行了一系列研究，研究的关注点和落脚点为"传播效果"，研究途径主要是通过实验法来证明，在传播内容相同的情况下，高可信度的传播者比低可信度的传播者有更强的说服力。这同古代修辞学者对可信度的关注点是一致的（其实质可以说是用量化研究的方法对亚里士多德的观点进行验证），但由于发送消息的人不再像古代一样主要通过现场演讲方式传达信息，更可以利用宣传影片或传单等现代媒介，因此霍夫兰的可信度研究范围实际上不仅包括了传播者（communicator），也涉及了电影和印刷品等传播渠道（channel）的可信度问题，不过在当时的研究中后者并非研究重点，其研究也没有将消息来源（source）与传播媒介（medium）的可信度问题进行区分。研究得出两个主要结论：一是可信度主要归结于发送消息者的特征，其中包含两个因素——专业性（expertise）和可信性（trustworthiness）；二是信息传送渠道本身也会对可信度有一些影响。第一个研究结论与亚里士多德在两千多年前得出的结论——信誉证明包含"道德品格"及"专长和经历"——是

---

① 龚文庠：《说服学的源起和发展趋向——从亚里士多德的"信誉证明（ethos）"、"情感证明（pathos）"、"逻辑证明（logos）"三手段谈起》，载于《北京大学学报（哲学社会科学版）》1994年第3期。

一致的。

后来霍夫兰的同事威兹（Weiss）认为可信度的研究有必要将"内在消息来源"（internal source，比如信息的制造者）和"外在消息来源"（external source，比如信息传播的媒介）加以区分。遵循这一思路，后来的一些研究者将霍夫兰的一系列研究以及其他仅仅针对消息来源的研究取向称为"消息来源可信度"（source credibility）研究；而关注于媒介传播渠道或机构的研究则归于"媒介可信度"（medium credibility）研究范畴。[①]

消息来源可信度所关注的研究内容，除了探讨可信度与传播效果之间的关系之外，也对可信度的构成维度进行了探讨，大致的研究方法是通过焦点访谈或开放式问卷要求受测者对自己所认为的可信任的人或机构特征进行描述，然后收集特征描述的词汇建立语义差别量表，再经过因子分析得出可信度的构成维度。

比如伯罗等人整理出 35 个可信度的指标，经因子分析得出安全性（safety）、资格（qualification）、活力（dynamism）三个可信度的构成维度。[②]

辛格尔特里在研究中首先征询了 90 名新闻学和其他专业大学生，让他们描述最值得自己信任的发送信息的人应该是什么样的。共收集到了 203 个与可信度有关的描述性词语。接着将这 203 个描述消息来源可信度的词语按字母顺序排列，编制一个 6 分的语义差别量表，6 分表示"这一词汇与'可信度'的意义'完全一致'"，5 分代表"非常一致"，以此类推。然后按照"男—女、新闻专业—非新闻专业、高年级—低年级"平均选择了 118 名大学生完成了问卷。经因子分析发现，排在最前面的 6 个因子具有 48% 的解释力，而随后 10 个因子的解释力仅为 13.8%，最后只保留了解释力最高的 6 个因子，作为消息来源可信度的 6 个维度。分别是：知识丰富（knowledgeability）、吸引力（attraction）、值得信任（trustworthiness）、清晰度（articulation）、敌意（hostility）、稳定性（stability）。[③]

二、讨论

早期对于可信度构成维度的探讨，样本数量较小，统计分析方法和工具也还未完善，存在比较大的缺陷。比如辛格尔特里的研究，使用因子分析探讨可信度的维度，203 个分析变量仅有 118 个样本，其研究结果的科学性是值得怀疑的。

---

① Kiousis, S.. Public trust or mistrust? Perceptions of media credibility in the information age. Mass Communication & Society, 4 (4), 381 – 403. 2001.

② Berlo, D. K., Lemert, J. B., & Mertz, R. J.. Dimensions for evaluating the acceptability of message sources. Public Opinion Quarterly, 33, 563 – 576. 1969.

③ Singletary, M. W. Components of credibility of a favorable news source. Journalism Quarterly, 53 (2), 316 – 319. 1976.

20 世纪 80 年代之前对可信度构成维度的研究（无论是"消息来源可信度"还是"媒介可信度"）受限于研究规模，影响力都不大，对可信度的含义也未达成统一的认识，每项研究虽研究对象的名称都是"可信度"，但实质所指却各有异同，有的研究对象是消息的原始发出者、有的是信息传送者、有的则是信息传播渠道，所得到的有关可信度构成维度的研究结论自然也差异颇多。到了 80 年代，随着几项由大众媒介机构资助的大型可信度调查的展开，对可信度构成维度的探讨才开始形成延续和连贯，研究取得了比较大的进展。后文对此有详细介绍。

另外需要指出的是，所谓"消息来源可信度"与"媒介可信度"的研究分野，是后来学者的总结，在早期的研究中区分并不十分明确。对媒介可信度的研究也常使用"消息来源"（source）一词来笼统地指代媒介。后来的研究者凯奥赛斯（Kiousis）对早期的研究加以总结，认为消息来源可信度的研究对象主要是消息的发出者（sender 或 senders）的特征（主要包括个人、团体和组织），而"媒介可信度"主要探讨媒介通道（channel）的可信度。[①]

然而从另外的角度来看，现代社会的大众媒介并不是一个传送消息的机械通道，它本身有一套专业化的信息处理机制，会对收集到的原始信息进行选择和加工，而具体的每一家媒体在信息的关注方向、采集和处理的技术手段等方面也是各有特点。也就是说，不同的媒体所产出的信息同原始的信息相比，已经带上了由不同媒体所赋予的独特个性。因此人们对媒介可信度中"媒介"的理解，往往所指涉的并非单纯的"渠道"，而是混合了信息来源和信息通道特征的综合体。久而久之，这种综合体在受众心目中，实际上已成为具有某种类人化形象的信息发出者了。另外在现代社会中，媒体为保护消息来源越来越多地使用匿名消息，而媒介市场竞争也促使媒介越来越注重个性化的新闻再加工……在这样的背景下，人们对大众媒介所发出的信息，很大程度上会从关注消息的原始来源转向"消息是由哪一家媒体发布"。也就是说，大众媒介在很多情况下本身也是一种消息来源。

其实美国的"消息来源可信度"与"媒介可信度"研究的本质区别，并非是研究对象的不同，而在于研究的落脚点。"消息来源可信度"研究是将传播者与受传者之间的信任作为一种达到传播目的、促使受传者态度改变的工具，研究重点是如何建立可信度以达成更好的劝服效果，落脚点在于传播的说服性效果。而"媒介可信度"研究的落脚点在于媒介与公众之间的信任关系，研究重点是探讨哪些因素会影响到这种关系，并从不同的视角对媒介的信任状况进行解析，这同为了达到态度改变的目的而制造信任的"消息来源可信度"研究取向有着

---

① Kiousis，S.．Public trust or mistrust？Perceptions of media credibility in the information age. Mass Communication & Society，4（4），381 – 403. 2001.

很大的区别。① 联系美国的自由主义新闻价值观，这种微妙区别是很容易理解的。自由主义的新闻观念认为大众媒介担当着"中立守门人"的角色，对信息传播应该保持中立客观的立场，绝不可以是观点的宣传和灌输者。无论大众媒介在社会中对人们的实际影响有多大，无论大众媒介实际上是否扮演了说服工具的角色，但如果有谁将大众媒介作为一种主观上的说服工具来进行研究，无疑是违背美国公众和学界对于媒介本质的基本价值认知的。但个人（比如总统候选人）或组织（比如环境保护组织）所进行的说服他人的传播活动研究却是可以接受的，相关的研究应该归于"说服学"、"修辞学"或"公共关系"等学科领域而非"新闻学"领域。这样的新闻价值观背景应该是美国学界将可信度研究划分为"信息来源可信度"和"媒介可信度"两个研究范畴的最根本缘由。

与美国不同，中国大陆从不讳言大众媒介的说服工具角色，担当好"党和政府的喉舌"、"舆论引导的工具"一直是大陆新闻媒体的主要任务。因此在中国大陆的媒介可信度研究中，可信度与媒介说服效果不仅不是一个需要回避的问题，而且是政策性研究的重点。即使是排除政策导向的中立理论性研究，对于大陆媒体说服性效果究竟怎样，说服性效果与媒介可信度之间有何联系，以大众媒介为说服性工具是否会损害媒介的可信度，媒介可信度与不同的媒介理论观（权威主义理论、古典自由主义理论、媒介责任理论、马克思主义媒介理论等）之间有何理论关联等有关中国媒介现实问题的探讨，如果延续美国的研究传统，在媒介可信度的探讨中回避说服性效果的问题，将研究区分为"消息来源可信度"和"媒介可信度"两个研究领域，则不利于研究的开展。因此在本土的具体研究中，一方面应该了解美国可信度研究领域区分的传统，避免概念的混淆；另一方面则需要灵活对待，没必要拘泥于形式。

7.1.2　20世纪60～80年代媒介可信度的比较研究

电视作为一种新兴媒体进入大众传播领域引发了一系列的反应，其中报纸作为传统媒体的代表与电视之间的竞争成为媒介产业界关注的焦点，与此相应的是传播学领域关于不同种类媒介可信度的比较研究的热潮，相关研究在回应历史现实的同时也丰富和发展了可信度研究本身。可信度的比较将研究视角从早期以传播效果为落脚点转向"媒介可信度"本身，可信度的研究因此开始独立于传播效果的研究，这可以说是可信度研究历程中的一大进步。研究的热潮带来了丰富

① Dube, Richard (1998). Focus of attention: a behavioral perspective on media credibility. Doctor Dissertation. The Washington University.

的成果，并引发人们从更为宽阔的视角探讨媒介可信度问题，这一时期的研究为媒介可信度研究领域的独立和扩展奠定了基础。

一、媒介可信度比较研究概述

自 1959 年开始，Roper 机构受电视咨询局（The Television Information Office）委托，对美国民众做了一系列全国性调查，调查持续了 20 多年，目的是对几种主要的大众媒介（报纸、电视、广播、杂志等）进行可信度比较。Roper 的研究反映了战争结束后研究重点由政治领域转移到经济领域的逻辑必然，而直接的现实动因则是电视作为一种新媒介与其他大众媒介（尤其是报纸）所展开的市场竞争。

Roper 机构对媒介可信度进行比较的方式是询问受访者类似这样的问题：

> 如果你发现广播、电视、杂志或报纸对同一则新闻的报道相冲突或不同，对这四种不同的报道，你会倾向相信哪一种——广播、电视、杂志还是报纸？

Roper 机构的媒介比较结果显示了电视逐步取代报纸成为人们最信任的媒介这一现实：1959 年报纸的被选择比率为 32%，电视的被选比率为 29%；1964 年，报纸 24%，电视 36%；1974 年，报纸 22%，电视 51%；自 1984 年以来，报纸和电视的中选比率稳定在 24% 和 53% 上下。[①]

Roper 机构所设计的在几种媒介中选择"最信任哪一个"媒介的比较方式，后来被称为"相对可信度"测量。其优点是简易明了，易于操作，被访者也易于回答。但这种问法实际上所测量的并不是媒介实际的可信程度，只是每一种媒介在比较中成为"最信任"的媒介的中选比率。

Roper 机构的研究由代表电视产业利益的机构资助，其问题的设计被认为对电视有偏向。人们不断对 Roper 机构的研究设计提出质疑和修正。

一种修正的途径是不改变"在几个中任选一个"的比较方式，但设定一些比较的"认知参考点"，比如阿贝尔和沃思认为笼统地比较电视和报纸，被访者心目中很可能是在地方报纸和全国电视网之间进行比较，因此对报纸不利，为此改变 Roper 机构笼统比较几种媒介的方法，让被访者仅比较"地方性电视新闻"与"地方性报纸"新闻的可信度，即在地方性报纸与地方电视新闻对同一件事情报道不一致或不同时，被访者会比较相信报纸还是电视，结果发现即使以地方性新闻为认知参考点，地方性电视新闻仍然被认为最可信。[②]

---

① Edelstein, Alex S., Ito, Youichi, and Kepplinger, Hans Mathias. Communication & Culture: A comparative approach. New York: Longman. 1989.

② Abel, J. D. and Wirth, M. O. Newspaper vs. TV credibility for local news. Journalism Quarterly. 54 (2), 371 – 375. 1977.

另一种修正途径是摒弃"在几个中选择一个"的模式，让受访者分别对每种媒介的可信度作出评价，然后再进行比较。比如卡特（Carter）和格林伯格（Greenberg）设计的问法是询问受访者：

对于媒体可信度的意见，分数从零到100%，100%代表完全可信，您个人认为报纸（电视、杂志等）可信度应为多少？

研究证实，卡特（Carter）和格林伯格（Greenberg）的问法使电视与报纸之间的差距缩小，电视可信度为82%，报纸可信度为68%。[1] 这种询问每一种媒介的可信度然后进行比较的方法后来被称为"绝对可信度"比较。

种种经过修正的媒介比较方式缩小了电视和报纸的可信度差距，但大多数研究都显示，电视是人们更为信任的媒介。

除了媒介种类的比较之外，有些研究将媒介或新闻记者的可信度与社会的其他社会机构或从业者（比如政府、法院、宗教机构或者律师、医生、警察等）进行比较，这样的比较实际上是将媒介置于更为广阔的社会信任背景之下，为媒介的信任水平提供了宏观的参考标准。

Roper 机构的研究在当时引起了非常广泛的电视和报纸可信度比较研究热潮，研究结果非常丰富，媒介可信度比较研究一度成为可信度研究的一个重要课题。但不得不说这些研究有时候过于拘泥细节，甚至到了"吹毛求疵"的地步，[2] 比如肖（Shaw）认为由于电视更为普及，人们对其依赖性较强，Roper 机构的问卷设计在询问"最依赖的媒介"之后紧接着问"最相信的媒介"，会使受访者由于惯性或者寻求心理一致性，而导致电视的中选率高。[3] 这实际上反映了媒介可信度比较研究这一研究取向已经缺少发展的空间，可信度研究领域的扩展和深入必须寻求其他的研究方向。

二、讨论

（一）媒介可信度测量的准确性和精确性

回顾可信度比较研究的历史，卡特（Carter）和格林伯格（Greenberg）对媒介可信度的比较采用百分比评分的方式，很大程度上是为了保持与 Roper 机构研

---

① Carter, R. F. and Greenberg B. S. Newspaper or television: which do you believe? Journalism Quarterly, 42（1），29 – 34. 1965.

② Edelstein, Alex S., Ito, Youichi and Kepplinger, Hans Mathias. Communication & culture: a comparative approach. New York: Longman. 1989.

③ Shaw, E. F. Media Credibility: Taking the measure of a measure. JournalismQuarterly, 50, 306 – 311. 1973.

究的一致性和可比性，卡特和格林伯格问法所得到的测量结果同机构的 Roper 机构的问法测量结果虽然都是几个百分比数值，但实际含义却有很大区别。正如前文所说，Roper 机构的问法所比较的是每种媒介"最信任中选率"，得出的结果实际上并非单纯的媒介可信度，这种问法显然偏向于普及率较高的媒介，是普及率、认知率、接触率等多项变量的综合反映；而卡特和格林伯格问法所比较的才是人们对不同媒介的可信度评价。

从统计的角度来看，两种问法作为"可信度"的不同测量工具，两者之间的区别体现了测量"准确度"和"精确度"之间的辩证关系。就比如使用以"米"为最小刻度和以"毫米"为最小刻度的尺子进行长度的测量，使用以"米"为刻度的尺子进行测量，出现误差的可能性小，但精确度不足；使用以"毫米"为刻度的尺子，出差错的可能性较大，测量误差增加，但更为精确。二者之间应该怎样取舍则需要看测量对象的性质和测量的需求。

Roper 机构的问法准确程度较高，因为测量刻度只有两个："最信任"和"非最信任"，被访者只需要选出最信任的那一个媒介就可以了，因此出现误差的可能性较小，但测量的精确程度较低。卡特和格林伯格的问法，测量刻度更为丰富（0～100%），这必然会增加人们填答时的难度和出错的几率，从而使测量误差增加，但比起只有两个刻度的 Roper 机构的问法，测量的精确度则提高很多，每一种媒介都会有一个相应的评分，0～100%的不同评分代表受访者对媒介信任的不同程度。而且如果是受访者没有接触过的媒介，受访者可以不予评分，这样在计算可信度平均得分时作为遗漏值处理而不是做 0 分处理。而 Roper 机构的问法，相当于最信任的媒介被评为100%，其余媒介，无论是次要信任、不信任或者是没接触过的媒介，一概以评 0 分来计算。因此 Roper 机构的问法有利于普及率高的媒体，电视的普及率普遍比报纸高，可以设想，选择电视为"最信任"的人当中很可能有一部分是因为只看电视但很少读报纸，并非因为电视比报纸更可信，因此 Roper 的问法自然会拉大电视与报纸之间可信度的差距。比如台湾潘家庆等人 1990 年在台湾地区进行的研究，采用 Roper 机构的问法，得到的结果电视竟比报纸的中选率多出 40%：电视 71.3%，报纸 29.1%。[①] 而且由于 Roper 机构的问法精确度低，所测量到的数据信息较少，进行进一步分析的空间十分有限，而用"分别评分再比较"的方法，可以得到更为丰富的数据资料，有利于分析的深入。

对媒介可信度的比较，是许多可信度研究都需要涉及的问题，也是媒介产业

---

① 潘家庆、王石番、谢瀛春：《台湾地区民众传播与议题设定之研究》，中国台湾"行政院国科会专题研究报告"（1990 年）。

界在媒介市场竞争过程中所关注的话题。近年来随着互联网这一新兴媒体的出现，可信度比较研究又开始兴起。Roper 机构所使用的问法虽然存在种种缺陷，但由于其简明易操作，近年也依然有人使用，只是需要对其测量结果有客观的审视。

（二）媒介可信度比较的层次

已有的可信度比较研究的成果带给我们的启发除了客观对待 Roper 机构的问法之外，还需注意进行可信度比较时的层次问题，这一点在媒介日益专业化、分众化的趋向下，在进行具体媒体（比如中央电视台和凤凰卫视、人民日报和京华时报）或者细分媒体类别（比如法制类媒体、体育类媒体、经济类媒体）的可信度比较时，尤其需要注意。斯威格（Schweiger）在探讨网络媒体可信度时，以金字塔形图示将影响可信度的信息传播方从金字塔的顶端到底座依次分为六个层次，可以作为可信度比较层次的参考：

第一层是新闻播报员，如记者、主播等。

第二层是消息来源，例如新闻里接受访问的政治人物或学者专家。

第三层是编排形式，比如新闻编排流程中是呈现出整体感还是单独的新闻事件报道。

第四层是媒体机构，也可以指品牌形象。

第五层是次级媒体属性，例如是公营还是私营的报纸、是时政性杂志还是娱乐性媒体。

最底层指的是整体而言媒体类别上的不同，例如报纸、电视、广播、杂志及网络等。

这六个层次是互相影响的，而受传者对媒体可信度的评估，也受到这六个方面所产生的综合效果的影响。[1]

除这六个层次之外，受众对自己所感受到的媒介环境又会有一个整体的评价。究竟在哪一个层次上进行媒介可信度的比较，需根据自己的研究目的和关注点而适当选择，避免比较时的层次混乱。

严格来讲，媒介之间的可信度比较需要在比较层次上保持一致性，但在具体操作中，尤其是使用问卷调查方法时，细致的层次划分往往会使问卷题目复杂，影响回答的效果，也就增加了测量的误差。过于烦琐的题目设计虽然更为精确，但在具体操作中，受访者未必有耐心对如此细致的层次进行辨别分析，反而有可

---

① Schweiger, Wolfgang. Media credibility – experience or image? A survey on the credibility of the World Wide Web in germany in comparison to other media. European Journal of Communication, 15 (1), 37 – 59. 2000.

能严重影响测量的准确性，因此在研究实践中，应根据自己的研究需要，在测量的准确性和精确性方面作适当的平衡。

媒介可信度的比较研究从某种意义来说，并非一个具有理论纵深空间的研究方向，主要用于对现象的描述以及测量方法和技术的提示与参考。在对可信度比较研究的过程中，一些学者跳出了 Roper 机构的可信度研究模式，意识到媒介可信度并非是个单一维度的概念，开始从多维角度对可信度进行探讨，这一研究方向为可信度的研究提供了更为广阔的发展空间。20 世纪 80 年代中期美国报纸编辑协会（ASEN）所作的系列调查继承和发展了这一研究取向，并使这一研究取向成为媒介可信度研究的主流和进一步深化研究的基础。

7.1.3　20 世纪 80 年代从多维角度对可信度的探讨

20 世纪 80 年代以来，美国频频发生媒体假新闻事件，华盛顿邮报记者珍妮特·库克（Janet Cooke）更是以捏造的新闻获得普利策新闻奖，许多调查研究都指出媒体可信度面临危机，[①] 而报纸的订户也自 70 年代开始出现大幅下滑的趋向，新闻媒介的可信度问题再度引起关注。这一时期对于媒介信任问题的探讨不再仅仅是其他研究论题（比如传播效果、媒介竞争力等）的辅助问题，而是成为研究论题的中心。相应地，对于媒介可信度的研究更为深入和细致，从多维角度探讨可信度成为主流趋势，而且对可信度内涵、可信度测量等基础问题达成了一定的共识。

一、多维角度媒介可信度研究概述

在美国媒介的"信任危机"背景下，20 世纪 80 年代中期由不同媒介机构资助的四项大规模的全国性调查几乎同时展开，每项调查对可信度的定义、调查侧重点都不尽相同：《洛杉矶时报》的全国调查主要考察报纸的政治偏向、媒介的表现、准确程度、公平程度和对政府的批评；加内特（Garnett）中心主要关注公众知识、媒介应用和名人经历以及媒介可信度的关系；《时代镜报》则主要调查受众对媒体的了解程度和对媒介准确性和可信度的评估。[②] 而美国报纸编辑协会（ASEN）委托嘎轧诺（Gaziano）和麦克格拉斯（McGrath）进行的报业可信

---

① Izard，R. Public confidence in the news media. Journalism Quarterly，62. 247 – 255. 1985.；Whitney，D. Charles.，The media and the people：surroundings from two communities. New York：Gannett Center for Media Studies，ColumbiaUniversity. 1985.；Time Mirror The People & Press：A Time Mirror Investigation of Public. 1986.

② Gaziano，C. and K. McGrath. Measuring the concept of credibility. Journalism Quarterly，63，451 – 462. 1986.

度状况调查所产生的影响最为广泛，调查从多维角度对可信度进行审视，提出了一个受到广泛关注、后来被许多学者采用和验证的可信度量表。

调查将以前可信度测量研究中出现的一些有关媒介可信度的描述题项进行总结，结合焦点团体访谈的结果，制定了由 16 个题项构成的 5 分语义差别量表，让美国民众就自己对媒介的感受进行评分，然后研究者对数据进行因子分析，得出两个因子：包含 12 个题项的"可信度"（credibility）因子和包含 3 个题项的"社会关怀"（social concern）因子。由于 ASNE 的特殊地位，其研究结果不仅通过学术界在专业期刊上发布，而且通过行业渠道发布给报纸编辑们和一些出版商，[①] 因此其设计的可信测评量表被广泛采用和验证，得以不断完善。

1988 年梅耶结合 ASEN 的全国调查数据和其他的调查数据对嘎轧诺的量表重新进行了因子分析，得出了不同的因子分析结果，删除了几个指标后，得出"相信"（believability）和"社区关系"（community affiliation）两个因子，梅耶对可信度量表的"相信"子量表做了进一步的数据分析，将其简化为由五个指标构成的可信度量表，详见表 7 - 1：[②]

表 7 - 1　　　　　　　　简化后的梅耶"相信"子量表

公平—不公平（fair—unfair）
有偏见—无偏见（biased—unbiased）
报道完整—报道不完整（tell—doesn't tell the whole story）
准确—不准确（accurate—inaccurate）
值得信赖—不值得信赖（can be trusted—can't be trusted）

1994 年梅耶的同事韦斯特（West）使用结构方程模型技术（SEM）对梅耶的"相信"子量表、"社会关系"子量表以及嘎轧诺的量表，分别进行了验证性的因子分析，对各个量表的信度和效度进行了检验。梅耶所发展出的"相信"子量表的检验结果最为理想，此后在众多研究中被作为媒介可信度的测评量表而较广泛采用。

ASEN 的影响力和嘎轧诺、梅耶、韦斯特几位学者形成延续的研究积累，终于使媒介可信度研究的基础性问题——可信度测评量表——有了比较一致性的成果，美国的可信度研究在此基础上有了进一步丰富和深入发展的可能。

---

① West, M. D. Validating a scale for the measurement of credibility: a covariance structure modeling approach. Journalism Quarterly, 71 (1), 159 - 168. 1994.

② Meyer, P. Defining and measuring credibility of newspapers: developing and index. Journalism Quarterly, 65, 567 - 574. 1988.

中国大众媒介的传播效果与公信力研究

二、讨论

（一） 媒介可信度研究的文化独特性

从前文的文献回顾中我们已经可以清楚地看到，美国可信度研究的每一个发展步骤都是与美国的社会发展背景紧密相关联的，必然带有美国特有的社会文化特征。并且，已有学者指出，媒介可信度的评判准则在应用过程中会受到媒介所处的文化和环境背景的巨大影响，可信度的含义会因为文化的差异而发生变化和偏离。这在一项跨文化的研究中已得到了证实：在德国对大学生的调查显示，人们以"媒体解决社会问题、建立社会公义的能力"来评判大众媒介；而在日本，人们以"媒体和公众之间关系的亲密状况"来评判和理解媒介可信度的含义。[①]

日本、德国与美国仅存在文化的差异，在社会制度和媒介体制上并无本质区别；而中国大陆地区不仅文化独特，而且社会制度和媒介体制与西方存在巨大差异，再加上整个社会都处于重要的改革和变迁过程当中，在这样的背景下，可以推想中国大陆地区媒介可信度的测评应该不是直接使用美国的可信度量表这么简单。

（二） 媒介可信度量表尚待完善

另外，虽然梅耶所发展出的"相信"子量表使用较为广泛，但从梅耶"相信"子量表的检验数据来看，这一量表也并非完美，在一些检验指标上没达到理想的标准（关于这一点将在后文中具体探讨），而且"社会关怀"子量表没有通过检验，也就是说媒介可信度所包含的媒介与公众之间的社会关联方面的因素没有在可信度测评量表中得到体现。因此，梅耶量表作为媒介可信度的测评量表上尚需一步的完善。

7.1.4 对媒介可信度影响因素的研究

从 20 世纪 80 年代开始，可信度的研究焦点已经开始有了较大的扩展，比如 1980 年贝克（Becker）、威特尼（Whitney）和柯林斯（Collins）专门进行了受众对媒体运作了解情况与可信度之间关联的研究；[②] 1985 年伊扎德（Izard）对社

---

① Edelstein, Alex S., Ito, Youichi and Kepplinger, Hans Mathias. Communication & Culture：A comparative approach. New York：Longman. 1989.

② Becker, L., Whitney, C. and Collins, E. Public understanding of how the news media operate. Journalism Quarterly. 57. 571－578，605. 1980.

会大众如何评价媒体及媒体从业人员的表现进行了探讨，认为美国大众对媒体的信任情况与媒体表现是否符合民众期望有关。[①] 不过，在可信度含义和测评量表没有统一的情况下，研究重点自然会倾向于探讨可信度的构成维度（也就是与可信度量表建构有关的问题），而且如果没有一个得到公认的可信度量表，各项研究缺乏统一的研究基础，其发展也必然受到局限。

嘎轧诺、梅耶、韦斯特等人的研究成果为媒介可信度的深入研究奠定了基础，此后的研究者对媒介可信度的测评大多都是直接使用相关指标或者以此为基础稍加修改，各项研究所使用量表虽然还没有达成完全的统一，但已经不像早期的研究那样各自为政了。

量表由不同的学者用于不同主题的研究当中，媒介可信度研究的论题开始向更为广泛和深入的层次发展。如果说探讨可信度的构成维度所解决的是"媒介可信度是什么"的问题，那么在这个基础问题解决之后，研究很自然地向两个逻辑方向发展：

第一个是"为什么可信度是这样？"即探讨对可信度造成影响的原因和因素；

第二个是"可信度会产生什么样的影响？"即探讨可信度对传播以及社会所带来的不同方面的影响。

可信度所带来的影响问题不是本部分报告的主要论题，因此以下仅对可信度的影响因素研究进行简单介绍。

一、媒介可信度影响因素研究概述

媒介可信度影响因素研究又可以分为不同的角度和层面：内部影响因素研究、外部影响因素研究和宏观层面影响因素研究。

（一）媒介可信度的内部影响因素研究

从媒介信息产出一方出发，研究传播者的行为和信息特征对可信度的影响。这种取向的研究重点在于探究"引发人们产生信任或不信任的媒介特征是什么"，比如"真实报道"、"公正无偏见"、"关心公众利益"等。前文对媒介可信度构成因素的探讨即是属于这种研究取向，我们可以称之为对媒介可信度"内部影响因素"的研究。媒介内部影响因素对媒介的可信度起着重要的作用，而且从实践的角度出发，这种研究取向对于改进传播者的工作、提高媒介的可信度有直接的帮助，因此这种研究一直是可信度研究自开始以来最为重要的论题。

[①] Izard, R. Public confidence in the news media. Journalism Quarterly, 62. 247 – 255. 1985.

（二） 媒介可信度的外部影响因素研究

从信息接收一方出发，研究受众的人格或心理特征等方面因素对媒介可信度所产生的影响，我们可以称之为媒介可信度的"外部影响因素"研究。这一问题的探讨从 20 世纪 60 年代就已开始，但早期研究大多仅限于探讨受众的基本人口学特征（如性别、年龄、教育程度等）对可信度评价的影响，比如女性比男性对媒介的可信度评价较高，女性比男性较相信电视而不相信报纸；教育程度高的人对媒体的可信度评价较低，[1] 而且教育程度高的人较相信报纸而不是电视[2]等。后来的研究扩展到对更为多样的媒介使用者个人特征以及媒介使用情况的探讨，比如媒介使用者的收入、政党倾向、媒介知识、对媒介工作者的信赖情况、受众性格特征、媒介接触、媒介依赖、媒介使用偏好等，多数研究发现这些因素会对媒介的可信度造成一定的影响。

（三） 媒介可信度宏观层面影响因素的研究

以上媒介可信度的内部和外部因素都属于对媒介可信度产生影响的直接作用因素，如果从更为宏观的层面来看，这些直接因素又是由不同的媒介体制、社会、经济、文化等宏观因素所造成的。此类影响因素则可以称之为媒介可信度的"宏观影响因素"，这类研究涉及的内容更为广泛，而且从宏观社会环境的角度探讨媒介可信度，有利于接纳其他社会学科中已有的研究成果，比如社会学、伦理学以及经济学中的信任研究。不过目前此类研究还没有在可信度研究中广泛开展起来。

二、 讨论

对媒介可信度影响因素的探讨，经历了从内部因素到外部因素，从表层的人口学特征和媒介使用行为发展到受众心理层面，从微观影响因素发展到社会宏观因素层面等的研究，研究渐趋广泛和深入。对媒介可信度影响因素的探讨不仅是可信度研究的一个组成部分，其相关研究更为重要的意义在于影响了整个可信度研究的取向并引发了对媒介可信度本质含义的不同理解。可以说可信度影响因素

---

[1] Westley, Bruce H. and Severin, Werner J. Some correlates of media credibility. Journalism Quarterly, 41, 325 – 335. 1964. Carter, R. F. and Greenberg B. S. Newspaper or television: which do you believe? Journalism Quarterly, 42 (1), 29 – 34. 1965. Abel, J. D. and Wirth, M. O. Newspaper vs. TV credibility for local news. Journalism Quarterly, 54 (2), 371 – 375. 1977.

[2] Ganahl, R. Newspaper readership and credibility: an application of media uses and gratification theory. Unpublished doctoral dissertation, University of Missouri, Columbia. 1994. Carter, R. F. and Greenberg B. S. Newspaper or television: which do you believe? Journalism Quarterly, 42 (1), 29 – 34. 1965.

的研究扩展了可信度的内涵；而可信度内涵的扩展也带来了可信度研究领域的拓展。关于这部分内容还将在下文中进行详细探讨。

7.2 媒介可信度测评量表的发展历程

以上是从可信度研究的社会文化历史角度进行的文献梳理，从中可以看出，对可信度测评量表的探索（同时也是对可信度构成维度的探讨）是可信度研究的重要课题和基础，中国大陆从未有过媒介可信度的系统研究，因此有必要从对中国大众媒介可信度的构成维度以及相应测量指标这一基础性问题入手。这一问题也正是本部分所关注的首要问题，因此以下对已有的可信度量表的发展情况作专门的文献探讨。

由于前文已经从研究横向发展角度进行了文献回顾，下文中不可避免会与前文的内容有所重复，但以下的文献探讨主要是以可信度测评量表为切入点，并且从统计分析技术和统计分析结果来对相关文献进行更为深入的评析，这些都是本部分论题的重要基础。

7.2.1 可信度测评量表研究成果概述

早期有关可信度测评量表的研究成果数量很多但比较零散，主要使用的方法是罗列与可信度有关的题项，编制成语义差别或利克特量表，然后通过因子分析方法将众多题项整合为少数几个因子，作为可信度的构成维度和测量指标。研究者的研究目的各有不同，研究方法也未达成统一，而研究对象有的是针对演讲者，有的是针对新闻工作者也有的针对新闻媒介，因此可信度的指标和维度的界定呈现繁复不一的状况。另需指出的是，发展可信度测量指标和构成维度的过程，同时也就是使用实证方法探讨可信度内涵的过程，在许多研究者看来，经过分析得出的可信度测量维度和指标也就表示了可信度的含义。

一、早期较为零散的研究

在大众传播媒介还未产生和普及的年代，对可信度构成因素的探讨是以信息的发出者为研究对象的，也就是以"信息来源可信度"的研究为开端。亚里士多德认为"Ethos"（"信誉证明"或者说是"可信度"）包含"道德品格"及"专长和经历"两个主要因素，这一论点经过霍夫兰采用实验法得到证实，认为可信度主要归结于发送消息者的特征，其中包含两个因素：专业性（expertise）和可信赖（trustworthiness）。

1968 年，马克汉姆（Markham）以电视主持人为研究对象，设计了由 55 个题项构成的语义差别量表，由大学生对电视主持人进行评价，得出三个可信度构成维度：[1]

表 7 - 2　　　　　　　　马克汉姆的电视主持人可信度维度

| 严谨（reliable-logical） |
| 看头（showmanship） |
| 可信赖（trustworthiness） |

1969 年，伯罗、勒默特和默兹在马克汉姆的研究基础上整理出 35 个与可信度相关联的题项，经因子分析得出三个可信度构成维度：[2]

表 7 - 3　　　　　伯罗、勒默特和默兹的信息来源可信度维度

| 安全性（safety） |
| 资格（qualification） |
| 活力（dynamism） |

1969 年，雅各布森通过因子分析法，把可信度分为四个维度：[3]

表 7 - 4　　　　　　　　　雅各布森的可信度维度

| 真实（authenticity） |
| 客观（objectivity） |
| 活力（dynamism） |
| 安慰（respite） |

1973 年，肖（Shaw）建立了一套七级语义差别量表，使用五组形容词作为可信度的构成维度：[4]

---

① Markham, D. The dimensions of source credibility of television newscasters. Journal of Communication, 18, 57 - 64. 1968.

② Berlo, D. K., Lemert, J. B. and Mertz, R. J. Dimensions for evaluating the acceptability of message Sources. Public Opinion Quarterly, 33, 563 - 576. 1969.

③ Jacobson, H. Mass media believability: a study of receiver judgments. Journalism Quarterly, 46. 20 - 22. 1969.

④ Shaw, E. F. Media credibility: taking the measure of a measure. Journalism Quarterly, 50, 306 - 311. 1973.

表7－5 肖的可信度维度

不可靠的—可信赖的 （unreliable—trustworthy）
自私的—具有公共精神 （selfish—public spirited）
片断—完整 （fragmentary—complete）
有偏见—公平的 （biased—impartial）
鲁莽的—谨慎的 （reckless—prudent）

1975年，麦克罗斯基（McCroskey）和杰森（Jenson）也参照马克汉姆的量表进行调查，对46个语义差别题项进行因子分析，得出不同的可信度维度。[①]

表7－6 麦克罗斯基和杰森的信息来源可信度维度

能力 （competence）
特质 （character）
社会力 （sociability）
冷静 （composure）
外向 （extroversion）

1976年，辛格尔特里（Singletary）在对新闻来源可信度的研究中，认为先前的研究之所以经因子分析得出不同的结论，原因在于所使用的原始题项（items）不同，因此需要首先确定与可信度有关的题项。他征询了90名新闻学和其他专业大学生，让他们描述他们自己所认为的最可信或者最值得相信的新闻来源（新闻来源在这里指的是各种大众媒介上的发送信息的真实的人）应该是什么样的？共收集到了203个与可信度有关的词语。

然后经因子分析，保留了解释力最高的6个因子，作为消息来源可信度的6个维度：[②]

表7－7 辛格尔特里的信息来源可信度维度

知识丰富 （knowledgeability）
吸引力 （attraction）
值得信任 （trustworthiness）
清晰度 （articulation）
反抗 （hostility）
稳定性 （stability）

---

① McCroskey, J. C. and T. A. Jenson. image of mass media news sources. Journal of Broadcasting, 19, 169－180. 1975.

② Singletary, M. W. Components of credibility of a favorable news source. Journalism Quarterly, 53 （2）, 316－319. 1976.

1977 年，阿贝尔和沃思以地方性新闻为研究对象考察媒介可信度，将可信度分为三个维度:[①]

表 7 - 8　　　　阿贝尔和沃思的地方性新闻的可信度维度

相信度（believability）
诚实（truthfulness）
重要性（importance）

1978 年，李（Lee）经研究发现，对媒介可信度的评判，会由于媒介的不同和新闻类别不同而受到影响。在他的研究中，受访者评估报纸的全国及国际新闻时，可信度呈现四个维度:[②]

表 7 - 9　　　　李的报纸的全国及国际新闻可信度维度

信任（trustworthiness）
亲近（intimacy）
专业知识（expertise）
实用性（availability）

而被访者在评估电视的全国及国际新闻时，可信度则呈现三个维度:

表 7 - 10　　　　李的电视的全国及国际新闻的可信度维度

偏见（bias）
亲近（intimacy）
活力（dynamism）

评估报纸的地方新闻及州新闻时，可信度则呈现以下四个维度:

表 7 - 11　　　　李的报纸的地方新闻及州新闻的可信度维度

信任—真实—同意（trustworthiness—authenticity—agreeableness）
活力（dynamism）
亲近（intimacy）
偏见（bias）

受访者评估电视的地方新闻及州新闻时，可信度呈现三个维度:

---

① Abel, J. D. and Wirth, M. O. Newspaper vs. TV credibility for local news, Journalism Quarterly, 54 (2), 371 - 375. 1977.

② Lee, S. H. Raymond. Credibility of newspaper and television news, Journalism Quarterly, 55, 282 - 287. 1978.

表 7 – 12　　　　　李的电视的地方新闻及州新闻的可信度维度

信任—真实（trustworthiness—authenticity）

直接—亲近（immediacy—intimacy）

活力—专业知识（dynamism—expertise）

1986 年，时代镜报（Times Mirror）的研究特别关注了新闻机构的可信度，经因子分析，新闻机构的可信度呈现四个维度：[①]

表 7 – 13　　　　　　　时代镜报新闻机构的可信度维度

特别利益与媒体（the special interests and the press）

媒体与和媒体表现（the press and its performance）

媒体特性（the character of the press）

二、渐成系统和延续的媒介可信度量表发展情况

随着研究的进行，各时期的研究者不断尝试修正简化前人有关可信度指标的研究结果，研究渐成系统。

美国报纸编辑协会（The American Society of Newspaper Editors，缩写为 ASNE）1984 年委托嘎轧诺与麦克格拉斯运用焦点团体访问法和电话访问进行一项全国性媒介可信度调查，调查访问了 1200 名 18 岁以上的成年人，使用"五级语义差别量表"建立了一套由 16 个题项构成的可信度量表，这一量表比较全面合理，广为后来的研究者参考采用并进一步研究修正，可信度量表的发展开始渐渐形成系统和延续。

ASNE 具体研究中的问题的设计为：

Now, we'd like you to think about the daily newspaper you are the most familiar with. Please circle the number in between each pair (of words and phrases with opposite meanings) that best represents how you feel about the daily newspaper (television news) you have in mind.

译文：现在，请你回想一份你最为熟悉的日报。请从下面每组（意义相反的词或短语中）选出最能代表你对这份日报（电视新闻）感受的词或短语，在它们的标号上划圈。

其中报纸和电视新闻是分别进行测量的，经主成分因子分析（采用方差最大旋转）得出包含 12 个指标的"报道可信度"（credibility）维度和包含 3 个指

[①] Time Mirror The People & Press: A Time Mirror investigation of public attitudes toward the news media. Conducted by Gallup in collaboration with Michael J. Roberon, Los Angeles: Times Mirror Company. 1986.

标的"社会关怀"（social concern）维度。具体的因子分析结果见表7-14:①

表7-14　　　嘎轧诺—麦克格拉斯的可信度量表因子分析结果

题　项	因子1	因子2	因子3
credibility（报道可信度维度）			
can be trusted（可信赖的）	0.723	0.256	-0.086
separate facts from opinion（事实与意见分离）	0.710	0.096	0.017
factual（客观的）	0.709	0.346	-0.100
tell the whole story（报道完整）	0.705	0.168	0.033
accurate（准确的）	0.694	0.162	-0.021
unbiased（无偏见的）	0.663	0.127	-0.043
fair（公正）	0.660	0.259	-0.034
respects people's privacy（尊重隐私）	0.658	-0.214	-0.020
concerned mainly about the public interest（关心公共利益）	0.568	0.432	-0.030
reporters are well-trained（记者训练有素）	0.566	0.463	-0.062
watches out after your interests（顾及您的利益）	0.548	0.318	0.044
patriotic（爱国的）（被删除）	0.184	0.694	-0.048
concerned about the community's well-being（关心社区利益）	0.467	0.594	-0.060
social concern（社会关怀维度）			
immoral（不道德的）	-0.090	-0.107	0.767
does not care what the reader thinks（不在乎受众想法）	0.101	-0.060	0.712
sensationalizes（煽情的）	-0.145	0.469	0.553
因子解释方差比例	37.3%	9.1%	6.5%

从因子分析结果可以看出，嘎轧诺等实际上通过因子分析得出的是三个因子，第二个因子中的"patriotic（爱国的）"题项，由于在电视和报纸的因子分析中出现差异而被删除，而"关心社区利益"题项，由于同第一个因子也有明显负荷，被归于了第一个因子，从而得出可信度由"报道可信度"和"社会关怀"两个维度构成的结论。

1988年梅耶对嘎轧诺—麦克格拉斯的可信度量表指标进行了进一步的探讨和修正。他指出嘎轧诺—麦克格拉斯的量表缺乏表面效度，"社会关怀"维度的三个对应指标缺乏理论支持，而且这三个指标恰好是问卷中16个题项构成的量表中反向陈述的3个题项。梅耶通过多项实证数据证明题项的反向陈述会对受访者的回答和因子分析结果产生影响，因此认为嘎轧诺—麦克格拉斯的因子分析结果是题项的正反陈述设置而不是题项本身的含义所造成的。梅耶在同一项调查中

---

① Meyer, P. Defining and measuring credibility of newspapers: developing and index. Journalism Quarterly, 65, 567-574. 1988.

进行了分组对比研究，第一组使用与嘎轧诺—麦克格拉斯量表相同的题项正反陈述掺杂的量表；第二组使用题项全部正向陈述的量表；第三组则使用正反陈述题项各占一半随机排列的量表。第一组数据经因子分析结果与嘎轧诺的因子分析结果类似，得到三个因子。第二组的因子分析结果与第一组结果差异很大，呈现两个因子，但有多达11个题项在两个因子上的负荷都超过了0.3，说明两个因子之间的区隔不是很明显，因子分析结果也与常理不太相符，很难对结论做出理论解释。而第三组则得出了4个非常古怪完全无法解释的因子。

进而，梅耶又对嘎轧诺—麦克格拉斯的原始数据进行分析，删除了三个反向陈述的题项之后，得出了一个更为符合常理的、由两个因子构成的因子分析结果（详见表7-15）。

表7-15 删除反向陈述题项之后的因子分析结果

	因子1	因子2
believability（相信维度）		
unbiased（无偏见的）	0.713	0.158
tell the whole story（报道完整）	0.679	0.279
can be trusted（可信赖的）	0.673	0.421
separate facts from opinion（事实与意见分离）	0.668	0.267
accurate（准确的）	0.663	0.285
fair（公正）	0.632	0.377
respects people's privacy（尊重隐私）	0.618	0.068
reporters are well-trained（记者训练有素）	0.438	0.587
factual（客观的）	0.587	0.531
community affiliation（社区关系维度）		
patriotic（爱国的）	-0.006	0.741
concerned about the community's well-being（关心社区利益）	0.293	0.710
concerned mainly about the public interest（关心公共利益）	0.361	0.658
watches out after your interests（顾及您的利益）	0.334	0.581
因子解释方差比例	45.6%	7.7%

其中"记者训练有素"和"客观的"两个题项在两个因子上的负荷都超过了0.4，不能明确归于哪一个因子，因此被删除，这样梅耶的媒介可信度量表共有11个指标，其中7个指标归于同一个因子，梅耶将其命名为"相信"（believability）；另外4个指标归于另一个因子，被命名为"社区关系"（community affiliation）。两个子量表分别进行了信度检验，"相信"（believability）子量表的Alpha信度系数为0.84，比较理想；"社区关系"（community affiliation）子量表的Alpha信度系数比较低为0.72，但也到达了可接受的程度。

梅耶又进一步对"相信"子量表进行简化，经过反复的信度检验，删除了"尊重隐私"和"事实与意见分离"两个指标，最终得出由"无偏见的"、"报道完整"、"可信赖的"、"准确的"、"公正的"5个指标构成的"相信"子量表，其 Alpha 系数为 0.83，而删除其中任意一个指标都会使信度系数下降到 0.8 以下，梅耶就此认为这五个题项是构成"相信"子量表的良好指标，详见表 7 - 16：[①]

表 7 - 16　　　　　　　梅耶的"相信"子量表信度情况

Item	Item-Total Correlation	Alpha if Item Deleted
公平—不公平（fair—unfair）	0.678	0.78
有偏见—无偏见（biased—unbiased）	0.609	0.80
报道完整—报道不完整（tell—doesn't tell the whole story）	0.632	0.79
准确—不准确（accurate—inaccurate）	0.609	0.80
值得信任—不值得信任（can be trusted—can't be trusted）	0.612	0.80

嘎轧诺和梅耶等人的研究结果影响很广泛，不仅美国的学界和产业界广为采用，台湾地区的可信度研究也大多以其相关研究为基础，张明贤（1989）、蒯光武（1989）、卢鸿毅（1992）、彭芸（1991）、罗文辉、陈世敏（1993）等人皆是以嘎轧诺—麦克格拉斯和梅耶的可信度量表指标作为自己研究中可信度测量和内涵探讨的基础。

1993 年，由罗文辉和陈世敏主持的我国台湾地区"行政院国家科学委员会"研究课题"新闻媒介可信度之研究"是华语学术界一项大型的关于媒介可信度的专题研究。研究也是参考了嘎轧诺的研究成果，设计了一个由 16 个题项组成的台湾新闻媒介可信度的测评量表，具体的题目设计形式为：

> 我们想了解您对报纸及电视新闻的评价，请依照您个人的感觉，针对报纸及电视新闻在下列各方面的表现，为您平常所看的报纸及电视新闻评分。最高 100 分，最低 0 分，60 分及格。即使您不确定报纸及电视新闻的表现好不好，也请依照您的感觉给一个分数。

1. 在新闻值得信赖的程度方面？
（1）您会给报纸上的新闻多少分？_____分

---

① Meyer, P. Defining and measuring credibility of newspapers: developing and index. Journalism Quarterly, 65, 567 – 574. 1988.

（2）您会给电视上的新闻多少分？_____分

2. 在维护社会公益方面？

   （1）您会给报纸上的新闻多少分？_____分

   （2）您会给电视上的新闻多少分？_____分

3. 在新闻不夸张的程度方面？

   （1）您会给报纸上的新闻多少分？_____分

   （2）您会给电视上的新闻多少分？_____分

4. 在维护大众知道事情的权利方面？

   （1）您会给报纸上的新闻多少分？_____分

   （2）您会给电视上的新闻多少分？_____分

5. 在新闻不偏颇的程度方面？

   （1）您会给报纸上的新闻多少分？_____分

   （2）您会给电视上的新闻多少分？_____分

6. 在推动社会改革方面？

   （1）您会给报纸上的新闻多少分？_____分

   （2）您会给电视上的新闻多少分？_____分

7. 在新闻的详细完整方面？

   （1）您会给报纸上的新闻多少分？_____分

   （2）您会给电视上的新闻多少分？_____分

8. 在重视大众的意见方面？

   （1）您会给报纸上的新闻多少分？_____分

   （2）您会给电视上的新闻多少分？_____分

9. 在新闻的客观程度方面？

   （1）您会给报纸上的新闻多少分？_____分

   （2）您会给电视上的新闻多少分？_____分

10. 在关心社会福利方面？

   （1）您会给报纸上的新闻多少分？_____分

   （2）您会给电视上的新闻多少分？_____分

11. 在新闻的可靠程度方面？

   （1）您会给报纸上的新闻多少分？_____分

   （2）您会给电视上的新闻多少分？_____分

12. 在关心大众利益方面？

   （1）您会给报纸上的新闻多少分？_____分

   （2）您会给电视上的新闻多少分？_____分

13. 在新闻的正确程度方面？
    （1）您会给报纸上的新闻多少分？＿＿＿＿＿＿＿分
    （2）您会给电视上的新闻多少分？＿＿＿＿＿＿＿分

14. 在重视国家利益方面？
    （1）您会给报纸上的新闻多少分？＿＿＿＿＿＿＿分
    （2）您会给电视上的新闻多少分？＿＿＿＿＿＿＿分

15. 在新闻的公正程度方面？
    （1）您会给报纸上的新闻多少分？＿＿＿＿＿＿＿分
    （2）您会给电视上的新闻多少分？＿＿＿＿＿＿＿分

16. 在尊重一般民众的隐私方面？
    （1）您会给报纸上的新闻多少分？＿＿＿＿＿＿＿分
    （2）您会给电视上的新闻多少分？＿＿＿＿＿＿＿分

在量表设计之初，罗文辉等依照嘎轧诺—麦克格拉斯的研究结论，将可信度视为含"报道可信度"（credibility）和"社会关怀"（social concerns）两个因子的概念，各设计了 8 个相对应的题项。由于嘎轧诺量表因为题项正反陈述掺杂，造成因子分析结果与常理有明显不相符的地方，比如将"关心公众利益"、"关心社区利益"归于"报道可信度"因子，将"煽情"归于"社会关怀"因子，因此罗文辉的量表设计实际上与 1988 年梅耶根据嘎轧诺—麦克格拉斯的原始数据删除了反向陈述题之后得出的因子分析结果更为接近。三个量表的指标和维度对照情况见表 7 - 17：

表 7 - 17 三个量表指标对应比较

罗文辉的量表	嘎轧诺—麦克格拉斯的量表	梅耶的量表
（报道可信度）		
公正程度	公正—不公正	公平—不公平
客观程度	客观事实呈现—夹带个人观点的意见与事实分离—混淆意见与事实	意见与事实分离—混淆意见与事实
详细完整	报道完整—报道不完整	报道完整—报道不完整
正确程度	准确—不准确	准确—不准确
不偏颇的程度	无偏见—有偏见	无偏见—有偏见
不夸张的程度	煽情—不煽情	
值得信赖的程度	值得信任—不值得信任	值得信任—不值得信任
可靠程度		
	记者训练纯熟—生疏	
（社会关怀）		
尊重隐私	尊重个人隐私—侵犯个人隐私	尊重个人隐私—侵犯个人隐私

续表

罗文辉的量表	嘎轧诺—麦克格拉斯的量表	梅耶的量表
关心大众利益	关心公众利益—关心营业利润	关心公众利益—关心营业利润
重视国家利益		爱国的—不爱国的
关心社会福利	关心社区利益—不关心社区利益	关心社区利益—不关心社区利益
重视大家的意见	不在乎受众想法—在乎受众想法	
维护大众知的权利		
推动社会改革		
维护社会公义		
	顾及您的利益—不顾及您的利益	顾及您的利益—不顾及您的利益
	不道德—道德	

　　罗文辉的量表设计和梅耶的因子分析结果大体上是一致的，不同的地方一是在"社会关怀"因子方面，罗文辉的设计多了"维护大众知的权利"、"推动社会改革"、"维护社会公义"三项，这反映了罗文辉等在量表设计时照顾到了台湾地区与美国的社会和文化差异。可能在台湾报禁解除、政治民主化、经济发展的社会变革背景下，人们对大众媒介自然怀有更多的社会期待。

　　第二个差异是梅耶的分析结果中"尊重隐私"归于"报道可信度"因子，而罗文辉的设计将其归于"社会关怀"方面。

　　第三个差异是罗文辉将嘎轧诺量表中的"意见与事实分离"、"客观事实呈现，不夹带个人观点"两个指标归结为"客观程度"一个题项。

　　另外还有一个翻译的问题，嘎轧诺、梅耶等人量表中的"accurate-inaccurate"题项，在台湾的研究中一般翻译为"正确—不正确"，从而"正确性"也就成为华语学术界使用的与"accurate-inaccurate"相对应的媒介可信度指标。但accurate不是correct或者right，翻译为"准确—不准确"应该更为符合原来的词义。"正确"和"准确"、"accurate"和"correct、right"虽是近义词，但含义还是有差别的，"正确"更大程度上是一种主观判断，同样的媒介表现在不同的人看来可能会有完全相反的"对错"判断。比如在我国台湾地区，"独派"的人会认为支持台独的新闻报道是"正确"的、"对"的，而同样的新闻报道"统派"的人则会认为是"不正确的"、"错误"的，这种过于主观性的判断标准显然是不适于用作媒介可信度的评判准则。而"准确"是对媒介报道反映事实程度的判断，相对来说是一种更为客观的判断标准，更适宜作为媒介可信度的评判准则。

　　以上所呈现的罗文辉的量表是调查实施之前根据经验和已有研究结果的设计，但是罗文辉等对调查数据进行因子分析后发现，16个题项集中在一个因子上，并未出现"报道可信度"和"社会关怀"两个因子。[①] 但是 1992 年卢鸿毅在硕士论文中使用与罗文辉等极为类似的可信度量表，以高中生为对象，研究结果是报纸和电视新闻的可信度都呈现"报道可信度"和"社会关怀"两个维度。[②]

以上对可信度量表的探讨所使用的主要统计技术是探索性因子分析（EFA），1994 年韦斯特指出探索性因子分析虽然在量表构建过程最初的假设阶段是有用的，但是其并不能在量表的有效性和可靠性的验证过程中起作用。随着统计技术的进步，韦斯特使用了一种被广泛应用于测量模型构建和测评量表验证的统计技术——结构方程模型（Structural Equation Modeling，缩写为 SEM），这种方法对量表的确定尤其有用，可以直接检验某量表的适合程度，也能够直接检验某量表的信度和结构效度。[③] 因此，韦斯特将结构方程模型技术应用于对可信度量表的检验。对三个广为流传的量表：嘎轧诺—麦克格拉斯的量表（详见表 7 - 14），梅耶简化的"相信"子量表（详见表 7 - 16）和"社会关怀"子量表（详见表 7 - 17）进行验证。

经检验梅耶的"相信"子量表在整体信度、实证效度和模型拟合度方面都达到了可接受的标准，只是在单个题项的信度方面较低。嘎轧诺量表的整体信度达到了理想的水平，但模型没有达到可接受的拟合度，说明其量表的因子结构存在问题。梅耶的"社会关系"子量表模型拟合度达到了理想的水平，但量表的信度和实证效度却没有达到要求。韦斯特建议该量表在没有经过进一步检验修正的情况下不被推荐使用。[④]

自韦斯特对可信度量表进行检验之后，由梅耶发展出来的由 5 个指标构成的"相信"子量表由于在韦斯特采用的几个检验指标方面比较理想，开始被越来越多的研究所采用。比如 1999 年王旭等人和 2002 年罗文辉等人有关媒介可信度的研究都采用了这一量表。

1999 年，我国台湾学者王旭所使用的媒介可信度的测评量表包含 5 个指标，每个指标各是一句有关新闻可信度特性的陈述，请受访者回答是否同意该题项的陈述，分别在 1~5 分（从"非常不赞同"到"非常赞同"）来评价。题项具体如表 7 - 18 所示：

---

① 罗文辉、陈世敏：《新闻媒介可信度之研究》，中国台湾"行政院国科会专题研究报告"（1993年）。

② 转引自王旭、莫季雍、汤允一：《媒介表现：关于新闻可信度的讨论与测量》，"中华传播学会：1999 年会暨论文研讨会"论文。

③④ West, M. D. Validating a scale for the measurement of credibility: a covariance structure modeling approach. Journalism Quarterly, 71 (1), 159 - 168. 1994.

表 7 - 18 　　　　　　　　　　**王旭的媒介可信度量表指标**

（某种媒介）在报道争议性的问题时，通常能够反映各界人士的意见。
（某种媒介）对于事情的报道很完整，我们能获得充分的消息。
（某种媒介）在报道新闻时通常是中立的。
（某种媒介）在报道新闻时通常是公正的。
（某种媒介）在报道新闻时通常是可相信的。

这个量表与梅耶的"相信"子量表（包含"公平、无偏见、报道完整、准确、可信赖"5 个指标）基本是一致的，只是在题项的陈述方式上不太一样。测量的结果经因子分析，以主成分法并采用最大变方差方式进行转轴，可抽取出一个共同因子，可以解释的方差百分比为 50% 左右。

2002 年，罗文辉、林文琪等人在对选举新闻可信度的相关研究中，也是采用梅耶的"相信"子量表作为媒介可信度的测评量表，而在问卷的题目设计形式方面有所差别，具体形式是分别询问受访者对 5 种媒介的评价：

您觉得（报纸、电视、广播、杂志、网络）报道的选举新闻是否：

①值得信赖

②偏颇

③完整

④正确

⑤公正

回答方式由受访者从五点量表中进行选择，其中 1 代表非常不"值得信赖"（非常"偏颇"、非常不"完整"等），5 代表非常"值得信赖"（非常"不偏颇"、非常"完整"等），回答"不知道"者在分析时作遗漏值处理。

经过因子分析和信度检验，显示测量五种媒介选举新闻可信度时均呈现一个因子，Alpha 信度系数值达到 0.82 以上。

以上两项研究的量表设计以及因子分析和信度检验结果都与梅耶的结果类似。

三、对可信度量表的使用情况

自 1986 年嘎轧诺等人在可信度测评量表方面取得重要成果，有关媒介可信度的研究渐渐开始由专门探讨可信度的构成维度这一基本问题向更为广泛的论题延伸，在这些研究中对媒介可信度量表的构成指标不再专门进行探讨，而是使用量表进行媒介可信度的测量，将测量结果作为研究的一个变量。这些研究所使用的量表一般都以嘎轧诺和梅耶等人的研究结果为基础，根据情况再进行一些加工和修改。

台湾学者彭芸分别于 1988 年和 1990 年以台湾地区的媒体负责人为访问对象，进行了报纸可信度评估的调查，参考嘎轧诺等人的研究，设计了一个包括 15 个题项的量表（详见表 7 – 19）：[①]

表 7 – 19　　　　　　　　　彭芸的报纸可信度量表[②]

　　1. 报纸所报道的（选举）新闻数量正好

　　2. 分析客观，不含偏见

　　3. 将各个不同的观点持平衡报道

　　4. 将事情精确无误地报道出来

　　5. 尊重个人隐私，不任意诽谤个人名誉

　　6. 将纯新闻与评论分开

　　7. 不刻意煽情渲染

　　8. 选择的新闻题材，值得报道

　　9. 一旦报道有误，乐于承认并更正

　　10. 写作流畅，易懂

　　11. 重视读者的看法与权益

　　12. 公平对待不同政党候选人

　　13. 关心社区的福利

　　14. 关心大众的利益

　　15. 整体来说，值得信赖

彭芸这项研究的特点在于不是以普通民众为访问对象，而是针对媒体负责人进行的问卷调查，重点在于比较电视和报纸媒介的负责人对于媒介评价的差异，研究没有对量表进行因子分析，得出的结论是媒体负责人对自己工作的媒体比较宽容，而对其他媒体则比较苛责。

1994 年，万塔和胡在媒介可信度与议程设置效果的相关性研究中，使用的可信度量表也是包含了两个维度：一个称之为"相信"（believability）；另一个被称之为"关联"（affiliation）。具体题目设计是建立利克特量表，要求受访者对七个有关新闻媒介的陈述表示是"非常赞成，有些赞成，不知道，有些反对还是非常反对"（详见表 7 – 20[③]）。

---

　　①　彭芸：《媒体负责人对选举期间媒体可信度的评估》，载于中国台湾《新闻学研究》1991 年第 44 期。

　　②　其中 1 ~ 10 个题项同时也是 1988 年对报纸可信度测量指标，1990 年的调查针对报纸的选举新闻增加了 5 个指标，在陈述上也有所特指。

　　③　Wanta，Wayne and Hu，Yu-Wei. The effects of credibility，reliance，and exposure on media agenda-setting：a path analysis model. Journalism Quarterly，71，90 – 98. 1994.

表 7 – 20　　　　　　　　　万塔和胡的可信度量表

相信（believability）维度
像报纸、电视这样的新闻机构试图操纵舆论
新闻机构通常无法对于所有事件都完全公正
新闻媒介通常不公正地处理各方的政治或社会议题
新闻机构在分离事实和观点方面做得很不够
关联（affiliation）维度
新闻机构关注社区福利（community's well-being）
新闻机构密切注视你的利益（interests）
新闻机构主要关注公众福利（public welfare）

　　1998 年，约翰逊（Johnson）等人在比较网络版和传统版政治性信息的可信度研究中，可信度包含有"可信的"（believable）、"公正的"（fair）、"准确"（accurate）及"深度"（in depth）四个指标。[①]

　　2000 年，台湾学者叶恒芬在探讨网络媒体可信度问题时所使用的可信度量表包含的 5 个指标分别是：公正、无偏见、正确无误、可被信任、深度。[②]

7.2.2　讨论

　　从以上可信度量表的发展过程中，可以看到统计技术的发展为量表的发展提供了技术依托，媒介可信的构成维度、量表的有效性和可信性等不再只是依靠主观经验的推想和判断，而是可以通过统计技术得到科学的分析和验证。

一、可信度测评量表研究的一致性问题

　　一般对一个量表的确定需要经过项目分析、信度和效度检验等几个过程。每个过程又都可以通过不同的统计分析技术来达到分析其结构、判断量表或题项适宜程度的目的，整体量表、量表中每个构成维度、每个题项的优劣都可以通过不同的统计方法得出多个表示其含义或优劣程度的统计参数，这些参数在量表的建构过程中，就是对量表进行分析和修正的主要参考依据。

　　美国学术界遵循一定的学术规范，不同研究者能够将各自的研究形成延续，因此，有了嘎轧诺—麦克格拉斯到梅耶再到韦斯特跨度近 10 年的对量表的不断

---

　　① Johnson T. J. and Kaye, B. K. Cruising is believing? Comparing internet and traditional sources on media credibility measures. Journalism Quarterly, 75（2），523 – 540. 1998.
　　② 叶恒芬：《网络媒体可信度及其影响因素初探研究——以台湾地区网络使用者为例》，国立中正大学硕士学位论文（2000 年）。

验证和发展，这样可以避免重复研究，提高研究的效率。但不足之处在于，这样的量表不是通过一个完整的研究过程得出的结果，原始量表的设计者是嘎轧诺等人，而利用二手资料对量表进行项目筛选和检验的是另外的研究者。不同研究者对论题有不同的理解，在研究设计、题项筛选和检验之间不可避免会产生不一致。比如梅耶对3个反向陈述的题目的删除，删除的最有力依据是题目在设计之初的疏漏，删除后得出两个颇具内容效度的因子，但这似乎更像是一种巧合，而缺乏有力的数据支持。而且，对量表的题项筛选和检验工作由梅耶和韦斯特分别完成，但在一般的量表发展过程中，题项筛选和信度效度检验实际上往往是结合进行的，检验的结果往往是量表修正的重要依据，但在分别进行的研究中却很难做到这一点。从检验结果来看，每个量表都存在缺陷，但韦斯特只能指出嘎轧诺或者梅耶的量表有哪些指标尚不够理想却无法根据这些结果对其进行修正。

二、可信度测评量表与统计分析技术的应用

前文曾经从文化差异的角度提出了梅耶的"相信"子量表在跨文化研究中须注意其适用性，如果再从检验数据的结果来看，梅耶的"相信"子量表还并非完善。在使用结构方程模型对数据进行验证的时候，拟合优度指数（GFI）越接近1则表示拟合度越理想，一般达到0.9以上被认为模型拟合了观测数据，[①]而梅耶的"相信"子量表经过标准化处理之后的GFI是0.87。而且单个题项的信度也不是很高。因此，梅耶的"相信"子量表虽然相比较来说是比较理想的，但还有改进的必要和空间。然而目前许多研究（尤其是我国台湾的研究）有直接将这个量表作为媒介可信度测评量表的趋势，将梅耶的"相信"子量表作为量表发展的基础和依据是没有问题的，但对此量表过高的信赖（尤其是在跨文化研究中）则是不够谨慎的。

另外，统计技术的发展和社会科学对统计技术的应用是个不断发展的过程，因此从嘎轧诺到梅耶再到韦斯特，所使用的统计分析技术越来越先进和丰富。比如嘎轧诺对可信度构成维度的探讨和量表指标的删减使用了因子分析技术；梅耶对嘎轧诺—麦克格拉斯量表的修正主要依据了因子分析的因子负荷值、信度分析的 Alpha 信度系数等参考数据；而韦斯特对几个具有广泛影响力的量表所进行的验证所依据的参数则更为丰富，包括了卡方值、自由度、拟合优度指数（GFI）、题项与因子之间的相关系数、单个题项和整体量表的信度系数等。而在今天，量表的建构和检验技术又超越了韦斯特的时代，发展得更为丰富。比如对模型拟合

---

① 郭志刚：《社会统计分析方法——SPSS软件应用》，中国人民大学出版社1999年版，第351页。
柯惠新、祝建华、孙江华：《传播统计学》，北京广播学院出版社2003年版，第376页。

优度的检验，除了韦斯特所使用的卡方值、自由度、GFI 指数之外，还有 RMR、NFI、RMSEA 等指数也是普遍被使用的重要检验参数。

中国大众媒介可信度的研究虽然起步晚了很多，但所幸得到教育部的重视和资金支持，将其列为重大课题攻关项目之一，而且统计技术在今天也更为完善和先进，这从客观条件上为中国媒介可信度的系统研究提供了可能。另外，正是由于中国大陆的媒介可信度的研究几乎处于空白，又与西方存在较大的文化差异，研究从量表的建构这一基础入手也是极为必要的。

三、可信度测评量表建构与可信度概念内涵

对媒介可信度量表的建构与可信度内涵的探讨是紧密关联统一的，可信度量表的指标和维度不仅是可信度的测量标准，同时也揭示了可信度的内涵。由于可信度研究主要在美国，其研究不可避免带有美国的实用主义特色，研究以解决实际问题为目的，关注于解决与可信度相关的实际问题（如媒介竞争、信任危机等），缺乏对于可信度本质的理论辩论。研究者一般是通过实证研究的方式来探讨可信度的内涵，但是在对概念的本质含义没有基本共识的情况下，很容易产生操作性定义的无的放矢，而且不同研究的操作性定义往往又是为了满足于当时研究的现实需要，不同的研究有着不同的目的和侧重，从而一度造成了差异甚大的可信度操作性定义的泛滥。甚至到了 20 世纪 80 年代中期，同时进行的四项有关媒介可信度的大型调查，对可信度内涵的阐释也是各不相同。

直到嘎轧诺—麦克格拉斯量表产生后，人们才开始在可信度的内涵问题上取得了比较统一的认识：即可信度包含报道可信度（credibility）和社会关怀（social concern）两个维度。但对于这一观点也存在分歧，比如在台湾的研究，卢鸿毅使用与嘎轧诺相近的量表经因子分析得出了"报道可信度"和"社会关怀"两个维度，但罗文辉使用类似的量表却只得出一个维度，而美国报纸编辑协会（ASNE）在 1999 年所作的调查，结果表明受众对新闻业最关心的问题是"准确度"、"媒介与社区的紧密程度"、"新闻的偏见度"和"煽情度"。[①]

又由于嘎轧诺的量表设计有题项陈述正反掺杂的技术缺陷（而这三个反项陈述的题项从内容来看恰好与"社会关怀"含义有关），梅耶在对嘎轧诺的量表进行重新分析时删除了这几个反向陈述的题项，并且重点分析了与"报道可信度"相关的题项，发展出了一个简单并且信度检验结果良好的"相信"子量表。这样，在目前的学术界中，有些研究使用由两个维度构成的可信度量表，有些却

---

① 转引自周树华：《媒介公信力概念、心理、社会功能及其研究》，阿拉巴马大学传播与信息科学学院"中国大众媒介公信力与传播效果"课题成果之一（2004 年）。

使用"相信"子量表来作为可信度的量表。那么究竟可信度概念包含一个还是两个维度？可信度的本质内涵究竟是什么？

梅耶和韦斯特都表示"相信"子量表仅适合于狭义的可信度概念，韦斯特在"社区关联"子量表的信度和效度检验结果不理想的情况下提出"一套可靠和有效的测量社区关联度的量表是应该被研究开发出来的"。[①] 理查德森（Richardson）、德特维勒（Detweiler）和布什（Bush）的研究也显示：在公众感到媒介具有明确社区价值观并且促进社区目标时，公众不仅更能够肯定媒介的价值，而且也更加信任它。[②] 以上研究说明，对可信度本质内涵的理解应该从狭窄的对报道准确性的测量，转变为涵盖更为全面的对个体和社会价值观的探讨。而究竟"社会关怀"这一维度与可信度概念具有什么样的关系？狭义的和广义的可信度概念具体该怎样认识？都是值得深入探讨的论题。

不仅如此，从梅耶"相信"子量表的表面效度来看，虽然可信度的定义没有统一，但其中包含有"相信"、"信任"的含义基本是没有争议的，那么梅耶发展出来的指示媒介可信度操作性定义的"相信"量表中包含有"能够被信任—不能被信任"（can be trusted - can't be trusted）指标，这是否是一种对概念解析的同语反复？

以上这些分歧的产生，究其根源，其实也还是归咎于对可信度概念的理论内涵探讨不足。更进一步来讲，对可信度理论探讨的缺乏，也使得可信度研究一直没有纳入到整个传播学研究的学术体系当中，媒介可信度至今仍属于一个孤立和实用性的研究课题。因此，对中国媒介可信度的研究有必要首先在概念的理论界定方面进行探索，这对于课题本身的进行以及可信度研究的发展前景都是必要的。

7.3 中国媒介可信度研究现状

7.3.1 台湾和香港地区的媒介可信度研究

台湾地区的媒介可信度研究始于 20 世纪七八十年代，与美国的研究脉络相

[①] West，M. D. Validating a scale for the measurement of credibility：a covariance structure modeling approach. Journalism Quarterly，71（1），159 - 168. 1994. Meyer，P. Defining and measuring credibility of newspapers：developing and index. Journalism Quarterly，65，567 - 574. 1988.

[②] Richardson，B.，Detweiler，J. S. and Bush，M. B. Linkages between journalists' community associations，attitudes and expression of viewpoints on selected issues. Paper presented to Association for Education in Journalism and Communication，Portland，Ore. July. 1988.

一致，在前文已经有过介绍。

香港进行的媒介可信度调查，多采用电话调查的方式，测量工具大多不是采用多维度的测评量表，而是直接让受众对具体的媒体进行评分，一般用 0～10 或 1～10 分来进行评估，统一采用 10 分制的优点是不同时期、不同研究者的研究结果具有一定的可比性。"香港大学民意研究计划"的"香港新闻传媒的公信力评价调查"已经连续多年，差不多两个月进行一次，调查结果直接在网上公布。访问对象为 18 岁或以上之操粤语的香港市民。电话号码抽样方法是从住宅电话簿中首先以随机方法抽取"种子"号码，再以加一减一，加二减二的方法产生另一组号码，混合后再过滤重复号码，以随机排列方式排次成为最后样本。具体问题设计为：

> 请你用 0～10 分评价香港新闻传媒的公信力。10 分代表非常可信，5 分代表一半，0 分代表非常不可信，你会给媒体多少分？（Please use a scale of 0 – 10 to rate the credibility of the news media in Hong Kong, with 10 representing absolutely credible，5 half-half，and 0 being absolutely not credible. What rating would you give the media?）[1]

另外，香港中文大学的陈韬文等人，经随机抽样，通过电话访问 18 岁或以上的市民对香港主要的广电、报纸、杂志媒介机构的可信度评价，使用的是 1～10 分的直接对媒体进行评分的方法，结果见表 7 – 21：[2]

表 7 – 21　　1997 年与 1998 年香港市民对香港新闻传媒可信度的评估

传媒机构	1997 年	1998 年	差别
	平均分数		
（Ⅰ）电子传媒			
香港电台	7.21	6.76	－ 0.50*
无线电视	7.04	6.62	－ 0.42*
商业电台	6.77	6.62	－ 0.15
有线电视	6.79	6.56	－ 0.23
亚洲电视	6.68	6.18	－ 0.50*
新城电台	5.83	5.70	－ 0.13
（Ⅱ）报纸			
南华早报	7.18	6.58	－ 0.60*
明报	7.15	6.55	－ 0.60*

---

① 香港大学民意研究计划："香港新闻传媒的公信力评价调查"。参见 http://hkupop. hku. hk/chinese/archive/popexpress/winword/pe36. doc.

② 陈韬文、苏钥机、李金铨文章，参见 http://www. hku. hk/mstudies/chinese/Res6. htm。

中国大众媒介的传播效果与公信力研究

续 表

传媒机构	1997 年	1998 年	差别
	平均分数		
信报	6.60	6.36	−0.24
经济日报	6.79	6.31	−0.48*
英文虎报	7.11	6.23	−0.88*
星岛日报	6.73	6.07	−0.66*
东方日报	6.54	5.92	−0.62*
成报	6.39	5.82	−0.57*
苹果日报	6.24	5.67	−0.57*
新报	6.05	5.48	−0.57*
天天日报	5.95	5.18	−0.77*
香港商报	5.42	4.74	−0.68*
文汇报	5.04	4.57	−0.47*
大公报	5.24	4.33	−0.91*
电子传媒及报纸总平均分数	6.44	5.91	−0.53*
（Ⅲ）其他传媒			
壹周刊	5.57	5.12	−0.15
东周刊	5.10	4.95	−0.15
政府新闻处	7.34	6.12	−1.22*
香港新华社	5.73	4.94	−0.79*

注：*表示达到 P<0.5 的显著度。评分值域为 1～10。

2001 年，香港中文大学的苏钥机对新闻工作者进行了一项问卷调查，调查中所涉及的问题十分广泛，其中有对各新闻机构可信度的评价，也是使用 1～10 分直接对媒介的可信度进行评价。在这次研究中，媒介"可信度"及其媒介"政治取向"和"受众取向"调查结果详见表 7 - 22：[①]

表 7 - 22　　　　　2001 年香港新闻从业人员对传媒的评分

可信度		政治取向		受众取向	
1. 信报	7.63	1. 苹果日报	6.51	1. 经济日报	7.03
2. 香港电台	7.55	2. HK iMail	5.70	2. 信报	6.96
3. 南华早报	7.47	3. 香港电台	5.68	3. 南华早报	6.61
4. 无线电视	7.3	4. 有线电视	5.54	4. 大公报	6.43
5. 明报	7.27	5. 信报	5.52	5. 文汇报	6.25

① 苏钥机：《2001 香港传媒生态——由新闻工作者问卷调查说起》，参见 http://www.rthk.org.hk/mediadigest/md1101/02.html。

续表

可信度		政治取向		受众取向	
6. 有线电视	7.23	6. 星岛日报	5.47	6. 明报	6.16
7. 商业电台	7.11	7. 南华早报	5.45	7. 香港商报	5.95
8. 经济日报	6.95	8. 经济日报	5.41	7. HK iMail	5.95
9. 亚洲电视	6.85	9. 商业电台	5.36	9. 香港电台	5.85
10. 星岛日报	6.78	10. 明报	5.26	10. 星岛日报	5.84
11. HK iMail	6.44	11. 无线电视	5.22	11. 新城电台	5.79
12. 新城电台	6.42	12. 成报	5.15	12. 成报	5.75
13. 成报	5.89	13. 新城电台	5.14	13. 无线电视	5.57
14. 文汇报	5.52	14. 东方日报	5.11	14. 亚洲电视	5.48
15. 大公报	5.44	15. 新报	5.06	15. 有线电视	5.12
16. 香港商报	5.42	16. 太阳报	5.02	16. 商业电台	5.09
17. 东方日报	5.14	17. 香港商报	4.83	17. 太阳报	5.05
18. 苹果日报	5.08	18. 文汇报	4.77	18. 新报	5.04
19. 新报	5.06	19. 大公报	4.63	19. 苹果日报	4.78
20. 太阳报	4.45	20. 亚洲电视	4.54	20. 东方日报	4.44

注：各项评分范围均由 1 分至 10 分。可信度：分数愈高代表愈可信；政治取向：分数愈高代表愈"亲港"，愈低代表愈"亲中"；受众取向：分数愈高代表愈"精英"，愈低代表愈"大众"。

比较我国台湾与香港的可信度研究，台湾地区因循美国的研究取向，一般将可信度视做多维度概念来探讨和测量。香港地区的可信度研究，并非以可信度为主题，媒介可信度一般仅为其他研究主题之下的一个变量，因此没有对媒介可信度的具体构成维度进行深入探究，而是采用受众直接评分的方式测量媒介可信度，研究的重点在于获取市民对媒介的印象与整体评估资料，用于对媒介可信度进行长期监控，或者是与其他的问题（如权力中心监控、新闻操守、经济利益等）结合起来进行媒介状况的评析。

7.3.2 中国大陆地区的媒介可信度研究

由于中国大陆地区目前的媒介可信度研究基本与西方研究相脱节，而且研究历史较短，因此这里单独对大陆的媒介可信度研究进行介绍。

中国大陆的媒介信任问题由于种种主客观原因，在很长一段时期内几乎处于空白，直到 2003 年"非典危机"出现，大众媒介一度出现信任危机状况，媒介的信任问题才得到了有关部门的重视，从而在学术界开始了专门的探讨，甚至一度成为热门的话题。① 与美国的学术界重实证轻思辨的研究取向正好相反，大陆对媒介信任问题的探讨绝大部分采用思辨式的研究方法，不同的研究者从个人的感悟和经验出发，对媒介可信度的内涵提出了多种差异颇大的看法和认识，与美国学术界一样出现了定义混杂的情况，但混杂的原因却恰恰相反：由于缺乏实证的、科学的研究程序和检验手段。

大陆的学术研究传统或习惯与西方以及台湾地区不同，很少对前人尤其是西方的研究成果进行回顾和探讨，因此大量研究属于脱离了整个学术研究背景的有感而发，这样首先在关键词语的使用上面就出现了不统一，有的使用"可信度"，有的使用"公信力"，而不同词汇所指代的含义更是混乱，有时候不同的研究分别使用两个不同的词汇，但实际指示的含义却是一致的；而有时候使用同样词汇，但实际所指示的含义却是不相同的。对于"可信度"和"公信力"两个概念的区别和关联，后文将会有专门的论述，而以下对国内文献的回顾为避免麻烦采用使用较多的"公信力"一词。

大陆学者对媒介公信力的研究中有两个比较受关注的方面：一是对媒介公信力含义的理解；二是从服务于实践的角度探讨怎样的媒介表现会降低或者提升媒介的公信力，这部分内容应该属于对公信力内部影响因素的探讨。以下就对大陆在这两方面的研究情况进行介绍。

一、对媒介公信力概念的理解

（一）研究情况概述

大陆学者对公信力的定义或者更确切地说是对其含义的个人感悟和理解，可以分为以下几类：

1. 将媒介公信力视为公众对媒介可信任程度的一种评估和反映。比如：

"媒体公信力，是媒体为公众信任的程度。"②

"可信度是指接受信息者即受众对传播者可相信程度的评估。"③

"是新闻传媒以新闻报道为主体的信息产品被受众认可、信任，乃至赞美的程度的反映。"④

---

① 以"公信力"为检索词，对"中国期刊网"的新闻传播类期刊的"篇名/关键词/摘要"进行检索，1994～2002 年的 9 年里，有关"媒介公信力"的文章有 10 篇，而且大多只是涉及公信力，并非专题研究；而 2003～2004 年 4 月不到两年的时间里，直接有关公信力的文章有 15 篇。虽然检索并不全面，但也能大致看出其中的差异。

② 李剑军：《非常事件与媒体公信力》，载于《新闻前哨》2003 年第 4 期。

③ 王欣、赵虎：《我国媒体公信力现状考察》，载于《新闻前哨》2004 年第 4 期。

④ 郑保卫、唐远清：《试论新闻传媒的公信力》，载于《新闻爱好者》2004 年第 3 期。

"新闻媒体的公信力，是指新闻媒体在公众中所具有的信任度。"①

2. 将公信力的本质视为一种获得公众信赖、赢得社会影响力的能力和决定因素。比如：

"有人认为，媒体公信力，是指媒体值得公众信任的程度。为此，媒体需要向公众提供真实的信息，防止新闻报道中的失实现象。笔者认为，仅此还不完全。媒体公信力更应该指媒体能够获取公众信赖的力量。媒体的公信力，应该在媒体替公众说话、帮公众达到他们的正当要求的过程中显示出来。"②

"媒体公信力，是指媒体本身所具有的被社会公众所信任的一种内在力量。"③

"媒体的公信力，就是指新闻媒体赢得社会公众信赖的能力。"④

"新闻传媒的公信力是指新闻传媒能够获得受众信赖的能力。"⑤

"所谓公信力，是指传媒具有赢得公众信任的力量，它是传媒最有价值的内在品质，是传媒塑造影响力和权威性的关键因素。"⑥

3. 将可信度（公信力）视为媒介对受众施加影响的一种能力，常常将媒介公信力与其他表示媒介能力的概念比如影响力、权威性等同。比如：

"传媒的公信力是指传媒在长期发展过程中，在社会和受众中形成的信誉度、权威性和影响力。"⑦

"公信力是对媒体的一种道德评价标准，是媒介因公众的信任所产生的社会权力，或者说社会影响力、媒介能力。目前虽无明确的界定，但一般认为'传媒公信力是媒介在发展中形成的在社会受众中的信誉度、权威性和影响力。'就市场类报纸而言就是市场类报纸在受众中的信誉度、权威性和影响力。"⑧

"公信力就是因公众的信任所产生的社会权力，或者说社会影响力、媒介能力。"⑨

"媒介的公信力是指媒介在长期的发展中日积月累而形成的，在社会中

① 李惊雷：《问题性报道彰显媒体公信力》，载于《传媒观察》2004 年第 8 期。
② 王国珍：《媒体服务公众的基本途径》，载于《新闻爱好者》2004 年第 7 期。
③ 陈心安：《媒体公信力的要素构成》，载于《新闻前哨》2004 年第 5 期。
④ 张志新：《新闻媒体公信力解读》，载于《新闻采编》2004 年第 2 期。
⑤ 郑保卫、唐远清：《试论新闻传媒的公信力》，载于《新闻爱好者》2004 年第 3 期。
⑥ 曹丽虹：《试析〈南方周末〉的品位追求》，载于《伊犁师范学院学报》2004 年第 1 期。
⑦ 余文斌：《公信力——传媒竞争的重要砝码》，载于《新闻战线》2002 年第 5 期。
⑧ 冯艳丹、喻泉：《浅析市场类报纸公信力危机及建设》，载于《湖北社会科学》2004 年第 8 期。
⑨ 刘笑盈：CCTV. com 中国网络媒体论坛访谈"公信力——互联网发展的生命线"，参见 http:// 202. 108. 249. 200/tvguide/tvcomment/wtjj/xzlz/7517_2. shtml。

有广泛的权威性和信誉度，在受众中有深远影响的媒介自身魅力。"①

"媒介的公信力就是媒介通过长期地向受众提供真实、可信、权威、高尚的传播产品，而在受众心目中建立起来的诚实守信、公正、正派的信任度和影响力。这种信任度和影响力越大，媒介的公信力就越高；反之，亦然。"②

"大众媒介公信力是指传播者以社会责任为己任，通过大众传播渠道提供真实、客观、全面、及时、权威的资讯而获得的凝聚在大众媒介上的普遍社会认同。"③

（二）讨论

以上对媒介公信力的理解表面看来有很强的相似性，但实际上是从三个不同的层次和角度对公信力的界定。

第一种界定将公信力的"力"理解为力度、程度，即公众对媒介信任的程度就是公信力，是从信息接收方的角度看待媒介公信力。可以称之为公信力的"程度说"。但这种界定过于简单，定义中依然含有尚待明确的其他概念，有同语反复之嫌：如果说公信力是"信任程度"，那么"信任程度"的具体含义又是什么？"信任"的概念又怎样界定？

第二种界定从媒介的本身的能力（素质）的角度来理解公信力，将公信力的"力"理解为"能力"，即媒介所具有的、能够获得公众信赖的那些"能力"就是媒介的公信力，而这里的"能力"实际上更确切地说是指媒介本身所具有的"素质"，此种定义可以称之为"素质说"。但是这类定义也同样过于简单，没有明确这些媒介"能力"（素质）的具体含义。

第三种是从公信力的功能角度来界定公信力，将公信力的"力"理解为"权力"和"影响力"，这种定义同第二种定义（即"素质说"）同样提到了"能力"一词，不过细加分析就可以看出这两个"能力"的含义是完全不同的，第二种定义中的能力是媒介"获得信赖的能力（素质）"，第三种定义中的"能力"是指在受众中的"影响能力"，不难看出这种定义是将媒介的"公信力"与"影响力"、"权威性"概念相混淆了。

综合以上三种具有代表性的对媒介公信力含义的理解，可以看到大陆的研究者根据"公信力"的中文含义阐发其概念含义的痕迹很深。但大致上来说，除

---

① 黄晓芳：《公信力与媒介的权威性》，载于《电视研究》1999 年第 11 期。

② 李忠昌：《试论大众传媒的公信力》，载于《西安建筑科技大学学报（社会科学版）》2003 年第 1 期。

③ 何国平：《大众媒介公信力形成过程的分析》，载于《新闻界》2004 年第 2 期。

了第三种对公信力概念混淆的定义之外，前两种对"公信力"的理解同西方学者对"可信度"概念的理解是一致的，第一种"程度说"类似于西方从受众角度对可信度的理解，即可信度是社会大众对媒介的一种态度和心理感知，第二种"素质说"类似于西方从传播者角度对可信度的理解，即"媒介可信度是媒体本身所具有的使人产生信任的素质"。

二、对媒介公信力内部影响因素的探讨

对媒介公信力最为直接的影响因素就是那些能够被受众感受到的、与公众是否信任媒介相关的媒介表现，相对于那些由受众的个体特征等外部因素所造成的对媒介公信力的影响，这些与媒介表现相关的影响因素可以称之为公信力的内部影响因素。本着服务于新闻实践的学术传统，大陆学者对此方面的问题有较多的关注，纷纷从自己的经验和实践感受出发，围绕着什么样的媒介表现会降低或者提升媒介公信力的问题提出了种种意见。这些意见有许多相似之处，但由于立场、角度的不同有些方面甚至相互矛盾，经过整理，在所掌握的 17 篇有关公信力的文章中，对不同影响因素进行归类总结，各类影响因素被提及的频率统计如下，从中可以大致看出不同因素在学术界被重视的程度（详见附录一）。

表 7-23 各类影响因素被学术文章提及的频次

影响公信力的媒介内部要素	被提及的频次	被提及的频率（%）
1. 真实——不作虚假报道	14	82.4
2. 贴近群众、人文关怀	11	64.7
3. 格调高尚——不报道低俗新闻、不炒作新闻	7	41.2
4. 有偿新闻	7	41.2
5. 舆论监督	6	35.3
6. 平衡公正——不偏袒	5	29.4
7. 完整、全面报道，满足知情权	5	29.4
8. 良好形象	4	23.5
9. 新闻报道及时迅速	4	23.5
10. 独家新闻、独到见解、独立的个性	4	23.5
11. 杜绝虚假广告	4	23.5
12. 客观报道，不含偏见	3	17.6
13. 把握政治关、舆论主调	3	17.6
14. 新闻表现新颖生动	3	17.6
15. 关注重大事件	3	17.6
16. 避免空洞、机械宣传	2	11.8
17. 媒介间价格战等恶意竞争	1	5.9

从表 7 - 23 中可以看出，中国大陆研究者所认为的媒介公信力构成要素基本涵盖了西方研究者所认为的最重要的代表媒介专业素养方面的"真实"、"完整"、"不含偏见"、"公正"等可信度指标，反映了中西方研究者在媒介可信度（公信力）问题认识上的相通之处。

在意见一致的基础上也有认识的差异，大陆研究者最为重视的两个可信度影响因素为："真实"和"贴近群众、体现人文关怀"。"真实"被提及次数最多不足为奇，但是"贴近群众、人文关怀"被如此重视，而"完整"、"不含偏见"、"公正"等被西方学者所重视的"可信度"构成要素却排在"贴近群众"、"格调高尚"、"有偿新闻"、"舆论监督"等要素之后，恐怕是一个具有中国特色的问题，这初步体现了美国和中国对可信度含义理解的差异问题。

以上 17 篇文章的作者有的是学术研究者、有的是新闻一线的实践工作者或者新闻单位的负责人，所有的研究并非实证研究的结果，是作者个人的经验总结和感悟。因此，这些意见不可避免带有来自不同立场的主观色彩。媒体是否可信？什么样的媒体才可信？对这些问题最有发言权的应该是社会大众，因此在确定公信力的构成要素时，需要由公众来进行鉴别，研究者的意见只能作为参考。而对公众意见收集的最好办法则是进行社会调查。

小　结

对前人研究成果进行回顾的目的首先是汲取经验，另外就是从中发现以往研究中尚需完善的地方，从而形成自己的研究主题和研究思路。

本着这样的原则，本章对前人的研究成果尤其是与可信度内涵和量表建立有关的文献进行了系统回顾，而本篇主要研究论题的展开和设计正是在对文献进行探讨的基础上明确和成型的。

为简明起见，以图表的形式将文献回顾所发现的问题与本篇的研究启示及论题的形成进行简要概括（见图 7 - 1）。

| 文献回顾所发现的问题 | 相应的研究启示和研究设计 |

可信度研究的历史脉络

- 美国的可信度研究与本国社会发展背景密切相关联。
- 媒介可信度外部影响因素研究需深入。
- 与其他学科相关理论成果结合不够。

可信度量表的发展

- 美国研究对可信度内涵缺乏理论探讨。
- 量表建构的统计技术具有历史局限性。
- 目前的可信度量表并不完善。

大陆公信力研究现状

- 公信力概念界定不够准确、清晰。
- 缺乏量化研究分析。
- 公信力构成要素缺乏来自公众的意见。

相应的研究启示和研究设计：

- 1.中国媒介可信度研究不可脱离自己的社会文化背景。2.注意跨文化研究的文化差异问题。
- 借鉴其他学科的相关理论，从多个角度对可信度内涵和影响因素进行探索。
- 对可信度概念的本质内涵进行理论探讨，对其理论内涵进行界定。
- 设立更为完善的量表建构检验程序。
- 使用量化研究方法，按照严格步骤建立中国媒介可信度量表。
- 进行社会调查，从公众的角度出发进行媒介可信度研究。

主要论题

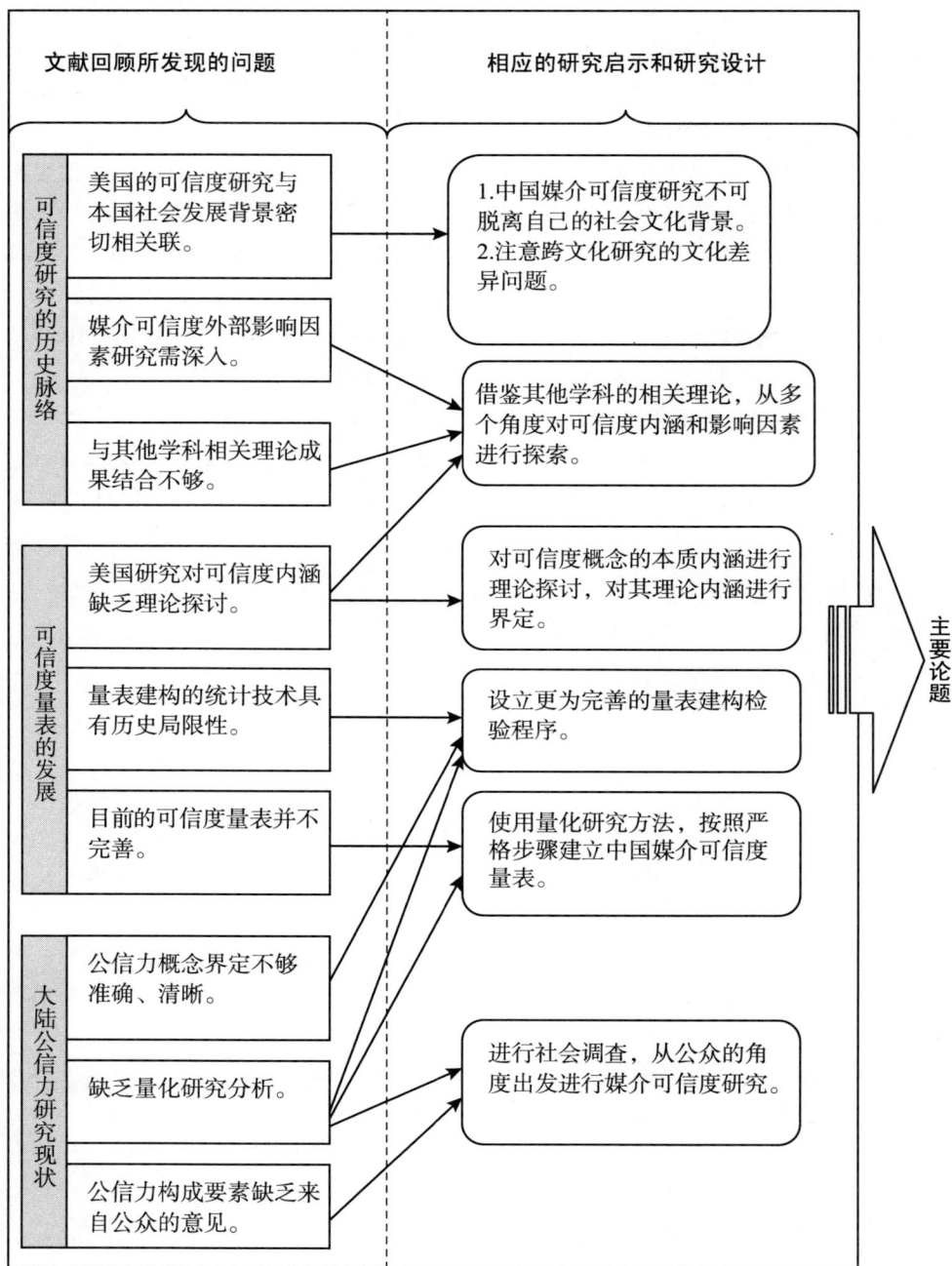

图 7 - 1　文献回顾与研究启示关联示意图

中国大众媒介的传播效果与公信力研究

第 8 章

测评方法研究论题和研究设计

本篇的研究论题主要围绕两大研究目的展开：一是对媒介公信力概念进行探讨；二是建立中国大众媒介的公信力测评指标，其中研究目的之二是报告的中心和重点。围绕以上研究目的，形成三个研究论题。

8.1 研究论题及使用方法和步骤

8.1.1 研究论题一

解析媒介公信力概念（参见第1章"1.3.1 民众与大众媒介之间的契约关系"及以下内容。——编者注）。针对目前公信力研究基本概念不清晰的问题，借鉴社会学、经济学中有关"信任"的研究成果、制度经济学中的契约理论等，从多个角度对媒介可信度、媒介公信力概念进行辨析和梳理，在此基础上提出本部分报告对媒介公信力概念的理解。

主要采用的研究方法为文献法和思辨研究方法。

概念的解析和界定是整个报告的研究切入点、研究思路和研究架构的基础。

8.1.2 研究论题二

考察中国公众对媒介期望的状况，也就是考察中国公众在评价媒体公信力时都依据哪些评判准则以及不同准则的重要程度如何（参见第 9 章内容。——编者注）。

主要采用的研究方法为焦点访谈法、问卷调查法。

这一问题的解决又可以分为以下几个具体步骤：

步骤 1：通过对前人的研究成果总结以及利用焦点访谈或者开放式问卷的形式收集中国民众对于值得自己信任的媒介的特征描述。将搜集到的有关媒介特征的描述编制成一个大约由 30 ~ 40 个题项构成的初步量表，采用利克特量表形式，每一个题项表示一个对可信任媒介的特征描述，称为"中国公众媒介期待量表"。通过这一量表所要了解的是中国公众对媒介有哪些"期待"和"需求"。由于"媒介期待量表"的表达形式是由民众对媒介公信力评判准则进行 5 级的重要程度评分来获得的（1 完全不重要、2 不重要、3 有一点重要、4 比较重要、5 非常重要），因此"媒介期待量表"也称为"媒介公信力评判准则重要程度量表"（简称"重要程度量表"）。

步骤 2：采用问卷调查的方式，请受访者对量表的每一个题项进行重要性程度的评分。

步骤 3：对量表数据进行分析，通过项目分析、信度分析、因子分析等统计技术，描述中国公众对主要从哪些方面来评判大众媒介公信力，并根据数据结果提出不同准则的权重参考值。

8.1.3 研究论题三

由公众对中国大众媒介目前表现进行直接评价，结合公信力评判准则的重要性分析结果，确立中国大众媒介公信力测评指标（参见第 10 章内容。——编者注）。

主要采用的研究方法为焦点访谈法、问卷调查法。

这一问题的解决分为以下几个具体步骤：

步骤 1：编制"中国大众媒介公信力评价量表"，量表的编制程序与量表题项内容同"重要程度量表"基本一致，不同的是"重要程度量表"中包含了评价单独媒体的题项，而"评价量表"以中国大众媒介的整体情况为考察对象，因此仅适用于评价单独媒体的题项不包括在内。另外对每一个题项陈述采用 0 ~

10 分的评分方法，最低 0 分表示目前中国大众媒介在这个方面做得非常差，最高 10 分表示在这个方面做得非常好，6 分及格，做得越好评分越高。

步骤 2：采用问卷调查的方式，请受访者对量表的每一个题项进行评分。（步骤 1 和步骤 2 与论题二的前两个步骤同时进行）

步骤 3：使用探索性因素分析和证实性因子分析技术，对量表数据进行分析，并结合"评判准则重要性"分析结果建立中国大众媒介公信力测评量表。

8.2　问卷设计、数据样本和分析工具

8.2.1　问卷设计

本研究主要采用问卷调查方法来收集数据并依据数据进行相关研究和分析。问卷测评量表题目的设计是调查问卷的重点。除了对前人的研究成果进行归纳和总结之外，笔者进行了有关公信力问题的访谈，部分访谈是通过面访的形式，部分访谈通过网络即时通讯工具（MSN、ICQ 等）与被访者进行了在线的交流或通过 E-mail 询问了笔者所认识的朋友。报告附录二中列举了一些访谈内容。以上所有收集到的信息是问卷量表设计的参考资料。

正式问卷建立之前，笔者分别在中国人民大学校园、北京图书馆、北京南城报刊亭附近进行了三次以不同年龄、身份、学识者为访问对象的小规模试调查，每次试调查后都根据情况对问卷进行了改进。试调查中由被访者填答问卷，笔者留意了被访者填答过程中的反应并与被访者进行了一些交流，旨在了解被访者对于问卷题目设计是否存有异议或有填答理解的困难，并围绕媒介公信力的相关问题进行了简单访谈。

试测之后又经课题组成员之间多次讨论，最终确立了问卷的设计。问卷所包含内容不仅限于公信力测评量表的建构，有些内容本部分报告没有涉及，因此有关量表建构的问卷设计题目将在后文的相关论述中进行说明。

8.2.2　数据样本和分析工具

本报告的主要目的是建构媒介公信力测评量表，而非评价媒介公信力状况，因此没有采用随机抽样调查。由于量表建构需要分别进行探索性和验证性因子分析，按照统计原理不能对同一组数据同时使用两种分析，因此需要至少 600 个样本。

调查采用问卷调查方式，中国人民大学的 33 名在校学生经培训担任了访员的工作。共发放了 780 份问卷，其中 380 份问卷在中国人民大学和清华大学两个分别代表了文科和理工科学校的自习教室实施调查。另外 400 份问卷在北京的超市、商场等人员流动较大的地带通过拦访的形式实施调查，由于已经有近一半问卷以大学生为访问对象，因此拦访地点的选择有意避开了较为高档的商场，而是以小商品批发市场、低档服装商场、大众化超市为主要访问地点，以获取文化层次较低人群的样本。为增加拦访的成功率，每位被访者填答问卷后赠送价值约 5 元的礼品。

街头拦访在 2004 年 12 月 11～12 日进行，清华大学和人民大学的调查在 12 月 13～14 日进行，共获得有效问卷 732 份。由于本部分报告以公信力测评量表建构为目的，因此在分析中将与量表建构有关题目缺失值较多的 22 份问卷也进行了删除。另有 18 份问卷被访者年龄不足 16 岁，考虑到媒介公信力问题的特征，也将这 18 份问卷删除。因此，最终的参与研究分析的样本数为 692 个。这 692 个参与分析的样本来自清华和人大学校自习教室的为 361 个，来自街头拦访的样本数为 331 个。两类获取途径不同的样本构成情况详见附录一。

数据分析软件主要使用 SPSS11.0；结构方程模型分析使用 LISREL8.2；同时使用 Microsoft Excel XP 做辅助资料分析和图表创制。

小　结

以上三个论题之间的逻辑关联构成了报告的研究内容和研究脉络。三个论题及其相互关联情况如图 8－1 所示。

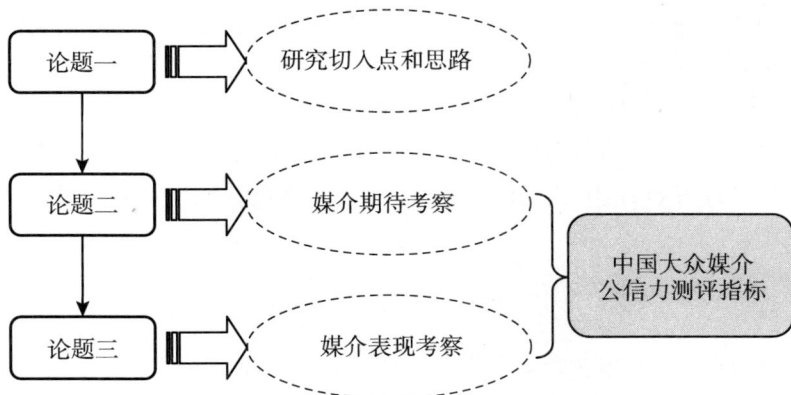

图 8－1　论题之间的逻辑关联示意图

第 9 章

中国媒介公信力评判准则解析

9.1　中国公众对媒介的角色期待

公众用以判断是否信任的依据和准则取决于对信任对象的角色认定，对于不同角色，评判其是否可信的准则和标准是不尽相同的。比如对于委托的律师，判断其是否可信的主要依据是其法律知识的掌握、诉讼经验等等；但对于请来治病的医生，判断其是否可信一般是绝不会关心医生的法律知识的。而传播者和受众就是一对角色伴侣，双方之间有一种角色定位，即把对方看成是什么样的人。[①]因此公众究竟依据哪些准则来判断媒介是否可信，与公众认为媒介应该是什么角色，也就是对媒介的"角色期待"有直接的关系。

而且中国民众的媒介期待的情形如何直接关系到媒介公信力研究最为基础的思路和方法。如果公众在新闻理念上出现巨大分歧和差异（就好像有一半的人认为媒介应该是"律师"，另一半则认为应该是"医生"），就很难得出统一的适用于全体公众的评价准则，相应的研究思路和方法也就需要调整。

因此有必要在讨论评判准则之前，对公众的媒介期待和新闻理念进行分析。在调查研究进行之前，通过一些访谈和对前人研究的总结，初步认为中国公众在

[①]　郑兴东：《探索和营造和谐的传授关系》，载于《新闻与写作》2005 年第 4 期。

媒介公信力判断准则方面具有较强的一致性，但也不乏一些观念的对立和冲突，比如有人会认为"官方办的报纸没有公信力可言"，但有些人则表示"政府办的的报纸当然可信"。究竟在公众中是否存在媒介角色期待认知的一致性基础，则需要结合数据进行进一步的论证。在本调查中针对公众的媒介角色期待进行了调查的题目为：

您最希望媒体担当什么样的角色？（可多选）

1□ 政府和社会的监督者　2□ 党和政府的喉舌　3□ 人民群众的喉舌

4□ 各种意见自由交流竞争的平台　5□ 娱乐消闲的工具

6□ 党和政府引导社会舆论的工具　7□ 其他角色_____（请写明）

在 7 个待选的媒介角色中，选择比例最高的是"政府和社会的监督者"（67.5%）、其次是"各种意见自由交流竞争的平台"（61.1%）、再次是"人民群众的喉舌"（54.9%），这三个选项被选择的比例都超过了 50%。另外大约 1/4 的人选择了"娱乐消闲工具"，而"党和政府引导社会舆论的工具"、"党和政府的喉舌"被选择的比例均不足 15%。

由于本次调查样本并非随机抽取，大学以上学历人群的比重较高，因此有必要对不同学识人群的选择情况进一步分析。考察不同学识组对于媒介角色认知的情况，发现三个组对于媒介的角色认知有明显的不同。本科以下学识组对媒介的"政府监督者"和"意见交流平台"角色选择比例明显低于本科和本科以上学识组。而高学历的两组对于"舆论引导工具"和"政府喉舌"的选择比例较低。对于"人民喉舌"的角色认知，三个组之间的差异最小，差异最大的是"意见自由交流竞争平台"，"在校本科生"组和"本科以下"两组相差了近 38 个百分点。对于媒体的"娱乐工具"角色，高低学历组之间的差异也比较大，高学历组更为认同媒介的娱乐角色，大约相差了 15 个百分点。样本总体和三个不同学识组的选择比例详见表 9-1：

表 9-1　　　　不同学识人群对于媒介角色认知情况比较（样本数 =692）

单位：%

	政府监督者	意见交流平台	人民喉舌	娱乐工具	舆论引导工具	政府喉舌	其他
总　体	67.5	61.1	54.9	25.1	14.0	13.0	3.6
本科以下	59.0	36.4	51.6	14.7	16.6	17.1	2.3
在校本科	71.9	73.7	57.5	28.9	11.0	10.5	3.9
本科以上	70.9	71.3	55.5	30.8	14.6	11.7	4.5

在西方的新闻观念中，媒体对政府进行监督的最基本前提是独立于政府，因

而会认为"政府的监督者"角色与"政府喉舌"角色是相互矛盾对立的。在中国的特殊的社会背景下，由于媒介处于党和政府的直接领导，媒介对政府的监督处于一种"自我监督"的状况。那么中国民众是否认为"监督者"和"喉舌"之间存在矛盾呢？本次调查数据显示，在选择希望媒介担当"政府监督者"角色的被访者当中，同时表示希望媒介担当"政府喉舌"的人数比例为13.28%，占样本总体的9%。而反过来看，认同"政府喉舌"角色的被访者中有较高比例的人（68.9%）也认同了"政府监督者"角色。也就是说，认可"政府监督者"角色的人当中有少数人认可了"政府喉舌"角色；而在认可"政府喉舌"角色的人当中，近七成的人是认可"监督政府"角色的。

另外，在我国的新闻理念中，大众媒介既是"党和政府的喉舌"又是"人民的喉舌"，二者是完全统一的。那么公众是否认同两种角色相统一的观念呢？本次调查数据显示，表示希望媒介担当"人民喉舌"的被访者当中，同时选择"政府喉舌"的比例为17.6%，占样本总体的9.7%。另外还有8.8%的人同时选择了"各种意见自由交流竞争的平台"和"舆论引导的工具"。各种意见交叉选择情况详见表9-2。

表9-2　　　　对不同角色认知交叉选择的情况　　　　（样本数=692）

		政府监督者	意见交流平台	人民喉舌	娱乐工具	舆论引导工具	政府喉舌
样本总体	样本数	467	423	380	174	97	90
	比例（%）	67.5	61.1	54.9	25.1	14.0	13.0
政府监督者	样本数	467	307	283	133	74	62
	在总体中的比例（%）	67.5	44.4	40.9	19.2	10.7	9.0
	在"政府监督者"中的比例（%）	100	65.74	60.60	28.48	15.85	13.28
意见交流平台	样本数	307	423	238	134	61	55
	在总体中的比例（%）	44.4	61.1	34.4	19.4	8.8	7.9
	在"意见平台"中的比例（%）	72.6	100	56.3	31.7	14.4	13.0
人民喉舌	样本数	283	238	380	109	71	67
	在总体中的比例（%）	40.9	34.4	54.9	15.8	10.3	9.7
	在"人民喉舌"中的比例（%）	74.5	62.6	100	28.7	18.7	17.6
娱乐工具	样本数	133	134	109	174	34	35
	在总体中的比例（%）	19.2	19.4	15.8	25.1	4.9	5.1
	在"娱乐工具"中的比例（%）	76.4	77.0	62.6	100	19.5	20.1
舆论工具	样本数	74	61	71	34	97	40
	在总体中的比例（%）	10.7	8.8	10.3	4.9	14.0	5.8
	在"舆论工具"中的比例（%）	76.3	62.9	73.2	35.1	100	41.2

217

		政府监督者	意见交流平台	人民喉舌	娱乐工具	舆论引导工具	政府喉舌
政府喉舌	样本数	62	55	67	35	40	90
	在总体中的比例（%）	9.0	7.9	9.7	5.1	5.8	13.0
	在"政府喉舌"中的比例（%）	68.9	61.1	74.4	38.9	44.4	100

总体来看，媒介作为"舆论监督者"、"人民的喉舌"以及"意见交流平台"的角色已得到公众的普遍认同：在"政府和社会的监督者"和"各种意见自由交流竞争的平台"两种角色中至少选择了一个的人数比例为84.2%；在"政府和社会的监督者"、"各种意见自由交流竞争的平台"或者"人民群众的喉舌"三种角色中至少选择一个的人数比例为93.9%。而在"党和政府的喉舌"和"党和政府舆论引导工具"两种角色中至少选择一个的人数比例为21.2%，而这些人中绝大多数人（85.6%）也同时认同了"监督者"或者"意见交流平台"或者"人民喉舌"。因此，可以说中国大陆媒介公信力的评判是具有角色认知的一致性基础的。但同时不可忽视的是，中国公众对于媒介的角色认知存在着交错和矛盾之处，反映了社会转型时期不同新闻观念的交错和冲撞。

9.2 "媒介公信力评判准则重要程度量表"的设计思路

9.2.1 目的之一：确立媒介公信力测评初步指标

通过前期的访谈、开放式问卷和对以往研究资料的整理，可以归纳出若干影响媒介公信力的媒介表现，每一种媒介表现以一个陈述语句的形式呈现，也就是量表的一个题项，这些题项从不同方面反映了中国公众对媒介的不同期待，构成"中国公众媒介期待量表"，同时也是"中国媒介公信力评判准则重要程度量表"（简称"重要程度量表"）。所有的题项就是"重要程度量表"的基本构成要素。

这些收集整理出来的指标是不同身份、不同学识的人从不同角度、不同的出发点所提出来的，大致可以代表以下几类：代表文化层次不高的普通民众的意见；代表关注现实的知识分子阶层的意见；代表新闻或传播学方面研究者的意见；代表政府管理者的意见；代表新闻一线工作者的意见；等等。他们在评价媒介是否可信时有很多共同的看法，但也会由于身处的环境不同、信息和知识掌握程度不同而在评价准则的认识角度和深度方面有所差异，甚至背道而驰。究竟哪些因素是中国公众在评价媒介的公信力时所最为看重的？对这个问题最有权威的解答者是中国的民众，而不是少数人的一面之词，这也是编制"重要程度量表"的第一个目的：通过社会调查由民众来确定哪些是媒介公信力评判的主要准则。

编制量表进行调查的基本设计思路是：每一个题项所表述的是人们在评价媒体是否可信时可能会考虑的某一个方面的因素，将所有题项编制成量表进行社会调查，让民众根据自己的想法，用1～5给每一个题项打分，分数代表的是题项对于媒介公信力评判的重要程度：1表示"非常不重要"；2表示"不重要"；3表示"有一点重要"；4表示"比较重要"；5表示"非常重要"。这样通过考察民众对不同题项重要程度的看法，可以找出在民众看来最为重要的题项，而这些题项就是确立中国大众媒介公信力测评指标的重要参考依据，或者说是初步指标。

9.2.2 目的之二：确立媒介公信力测评指标权重参考值

不同的指标在民众心目中具有不同的重要程度，媒体在这些不同方面的表现对于媒介公信力的"贡献程度"也是有差别的：被民众非常看重的因素，媒体如果做得好或差会对媒体的公信力产生较大的影响，而不太看重的因素，媒体做得好或坏则相对不会被民众那么在意，对公信力的影响也就相对较弱，这就涉及每一个指标在公信力评判中的权重问题。

权重不仅对公信力的测量结果有直接的影响，而且也会影响到公信力与其他变量之间的关联性分析结果。确立权重的方法主要有三种。一种是依据专家的主观经验和意见来确定，但专家的意见很难完全客观准确地代表民众的想法。另一种更为准确和科学的方法是建立一个包含媒介公信力变量在内的因果关系模型，利用结构方程模型统计技术进行加权计算出公信力的大小。但这种加权测量需要首先建立模型，而这个前提的实现需要大量理论和实证资料的支撑，必然要经过长期的研究积累，目前还难以实现。再有一种方法就是通过抽样调查，由媒介公信力的评判者即中国民众来确定公信力测评量表每一个指标的权重，从实际可操作性和准确性方面来看，目前这种确定权重的方法应该是最佳选择。因此，编制"重要性评价量表"的第二个目的就是为公信力测量指标提供权重参考。

9.2.3　量表设计形式的选择

历史上所使用的媒介公信力测评量表主要有两种形式，一种是设计两两对应、含义相反的形容词或简单语句，建立语义差别量表；另一种是列出陈述语句，建立利克特量表。使用陈述语句的设计方式，题项的含义更为明确，而设计语义差别量表，首先寻找合适的成对反义词比较困难，而且受访者也不容易把握其确切含义。考虑到中国公众的整体文化水平，为了使含义明确、便于理解，量表的题项采用陈述句的方式呈现。

同时为了尽量减少歧义和误解，对于一些普通公众可能不太熟悉或容易产生歧义的概念采用"概念＋适当说明"的陈述方式。比如"对新闻事件完整报道，不回避新闻事件中的任何重要事实"题项，就是在"完整"概念之后加上了简单的解释："不回避新闻事件中的任何重要事实。"这样对概念加以简单解释的题项陈述方式某种程度上会缩小概念本身的含义，但考虑到"客观"、"平衡"等新闻专业主义的理念在中国社会并不十分普及，人们可能对于类似的带有西方民主色彩的概念还比较陌生。现阶段社会背景下，通过社会调查的方式进行媒介公信力的研究，概念的明确应该比概念的包容性更为重要，因此笔者认为有必要对一些概念加上明确其含义的解释。而怎样使量表题项的设计兼顾概念的概括性和明确性，需要在不断的研究中加以总结。

9.3　"重要程度量表"的具体设计

"重要程度量表"一共包含了32个题项，在问卷中题目提问方式设计如下：

下面我们想了解您在评价一个媒体是否值得信任的时候，都看重媒体的哪些方面。以下列举了一些媒体特征，这些特征对于您本人是否信任媒体来说有多重要？请根据您个人的感受选择合适的重要程度，在相应的□上打√。（"1"表示"完全不重要"；"2"表示"不重要"；"3"表示"有一点重要"；"4"表示"比较重要"；"5"表示"非常重要"）

32个题项在调查前根据其含义大致分为6个方面：新闻专业素质（指新闻专业主义的内在要求）；社会关怀（指关注社会大众的利益）；媒介操守（指媒介不因为经济利益驱使而作出有损公众利益的行为）；新闻技巧（媒介在表现手法和形式等方面的技能）；媒介与官方的关系；外在形象。32个题项在问卷中的表述与数据库中使用的变量标识见表9－3（变量标识也是后文数据分析时所使用的变量简称和变量标签①）。

表9－3　　　　　　"重要程度量表" 题项陈述与题项标识

类别	问卷中题项陈述	数据分析时的标识
新闻专业素质	真实报道，新闻报道不含虚假、猜测和虚构的成分。	EXP01 真实报道
	对新闻事件完整报道，不回避新闻事件中的任何重要事实。	EXP02 完整报道
	尽可能报道一切民众想知道的新闻事件。	EXP03 全面报道
	新闻报道准确无误。	EXP04 准确报道
	客观呈现新闻事件原貌，不加入报道者的偏见。	EXP05 客观无偏见
	对有争议的新闻，平衡报道争议各方的情况，不偏袒任何一方。	EXP06 平衡不偏袒
新闻技巧	新闻报道迅速及时，有时效性。	EXP07 迅速及时
	能够对复杂的新闻事件提供有深度的分析和解释。	EXP08 深度
	能够经常有独家新闻。	EXP09 独家
	新闻版面或节目编排形式新颖、生动、有个性。	EXP10 新颖生动
	一旦报道有误，主动道歉并更正。	EXP11 更正失误
社会关怀	所报道的内容是社会发展进程中最为现实和迫切的问题。	EXP12 关注现实
	新闻视角敏锐，善于发现问题。	EXP13 视角敏锐
	尊重公民的隐私权。	EXP18 尊重隐私
	敢于针砭时弊，批评性新闻比例高、批评力度大。	EXP19 针砭时弊
	站在社会大众的立场上，关注最广大民众的利益。	EXP20 民众立场
	关心处于困境的弱势群体，比如农民、下岗职工、残疾人等。	EXP21 关注弱势群体
	媒体以平等的姿态面对读者观众，而不是高高在上、傲慢自大。	EXP22 姿态平等
	新闻报道实实在在，不唱高调、不打官腔。	EXP23 不唱高调
	尽量少报与老百姓关系不大的会议、领导政务活动等新闻。	EXP24 控制会议新闻
媒介操守	广告比例适当。	EXP25 控制广告比例
	不发布虚假广告。	EXP26 杜绝虚假广告
	不刊播广告新闻、有偿新闻、软广告。	EXP27 杜绝有偿新闻
	新闻格调高尚，不随意炒作粗俗不雅的新闻。	EXP28 格调高尚
	采编和经营相分离，新闻报道不受经济势力的影响。	EXP29 采编经营分离
与官方关系	不报道有可能引起社会骚乱的负面新闻。	EXP15 控制负面新闻
	媒体在任何情况下都与党和政府保持一致。	EXP16 保持一致
	媒体的级别高，直接代表较高级别的党政机关。	EXP17 级别高
	能够独立审视、监督政府的政策和作为。	EXP14 监督政府
外在形象	媒体拥有悠久的历史。	EXP30 历史悠久
	媒体具有较大的规模，发行量、覆盖面足够大。	EXP31 规模大
	媒体得到许多人的好评。	EXP32 得到好评

① "重要程度量表" 也就是 "媒介期待量表"，题项在做数据处理时的变量标识为 "EXP"，也就是expectation 的简称。

221

9.4 依据"重要程度量表"对媒介公信力评判指标的甄选

通过以上量表所要回答的第一个问题是：哪些因素是中国民众在评判媒体是否可信时所看重的方面？以下将这一过程简称为"重要性指标甄选"。

对这一问题的回答可以通过量表项目分析的结果来进行判别。

9.4.1 依据重要性评分进行第一次甄选

一、第一次甄选所参考数据含义的说明

（一）重要性评分均值（Mean）

按照题目设计，1分表示"完全不重要"；2分表示"不重要"；3分表示"有一点重要"；4分表示"比较重要"；5分表示"非常重要"。那么被访者给32个题项所评的分数是判断每个题项重要性程度最为直观的数据。3分可以认为是重要与否的分界线；另外，32个题项的评分平均值为3.87，也可以作为筛选的参考标准；如果筛选更严格可以适当提高筛选的标准，当然重要性评价并非唯一评判标准，需结合其他分析来综合进行筛选。

（二）因子负荷（Factor Loading）

通过对重要性评价结果进行只抽取一个因子的因子分析（采用主成分法principal components），可以得出每个题项的因子负荷，从统计意义上来讲因子负荷表示每个观测变量与公因子（common factor）之间的相关程度，因子负荷的绝对值越大，表示变量与公因子的关系越密切。具体到本量表，可以用来表示每一个题项与总体量表所指示含义的联系程度，因子负荷低的题项很可能就不是公众判断媒介是否可信的依据。

（三）与量表总分的相关系数（Corrected Item-Total Correlation）

这一数据表示每个题项与量表总分的相关系数，在本量表中与因子负荷的含义类似，如果题项的相关系数不高则可能就不是公众判断媒介是否可信的依据。

（四） 题项删除后量表的信度系数 （Alpha if Item Deleted）

信度系数可以用来分析量表各个题项的内在一致性，本书所使用的是内在一致性检验最常使用的 "克朗巴哈 α 信度系数" （Cronbach's α），题项删除后量表的信度系数 （Alpha if Item Deleted） 可以表示这一题项在删除之后整个量表 α 系数的变化情况。如果 α 系数明显增加说明这个题项对量表的内在一致性具有较大的负面影响，也就是说该题项与量表整体的一致性较差。因此，删除后造成量表信度系数明显增加的题项可能就不是公众判断媒介可信的依据。

二、 第一次甄选标准

分类的首要参考标准是重要性评分均值，量表一致性数据作为参考。对每一个题项的甄选可以从两个角度来进行评判：**是不是**媒介公信力的评判准则；是不是媒介公信力评判的**重要**准则。

这样，对题项的甄别可以分为三类：

"①类" （非准则）：不是媒介公信力的评判准则 （当然也就不是重要准则）。

甄选的统计数据标准：平均分低于 3 分，与量表整体的一致性很差 （因子负荷、相关系数低于 0.3，α 值高于 0.8845）。用符号 "①" 表示，简称为 "非准则"。

"②类" （非重要准则）：能够归属于公信力的评判准则，但并非重要准则。

筛选的统计数据标准：重要性评分高于 3，但与量表整体的一致性差 （因子负荷低于 0.4855、相关系数低于 0.4377，α 值高于或接近 0.885[①]）。用符号 "②" 表示，简称为 "非重要准则"。

"③类" （重要准则）：公信力评判的重要准则。

筛选的统计数据标准：重要性评分高于 4 或接近 4，与量表整体的一致性好 （因子负荷高于 0.485、相关系数高于 0.4377，α 值低于 0.885）。用符号 "③" 表示，简称为 "重要准则"。

另外某些题项数据标准只是部分达标，不能十分明确归于某一类，如果更接近于高级别类目用 " + " 表示，如果接近低一级别，则用 " - " 表示，这些题项的确切归属还需在后文进行进一步的验证。

在此需要强调的一点是，统计数据只是对题项进行甄别的参考依据，不同数据只是从不同角度来提出尽可能多的证据，但绝不是死板的条框或者金科玉律，

---

① 数据标准是 32 个题项因子负荷、相关系数、α 值的平均数。

所得出的结论只能说明"这一结论具有更多的可能性和依据"但并不表示结论就是真理。

三、第一次甄选结果

32 个题项的各个统计数据情况见表 9-4（题项按照重要性评分均值降序排列）。

表 9-4　　　　　　　第一次甄选结果列表　　　　（样本数 = 689）

题　项		重要性评分均值	因子负荷	与量表总分相关系数	题项删除后信度系数（α）	第一次甄选结果
EXP01	真实报道	4.49	0.564	0.440	0.884	③
EXP20	民众立场	4.43	0.635	0.536	0.883	③
EXP26	杜绝虚假广告	4.39	0.501	0.410	0.885	③ -
EXP22	姿态平等	4.37	0.674	0.556	0.882	③
EXP02	完整报道	4.36	0.524	0.409	0.885	③ -
EXP23	不唱高调	4.32	0.631	0.497	0.883	③
EXP11	更正失误	4.31	0.628	0.554	0.883	③
EXP18	尊重隐私	4.30	0.547	0.459	0.884	③
EXP21	关注弱势群体	4.28	0.577	0.487	0.884	③
EXP04	准确报道	4.26	0.597	0.501	0.883	③
EXP07	迅速及时	4.26	0.601	0.521	0.883	③
EXP06	平衡不偏袒	4.26	0.624	0.520	0.883	③
EXP14	监督政府	4.20	0.491	0.383	0.885	③ -
EXP05	客观无偏见	4.13	0.556	0.471	0.884	③
EXP12	关注现实	4.07	0.591	0.532	0.883	③
EXP13	视角敏锐	4.06	0.635	0.572	0.882	③
EXP19	针砭时弊	4.04	0.520	0.441	0.884	③
EXP28	格调高尚	4.03	0.563	0.508	0.883	③
EXP29	采编经营分离	3.96	0.550	0.473	0.883	② +
EXP03	全面报道	3.91	0.574	0.495	0.883	② +
EXP25	控制广告比例	3.83	0.414	0.359	0.886	②
EXP08	深度	3.82	0.538	0.486	0.883	②
EXP32	得到好评	3.70	0.376	0.382	0.885	②
EXP27	杜绝有偿新闻	3.61	0.468	0.439	0.884	②
EXP10	新颖生动	3.50	0.432	0.451	0.884	②
EXP24	控制会议新闻	3.43	0.312	0.286	0.888	①
EXP31	规模大	3.38	0.354	0.396	0.885	② -

题　　项		重要性评分均值	因子负荷	与量表总分相关系数	题项删除后信度系数（α）	第一次甄选结果
EXP09	独家	3.19	0.367	0.389	0.885	②-
EXP15	控制负面新闻	3.14	0.184	0.259	0.889	①
EXP30	历史悠久	2.82	0.275	0.338	0.887	①
EXP16	保持一致	2.59	0.154	0.260	0.889	①
EXP17	级别高	2.45	0.080	0.195	0.891	①
32 个题项平均数		3.8716	0.4855	0.4377	0.885	

注：甄选结果中①表示不适合公信力的评判依据；②表示虽然是评判依据，但并非重要依据；③表示公信力评判的重要依据。处于两类之间的题项则用"＋"和"－"标示，其归属尚需进一步确定。

四、对第一次甄选结果的分析说明

（一）不适合作媒介公信力的评判准则的题项（①类"非准则"）

平均分低于 3 的题项有三个，而且这三个题项在因子负荷和信度方面水准也很低，因此从本次调查所收集到的数据来看，表 9－4 的最后三个题项："EXP30 媒体拥有悠久的历史（均值 2.82）"、"EXP16 媒体在任何情况下都与党和政府保持一致（均值 2.59）"、"EXP17 媒体的级别高，直接代表较高级别的党政机关（均值 2.45）"基本可以判定为不适合用作评价媒介是否可信的依据，可归于"①"类。

另外，"EXP15 不报道有可能引起社会骚乱的负面新闻（均值 3.14）"、"EXP24 尽量少报道与老百姓关系不大的会议、领导政务活动等新闻（均值 3.43）"两个题项虽然重要性评分略高于 3，但因子分析和信度分析结果显示，这两个题项与"媒介是否值得信任"这一主题的一致性较差，也基本可以认为不是公信力的评判依据。归于"①"类。

（二）可以作为公信力评判准则，但并非重要准则的题项（②类"非重要准则"）

"EXP25 广告比例适当（均值 3.83）"、"EXP08 能够对复杂的新闻事件提供有深度的分析和解释（均值 3.82）"、"EXP32 媒体得到许多人的好评（均值 3.70）"、"EXP27 不刊播广告新闻、有偿新闻、软广告（均值 3.61）"、"EXP10 新闻版面或节目编排形式新颖、生动、有个性（均值 3.50）"、"EXP31 媒体具有较大的规模，发行量、覆盖面足够大（均值 3.38）"、"EXP09 能够经常有独家新闻

（均值 3.19）"7 个题项的重要性评价均值低于 32 个题项的平均值 3.8716，但是这几个题项在一致性方面达到了可接受的水准，因此很可能这几个题项虽然是判断媒介是否可信时所依据的标准，但并非是重要的依据，归于"②"类。

如果提高筛选的标准，平均得分低于"4 比较重要"的 3 个题项也可包括在"非重要题项"当中，分别是："EXP29 采编和经营相分离，新闻报道不受经济势力的影响（均值 3.96）"、"EXP03 尽可能报道一切民众想知道的新闻事件（均值 3.91）"，两个题项归于"②＋"。

（三）媒介公信力评判的重要准则（③类"重要准则"）

其余的 18 个题项中，除了"EXP14 独立审视、监督政府的政策和作为"、"EXP02 尽可能报道一切民众想知道的新闻事件"、"EXP26 不发布虚假广告"三个题项在内部一致性方面略有不足，可归于"③－"类，其余题项评分均值较高并且与公信力评判具有较强的关联，可以归于"③"类。

9.4.2 依据评分分布情况进行第二次甄选

第一次甄选主要依托每个题项的评分均值（Mean），在描述统计中，均值是一个非常重要的统计量，能够反映整体评价的情况，但均值无法描述不同观测变量的具体意见分布情况，尤其是在观测变量呈现偏斜分布的情况下，均值可能会混淆一些重要的事实。比如在本量表中，平均值同样为 3 分的情况下，意见分布情况却有可能大相径庭：一种是人们比较集中于评 3 分；另有可能是一半受访者评 1 分，另一半评 5 分。这两种情况虽然平均值一致却显然不应该同等对待。因此有必要结合每一题项的意见分布具体情况对媒介公信力的评判准则进一步甄选和分析。

一、第二次甄选所参考数据的含义说明

"重要程度量表"的测量意图是得到那些被一致认可为"重要"的媒介公信力评价准则，也就是说人们的意见越是集中于"4 比较重要"或"5 非常重要"的题项，就是我们所要甄选的用于媒介公信力评价的题项。描述统计的偏度（Skewness）可以用来反映分布的偏斜情况，因此第二次甄选主要参考的统计量是偏度，为了使观察和分析更为直观明晰，同时借助于观测变量的分布柱形图。

（一）均值（Mean）

用来反映评分的整体情况。

（二） 偏度 （Skewness）

偏度用来表示观测变量分布的偏斜程度，偏度 0 表示正态分布，大于 0 为正偏，小于 0 为负偏。对于"重要性量表"，主要用来表示题项的重要性评分在 1~5 分上的分布情况，

偏度的绝对值越大表示被访者的意见越集中于某一端。具体到本量表，观测变量为 1~5 的顺序变量，因此偏度绝对值越大表示被访者的意见分布越是集中，即意见一致性高；绝对值越小，表示被访者的意见越是分散，即意见分歧比较大。

偏度为负数表示受访者倾向于评高分，即偏向"5 非常重要"一端。偏度为正数则相反，即倾向于评 3 分以下的分数。因此偏度数值越小，表示评分越是集中于"非常重要"一端，这样的题项可以被公认为是评价媒介公信力的重要准则。

为了得到直观的判断，分析使用柱形图来表示每个题项的意见具体分布情况。

此外，为了与第一次甄选结果进行综合分析，分类结果中列出了第一次甄选得出的分类结论，参照新的数据可以进一步印证或者质疑第一次的甄选结果。

二、第二次甄选标准

对每一个题项的筛选可以从三个角度来看待：是不是媒介公信力的评判准则；是不是媒介公信力评判的重要准则；是不是一致认可的媒介公信力评判重要准则。

从意见的集中程度可以将题项分为四类：

"Ⅰ"类：受访者意见明显集中于"1 完全不重要"的一端，说明大部分民众认为该题项不是媒介公信力的评判依据，不适合作为公信力评判准则。用符号"Ⅰ"表示。

"Ⅱ"类：意见不集中，各种意见较为平衡的分布于"不重要"和"重要"两端，出现"针锋相对"的情形，即对于媒体的同一种行为表现，有相当一部分人会认为这样的媒体更值得信任，但另有相当比例的人却持完全相反的意见，认为这样的媒体不值得信任。这样的题项不适合作为整体媒体的公信力评判准则，但这种意见完全对立的特殊情形可能反映的是中国现阶段媒介公信力评价的一大特殊性，对这样的题项需进一步加以分析。用符号"Ⅱ"表示。

"Ⅲ"类：没有意见的对立，较为认同题项的重要性，但对于重要的程度有意见分歧，较为平均的散布于"有一点重要"、"比较重要"以及"非常重要"，表示民众认为这个题项虽然是公信力的判断准则，但没有一致认同是"非常重要"的准则。用符号"Ⅲ"表示。

"Ⅳ"类：明显集中于"5 非常重要"一端，则表示民众一致认同这一题项是公信力的重要评判准则。用符号"Ⅳ"表示。

对于一些类别区分不清晰的题项，同第一次甄选的分类相同，辅助使用"＋"或"－"来进行标示。

三、第二次甄选结果

具体分析结果见表 9－5（题项的排列顺序按照总体的平均值降序排列）。

表 9－5　　　　　　　　第二次甄选结果列表

题　　项	样本总体		甄选结果	
	均值	偏度	第一次	第二次
EXP01 真实报道	4.49	－1.83	③	IV＋
EXP20 民众立场	4.43	－1.58	③	IV＋
EXP26 虚假广告	4.39	－1.49	③－	IV＋
EXP22 姿态平等	4.37	－1.41	③	IV＋
EXP02 完整报道	4.36	－1.45	③	IV＋
EXP23 不唱高调	4.32	－1.43	③	IV＋
EXP11 更正失误	4.31	－0.92	③	IV
EXP18 尊重隐私	4.30	－1.28	③	IV＋
EXP21 关注弱势群体	4.28	－1.26	③	IV＋
EXP04 准确报道	4.26	－1.14	③	IV＋
EXP07 迅速及时	4.26	－1.24	③	IV＋
EXP06 平衡无偏	4.26	－1.23	③	IV＋
EXP14 监督政府	4.20	－1.17	③－	IV＋
EXP05 客观无偏	4.13	－0.94	③	IV
EXP12 关注现实	4.07	－0.72	③	IV－
EXP13 视角敏锐	4.06	－0.72	③	IV－
EXP19 针砭时弊	4.04	－0.91	③	IV
EXP28 格调高尚	4.03	－1.01	③	IV
EXP29 经营分离	3.96	－0.87	②＋	IV－
EXP03 全面报道	3.91	－0.74	②＋	IV－
EXP25 控制广告比例	3.83	－0.64	②＋	III
EXP08 深度	3.82	－0.61	②	III
EXP32 得到好评	3.70	－0.62	②	III
EXP27 有偿新闻	3.61	－0.35	②	III－
EXP10 新颖生动	3.50	－0.33	②	III－
EXP24 会议新闻	3.43	－0.28	①	III－
EXP31 规模大	3.38	－0.34	②－	III－
EXP09 独家	3.19	0.01	②－	II＋
EXP15 控制负面新闻	3.14	－0.09	①	II
EXP30 历史悠久	2.82	0.19	①	II
EXP16 保持一致	2.59	0.42	①	I
EXP17 级别高	2.45	0.56	①	I

四、对题项第二次甄选结果的分析说明

根据意见分布的情形可以分为以下几种类型。

（一）集中于"不重要"一端的题项（"Ⅰ"类）

题项偏度为正数表示被访者的意见大多偏向于"1 完全不重要"一端，有两个题项呈现明显正偏：

      EXP17 媒体的级别高，直接代表较高级别的党政机关

      EXP16 媒体在任何情况下都与党和政府保持一致

多数意见认为，这两个题项对于判断媒体是否可信是不重要的，因此可以判定这两个题项不适合作为公众评价媒介是否可信的依据，可归于"Ⅰ"类。而在第一次甄选中，这两个题项就被甄别为了"非标准"，新的数据再次印证了这一点。两个题项在 5 个不同的程度重要性选项上的意见分布情况见图 9 - 1 和图 9 - 2。

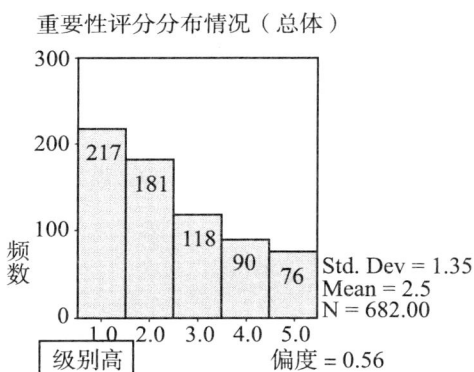

图 9 - 1

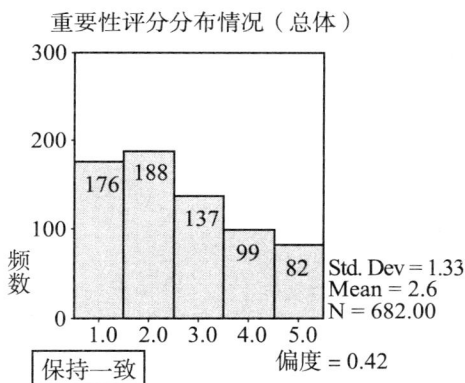

图 9 - 2

说明：1.0 = 完全不重要；2.0 = 不重要；3.0 = 有一点重要；4.0 = 比较重要；5.0 = 非常重要。

总体来看，在样本中还是有大约 20% 的人会以媒体的"级别"以及"与政府的一致性"来作为媒介是否更可信的"比较重要"和"非常重要"的依据，这也验证了调查之前所进行的部分访谈内容，有民众表达了类似的意见，比如"这是中央的报纸，当然可信"、"报纸是政府办的，当然可信"。

这种情况应该是中国社会转型以及新闻改革背景下，人们对媒体认识观念分化的一种体现，也是中国媒介公信力问题研究中的一个值得关注的特殊问题，对此类现象将在下文结合其他数据进行更进一步的分析。

（二） 意见呈现对立情形的题项 （"Ⅱ"类）

在表格总体偏度一栏中，偏度绝对值越接近 0 表示意见越分散。从偏度数据来看，意见分散明显的题项有 3 个：

EXP15 不报道有可能引起社会骚乱的负面新闻

EXP30 媒体拥有悠久的历史

EXP09 能够经常有独家新闻

三个题项偏度的绝对值在 0.01 ~ 0.19 之间。为了表达得更为直观，以下结合 3 个题项评分分布情况柱形图来进行说明。

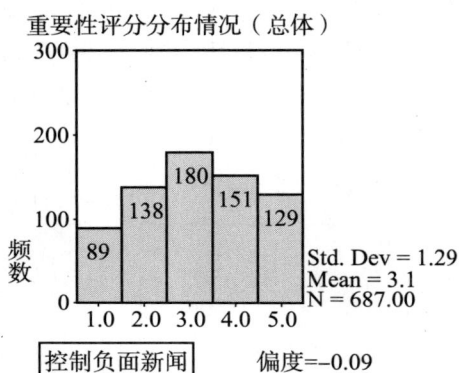

图 9 - 3

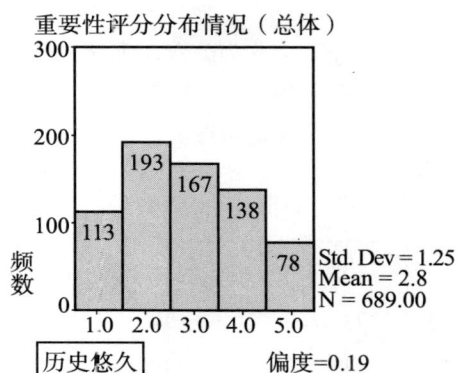

图 9 - 4

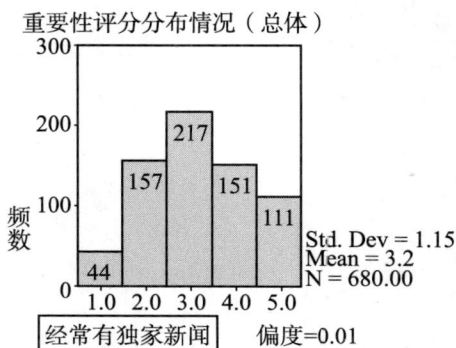

图 9 - 5

说明：1.0 = 完全不重要；2.0 = 不重要；3.0 = 有一点重要；4.0 = 比较重要；5.0 = 非常重要。

首先看图 9 - 3 "控制负面新闻" 题项的意见分布。从图中可以清楚地看到，对于 "控制有可能引起社会骚乱的负面新闻" 这一题项意见分歧很明显，选择 "5 非常重要" 和选择 "1 完全不重要" 两极对立意见的人数都比较多，而且两种意见的人数比例接近，呈现相抗衡的情形。

这种分歧所表现的可能是人们对于负面新闻报道究竟损害还是促进社会和谐的意见分歧。另外，国内新闻界确实存在着以"不引起社会骚乱"为理由盲目压制负面新闻报道的倾向，"非典"疫情中媒体的新闻表现即是一个证明，这种对负面新闻控制过严、致使关系到民众生命安全的新闻也受到压制的情况，对媒体的可信程度难免会造成负面影响。如果被访者意识到这种情况，认为"不引起社会骚乱"仅仅是压制新闻的借口，则会倾向于不信任那些刻意控制负面新闻的媒体。

不过数据呈现略微负偏的情况表明，不顾社会稳定肆意发布负面新闻的媒体，对很多人来说也并不会让人感到更可信，看来媒体的社会责任感和建设性对于多数民众来说是更为重要的。

图9-4显示，对于"媒体存在的历史是否悠久"，意见也比较分散，约有30%的人会倾向于相信历史悠久的媒体，但更多的人则不是依据媒体存在历史的长短而判断其可信的程度。这反映出历史悠久的媒体并不比大量涌现的处于市场竞争压力之下的新成立媒体在公信力方面拥有太多先天优势，对于大多数民众来说是不是可信主要看媒体其他方面的表现。

图9-5显示，对于"经常有独家新闻"题项，最多的意见集中于"3有一点重要"，表示"完全不重要"的人数比例已经明显低于"控制负面新闻"和"级别高"两个题项。说明在民众看来，是否经常有独家新闻对于媒介的公信力来说并不十分重要。

总体来看，"控制负面新闻"和"历史悠久"存在选项1和选项5对立的情形；不适用于作为中国媒体公信力的评价依据，可以将其归于第"Ⅱ"类。而"经常有独家新闻"应该属于意见分歧而非针锋相对，可以将其归于第"Ⅱ+"类。

（三）基本没有意见对立，但意见不够集中的题项（"Ⅲ"类）

1. 偏度绝对值在0.28~0.35之间的题项

偏度处于0.28~0.35之间，说明也有意见分散的情形，但是属于意见的对立还是立场一致基础上的分歧，则需要进一步的分析。这样的题项共有4个：

EXP24 尽量少报道与老百姓关系不大的会议、领导政务活动等新闻

EXP10 新闻版面或节目编排形式新颖、生动、有个性

EXP31 媒体具有较大的规模，发行量、覆盖面足够大

EXP27 不刊播广告新闻、有偿新闻、软广告

下面结合分布图进行说明。

与意见针锋相对的题项相比，对"媒体规模大"和"报道形式新颖生动"持"1完全不重要"和"2不重要"态度的人相对较少，意见对立不是很明显，

231

意见较为集中于"3 有一点重要"和"4 比较重要"（详见图 9－6、图 9－7）。

与上面两种情形略有不同的是，对"尽量不报道与老百姓关系不大的会议新闻"与"杜绝有偿新闻"两个题项表示"非常重要"的人数有所增加，说明有许多人对于意义不大的会议新闻和有偿新闻是非常反感的，会因此大大降低对媒体的信任。总体来说表示"不重要"倾向的人数已经开始低于表示"重要"倾向的人数，难以形成"针锋相对"，而且对于"控制有偿新闻"这一题项的意见已经开始趋向于"重要"的一端了（详见图 9－8、图 9－9）。

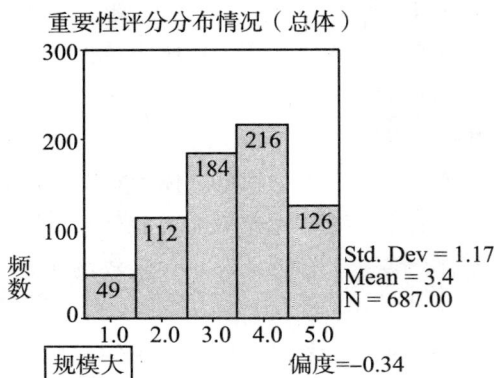

图 9－6

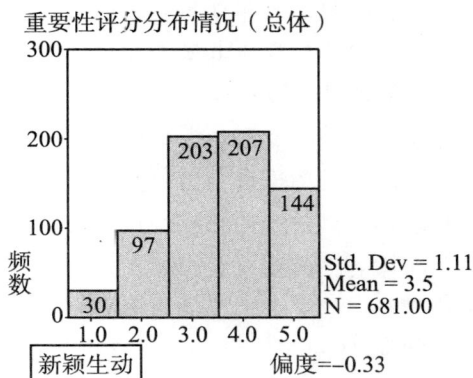

图 9－7

说明：1.0＝完全不重要；2.0＝不重要；3.0＝有一点重要；4.0＝比较重要；5.0＝非常重要。

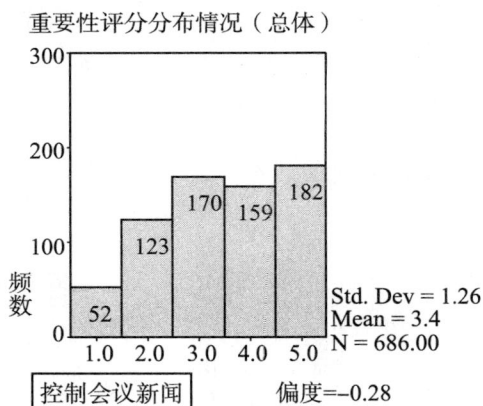

图 9－8

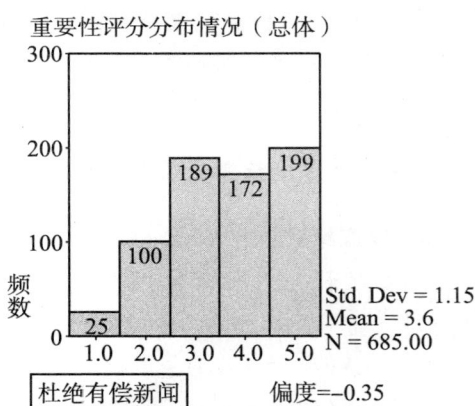

图 9－9

说明：1.0＝完全不重要；2.0＝不重要；3.0＝有一点重要；4.0＝比较重要；5.0＝非常重要。

总体来说，以上四个题项，意见对立情况不是很明显：选择"1 完全不重要"和"2 不重要"的人明显比"保持一致"、"级别高"和"历史悠久"三个题项少，说明人们基本认可这些因素对于媒体的公信力来说具有一定的重要性；

但意见不够集中和强烈，在重要性的程度方面有较大的差异。这几个题项可以认为是略有对立、重要性较低的、同时意见也不够集中强烈的公信力判断准则，可以将这四个题项归于"Ⅲ－"类。

2. 总体评分偏度绝对值处于0.61~0.64之间的题项

偏度绝对值有所增加，意味着意见更为偏向"重要"的一端中，但还不是十分集中，这样的题项共有三个：

EXP32 媒体得到许多人的好评

EXP08 能够对复杂的新闻事件提供有深度的分析和解释

EXP25 广告比例适当

观察这三个题项的分布情况，可以发现对这三个题项表示"不重要"倾向的人数已经远低于表示"重要"倾向的人数，也就是说基本没有意见对立的情况，但在"有多重要"方面的意见则不够集中，分散于3、4、5这三个选项上（详见图9－10~图9－12）。

图9－10显示，"得到周围人好评"题项所表示的是周围人意见对于判断媒介是否可信的影响情况，看来好的"口碑"对于媒介的可信任程度是有较为明显的正面影响的。

图9－11和图9－12显示，对于是否"能经常提供有深度的报道"和"控制广告比例"题项，虽然意见也不是十分集中，但表示"比较重要"或"非常重要"的人数已经有了增加。在调查前的访谈中谈到媒体广告问题时，有被访者表示理解："媒体也要靠广告生存呀"，不过从调查数据来看如果广告过于泛滥还是会对媒体的公信力造成一定的负面影响。

重要性评分分布情况（总体）

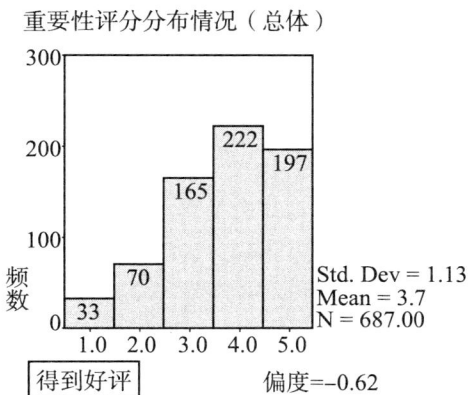

图 9－10

重要性评分分布情况（总体）

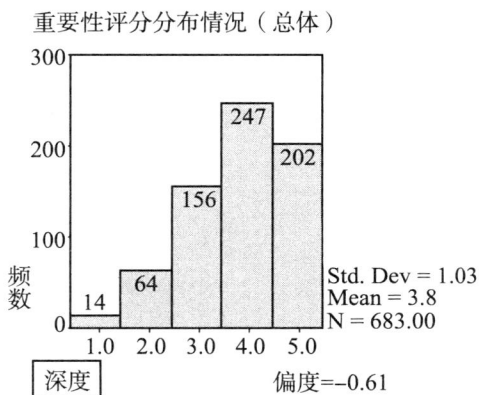

图 9－11

重要性评分分布情况（总体）

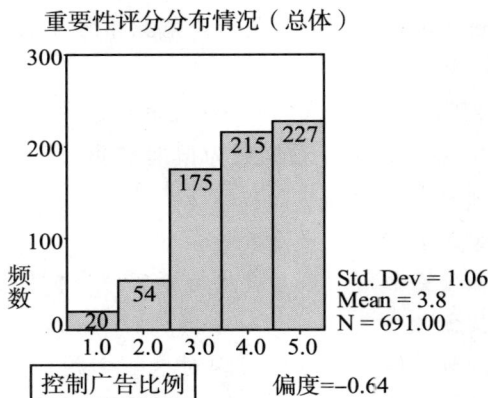

图 9 – 12

说明：1.0 = 完全不重要；2.0 = 不重要；3.0 = 有一点重要；4.0 = 比较重要；5.0 = 非常重要。

以上三个题项可以归于"Ⅲ"类：民众认同了其对于评价媒介具有重要性，但并没有一致认同是非常重要的标准。

（四）较为一致认可重要性的题项（"Ⅳ"类）

一般情况下，分布偏度的绝对值达到 0.7 以上即被认为是存在明显偏斜，绝对值大于 1 则属于偏斜非常严重。对于"重要程度量表"来说，严重负偏的题项就是被一致认可为重要的媒介公信力的判断准则。

1. 偏度绝对值介于 0.7 ~ 0.9 之间的题项

偏度绝对值介于 0.7 ~ 0.9 之间的题项共有 4 个：

　　　　EXP03 尽可能报道一切民众想知道的新闻事件

　　　　EXP12 所报道的内容是社会发展进程中最为现实和迫切的问题

　　　　EXP13 新闻视角敏锐，善于发现问题

　　　　EXP29 采编和经营相分离，新闻报道不受经济势力的影响

对这 4 个题项表示"不重要"倾向的意见更少，主要的意见集中于"4 比较重要"和"5 非常重要"，但"3 有一点重要"的意见也比较多。属于被大多数人所看重的媒介公信力评判准则，但意见也还未出现集中，可将这四个题项归于"Ⅳ -"类（详见图 9 – 13 ~ 图 9 – 16）。

2. 偏度绝对值达到 1 左右的题项

偏度绝对值接近于 1 的题项共有 4 个：

　　　　EXP19 敢于针砭时弊，批评性新闻比列高、批评力度大

　　　　EXP11 一旦报道有误，主动道歉并更正

重要性评分分布情况（总体）

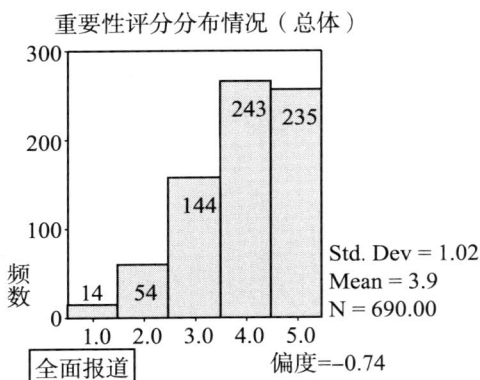

图 9－13

重要性评分分布情况（总体）

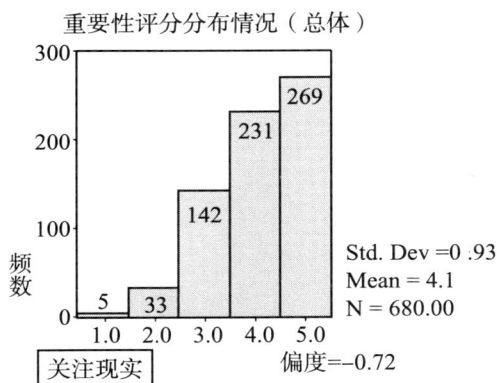

图 9－14

重要性评分分布情况（总体）

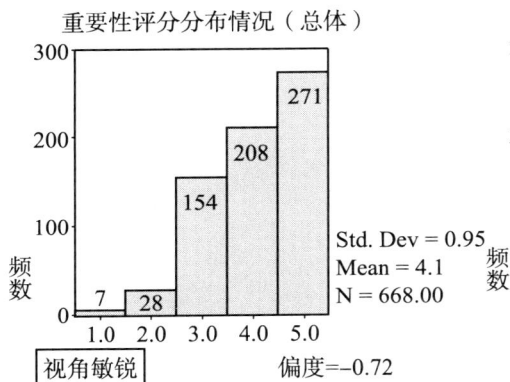

图 9－15

重要性评分分布情况（总体）

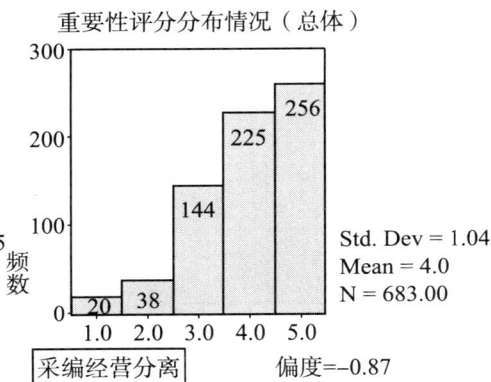

图 9－16

说明：1.0＝完全不重要；2.0＝不重要；3.0＝有一点重要；4.0＝比较重要；5.0＝非常重要。

EXP05 客观呈现新闻事件原貌，不加入报道者的偏见

EXP28 格调高尚，不随意炒作粗俗不雅的新闻

这几个题项的意见更为明确的集中于"4 比较重要"和"5 非常重要"选项，但也还没有出现明显集中于 5 的情况，可将其归于"Ⅳ"类。这四个题项分布见图 9－17～图 9－20。

3. 偏度绝对值明显大于 1 的题项

其余的 12 个题项在意见分布上都有超过一半的人表示"5 非常重要"，意见集中明显，可以被认为是公信力评判最没有争议的准则。将其归于"Ⅳ＋"类（详见表 9－6）。

重要性评分分布情况（总体）

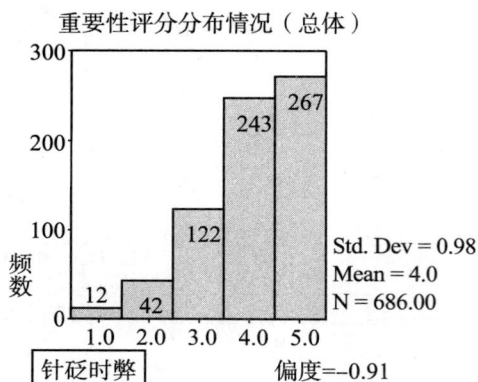

图 9 – 17

重要性评分分布情况（总体）

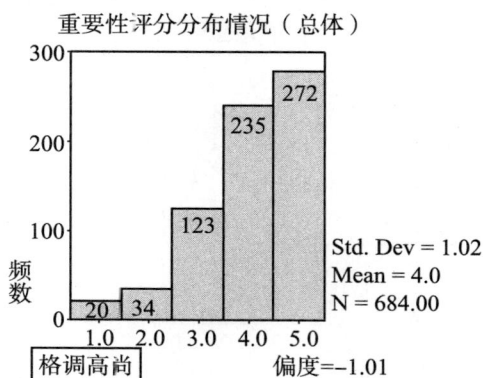

图 9 – 18

重要性评分分布情况（总体）

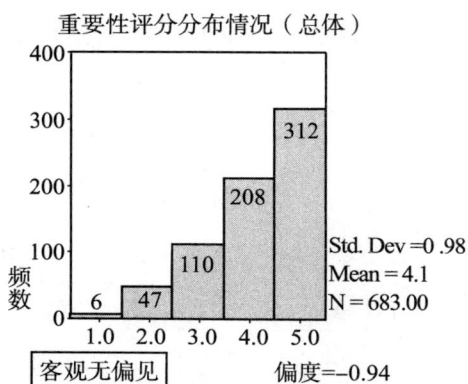

图 9 – 19

重要性评分分布情况（总体）

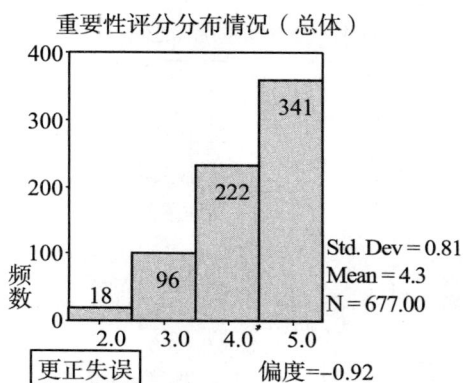

图 9 – 20

说明：1.0 = 完全不重要；2.0 = 不重要；3.0 = 有一点重要；4.0 = 比较重要；5.0 = 非常重要。

表 9 – 6 　　　　　　　　　公信力评判最没有争议的题项

题　　　项	均　　值	偏　度
EXP01 真实报道，新闻报道不含虚假、猜测和虚构的成分	4.49	– 1.83
EXP20 站在社会大众的立场上，关注最广大民众的利益	4.43	– 1.58
EXP26 不发布虚假广告	4.39	– 1.49
EXP22 媒体以平等的姿态面对读者观众，而不是高高在上、傲慢自大	4.37	– 1.41
EXP02 尽可能报道一切民众想知道的新闻事件	4.36	– 1.45
EXP23 新闻报道实实在在，不唱高调、不打官腔	4.32	– 1.43
EXP18 尊重公民的隐私权	4.30	– 1.28
EXP21 关心处于困境的弱势群体，比如农民、下岗职工、残疾人等	4.28	– 1.26

续表

题　项	均　值	偏　度
EXP04 新闻报道准确无误	4.26	-1.14
EXP07 新闻报道迅速及时，有时效性	4.26	-1.24
EXP06 对有争议的新闻，平衡报道争议各方的情况，不偏袒任何一方	4.26	-1.23
EXP14 能够独立审视、监督政府的政策和作为	4.20	-1.17

9.4.3　依据不同学识组的评价差异对甄选结果的校正及其特征分析

如果以上两次甄选的数据来自全国的随机抽样调查样本，则上述结论基本可以作为中国媒介公信力评判指标的初步依据。但本篇所依据的调查数据是来自北京地区的非随机抽样，其中有一半样本来自清华和中国人民大学两校的学生，高学历和学生人群比例显然高于中国总体中的构成比例，多项研究显示不同学历人群对于媒介公信力的评价具有一定的差别，因此，本部分报告所使用的以大学生和大学以上人群占多数的样本所得出的结果会与中国公众的总体情况具有一定的差异，有必要根据不同类别人群的情况对重要性评价进行更进一步的分析，校正因为样本的特殊性而带来偏差。

更为重要的是，对不同文化程度群体的意见进行比较，也是更深入解析中国大众媒介公信力评判准则差异的重要依据。

一、不同学识分组情况说明

依据以往的研究经验，文化程度与媒介公信力的评价具有较为明显的相关性；另外，同是大学文化程度，本科低年级在读大学生与研究生以及本科毕业进入社会的人群之间，由于社会阅历的不同，在媒介信任问题上的看法也可能会有较大的差异。因此，本篇依据文化程度和生活阅历两方面情况，将所使用的692个数据样本分为不同学识情况（也就是不同学历和见识）的三组，具体分组情况如下：

1. "在校本科生"组

主要是22岁以下、人大和清华的在校本科大学生。其中16~17岁的人群占3.5%，18岁占31.1%，19岁占25.9%，20岁占23.3%，21岁占16.2%。从学历来讲，他们还未获得学士学位；从社会经验来看，他们大多刚从家庭的关怀下步入社会，社会经验处于增长的阶段。

2. "本科以下学识"组

指16岁以上大学本科以下教育程度的人群。其中包括4名16～17岁的高中生，占1.84%，18～35岁人群占76.5%，36～50岁人群占14.7%，50岁以上人群占6.9%。

3. "本科以上学识"组

22岁以上本科及本科以上学识的人群，[①] 主要包括在读的高年级本科生、研究生以及进入社会的大学毕业生。其中36岁以下占90.7%，36～50岁人群占7.3%，50岁以上人群占2.0%（详见表9－7）。

表9－7　　　　　　　　　不同学识组的年龄构成情况

分　组	频　数	比　例（%）	主要年龄构成及其比例
在校本科生	228	32.9	16～17岁 3.5%
			18岁 31.1%
			19岁 25.9%
			20岁 23.3%
			21岁 16.2%
本科以下学识	217	31.3	16～17岁 1.8%
			18～35岁 76.5%
			36～50岁 14.7%
			50岁以上 6.9%
本科以上学识	247	35.8	35岁以下 90.7%
			36～50岁 7.3%
			50岁以下 2.0%
总　计	692	100%	

从以上分组的年龄构成也可以看出，本次调查的对象从年龄上来讲主要是中青年人，他们也正是社会中最具行动力和影响力的人群。

从中国的现实人口构成情况来看，本科以下学历人群占人口的大多数，具有明显的数量优势；但本科以上学识人群在社会中的意见表达和行动能力更强，具有意见强度的优势。

二、不同学识组公信力评判准则的总体比较

首先对三个不同学识组对媒介公信力评判准则重要性评价的均值和偏度进行

---

① 其中包括了78名21～22岁本科在读学生，按年龄他们应该主要是大三或大四的高年级本科生，从生活阅历来讲，他们有别于刚入学的低年级大学生，更接近于研究生或工作的大学毕业生，因此将他们归于了第三类人群。但是为了简便起见，这一组的组别名称还是使用了"本科以上学识人群"。

比较，并对三个组均值的差异进行单因子方差分析（one-way analisis of variance）。统计数据的比较结果见表9-8。

表9-8　　　　　　　　不同学识组评分均值的差异情况

分组 题项	大学本科		本科以下		本科以上		总体			甄选结果	
	均值	偏度	均值	偏度	均值	偏度	均值	偏度	显著度 （P）	第一 次	第二 次
EXP01 真实报道	4.55	-1.85	4.46	-1.45	4.66	-2.00	4.49	-1.83	0.000	③	Ⅳ +
EXP20 民众立场	4.45	-1.51	4.48	-1.51	4.53	-1.67	4.43	-1.58	0.147	③	Ⅳ +
EXP26 虚假广告	4.37	-1.12	4.44	-1.31	4.56	-1.99	4.39	-1.49	0.001	③ -	Ⅳ +
EXP22 姿态平等	4.45	-1.22	4.38	-1.39	4.43	-1.24	4.37	-1.41	0.056	③	Ⅳ +
EXP02 完整报道	4.36	-1.44	4.34	-1.33	4.52	-1.29	4.36	-1.45	0.002	③	Ⅳ +
EXP23 不唱高调	4.36	-1.35	4.31	-1.23	4.49	-1.41	4.32	-1.43	0.002	③	Ⅳ +
EXP11 更正失误	4.33	-0.85	4.36	-0.94	4.35	-0.95	4.31	-0.92	0.677	③	Ⅳ
EXP18 尊重隐私	4.42	-1.34	4.28	-1.04	4.37	-1.44	4.30	-1.28	0.037	③	Ⅳ +
EXP21 弱势群体	4.34	-1.29	4.38	-1.26	4.32	-1.07	4.28	-1.26	0.510	③	Ⅳ +
EXP04 准确报道	4.20	-0.79	4.42	-1.06	4.35	-1.25	4.26	-1.14	0.089	③	Ⅳ +
EXP07 迅速及时	4.33	-1.36	4.25	-0.97	4.39	-1.35	4.26	-1.24	0.004	③	Ⅳ +
EXP06 平衡无偏	4.22	-1.10	4.33	-1.09	4.39	-1.51	4.26	-1.23	0.079	③	Ⅳ +
EXP14 监督政府	4.23	-0.93	4.12	-1.08	4.37	-1.41	4.20	-1.17	0.000	③ -	Ⅳ +
EXP05 客观无偏	4.15	-0.73	4.07	-0.76	4.30	-1.29	4.13	-0.94	0.006	③	Ⅳ
EXP12 关注现实	4.11	-0.81	4.07	-0.58	4.20	-0.61	4.07	-0.72	0.015	③	Ⅳ -
EXP13 视角敏锐	4.12	-0.99	4.05	-0.74	4.16	-0.54	4.06	-0.72	0.101	③	Ⅳ -
EXP19 针砭时弊	4.10	-0.75	4.01	-0.76	4.18	-0.98	4.04	-0.91	0.005	③	Ⅳ
EXP28 格调高尚	4.09	-0.75	3.95	-0.80	4.15	-1.30	4.03	-1.01	0.008	③	Ⅳ
EXP29 经营分离	3.99	-0.78	4.01	-0.82	4.08	-0.89	3.96	-0.87	0.073	② +	Ⅳ -
EXP03 全面报道	3.98	-0.73	4.09	-0.80	3.85	-0.67	3.91	-0.74	0.448	② +	Ⅳ -
EXP25 广告比例	4.00	-0.59	3.63	-0.42	3.97	-0.72	3.83	-0.64	0.000	② +	Ⅲ
EXP08 深度	3.91	-0.66	3.80	-0.28	3.96	-0.89	3.82	-0.61	0.009	②	Ⅲ
EXP32 得到好评	3.61	-0.54	3.80	-0.67	3.74	-0.68	3.70	-0.62	0.294	②	Ⅲ
EXP27 有偿新闻	3.54	-0.26	3.63	-0.23	3.74	-0.55	3.61	-0.35	0.112	②	Ⅲ -
EXP10 新颖生动	3.43	-0.27	3.37	-0.22	3.62	-0.38	3.50	-0.33	0.012	②	Ⅲ
EXP24 会议新闻	3.33	-0.14	3.42	-0.32	3.58	-0.39	3.43	-0.28	0.253	① +	Ⅲ -
EXP31 规模大	3.37	-0.45	3.49	-0.32	3.29	-0.31	3.38	-0.34	0.410	②	Ⅲ -
EXP09 独家	3.07	0.25	3.21	0.00	3.30	-0.17	3.19	0.01	0.066	② -	Ⅱ +
EXP15 负面新闻	3.00	0.15	3.42	-0.40	2.97	-0.07	3.14	-0.09	0.000	① +	Ⅱ
EXP30 历史悠久	2.68	0.28	2.91	0.11	2.83	0.14	2.82	0.19	0.094	①	Ⅱ
EXP16 保持一致	2.41	0.60	2.97	0.08	2.43	0.56	2.59	0.42	0.000	①	Ⅰ
EXP17 级别高	2.29	0.75	2.71	0.24	2.28	0.66	2.45	0.56	0.000	①	Ⅰ

32 个题项当中，三类学识组的评分均值差异经方差分析，在 95% 的置信区间，有 15 个题项的均值没有显著差异，也就是说不同学识背景的人对这 15 个题项的重要性评分是相似的，对这 15 个题项可以使用样本的分析结果。另外 17 个题项均值差异则达到显著水准，也就是说对于这 17 个题项有可能因为学识的不同而产生评价的差异，需要进行更进一步的分析。

三、不同学识组的媒介公信力评判特点

三类学识人群评分均值差异达到显著的 17 个题项（见表 9 - 9）。

表 9 - 9　　　　　　不同学识组评分均值达到显著水准的题项

分组 题项	大学本科		本科以下		本科以上		总体			甄选结果	
	均值	偏度	均值	偏度	均值	偏度	均值	偏度	显著度 （P）	第一 次	第二 次
EXP01 真实报道	4.55	-1.85	4.46	-1.45	4.66	-2.00	4.49	-1.83	0.000	③	Ⅳ+
EXP26 虚假广告	4.37	-1.12	4.44	-1.31	4.56	-1.99	4.39	-1.49	0.001	③-	Ⅳ+
EXP02 完整报道	4.36	-1.44	4.34	-1.33	4.52	-1.29	4.36	-1.45	0.002	③-	Ⅳ+
EXP23 不唱高调	4.36	-1.35	4.31	-1.23	4.49	-1.41	4.32	-1.43	0.002	③	Ⅳ+
EXP18 尊重隐私	4.42	-1.34	4.28	-1.04	4.37	-1.44	4.30	-1.28	0.037	③	Ⅳ+
EXP07 迅速及时	4.33	-1.36	4.25	-0.97	4.39	-1.35	4.26	-1.24	0.004	③	Ⅳ+
EXP14 监督政府	4.23	-0.93	4.12	-1.08	4.37	-1.41	4.20	-1.17	0.000	③	Ⅳ+
EXP05 客观无偏	4.15	-0.73	4.07	-0.76	4.30	-1.29	4.13	-0.94	0.006	③	Ⅳ
EXP12 关注现实	4.11	-0.81	4.07	-0.58	4.06	-0.61	4.07	-0.72	0.015	③	Ⅳ-
EXP19 针砭时弊	4.10	-0.75	4.01	-0.76	4.18	-0.98	4.04	-0.91	0.005	③	Ⅳ
EXP28 格调高尚	4.09	-0.75	3.95	-0.80	4.15	-1.30	4.03	-1.01	0.008	③	Ⅳ
EXP25 广告比例	4.00	-0.59	3.63	-0.42	3.97	-0.72	3.83	-0.64	0.000	②+	Ⅲ
EXP08 深度	3.91	-0.66	3.80	-0.28	3.96	-0.89	3.82	-0.61	0.009	②	Ⅲ
EXP10 新颖生动	3.43	-0.27	3.37	-0.22	3.62	-0.38	3.50	-0.33	0.012	②	Ⅲ-
EXP15 负面新闻	3.00	0.15	3.42	-0.40	2.97	-0.07	3.14	-0.09	0.000	①+	Ⅱ
EXP16 保持一致	2.41	0.60	2.97	0.08	2.43	0.56	2.59	0.42	0.000	①	Ⅰ
EXP17 级别高	2.29	0.75	2.71	0.24	2.28	0.66	2.45	0.56	0.000	①	Ⅰ

仅从上表所列出的数据不能获知三个组两两之间的差异情况，需要进一步考察组间差异情况。统计数据详见表 9 - 10。

表 9 – 10　　　　　　三类学识组均值差异的多重比较

Dependent Variable	（I）学识分组	（J）学识分组	均值差异 （I – J）	标准差	显著度
EXP01 真实报道	在校本科生	本科以下	0.23 *	0.081	0.015
		本科以上	– 0.13	0.078	0.227
	本科以下	在校本科生	– 0.23 *	0.081	0.015
		本科以上	– 0.37 *	0.079	0.000
	本科以上	在校本科生	0.13	0.78	0.227
		本科以下	– 0.37 *	0.079	0.000
EXP26 杜绝虚假广告	在校本科生	本科以下	0.06	0.085	0.775
		本科以上	– 0.24 *	0.082	0.014
	本科以下	在校本科生	– 0.06	0.085	0.775
		本科以上	– 0.30 *	0.084	0.002
	本科以下	在校本科生	0.24 *	0.082	0.014
		本科以下	0.30 *	0.084	0.002
EXP02 完整报道	在校本科生	本科以下	0.09	0.082	0.528
		本科以上	– 0.18	0.079	0.067
	本科以下	在校本科生	– 0.09	– 0.082	0.528
		本科以上	– 0.28 *	0.081	0.003
	本科以下	在校本科生	0.18	0.079	0.067
		本科以下	0.28 *	0.081	0.003
EXP23 个唱高调	在校本科生	本科以下	0.16	0.089	0.199
		本科以上	– 0.15	0.086	0.210
	本科以下	在校本科生	– 0.16	0.089	0.199
		本科以上	– 0.31 *	0.087	0.002
	本科以下	在校本科生	0.15	0.086	0.210
		本科以下	0.31 *	0.087	0.002
EXP18 尊重隐私	在校本科生	本科以下	0.20	0.090	0.091
		本科以上	– 0.01	0.087	0.998
	本科以下	在校本科生	– 0.20	– 0.090	0.091
		本科以上	– 0.20	0.089	0.073
	本科以上	在校本科生	0.01	0.087	0.998
		本科以下	0.20	0.089	0.073
EXP07 迅速及时	在校本科生	本科以下	0.20	0.086	0.075
		本科以上	– 0.08	0.082	0.598
	本科以上	在校本科生	– 0.20	0.086	0.075
		本科以上	– 0.28 *	0.084	0.004
	本科以上	在校本科生	0.08	0.082	0.598
		本科以下	0.28 *	0.084	0.004

Dependent Variable	（I）学识分组	（J）学识分组	均值差异（I－J）	标准差	显著度
EXP14 监督政府	在校本科生	本科以下	0.18	0.092	0.146
		本科以下	－0.18	0.088	0.128
	本科以下	在校本科生	－0.18	0.092	0.146
		本科以上	－0.36*	0.090	0.000
	本科以上	在校本科生	0.18	0.088	0.128
		本科以下	0.36*	0.090	0.000
EXP05 客观无偏见	在校本科生	本科以下	0.12	0.093	0.438
		本科以上	－0.18	0.089	0.144
	本科以下	在校本科生	－0.12	0.093	0.438
		本科以上	－0.30*	0.091	0.005
	本科以上	在校本科生	0.18	0.089	0.144
		本科以下	0.30*	0.091	0.005
EXP12 关注现实	在校本科生	本科以下	0.14	0.089	0.275
		本科以上	－0.11	0.085	0.413
	本科以下	在校本科生	－0.14	0.089	0.275
		本科以上	－0.26*	0.087	0.014
	本科以上	在校本科生	0.11	0.085	0.413
		本科以下	0.26*	0.087	0.014
EXP19 针砭时弊	在校本科生	本科以下	0.19	0.093	0.115
		本科以上	－0.11	0.090	0.480
	本科以下	在校本科生	－0.19	0.093	0.115
		本科以上	－0.30*	0.092	0.004
	本科以上	在校本科生	0.11	0.090	0.480
		本科以下	0.30*	0.092	0.004
EXP28 格调高尚	在校本科生	本科以下	0.19	0.097	0.160
		本科以上	－0.11	0.093	0.499
	本科以下	在校本科生	－0.19	0.097	0.160
		本科以上	－0.30*	0.095	0.008
	本科以上	在校本科生	0.11	0.093	0.499
		本科以下	0.30*	0.095	0.008
EXP25 控制广告比例	在校本科生	本科以下	0.37*	0.100	0.001
		本科以上	0.01	0.096	0.996
	本科以下	在校本科生	－0.37*	0.100	0.001
		本科以上	－0.36*	0.098	0.001
	本科以上	在校本科生	－0.01	0.096	0.996
		本科以下	0.36*	0.098	0.001

中国大众媒介的传播效果与公信力研究

Dependent Variable	（I）学识分组	（J）学识分组	均值差异 （I－J）	标准差	显著度
EXP08 深度	在校本科生	本科以下	0.23	0.097	0.067
		本科以上	－0.06	0.094	0.830
	本科以下	在校本科生	－0.23	0.097	0.067
		本科以上	－0.28*	0.096	0.013
	本科以上	在校本科生	0.06	0.094	0.830
		本科以下	0.28*	0.096	0.013
EXP10 新颖生动	在校本科生	本科以下	0.10	0.106	0.655
		本科以上	－0.21	0.101	0.125
	本科以下	在校本科生	－0.10	0.106	0.655
		本科以上	－0.30*	0.104	0.014
	本科以上	在校本科生	0.21	0.101	0.125
		本科以下	0.30*	0.104	0.014
EXP15 控制负面新闻	在校本科生	本科以下	－0.46*	0.122	0.001
		本科以上	－0.05	0.118	0.897
	本科以下	在校本科生	0.46*	0.122	0.001
		本科以上	0.40*	0.120	0.004
	本科以上	在校本科生	0.05	0.118	0.897
		本科以下	－0.40*	0.120	0.004
EXP16 保持一致	在校本科生	本科以下	－0.59*	0.125	0.000
		本科以上	－0.05	0.120	0.907
	本科以下	在校本科生	0.59*	0.125	0.000
		本科以上	0.53*	0.123	0.000
	本科以上	在校本科生	0.05	0.120	0.907
		本科以下	－0.53*	0.123	0.000
EXP17 级别高	在校本科生	本科以下	－0.54*	0.127	0.000
		本科以上	0.03	0.122	0.976
	本科以下	在校本科生	0.54*	0.127	0.000
		本科以上	0.56*	0.125	0.000
	本科以上	在校本科生	－0.03	0.122	0.976
		本科以下	－0.56*	0.125	0.000

＊表示在95%的水准下差异达到显著。

从上表可以归纳出中国现阶段人们对于媒介公信力评判准则重要性看法的一些特征。

（一）是否接受大学教育会影响人们对媒介的看法和认识

显著差异主要出现在"本科以下"组同其他两组的比较中，而"大学本科生"与"本科以上"组，除了"EXP26 不发布虚假广告"差异显著外，其余的题项皆没有显著差异。可见大学本科是评价出现差异的分界点，是否接受大学高等教育会影响人们对媒介的看法和认识。

（二）两种不同的媒介观念并存

三个组评分均值出现差异的 17 个题项当中，高低学识组之间的差异具有一定的规律：前 14 个题项"本科以下"组的评分皆低于"本科和本科以上"两组，而最后 3 个题项的评分则高于"本科和本科以上"两组，从后 3 个和前 14 个题项的内容来看，高低不同学识组之间公信力判断准则的差异很大程度上是媒介观念的差异。这又可分为两种不同的情况。

1. 由分歧和对立的媒介观念所带来的评判标准差异

先来看最后 3 个题项的具体内容：

> EXP17 媒体的级别高，直接代表较高级别的党政机关
>
> EXP16 媒体在任何情况下都与党和政府保持一致
>
> EXP15 不报道有可能引起社会骚乱的负面新闻

这 3 个题项带有很明显的传统新闻价值标准的痕迹，这也是与我国媒介体制的特殊性相关联的。我国的媒介体制具有很强的金字塔式的层级隶属特征，不同的媒体有固定的级别标签，媒体对同级党委负责，而下级党委对上级党委负责。在"阶级斗争为纲"、政治运动接连不断的时代，政治性新闻可以说是决定全国各阶层民众个人命运的最重要信息，获得来自上级的政治动向是人们使用媒体的最重要目的。在这种媒体层级分明、民众信息需求单一的背景下，媒体在社会中所担任的最重要角色是传达和宣传权力中心的政策、指示等，其功能与政府文件类似。因此在当时的社会背景下，越是高级别的媒体越是具有政治信息资源的优势，对民众来说，媒体级别以及与党和政府的一致性程度，可以说是媒体公信力、影响力、权威性的最重要甚至是唯一的决定因素。同时新闻宣传以正面新闻为主，普遍认为负面新闻会影响社会的安定团结。

而在"经济建设为中心"的改革开放年代，社会环境发生了巨大的变化，媒介体制也出现了相应的调整，人们的媒介观念也开始发生转变，越来越多的人意识到媒介不应该仅仅是上级部门的传声筒，而应该担负起环境监测、社会守望等功能，因此媒介需要保持超然于政府和利益集团的独立性，在这种社会背景下媒介与政府的一致性会削弱人们对媒介的信任。同时媒介应该是"看门狗"（或

"守门人"），一旦发现有可疑现象可能会影响到家的安全，就用喧嚣的吠声引起主人的注意，从而达到看家护院的作用。媒体就好像国家和社会的"看门狗"，其职责就是揭发社会中的不正常现象，通过舆论的"喧嚣"引起相关部门的关注，并督促其采取相应的改进措施，在这种理念之下媒体应该以负面新闻报道为主。

因此，可以说两种观念差异的焦点在于：媒介应该同政府保持什么样的关系？媒介是否应该完全独立于政府？

从"低学历组"和"高学历组"对这三个题项的评价差异可以看出，低学历人群组倾向于第一种媒介观念，有较大比例的人是通过媒体的级别以及媒体与政府的一致性来判断媒体是否可信。而高学历组人群更倾向于第二种媒介观念。

以"媒体在任何情况下都与党和政府保持一致"题项为例，我们通过三类学识组以及样本总体意见分布的柱形图来分析比较这种差异（详见图 9 - 21 ~ 图 9 - 24）。

重要性评分分布情况（本科以下学历）

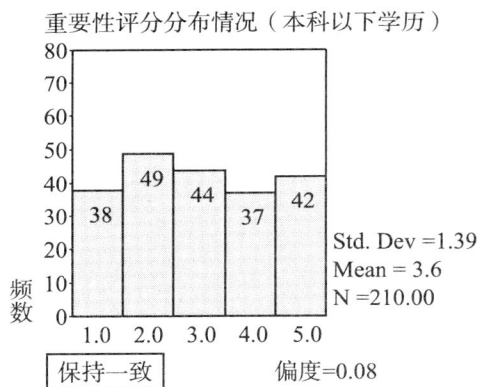

图 9 - 21

重要性评分分布情况（本科以上学历）

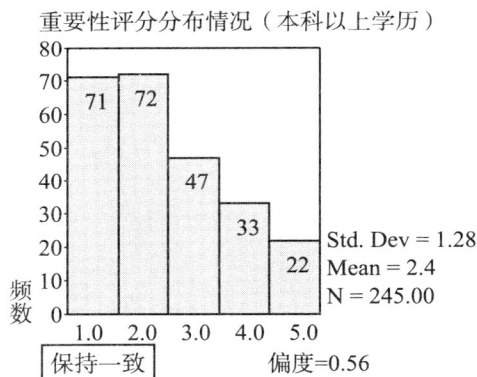

图 9 - 22

重要性评分分布情况（在校本科生）

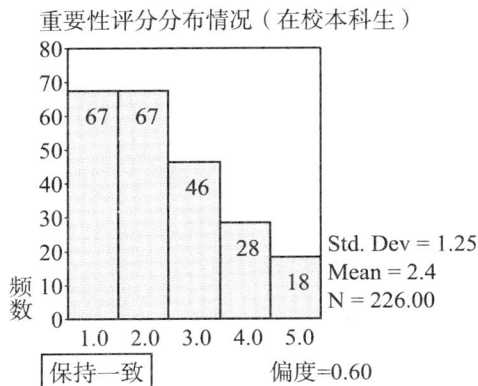

图 9 - 23

重要性评分分布情况（总体）

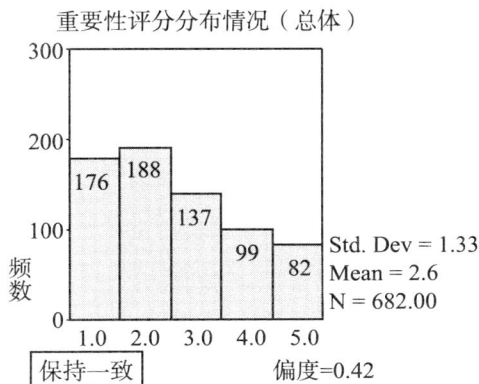

图 9 - 24

说明：1.0 = 完全不重要；2.0 = 不重要；3.0 = 有一点重要；4.0 = 比较重要；5.0 = 非常重要。

本科学识组和本科以上学识组评分的偏度分别为 0.60、0.56，要明显大于本科以下组的偏度 0.08，说明学历较高人群的意见较为明显的集中于"完全不重要"和"不重要"选项上，而本科以下组的意见则较为平均地分布在 5 个不同重要程度上，其中认为这一题项对于媒介公信力具有"非常重要"和"比较重要"的正面影响的人数比例达到了 37.6%。对"EXP17 媒体的级别高，直接代表较高级别的党政机关"题项，三个组的意见差异也类似。

但总体来说即使是本科以下组对"媒体级别"和"一致性"的重要性评价均值也没有超过"3 有一点重要"（分别为 2.71 和 2.93），说明在改革开放的时代背景下，媒介作为社会守望者，需要与政府保持一定的距离得到了多数人的认可。

2. 在观点基本一致基础上的强度差异

在第二次甄选中分类为"Ⅲ"和"Ⅳ"的题项表示没有明显的意见对立，前 14 个题项都属于"Ⅲ"和"Ⅳ"类。因此，三个不同学识组在这 14 个题项上的差异属于观点基本一致基础上意见强度的差异。

其中"EXP19 敢于针砭时弊，批评性新闻比例高、批评力度大"的总体意见较为集中于 4、5 选项，三个不同学识组的评价差异达到了显著水平，"本科以上学识"组较为明确的表示媒体在针砭时弊方面的表现对于评判媒体的公信力具有重要影响（偏度：-0.98，均值 4.18），而"本科以下学识"组和"在校本科生"组意见则没有那么明确（偏度 -0.75 和 -0.76，均值 4.01 和 4.10），介于"比较重要"和"非常重要"之间。与前文所论及的另一题项"控制可能引起社会骚乱的负面新闻"题项（偏度：-0.01，均值：3.14）意见明显倾向于"不重要"相比较可知，批评性新闻对于公信力具有明显正面影响，而报喜不报忧对于媒体的公信力没有正面影响。

在第一次甄选中"EXP14 能够独立审视、监督政府的政策和作为"题项与量表的一致性方面略有不足，因此被归于"③-"类。结合不同组的意见情况即可发现，造成该题项一致性不足的原因是三个不同学识组在这个问题上出现了比较大的意见差异，"本科以上学识"组的意见非常明确的倾向于"非常重要"，偏度达到了 -1.41，均值 4.37。而另外两组虽然意见也明显偏向于"重要"，但不如本科以上组的意见表达强烈。这与前文的"与政府保持一致"题项的结果是相互对应的：对"与政府保持一致"持较多肯定态度的本科以下学识组，相应的对于"独立监督政府"的重要性评价也相对较低。而高学历组在两个题项上的观点正好相反。

三个组以及总体在这一题项上的评分分布差异的比较见图 9 - 25 ~ 图 9 - 28：

重要性评分分布情况（本科以下学历）

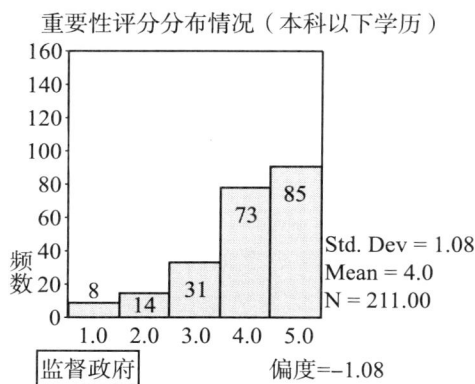

频数

Std. Dev = 1.08
Mean = 4.0
N = 211.00

监督政府　　　　　　　　偏度=-1.08

图 9 - 25

重要性评分分布情况（本科以上学历）

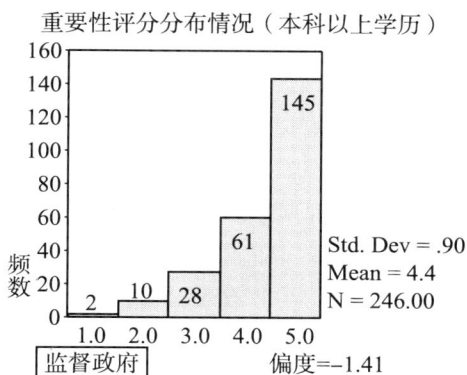

频数

Std. Dev = .90
Mean = 4.4
N = 246.00

监督政府　　　　　　　　偏度=-1.41

图 9 - 26

重要性评分分布情况（在校本科生）

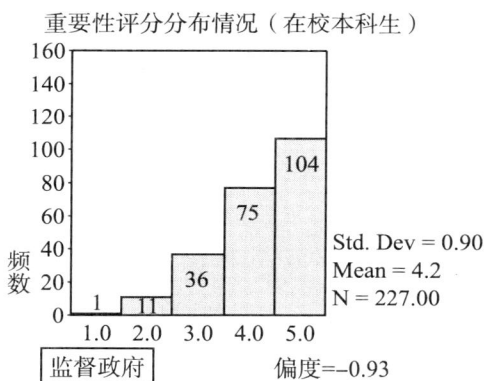

频数

Std. Dev = 0.90
Mean = 4.2
N = 227.00

监督政府　　　　　　　　偏度=-0.93

图 9 - 27

重要性评分分布情况（总体）

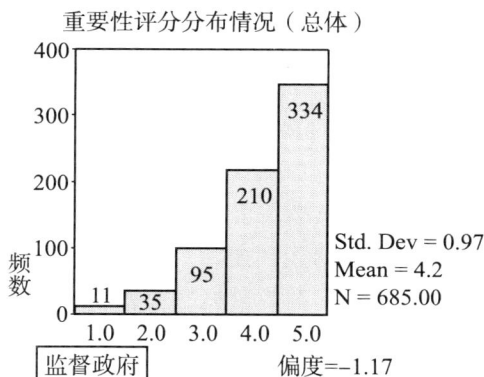

频数

Std. Dev = 0.97
Mean = 4.2
N = 685.00

监督政府　　　　　　　　偏度=-1.17

图 9 - 28

说明：1.0 = 完全不重要；2.0 = 不重要；3.0 = 有一点重要；4.0 = 比较重要；5.0 = 非常重要。

对于"EXP28 新闻格调高尚，不随意炒作粗俗不雅的新闻"题项，三个组的意见分布也类似，"本科以上学识"组的意见最为强烈（偏度 - 1.30，均值 4.15），"在校本科"和"本科以下"两组的意见则不那么明确（偏度分别为 - 0.80 和 - 0.75，均值 3.95 和 4.09）。这大概是由于"在校本科生"和"本科以下低学历人群"由于生活阅历不足或文化水平的限制，对媒体的新闻炒作辨识能力较弱，较容易被煽情的新闻所打动，较容易受媒介意见的影响。相对来说"本科以上"组具有较多生活阅历和较高文化水平，更容易辨识新闻事实和新闻煽情的区别，对于媒体试图强加给自己的非客观性的意见不会轻易接受甚至会产生反感。这种不同学识人群之间对于新闻"客观性"的意见差异也相应地反映在"EXP05 客观呈现新闻事件原貌，不加入报道者的偏见"题项上，"本科以上学识"组表达了最为强烈的赞同意见（偏度为 - 1.29，均值 4.30），而"本科在

247

校生"组偏度 -0.73，均值 4.15，"本科以下组"偏度 -0.76，均值 4.07。通过这两个题项可以看出，"本科以上学识"组更倾向于由媒体提供新闻客观事实，由自己来作判断，对新闻报道加入报道者意见较为反感。而另外两组则较为不排斥媒体在新闻报道中加入报道者的意见。

对于"EXP07 新闻报道迅速及时，有时效性"、"EXP08 能够对复杂的新闻事件提供有深度的分析和解释"、"EXP10 新闻版面或节目编排形式新颖、生动、有个性"、"EXP23 新闻报道实实在在，不唱高调、不打官腔"四个与媒介表现形式技巧有关的题项，高学历人群的重要性评分最高，可见高学历人群在评判媒体是否可信时，相对低学历人群更为看重媒介的表现技巧和表现形式。

不同学识人群对前 14 个题项的意见差异是具有一定的规律性的，对大部分题项"本科以上学识"组的意见表达最为强烈，"在校本科生"的意见强度次之，"本科以下学识"组的意见相对来说最不强烈。只有三个题项意见强度排序出现不同：

对"EXP26 不发布虚假广告"题项，"本科以上"组意见最为强烈，意见第二强烈的不是"本科在校生"组而是"本科以下"学识组，对此可能是因为本科在校生还未进入生活角色，较少机会体会虚假广告的困扰；而与此相应，不用过问"柴米油盐"的本科在校生对"EXP25 广告比例适当"则表达了最为强烈的意见，而有生活经验的"本科以上"和"本科以下"组人群对媒介的广告则没有那么强烈的排斥。对"EXP18 尊重公民的隐私权"，"本科在校生"的重要性评分也是最高，其次是"本科以上学识"和"本科以下"组。

四、依据组间差异对甄选分类的校正

从以上分析可知，学识差异带来的媒介公信力评判准则差异可能与不同学识组人群的媒介观念、知识涵养、媒介接触习惯、信息解读能力、生活阅历等有关。其中媒介观念所引发的差异最为值得关注，其余的差异是在观点一致基础上的程度差异，基本上对甄选分类不会有显著影响。考虑到中国整体民众高学历人群的比例远低于本研究样本的比例，根据不同学识组的差异情况，将差异达到显著的 17 个题项中，"本科以下学识"组评分均值低于总体平均值的题项用"-"标示，用以降低题项的甄选结果级别；高于总体评分均值的题项用"+"标示，用以提高题项的甄选结果级别；而没有出现组间差异的题项则维持原结果（详见表 9 - 11）。

表 9 - 11   **根据组间差异对题项重要性程度的校正**

题　项	样本总体		甄选结果		
	均值	偏度	第一次	第二次	校正
EXP01 真实报道	4.49	-1.83	③	Ⅳ +	-
EXP20 民众立场	4.43	-1.58	③	Ⅳ +	
EXP26 虚假广告	4.39	-1.49	③ -	Ⅳ +	+
EXP22 姿态平等	4.37	-1.41	③	Ⅳ +	
EXP02 完整报道	4.36	-1.45	③ -	Ⅳ +	-
EXP23 不唱高调	4.32	-1.43	③	Ⅳ +	
EXP11 更正失误	4.31	-0.92	③	Ⅳ	
EXP18 尊重隐私	4.30	-1.28	③	Ⅳ +	
EXP21 关注弱势群体	4.28	-1.26	③	Ⅳ +	
EXP04 准确报道	4.26	-1.14	③	Ⅳ +	
EXP07 迅速及时	4.26	-1.24	③	Ⅳ +	
EXP06 平衡无偏	4.26	-1.23	③	Ⅳ +	
EXP14 监督政府	4.20	-1.17	③ -	Ⅳ +	
EXP05 客观无偏	4.13	-0.94	③	Ⅳ	
EXP12 关注现实	4.07	-0.72	③	Ⅳ -	
EXP13 视角敏锐	4.06	-0.72	③	Ⅳ	
EXP19 针砭时弊	4.04	-0.91	③	Ⅳ	
EXP28 格调高尚	4.03	-1.01	③	Ⅳ	
EXP29 经营分离	3.96	-0.87	② +	Ⅳ -	
EXP03 全面报道	3.91	-0.74	② +	Ⅳ -	
EXP25 控制广告比例	3.83	-0.64	② +	Ⅲ	
EXP08 深度	3.82	-0.61	②	Ⅲ	-
EXP32 得到好评	3.70	-0.62	②	Ⅲ	
EXP27 有偿新闻	3.61	-0.35	②	Ⅲ -	
EXP10 新颖生动	3.50	-0.33	②	Ⅲ -	
EXP24 会议新闻	3.43	-0.28	①	Ⅲ -	
EXP31 规模大	3.38	-0.34	② -	Ⅲ	
EXP09 独家	3.19	0.01	② -	Ⅱ +	
EXP15 控制负面新闻	3.14	-0.09	①	Ⅱ	
EXP30 历史悠久	2.82	0.19	①	Ⅱ	+
EXP16 保持一致	2.59	0.42	①	Ⅰ	+
EXP17 级别高	2.45	0.56	①	Ⅰ	+

9.4.4 媒介公信力评判准则甄选结果总结

一、每个题项的重要程度加总

通过以上两轮甄选以及通过不同学识组间差异的校正，基本可以对中国民众在评判媒介公信力时都看重哪些因素有一个基本的了解。甄选和校正依据不同的分析结果、从不同角度进行，将甄选和校正的分类结果进行总结，设定甄选类别等级用相应的数值表示，即① = 1、② = 2、Ⅰ = 1、Ⅱ = 2……以此类推；而"+"相当于"+ 0.5"、"−"相当于"− 0.5"。将甄选和校正的结果加总，得到每个题项的重要性程度总得分，加总分数最小值1.5，最大值8，重要性加总值也可以作为媒介公信力评价的加权参考值。"重要程度量表"32个题项的甄选结果见表9 − 12（表格按照最后加总结果降序排列）。

表9 − 12　　　　　　　　　评判准则重要性结果

排序	题　项	总体均值	第一次甄选	第二次甄选	校正	加总（值域1.5 ~ 7.5）
1	EXP20 民众立场	4.43	③	Ⅳ +		7.5
2	EXP26 虚假广告	4.39	③ −	Ⅳ +	+	7.5
3	EXP22 姿态平等	4.37	③	Ⅳ +		7.5
4	EXP21 关注弱势群体	4.28	③	Ⅳ +		7.5
5	EXP04 准确报道	4.26	③	Ⅳ +		7.5
6	EXP06 平衡无偏	4.26	③	Ⅳ +		7.5
7	EXP01 真实报道	4.49	③	Ⅳ +	−	7
8	EXP23 不唱高调	4.32	③	Ⅳ +	−	7
9	EXP11 更正失误	4.31	③	Ⅳ		7
10	EXP18 尊重隐私	4.3	③	Ⅳ +		7
11	EXP07 迅速及时	4.26	③	Ⅳ +		7
12	EXP02 完整报道	4.36	③ −	Ⅳ +		6.5
13	EXP14 监督政府	4.2	③ −	Ⅳ +		6.5
14	EXP05 客观无偏	4.13	③	Ⅳ		6.5
15	EXP13 视角敏锐	4.06	③	Ⅳ −		6.5
16	EXP19 针砭时弊	4.04	③	Ⅳ		6.5
17	EXP28 格调高尚	4.03	③	Ⅳ		6.5
18	EXP12 关注现实	4.07	③	Ⅳ −	−	6
19	EXP29 经营分离	3.96	② +	Ⅳ −		6

排序	题　项	总体均值	第一次甄选	第二次甄选	校正	加总（值域 1.5 ~ 7）
20	EXP03 全面报道	3.91	② +	Ⅳ –		6
21	EXP25 控制广告比例	3.83	② +	Ⅲ	–	5
22	EXP32 得到好评	3.7	②	Ⅲ		5
23	EXP08 深度	3.82	②	Ⅲ		4.5
24	EXP27 有偿新闻	3.61	②	Ⅲ –		4.5
25	EXP10 新颖生动	3.5	②	Ⅲ –		4
26	EXP31 规模大	3.38	② –	Ⅲ		4
27	EXP09 独家	3.19	② –	Ⅱ +		4
28	EXP24 会议新闻	3.43	①	Ⅲ –		3.5
29	EXP30 历史悠久	2.82	①	Ⅱ	+	3.5
30	EXP15 控制负面新闻	3.14	①	Ⅱ		3
31	EXP16 保持一致	2.59	①	Ⅰ		2.5
32	EXP17 级别高	2.45	①	Ⅰ	+	2.5

从重要性加总得分来看，前 17 个题项，尤其是前 11 个题项，可以认为是公信力评判非常重要的依据；最后 5 个题项则不适宜作为公信力的评判依据。而处于中间的 10 个题项属于媒介公信力评价的非重要依据。

二、媒介公信力评判准则的因子分析

通过以上结果我们可以对民众看待媒介公信力的视角进行一些分析。

在调查之前，重要性评价量表的 32 个题项是参考已有的研究成果，按照 6 个不同方面进行设计的：

新闻专业素质（主要是新闻专业主义所蕴含的基本职业要求）

社会关怀（主要指关注社会大众的利益）

媒介操守（主要指不因为经济利益而作出有损公众利益的行为）

新闻技巧（媒介在表现手法和形式等方面的技能）

媒介与官方的关系

媒介外在形象

按照题项设计的类别重新排列，并列出对每个题项重要性甄别的结果，可以大致看出每个类别在民众心目中的重要程度，详见表 9 – 13。

表 9 - 13　　　　　　　　调查前分类与重要程度甄选结果

类别	题　项	均值	重要性加总
社会关怀	EXP20 民众立场	4.43	7.5
	EXP22 姿态平等	4.37	7.5
	EXP21 关注弱势群体	4.28	7.5
	EXP23 不唱高调	4.32	7
	EXP18 尊重隐私	4.3	7
	EXP13 视角敏锐	4.06	6.5
	EXP19 针砭时弊	4.04	6.5
	EXP12 关注现实	4.07	6
	EXP24 控制会议新闻	3.43	3.5
新闻专业素质	EXP04 准确报道	4.26	7.5
	EXP06 平衡无偏	4.26	7.5
	EXP01 真实报道	4.49	7
	EXP02 完整报道	4.36	6.5
	EXP05 客观无偏	4.13	6.5
	EXP03 全面报道	3.91	6
媒介操守	EXP26 虚假广告	4.39	7.5
	EXP28 格调高尚	4.03	6.5
	EXP29 经营分离	3.96	6
	EXP25 控制广告比例	3.83	5
	EXP27 有偿新闻	3.61	4.5
新闻技巧	EXP11 更正失误	4.31	7
	EXP07 迅速及时	4.26	7
	EXP08 深度	3.82	4.5
	EXP10 新颖生动	3.5	4
	EXP09 独家	3.19	4
外在形象	EXP32 得到好评	3.7	5
	EXP31 规模大	3.38	4
	EXP30 历史悠久	2.82	3.5
官方关系	EXP14 监督政府	4.2	6.5
	EXP15 控制负面新闻	3.14	3
	EXP16 保持一致	2.59	2.5
	EXP17 级别高	2.45	2.5

从表 9 - 13 中可以看出，在"与官方关系"方面，"EXP14 能够独立审视、监督政府的政策和作为"题项显然与其他三个表示与官方关系密切的题项呈现意见相反的情形，可见在大多数民众看来，媒介与官方过于保持一致同媒介对政府的监督以及媒介的公信力之间存在矛盾。媒介的"外在形象"方面重要性得

分普遍较低，可以认为与媒体公信力之间的关联性很小。

总体来看，民众认为对媒介公信力最为重要的因素是"社会关怀"和"媒介专业素质"其次是"媒介操守"和"新闻技巧"。

如果保留"监督政府"题项，删除与媒介公信力关系不大的"外在形象"和"与官方关系"两个方面的六个题项，以及不适合作为公信力评判准则的"控制会议新闻"题项，对"重要程度量表"进行探索性因子分析，采用主成分法（Principal components），方差最大旋转（VARIMAX），抽取特征值大于 1 的公共因子，则可以得出 5 个因子（详见表 9 – 14）。

表 9 – 14　　　　　　　重要性量表第一次因子分析

		因子 1	因子 2	因子 3	因子 4	因子 5
EXP01	真实报道	0.721			0.201	0.234
EXP02	完整报道	0.707			0.191	0.258
EXP04	准确报道	0.641	0.321		0.139	
EXP05	客观无偏见	0.597	0.296	0.108	0.152	
EXP06	平衡不偏袒	0.596	0.403	0.116		
EXP03	全面报道	0.522	0.189	0.296	0.117	0.111
EXP14	监督政府	0.517	0.113			0.39
EXP22	姿态平等	0.227	0.673		0.273	0.218
EXP23	不唱高调	0.241	0.637		0.258	0.187
EXP07	迅速及时	0.292	0.495	0.379		
EXP12	关注现实	0.142	0.494	0.473	0.116	
EXP11	更正失误	0.257	0.486	0.289	0.203	0.107
EXP18	尊重隐私	0.272	0.44		0.204	0.242
EXP09	独家			0.775		
EXP10	新颖生动			0.769	0.139	0.117
EXP08	深度	0.14	0.45	0.548		
EXP13	视角敏锐	0.122	0.492	0.542	0.138	0.137
EXP27	杜绝有偿新闻	0.155		0.28	0.673	
EXP28	格调高尚	0.201	0.201		0.664	
EXP25	控制广告比例		0.139		0.659	0.133
EXP26	杜绝虚假广告	0.156	0.391		0.621	
EXP29	采编经营分离	0.288	0.11	0.147	0.533	0.203
EXP19	针砭时弊	0.224		0.213	0.133	0.734
EXP20	民众立场	0.187	0.419	0.142	0.129	0.606
EXP21	关注弱势群体		0.505		0.114	0.588

注：因子累计解释方差比率为 53.9%。

其中第 5 个因子所对应题项"民众立场"、"关注弱势群体"明显与第 2 个因子的关系也很紧密（因子负荷值已超过 0.4），而"针砭时弊"、"民众立场"、"关注弱势群体"三个题项独立为一个因子也很难进行解释，因此尝试限定抽取 4 个因子，结果第 5 个因子的三个题项归于第 2 个因子，虽然因子贡献略有下降，但得出的结果更具合理性。根据每个因子所包含题项的内容，我们将 1~4 个因子分别命名为"新闻专业素质"、"社会关怀"、"新闻技能"和"媒介操守"。参考前文对每个题项的重要性分析结果，可以得出 4 个因子对于媒介公信力评判的不同重要程度（详见表 9 – 15）。

表 9 – 15　　重要性量表第二次因子分析与指标和因子重要性

维度		题　项	因子 1	因子 2	因子 3	因子 4	重要性加总	因子重要性
新闻专业素质	EXP01	真实报道	0.744	0.163		0.186	7	6.79
	EXP02	完整报道	0.734			0.162	6.5	
	EXP04	准确报道	0.632	0.217	0.113	0.178	7.5	
	EXP06	平衡不偏袒	0.592	0.315	0.157	0.139	7.5	
	EXP05	客观无偏见	0.58	0.159	0.141	0.196	6.5	
	EXP14	监督政府	0.559	0.272			6.5	
	EXP03	全面报道	0.53	0.165	0.313	0.123	6	
社会关怀	EXP21	关注弱势群体	0.117	0.729	0.121		7.5	7.14
	EXP22	姿态平等	0.246	0.66		0.313	7.5	
	EXP20	民众立场	0.254	0.655	0.175		7.5	
	EXP23	不唱高调	0.256	0.616		0.299	7	
	EXP18	尊重隐私	0.296	0.478		0.219	7	
	EXP11	更正失误	0.263	0.423	0.336	0.236	7	
	EXP19	针砭时弊	0.31	0.413	0.206		6.5	
新闻技能	EXP09	独家			0.767		4	5.33
	EXP10	新颖生动			0.764	0.115	4	
	EXP08	深度	0.14	0.356	0.59		4.5	
	EXP13	视角敏锐	0.132	0.435	0.587	0.165	6.5	
	EXP12	关注现实	0.145	0.411	0.52	0.151	6	
	EXP07	迅速及时	0.288	0.385	0.427	0.124	7	
媒介操守	EXP27	杜绝有偿新闻	0.155		0.28	0.667	4.5	5.9
	EXP28	格调高尚	0.213	0.191	0.1	0.665	6.5	
	EXP26	杜绝虚假广告	0.154	0.311		0.657	7.5	
	EXP25	控制广告比例		0.172		0.647	5	
	EXP29	采编经营分离	0.313	0.165	0.154	0.512	6	

注：因子累计解释方差比率为 49.7%。

与调查实施前的分类进行对比，可以发现因子分析的结果与原来的设想基本一致，仅有 4 个题项的归属与设想出现了差异：

"EXP14 能够独立审视、监督政府的政策和作为"题项被归于了"新闻专业素质"因子，可见民众将媒介对政府的审视和监督视为与"真实"、"客观"、"准确"等新闻基本素养相并列的基本素质要求。

另外的不同之处是"EXP13 新闻视角敏锐、善于发现问题"被归于"新闻技巧"因子，而不是调查前所设想的属于"社会关怀"方面，不过这一题项在"社会关怀"因子上的负荷也较高，说明与两个方面都有关联。这一题项在设计之初的考虑是"媒介的视角敏锐"从而善于发现"社会中存在的问题"，但根据统计分析的结果再进行推敲，"敏锐的视角"所善于发现的问题并不一定都是与社会大众相关联的问题，而"视角敏锐"也可以视为一种新闻技能。

"EXP11 一旦报道有误，主动道歉并更正"题项在调查前的分类是"新闻技巧"，因子分析的结果是归于了"社会关怀"方面，由此可知在民众看来，有错即向公众公布并改正，更多地被认为是一种对社会对公众负责任的媒介行为。不过这一题项在"新闻技巧"因子方面的因子负荷值也接近 0.4，说明这一题项与"新闻技巧"因子也具有较多关联。

而"EXP12 所报道内容是社会发展中最为现实和迫切的问题"在调查前是归于"社会关怀"类别，而因子分析结果将其归于了"新闻技巧"因子，但这一题项同时在"社会关怀"因子上的负荷值也超过了 0.4，可见其内涵与两个因子都有一定的联系。

9.4.5 中国现阶段媒介公信力评价准则的特征分析

一、为老百姓说话的媒体更可信

经过重要性分析甄选和因子分析，最终得出的媒介公信力评价准则包含了 4 个维度："新闻专业素质"、"社会关怀"、"新闻技能"和"媒介操守"，四个维度的重要性加总的平均值分别为 6.79、7.14、5.33、5.9，代表了每个维度在公信力评价中的重要程度（详见表 9-15）。从中可以看出，公众是否信任媒介最为看重的是媒介的"社会关怀"方面，即媒介的社会责任感、人文关怀、与民众的贴近程度等。只要是涉及"民众利益"的题项，无论是哪个文化层次的人群都给予了高度重视，可见，媒体作为社会最广大民众代言人的角色起码是现阶段中国公众对媒体的强烈寄托和要求，能够满足这种要求的媒体自然会赢得公众的信任。这一点在许多现实案例中都可以看得出来：中央台"东方时空"因为"焦点时刻"、"讲述老百姓的故事"而闻名全国；河南"大河报"连续报道

"张金柱撞人案",在"官"与"民"的纠纷中坚持站在弱势普通民众一边,从此在河南报业市场崛起,并持续多年占领河南报业市场的绝对领先地位;"北京青年报"、"南方周末"也类似,以系列批评性报道在市场崛起……这种媒介的市场地位很大程度上正是民众对媒介信任的反映。

当然,随着关注普通民众、舆论监督等行为在各个媒体的普及,媒体为弱势、普通民众代言已经不像早期那样具有震撼力,但"为老百姓说话的媒体更可信"无疑已经成为目前中国公众的一种较为普遍的心态。

二、"媒介专业主义"让位于"社会关怀"

媒介公信力评判准则的重要性分析结果显示,媒介的基本"专业素质"方面,即真实、准确、完整、客观、平衡、全面等专业要求,对于评价媒介是否可信也占据很重要的位置,重要性加总均值达到了6.86。与美国和我国台湾等地的公信力研究结果一致,可见无论处于什么样的社会文化环境,对媒体最为基本的要求都有共通之处,这也许正是新闻的本质和价值所在。

但值得关注的是,在国外对媒介公信力的研究主要以"专业主义要求"作为公信力评判准则,很多时候甚至根本不把"社会关怀"包括在媒介可信度量表当中。而在中国,分析显示,"社会关怀"作为媒介公信力评价准则的重要性高于"专业主义",这种倾向在文化程度较低的民众中更为明显。观察重要性程度处于前17位的题项,会发现不仅"准确"、"平衡"、"真实"、"完整"的重要性落后于"民众立场"、"姿态平等"、"关注弱势群体",而且"客观无偏见"这个在西方新闻理念中非常重要的专业主义要求,在中国公众的心目中仅排在了第14位,而且占人口绝大多数的本科以下学历人群对"客观"的重要性评价显著低于高学历组(详见前文分析)。前17位的题项排列顺序详见表9-16(按照"重要性加总"和"总体均值"降序排列)。

表9-16　　　　　　　　重要性排在前17位的题项

排序	题　项	总体均值	第一次甄选	第二次甄选	校正	加总(值域1.5~7.5)
1	EXP20 民众立场	4.43	③	Ⅳ +		7.5
2	EXP26 虚假广告	4.39	③ −	Ⅳ +	+	7.5
3	EXP22 姿态平等	4.37	③	Ⅳ +		7.5
4	EXP21 关注弱势群体	4.28	③	Ⅳ +		7.5
5	EXP04 准确报道	4.26	③	Ⅳ +		7.5
5	EXP06 平衡无偏	4.26	③	Ⅳ +		7.5
7	EXP01 真实报道	4.49	③	Ⅳ +	−	7

排序	题　项	总体均值	第一次甄选	第二次甄选	校正	加总（值域 1.5～7.5）
8	**EXP02 完整报道**	4.36	③ -	Ⅳ +	-	6.5
9	EXP23 不唱高调	4.32	③	Ⅳ +	-	7
10	EXP11 更正失误	4.31	③	Ⅳ	-	7
11	EXP18 尊重隐私	4.3	③	Ⅳ +	-	7
12	EXP07 迅速及时	4.26	③	Ⅳ +	-	7
13	EXP14 监督政府	4.2	③ -	Ⅳ +	-	6.5
14	**EXP05 客观无偏**	4.13	③ -	Ⅳ	-	6.5
15	EXP13 视角敏锐	4.06	③	Ⅳ -	-	6.5
16	EXP19 针砭时弊	4.04	③	Ⅳ	-	6.5
17	EXP28 格调高尚	4.03	③	Ⅳ	-	6.5

联系现实，的确可以找到媒体有违客观公正的行为却得到了民众广泛支持的案例。最为典型的事件就是"张金柱撞人案"的司法审判过程，张金柱被执行死刑很大程度上是受到了媒体所营造的舆论压力的影响。而从在网络论坛中受到广泛关注的"宝马车撞人案"、"刘涌黑社会案"、"女教师黄静离奇死亡案"的网友发言和评论倾向来看，当受害者属于弱势一方，而被告又被传言有这样那样的"靠山、背景"的时候，几乎为被告辩护的任何个人或媒体都会被认为是不可信的，相反对被告的指责（无论这种指责是否有足够根据、是否客观公正）则被认为是可信的。

依据本次调查的另一项数据，发现民众对于新闻"客观性"的确有一些特殊的认识。调查问卷题目为：

您认为媒体通过舆论力量干预司法审判程序，是否合理？

1□不合理，媒体不应该超越自己的职责范围　　　　2□完全合理

3□在中国现阶段，这种现象具有一定的合理性　　　4□不清楚。

在692个样本中，33.3%的受访者选择"不合理，媒体不应该超越自己的职责范围"；45.6%的人选择"在中国现阶段具有一定的合理性"，而且还有13.7%的被访者选择"完全合理"，另有7.4%的被访者表示"不清楚"。也就是说近六成的人接受媒介对司法程序的干预。

将样本分为"本科以下"和"本科及本科以上"两个不同学历组，与"干预司法是否合理"进行交叉分析，结果显示，对"媒介干预司法是否合理"的态度与学历的高低具有显著相关性。高学历组更倾向于认为"不合理"和"具有一定合理性"；而相对来说低学历组则更倾向于选择"完全合理"和"不清楚"。交叉分析详见表9-17。

表9-17　　　"不同学识组"与"媒介干预司法"态度的交叉分析

			干预司法是否合理				总体
			不合理	完全合理	有合理性	不清楚	
学历分组	高学历	样本数	172	60	221	21	474
		预期值	157.8	65.2	216.1	35.0	474.0
		占该学历总数的百分比	36.3%	12.7%	46.6%	4.4%	100%
	低学历	样本数	58	35	94	30	217
		预期值	72.2	29.8	98.9	16.0	217.0
		占该学历总数的百分比	26.7%	16.1%	43.3%	13.8%	100%
总计		样本数	230	95	315	51	691
		预期值	230.0	95.0	315.0	51.0	691.0
		占总样本数的百分比	33.3%	13.7%	45.6%	7.4%	100%

注：$x^2 = 23.547$；$df = 3$；$C = 0.185$；$P = 0.000$。

数据显示，有接近一半的被访者认为"在中国现阶段，媒体干预司法具有一定的合理性"，也就是说虽然知道干预司法不应该属于媒体的职能范围，但是认为在"现阶段"的特殊社会背景下却是具有合理性的。

那么"现阶段"究竟是指什么样的社会背景？这是一个相当复杂的问题，本研究仅从社会信任的角度，对社会主要公共机构和部门的公信力进行调查和分析，题目设计为：

您对以下机构或部门的信任程度如何？请您根据自己的印象和感受，用0~10分来打分。最低0分表示<u>完全不信任</u>，最高10分表示<u>完全信任</u>，6分及格。越是信任就越是打高分，请您打分。

数据显示，在中国现阶段，公共机构的公信力普遍低迷，处于6~7分之间，而媒体的公信力状况属中等偏上（6.64）。其中具有生活阅历的"本科以上学识"和"本科以下学识"人群的信任评价最低，尤其是本科以上学识人群，对大多数机构的信任评价是"不及格"。而18~21岁的在校大学生信任评价则比较乐观（详见表9-18）。

表9-18　　　主要社会机构和部门的公信力评价

社会机构或部门	本科以下学识	本科以上学识	在校本科生	样本总体
学术界	6.92	6.62	7.63	7.05
军队	7.56	6.22	7.31	7.00
人民代表大会	7.49	6.12	7.23	6.92

续表

社会机构或部门	本科以下学识	本科以上学识	在校本科生	样本总体
教育界	6.90	6.27	7.10	6.74
法院	7.29	5.87	7.02	6.69
新闻媒体	7.05	6.21	6.73	6.64
公证部门	6.75	5.84	6.98	6.51
政府机关	6.80	5.92	6.81	6.49
质检部门	6.69	5.74	6.78	6.38
政协	6.57	5.82	6.75	6.36
大企业	6.17	5.83	6.57	6.18
公安机关	6.53	5.39	6.63	6.16
医疗界	6.27	5.67	6.40	6.10
宗教界	5.51	5.92	6.36	5.94
平均值	6.75	5.96	6.88	6.51

综合以上分析，在公共机构普遍无法取得民众高信任的社会背景下，公众对媒介寄托了较高的社会期望，这种期望有时甚至超出了媒体自身的权力范畴（比如希望媒体扮演"包青天"的角色），以致媒体有可能会为了"民心所向"而干预司法甚至妨害客观公正。媒介究竟应该是报道者、解释者还是批判者，一直以来也存在不同的看法。往往在社会变动时期，民众普遍会对媒介寄予较多的社会参与期望。比如 20 世纪 60 年代的美国，由于社会动荡较多，很多人对媒介"中立守门人"角色抱以质疑和批判的态度，认为媒介应该担负更多的社会责任，主张记者应该以参与者的身份为社会弱势团体的利益服务。所谓"凡存在即有其合理性"，民众对媒体的这种社会期望，以及由此而带来的对媒体的信任或不信任，无疑是中国现阶段特殊社会现实的一种反映，同时也是中国媒介公信力研究所要面临和关注的研究背景。

三、"媒介操守"、"新闻技巧"成为公信力评判的次要准则

"媒介操守"和"新闻技巧"对于媒介公信力的重要性明显低于"社会关怀"和"专业主义"，属于公信力评判的次要准则。

媒体为了追求利润而损害公共利益的行为，比如被渲染的凶杀暴力新闻、广告泛滥、有偿新闻等问题，随着媒介市场竞争的加剧而日显突出，对媒介公信力构成威胁。

调查显示对于媒介操守问题的重视程度与民众的文化程度有关，文化层次较高的人对媒介操守问题表达了更为强烈的态度。同时也与民众对新闻炒作、有偿

259

新闻的辨识能力有一定关系。问卷针对被访者的有偿新闻辨识能力设计题目为：

对于那种看上去是新闻，实际上是在为商品或商家做宣传的"广告新闻"、"有偿新闻"、"软广告"，您是否可以轻易识别出来？

选择"能轻易识别出来"的人数占57.7%；选择"不容易看出来"的占26.4%；另有15.9%的被访者表示"从没留意过这种现象"——也就是说很可能还不知道媒介会报道这样的"新闻"（详见表9-19）。

表9-19　　　　　　　　　　　对有偿新闻的辨识

	样本数	有效百分比（%）
能轻易识别	395	57.7
难以识别	181	26.4
没注意过	109	15.9
总　体	685	100

而我们这次调查中的大部分被访者是具有本科或本科以上学历的人群，对有偿新闻的辨识能力尚且如此，中国民众的整体情况可想而知。

而且数据分析显示，对于有偿新闻的识别能力与人们对于"有偿新闻"是否影响公信力的态度有直接关系。能够识别"有偿新闻"的人对"杜绝有偿新闻"的重要性评分均值为3.70；而不能识别有偿新闻的人对该题项的评分均值为3.49（两类人群的平均数差异在0.05的置信度下，差异达到显著水平）。

有偿新闻在新闻行业中可谓屡禁不止，也许杜绝这种现象更应该从根本，也就是提高人们对这种新闻腐败现象的辨识能力入手。而当人们意识到媒体会为了经济利益而不负责任地炒作新闻、刊载有偿新闻，媒体在"媒介操守"方面的表现对于媒体公信力的影响应该会相应增加。

不过对于"虚假广告"，民众的反应是非常一致和强烈的（评分均值为4.39，在32个题项中排在第2位），可以说虚假广告对媒介的公信力具有较为致命的打击。

媒体在新闻技巧方面的表现也对媒体的公信力具有一定的影响（评分均值大致在3.7左右），相对来说高学历人群对媒介的表现形式更为重视。在新闻技能方面，被访者突出强调了新闻报道"及时迅速"的重要性（评分均值4.26），远高于对其他新闻技能方面的评分。可见，能够尽量在最快的时间内将新闻告知民众，对媒介的公信力具有重大意义。

由于目前国内在新闻报道内容方面存在一定的限制，因此对新闻事件的加工和呈现技巧对于媒体来说更具有竞争的重要性，而在民众看来迅速及时、深度、独家新闻、形式新颖等方面的新闻技巧对媒体的公信力也具有一定的正面影响。

四、媒体与官方的关系疏密成为最大分歧

媒体外在形象方面的情况（得到周围人好评、历史悠久、规模大）、与官方关系方面（保持一致、级别高、控制负面新闻）以及"控制会议新闻"题项，虽然总体来看不适合作为媒体公信力的评价准则，但调查数据显示，大概有10%～30%的人会依据这些准则来判断一个媒体是否可信，文化程度较低的人群尤其如此。本次调查的对象大部分是高学历和中青年人群，因此在中国整体人群中这一比例应该会更高一些。

如果仅是重要程度的差异，即有些人认为这方面不那么重要而有些人认为很重要，尚不足为怪，因为许多人难免会有一些很个人化的评判标准，对中国媒介公信力的研究也只能从那些最为重要、得到公认的方面入手，不可能也没有必要面面俱到，但如果是呈现对立情形的意见分歧，则会增加中国媒介公信力研究的复杂性，比如对于同样的媒介表现，一部分会因此增加对媒体的信任，但另外一些人却相反会因此而降低对媒体的信任，这种情形在"媒体任何情况下都与党和政府保持一致"这一题项上表现得最为突出，对这一题项表示"1 完全不重要"和"2 不重要"的比例分别为25.4%和27.1%；而选择"5 非常重要"和"4 比较重要"的比例分别为11.8%和14.3%。而这种矛盾在调查实施前所进行的访谈中已经有所表现，有些人表示"媒体是政府办的当然可信"，而另有些人则表示"过于依附于官方，没有公信力可言"。

为此调查特意设计了一个这样的题目：

您认为媒体由官方直接主办能够提高还是降低您对媒体的信任？

表示"会降低信任"和"视具体情况而定"的比例最高，分别为45.2%和41.8%；另有5.5%的人表示"能够提高对媒体的信任"，而7.5%的人则表示"说不清"。

而交叉分析显示，不同文化程度的人在此问题上的态度差异达到显著水平，本科学历以下人群选择"提高信任"和"说不清"的比例明显高于本科及本科以上学历人群，而在校本科生表示会"降低信任"的意向最明显（详见表9－20）。

表9－20 "不同学识"与"信任变化情况"的交叉分析结果 单位：%

	提高信任	降低信任	看情况	说不清	总　计
在校本科生	2.4	50.7	46.0	0.9	100
本科以下学识	10.3	38.4	34.0	17.2	100
本科以上学识	4.2	46.0	44.7	5.1	100
合计	5.5	45.2	41.8	7.5	100

注：$N = 651$；$x^2 = 60.397$；$df = 6$；$C = 0.026$；$P = 0.000$。

小　结

　　本章主要依据"媒介期待量表"（同时也是"重要性程度量表"）的调查数据，针对中国公众对媒介所寄予的社会期望以及相应的评判媒介是否可信的准则进行了基于数据的分析，这个过程同时也是对媒介公信力的评价准则进行甄选的过程，甄选的结果是公信力测评的重要基础，同时也揭示了中国媒介公信力的若干独特之处。这些独特之处是中国媒介公信力理论研究和实践操作所要直面和重点关注的问题。其中不同文化层次的人群在新闻理念、公信力评判准则等方面的差异尤其值得关注。

第 10 章

中国大众媒介公信力测评量表的建立

上一章主要是从重要性角度对公信力的评判准则进行了甄选，并对中国公众公信力评判的特点进行了分析。这些分析甄选的结果是媒介公信力量表确立的重要依据。但公信力测量指标的最终确定，除了重要性考虑之外，还需从题项设计本身的信度和效度、题项含义的明确、量表的简洁等方面进行考察。因此，以上被民众认可为"重要"或者"非常重要"的题项还不能直接用做公信力测评量表的指标，尚需从测量的实际效果和实用性方面进一步甄选，为此，本次调查设计了"媒介公信力评价量表"，针对中国媒介公信力测评量表的确立进行更进一步的探讨。

10.1 "媒介公信力评价量表"的设计思路

前面数据分析所依据的"重要程度量表"主要用来考察民众从哪些方面来评判媒介的公信力，而"媒介公信力评价量表"（以下简称"评价量表"）则用来考察民众对媒体目前公信力实际状况的评价，两个量表所测量的对象不同，但共同服务于"中国媒介公信力测评量表"的最终确立，因此"公信力评判准则的重要性评价"和"公信力实际状况的评价"是两个联系紧密的逻辑过程。可以说"重要程度量表"探究的是民众对媒介公信力有哪些要求和期待，而"评价量表"则是考察这些要求和期待在民众心目中落实的情况。前文曾对公信力的本质概念有过专门探讨，指出媒介公信力实际上就是民众对媒介的社会期待在民众看来所实际落实的情况。因此，民众对媒介公信力的评价也就是对公信力的测评，"公信力评价量表"与"公信力测评量表"是一致的。

但本部分使用"评价量表"的主要目的不是用于对媒介公信力进行测量，而是利用人们对公信力进行评价的数据确立一个科学的、适用于中国媒介公信力的测评量表。在这个意义上，本次调查的"评价量表"可以说是"中国大众媒介公信力测评量表"的雏形，本章内容主要围绕着这一"雏形量表"展开，通过信度、效度检验、探索性和证实性因子分析等统计技术手段进行分析，再结合前文"重要性评价量表"得出的结论，建立"中国大众媒介公信力测评量表"。

"评价量表"的题项表述与"重要程度量表"一致，不同之处在于"评价量表"是对中国媒体的整体状况进行评价，因此"重要程度量表"中的 4 个仅适用于对单个具体媒体进行评价的题项没有包含在内，分别是：

> 媒体的级别高，直接代表较高级别的党政机关（EXP17）
>
> 媒体拥有悠久的历史（EXP30）
>
> 媒体具有较大的规模，发行量、覆盖面足够大（EXP31）
>
> 媒体得到许多人的好评（EXP32）

而且这 4 个题项，前两个经过重要性甄选，属于不适合作为媒介公信力评判准则的题项，后两个题项的重要性评价也较低，因此这 4 个题项对"评价量表"从重要性来讲也基本不会造成影响。

其余 28 个题项无论是题项内容还是题项的编号都与"重要程度量表"完全一致，只是在做数据分析时所使用的变量名称为"JUD"（judgement 的简称）。28 个题项的具体表述可参见表 9 - 3 "重要程度量表"的设计。

另外的不同是，对"重要程度量表"使用 1 ~ 5 分代表不同的重要程度评价，而"评价量表"则使用中国人比较习惯的 10 分制来进行评分。具体的题目设计为：

> 总的来说，以上所提到的方面，① 中国新闻媒体目前实际做得怎样？请根据您自己的感受，用 0 ~ 10 分来给新闻媒体的实际表现打分。（最低 0 分表示在这个方面做得非常差，最高 10 分表示在这个方面做得非常好，6 分及格，做得越好打分越高，请您打分。）

---

① 指"重要程度量表"中所涉及的题项。

10.2 媒介公信力测评量表指标的第四次甄选

前面围绕"重要程度量表"从"重要性评分"的角度进行了第一次甄选、从"评分分布情况"进行了第二次甄选，并根据学识不同组的意见差异对题项重要性程度进行了校正。因此，以下围绕"评价量表"对公信力测评量表指标的进一步分析和判断可以称之为第四次甄选。

10.2.1 第四次甄选的方法说明

一、量表建立的基本原则

量表的建立有两个最基本的原则："准确"和"简明"，前面围绕"重要程度量表"所进行的一系列分析，主要是从量表的准确性原则出发，对每个题项是否适合作为评判准则以及重要性程度怎样进行了考察，而本节则是从"准确"和"简明"两个角度综合对量表的建立进行分析。从简明的角度，量表的构成题项越简单越好，但过于简单又会影响到量表的准确性，因此在量表指标甄选过程中需要同时依据这两个原则，根据具体情况进行分析和判断。

二、量表建构的主要统计技术

项目分析（item analysis）、信度分析（reliability analysis）和因子分析（factor analysis）是测评量表发展过程中最常使用的统计手段。

（一）项目分析

项目分析主要用来检验量表的单个构成题项的可靠程度，在前面对"重要程度量表"的分析中主要使用的是项目分析方法。而选择哪些数据作为项目分析的依据，一方面有一些通用的标准，另一方面需要依据量表本身的内容和测量目的进行特别的选择。"重要程度量表"服务于公信力测评量表的建构，主要使用了量表的均值、偏度、一致性检验的参数等；对于"评价量表"则主要检验每个题项对所测量的概念是否具有区别和鉴别能力，也就是鉴别度的考察。考察的方法是将题项的评分分为"高分组"和"低分组"（一般是以前27%和后

265

27%的百分位数为分界），然后通过独立样本 T 检验（Independent Samples T-Test）来检验两个组的评分是否存在显著差异，有显著差异表示该题目具有鉴别度，没有显著差异则表示对于该题项不同人的回答都类似，因此题项本身是没有意义的。

（二）信度分析

信度分析则主要用来评估整个量表的可靠程度。信度（reliability）被认为是若重复进行测量，产生相同结果的准确程度。[①] 也就是测量的稳定性和可靠性程度。检验信度主要使用信度系数，本书使用较为严谨的、使用最为广泛的克朗巴哈 α 信度系数（Cronbach's α）作为信度检验指标。α 值是个介于 0 ~ 1 之间的数值，越大表示信度越高。而 α 的系数要多大才算有高的信度，不同的学者有不同的看法，一般认为 α 系数为 0.65 或 0.7 是最低可接受的边界值，α 系数如果在 0.60 ~ 0.65 之间最好不要；系数值介于 0.7 ~ 0.8 之间相当好；系数值介于 0.8 ~ 0.9 之间非常好。

（三）因子分析

因子分析技术主要用于对量表的结构效度方面进行探索和检验。因子分析又包括了探索性因子分析和证实性因子分析两个过程。探索性因子分析主要用于探索公信力测量的内部结构，并依据结果对量表题项进行甄选。本研究采用主成分分析法（principal components analysis）和方差最大旋转（varimax）探索量表因子结构。

证实性因子分析用于对探索性因子分析所得出的因子结构（相当于一个假设的理论模型）进行验证，看数据是否很好地拟合了所提出的因子结构，从而为所提出的因子结构提供更多的统计依据。

本研究采用结构方程模型（SEM）技术进行证实性因子分析。SEM 在国外学术界的应用已经十分普遍，但在国内尚处于刚刚起步的阶段，结构方程模型也叫做因果关系模型、协方差结构模型、证实性因子分析模型，是一种建立、估计和检验因果关系模型的多元统计分析技术。它包含了回归分析、因子分析、路径分析和多元方差分析等一系列多元统计分析方法，是一种非常通用的、线性的、借助于理论进行假设检验的统计建模技术。[②]

对于模型的总体拟合程度有许多测量标准。比较常用的判定拟合优度的参考变量主要有：

---

①②　柯惠新、祝建华、孙江华：《传播统计学》，北京广播学院出版社 2003 年版。

（1）拟合优度的卡方检验统计量（χ^2 goodness-of-fit test）。不显著的卡方值表示有较好的拟合。习惯上卡方值如果与自由度的比值小于 2 或 3，则可以认为模型拟合较好。但卡方值与样本的数量之间关系密切，因此往往不能单纯用卡方值来对拟合优度进行检验。

（2）拟合优度指数（Goodness of Fit Index，标志为 GFI）和调整的拟合优度指数（Adjusted Goodness of Fit Index，标志为 AGFI）。这两个指数被作为模型适当（Model Adequecy）的总体指标，大小在 0～1 之间，一般大于 0.9 时，则认为是模型拟合观测数据。

（3）规范拟合指数（Normed Fit Index，标志为 NFI）、不规范拟合指数（Non-Normed Fit Index，标志为 NNFI）、比较拟合指数（Comparative Fit Index，标志为 CFI）。这三个常用的指数称为比较拟合指数（Comparative Fit Indexes）。他们是从设定模型的拟合与独立模型的拟合之间的比较中取得的。大小也在 0～1 之间，一般 0.9 以上表示模型拟合较好。

（4）近似误差的均方根（Root Mean Square Error of Approximation，标志为 RMSEA）。这是一个近年来受到越来越多重视的结构方程模型拟合评价指标，一般 RMSEA 小于或等于 0.05，表示"良好"的拟合，0.05～0.08 可视为"较好"的拟合，0.08～0.10 之间可视为"中度"拟合，大于 0.10 表示"不好"的拟合。[①]

1994 年，韦斯特对梅耶和嘎轧诺—麦克格拉斯的量表进行验证所使用的就是结构方程技术，韦斯特在文献中列出的拟合优度的评价指标是拟合优度卡方统计量、GFI 和 AGFI。

按照统计要求，探索性因子分析和证实性因子分析不能使用相同的数据，因此通过 SPSS 软件从 693 个样本中随机抽取了大约 50% 的数据（共 372 个样本）作探索性因子分析，另一半数据（共 321 个样本）用做证实性因子分析，所使用的统计软件为 LISREL8.20。

10.2.2　对媒介公信力测评量表指标的第四次甄选

首先根据前面对公信力重要性分析的结果，"评价量表"中有三个题项属于"不适合作媒介公信力量表"的类别，因此可以将其删除，3 个题项为：

尽量少报与老百姓关系不大的会议、领导政务活动等新闻（EXP24）

[①]　郭志刚：《社会统计分析方法——SPSS 软件应用》，中国人民大学出版社 1999 年版。柯惠新、祝建华、孙江华：《传播统计学》，北京广播学院出版社 2003 年版。

　　不报道有可能引起社会骚乱的负面新闻（EXP15）

　　媒体在任何情况下都与党和政府保持一致（EXP16）

这样剩余的 25 个题项进入第四次甄选。

一、项目分析

　　首先对量表每个题项的鉴别程度进行检验，结果显示每一个题项的高分组和低分组的评分差异均达到了非常显著的水平，说明 25 个题项均具有很好的鉴别度（详见表 10 - 1）。

表 10 - 1　　　　　　　　　　量表题项鉴别度

		人数	均值	标准差	平均数标准误差	显著性
JUD01 真实报道	高分组	194	7.74	1.547	0.111	0.000
	低分组	185	4.58	2.047	0.150	
JUD02 完整报道	高分组	194	7.63	1.618	0.116	0.000
	低分组	185	3.83	2.15	0.158	
JUD03 全面报道	高分组	194	7.85	1.471	0.106	0.000
	低分组	185	4.06	2.242	0.165	
JUD04 准确报道	高分组	194	7.90	1.654	0.119	0.000
	低分组	185	4.68	2.091	0.154	
JUD05 客观无偏	高分组	194	7.55	1.557	0.112	0.000
	低分组	185	4.28	2.084	0.153	
JUD06 平衡无偏	高分组	194	7.76	1.467	0.105	0.000
	低分组	185	4.56	2.116	0.156	
JUD07 迅速及时	高分组	194	8.42	1.383	0.099	0.000
	低分组	185	5.59	2.163	0.159	
JUD08 深度	高分组	194	7.96	1.382	0.099	0.000
	低分组	185	5.04	2.127	0.156	
JUD09 独家	高分组	194	7.33	1.477	0.106	0.000
	低分组	185	4.29	2.317	0.17	
JUD10 新颖生动	高分组	194	7.29	1.486	0.107	0.000
	低分组	185	4.41	2.256	0.166	
JUD11 更正失误	高分组	194	7.85	1.715	0.123	0.000
	低分组	185	4.02	2.512	0.185	
JUD12 关注现实	高分组	194	7.93	1.255	0.09	0.000
	低分组	185	5.01	2.139	0.157	

		人数	均值	标准差	平均数标准误差	显著性
JUD13 视角敏锐	高分组	194	7.86	1.298	0.093	0.000
	低分组	185	4.38	2.326	0.171	
JUD14 监督政府	高分组	194	7.41	1.624	0.117	0.000
	低分组	185	2.84	2.559	0.188	
JUD18 尊重隐私	高分组	194	8.02	1.522	0.109	0.000
	低分组	185	4.77	2.299	0.169	
JUD19 针砭时弊	高分组	194	7.71	1.443	0.104	0.000
	低分组	185	3.88	2.281	0.168	
JUD20 民众立场	高分组	194	8.13	1.403	0.101	0.000
	低分组	185	4.26	2.306	0.17	
JUD21 弱势群体	高分组	194	8.33	1.36	0.098	0.000
	低分组	185	4.56	2.243	0.165	
JUD22 姿态平等	高分组	194	8.04	1.591	0.114	0.000
	低分组	185	4.55	2.293	0.169	
JUD23 不唱高调	高分组	194	8.02	1.475	0.106	0.000
	低分组	185	3.76	2.286	0.168	
JUD25 广告比例	高分组	194	6.84	1.778	0.128	0.000
	低分组	185	3.52	2.465	0.181	
JUD26 虚假广告	高分组	194	7.09	2.005	0.144	0.000
	低分组	185	2.76	2.287	0.168	
JUD27 有偿新闻	高分组	194	6.88	1.747	0.125	0.000
	低分组	185	3.02	2.281	0.168	
JUD28 格调高尚	高分组	194	7.47	1.6	0.115	0.000
	低分组	185	3.78	2.356	0.173	
JUD29 经营分离	高分组	194	7.43	1.464	0.105	0.000
	低分组	185	3.29	2.182	0.16	

二、探索性因子分析

（一）公信力测量的"全面量表"

对以上 25 个题项，采用主成分分析法（principal components analysis）和方差最大旋转（varimax），不限制因子数目，抽取特征值大于 1 的公因子，可以得到 4 个因子。"评价量表"和"重要程度量表"的因子分析结果基本上是一致的，根据因子所对应题项的内容，将 4 个因子（F1、F2、F3、F4）分别命名为

269

"社会关怀"、"新闻技巧"、"媒介操守"、"新闻专业素质"。每一题项在所对应因子上的负荷达到了 0.463 以上,结果比较理想,再次验证了媒介公信力是由四个维度构成。由于该量表所包含题项内容比较全面,我们将此量表称为"公信力测量的全面量表"(简称全面量表)。因子分析结果见表 10 - 2(小于 1 的因子负荷值省略显示):

表 10 - 2   "全面量表"的因子分析结果

指　标	F1 (社会关怀)	F2 (新闻技巧)	F3 (媒介操守)	F4 (新闻专业素质)
JUD19. 敢于针砭时弊,批评性新闻比例高、批评力度大。	0.735	0.156	0.184	0.275
JUD20. 站在社会大众的立场上,关注最广大民众的利益。	0.731	0.296	0.226	0.245
JUD21. 关心处于困境的弱势群体,比如农民、下岗职工、残疾人等。	0.729	0.262	0.21	0.172
JUD22. 媒体以平等的姿态面对读者观众,而不是高高在上、傲慢自大。	0.575	0.295	0.379	
JUD23. 新闻报道实实在在,不唱高调、不打官腔。	0.568	0.306	0.293	0.344
JUD14. 能够独立审视、监督政府的政策和作为。	0.463	0.267	0.28	0.314
JUD18. 尊重公民的隐私权。	0.463	0.196	0.365	0.209
JUD09. 能够经常有独家新闻。	0.171	0.712	0.208	
JUD08. 能够对复杂的新闻事件提供有深度的分析和解释。	0.193	0.669	0.164	0.251
JUD12. 所报道的内容是社会发展进程中最为现实和迫切的问题。	0.434	0.652		0.186
JUD07. 新闻报道迅速及时,有时效性。	0.195	0.643		0.353
JUD10. 新闻版面或节目编排形式新颖、生动、有个性。	0.123	0.602	0.24	0.184
JUD11. 一旦报道有误,主动道歉并更正。	0.221	0.589	0.258	0.203
JUD13. 新闻视角敏锐,善于发现问题。	0.395	0.587	0.127	0.211
JUD26. 不发布虚假广告。	0.211	0.197	0.799	0.21
JUD27. 不刊播广告新闻、有偿新闻、软广告。	0.266	0.11	0.795	0.239

指　　标	F1 （社会关怀）	F2 （新闻技巧）	F3 （媒介操守）	F4 （新闻专业素质）
JUD25. 广告比例适当。	0.146	0.213	0.787	
JUD28. 新闻格调高尚，不随意炒作粗俗不雅的新闻。	0.22	0.182	0.72	0.289
JUD29. 采编和经营相分离，新闻报道不受经济势力的影响。	0.363	0.203	0.612	0.315
JUD01. 真实报道，新闻报道不含虚假、猜测和虚构的成分。	0.319	0.141	0.166	0.711
JUD04. 新闻报道准确无误。	0.215	0.214	0.228	0.694
JUD02. 对新闻事件完整报道，不回避新闻事件中的任何重要事实。	0.339	0.193	0.232	0.670
JUD06. 对有争议的新闻事件，平衡报道争议各方的情况，不偏袒任何一方。	0.176	0.411	0.136	0.640
JUD05. 客观呈现新闻事件原貌，不加入报道者的偏见。		0.436	0.306	0.598
JUD03. 尽可能报道一切民众想知道的新闻事件。	0.449	0.207	0.164	0.523

注：4个因子旋转后解释方差的比率分别为：16.056%、15.971%、15.364%、14.154%；因子累计解释方差比率为61.546%。

（二）公信力测量的"基础量表"

25个题项构成的量表显然有失简洁，而且个别题项因子归属不够明确，同时在两个因子上的负荷超过了0.4。因此有必要对题项进行进一步的分析和甄选。通过前面对题项的重要性分析，"社会关怀"和"新闻专业素质"是民众公信力评判最为看重的方面，而"新闻操守"和"新闻技巧"属于次要的方面。因此在题目删减的过程中需结合这些题项的重要性来进行决断。

"能够独立审视、监督政府的政策和作为"与"采编和经营相分离，新闻报道不受经济势力的影响"两个题项很大程度上所指示的是媒介体制层面，而其他题项所指示的是直接能够被民众所直接感受到的新闻表现。虽然在前期的访谈当中发现许多民众已经开始深入到媒介体制层面来看待媒介的公信力，但对于中国大多数人来说主要还是依据媒介的表象行为来对媒介公信力进行直观的判断，而整个量表也需要保证概念层面的统一，因此尝试将这两题项删除。

"尊重隐私"题项是国外的公信力量表中一般都要涉及的公信力评判准则,^①因为在完全市场化的媒介环境中,媒介经常会为了经济利益而竭力去挖掘一些吸引眼球的隐私性新闻,虽然这种侵犯隐私的行为可能并不违反"真实"、"全面"等新闻专业原则,却常常有违社会道德,为此已经引起公众的不满,进而对媒介的公信力也造成负面影响。"戴安娜王妃被记者追击车祸丧生"、"香港东周刊明星裸照事件"等就是这一问题的集中体现和激化。而在中国大陆,一方面中国的媒介管理者对新闻媒体的道德规范比较严格,而且媒介的市场化程度还不高,因而这种严重的侵犯隐私现象并不突出,从因子负荷值来看,这一题项在"社会关怀"因子上的归属不够明确,可能公众还没有将这一问题与"社会关怀"问题明确地联系在一起,因此也将这一题项删除。

"JUD12. 所报道的内容是社会发展进程中最为现实和迫切的问题"和"JUD13. 新闻视角敏锐,善于发现问题"两个题项,既具有社会关怀的意涵同时也可以作为媒介所具有的新闻技能,因此在"社会关怀"和"新闻技巧"因子上都有较高的负荷,说明这两个题项具有多重含义,也从量表中删除。

"JUD11. 一旦报道有误,主动道歉并更正"题项所表示的并非媒介表现的常态,仅仅属于媒介表现中的偶发事件,因此也考虑从量表中删除。

"JUD10. 新闻版面或节目编排形式新颖、生动、有个性"在前面的重要性分析中显示并非很重要的公信力评判准则,而且该题项的共同度较低,因此也从量表中删除。

另外,"新闻专业素质"因子中的"JUD06. 对有争议的新闻,平衡报道争议各方的情况,不偏袒任何一方"、"JUD05. 客观呈现新闻事件原貌,不加入报道者的偏见"两个题项在"新闻技巧"因子上的负荷值也超过了0.4,不过这很可能是受到了"新闻技巧"因子中已经考虑要删除的"关注现实"与"视角敏锐"题项的影响,"新闻专业素质"因子是非常重要的公信力构成维度,删除题项需要更加谨慎,因此先保留这两个题项进行进一步的分析。

"JUD03. 尽可能报道一切民众想知道的新闻事件"题项在"社会关怀"题项上的负荷也超过了0.4,而究其原因很可能是受到了题项表述方式的影响。这一题项设计的本意是指媒体全面报道社会上发生的新闻事件,而不遗漏或者刻意隐瞒一些重要的新闻事件,推及其本质含义也就是保证民众的知情权,因此将题项陈述设计为"尽可能报道一切民众想知道的新闻事件"。这样,该题项也就具有了"维护民众利益"的含义,而且其中还包含了"民众"的字眼,结果造成该题项在"社会关怀"和"新闻专业素质"两个因子上的负荷值都超过了0.4。由

① 美国的嘎轧诺以及我国台湾的罗文辉、彭芸等人的可信度量表中均有此题项,详见前文。

于"全面报道"是公信力比较重要的影响因素，谨慎起见先不考虑删除。在后续的研究中则需要对"全面报道"题项的表述方式进行改进，避免其含义的混杂。

删除题项后，量表的结构会有所改变，因此需要对剩余的18个题项再次进行因子分析。依然采用主成分分析法（principal components analysis）和方差最大旋转（varimax），不限制因子数目，抽取特征值大于1的公因子，最终得到4个因子。与包含25个题项的"公信力测量的全面量表"相比，简化后的量表各个因子归属更为明确，因子解释方差的贡献率达到67.5%，总体来说量表的结构比较清晰，与理论设想也比较吻合，可以作为公信力量表进一步发展和相关研究的基础性量表。我们将其称为"公信力测量的基础量表"，简称基础量表（详见表10-3）。

表 10 - 3 　　　　　"基础量表"的因子分析结果

指　　标	F1 （新闻专业素质）	F2 （社会关怀）	F3 （媒介操守）	F4 （新闻技巧）
JUD01. 真实报道，新闻报道不含虚假、猜测和虚构的成分。	0.729	0.314	0.146	0.102
JUD04. 新闻报道准确无误。	0.710	0.177	0.24	0.209
JUD02. 对新闻事件完整报道，不回避新闻事件中的任何重要事实。	0.699	0.341	0.231	0.119
JUD06. 对有争议的新闻事件，平衡报道争议各方的情况，不偏袒任何一方。	0.630	0.162	0.137	0.442
JUD05. 客观呈现新闻事件原貌，不加入报道者的偏见。	0.587		0.309	0.476
JUD03. 尽可能报道一切民众想知道的新闻事件。	0.576	0.438	0.15	0.13
JUD20. 站在社会大众的立场上，关注最广大民众的利益。	0.281	0.762	0.211	0.254
JUD21. 关心处于困境的弱势群体，比如农民、下岗职工、残疾人等。	0.187	0.740	0.197	0.274
JUD19. 敢于针砭时弊，批评性新闻比例高、批评力度大。	0.341	0.723	0.183	
JUD22. 媒体以平等的姿态面对读者观众，而不是高高在上、傲慢自大。		0.607	0.359	0.306
JUD23. 新闻报道实实在在，不唱高调、不打官腔。	0.372	0.579	0.297	0.265
JUD25. 广告比例适当。		0.167	0.824	0.127
JUD26. 不发布虚假广告。	0.233	0.22	0.823	0.153

续表

指　标	F1 （新闻专业素质）	F2 （社会关怀）	F3 （媒介操守）	F4 （新闻技巧）
JUD27. 不刊播广告新闻、有偿新闻、软广告。	0.257	0.269	0.789	
JUD28. 新闻格调高尚，不随意炒作粗俗不雅的新闻。	0.299	0.217	0.698	0.195
JUD07. 新闻报道迅速及时，有时效性。	0.327	0.208		0.739
JUD08. 能够对复杂的新闻事件提供有深度的分析和解释。	0.236	0.225	0.16	0.722
JUD09. 能够经常有独家新闻。		0.276	0.198	0.708

注：4 个因子旋转后解释方差的比率分别为：18.634%、17.688%、17.433%、13.727%；因子累计解释方差比率为 67.482%。

（三）公信力测量的"简明量表"

再进一步尝试对量表进行简化和优化。

与上一次因子分析同样，"JUD03. 尽可能报道一切民众想知道的新闻事件"题项在"社会关怀"因子上的负荷值依然超过了 0.4，说明该题项的确有含义不明确的问题。造成这种现象的原因在前面有过分析，很可能是与题项的陈述方式有关，但也可能是该题项本身在民众看来就是具有双重意义的。在后续研究中可以尝试将其表述方式进行改进，使其含义更为明确（比如改为"全面报道，不刻意漏报、瞒报重要的新闻事件"），然后再进行因子分析看结果究竟如何，在本次研究的进一步量表简化中先将其删除。

"JUD23. 新闻报道实实在在，不唱高调、不打官腔"与"JUD22. 媒体以平等的姿态面对读者观众，而不是高高在上、傲慢自大"两个题项的含义具有一定的类似和重复，而且从因子负荷值来看，"不唱高调"题项的含义不算是十分明确，与另外三个因子都有一定的联系，为了简化量表也将其删除。

经前面的分析可知，中国大部分民众对有偿新闻的辨识能力较低，而民众对这一题项的重要性评价也不高，因此可将这一题项删除。

另外，与上一次因子分析结果类似，"新闻专业素质"因子中的"平衡不偏袒"、"客观无偏见"题项还是与"新闻技巧"因子具有较为明显的关联，因子负荷值达到了 0.4 以上，而"新闻技巧"因子中的"迅速及时"题项在"新闻专业素质"因子上的负荷值也较高，达到了 0.327。迅速及时地报道新闻也的确可以认为是一项新闻的基本专业素质要求，而不属于特别的新闻技巧。结合前面有关评判准则重要性的分析结论，"深度"和"经常有独家新闻"两题项的重要性评价较低，而且本科以下学识人群对这两个方面的重视程度更低，同时媒介技巧因子本身在 4 个因子中的重要性也是最低的，因此可以考虑将"新闻技巧"这个因子删除，从而避免"新闻专业素质"与"新闻技巧"两个因子之间的含混。删除"深度"和"独家新闻"题项之后，"新闻技巧"因子只剩下 1 个对应题项："新闻报道迅速及时，有时效性"。前面的重要性分析显示，"迅速及时"的重要性评价较高，而且这一题项与"新闻专业素质"方面从因子负荷来看也具有联系，因此可将这一题项保留。根据目前的因子分析结果推测，3 个题项构成的"新闻技巧"因子中的两个题项被删除，剩余的"迅速及时"题项很可能会归于"新闻专业素质"因子。

这样对剩余的 13 个因子再次进行因子分析，依然采用主成分分析法和方差最大旋转，不限制因子数目，抽取特征值大于 1 的公因子，最终得到 3 个因子。从结果来看，每个题项在所对应因子上的负荷都在 0.6 以上，没有同时在两个因子上的负荷超过 0.4 的情况，从 3 个因子所对应的题项内容来看，可以分别代表媒介公信力的 3 个维度："新闻专业素质"、"社会关怀"、"媒介操守"，从内容效度上来说比较理想。我们将得出的由 13 个题项所构成的量表称为"公信力测量的简明量表"（简称为"简明量表"）。因子分析结果详见表 10 - 4。

表 10 - 4   **"简明量表"的因子分析结果**

指　标	F1 （新闻专业素质）	F2 （社会关怀）	F3 （媒介操守）
JUD06. 对有争议的新闻事件，平衡报道争议各方的情况，不偏袒任何一方。	0.644	0.361	0.15
JUD05. 客观呈现新闻事件原貌，不加入报道者的偏见。	0.625	0.360	0.245
JUD04. 新闻报道准确无误。	0.707	0.223	0.224
JUD01. 真实报道，新闻报道不含虚假、猜测和虚构的成分。	0.759		0.299
JUD07. 新闻报道迅速及时，有时效性。	0.784	0.237	0.139
JUD02. 对新闻事件完整报道，不回避新闻事件中的任何重要事实。	0.644	0.299	
JUD20. 站在社会大众的立场上，关注最广大民众的利益。	0.261	0.754	0.176
JUD21. 关心处于困境的弱势群体，比如农民、下岗职工、残疾人等。	0.302	0.814	0.222
JUD19. 敢于针砭时弊，批评性新闻比例高、批评力度大。	0.259	0.792	0.171

续表

指　　标	F1 （新闻专业素质）	F2 （社会关怀）	F3 （媒介操守）
JUD22. 媒体以平等的姿态面对读者观众，而不是高高在上、傲慢自大。	0.228	0.601	0.370
JUD25. 广告比例适当。		0.186	0.858
JUD26. 不发布虚假广告。	0.254	0.262	0.826
JUD28. 新闻格调高尚，不随意炒作粗俗不雅的新闻。1	0.345	0.228	0.704

注：3 个因子旋转后解释方差的比率分别为：26.019%、21.778%、18.492%；因子累计解释方差比率为 66.289%。

10.2.3　对三个量表的信度、效度检验

以上经过探索性因子分析得出 3 个不同的量表，即由 25 个题项 4 个维度构成的"公信力测评全面量表"、由 18 个指标 4 个维度构成的"公信力测评基础量表"、由 13 个指标 3 个维度构成的"公信力测评简化量表"。

下面分别对这 3 个量表进行信度和效度的检验。使用克朗巴哈 α 信度系数（Cronbach's α）作为量表整体以及每一个构成维度（作为子量表）内部一致性的主要检验指标。使用结构方程模型对量表结构进行证实性因子分析，以检验量表的结构效度。信度检验使用全部 692 个样本，而证实性因子分析按照统计要求使用没有参加探索性因子分析的 321 个样本。

一、"全面量表"信度和结构效度的检验

（一）信度检验

对"全面量表"进行信度分析，数据显示该量表整体的 α 信度系数为 0.9474，属于相当高的水平，而删除其中的任何一个题项都会造成量表的信度系数下降。而 4 个子量表的 α 信度系数也达到了高水准，"新闻专业素质"子量表 α 信度系数 0.8790；"社会关怀"子量表 α 信度系数 0.8890；"新闻技巧"子量表 α 信度系数 0.8536；"媒介操守"子量表 α 信度系数 0.8723。量表总体信度分析结果详见表 10-5（各子量表信度分析的具体数据略）。

表 10 – 5   "全面量表"信度检验数据

指　　　标	Scale Mean if Item Deleted（删除该题项后量表的平均数）	Scale Variance if Item Deleted（删除该题项后量表的方差）	Corrected Item-Total Correlation（该题项与量表总分的相关系数）	Alpha if Item Deleted（删除该题项后量表的 α 系数）
JUD01　真实报道	143.4921	1 310.4439	0.6427	0.9453
JUD02　完整报道	143.9481	1 291.7545	0.6899	0.9447
JUD03　全面报道	143.6219	1 294.9349	0.6661	0.9449
JUD04　准确报道	143.4560	1 308.3756	0.6305	0.9454
JUD05　客观无偏见	143.7258	1 309.4825	0.6288	0.9454
JUD06　平衡不偏袒	143.4589	1 308.9799	0.6424	0.9453
JUD07　迅速及时	142.5224	1 320.0736	0.6036	0.9457
JUD08　深度	143.0967	1 315.1597	0.6138	0.9456
JUD09　独家	143.8398	1 321.3890	0.5210	0.9466
JUD10　新颖生动	143.7951	1 320.2383	0.5408	0.9464
JUD11　更正失误	143.6537	1 295.7065	0.6106	0.9456
JUD12　关注现实	143.1328	1 318.2974	0.6142	0.9456
JUD13　视角敏锐	143.3954	1 305.9793	0.6407	0.9453
JUD14　监督政府	144.4603	1 276.4395	0.6529	0.9452
JUD18　尊重隐私	143.1847	1 312.2924	0.5893	0.9458
JUD19　针砭时弊	143.7994	1 291.1837	0.6864	0.9447
JUD20　关注民生	143.4199	1 287.9925	0.7284	0.9442
JUD21　弱势群体	143.2078	1 297.1186	0.6681	0.9449
JUD22　姿态平等	143.3636	1 298.4890	0.6641	0.9450
JUD23　不唱高调	143.7994	1 279.3051	0.7259	0.9442
JUD25　广告比例	144.5743	1 312.2159	0.4972	0.9471
JUD26　虚假广告	144.7071	1 278.5600	0.6511	0.9452
JUD27　有偿新闻	144.6291	1 292.8782	0.6190	0.9455
JUD28　格调高尚	143.9784	1 299.8738	0.5986	0.9458
JUD29　经营分离	144.1876	1 286.4648	0.6704	0.9449

注：Alpha = 0.9474。

（二）结构效度检验

使用结构方程模型技术对"全面量表"的因子结构进行验证性因子分析，结果表明，$x^2 = 920.94$，$df = 269$，$P = 0.0$，卡方值与自由度的比值大于 3，$P < 0.05$，表明模型没有拟合数据；$GFI = 0.81$，$AGFI = 0.77$，拟合优度指数没有达到 0.9，表明模型没有拟合数据；$NFI = 0.81$，$NNFI = 0.84$，$CFI = 0.86$，比较拟合指数没有达到 0.9，表明模型没有拟合数据；$RMSEA = 0.087$，近似误差的均方根介于 0.8 ~ 0.1 之间表示模型中度拟合。总体来看该量表的模型拟合情况不够理想。

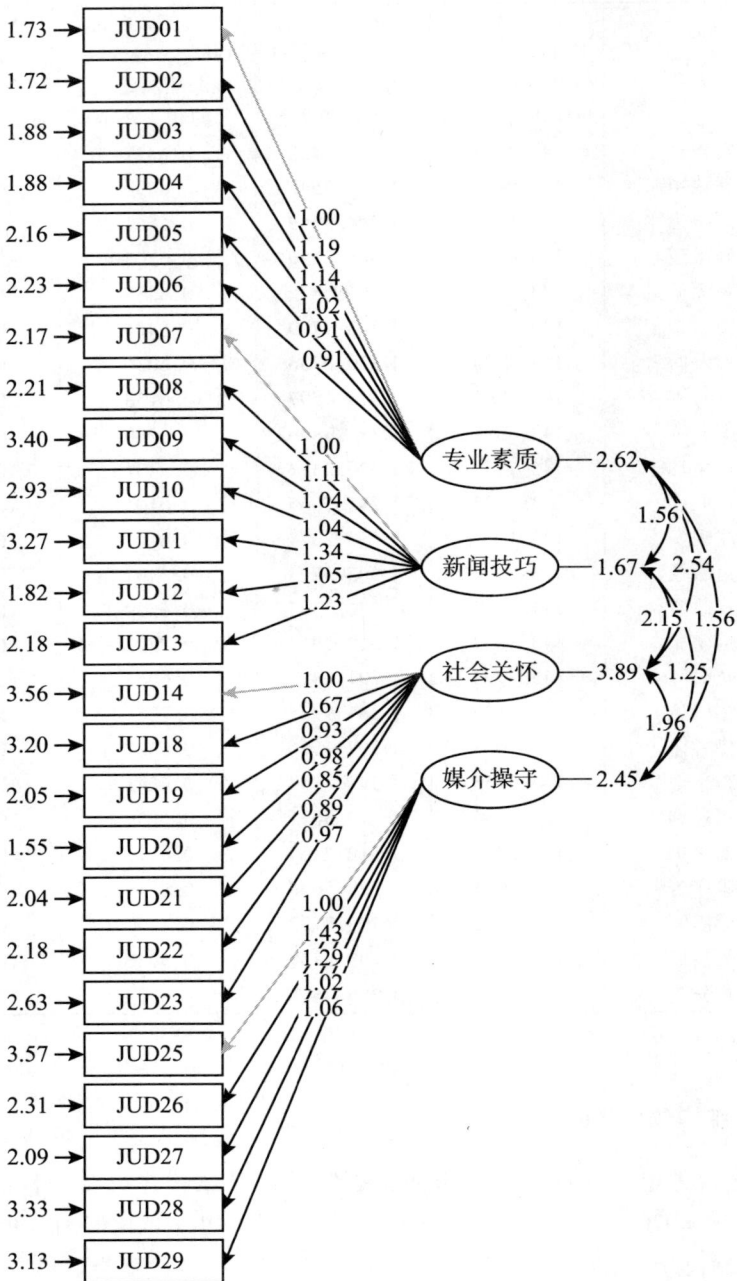

图 10 - 1 "全面量表"的结构模型和路径系数

"全面量表"的因子结构模型及路径系数见图 10-1，其中 25 个观测变量为 25
个量表指标，4 个潜在变量为 4 个相对应的因子。

二、"基础量表"的信度和结构效度的检验

（一）信度检验

对"基础量表"进行信度分析，数据显示该量表整体的 α 信度系数为
0.9308，属于相当高的水平，而删除其中的任何一个题项都会造成量表的信度系
数下降。4 个子量表的 α 信度系数，除"新闻技巧"子量表的信度系数稍低外，
其他子量表的信度系数均达到了较高水平。分别为："新闻专业素质"子量表 α
信度系数 0.8790；"社会关怀"子量表 α 信度系数 0.8820；"新闻技巧"子量表
α 信度系数 0.7440；"媒介操守"子量表 α 信度系数 0.8790。量表总体信度分析
结果详见表 10-6（各子量表信度分析的具体结果略）。

表 10-6 　　　　　　　　"基础量表"信度检验数据

指　　标	Scale Mean if Item Deleted（删除该题项后量表的平均数）	Scale Variance if Item Deleted（删除该题项后量表的方差）	Corrected Item-Total Correlation（该题项与量表总分的相关系数）	Alpha if Item Deleted（删除该题项后量表的 α 系数）
JUD01　真实报道	101.5036	678.2648	0.6534	0.9266
JUD02　完整报道	101.9596	665.0822	0.6967	0.9255
JUD03　全面报道	101.6335	669.0880	0.6569	0.9264
JUD04　准确报道	101.4675	676.8013	0.6399	0.9269
JUD05　客观无偏	101.7374	679.0003	0.6248	0.9272
JUD06　平衡无偏	101.4704	678.2582	0.6425	0.9268
JUD07　迅速及时	100.5339	688.1365	0.5846	0.928
JUD08　深度	101.1082	684.5678	0.5953	0.9278
JUD09　独家	101.8514	689.6383	0.4966	0.9299
JUD19　针砭时弊	101.811	667.246	0.6698	0.9261
JUD20　民众立场	101.4315	663.6936	0.7241	0.925
JUD21　弱势群体	101.2193	670.1223	0.664	0.9263
JUD22　姿态平等	101.3752	672.4024	0.648	0.9266
JUD23　不唱高调	101.811	658.4396	0.7124	0.9251
JUD25　广告比例	102.5859	681.0551	0.4889	0.9306
JUD26　虚假广告	102.7186	655.2372	0.6573	0.9266
JUD27　有偿新闻	102.6407	665.5282	0.6259	0.9272
JUD28　格调高尚	101.9899	671.0909	0.6013	0.9277

注：Alpha = 0.9308。

（二）结构效度检验

通过结构方程模型技术对"基础量表"的因子结构进行验证性因子分析，结果表明，$x^2 = 421.06$，$df = 129$，$P = 0.0$，卡方值与自由度的比值大于3，$P < 0.05$，表明模型没有拟合数据，但已十分接近0.9；$GFI = 0.87$，$AGFI = 0.83$，拟合优度指数没有达到0.9，表明模型没有拟合数据，也已经接近0.9；$NFI = 0.87$，$NNFI = 0.89$，$CFI = 0.91$，比较拟合指数有两个没有达到0.9，表明模型拟合一般；$RMSEA = 0.084$，近似误差的均方根介于0.8~0.1之间表示模型中度拟合。总体来看该量表的模型拟合情况比"全面量表"已经有了改善，但还未达到理想的程度。"基础量表"的因子结构模型及路径系数见图10-2，其中18个观测变量为18个量表指标，4个潜在变量为4个相对应的因子。

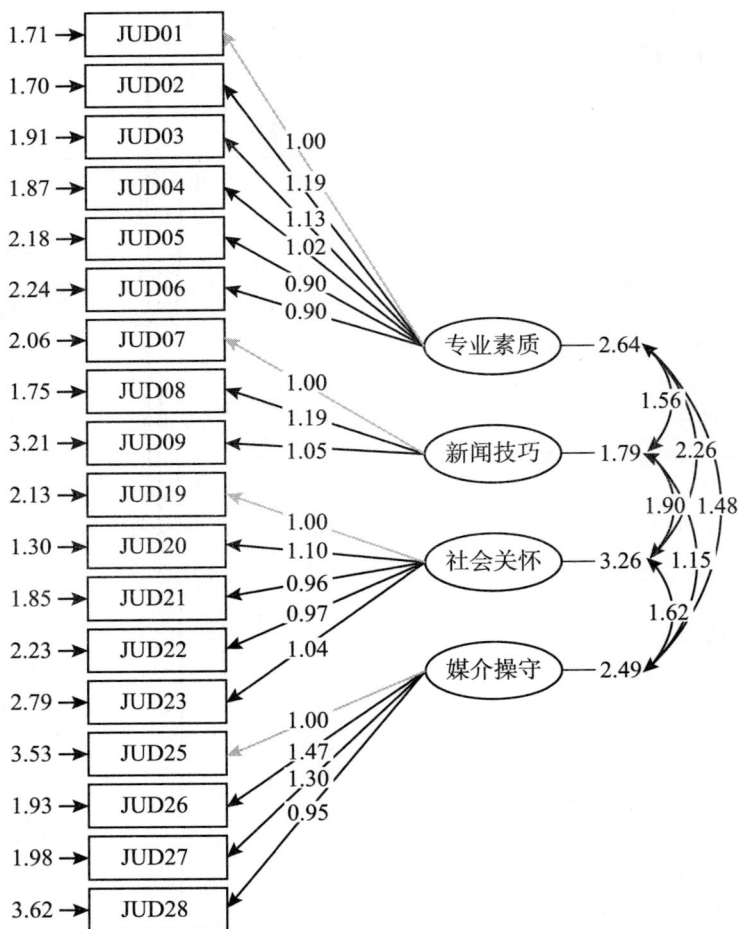

图 10 - 2 "基础量表"的结构模型和路径系数

三、"简明量表"的信度和结构效度的检验

（一）信度检验

对"简化量表"进行信度分析，数据显示该量表整体的 α 信度系数为 0.9079，属于相当高的水平，而删除其中的任何一个题项都会造成量表的信度系数下降。而三个子量表的 α 信度系数也达到了较高水平，"新闻专业素质"子量表 α 信度系数 0.8627；"社会关怀"子量表 α 信度系数 0.8588；"媒介操守"子量表 α 信度系数 0.7881。量表总体信度结果详见表 10 – 7（各子量表信度分析的具体结果略）：

表 10 – 7 　　　　　　"简明量表"信度检验数据

指　标	Scale Mean if Item Deleted（删除该题项后量表的平均数）	Scale Variance if Item Deleted（删除该题项后量表的方差）	Corrected Item-Total Correlation（该题项与量表总分的相关系数）	Alpha if Item Deleted（删除该题项后量表的 α 系数）
JUD01　真实报道	72.0635	347.6145	0.6596	0.8997
JUD02　完整报道	72.5195	339.1141	0.6894	0.8981
JUD04　准确报道	72.0274	346.5527	0.6451	0.9001
JUD05　客观无偏见	72.2973	349.2352	0.6147	0.9014
JUD06　平衡不偏袒	72.0303	347.3705	0.6514	0.9000
JUD07　迅速及时	71.0938	357.4262	0.551	0.9039
JUD19　针砭时弊	72.3709	341.3550	0.6529	0.8997
JUD20　民众立场	71.9913	337.8178	0.7217	0.8968
JUD21　弱势群体	71.7792	342.7041	0.6564	0.8996
JUD22　姿态平等	71.9351	345.1822	0.6290	0.9007
JUD25　广告比例	73.1457	350.9426	0.4717	0.9083
JUD26　虚假广告	73.2785	333.5567	0.6307	0.9011
JUD28　格调高尚	72.5498	344.0427	0.5837	0.9028

注：Alpha = 0.9079。

（二）结构效度检验

通过结构方程模型技术对"简化量表"的因子结构进行验证性因子分析，结果表明，$x^2 = 207.10$，df = 62，P = 0.0，卡方值与自由度的比值大于 3，P < 0.05，表明模型没有拟合数据；GFI = 0.91，AGFI = 0.87，拟合优度指数高于或接近 0.9，表明模型拟合数据；NFI = 0.90，NNFI = 0.91，CFI = 0.93，比较拟合

指数达到 0.9，表明模型拟合了数据；RMSEA = 0.086，近似误差的均方根介于 0.8 ~ 0.1 之间表示模型中度拟合。总体来看该量表的模型拟合情况又有了进一步的改善，可以算是达到了不错的拟合。"简化量表"的因子结构模型及路径系数见图 10 - 3，其中 13 个观测变量为 13 个量表指标，3 个潜在变量为 3 个相对应的因子。

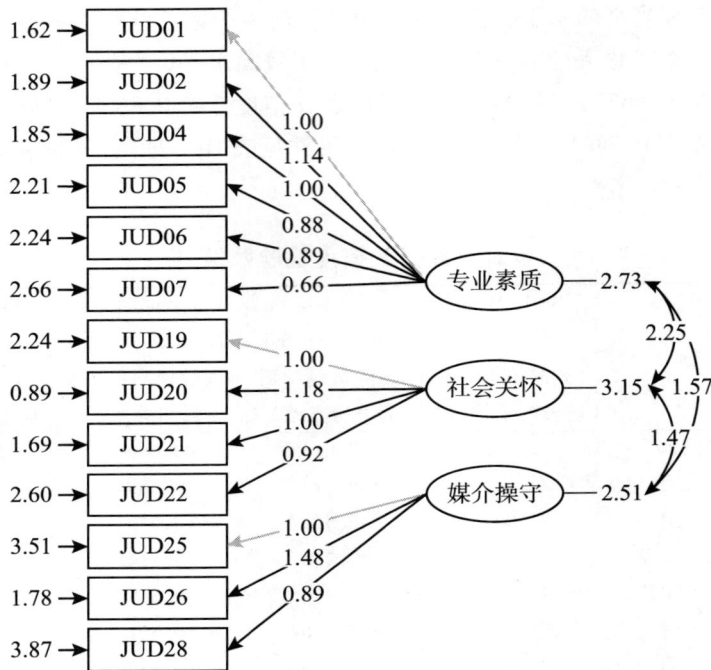

图 10 - 3 "简明量表"的结构模型和路径系数

小　结

本章通过项目分析、信度分析、探索性和证实性因子分析，依据"媒介公信力评价量表"的数据，对公信力测评指标进行了进一步的甄选和信度、效度检验，并使用三个量表对媒介公信力评价状况进行了简单描述和分析。

量表的确立以精确和简洁兼顾为最佳，基本原则是在保证精确性的基础上尽量使量表简化。由于本研究处于整个大众媒介公信力研究的前期，之后展开了全国性的随机抽样调查，因此本着严谨的原则，本研究没有轻易对量表进行过多的简化，有待之后基于全国性的调查数据对量表进行更为严谨的简化和完善。

一个较为完善的测评量表的建构过程就是不断通过理论和实证数据验证的过程，虽然本研究的量表经过了多轮的甄选和检验，但后续研究的进一步检验将是量表建构必不可少的程序。因此，本研究并没有轻易得出所谓"最佳"量表，而是提出了三个详略程度不同的量表。

三个量表从信度、表面效度、结构效度来看都达到了可接受或比较理想的水准，在后续研究中可根据情况选用不同的量表。如果是媒介公信力测评量表的专项研究，建议使用"全面量表"，在研究中进一步进行量表指标的甄选和完善。如果研究并非媒介公信力的专题研究，媒介公信力仅作为一个研究变量，则可以使用较为简化的量表。

第 11 章

基于本次调查样本的媒介公信力测评

第 1 章在对研究概念进行说明的时候曾指出，"中国大众媒介"具有不同层面的含义，可以是抽象意义上的由公众所感知的宏观媒介环境，也可以是由不同形态的媒介（如电视、报纸、广播、杂志、互联网等），或者是由具体的不同媒体（如中央电视台、《人民日报》、《财经》等），或者是由不同的新闻类型（如法制新闻、公共安全新闻、财经新闻等），或者是由具体的某个栏目、某一条新闻报道（如焦点访谈、《环球时报》的某一篇关于伊拉克战争的新闻报道等）所构成的具象层面的"中国大众媒介"。因此，媒介公信力的测评对象也是多样的。

媒介公信力测评的关键就是找到合适的测评工具，不同的对象相应的测评手段也有所不同。前面文献探讨部分曾对媒介公信力的测评方法进行了较为全面地介绍和评价，不同时代、针对不同对象、不同的研究目的，研究者使用了多种测评方法，主要有多维度的量表评测法、直接评分法、在几种媒介中选取"最信任媒介"的相对可信度（公信力）测评方法等。测评方法的选取需要综合测评对象的性质、研究目的、研究经费支持等多种因素来决定。

前面通过理论探讨和实证数据的检验所建立的测评量表，属于适用于测量中国宏观媒介环境公信力水平的多维度测评工具。本次调查还使用了另外几种常用的媒介公信力测评方法，针对不同媒介对象进行了公信力测量，本章内容就是对这些测评结果进行介绍和分析。

由于本次研究对于整个课题项目来说只是全国性调查展开之前的探测性研究，主要目的在于初步建构测评量表，因此 692 个样本是在北京地区采用非随机抽样方式获得。使用目前的样本数据对媒介公信力进行测量，所得出的测评结果不具有推论中国公众总体的统计基础，不过 692 个样本还是大致能够反映出目前中国媒介公信力的一些基本现实状况，而且，使用前面所提出的三个不同量表以及几种常用的测量方法进行公信力实际测量，可以从中发现三个量表和不同测量方法的差异，这对于公信力测评来说也是很重要的研究内容。由于无法推论总体，以下内容主要是对评价结果进行客观描述，并对测评方法、不同学识人群的公信力测评结果进行简单比较分析，而对中国媒介公信力整体状况的相关问题不做深入探讨。

11.1 中国大众媒介整体公信力测评

11.1.1 媒介公信力评价指标得分

本次调查得出了 25 个用于测量宏观媒介环境公信力水平的指标，25 个指标代表媒介不同方面的表现。评分值域为 0～10 分，0 分表示"在这个方面做得非常差"，10 分表示"在这个方面做得非常好"，6 分及格。不同指标的评价结果详见表 11－1（指标按照得分均值降序排列）。

表 11－1　　　　　　　　媒介公信力不同指标得分

排序	指　　标	样本数	均值
1	新闻报道迅速及时，有时效性	692	7.159
2	能够对复杂的新闻事件提供有深度的分析和解释	692	6.584
3	所报道的内容是社会发展进程中最为现实和迫切的问题	692	6.549
4	尊重公民的隐私权	692	6.503
5	关心处于困境的弱势群体	692	6.473
6	媒体以平等的姿态面对读者观众	692	6.318
7	新闻视角敏锐，善于发现问题	692	6.286
8	站在社会大众的立场上，关注最广大民众的利益	692	6.263
9	新闻报道准确无误	692	6.227
10	平衡报道争议各方的情况，不偏袒任何一方	692	6.223
11	真实报道，新闻报道不含虚假、猜测和虚构的成分	692	6.189
12	尽可能报道一切民众想知道的新闻事件	692	6.059
13	一旦报道有误，主动道歉并更正	692	6.026

285

排序	指　标	样本数	均值
14	客观呈现新闻事件原貌，不加入报道者的偏见	692	5.955
15	新闻版面或节目编排形式新颖、生动、有个性	692	5.887
16	新闻报道实实在在，不唱高调、不打官腔	692	5.883
17	敢于针砭时弊，批评性新闻比例高、批评力度大	692	5.880
18	能够经常有独家新闻	692	5.841
19	对新闻事件完整报道，不回避新闻事件中的任何重要事实	692	5.736
20	新闻格调高尚，不随意炒作粗俗不雅的新闻	692	5.702
21	采编和经营相分离，新闻报道不受经济势力的影响	692	5.491
22	能够独立审视、监督政府的政策和作为	692	5.218
23	广告比例适当	692	5.110
24	不刊播广告新闻、有偿新闻、软广告	692	5.056
25	不发布虚假广告	692	4.974

评价结果显示，除了"报道迅速及时"一项达到了 7 分以上，其余的媒介表现得分均较低，在 6 分及格线上下浮动。

11.1.2　媒介公信力整体评价结果

通过前面所建立的"全面量表"、"基础量表"和"简明量表"可以得到人们对宏观媒体环境公信力状况的整体评价结果。三个不同量表分别包含 25、18 和 13 个指标，量表构成指标不同，所得到的公信力测量结果也会有所差异。报告第 9 章依据"重要程度量表"得到了不同指标的加权参考值，经过加权，公信力测量结果会产生一些变化。表 11-2 列出了使用不同量表、在不同的加权情况下，所得到的媒介公信力整体评价结果。

表 11-2　　　　　　　公信力整体测量结果

测评量表	样本数	整体媒介公信力得分
"全面量表"（25 个指标，未加权）	692	5.984
"全面量表"（25 个指标，加权）	692	6.009
"基础量表"（18 个指标，未加权）	692	5.980
"基础量表"（18 个指标，加权）	692	6.010
"简明量表"（13 个指标，未加权）	692	6.482
"简明量表"（13 个指标，加权）	692	6.302

结果显示，通过"简明量表"得出的公信力评价略高于另外两个量表，"全

面量表"和"基础量表"的评分结果接近。

经过加权,"全面量表"和"基础量表"的评价结果略有上升,由不足 6 分上升到了"及格"水平。结合表 11-1 的不同指标得分情况,可知加权后公信力得分上升的原因主要是多数评价得分偏低的指标权重较小。

以上媒介公信力评价结果基于高学历、低年龄人群占多数比例的样本,前人多项研究显示,文化程度与公信力评价具有显著相关性,文化程度较高的人群对媒介公信力的评价相对较低。因此对于中国公众整体来说,公信力得分应该会比表 11-1 和表 11-2 的结果要高一些。下面则对本次调查样本中不同学识组人群的媒介公信力评价情况进行进一步比较分析。

11.1.3　不同学识组的公信力评价及组间差异比较

以往的研究显示文化程度对媒介公信力评价具有显著影响,因此有必要对"样本总体"、"本科以下学识组"、"在校本科生组"和"本科以上学识组"几个不同群体情况分别进行描述,并对不同学识组的评价差异情况进行分析,结果详见表 11-3。

表 11-3　　　　三个不同学识组的评分情况和差异情况

	在校本科	本科以下	本科以上	样本总体	显著度（P）
迅速及时	7.408	7.253	6.846	7.159	0.005
深度	6.768	6.687	6.324	6.584	0.037
关注现实	6.719	6.871	6.109	6.549	0.000
尊重隐私	6.412	7.041	6.113	6.503	0.000
关注弱势群体	6.737	7.023	5.745	6.473	0.000
姿态平等	6.539	6.811	5.680	6.318	0.000
视角敏锐	6.456	6.677	5.785	6.286	0.000
民众立场	6.417	6.848	5.607	6.263	0.000
准确报道	6.149	6.687	5.895	6.227	0.000
平衡不偏袒	6.088	6.885	5.765	6.223	0.000
真实报道	6.127	6.641	5.850	6.189	0.000
全面报道	5.846	6.862	5.551	6.059	0.000
更正失误	5.991	6.687	5.478	6.026	0.000
客观无偏见	6.079	6.203	5.623	5.955	0.006
新颖生动	5.882	6.419	5.425	5.887	0.000
不唱高调	5.868	6.728	5.154	5.883	0.000
针砭时弊	5.912	6.650	5.174	5.880	0.000

续表

	在校本科	本科以下	本科以上	样本总体	显著度（P）
独家	6.000	6.184	5.393	5.841	0.000
完整报道	5.575	6.525	5.190	5.736	0.000
格调高尚	5.478	6.424	5.275	5.702	0.000
采编经营分离	5.447	6.207	4.903	5.491	0.000
监督政府	5.127	6.120	4.510	5.218	0.000
控制广告比例	5.127	5.562	4.696	5.110	0.001
杜绝有偿新闻	4.912	5.728	4.599	5.056	0.000
杜绝虚假广告	4.864	5.724	4.417	4.974	0.000
25 个指标总平均	5.997	6.538	5.484	5.984	0.000

对三个组在 25 个指标上的评分均值进行单因子方差分析（one-way analysis of variance），结果显示三个组在 25 个指标上的评分差异均达到了显著水准，说明人们对媒介的评价与评判者的文化和阅历具有相关性。

三个组组间差异的多重比较结果显示，显著差异主要出现在"本科以下学识组"和"本科以上学识组"之间（详见附录一）。低学历人群的媒介评价普遍高于高学历组，而具有本科以上学历同时又具有一定社会阅历的"本科以上学识组"人群对媒介最为苛刻，25 个指标中，有 21 个指标的评分均低于及格分数。

11.2 不同种类媒介、不同新闻类别的公信力测评

11.2.1 不同种类媒介的公信力测评结果

本次调查对广播、杂志、报纸、电视、新闻网站五种媒介进行了公信力比较，选用"在几种媒介中选取最信任一种"的测评方法。这种方法也就是 Roper 机构在研究中最常使用的媒介可信度比较方法，有学者将其称之为"相对可信度（公信力）"测评。这种测评方法存在测量精度等问题，[①] 但在新媒介出现、并且影响力不断提升时期，此方法用于观察不同种类媒介的公信力状况和变化趋势不失为一种简明有效的方法。该方法得出的测量结果实际上是不同备选对象成为"最信任者"的中选率，结果以百分比数值作为呈现形式。

问卷中的题目设计参考国外许多研究者的方法，加上了"对同一事件报道

---

① 参见第 7 章"媒介可信度测量的准确性和精确性"部分的分析。

不一致"的情景设计，在报道出现争议时人们最为相信的媒介一般就是自己比较依赖和信任的媒介，测量结果能够显示出人们对不同媒介的"信任依赖"程度，从而可以反映不同种类媒介的公信力状况。问卷中题目设计为：

> 如果您发现下列五类媒介对同一事件的报道不一样时，您会比较相信哪一种媒介的报道？
>
> □1. 广播　□2. 杂志　□3. 报纸　□4. 电视　□5. 新闻网站

样本总体与三类不同学识人群的评价结果见表 11 - 4（项目按照样本总体的结果降序排列）。

表 11 - 4　　　　　　**五种媒介的"相对公信力"结果**　　　　单位：%

	在校本科生	本科以下学识	本科以上学识	样本总体
电视	45.1	57.1	32.5	44.4
新闻网站	29.5	17.0	45.4	31.2
报纸	18.8	14.6	17.5	17.0
杂志	4.5	8.5	2.9	4.4
广播	2.2	2.8	1.7	3.0
样本数（个）	224	212	240	676

从样本总体的数据来看，相当多的人选择电视和新闻网站作为最信任的媒介类型，被选择比例分别为 44.4% 和 31.2%；选择报纸为最信任媒介的人数比例为 17%；而杂志和广播的中选率较低，不足 5%。自 20 世纪六七十年代电视普及以来，大多数研究都显示，电视是人们最为信任的媒介，从本次样本的总体结果来看，电视依然是人们最为信任的媒体。

比较三类不同学识人群的数据，本科以下学历人群对电视的信任依赖明显偏高，对于报纸和新闻网站的依赖则相对较低。耐人寻味的是，具有本科以上学历并具有较多社会阅历的"本科以上学识"组对于新闻网站的选择比率远高于"在校本科生"与"本科以下学历"组，而且新闻网站排名超过电视上升到了第 1 位，分别为 45.4% 和 32.5%。

即使是"在校本科生"和"本科以下学识"人群对网络的信任也已超过了报纸。[①]"相对公信力"测量方法所得出的结果与媒介类型本身的普及率有很大关系，本次调查对象的年龄以中青年居多，样本总体的上网比例应该高于全国总体情况，由此推想全国总体选择互联网的比例应该比本次调查的结果要低。但本

---

① 这一结论不具有推论中国公众总体的统计基础。本次调查的样本详细情况参见第 9 章"不同学识分组情况说明"和附录一。

次调查的结果至少说明，在高学历、中青年人群中，对互联网的信任依赖开始呈现出超越传统媒体甚至是第一强势媒体——电视的趋向。

我国的新闻网站一般不具有新闻采访权，其新闻主要来源于对传统媒体的转载。联系这一背景，新闻网站之所以得到的信任，大概与网络论坛的开放性与交互性、新闻网站对信息的整合加工（比如新闻网站常采用的罗列出正反两方面观点、列出大量其他相关事件及背景资料链接等新闻整合手法）以及可登录国外新闻网站等方面因素有关。

11.2.2　不同类新闻的公信力测评结果

对于不同类新闻报道的公信力测评，本次调查使用了直接用 0～10 分进行评分的方法。最低 0 分表示"完全不信任"，最高 10 分表示"完全信任"，6 分表示达到及格水平。问卷中设计了两个题目，涵盖了常见的几种新闻报道种类以及不同种类的敏感性新闻：

总的来说，您对媒体所报道的不同种类新闻的信任程度分别可以打几分？

1. 国内时政类新闻　　（　　）　　2. 国际新闻　　　　　　（　　）
3. 财经新闻　　　　　（　　）　　4. 生活资讯类新闻　　　（　　）
5. 社会新闻　　　　　（　　）　　6. 娱乐新闻　　　　　　（　　）
7. 体育新闻　　　　　（　　）　　8. 模范典型宣传类新闻　（　　）
9. 法制类新闻　　　　（　　）

总的来说，您对我国媒体目前所报道的下列敏感性新闻的信任程度可以打几分？

1. 惩治腐败类新闻　（　　）　　2. 失业下岗问题新闻　　（　　）
3. 灾难、事故新闻　（　　）　　4. 公共安全类新闻　　　（　　）

样本总体的评价结果详见表 11－5 和表 11－6（项目按照得分均值降序排列）。

表 11－5　　　　　　几种主要新闻报道类型的信任得分

新闻类别	样本数	最小值	最大值	均值	标准差
体育新闻	625	0	10	8.11	1.68
国际新闻	633	0	10	7.63	1.81
生活资讯	579	0	10	7.36	1.90

新闻类别	样本数	最小值	最大值	均值	标准差
法制新闻	609	0	10	7.27	1.96
财经新闻	603	0	10	7.17	1.78
社会新闻	610	0	10	7.04	1.88
国内时政	623	0	10	6.86	2.19
娱乐新闻	621	0	10	6.19	2.36
模范宣传	565	0	10	5.84	2.49

表 11 - 6   几种敏感性新闻的信任得分

新闻类别	样本数	最小值	最大值	均值	标准差
灾难事故	673	0	10	6.91	2.40
公共安全	663	0	10	6.39	2.31
失业下岗	667	0	10	6.10	2.33
惩治腐败	673	0	10	5.92	2.61

从上面两个表格的结果来看，得分在 7 分以上的均是政治敏感性较低的新闻类别，去除性质特殊的"娱乐"和"模范典型宣传"两类新闻，可以看出新闻类别的政治敏感程度与新闻报道的公信力大致呈反比的情况。

而以"炒作"、"八卦"为特色的娱乐新闻虽不涉及政治敏感性问题，但评分也较低。值得深思的是，"模范典型宣传"、"失业下岗"和"惩治腐败"类新闻的信任得分竟然低于娱乐新闻。

使用单因子方差分析（one-way analysis of variance）对三个不同学识组的评分情况进行比较，三组的评分结果和差异情况见表 11 - 7（项目按照样本总体的评分均值降序排列）。

表 11 - 7   不同学识组对不同新闻类别的信任评分和差异

新闻类别	三组对不同类新闻的公信力评分情况								显著度（P）
	在校本科生		本科以下学识		本科以上学识		样本总体		
	样本数	评分	样本数	评分	样本数	评分	样本数	评分	
体育新闻	214	8.26	188	8.00	223	8.06	625	8.11	0.252
国际新闻	218	7.54	180	7.84	235	7.54	633	7.63	0.175
生活资讯	206	7.57	156	7.21	217	7.28	579	7.36	0.132
法制新闻	207	7.37	185	7.58	217	6.89	609	7.27	0.001
财经新闻	207	7.51	171	7.22	225	6.82	603	7.17	0.000
社会新闻	209	7.18	179	7.46	222	6.57	610	7.04	0.000
灾难事故	225	7.02	204	7.47	244	6.33	673	6.91	0.000
国内时政	217	7.29	172	7.08	234	6.31	623	6.86	0.000
公共安全	220	6.61	201	6.9	242	5.78	663	6.39	0.000

续表

新闻类别	三组对不同类新闻的公信力评分情况								显著度（P）
	在校本科生		本科以下学识		本科以上学识		样本总体		
	样本数	评分	样本数	评分	样本数	评分	样本数	评分	
娱乐新闻	215	5.94	178	6.63	228	6.09	621	6.19	0.011
下岗失业	222	6.38	200	6.57	245	5.48	667	6.10	0.000
惩治腐败	224	6.08	203	6.45	246	5.33	673	5.92	0.000
模范宣传	201	5.98	151	6.42	213	5.29	565	5.84	0.000

结果显示三组人群对敏感性较弱的"体育新闻"、"国际新闻"和"生活资讯新闻"的信任评分在95%的置信水平下差异不显著，"娱乐新闻"在99%的置信水平下差异不显著，其余新闻类别的信任得分在99%的置信水平下差异显著。通过组间评分结果的多重比较可知，差异主要在本科以上学识组和另外两组之间产生，达到差异的新闻类别中，本科以上学识组的评分都是最低的（组间差异多重比较结果详见附录一）。

11.2.3 不同媒体的公信力测评结果

一、测评方法与问卷题目设计

本次调查对北京地区较为常见的36种媒体和网站进行了公信力测评。对每一媒体使用10分制直接评分的方法，对相同类别的媒体同时使用了"相对公信力"评测方法。问卷中的题目设计为：

以下想了解您在一般情况下对不同媒体的信任程度，请根据自己的感受用0～10分来打分。最低0分表示完全不信任，最高10分表示完全信任，6分及格，越是信任越是打高分。没接触过的媒体不用打分。

您对以下电视台的信任程度分别可以打几分？（没接触过的媒体不用打分）

1. 中央电视台　（　）　　　　2. 北京电视台　（　）

3. 湖南卫视　　（　）　　　　4. 东方卫视　　（　）

5. 凤凰卫视　　（　）

相对来说，以上电视台您最信任的是哪一个？（请将相应媒体的数字代码写在横线上）

您对以下报纸的信任程度分别可以打几分？（没接触过的媒体不用打分）

1. 人民日报 （　）		2. 光明日报 （　）	
3. 北京日报 （　）		4. 北京晚报 （　）	
5. 京华时报 （　）		6. 娱乐信报 （　）	
7. 北京晨报 （　）		8. 新京报 （　）	
9. 北京青年报 （　）		10. 南方周末 （　）	
11. 参考消息 （　）		12. 环球时报 （　）	
13. 精品购物指南（　）		14. 体坛周刊 （　）	
15. 中国经营报 （　）		16. 经济观察报 （　）	
17. 经济日报 （　）		18. 二十一世纪经济报道 （　）	

相对来说，以上报纸您最信任的是哪一个？（请将相应媒体的数字代码写在横线上）

您对以下杂志的信任程度分别可以打几分？（没接触过的媒体不用打分）

1. 财经 （　）		2. 三联生活周刊（　）	
3. 南风窗 （　）		4. 瞭望 （　）	
5. 半月谈 （　）		6. 瞭望东方 （　）	
7. 中国新闻周刊 （　）		8. 凤凰周刊 （　）	

相对来说，以上杂志您最信任的是哪一个？（请将相应媒体的数字代码写在横线上）

您对以下网站新闻方面内容的信任程度分别可以打几分？（没接触过的媒体不用打分）

1. 新浪网 （　）		2. 搜狐网 （　）	
3. 人民网 （　）		4. 新华网 （　）	
5. 千龙网 （　）			

相对来说，以上网站您最信任的是哪一个？（请将相应媒体的数字代码写在横线上）

二、对 36 家媒体公信力的综合比较

由于对 36 种媒体都是用 10 分制进行直接评分，因此可以对不同类媒体进行综合比较。

（一）比较结果

不同学识组以及样本总体对 36 种媒体的直接评分结果、评分差异情况以及每种媒体的接触率见表 11 - 8（项目按照样本总体的评分结果降序排列）。

表 11 - 8　　36 家媒体的公信力得分、排名、接触率及差异情况

媒　　体	媒体的公信力得分和排名情况								显著度（P）	接触率（%）
	在校本科生		本科以下学识		本科以上学识		样本总体			
	评分	排名	评分	排名	评分	排名	评分	排名		
凤凰卫视	8.33	1	7.66	9	8.22	1	8.11	1	0.000	79.2
凤凰周刊	8.26	2	7.43	15	7.95	3	7.94	2	0.005	31.6
参考消息	8.15	4	7.84	6	7.79	4	7.93	3	0.093	68.5
南方周末	8.11	5	7.04	25	7.99	2	7.85	4	0.000	51.4
环球时报	8.11	6	7.96	3	7.48	7	7.83	5	0.007	49.9
体坛周刊	8.22	3	7.63	10	7.52	6	7.81	6	0.003	44.8
新闻周刊	7.75	10	8.03	2	7.47	8	7.75	7	0.120	30.8
中央电视台	7.60	16	8.53	1	6.98	14	7.66	8	0.000	98.8
经济观察报	8.04	7	7.40	16	7.59	5	7.65	9	0.132	28.9
财经	7.88	8	7.53	11	7.38	9	7.54	10	0.325	30.6
人民日报	7.74	12	7.89	5	6.74	20	7.40	11	0.000	73.4
三联生活周刊	7.58	17	7.49	12	7.21	12	7.39	12	0.416	22.7
半月谈	7.69	14	7.38	17	7.07	13	7.39	13	0.037	44.9
南风窗	7.81	9	6.43	34	7.36	10	7.35	14	0.000	26.2
北京青年报	7.68	15	7.48	14	6.94	16	7.32	15	0.002	56.8
瞭望	7.75	11	6.98	26	6.79	18	7.21	16	0.003	22.3
21 世纪经济报道	7.72	13	6.59	33	7.29	11	7.20	17	0.026	26.3
北京电视台	7.04	29	7.91	4	6.59	27	7.18	18	0.000	79.8
北京晚报	7.27	24	7.84	7	6.39	30	7.16	19	0.000	54.5
新华网	7.48	20	7.25	20	6.84	17	7.15	20	0.036	48.0
京华时报	7.02	31	7.74	8	6.50	28	7.13	21	0.000	56.9
搜狐网	7.33	21	7.34	18	6.77	19	7.11	22	0.001	78.8
北京日报	7.51	19	7.48	13	6.13	33	7.02	23	0.000	43.9
新京报	7.19	27	7.19	22	6.73	21	7.01	24	0.021	59.5
光明日报	7.31	22	6.77	29	6.68	22	6.95	25	0.110	40.2
经济日报	7.56	18	6.80	28	6.63	25	6.92	26	0.067	26.4
北京晨报	6.96	32	7.33	19	6.42	29	6.92	27	0.001	40.6
瞭望东方	7.22	26	6.69	31	6.94	15	6.91	28	0.544	13.6
新浪网	7.04	30	7.19	21	6.64	24	6.91	29	0.014	82.9
东方卫视	7.25	25	6.84	27	6.62	26	6.90	30	0.022	57.9
人民网	7.31	23	7.13	23	6.25	31	6.84	31	0.002	41.0
湖南卫视	6.93	33	7.12	24	6.22	32	6.73	32	0.000	70.7

媒　　体	媒体的公信力得分和排名情况								显著度（P）	接触率（％）
	在校本科生		本科以下学识		本科以上学识		样本总体			
	评分	排名	评分	排名	评分	排名	评分	排名		
中国经营报	7.11	28	6.62	32	6.65	23	6.72	33	0.502	22.1
千龙网	6.58	34	6.31	36	6.04	34	6.28	34	0.351	27.2
精品购物	6.53	35	6.31	35	5.85	35	6.18	35	0.080	40.6
娱乐信报	6.28	36	6.72	30	5.32	36	6.08	36	0.000	36.1

（二）样本总体的公信力测评结果

先来看样本总体的数据情况。引人注目的是由年轻和高学历人群占多数的样本[①]所得出的公信力测评结果显示，香港的凤凰卫视和《凤凰周刊》分列第1位和第2位，以转载编辑国外报刊为主要内容的《参考消息》排在第3位，而中央电视台和《人民日报》分别排在第8位和第11位。

四家专业性报刊也进入了前10名行列，分别是《环球时报》、《体坛周刊》、《经济观察报》、《财经》，这一结果与人们对国际新闻、体育新闻、财经新闻的公信力评价较高相呼应。另外，以深度报道见长的《南方周末》和《中国新闻周刊》也进入了前10名行列，但是没有一家日报进入前10名行列。《人民日报》（评分7.40，排名第11位）是公信力得分最高的日报，有意图走主流日报路线的《新京报》在本次调查中的接触率为59.5%，公信力评分7.01，排名第24位。

由于问卷题目设计为没有接触过的媒体不用评分，因此可以计算出媒体的接触率。从调查结果来看，媒体的接触率与媒体的公信力水平并没有直接联系，排名前10位的媒体中有四家媒体接触率仅在30%左右。而接触率在70%以上的北京电视台、湖南卫视则分别排在第18位和第32位。

（三）不同学识组的媒体公信力评价比较

不同学识对媒体的公信力评价结果大多呈现显著差异，表11-8标示出了差异非常明显的11家媒体，为了方便分析，根据11家媒体的特征，将其分为"政治重要性取向"、"专业主义取向"和"大众取向"三种媒体类别。而三个学识组对这三类媒体的公信力评价差异很大，揭示出人们在媒介公信力评价准则方面的分歧和对立。因此，这三个类别既表示媒体本身的特征倾向，也相应代表了三种不同的媒介公信力评价方式（详见表11-9）。

① 调查的样本详细情况参见第9章"不同学识分组情况说明"和附录一。

表 11 - 9   **不同学识组评价差异明显的媒体**

评价取向	媒体	对媒体的公信力评分和排名情况						显著度（P）	接触率（%）
		在校本科生		本科以下学识		本科以上学识			
		评分	排名	评分	排名	评分	排名		
政治重要性取向	中央电视台	7.60	16	8.53	1	6.98	14	0.000	98.8
	人民日报	7.74	12	7.89	5	6.74	20	0.000	73.4
	北京日报	7.51	19	7.48	13	6.13	33	0.000	43.9
专业主义取向	凤凰卫视	8.33	1	7.66	9	8.22	1	0.000	79.2
	凤凰周刊	8.26	2	7.43	15	7.95	3	0.005	31.6
	南方周末	8.11	5	7.04	25	7.99	2	0.000	51.4
	南风窗	7.81	9	6.43	34	7.36	10	0.000	26.2
大众取向	京华时报	7.02	31	7.74	8	6.50	28	0.000	56.9
	北京晚报	7.27	24	7.84	7	6.39	30	0.000	54.5
	北京电视台	7.04	29	7.91	4	6.59	27	0.000	79.8
	湖南卫视	6.93	33	7.12	24	6.22	32	0.000	70.7

从上表可以看出不同学识组对相同媒体的评价出现了相当大的差异，这些差异已经不仅仅是程度的区别，而是媒体公信力评价观念的差异。第9章曾分析指出，不同学识组对于媒介公信力的评价标准存在分歧甚至对立，[①] 对相同媒体的不同评价结果再次印证了这一结论。

媒体的"政治重要性"一般表现为媒体由较高级别的党政部门直接主办主管，可以说是所属党政部门的"直接代言者"，因而具有较高的政治权威和依托于所属部门政治权力的社会影响力。以"政治重要性"作为媒体公信力评判主要依据的评价方式可称之为"政治重要性取向"。中国改革开放前人们的媒体公信力判断主要以"政治重要性"为取向，从本次调查结果来看，目前也依然有许多人持这一观念。在本次调查所列举的36家媒体中，中央电视台作为我国最高级别的电视台、《人民日报》和《北京日报》作为全国和北京最高级别的党报，可以说是最具有"政治重要性"的媒体。这三家媒体在本科以下学识组中的评价得分远高于其余两组，与"本科以上学识"组的差异尤其明显：被"本科以下"组排在第1位的中央电视台被"本科以上"组排在了第14位；《人民日报》的排名则分别为第5位和第20位；对于《北京日报》的评分差异更大，分别为第13位和第33位，整整相差了20个位次。可见"本科以下"人群的公信力评价具有明显的"政治重要性取向"。需要指出的是，"政治重要性"与媒体的级别有关联但并非完全一致，比如本次调查中的《光明日报》和《人民日

---

①   参见第9章"两种不同的媒介观念并存"、"媒体与官方的关系疏密成为最大分歧"等内容。

报》都属于中央级的报纸，但公信力评价相去甚远。

随着我国媒体开放程度的加深，涌现了一批以所谓"三高一低"的"精英"人群为目标受众的媒体，较多地以西方的"新闻专业主义"为媒体准则，可称之为"专业主义取向"的媒体。本次调查中的凤凰卫视、《凤凰周刊》、《南方周末》和《南风窗》正是这类媒体的代表。

而这些媒体的受众一般文化程度较高，知识接触面较广、对信息有较强的分析辨识能力和独立思考能力，对媒体公信力的评价准则已与传统的"政治重要性"取向有了很大的差别，可称之为"专业主义取向"的公信力评价方式。从表 11-9 中可以清楚地看到，"本科以上学识"和"在校本科生"组对于"专业主义取向"的媒体给予了较高的评价，而本科以下学识组的评价则远没有那么积极肯定：被"本科以上学识"组排在第 2 位的《南方周末》被"本科以下学识"组排在第 25 位，低于对湖南卫视的评价（第 24 位）；而《南风窗》则分别为第 10 位和第 34；凤凰卫视分别为第 1 位和第 9 位；《凤凰周刊》分别为第 3 位和第 15 位。由此可知，较高学历人群的公信力评价具有明显的"专业主义取向"。

另有一类走大众化路线的媒体，较多地遵循市场原则，以尽可能提高发行量或收视率为主要目标，可称之为"大众化取向"的媒体。本次调查中的《京华时报》、《北京晚报》以及北京电视台、湖南卫视基本属于这类媒体。对于这几家媒体，"本科以下学识"组的公信力评价明显高于另外两组，排名位次差异最少 8 个位次，最多达到 25 个位次。由此可知本科以下学历人群的媒体公信力评价相对具有"大众化取向"。

（四）测评结果与测评方法比较

本次调查对于具体媒体的公信力测量除了使用 10 分制的"绝对测评法"之外，同时使用了"相对公信力"测评方法，即要求被访者从某一类媒体中选出自己最信任的一家媒体。表 11-10～表 11-13 列出了使用"相对公信力"与"绝对公信力"两种测量方法得出的公信力测量结果和排名（项目按照相对公信力结果降序排列）。

表 11-10　　　　　　　5 家电视台的公信力测评结果

媒体	相对公信力测评		绝对公信力测评			排名情况	
	样本数	相对公信力（%）	样本数	绝对公信力	接触率（%）	相对公信力排名	绝对公信力排名
中央电视台	274	39.6	684	7.66	98.8	1	2
凤凰卫视	241	34.8	548	8.11	79.2	2	1
北京电视台	27	3.9	552	7.18	79.8	3	3

297

媒体	相对公信力测评		绝对公信力测评			排名情况	
	样本数	相对公信力（%）	样本数	绝对公信力	接触率（%）	相对公信力排名	绝对公信力排名
东方卫视	12	1.7	401	6.90	57.9	4	4
湖南卫视	10	1.4	489	6.73	70.7	5	5
有效总体	564	81.5					
丢失制	128	18.5					
总体	692	100					

使用"相对公信力"测评方法，中央电视台超过凤凰卫视成为公信力排名第一的媒体。前面曾经分析指出"相对公信力"与媒体本身的普及程度有很大关系，是普及率、认知率、接触率等多项变量的综合。[①] 凤凰卫视属于境外媒体，根据我国的有关规定并非所有人都有机会收看，本次调查显示凤凰卫视的接触率比中央电视台低了近20个百分点。如果选择两家电视台都接触过的人进行"相对公信力"测评，结果显示，在446个满足这一条件的被访者当中，凤凰卫视成为"最信任电视台"的比率为53.1%（占总样本数的34.2%），而中央电视台为41.0%（占总样本数的26.4%），凤凰卫视的相对公信力又超过了中央电视台。前后的排名差别说明，选择中央电视台为"最信任电视台"的被访者当中有相当一部分人只看过中央电视台，但没有接触过凤凰卫视。

表11-11~表11-13中报纸、杂志、网站的"相对公信力"与"绝对公信力"的测量结果也存在不同程度的差异。由此可知，不同的公信力测量方法所得出的结论存在不容忽视的差别，所以对测量方法的使用要持谨慎态度，而在引用历史研究数据时，不能只注意测量结论，对测量方法也一定要进行探究和说明。

表11-11   **18家报纸的公信力测评结果**

媒体	相对公信力测评		绝对公信力测评			排名情况	
	样本数	相对公信力（%）	样本数	绝对公信力	接触率（%）	相对公信力排名	绝对公信力排名
人民日报	121	17.5	508	7.40	73.4	1	6
参考消息	108	15.6	474	7.93	68.5	2	1
南方周末	91	13.2	356	7.85	51.4	3	2
京华时报	50	7.2	394	7.13	56.9	4	10
环球时报	41	5.9	345	7.83	49.9	5	3

---

① 参见第7章"媒介可信度测量的准确性和精确性"部分的分析。

续 表

媒体	相对公信力测评		绝对公信力测评			排名情况	
	样本数	相对公信力（%）	样本数	绝对公信力	接触率（%）	相对公信力排名	绝对公信力排名
北京青年报	33	4.8	393	7.32	56.8	6	7
北京晚报	32	4.6	377	7.16	54.5	7	9
体坛周刊	31	4.5	310	7.81	44.8	8	4
新京报	19	2.7	412	7.01	59.5	9	12
经济观察报	16	2.3	200	7.65	28.9	10	5
娱乐信报	12	1.7	250	6.08	36.1	11	18
北京日报	9	1.3	304	7.02	43.9	12	11
北京晨报	8	1.2	281	6.92	40.6	13	15
21世纪经济报道	6	0.9	182	7.20	26.3	14	8
光明日报	4	0.6	278	6.95	40.2	15	13
精品购物指南	4	0.6	281	6.18	40.6	16	17
中国经营报	2	0.3	153	6.72	22.1	17	18
经济日报	0	0			26.4	18	14
有效总体	587	84.8					
丢失制	105	15.2					
总体	692	100					

表 11 – 12　　　　　　　　8 家杂志的公信力测评结果

媒体	相对公信力测评		绝对公信力测评			排名情况	
	样本数	相对公信力（%）	样本数	绝对公信力	接触率（%）	相对公信力排名	绝对公信力排名
半月谈	83	12.0	311	7.39	44.9	1	5
凤凰周刊	80	11.6	219	7.94	31.6	2	1
中国新闻周刊	64	9.2	213	7.75	30.8	3	2
财经	58	8.4	212	7.54	30.6	4	3
南风窗	45	6.5	181	7.35	26.2	5	6
三联生活周刊	28	4.0	157	7.39	22.7	6	4
瞭望东方	15	2.2	94	6.91	13.6	7	8
瞭望	13	1.9	154	7.21	22.3	8	7
有效总体	386	55.8					
丢失制	306	44.2					
总体	692	100					

表 11 - 13   **5 家网站的公信力测评结果**

媒体	相对公信力测评		绝对公信力测评			排名情况	
	样本数	相对公信力（%）	样本数	绝对公信力	接触率（%）	相对公信力排名	绝对公信力排名
新浪网	184	26.6	574	6.91	82.9	1	3
搜狐网	131	18.9	545	7.11	78.8	2	2
新华网	113	16.3	332	7.15	48.0	3	1
人民网	59	8.5	284	6.84	41.0	4	4
千龙网	9	1.3	188	6.28	27.2	5	5
有效总体	496	71.7					
丢失制	196	28.3					
总体	692	100					

小　　结

    本章使用了不同方法对不同媒介对象进行了公信力测评，由于样本的局限，本章的重点在于对不同测量方法以及不同人群公信力评价情况进行比较。对多种对象的公信力测评结果再次揭示了媒介公信力测评方法研究的复杂性，与此同时也反映出我国媒介公信力状况所存在的一些不容忽视的隐忧，这些问题都值得在后续研究中进一步深入探讨。

第 12 章

中 篇 结 语

媒介公信力实证研究的基础就是对媒介公信力的量化测评，而测评的关键则是找到合适的测量工具。本篇可以说就是一个寻找中国大众媒介公信力测量工具即媒介公信力测评量表的过程。测评量表最终的呈现形式虽然只是尽可能简单的几个指标，但对于公信力这样的抽象概念进行测量除了需要运用尽可能充分和科学的量化测评方法进行量表指标的建构之外，还必然牵涉到公信力内涵的界定以及公信力在跨文化背景下的特性等问题，这些都是公信力测评的基础要素。解决了这些基础问题，公信力测评量表的建构才可以水到渠成。

媒介可信度（公信力）研究发源于美国，已经有了较为丰富的研究成果，其中也包括媒介可信度的测评量表。而在中国大陆对于媒介公信力的研究才刚刚开始。在这种背景下，对于中国媒介公信力的测评研究有简单和复杂两种研究方式可供选择，一种是直接使用美国的测评量表进行中国媒介公信力的测评；另一种则是从审视公信力概念开始，按照量表建构的通用步骤重新建构检验量表的指标。随着对美国公信力研究历史的深入了解，发现媒介公信力测评准则存在着跨文化差异的问题，而且美国的可信度概念和量表也还未完善，因此放弃了"直接采摘现成的果实"，而选择了"开荒撒种"式的研究方式，进行公信力测评量表的建构。当然，这个过程并非是对前人研究成果的否认和忽视，而是尽可能地汲取成熟的研究经验，以保证在研究中少走弯路。

这个从开荒撒种开始的公信力测评量表建构的历程，犹如媒介信任问题的探索发现之旅，一路上发现了许多值得深入探讨的研究课题，对于传播学研究来说这些很可能都是研究的宝藏，媒介信任问题研究的历程可以说是刚刚开始。

本篇首先结合社会历史背景对可信度（公信力）研究的历史进行了文献探讨。文献探讨实现了三个方面的目的：一是为传媒公信力的概念界定、测评量表的建立提供有价值的资料；二是发掘目前传媒公信力研究的不足和需要完善之处；三是论证可信度研究是特定历史文化背景下的产物，需要谨慎对待其研究成果在跨文化研究中的适用性问题。

其次，在简要介绍本项研究的主要论题、研究设计以及所使用的研究方法等的基础上，较为深入地分析了本篇的三个论题：1. 公信力的概念探讨；2. 中国公众传媒公信力评判所依据的准则和公信力评判的特点；3. 公信力测评量表的建立。这三个论题以公信力测评量表的建立为中心，三者之间是一个具有逻辑关联的有机整体而并非完全独立。

再次，在文献回顾的基础上，对传媒公信力相关概念进行了辨析，并对公信力的理论内涵进行探索。在调查数据的基础上，本篇对传媒公信力评判准则重要程度和公信力评判特点进行了详尽分析。也即探讨中国公众在判断媒介是否可信时主要以哪些标准为依据，这部分内容实际上已进入媒介测评量表的建构阶段，所得出的结论可以说是测评量表的初步指标。

最后，在前述研究的基础上，通过探索性和证实性因子分析、信度效度检验等统计技术对中国大众传媒公信力的测量指标进行筛选和分析，尝试构建了传媒公信力的测评量表。

下　篇

中国大众
媒介公信力调查
评测报告

第 13 章

调查方法

13.1 城市样本

1. 本次调查的总体为我国（不包括港、澳、台地区）地级及以上城市的市辖区所有 14～70 岁的居民。

2. 抽样方法。首先，按照地理位置、文化特点和经济发展状况的相近原则，将我国划分七个大的、不同于传统大区划分方法的区域。第一步是将我国分为沿海、中部、西部、东北四个经济地理带。然后再依据文化、地理的特点将沿海划分为华北沿海、华东沿海、华南沿海三个区域，将西部划分为西南和西北两个区域。这样，全国就划分为七个区域：东北、华北沿海、华东沿海、华南沿海、中部六省、西南、西北。

其次，在每个区域按照 pps 抽样方法抽取 600 个左右样本。具体的抽样顺序是：城市——区——街道——居委会。到居委会后，按居委会名单等距抽样抽取住户，在每家住户按入户表进行具体样本的选择。在每个区域抽取四个城市，每个城市分配 150 个左右样本。

第三，调查的有效样本为 4 278 人（份）。

第四，具体的抽样城市及样本分布如表 13 - 1 所示。

表 13 - 1

分　　区				抽样城市及样本数量	备注
大区	细分	包括省份	样本数量		
东北	东北	黑、辽、吉	610	大连（150）、阜新（150）、吉林（155）、哈尔滨（155）	括号中数字为样本数
沿海	华北沿海	京、津、冀、鲁	608	北京（154）、唐山（154）、青岛（150）、莱芜（150）	
	华东沿海	沪、苏、浙	619	上海（169）、无锡（150）、淮安（150）、宁波（150）	
	华南沿海	闽、粤、海、桂	617	广州（151）、汕头（155）、泉州（155）、南宁（156）	
中部	中部	豫、晋、鄂、湘、赣、皖	606	新乡（150）、武汉（151）、衡阳（150）、阜阳（155）	
西部	西南	川、贵、云、藏	613	重庆（154）、泸州（150）、南充（150）、贵阳（159）	
	西北	陕、甘、青、蒙、新、宁	605	宝鸡（150）、兰州（154）、定西（151）、呼和浩特（150）	
合计			4 278		

3. 调查方式为入户面访。

4. 调查执行的时间：2005 年 11 月 1 ~ 28 日。

5. 在报告中将七个区域作为分析单位。在进行全国城市情况的描述时，按照各个区域的人口比例进行加权处理。依据《2004 年中国城市统计年鉴》的统计数据，全国各个区域地级以上城市的市辖区人口情况如表 13 - 2 所示。

表 13 - 2　　　　各个区域地级以上城市的市辖区人口数量

细　　分	包括省份	样本框内城市人口数量（万）
东北	黑、辽、吉	3 734.59
华北沿海	京、津、冀、鲁	3 004.55
华东沿海	沪、苏、浙	5 465.07
华南沿海	闽、粤、海、桂	4 858.22
中部	豫、晋、鄂、湘、赣、皖	4 923.36
西南	川、贵、云、藏、渝	4 143.66
西北	陕、甘、青、蒙、新、宁	2 119.31

13.2　农村样本

1. 本研究农村地区的调查采用立意抽样，即在本研究划分的七个片区中，在每个片区选择一个省会城市或直辖市的郊区县进行考察。

2. 抽样方法为：（1）在每个郊区县按照 pps 的抽样方式，从乡（镇）——村——组三级进行抽样，在每个组再按照等距原则抽取户数，在每户按入户表抽取具体的访问对象。（2）调查的有效样本为 4 278 人（份）。具体的样本分布如表 13 – 3 所示。

表 13 – 3　　　　　　　　　农村样本的分布情况

细分	抽样	样本数量
东北	哈尔滨	105
华北沿海	北京	151
华东沿海	上海	101
华南沿海	广州	103
中部	武汉	100
西南	重庆	100
西北	兰州	100
合计		760
有效样本		755

3. 调查方式为入户面访。

4. 调查执行的时间：2005 年 11 月 1～28 日。

第 14 章

居民的媒介接触情况

本篇报告将在距离调查最近的一周里接触过一天及一天以上电视、报纸、网络新闻、新闻类杂志、广播的居民定义为一种媒介的受众。具体地说，一周里接触过一天或者一天以上电视的居民就定义为电视观众，以此类推，接触过报纸、网络新闻、广播、新闻杂志的居民分别定义为报纸读者、网民、听众、杂志读者。

另外，本书在媒介接触部分，没有特别说明是城市还是农村抽样地区样本的地方，都是指城市居民或者城市受众的情况。

14.1 媒介的总体接触情况

1. 媒介的接触规模

（1）城市居民的接触规模情况：接触规模从大到小依次是电视、报纸、网络新闻、新闻类杂志和广播。

调查发现，各个媒介在全国城市居民中的受众规模从高到低依次为：电视（95.62%）、报纸（79.02%）、网络新闻（43.56%）、新闻类杂志（37.77%）、广播（34.18%）。具体参见图 14-1。

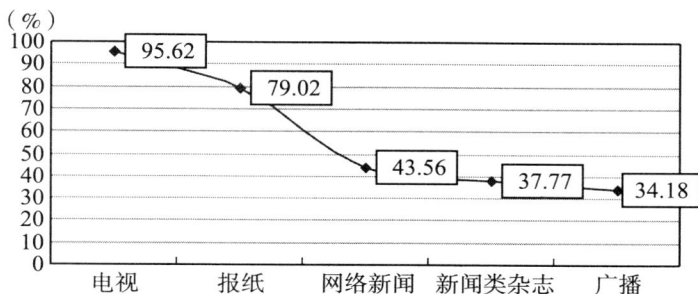

图 14-1 我国城市居民接触媒介的规模情况

（2）农村抽样地区居民的接触规模：与城市居民的接触情况相比，各个媒介的规模大小顺序是相同的，但在报纸、网络上的规模与城市居民相比差异比较明显（参见图 14-2）。

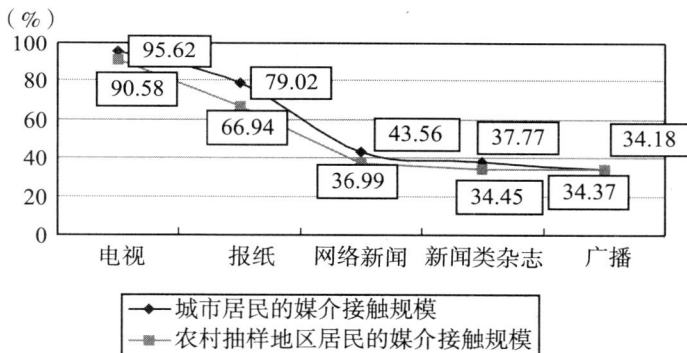

图 14-2 农村抽样调查地区居民与城市居民的媒介接触规模对比

2. 媒介受众（城市）的稳定程度情况

电视的稳定受众比例最高，新闻类杂志和广播最低。

进一步单纯考察受众接触媒介的稳定情况，不包括非受众。将在一周里接触了 6~7 天媒介的受众定义为稳定受众，将在一周里接触媒介 3~5 天的受众定义为次稳定受众，将在一周里接触 1~2 天媒介的受众定义为非稳定受众。

从这个角度来考察全国城市媒介受众的稳定情况发现，在报纸读者这个总体中，有 47.18% 的读者为稳定读者，次稳定读者的比例有 22.54%，非稳定读者的比例是 30.28%。

报纸与电视、杂志等媒介相比较，电视的稳定受众的比例最高，在电视的受众中超过七成的比例是稳定受众，次稳定受众和非稳定受众的比例分别只有 15.93% 和 12.82%。广播和新闻类杂志的稳定受众比例最低（参见表 14-1）。

309

表 14 - 1　　　　全国城市媒介受众的稳定性情况　　　　单位：%

	非稳定受众	次稳定受众	稳定受众	合计
报纸	30.28	22.54	47.18	100
电视	12.82	15.93	71.25	100
网络新闻	40.57	24.27	35.16	100
广播	53.17	19.07	27.76	100
新闻类杂志	56.78	24.82	18.40	100

3. 媒介城市受众的接触时间

超过一半比例的电视观众平均每天接触电视的时间在两个小时以上，而报纸、新闻类杂志、广播、网络新闻的绝大多数受众接触各自媒介的时间在 60 分钟内（参见表 14 - 2 和图 14 - 3）。

表 14 - 2　　　　全国城市受众的媒介接触时间情况　　　　单位：%

	1~30 分钟	31~60 分钟	61~120 分钟	2~3 小时	3 小时以上	合计
电视	10.09	16.48	21.21	24.59	27.63	100
报纸	46.76	33.26	12.92	4.52	2.55	100
新闻类杂志	56.67	26.41	11.55	2.89	2.48	100
广播	46.51	28.51	12.17	6.19	6.62	100
网络新闻	34.51	26.80	16.56	10.87	11.25	100

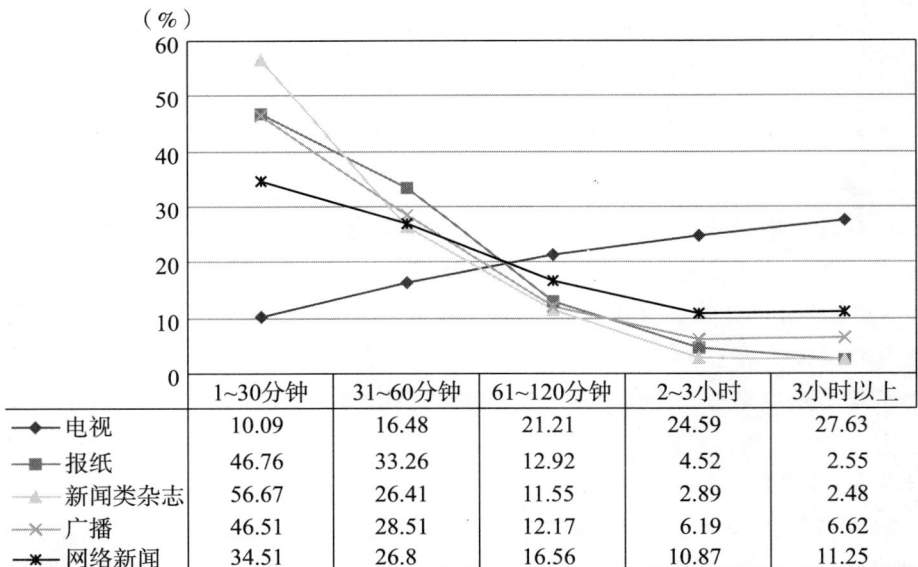

	1~30分钟	31~60分钟	61~120分钟	2~3小时	3小时以上
电视	10.09	16.48	21.21	24.59	27.63
报纸	46.76	33.26	12.92	4.52	2.55
新闻类杂志	56.67	26.41	11.55	2.89	2.48
广播	46.51	28.51	12.17	6.19	6.62
网络新闻	34.51	26.8	16.56	10.87	11.25

图 14 - 3　不同媒介的城市受众接触媒介时间情况（%）

14.2　报纸的接触情况

1. 城市报纸读者的人口构成特点

在学历越高的人群中，报纸读者的比例越大，在越是白领、政府机关、公司老板的人群中，读者比例越高。

将一周内读过一天以上报纸的人定义为读者，对城市报纸读者的人口结构特点的分析发现，在学历越高的群体中，读者比例越大：在小学及小学以下文化群体中，读者比例还不到一半；在初中文化的群体中的读者比例是七成多一点；而在大学本科群体中达到近九成（参见表 14 - 3）。

对于职业结构来说，在越是偏向蓝领职业的群体中，读者的比例越是偏低，而在越是偏向白领、政府机构工作人员、企业主的群体中，读者的比例越高。在农民或外来民工中，读者比例刚好过了一半，在下岗、待业或无业人员中比例是三分之二，但在一般职员、文员、秘书、私营企业主中，读者比例开始达到86%，商业服务业人员、公检法/军人/武警、机关/事业单位干部中的读者比例接近九成，而在企业中高层管理人员中该比例则达到了九成（参见表 14 - 4）。

表 14 - 3　　　　　　　　　**报纸读者的学历构成**　　　　　单位：%

	非读者	读者	合计
小学及小学以下	51.68	48.32	100
初中	27.59	72.41	100
高中、中专或中技	19.60	80.40	100
大专	15.56	84.44	100
大学本科	10.81	89.19	100
双学士、硕士、博士	16.18	83.82	100
总体情况	20.98	79.02	100

表 14 - 4　　　　　　　　　**报纸读者的职业构成**　　　　　单位：%

	非读者	读者	合计
农民或外来民工	48.78	51.22	100
下岗、待业或无业人员	33.88	66.12	100
初高中/中专学生	31.78	68.22	100
高校学生	23.23	76.77	100
离退休人员	22.54	77.46	100
国营、私营、三资企业的工人	20.75	79.25	100
自由职业者	19.31	80.69	100

	非读者	读者	合计
个体工商户	18.75	81.25	100
其他	17.02	82.98	100
一般职员/文员/秘书	13.77	86.23	100
私营企业主	13.11	86.89	100
专业技术人员/教师/医生	12.84	87.16	100
商业服务业人员	11.82	88.18	100
公检法/军人/武警	11.11	88.89	100
机关/事业单位干部	10.90	89.10	100
企业中高层管理人员	10.00	90.00	100
总体情况	20.98	79.02	100

2. 不同地区的报纸读者规模情况

西南和华东沿海地区的读者比例最大，中部六省和西北的读者规模最小。

按照地理位置和经济发展水平，将我国划分为七个大的区域。将一周内读过一天以上报纸的人定义为读者，对我国不同地区报纸读者规模的分析发现，读者规模比例最高的依次是西南、华东沿海、华南沿海，在调查总体城市居民中，读者规模的比例分别占到89.59%、86.67%、81.73%；而中部六省和西北的读者规模最低，分别是70.79%、71.51%（参见图14－4）。

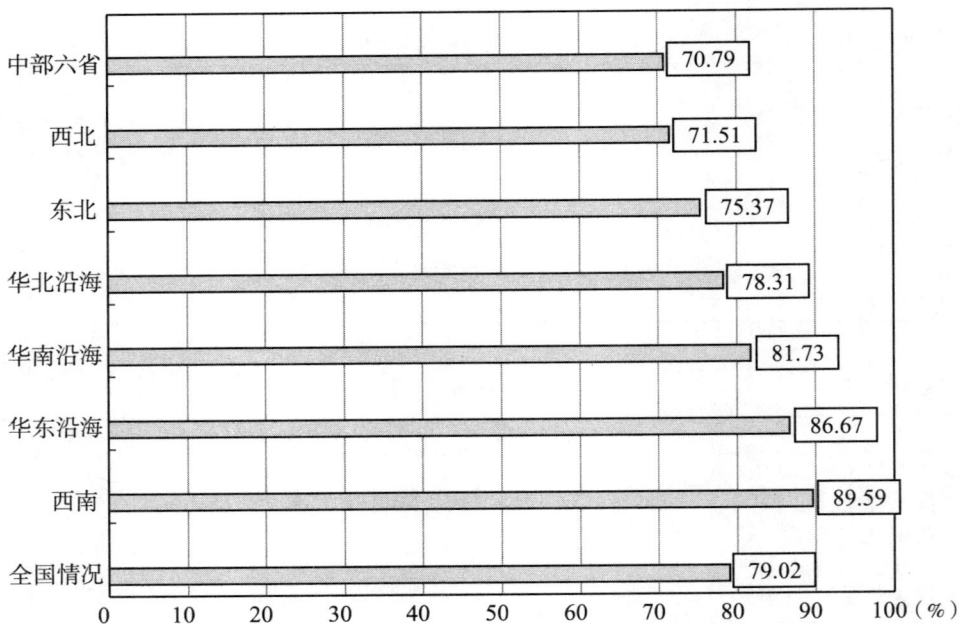

图 14－4　我国各个地区的报纸读者规模

3. 报纸读者的稳定性情况

华南沿海稳定读者比例最高，占六成；华东沿海和华北沿海的稳定读者比例最低。

对各个区域报纸读者的稳定情况进行考察发现，沿海地区有很明显的南北差异，华南沿海的读者稳定程度最高，总体读者中有六成的比例是一周接触 6～7 天报纸的稳定读者；而在华东沿海和华北沿海，稳定读者的比例最低，都不到四成（参见表 14–5）。

表 14–5　　　　　　　　不同区域的读者稳定情况　　　　　单位：%

	非稳定读者	次稳定读者	稳定读者	合计
华南沿海	21.75	17.77	60.48	100
东北	29.16	19.08	51.76	100
中部六省	31.13	20.29	48.58	100
西北	34.90	17.93	47.17	100
西南	31.81	21.71	46.48	100
华北沿海	25.58	34.89	39.54	100
华东沿海	36.77	26.64	36.59	100
全国情况	30.28	22.54	47.18	100

4. 不同类型城市居民的报纸规模情况

地级的中等城市读者规模小于大型和特大型城市。

将全国的城市按照规模大小来划分为特大型、大型、中型三类，特大型城市包括北京、上海、广州三市，大型城市为重庆、省会城市、副省级城市，中型城市为地级城市。

数据分析发现，特大型城市和大型城市的报纸读者规模分别为总体居民的 86.91%、87.02%，而中型城市的读者规模为 73.05%，比前两者低了十个百分点以上（参见图 14–5）。

5. 报纸读者的接触时间

排除不接触报纸的这部分群体，只对报纸读者这个群体进行分析，考察读者接触报纸的时间长度情况。

（1）各个区域读者接触报纸的时间情况：华北沿海、东北的读者接触报纸的平均时间最长，华南沿海的读者接触报纸时间最短。

对各个区域读者接触报纸的时间分析发现，华北沿海、东北的读者接触报纸的平均时间相对最长，每天平均两个小时以上的分别有 10.17% 和 14.00%，30 分钟以内的都不到四成。而华南沿海的读者接触报纸的时间相对最短，每天平均接触两个小时以上的比例只有 4.02%，但在 30 分钟以内的读者比例达到

313

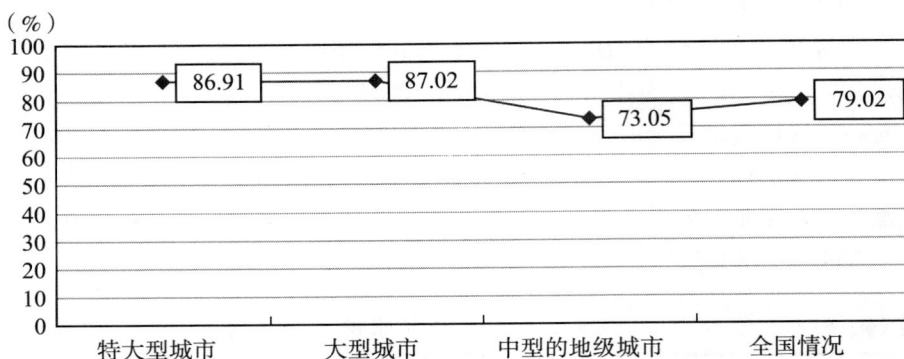

图 14 – 5　不同类型城市的报纸读者比例

53.32%（参见表 14 – 6）。

表 14 – 6　　　　　　**各区域读者接触报纸的时间情况**　　　　　单位：%

	1~30 分钟	31~60 分钟	61~120 分钟	2~3 小时	3 小时以上	合计
华北沿海	36.80	28.14	24.89	7.79	2.38	100
东北	38.89	33.33	13.77	8.23	5.77	100
西北	45.45	38.04	9.57	2.63	4.31	100
西南	52.01	28.60	13.05	4.80	1.54	100
华东沿海	50.09	33.90	11.87	2.26	1.89	100
中部	48.92	37.22	9.31	3.59	0.95	100
华南沿海	53.32	34.81	7.85	2.62	1.40	100
全国情况	46.76	33.26	12.92	4.52	2.55	100

（2）不同类型城市读者接触报纸情况：大型城市读者接触报纸的时间相对最长（参见表 14 – 7）。

表 14 – 7　　　　**不同类型城市读者接触报纸的时间情况**　　　　单位：%

	1~30 分钟	31~60 分钟	61~120 分钟	2~3 小时	3 小时以上	合计
特大型城市	46.10	37.32	10.73	3.41	2.44	100
大型城市	39.72	36.60	15.81	5.25	2.62	100
中型城市	51.79	29.97	11.44	4.28	2.52	100
全国情况	46.76	33.26	12.92	4.52	2.55	100

14.3 电视的接触情况

1. 不同地区的电视观众规模情况

华北沿海观众规模比例相对较低（参见表 14 - 8）。

表 14 - 8	不同地区的电视观众规模情况		单位：%
	非观众	观众	合计
华北沿海	15.13	84.87	100
华南沿海	4.21	95.79	100
东北	4.10	95.90	100
华东沿海	3.72	96.28	100
西北	3.47	96.53	100
西南	2.28	97.72	100
中部	2.15	97.85	100
全国情况	4.38	95.62	100

2. 不同类型城市居民的电视观众规模情况

特大型城市的电视观众规模相对低于大型城市和中型城市（参见表 14 - 9）。

表 14 - 9	不同类型城市居民的电视观众规模情况		单位：%
	非观众	观众	合计
特大型城市	12.87	87.13	100
大型城市	3.48	96.52	100
中型城市	4.33	95.67	100
全国情况	4.38	95.62	100

3. 电视观众的稳定性情况

按照前面定义的稳定受众的标准来考察电视观众的稳定情况，相对来说，华北沿海和华东沿海地区的稳定观众比例相对较低，而在东北和中部六省的稳定观众比例相对较高（参见表 14 - 10）。

4. 电视观众的接触时间

东北地区观众接触电视的时间相对最长（参见表 14 - 11）。

表 14 – 10   **不同区域电视观众的稳定情况**   单位：%

	非稳定受众	次稳定受众	稳定受众	合计
华北沿海	16.09	19.38	64.53	100
华东沿海	14.60	18.79	66.61	100
西南	12.69	19.37	67.95	100
西北	14.90	15.07	70.03	100
华南沿海	14.72	11.17	74.11	100
中部六省	8.94	15.51	75.55	100
东北	9.57	12.65	77.78	100
全国情况	12.82	15.93	71.25	100

表 14 – 11   **不同区域电视观众的接触时间分布情况**   单位：%

	1～30 分钟	31～60 分钟	61～120 分钟	2～3 小时	3 小时以上	合计
华北沿海	8.33	16.28	25.39	32.36	17.64	100
华东沿海	13.61	18.32	24.87	21.85	21.34	100
西北	10.73	17.65	22.32	24.57	24.74	100
西南	11.50	19.33	21.50	20.33	27.33	100
中部	6.76	13.68	24.16	27.03	28.38	100
华南沿海	13.03	19.12	16.24	21.66	29.95	100
东北	6.36	10.82	14.43	25.43	42.96	100
全国情况	10.09	16.48	21.21	24.59	27.63	100

14.4　网络的接触情况

1. 网络受众的结构特点

在年龄越小、学历越高、收入越高的群体中，网络受众的比例越大。

对网络受众的构成进行分析发现，在学历越高、收入越高的群体中，网民的比例越高。从城市居民的职业构成来看，在体力劳动者群体中的受众比例都较低，而在脑力劳动者群体中的受众比例都较高。其中，在高校学生群体中的网民比例是最高的，3/4 的高校学生群体是网络受众（参见表 14 – 12～表 14 – 15）。

表 14 – 12 网络受众的年龄分布 单位：%

	非受众	受众	合计
14～20 岁	41.06	**58.94**	100
21～30 岁	33.47	**66.53**	100
31～40 岁	63.57	**36.43**	100
41～50 岁	78.41	**21.59**	100
51～60 岁	89.08	**10.92**	100
61～70 岁	91.94	**8.06**	100
总体情况	56.44	**43.56**	100

表 14 – 13 网络受众的学历分布 单位：%

	非受众	受众	合计
小学及小学以下	94.63	**5.37**	100
初中	82.42	**17.58**	100
高中、中专或中技	69.34	**30.66**	100
大专	36.95	**63.05**	100
大学本科	24.62	**75.38**	100
双学士、硕士、博士	11.76	**88.24**	100
总体情况	56.44	**43.56**	100

表 14 – 14 网络受众的收入分布 单位：%

	非受众	受众	合计
无收入	49.49	**50.51**	100
500 元以下	81.46	**18.54**	100
500～999 元	70.05	**29.95**	100
1 000～1 499 元	57.30	**42.70**	100
1 500～2 499 元	46.73	**53.27**	100
2 500～4 999 元	32.39	**67.61**	100
5 000～9 999 元	27.50	**72.50**	100
10 000～14 999 元	30.00	**70.00**	100
15 000 元以上	42.86	**57.14**	100
总体情况	56.44	**43.56**	100

表 14 − 15　　　　　　　　　　　网络受众的职业分布　　　　　　　　单位：%

	非受众	受众	合计
农民或外来民工	92.93	7.07	100
离退休人员	89.66	10.34	100
下岗、待业或无业人员	84.81	15.19	100
个体工商户	71.60	28.40	100
国营、私营、三资企业的工人	65.51	34.49	100
其他	62.94	37.06	100
私营企业主	62.50	37.50	100
自由职业者	61.51	38.49	100
商业服务业人员	55.49	44.51	100
公检法/军人/武警	48.00	52.00	100
初高中/中专学生	46.00	54.00	100
一般职员/文员/秘书	42.53	57.47	100
专业技术人员/教师/医生	37.90	62.10	100
机关/事业单位干部	34.06	65.94	100
企业中高层管理人员	30.21	69.79	100
高校学生	24.36	75.64	100
总体情况	56.44	43.56	100

2. 不同地区的网络受众规模情况

在中部六省和东北网络受众比例相对最低，在华北沿海和华东沿海网络受众比例相对较高（参见表 14 − 16）。

表 14 − 16　　　　　　　　　不同地区的网络受众规模情况　　　　　　　单位：%

	非受众	受众	合计
中部	73.6	26.40	100
东北	68.78	31.22	100
西北	66.06	33.94	100
华南沿海	53.95	46.05	100
西南	47.18	52.82	100
华北沿海	45.32	54.68	100
华东沿海	43.50	56.50	100
全国情况	56.44	43.56	100

3. 不同类型城市的网络受众规模情况

特大型城市网络受众比例最高，中型城市次之（参见表 14 −17）。

表 14 - 17　　　　　　不同类型城市的网络受众规模情况　　　　单位：%

	非受众	受众	合计
特大型城市	43.41	**56.59**	100
大型城市	60.57	**39.43**	100
中型城市	58.39	**41.61**	100
全国情况	56.44	**43.56**	100

4. 网络受众的接触时间

华南沿海每天接触网络两个小时以上的网民比例相对最低，不到两成，2/3 比例的网民每天接触网络的时间在 60 分钟以内。而在东北有 1/3 的网民每天接触网络在两个小时以上，在本研究划分的七个片区中比例最高（参见表 14 - 18）。

表 14 - 18　　　　　　不同地区网络受众的接触情况　　　　单位：%

	1~30 分钟	31~60 分钟	61~120 分钟	2~3 小时	3 小时以上	合计
西南	32.28	27.56	18.5	13.39	8.27	100
华南沿海	39.23	27.31	15.77	8.46	9.23	100
华东沿海	33.77	31.48	15.08	9.51	10.16	100
西北	40.33	18.78	18.78	11.60	10.50	100
中部	37.84	27.70	14.86	8.11	11.49	100
华北沿海	31.62	26.48	18.97	10.28	12.65	100
东北	27.62	24.86	13.26	15.47	18.78	100
全国情况	34.51	26.80	16.56	10.87	11.25	100

14.5　新闻类杂志的接触情况

1. 读者结构特点

对新闻类杂志的读者构成分析发现，在越是学历高、收入高的群体中，读者的比例越高。在职业构成上，机关/事业单位干部、公检法/军人/武警和高校学生中的读者比例都超过一半，是比例最高的三个人群（参见表 14 - 19 ~ 表 14 - 21）。

表 14－19 新闻类杂志的读者学历分布 单位：%

	非读者	读者	合计
小学及小学以下	86.58	**13.42**	100
初中	69.01	**30.99**	100
高中、中专或中技	66.19	**33.81**	100
大专	53.36	**46.64**	100
大学本科	49.84	**50.16**	100
双学士、硕士、博士	53.73	**46.27**	100
总体情况	62.23	**37.77**	100

表 14－20 新闻类杂志的读者收入分布 单位：%

	非读者	读者	合计
无收入	62.23	**37.77**	100
500 元以下	76.32	**23.68**	100
500～999 元	68.70	**31.30**	100
1 000～1 499 元	57.31	**42.69**	100
1 500～2 499 元	56.91	**43.09**	100
2 500～4 999 元	55.02	**44.98**	100
5 000～9 999 元	35.00	**65.00**	100
10 000～14 999 元	33.33	**66.67**	100
15 000 元以上	42.86	**57.14**	100
总体情况	62.23	**37.77**	100

表 14－21 新闻类杂志的读者职业分布 单位：%

	非读者	读者	合计
下岗、待业或无业人员	78.92	**21.08**	100
农民或外来民工	76.23	**23.77**	100
离退休人员	74.52	**25.48**	100
自由职业者	67.61	**32.39**	100
商业服务业人员	67.19	**32.81**	100
初高中/中专学生	65.06	**34.94**	100
个体工商户	62.59	**37.41**	100
专业技术人员/教师/医生	62.38	**37.62**	100
私营企业主	60.34	**39.66**	100
国营、私营、三资企业的工人	58.38	**41.62**	100
一般职员/文员/秘书	56.82	**43.18**	100
其他	55.43	**44.57**	100
企业中高层管理人员	54.17	**45.83**	100

续表

	非读者	读者	合计
高校学生	47.67	**52.33**	100
公检法/军人/武警	44.00	**56.00**	100
机关/事业单位干部	43.92	**56.08**	100
总体情况	62.23	**37.77**	100

2. 读者的地区规模情况

中部和东北的读者规模较低，华北沿海和华东沿海地区的读者规模比例较高（参见表14 – 22）。

表14 – 22　　　　　新闻类杂志读者的地区规模情况　　　　单位：%

	非受众	受众	合计
中部	75.65	**24.35**	100
东北	74.57	**25.43**	100
华南沿海	74.35	**25.65**	100
西北	71.20	**28.80**	100
西南	56.03	**43.97**	100
华北沿海	42.45	**57.55**	100
华东沿海	42.16	**57.84**	100
全国情况	62.23	**37.77**	100

3. 读者的接触时间

西南地区的读者接触时间整体相对较短，东北地区读者的接触时间相对较长（参见表14 – 23）。

表14 – 23　　　　不同地区新闻类杂志读者的接触时间情况　　　　单位：%

	1~30分钟	31~60分钟	61~120分钟	2~3小时	3小时以上	合计
西南	67.73	24.70	4.78	1.99	0.80	100
华南沿海	61.97	23.24	9.15	4.93	0.70	100
华东沿海	65.31	24.06	7.50	2.19	0.94	100
中部	64.71	21.32	8.09	4.41	1.47	100
西北	66.67	24.36	5.77	0.64	2.56	100
华北沿海	30.92	33.88	27.63	3.95	3.62	100
东北	48.97	28.97	10.34	2.76	8.97	100
全国情况	56.67	26.41	11.55	2.89	2.48	100

14.6 广播的接触情况

1. 听众的构成特点

在最小年龄段和最大年龄段的听众比例相对较高；从具体的职业或身份来看，高校学生群体中听众比例最高（参见表14-24和表14-25）。

表14-24   **广播听众的职业分布**   单位：%

	非受众	受众	合计
下岗、待业或无业人员	79.94	**20.06**	100
专业技术人员/教师/医生	73.15	**26.85**	100
商业服务业人员	72.11	**27.89**	100
农民或外来民工	71.31	**28.69**	100
个体工商户	68.71	**31.29**	100
初高中/中专学生	68.02	**31.98**	100
自由职业者	67.07	**32.93**	100
离退休人员	64.42	**35.58**	100
私营企业主	64.41	**35.59**	100
机关/事业单位干部	63.33	**36.67**	100
企业中高层管理人员	61.22	**38.78**	100
国营、私营、三资企业的工人	61.17	**38.83**	100
其他	60.8	**39.20**	100
一般职员/文员/秘书	59.75	**40.25**	100
公检法/军人/武警	51.85	**48.15**	100
高校学生	46.39	**53.61**	100
总体情况	65.82	**34.18**	100

表14-25   **广播听众的年龄分布**   单位：%

	非受众	受众	合计
14～20岁	56.32	**43.68**	100
21～30岁	62.67	**37.33**	100
31～40岁	68.54	**31.46**	100
41～50岁	67.76	**32.24**	100
51～60岁	68.64	**31.36**	100
61～70岁	58.99	**41.01**	100
总体情况	65.82	**34.18**	100

2. 听众的地区规模情况

对于不同地区广播听众的规模情况，调查数据显示，在华北沿海的听众比例最高，其次是华东沿海。而在中部六省和西南地区，广播听众的比例相对最低（参见表 14 – 26）。

表 14 – 26	广播听众的地区规模情况		单位：%
	非受众	受众	合计
中部	80.72	**19.28**	100
西南	78.24	**21.76**	100
西北	73.08	**26.92**	100
华南沿海	67.01	**32.99**	100
东北	60.9	**39.10**	100
华东沿海	58.89	**41.11**	100
华北沿海	34.48	**65.52**	100
全国情况	65.82	**34.18**	100

3. 不同城市类型的听众规模

特大型城市的受众比例最高（参见表 14 – 27）。

表 14 – 27	广播听众的城市分布情况		单位：%
	非受众	受众	合计
特大型城市	45.88	**54.12**	100
大型城市	62.47	**37.53**	100
中型城市	69.69	**30.31**	100
全国情况	65.82	**34.18**	100

4. 听众的接触时间

近 3/4 的听众每天接触时间在 1 个小时以内。

调查数据显示，有 75.02% 的听众每天接触广播的时间在 1 个小时以内，每天接触两个小时的听众比例有 12.81%。对不同地区听众接触时间的比较发现，中部地区听众的接触时间相对较少，近六成听众是在半小时以内，1 个小时以内的占了八成的比例。而东北和华南沿海地区每天长时间接触广播的比例相对多些，每天接触广播两个小时以上的听众比例分别为 16.96% 和 15.68%（参见表 14 – 28）。

表 14 - 28			不同区域听众接触广播时间分布			单位：%
	1~30 分钟	31~60 分钟	61~120 分钟	2~3 小时	3 小时以上	合计
中部	58.49	21.70	12.26	2.83	4.72	100
西南	65.32	20.16	4.84	4.84	4.84	100
华北沿海	34.15	34.42	17.34	8.13	5.96	100
华东沿海	55.36	24.03	11.16	3.43	6.01	100
西北	50.00	25.35	13.38	4.93	6.34	100
华南沿海	45.95	24.32	14.05	8.65	7.03	100
东北	40.00	36.52	6.52	6.96	10.00	100
全国情况	46.51	28.51	12.17	6.19	6.62	100

14.7 城市居民的媒介接触变化情况

1. 我国城市居民对媒介接触的变化情况

对报纸与电视的接触在总体规模上处于一种稳定状态，广播、新闻类杂志呈现下降的趋势，网络新闻则呈上升趋势。考察我国城市居民接触媒介的变化情况发现，城市居民对于报纸的接触总体上处于一种稳定的状态，超过一半的人表示没有太大变化，表示明显接触少和明显接触多的比例基本接近，都是超出两成多一点。

与其他几种大众媒介相比较，电视与报纸的情况基本相似，一半的比例是没有太大的变化，明显接触多和明显接触少的人数都在 1/4 左右。而广播、新闻类杂志则呈现出下降的趋势，虽然有六成多的人没有太大的变化，但明显接触少的比明显接触多的分别多了 7 个百分点和 10 个百分点。

只有网络新闻呈现明显的增长趋势，明显接触多的比接触少的多了近两成（参见表 14 - 29）。

表 14 - 29	我国城市居民接触媒介的变化情况			单位：%
	明显接触多	明显接触少	没有太大变化	合计
报纸	21.94	22.31	55.98	100
电视	24.67	25.42	50.13	100
新闻类杂志	13.28	20.23	66.72	100
广播	13.79	24.58	61.87	100
网络新闻	29.13	10.53	60.58	100

2. 不同区域的变化情况

对于电视、报纸来说，沿海地区呈现减小的趋势，而内地的中部、西北、西南、东北，整体上还呈现增长的趋势。

对不同区域城市居民接触电视的变化情况考察发现，内地和沿海非常明显地表现为两种趋势。内地的中部、西北、西南、东北地区，居民的接触呈现一定的增长趋势；但在沿海的北部、东部、南部地区，城市居民的接触呈现下降的趋势。

对不同区域城市居民接触报纸的变化情况考察发现，总体上每个区域没有特别大的变化，接触多与少之间的变化差距最大的没有超过10个百分点。具体来看，西北、华南沿海呈现一定比例的增长势头，接触多的分别比接触少的多了9.4%和4.45%；而西南、华东沿海、华北沿海三地有减少的势头，接触多的分别比接触少的差了5.18%、4.7%和4.02%。

对于新闻类杂志来说，除了中部和西北地区外，其他区域都呈现出下降的趋势。（参见表14-30~表14-32）。

表14-30　　我国不同区域城市居民接触电视的变化情况　　单位：%

	明显接触多	明显接触少	没有太大变化	合计
东北	**25.00**	19.57	55.43	100
西北	**32.21**	26.68	41.11	100
中部	**27.09**	22.74	50.17	100
西南	**30.56**	26.80	42.65	100
华北沿海	19.22	**24.11**	56.66	100
华东沿海	20.98	**25.08**	53.93	100
华南沿海	20.92	**31.70**	47.39	100
全国情况	24.67	25.42	50.13	100

表14-31　　我国不同区域城市居民接触报纸的变化情况　　单位：%

	明显接触多	明显接触少	没有太大变化	合计
西北	**27.82**	18.42	53.76	100
华南沿海	**23.29**	18.84	57.88	100
东北	**21.29**	19.37	59.34	100
中部	19.03	19.03	61.94	100
华北沿海	22.55	**26.57**	50.87	100
华东沿海	19.63	**24.33**	56.04	100
西南	23.66	**28.84**	47.50	100
全国情况	21.94	22.31	55.98	100

表 14 - 32   我国不同区域城市居民接触新闻类杂志的变化情况   单位：%

	明显接触多	明显接触少	没有太大变化	合计
中部	**15.57**	13.46	70.98	100
西北	15.26	15.49	69.25	100
东北	12.35	**14.96**	72.68	100
华北沿海	19.07	**24.14**	56.80	100
华东沿海	10.15	**24.71**	65.13	100
华南沿海	11.91	**21.56**	66.53	100
西南	11.74	**24.83**	63.43	100
全国情况	13.28	20.23	66.72	100

3. 不同城市类型的接触变化情况

新闻类杂志和广播在三种类型城市中都呈现下降的趋势，而网络都呈现明显的上升趋势。电视和报纸在不同类型城市中则出现了不一样的情况，在特大型城市都是明显的下降趋势，在中型城市接触多和接触少的比例基本持平。在大型城市中，电视的增量和减量基本相当，但报纸的增量大于减量（参见表 14 - 33 ~ 表 14 - 37）。

表 14 - 33   我国不同类型城市居民接触电视的变化情况   单位：%

	明显接触多	明显接触少	没有太大变化	合计
特大型城市	14.35	26.09	59.57	100
大型城市	25.78	25.64	48.58	100
中型城市	26.84	24.87	48.29	100
全国情况	24.67	25.42	50.13	100

表 14 - 34   我国不同类型城市居民接触报纸的变化情况   单位：%

	明显接触多	明显接触少	没有太大变化	合计
特大型城市	17.43	25.49	57.08	100
大型城市	24.69	20.59	54.72	100
中型城市	22.18	22.64	55.18	100
全国情况	21.94	22.31	55.98	100

表 14 - 35   我国不同类型城市居民接触新闻类杂志的变化情况   单位：%

	明显接触多	明显接触少	没有太大变化	合计
特大型城市	13.09	27.49	59.42	100
大型城市	12.58	20.93	66.49	100
中型城市	14.36	18.40	67.25	100
全国情况	13.28	20.23	66.72	100

表 14-36　　　我国不同类型城市居民接触广播的变化情况　　　单位：%

	明显接触多	明显接触少	没有太大变化	合计
特大型城市	16.95	31.45	51.60	100
大型城市	13.53	25.05	61.42	100
中型城市	13.70	22.73	63.57	100
全国情况	13.79	24.58	61.87	100

表 14-37　　　我国不同类型城市居民接触网络新闻的变化情况　　　单位：%

	明显接触多	明显接触少	没有太大变化	合计
特大型城市	29.07	16.27	54.67	100
大型城市	28.83	9.83	61.34	100
中型城市	28.94	9.75	61.31	100
全国情况	29.13	10.53	60.58	100

小　结

1. 总体上看，电视还是第一大强势媒介。报纸作为仅次于电视的第二大强势媒介的地位目前看来还是稳固的，报纸读者规模比广播、杂志等有明显的优势，并且总体趋势基本保持不变，广播和杂志呈现出了一定的下降趋势，网络则呈现明显的增长势头。

2. 我国城市居民的媒介接触存在着明显的地区差异。

（1）电视。华北沿海的接触规模相对低于其他几个区域，而且观众的接触频率和接触日均时间都较其他各地区低。东北电视观众的接触频率和日均接触时间都较高。

沿海地区的电视接触规模呈现减小的趋势，明显接触少的比例高于明显接触多的比例；而内地的东北、西北、中部、西南地区则相反，都呈现一定的增长势头。

（2）报纸。数据显示，华南沿海是报纸发展最为良好的一个区域，它的特点最为突出——读者规模大，具体的阅读时间少，但接触的频率高、稳定性好，读者的接触呈增长势头。而华东沿海和华北沿海表现出下降的迹象。华东沿海的读者比例较高，但读者的稳定性最差，并且表现出下降的迹象。华北沿海读者的阅读时间最长，但也表现出一定的下降迹象。

中部六省的读者占总体居民的比例最低，读者阅读报纸的时间也相对较短，市场看不出明显的变化，是相对比较弱的一个报纸区域市场。

西部的两个区域情况刚好相反。西南是报纸普及率最高的地区，读者比例在七个区域中最高，在 14～70 岁的地级以上城市居民中，近九成的人都是报纸的读者。同时，西南的报纸读者市场有下降的迹象，居民表示接触多的比接触少的分别差了 5.18%。西北刚好相反，读者比例较低，占城市居民调查总体的七成多一点，与西南比差了近两成的比例。但向上的走势很突出，接触多的分别比接触少的多了 9.4%。

东北是一个比较稳定的报纸读者市场。虽然读者规模比例偏低，但读者的稳定性较好，有一半比例的读者是一周接触 6～7 天的稳定读者，读者阅读报纸的时间也较长，没有明显的变化趋势表现。

（3）网络。沿海发达地区的网民比例高于内地的东北、西北、中部地区。网民的使用时间则看不出沿海与内地的差异，相对来说，东北和华北沿海网民的日均使用时间较长。

西南是一个媒介接触比较特殊的地区，虽然处于西部，但在网络媒介接触方面与沿海很相似，网民规模较其他西部地区要高，但网民的相对日均接触时间低于其他地区。

3. 从城市类型的角度看，不同城市类型居民的媒介接触有差异。

（1）总的来看，新兴的网络在各种类型城市中都呈明显的增长趋势，而传统的新闻类杂志和广播都呈下降的趋势。

（2）特大型城市的电视、报纸受众市场有收缩迹象。特大型城市电视的观众规模本身已经低于大中型城市，并且居民接触电视的变化呈下降趋势。特大型城市的报纸读者比例较高，但读者接触报纸的接触频率不是很高，接触时间也偏低，居民接触报纸的状况呈现出一定的下降趋势，明显接触多的比明显接触少的差了 8 个百分点。

（3）大型城市的电视受众市场基本稳定，报纸受众市场还有一定的成长性。大型城市居民接触电视的规模较大，增多和减少的变化量基本持平，电视的受众基本是稳定的。而报纸的读者规模大，稳定读者比例高，读者阅读报纸的时间长，并且居民接触报纸的状况呈现出一种上升的趋势，明显接触多的比明显接触少的多了 5 个百分点左右。

（4）中型城市相对而言是报纸的一个弱势读者市场。读者规模小，稳定读者比例不高，阅读报纸时间短，居民接触报纸的状况基本没有大的变化。

第 15 章

我国媒介公信力现状

考察媒介渠道公信力的方法有多角度测量法、相对公信力、绝对公信力等多种方法，本次调查运用相对公信力、绝对公信力两种方法来对我国媒介公信力作一个基本的描述。

相对公信力的测量是 Roper 机构在 1959 年开始采用的，通过比较不同媒介公信力的方法来进行调查，基本的提问方式是："如果你发现广播、电视、杂志或者报纸对同一则新闻的报道不一致或不同，对这四种不同的报道，你会倾向相信哪一种——广播、电视、杂志、还是报纸？"

绝对公信力是美国学者卡特与格林伯格等提出的，他们对受访者提出的问题是：

> 我们想知道你对（如广播等）新闻可信赖程度的意见。如果完全可信是 100%，以你的看法，你会相信多少百分比的（广播等）新闻（相信程度从 0 到 100%）？[1]

本次分析从四个方面来考察电视、广播的公信力状况：传播渠道、新闻内容、媒介机构、行业机构，采用相对公信力和绝对公信力两种方法来进行考察。具体的分析架构如表 15 – 1 所示：

---

[1] Carter, R., and Greenberg, B. (1965). Newspapers or television: which do you believe? Journalism Quarterly, 42, 29 – 34.

表 15 - 1

主题	分析视角		相对/绝对	分析内容
我国媒介公信力	媒介渠道	大众传播体系	相对公信力	大众传播体系的渠道相对公信力
			绝对公信力	大众传播体系的渠道绝对公信力
		传播体系	相对公信力	传播体系的渠道相对公信力
	媒介内容		绝对公信力	新闻内容的绝对公信力
	媒介机构	电视机构 报纸机构 网络机构 杂志机构	相对公信力	媒介机构的相对公信力
			绝对公信力	媒介机构的绝对公信力
	行业机构		绝对公信力	行业机构的绝对公信力

15.1 媒介渠道公信力

15.1.1 大众传播体系的渠道相对公信力

1. 电视的相对公信力最高

无论在城市或农村，电视的相对公信力都是最高的，有八成左右的比例；其次是报纸和网络新闻；广播的相对公信力较低。

对于国内大众媒介渠道之间的公信力比较，本次调查设计了问题："如果您发现国内广播、杂志、报纸、电视、网络新闻媒介对同一事件的报道不一样时，您会比较相信哪一种媒介的报道？（单选）"调查发现，在城市里，电视的获选率占了绝对多数，获得了 81.55% 的比例。其次是报纸，获得了 9.74% 的比例。网络新闻获得了 5.38% 的比例。

在农村最高的前三位也是电视、报纸和网络新闻，分别是 79.41%、13.15%、5.39%（参见图 15 - 1 和图 15 - 2）。

2. 在不同城市区域的相对公信力

电视、报纸、网络新闻在各个区域都居于前三位。其中电视公信力在各个区域都绝对领先，报纸都处于第二位。电视与报纸的区域公信力高低变化刚好相反，从南到北、从东到西，电视公信力逐渐变高，而报纸逐渐变低。

将区域与相对公信力做交叉分析发现，在每一个区域都是电视、报纸、网络新闻居于前三位，其中电视又遥遥领先于其他媒介。具体来看，电视相对公信力变化的趋势是从华南沿海开始，从南到北、从东到西依次升高。华南沿海的电视相对公信力最低，为 74.26%；而西北的最高，达到 86.94%。与此相反的是报纸，在华南沿海最高，为 16.56%，然后是华东沿海（14.54%）、华北沿海（8.22%），在西北则最低，为 6.12%。（参见表 15－2 和图 15－3）

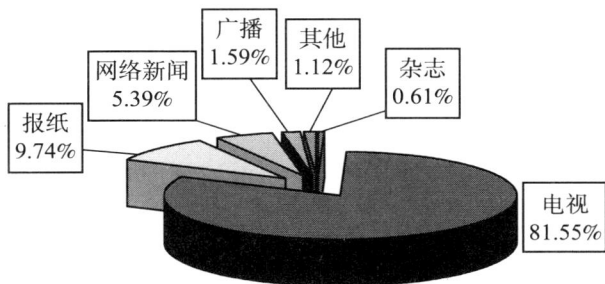

图 15－1　如果国内新闻媒介对同一事件报道不一样时，
相信哪种媒介（城市居民）

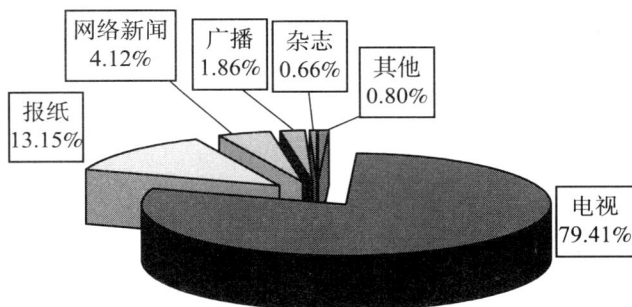

图 15－2　如果国内新闻媒介对同一事件报道不一样时，
相信哪种媒介（农村居民）

表 15－2　　　　　不同城市区域，如果国内各新闻媒介对同一
事件报道不一样比较相信哪种媒介　　　　　单位：%

	电视	报纸	网络新闻	广播	杂志	其他	合计
华南沿海	74.26	16.56	5.90	2.13	0.33	0.82	100
华东沿海	75.77	14.54	7.59	0.65	1.13	0.32	100
华北沿海	77.63	8.22	8.88	3.13	0.82	1.32	100
中部	85.29	8.10	3.47	1.16	0.50	1.49	100
西南	85.48	7.18	4.89	1.14	0.49	0.82	100
东北	85.57	7.38	3.77	1.48	0.49	1.31	100
西北	86.94	6.12	3.14	1.49	0.50	1.82	100
总体情况	81.55	9.74	5.39	1.59	0.61	1.12	100

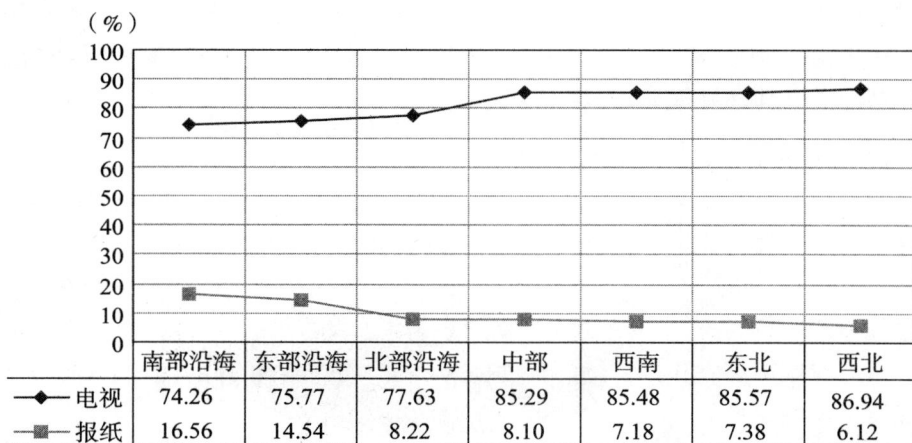

	南部沿海	东部沿海	北部沿海	中部	西南	东北	西北
◆ 电视	74.26	75.77	77.63	85.29	85.48	85.57	86.94
▪ 报纸	16.56	14.54	8.22	8.10	7.18	7.38	6.12

**图 15 - 3　我国不同区域的电视、报纸在大众传播
体系中的相对公信力情况**

3. 在特大型城市与大型城市、中型城市之间，相对公信力情况有一定的区别

特大型城市电视的相对公信力明显低于大型城市和中型城市，而在报纸和网络新闻的相对公信力上则相反。

将城市按照规模大小分为特大型、大型、中型三类。特大型城市包括北京、上海、广州三市，大型城市为重庆、省会城市、副省级城市，中型城市为地级城市。交叉分析发现，特大型城市的电视相对公信力是 69.38%，明显低于大型城市的 83.83% 和中型城市的 82.59%。特大型城市在报纸、网络新闻两种渠道的相对公信力比较突出，分别是 17.13% 和 9.42%，明显高于大型城市（8.34% 和4.93%）、中型城市（9.12% 和4.87%）。具体参见表15 - 3。

**表15 - 3　　不同城市规模，如果国内各新闻媒介对同一
事件报道不一样，比较相信哪种媒介**　　　　单位：%

	电视	报纸	网络新闻	广播	杂志	其他	合计
特大型城市	69.38	17.13	9.42	1.71	0.43	1.93	100
大型城市	83.83	8.34	4.93	1.74	0.29	0.87	100
中型城市	82.59	9.12	4.87	1.49	0.83	1.11	100
总体情况	81.55	9.74	5.39	1.59	0.61	1.12	100

15.1.2　大众传播渠道的绝对公信力

1. 电视的绝对公信力最高

在五种大众媒介渠道中，电视的绝对公信力是最高的，广播与新闻类杂志、网络新闻一起属于及格水平。采用十分制对大众媒介渠道进行绝对公信力的测量发现，五种媒介渠道的平均得分均在及格线上。其中，电视的平均得分在城市和农村抽样地区分别是 7.98、7.82，在五种大众传播媒介中是最高的。广播的绝对公信力在城市和农村抽样地区分别是 6.56、6.84，与新闻类杂志、网络新闻一起属于及格的水平。

电视与报纸的绝对公信力差距不如相对公信力那样明显（参见表 15-4）。

表 15-4　城市和农村抽样地区大众媒介渠道的绝对公信力

	城　　市		农村抽样地区	
	平均得分	标准差	平均得分	标准差
电视	7.98	1.49	7.82	1.56
报纸	7.31	1.56	7.22	1.65
广播	6.56	2.11	6.84	1.78
新闻类杂志	6.54	1.96	6.70	1.74
网络新闻	6.16	1.97	6.23	1.91

注：最高为 10 分，最低为 0 分。

2. 电视绝对公信力的区域差异

中部、东北最高，华南沿海和西南较低，并与其他五个区域有差别。对不同区域的电视绝对公信力进行分析发现，各个区域的绝对公信力没有特别高和特别低的。中部和东北地区的绝对公信力最高，华南沿海和西南地区的最低。方差分析显示，华南沿海和西南地区之间没有差别，华北沿海、华东沿海、西北、东北、中部地区之间没有区别，而华南沿海和西南与其他几个区域之间有差别（参见表 15-5）。具体的分析结果参见本章附表 1。

表 15-5　电视绝对公信力的区域差异

区　　域	绝对公信力得分		样本数
	无差别组	无差别组	
华南沿海	7.67		609
西南	7.80		612
华北沿海		8.01	607
华东沿海		8.01	609

333

区　　域	绝对公信力得分		样本数
	无差别组	无差别组	
西北		8.07	592
东北		8.12	606
中部		8.18	602

注：最高为 10 分，最低为 0 分。

3. 报纸绝对公信力的区域差异

西南和东北最低，华东沿海最高。对报纸绝对公信力进行分区域分析发现，各区域报纸绝对公信力都在 7～8 分之间。西南和东北的报纸绝对公信力最低，分别是 7.12 和 7.16；在华东沿海最高，是 7.52。方差分析显示，西南、东北与中部、华东沿海有差别，西北与华东沿海有差别（参见表 15－6 和本章附表 2）。

表 15－6　　　　　　　　　报纸绝对公信力的区域差异

区域	绝对公信力得分	样本数
华东沿海	5.97	387
西南	6.00	304
东北	6.09	258
华南沿海	6.22	379
西北	6.24	204
中部	6.28	203
华北沿海	6.38	338

注：最高为 10 分，最低为 0 分。

4. 网络新闻绝对公信力的区域差异

各个区域之间没有明显的差异。对网络新闻各个区域绝对公信力的分析显示，华北沿海最高，华东沿海最低。进一步对各个区域的网络新闻绝对公信力进行方差分析发现，各个区域之间没有明显的差异（参见表 15－7）。

表 15－7　　　　　　　　网络新闻绝对公信力的区域差异

区域	绝对公信力得分	样本数
华东沿海	5.97	387
西南	6.00	304
东北	6.09	258
华南沿海	6.22	379
西北	6.24	204
中部	6.28	203
华北沿海	6.38	338

5. 广播绝对公信力的区域差异

西南最低，并且与其他几个地区有明显差别。对不同区域广播的绝对公信力的分析发现，西南地区最低，只有4.6分，没有及格。其他几个区域的得分位于6.76 ~ 7.05之间，比较接近。方差分析显示，西南和其他6个区域的绝对公信力有明显差异，而其他六个区域之间没有明显差异（参见表15-8）。

表 15 - 8 　　　　　　　**广播绝对公信力的区域差异**

区　　域	绝对公信力得分		样本数
	无差别组	无差别组	
西南	4.60		323
东北		6.76	365
西北		6.81	202
华南沿海		6.85	327
华东沿海		6.88	409
华北沿海		6.93	516
中部		7.05	185

6. 新闻类杂志绝对公信力的区域差异

西南最低，并且与其他几个地区有明显差别。新闻类杂志各个区域的绝对公信力与广播很相似，西南地区最低，十分制只得了5.55分，还没有到及格线。除西南外的其余几个地区得分都在几个及格线上。方差分析显示，西南地区与其他6个地区有明显的差别，而除西南外的6个区之间没有显著的差别（参见表15-9）。

表 15 - 9 　　　　　　　**新闻类杂志绝对公信力的区域差异**

区　　域	绝对公信力得分		样本数
	无差别组	无差别组	
西南	5.55		386
东北		6.52	275
华南沿海		6.62	279
西北		6.64	195
华东沿海		6.74	430
中部		6.83	207
华北沿海		6.96	470

15.1.3 传播渠道体系中的相对公信力

1. 整个传播体系中相对公信力情况

在整个传播体系中，国内电视的相对公信力明显高过其他传播渠道，其后是国内报纸、我国港台地区电视/报纸/杂志/广播；人际传播在城市和农村都非常弱势。进一步在整个传播体系中来考察各个渠道的相对公信力，有关"当遇到一件事情有很多种不同的说法时，下列的各个传播渠道中，您一般最相信哪一个是最真实的"的调查发现，无论在城市还是农村，国内电视的相对公信力依然都最高，在所有的传播渠道中占了2/3多的比例；报纸排在第二位，城市和农村分别是8.91%和12.47%；而我国港台地区电视/报纸/杂志/广播排在了第三位，城市和农村分别是4.26%和4.91%。

人际传播在城市和农村都非常弱势。"周围认识的人"这一渠道在城市和农村的相对公信力分别只有1.80%和1.86%，"网友"在城市和农村分别是0.14%和0.53%（参见图15-4）。

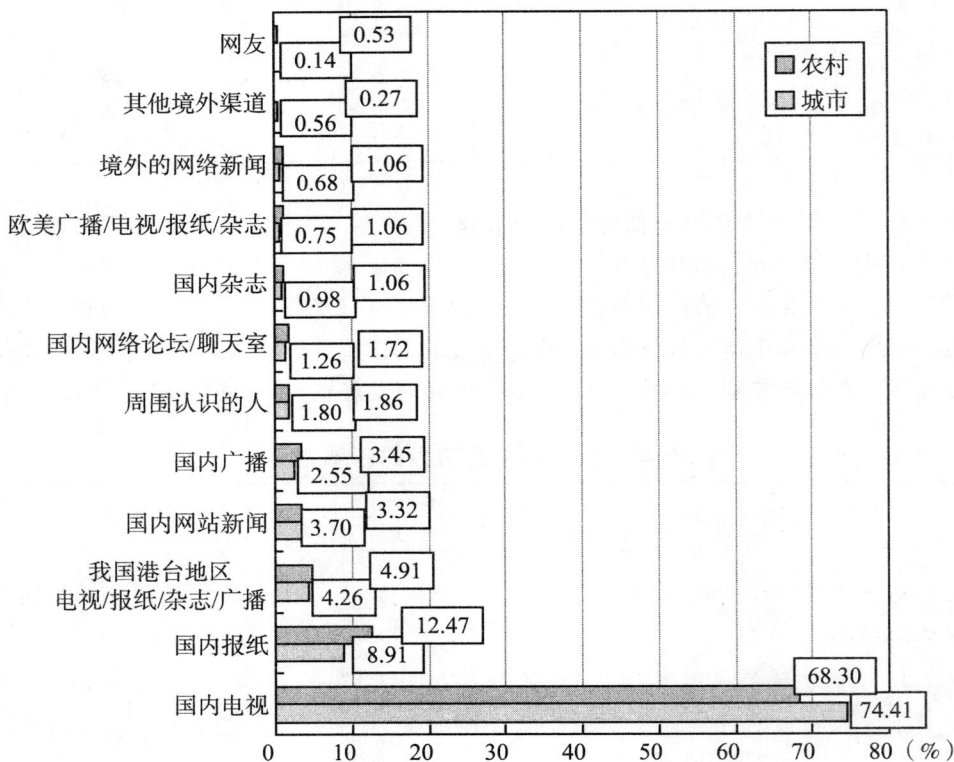

图15-4　传播体系的渠道相对公信力

2. 区域差别

电视在沿海城市的相对公信力远远低于中西部和东北地区，特别是在华南沿海相对最低，而在这一区域的港台地区电视/报纸/杂志/广播的相对公信力比较突出。对不同区域城市的相对公信力进行分析发现，在华南沿海的电视相对公信力只有 56.40%，远远低于总体水平。而在这一地区的港台电视/报纸/杂志/广播相对公信力则比较突出，达到 16.21%，高过报纸。总的来看，沿海地区电视的相对公信力偏低，东北和中西部地区偏高。华北沿海在广播上的相对公信力比其他地区明显高（参见表 15 – 10）。

表 15 – 10　　　在不同区域城市一件事情有多种不同说法时
最相信哪一个传播渠道是最真实的　　　　单位：%

	国内电视	国内报纸	港台地区电视/报纸/杂志/广播	国内网站新闻	国内广播	周围认识的人	国内网络论坛/聊天室	国内杂志	欧美广播/电视/报纸/杂志	境外的网络新闻	其他境外渠道	网友	合计
华南沿海	56.40	13.13	16.21	3.40	3.40	1.46	1.78	1.30	1.62	0.97	0.32		100
华北沿海	66.45	6.45	2.98	6.61	6.28	3.97	2.15	2.15	1.16	0.66	1.16		100
华东沿海	67.69	15.19	3.55	4.68	1.78	1.45	1.45	1.29	0.81	0.65	0.97	0.48	100
东北	81.48	6.72	2.13	2.46	2.30	1.64	0.16	0.33	1.15	0.98	0.49	0.16	100
西南	81.73	6.69	1.47	4.08	0.65	1.96	0.98	0.82	0.16	1.14	0.16	0.16	100
中部	82.67	7.76	1.49	2.48	1.32	1.65	0.99	0.83		0.33	0.33	0.17	100
西北	84.79	6.28	1.82	2.15	2.15	0.50	1.32	0.17	0.33		0.50		100
总体	74.41	8.91	4.26	3.70	2.55	1.80	1.26	0.98	0.75	0.68	0.56	0.14	100

15.2　媒介内容的绝对公信力

对于媒介内容的绝对公信力，本报告考察了电视、报纸、网络新闻三种媒介的内容情况。

1. 电视、报纸、网络内容的绝对公信力

电视内容的绝对公信力得分高过报纸和网络新闻，娱乐新闻的绝对公信力得分在电视、报纸两种媒介中是最低的。

对电视内容的绝对公信力得分与报纸和网络新闻相比较发现，电视、报纸、网络新闻三者内容的绝对公信力依次减低，即电视内容的绝对公信力得分超过后两者，报纸内容的绝对公信力得分又超过了网络新闻。具体内容方面，体育新闻的绝对公信力得分在三种媒介中都是最高的，而娱乐新闻得分在电视、报纸两种媒介中都是最低的，模范典型宣传类新闻得分在网络新闻中最低（参见表 15 – 11）。

表 15-11　　　　电视、报纸、网络新闻内容的绝对公信力得分

	电视平均得分	报纸平均得分	网络新闻平均得分
体育新闻	8.10	7.69	7.36
国际新闻	8.03	7.57	7.15
国内时政类新闻	8.02	7.54	7.01
灾难、事故新闻	7.95	7.63	7.36
公共安全类新闻	7.80	7.47	7.03
社会新闻	7.76	7.41	6.99
热点话题类新闻	7.76	7.37	7.17
财经新闻	7.75	7.37	6.89
政策解读类新闻	7.70	7.37	6.79
实用生活资讯类新闻	7.69	7.39	7.10
模范典型宣传类新闻	7.65	7.28	6.72
社会问题类新闻	7.60	7.29	7.15
娱乐新闻	7.48	7.01	6.87
批评揭露类新闻	7.48	7.15	7.13

注：最高为 10 分，最低为 0 分。

2. 不同区域城市的电视内容绝对公信力

在东北各项新闻内容的绝对公信力得分相对较高，而在华北沿海和西南，对各项内容的绝对公信力评价相对普遍偏低。

对不同区域的内容绝对公信力得分进行比较发现，总体上各个区域的绝对公信力内容得分没有非常明显的差异，基本都在 70 分以上、85 分以下。在东北除了娱乐新闻和批评揭露类新闻外，其余各项内容的得分都是最高的。而在西南和华北沿海，总体的内容绝对公信力得分都相对偏低（参见表 15-12）。

表 15-12　　　不同区域城市的电视新闻内容绝对公信力得分

	国内时政类新闻	国际新闻	财经新闻	实用生活资讯类新闻	社会新闻	娱乐新闻	体育新闻	模范典型宣传类新闻	政策解读类新闻	热点话题类新闻	批评揭露类新闻	社会问题类新闻	灾难、事故新闻	公共安全类新闻
东北	8.35	8.46	8.08	8.16	8.07	7.68	8.58	7.96	8.01	8.14	7.69	7.84	8.40	8.20
华东沿海	8.22	8.21	7.98	7.78	7.88	7.54	8.17	7.63	7.69	7.81	7.58	7.67	7.97	7.85
中部	8.16	8.21	7.88	7.96	7.90	7.78	8.28	7.63	7.85	8.01	7.77	7.74	8.16	7.92
西北	8.22	8.15	7.85	7.74	7.82	7.45	8.09	7.81	7.69	7.77	7.66	7.69	7.94	7.83
华南沿海	7.77	7.84	7.53	7.54	7.65	7.42	8.03	7.47	7.61	7.68	7.39	7.48	7.82	7.59
西南	7.72	7.70	7.45	7.37	7.48	7.33	7.77	7.43	7.49	7.50	7.32	7.45	7.64	7.48
华北沿海	7.70	7.68	7.47	7.33	7.52	7.20	7.82	7.58	7.56	7.43	6.99	7.35	7.72	7.71
总体	8.02	8.03	7.75	7.69	7.76	7.48	8.10	7.65	7.70	7.76	7.48	7.60	7.95	7.80

注：最高为 10 分，最低为 0 分。

3. 不同区域城市的报纸内容绝对公信力

在东北的各项内容绝对公信力得分总体上都较高，西南和华北沿海地区的各项得分总体较低（参见表 15 – 13）。

表 15 – 13　　　　　　不同区域城市的报纸内容绝对公信力

	国际新闻	财经新闻	实用生活资讯类新闻	社会新闻	娱乐新闻	体育新闻	模范典型宣传类新闻	政策解读类新闻	热点话题类新闻	批评揭露类新闻	社会问题类新闻	灾难、事故新闻	公共安全类新闻	国内时政类新闻
东北	8.46	8.08	8.16	8.07	7.68	8.58	7.96	8.01	8.14	7.69	7.84	8.40	8.20	8.35
中部	8.21	7.88	7.96	7.90	7.78	8.28	7.63	7.85	8.01	7.77	7.74	8.16	7.92	8.16
华东沿海	8.21	7.98	7.78	7.88	7.54	8.17	7.63	7.69	7.81	7.58	7.67	7.97	7.85	8.22
西北	8.15	7.85	7.74	7.82	7.45	8.09	7.81	7.69	7.77	7.66	7.69	7.94	7.83	8.22
华南沿海	7.84	7.53	7.54	7.65	7.42	8.03	7.47	7.61	7.68	7.39	7.48	7.82	7.59	7.77
西南	7.70	7.45	7.37	7.48	7.33	7.77	7.43	7.49	7.50	7.32	7.45	7.64	7.48	7.72
华北沿海	7.68	7.47	7.33	7.52	7.20	7.82	7.58	7.56	7.43	6.99	7.35	7.72	7.71	7.70
总体	7.57	7.37	7.39	7.41	7.01	7.69	7.28	7.37	7.37	7.15	7.29	7.63	7.47	7.54

注：最高为 10 分，最低为 0 分。

4. 不同区域城市的网络新闻绝对公信力

在东北各项网络新闻的绝对公信力得分都较高，而在西南各项得分都最低（参见表 15 – 14）。

表 15 – 14　　　　　不同区域城市的网络新闻内容绝对公信力

	国内时政类新闻	国际新闻	财经新闻	实用生活资讯类新闻	社会新闻	娱乐新闻	体育新闻	模范典型宣传类新闻	政策解读类新闻	热点话题类新闻	批评揭露类新闻	社会问题类新闻	灾难、事故新闻	公共安全类新闻
东北	7.21	7.56	7.20	7.52	7.43	7.24	7.91	7.02	8.01	7.58	7.59	7.49	7.74	7.43
华东沿海	7.31	7.33	7.14	7.22	7.17	6.97	7.41	6.84	7.69	7.11	7.09	7.27	7.44	7.19
华南沿海	6.98	7.18	6.91	7.26	7.06	7.03	7.33	6.68	7.61	7.12	7.15	7.21	7.45	7.08
华北沿海	6.97	7.16	6.78	7.07	6.98	6.73	7.27	6.66	7.56	7.25	7.16	7.12	7.55	6.97
西北	7.03	7.10	6.95	6.97	6.76	6.56	7.28	6.87	7.69	7.10	7.04	7.03	7.08	7.01
中部	6.89	6.95	6.61	6.91	6.80	6.70	7.26	6.59	7.85	7.09	6.97	6.97	7.26	7.04
西南	6.63	6.67	6.56	6.67	6.59	6.70	7.01	6.41	7.49	6.96	6.84	6.81	6.84	6.51
总体	7.01	7.15	6.89	7.10	6.99	6.87	7.36	6.72	6.79	7.17	7.13	7.15	7.36	7.03

注：最高为 10 分，最低为 0 分。

15.3 媒介机构的公信力

15.3.1 电视台的公信力

1. 电视台的相对公信力

（1）中央电视台是城市居民最信任的电视台，其后依次是本市电视台、凤凰卫视和本省电视台。在农村抽样地区中央电视台也是居民最信任的电视台，但本地电视台的比例也较高。

对于调查问卷所列的电视台，被访者最信任哪一个的调查显示，中央电视台占了3/4的比例，即相对公信力达到75%，远远领先于其他电视台；其次是"本市电视台"，获选率为7.62%，凤凰卫视和"本省电视台"排在第三位和第四位，获选率分别为5.74%、5.21%。

而在农村地区，中央电视台的相对公信力中选率虽然也是最高的，但不像城市那么高，只有不到六成的中选率（57.42%），而当地的本市电视台公信力中选率是18.45%；本省电视台的中选率也比城市电视台高了3个百分点，即显示有一定本地化倾向。

无论在城市和农村，在各省级卫视中，湖南卫视的公信力最高，城市为2.15%，农村为2.36%；其次是北京卫视，城市为1.2%，农村为2.22%。其余卫视的获选率都较低（参见表15-15和表15-16）。

表 15 - 15　　　　　　城市居民最信任的电视台

排序	最信任的电视台	中选率（%）
1	中央电视台	75.00
2	本市电视台	7.62
3	凤凰卫视	5.74
4	本省电视台	5.21
5	湖南卫视	2.15
6	北京卫视	1.2
7	东方卫视	0.83
8	其他境外电视台	0.81
9	山东卫视	0.42
10	安徽卫视	0.37
11	其他上星省台	0.34
12	四川卫视	0.32
	合计	100.00

表 15 - 16　　　　　　　农村抽样地区居民最信任的电视台

排序	最信任的电视台	中选率（％）
1	中央电视台	57.42
2	本市电视台	18.45
3	本省电视台	8.74
4	凤凰卫视	5.41
5	湖南卫视	2.36
6	北京卫视	2.22
7	其他境外电视台	1.53
8	东方卫视	1.39
9	其他上星省台	0.97
10	安徽卫视	0.83
11	四川卫视	0.69
12	山东卫视	0.00
	合计	100.00

（2）比较而言，中央电视台的相对公信力在华南沿海最低，在东北、西北地区最高。凤凰卫视的相对公信力在沿海地区较高（参见表 15 - 17）。

表 15 - 17　　　　　不同地区电视台的相对公信力情况　　　　单位：%

	中央电视台	北京卫视	湖南卫视	东方卫视	山东卫视	安徽卫视	四川卫视	凤凰卫视	其他上星省台	其他境外电视台	本省电视台	本市电视台	合计
西北	90.56	0.35	0.70	0.35	0.17	0.87	—	2.10	0.52	—	2.27	2.10	100
东北	89.85	1.02	0.34	0.51	—	0.17	—	1.35	—	0.34	3.38	3.05	100
华北沿海	79.60	2.68	1.84	1.17	2.34	—	0.33	7.02	—	0.33	1.67	3.01	100
中部	76.51	0.71	3.74	0.18	—	0.53	0.18	1.96	0.53	—	8.90	6.76	100
西南	73.23	1.18	6.23	1.01	0.34	0.51	0.51	4.04	0.34	0.84	3.54	8.25	100
华东沿海	68.41	1.52	0.84	2.36	—	0.34	0.34	6.76	0.51	0.34	4.56	14.02	100
华南沿海	47.00	0.86	1.37	0.17	—	0.17	0.86	**16.81**	0.51	3.77	**12.35**	**16.12**	100
总体情况	75.00	1.20	2.15	0.83	0.42	0.37	0.32	5.74	0.34	0.81	5.21	7.62	100

2. 电视台的绝对公信力

（1）所有的电视台公信力得分都在及格线以上；其中，中央电视台的公信力最高，并且领先优势明显；省、市地方电视台的公信力次之；而卫星电视的公信力相对偏低。

对电视台公信力的城市居民调查发现，所有的电视台公信力评价都在及格线上，最低的"其他境外电视台"得分都为 6.75。中央电视台的公信力评价最高，十分制的平均得分达到 8.82。省级电视台和市级电视台排在第二、第三位，平均得分分别为 7.86 和 7.7。而卫星台普遍总体偏低。在卫星台中，北京卫视和凤凰卫视相对较高；湖南卫视和东方卫视的公信力评价也在 70 分以上（参见表 15－18）。

表 15－18 各电视台的公信力得分

排序	电视台	平均得分	标准差	样本数
1	中央电视台	8.82	1.27	4 209
2	本省电视台	7.86	1.47	3 626
3	本市电视台	7.70	1.64	4 010
4	北京卫视	7.61	1.49	2 346
5	凤凰卫视	7.55	1.68	2 095
6	湖南卫视	7.37	1.52	3 022
7	东方卫视	7.37	1.54	2 511
8	山东卫视	7.01	1.53	2 740
9	安徽卫视	6.99	1.55	2 690
10	四川卫视	6.86	1.53	2 608
11	其他上星省台	6.78	1.64	1 745
12	其他境外电视台	6.75	1.83	1 099

注：最高为 10 分，最低为 0 分。

（2）中央电视台在北方的公信力评价相对较高，而在西南和华南沿海的评价相对较低（参见表 15－19）。

表 15－19 中央电视台在各个城市区域的公信力评价平均得分

排序	地区	公信力评价平均得分	样本数
1	东北	9.04	608
2	华北沿海	8.95	602
3	中部	8.94	607
4	华东沿海	8.91	600
5	西北	8.91	586
6	西南	8.67	611
7	华南沿海	8.35	595

注：最高为 10 分，最低为 0 分。

（3）湖南卫视在中部城市地区的公信力相对较高，而在华南沿海和华东沿海公信力相对偏低（参见表 15－20）。

表 15 - 20   湖南卫视在各个城市区域的公信力评价平均得分

排序	地区	公信力评价平均得分	样本数
1	中部	7.69	410
2	华北沿海	7.51	439
3	东北	7.46	448
4	西南	7.44	395
5	西北	7.42	430
6	华南沿海	7.02	555
7	华东沿海	7.01	345

注：最高为 10 分，最低为 0 分。

（4）凤凰卫视在华南沿海、华东沿海相对较高，在中西部相对偏低（参见表 15 - 21）。

表 15 - 21   凤凰卫视在各个城市区域的公信力评价平均得分

排序	地区	公信力评价平均得分	样本数
1	华南沿海	7.79	459
2	华北沿海	7.67	348
3	东北	7.64	253
4	华东沿海	7.59	295
5	西北	7.43	184
6	中部	7.4	204
7	西南	7.14	352

注：最高为 10 分，最低为 0 分。

15.3.2 报纸的公信力

1. 报纸的相对公信力

（1）人民日报最高，占了 1/3 的份额。

本次调查选择了中央、地方的 11 张报纸进行考察，具体对应的报纸参见附录。相对公信力的调查结果显示，最相信的一张报纸的选择中，人民日报占了 33.11% 的比例，本市晚报以 17.76% 的比例列在第二位（参见表 15 - 22）。

表 15 - 22   报纸的相对公信力评价

报 纸	相对公信力（%）
人民日报	33.11
本市晚报	17.76
本市都市报 1	11.94

343

续表

报　纸	相对公信力（%）
本省或本市党报	11.35
参考消息	7.29
本市都市报 2	6.91
当地其他报纸	4.70
环球时报	3.38
南方周末	2.12
21 世纪经济报道	0.82
经济观察报	0.62
合　计	100

注：N = 3 401。

（2）不同地区的相对公信力：人民日报在北方的华北沿海、东北、西北较高，而在华南沿海和西南较低。

人民日报在北方的华北沿海、东北、西北相对公信力分别是 47.4%、43.8% 和 38.68%，在本区域都遥遥领先于其他报纸。但在华南沿海的相对公信力只有 17.82%，比本地党报、晚报要低。在西南的相对公信力是 24.56%，与本地晚报差不多（参见表 15 - 23）。

表 15 - 23　　　　　不同地区报纸的相对公信力情况　　　单位：%

	人民日报	21 世纪经济报道	经济观察报	南方周末	参考消息	环球时报	本省或本市党报	本市晚报	本市都市报 1	本市都市报 2	当地其他报纸	合计
华北沿海	47.40	0.72	0.72	2.15	6.28	4.85	8.80	10.95	10.23	4.49	3.41	100
东北	43.80	0.64	0.43	0.64	7.48	2.14	11.75	23.93	5.77	1.71	1.71	100
西北	38.68	—	0.51	2.04	9.16	3.82	9.92	9.16	15.78	8.65	2.29	100
中部	30.86	0.25	0.99	1.98	8.89	1.48	11.60	14.07	17.04	7.90	4.94	100
华东沿海	29.65	1.66	0.92	2.76	3.68	5.89	12.89	21.18	12.71	4.24	4.42	100
西南	24.56	1.56	0.78	1.95	10.33	2.53	5.26	24.17	12.09	5.46	11.31	100
华南沿海	17.82	0.57	—	3.07	6.32	2.30	18.97	18.97	11.49	16.28	4.21	100
总体情况	33.11	0.82	0.62	2.12	7.29	3.38	11.35	17.76	11.94	6.91	4.70	100

2. 报纸的绝对公信力

（1）总体上报纸的绝对公信力都在 70 分以上，人民日报最高，专业类报纸较低。

对报纸绝对公信力的调查发现，总体上各家调查报纸的绝对公信力都在百分制的 70 分以上。其中，人民日报的绝对公信力最高，十分制的 8.26 分，与第二名的参考消息相比，t 检验发现两者有明显的差别，t 值为 15.95。在本地报纸中，各地党报和晚报公信力较高，t 检验发现与排在后面的都市报有明显差别。各地党报、晚报、都市报 1、都市报 2 参见后面的附表（参见表 15 – 24 和表 15 – 25）。

表 15 – 24 　　　　　　　**报纸的绝对公信力**

排序	报纸	绝对公信力	标准差	样本数
1	人民日报	8.26	1.51	2 537
2	参考消息	7.59	1.59	2 046
3	本省或本市党报	7.58	1.65	2 730
4	本市晚报	7.57	1.60	3 158
5	本市都市报 1	7.49	1.59	2 906
6	环球时报	7.47	1.61	1 816
7	本市都市报 2	7.37	1.60	2 279
8	21 世纪经济报道	7.27	1.59	1 272
9	经济观察报	7.18	1.58	1 263
10	南方周末	7.16	1.58	1 590
11	当地其他报纸	7.02	1.77	1 926

注：最高为 10 分，最低为 0 分。

表 15 – 25 　　　　　　　**报纸绝对公信力的 t 检验**

		t	df	Sig. (2 – tailed)
第一组	人民日报—参考消息	15.95	1 788	0.000
第二组	本省或本市党报—本市晚报	0.852	2 502	0.394
第三组	本省或本市党报—本市都市报 1	3.154	2 268	0.002
第四组	本省或本市党报—本市都市报 2	6.937	1 858	0.000
第五组	本市晚报—本市都市报 1	3.048	2 649	0.002

（2）本地党报、晚报在沿海地区的公信力比内地高，人民日报在北方地区的公信力比在南方高（参见表 15 – 26 ~ 表 15 – 29）。

表 15 – 26 　　　**《人民日报》在不同区域的绝对公信力比较**

区域	绝对公信力			样本数
	无差别组	无差别组	无差别组	
华南沿海	7.88			356
西南	7.94			380
华东沿海		8.22		442
中部		8.35		275
华北沿海		8.37		479
西北		8.49	8.49	265
东北			8.65	340

表15-27 《参考消息》在不同区域的绝对公信力比较

区域	绝对公信力			样本数
	无差别组	无差别组	无差别组	
华东沿海	7.38			344
西南	7.39			377
华南沿海	7.48	7.48		327
华北沿海	7.60	7.60	7.60	324
西北		7.76	7.76	198
东北			7.89	236
中部			7.92	240

表15-28 不同区域本省或本市党报绝对公信力情况比较

区域	绝对公信力		样本数
	无差别组	无差别组	
西南	7.08		304
西北	7.21		287
中部		7.55	341
东北		7.58	421
华东沿海		7.69	471
华北沿海		7.80	498
华南沿海		7.84	408

表15-29 不同区域本市晚报绝对公信力情况比较

区域	绝对公信力					样本数
	无差别组	无差别组	无差别组	无差别组	无差别组	
西北	6.86					259
西南		7.25				498
中部		7.42	7.42			380
东北			7.60	7.60		498
华南沿海			7.67	7.67		485
华北沿海				7.81	7.81	510
华东沿海					8.00	528

15.3.3 网络的公信力

1. 网络的相对公信力

新浪网最高，境外网站低（参见表15-30）。

表 15 – 30   新闻网站相对公信力情况

网 　站	相对公信力（%）
新浪网	38.46
搜狐网	23.03
人民网	17.56
新华网	12.2
本地政府新闻网站	6.62
境外网站	2.13
合　计	100.00

注：样本数为 1 737。

2. 网络的绝对公信力

新浪网的绝对公信力最高。

对网络的绝对公信力得分进行 t 检验发现，得分最高的新浪网与人民网没有显著差别，与排名第三的搜狐网和排名第四的新华网有明显差别。人民网、搜狐网、新华网三者之间没有明显差别（参见表 15 – 31 和表 15 – 32）。

表 15 – 31   新闻网站绝对公信力情况

排　序	网 　站	绝对公信力	标准差	样本数
1	新浪网	7.54	1.54	1 887
2	人民网	7.51	1.69	1 240
3	搜狐网	7.48	1.57	1 862
4	新华网	7.44	1.65	1 320
5	本地政府新闻网站	6.93	1.9	1 115
6	境外网站	6.34	2	782

注：最高为 10 分，最低为 0 分。

表 15 – 32   新闻网站绝对公信力的 t 检验比较

		t	df	Sig. (2 – tailed)
第一组	人民网—新浪网	– 1.562	1 196	0.119
第二组	新浪网—搜狐网	2.531	1 775	0.011
第三组	新华网—新浪网	– 3.396	1 290	0.001
第四组	人民网—搜狐网	0.089	1 186	0.929
第五组	人民网—新华网	1.860	1 144	0.063
第六组	新华网—搜狐网	– 1.199	1 269	0.231

15.3.4　杂志的公信力

1. 杂志的相对公信力

在所列的十种新闻类周刊中，《半月谈》、《财经》、《中国新闻周刊》分别位列前三位（参见表15-33）。

表15-33　　　　　　　　新闻类杂志的相对公信力情况

杂　志	相对公信力（％）
半月谈	21.92
财经	18.00
中国新闻周刊	16.05
求是	12.13
凤凰周刊	7.96
瞭望	6.00
新民周刊	5.50
南风窗	5.31
三联生活周刊	3.73
瞭望东方	3.41
合　　计	100

注：样本数为1 583。

2. 杂志的绝对公信力

《中国新闻周刊》、《财经》、《半月谈》居前三位（参见表15-34）。

表15-34　　　　　　　　新闻类杂志的绝对公信力情况

排序	杂　志	绝对公信力	标准差	样本数
1	中国新闻周刊	7.373	1.656	1 185
2	财经	7.357	1.59	1 251
3	半月谈	7.349	1.637	1 505
4	求是	7.177	1.742	1 163
5	凤凰周刊	7.031	1.697	915
6	瞭望	7.016	1.587	1 069
7	新民周刊	6.989	1.689	924
8	瞭望东方	6.831	1.696	848
9	南风窗	6.769	1.694	895
10	三联生活周刊	6.766	1.651	869

注：最高为10分，最低为0分。

15.4 行业机构的公信力

对行业的绝对公信力进行调查发现，军队的绝对公信力得分最高，医疗界、宗教界的绝对公信力得分最低。军队的绝对公信力是十分制的 7.85 分，其次是人民代表大会和政协，分别是 7.64 分、7.39 分。新闻媒体得分 7.23，排在 14 个行业的第四位，与前三位的军队、人民代表大会和政协的 t 检验显示，新闻媒体的得分与前三者有明显差别。新闻媒体与后面的学术界、法院、教育界的 t 检验显示，新闻媒体与学术界的差别不明显，但与法院、教育界的差别明显（参见表 15 – 35 和表 15 – 36）。

表 15 – 35 　　　　　　　　行业机构的绝对公信力

排　序	行　业	绝对公信力	标准差	样本数
1	军队	7.85	1.783	3 688
2	人民代表大会	7.64	1.940	3 796
3	政协	7.39	1.945	3 577
4	新闻媒体	7.23	1.666	4 034
5	学术界	7.15	1.796	3 394
6	法院	7.07	1.981	3 753
7	教育界	7.06	1.900	4 053
8	公证部门	6.95	1.904	3 575
9	政府机关	6.90	2.010	3 901
10	公安机关	6.83	2.098	3 866
11	质量检查部门	6.68	1.966	3 744
12	大企业	6.60	1.841	3 451
13	医疗界	6.26	2.103	4 093
14	宗教界	5.96	2.562	2 571

注：最高为 10 分，最低为 0 分。

表 15 – 36 　　　　　　行业机构绝对公信力的 t 检验比较

		t	Sig.（2 – tailed）
第一组	军队—新闻媒体	20.53	0.000
第二组	政协—新闻媒体	5.22	0.000
第三组	人民代表大会—新闻媒体	13.35	0.000
第四组	学术界—新闻媒体	– 1.849	0.065
第五组	法院—新闻媒体	– 4.696	0.000
第六组	教育界—新闻媒体	– 4.413	0.000

小 结

一、无论是绝对公信力的测量还是相对公信力的测量，无论是城市还是农村，无论在大众传播体系中还是在整个社会的传播体系中，国内电视在所有传播渠道中的公信力都是最高的。特别是相对公信力的测量显示，国内电视遥遥领先于其他传播渠道，有绝对的优势。广播则偏低，与其他传播渠道相比较，在相对公信力方面只有两个百分点左右，在绝对公信力方面也只是超出及格线。报纸的公信力状况排在第二位，与电视的绝对公信力相比，差距不像相对公信力那样明显。

在渠道公信力方面还有几个值得思考的问题：

1. 新兴网络媒介的相对公信力超过了传统的广播、杂志，在绝对公信力上与广播、杂志基本处于一个层面。也就是说，除了要面对强势的电视、报纸外，广播作为一个传统的大众媒介还面临着新媒介的挑战。

2. 需要注意人际之间的信任弱势。在整个传播渠道的相对公信力比较中，认识的人之间的信任获选率只有不到两个百分点，而网友之间的信任更是排在最后，其余的大约98个百分点都是大众媒介的中选率。按照社会学者的说法，人际信任是一种传统的信任，一种基本的信任，是信任的基础；而大众媒介的信任是一种现代的信任，是一种制度的信任。人际信任的过分弱势将会影响我们整个社会的深层次基础，只有建立在一定人际信任基础之上的大众媒介信任才是更健全的信任。

3. 电视在整个传播渠道公信力方面的强势能够使喉舌功能得到保证，但电视同时又具有市场功能，不可避免地有一些过分市场化取向的内容，电视的高公信力也会有助于这些内容的传播与示范。电视公信力过高的负面效果也应该引起注意。

4. 我国香港和台湾地区电视/报纸/杂志/广播在整个传播体系中的相对公信力排在了第三位，仅次于国内电视、报纸。虽然总体上的相对公信力与电视相比还较低，不到5个百分点，但这是在这些媒介没有开放情形下的中选率。

在华南沿海地区受众对香港和台湾地区电视/报纸/杂志/广播相对公信力的选择就很明显，达到了16.21%，高过报纸，电视的相对公信力也从最高水平（西北的86.94%）降为56.40%。所以，随着技术的发展，传播渠道越来越多元，电视将面临公信力下降的问题。

5. 媒介公信力存在区域之间的差异。电视、报纸相对公信力的大致变化规律是随经济的发达程度、开放程度而变化。具体来说，电视的公信力从华南沿海的最低开始，从南到北、从东到西依次升高，在西北地区最高。而报纸则恰恰相反，沿海地区高，内地低。

二、从媒介内容上看，电视各项内容的绝对公信力高过报纸，而报纸又高过网络新闻。这里有两个问题值得注意：一是电视和报纸的批评揭露类新闻与娱乐新闻公信力得分都列在所调查的 14 项内容的最后，而电视、报纸的体育新闻公信力是最高的。但网络中批评揭露类新闻的公信力列在 14 项内容的第 6 位，位次上有较大差别。二是内容的公信力存在地区差异，在东北地区，电视、报纸、网络内容的公信力总体上都较高，而在西南地区都较低。

三、中央电视台和《人民日报》的公信力评价与它们在我国媒介中的特殊地位是相一致的，在相对公信力和绝对公信力的比较中，都明显领先于其他电视台和报纸。但从城市的区域分布来看两者的公信力情况，则可以发现有很明显的地域差异——在南方其公信力明显低于北方，特别是在华南沿海的公信力较低。

从绝对公信力角度来看，中央电视台在北方的评价相对较高，而在西南和华南沿海的评价相对较低。从相对公信力的中选率来看，中央电视台在西北、东北占了近九成的比例（分别是 90.56%、89.85%），而在沿海地区占比很低，特别是在华南沿海只占 47% 的比例，在华东沿海占 68.41%。而凤凰卫视在华南沿海、华东沿海占比相对较高，在中西部占比相对偏低。

从相对公信力的角度来看，《人民日报》在华北沿海、东北、西北评价较高，而在华南沿海和西南评价较低。从绝对公信力角度来看，《人民日报》在北方地区的公信力也比在南方高。

得出的一个结论是：在经济相对开放、媒介业相对发达的地区，中央电视台和《人民日报》的公信力相对偏低。如何在新的传播发展形势下维系公信力，这是党办国有媒介不得不面临的一个现实命题。

四、新闻媒体在整个社会行业中具有较高的公信力。在社会的 14 个行业中，军队、人民代表大会和政协是公信力最高的 3 个行业，新闻媒体的排位也较高，列第 4 位，与第 6 位的法院、教育界有明显的差别，比政府部门、公安机关这样的行政部门公信力都要高。需要关注的是对宗教界的公信力评价，其在 14 个行业机构中排在最末，也是唯一一个没有达到 60 分及格线的行业。这点非常值得从社会学视角来更深入地探讨。

附表1　　　　　　　不同区域电视公信力的多重比较表

	（I）区域	（J）区域	Mean Difference （I－J）	Std. Error	Sig.	95% Confidence Interval	
						Lower Bound	Upper Bound
LSD	东北	北部沿海	0.11	0.085	0.208	－0.06	0.27
		东部沿海	0.11	0.085	0.215	－0.06	0.27
		南部沿海	0.45*	0.085	0.000	0.28	0.62
		中部	－0.07	0.085	0.420	－0.24	0.10
		西南	0.32*	0.085	0.000	0.15	0.49
		西北	0.04	0.086	0.617	－0.13	0.21
	北部沿海	东北	－0.11	0.085	0.208	－0.27	0.06
		东部沿海	0.00	0.085	0.985	－0.17	0.17
		南部沿海	0.34*	0.085	0.000	0.18	0.51
		中部	－0.18*	0.085	0.039	－0.34	－0.01
		西南	0.21*	0.085	0.013	0.05	0.38
		西北	－0.06	0.086	0.453	－0.23	0.10
	东部沿海	东北	－0.11	0.085	0.215	－0.27	0.06
		北部沿海	0.00	0.085	0.985	－0.17	0.17
		南部沿海	0.34*	0.085	0.000	0.18	0.51
		中部	－0.17*	0.085	0.041	－0.34	－0.01
		西南	0.21*	0.085	0.012	0.05	0.38
		西北	－0.06	0.086	0.464	－0.23	0.11
	南部沿海	东北	－0.45*	0.085	0.000	－0.62	－0.28
		北部沿海	－0.34*	0.085	0.000	－0.51	－0.18
		东部沿海	－0.34*	0.085	0.000	－0.51	－0.18
		中部	－0.52*	0.085	0.000	－0.69	－0.35
		西南	－0.13	0.085	0.124	－0.30	0.04
		西北	－0.41*	0.086	0.000	－0.58	－0.24
	中部	东北	0.07	0.085	0.420	－0.10	0.24
		北部沿海	0.18*	0.085	0.039	0.01	0.34
		东部沿海	0.17*	0.085	0.041	0.01	0.34
		南部沿海	0.52*	0.085	0.000	0.35	0.69
		西南	0.39*	0.085	0.000	0.22	0.56
		西北	0.11	0.086	0.193	－0.06	0.28
	西南	东北	－0.32*	0.085	0.000	－0.49	－0.15
		北部沿海	－0.21*	0.085	0.013	－0.38	－0.05
		东部沿海	－0.21*	0.085	0.012	－0.38	－0.05
		南部沿海	0.13	0.085	0.124	－0.04	0.30
		中部	－0.39*	0.085	0.000	－0.56	－0.22
		西北	－0.28*	0.086	0.001	－0.44	－0.11
	西北	东北	－0.04	0.086	0.617	－0.21	0.13

（I）区域	（J）区域	Mean Difference （I－J）	Std. Error	Sig.	95% Confidence Interval	
					Lower Bound	Upper Bound
	北部沿海	0.06	0.086	0.453	－0.10	0.23
	东部沿海	0.06	0.086	0.464	－0.11	0.23
	南部沿海	0.41*	0.086	0.000	0.24	0.58
	中部	－0.11	0.086	0.193	－0.28	0.06
	西南	0.28*	0.086	0.001	0.11	0.44

* The mean difference is significant at the. 0.5 level.

附表2   不同区域报纸公信力的多重比较表

	（I）区域	（J）区域	Mean Difference （I－J）	Std. Error	Sig.	95% Confidence Interval	
						Lower Bound	Upper Bound
LSD	东北	北部沿海	－0.22*	0.092	0.018	－0.40	－0.04
		东部沿海	－0.36*	0.093	0.000	－0.54	－0.18
		南部沿海	－0.12	0.093	0.209	－0.30	0.07
		中部	－0.30*	0.098	0.002	－0.49	－0.11
		西南	0.03	0.094	0.718	－0.15	0.22
		西北	－0.07	0.098	0.488	－0.26	0.12
	北部沿海	东北	0.22*	0.092	0.018	0.04	0.40
		东部沿海	－0.14	0.091	0.116	－0.32	－0.04
		南部沿海	0.10	0.092	0.270	－0.08	0.28
		中部	－0.08	0.096	0.386	－0.27	0.11
		西南	0.25*	0.092	0.006	0.07	0.43
		西北	0.15	0.096	0.118	－0.04	0.34
	东部沿海	东北	0.36*	0.093	0.000	0.18	0.54
		北部沿海	0.14	0.091	0.116	－0.04	0.32
		南部沿海	0.24*	0.092	0.008	0.06	0.42
		中部	0.06	0.097	0.541	－0.13	0.25
		西南	0.39*	0.092	0.000	0.21	0.58
		西北	0.29*	0.096	0.002	0.10	0.48
	南部沿海	东北	0.12	0.093	0.209	－0.07	0.30
		北部沿海	－0.10	0.092	0.270	－0.28	0.08
		东部沿海	－0.24*	0.092	0.008	－0.42	－0.06
		中部	－0.18	0.097	0.058	－0.38	0.01
		西南	0.15	0.093	0.105	－0.03	0.33
		西北	0.05	0.097	0.611	－0.14	0.24

续表

（I）区域	（J）区域	Mean Difference (I－J)	Std. Error	Sig.	95% Confidence Interval	
					Lower Bound	Upper Bound
中部	东北	0.30*	0.098	0.002	0.11	0.49
	北部沿海	0.08	0.096	0.386	－0.11	0.27
	东部沿海	－0.06	0.097	0.541	－0.25	0.13
	南部沿海	0.18	0.097	0.058	－0.01	0.38
	西南	0.34*	0.098	0.001	0.14	0.53
	西北	0.23*	0.102	0.21	0.03	0.43
西南	东北	－0.03	0.094	0.718	－0.22	0.15
	北部沿海	－0.25*	0.092	0.006	－0.43	－0.07
	东部沿海	－0.39*	0.092	0.000	－0.58	－0.21
	南部沿海	－0.15	0.093	0.105	－0.33	0.03
	中部	－0.34*	0.098	0.001	－0.53	－0.14
	西北	－0.10	0.098	0.297	－0.29	0.09
西北	东北	0.07	0.098	0.488	－0.12	0.26
	北部沿海	－0.15	0.096	0.118	－0.34	0.04
	东部沿海	－0.29*	0.096	0.002	－0.48	－0.10
	南部沿海	－0.05	0.097	0.611	－0.24	0.14
	中部	－0.23*	0.102	0.021	－0.43	－0.03
	西南	0.10	0.098	0.297	－0.09	0.29

* The mean difference is significant at the. 0. 5 level.

第16章

媒介公信力的判断维度量表

16.1 两项前期研究

前期研究之一是靳一在 2004 年底进行的研究[1]（具体参见中篇的相关内容）。
前期研究之二是张洪忠进行的质化探讨。[2]

张洪忠从两个方面来探索我国大陆公众判断媒介公信力的维度：一是文献研究，从学者们的论述和新闻中的记者采访报道来探讨可能有哪些公信力的维度；二是实证研究，进行了 30 个样本的深度访谈。最后综合这两个方面的发现来探寻我国媒介公信力概念的维度构成。

研究初步归纳出了我国民众判断媒介公信力的一个首要维度是"权威性"，包含有"政府的"、"官办的"意思；其次，"实用性"也是一个重要的维度；此外，"真实性"也是我国民众判断媒介公信力的维度。

在对比了美国和我国台湾地区媒介公信力的判断维度后，作者提出了媒介公信力判断维度的两种取向：专业取向和权力取向，并对此进行了分析，认为这两种判断取向的不同是由于政治体系的差异导致的。

在美国媒介公信力的判断维度是一种专业取向。在美国的横向政治结构里，

---

[1] 参见中国人民大学新闻学院 2005 年靳一的博士论文，指导教师是喻国明教授。
[2] 参见中国人民大学新闻学院 2005 年张洪忠的博士毕业论文，指导教师是喻国明教授。

由于媒介表现为相对独立于政府，只是众多社会部门中的一个，公众对于媒介的要求更多的是瞭望哨的作用，期望媒介能对公权力进行监督，也就是说人们对于媒介的信任更多的是对其专业表现的预期。从职业和专业主义要求两个层面来看，公众对于媒介的预期就是专业规范的要求和专业主义的要求，那就是要求媒介做到客观、公正、准确、可靠、正确、专业知识等。而这些要求与美国学者的实证研究发现是基本一致的，也就是说，美国公众对于媒介是否可信任是从专业规范和专业主义的维度来判断的。简要地说，这种判断维度是以专业为取向的。

而在我国大陆媒介公信力的判断维度是一种纵向的政治结构。虽然从20世纪90年代以来媒介开始了市场行为，现在普遍认为媒介具有双重功能——"喉舌"功能和经济创收功能，但"喉舌"功能还是我国大陆媒介最根本的功能，媒介是从属于政府的，是政府职能部门的延伸。这样，对于老百姓而言，媒介更多的是扮演政府代言人的角色，人们对于媒介的期待更多的是对它的政府职能的一种期待。在"喉舌"功能下，公众对于媒介的信任其实是透过媒介对政府的一种信任，是出于对媒介政治身份的信任，媒介的公信力是建立在政府信用基础之上的。所以，我国大陆媒介公信力的判断维度是以权力为取向的。

这样，张洪忠指出依据不同的政治体制，媒介公信力的判断维度首先就有取向上的差别（具体如图16－1所示）。

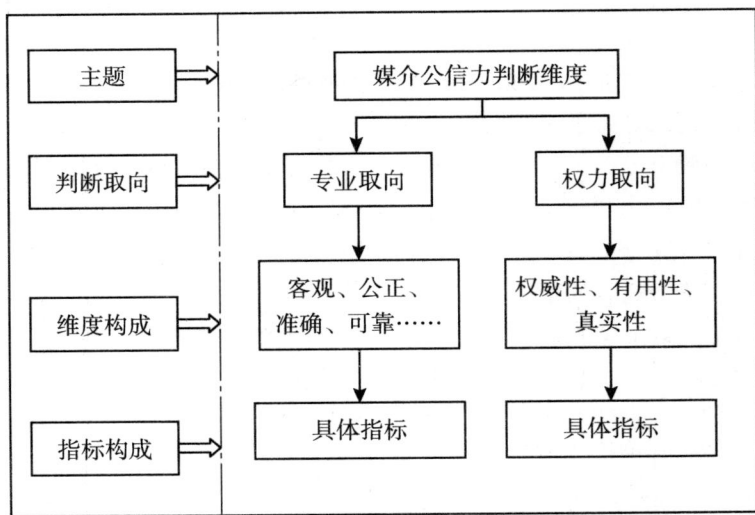

图 16－1

对于当前处于社会转型期的我国而言，前述媒介公信力的两种判断取向的成分都有，是权力取向和专业取向两者并存的状况。这是因为虽然"喉舌"功能是我国大众媒介的首要功能，但市场化功能也在逐渐加强，如报纸就有大量的业外资本进入，甚至有些外资也通过入资报纸经营而间接影响报纸的采编；电视的制播分离更是明显。在市场压力和新传播技术等的驱动下，我国媒介公信力判断维度的取向也在发生着变化——并不是完全的权力取向，而是两种取向都存在。

16.2　研究指标的设立

在前面两项前期研究的基础上，本次研究的公信力判断维度量表从权力取向和专业取向两个方面来设立。在专业取向方面，采用靳一的 18 个题项组成 4 个维度的结构；在权力取向方面依照张洪忠提出的权威性、有用性来设立指标。这样，量表的设立一共有 6 个维度的 23 个题项（具体如表 16 - 1 所示）。

表 16 - 1

维度	序号	指　　　标
新闻专业素质	1	真实报道，新闻报道不含虚假、猜测和虚构的成分。
	2	新闻报道准确无误。
	3	完整报道新闻事件，不回避新闻事件中的任何重要事实。
	4	对有争议的新闻事件，平衡报道争议各方的情况，不偏袒任何一方。
	5	客观呈现新闻事件原貌，不加入报道者的偏见。
	6	全面报道，不刻意漏报、瞒报重要的新闻事件。
社会关怀	7	站在社会大众的立场上，关注最广大民众的利益。
	8	关心处于困境的弱势群体，比如农民、下岗职工、残疾人等。
	9	敢于针砭时弊，批评性新闻比例高，批评力度大。
	10	媒体以平等的姿态面对读者观众，而不是高高在上、傲慢自大。
	11	新闻报道实实在在，不唱高调、不打官腔。
媒介操守	12	广告比例适当。
	13	不发布虚假广告。
	14	不刊播广告新闻、有偿新闻、软广告。
	15	新闻格调高尚，不随意炒作粗俗不雅的新闻。
新闻技巧	16	新闻报道迅速及时，有时效性。
	17	能够对复杂的新闻事件提供有深度的分析和解释。
	18	能够经常有独家新闻。
有用性	19	是值得民众依靠的一个投诉渠道。
	20	媒体的批评性报道十分有效，能够有力地促使问题得到解决。
	21	提供了许多生活中有用的信息。
权威性	22	代表党和政府的声音，具有权威性。
	23	媒体的报道有助于国家、社会的发展。

16.3 电视公信力判断维度量表的建立

16.3.1 第一次因子分析结果

对电视的 23 个题项采用主成分分析法和方差最大旋转，不限制因子数目，抽取特征值大于 1 的公因子，可以得到 3 个因子。

与之前的量表相比，维度结构有差异：新闻专业素质和社会关怀合并成了 1 个因子，新闻技巧、有用性和权威性 3 个因子合并成了 1 个因子，媒介操守还是 1 个单独的因子（具体参见表 16 – 2）。

表 16 – 2 　　电视公信力判断维度量表第一次因子分析结果

序号	指 标	F1	F2	F3
1	真实报道，新闻报道不含虚假、猜测和虚构的成分。	0.727	0.255	6.727E – 02
2	新闻报道准确无误。	0.725	0.281	4.507E – 02
3	完整报道新闻事件，不回避新闻事件中的任何重要事实。	0.765	0.238	0.163
4	对有争议的新闻事件，平衡报道争议各方的情况，不偏袒任何一方。	0.718	0.287	0.204
5	客观呈现新闻事件原貌，不加入报道者的偏见。	0.707	0.289	0.211
6	全面报道，不刻意漏报、瞒报重要的新闻事件。	0.673	0.286	0.255
7	站在社会大众的立场上，关注最广大民众的利益。	0.576	0.403	0.246
8	关心处于困境的弱势群体，比如农民、下岗职工、残疾人等。	0.523	0.429	0.260
9	敢于针砭时弊，批评性新闻比例高，批评力度大。	0.567	0.376	0.311
10	媒体以平等的姿态面对读者观众，而不是高高在上、傲慢自大。	0.488	0.428	0.318
11	新闻报道实实在在，不唱高调、不打官腔。	0.485	0.383	0.392
12	广告比例适当。	0.197	7.771E – 02	0.829
13	不发布虚假广告。	0.172	0.127	0.841
14	不刊播广告新闻、有偿新闻、软广告。	0.185	0.169	0.804
15	新闻格调高尚，不随意炒作粗俗不雅的新闻。	0.249	0.513	0.430
16	新闻报道迅速及时，有时效性。	0.283	0.640	0.155
17	能够对复杂的新闻事件提供有深度的分析和解释。	0.329	0.646	0.164

序号	指　　标	F1	F2	F3
18	能够经常有独家新闻。	0.324	0.608	0.197
19	是值得民众依靠的一个投诉渠道。	0.317	0.622	0.216
20	媒体的批评性报道十分有效，能够有力地促使问题得到解决。	0.270	0.691	0.155
21	提供了许多生活中有用的信息。	0.248	0.683	$6.497E-02$
22	代表党和政府的声音，具有权威性。	0.198	0.729	$3.854E-02$
23	媒体的报道有助于国家、社会的发展。	0.254	0.730	$4.087E-02$

注：3个因子旋转后解释方差的比率分别为：45.498%、7.786%、5.560%；因子累计解释方差比率为58.844%。

16.3.2　电视公信力量表的最后分析结果

在表16－2中，第一个因子F1有5个题项的负荷值不明显。"7. 站在社会大众的立场上，关注最广大民众的利益"、"8. 关心处于困境的弱势群体，比如农民、下岗职工、残疾人等"、"10. 媒体以平等的姿态面对读者观众，而不是高高在上、傲慢自大"3个题项在因子F2上的负荷值都达到了0.4以上，在因子F1和因子F2上的差异不明显。"9. 敢于针砭时弊，批评性新闻比例高、批评力度大"在因子F1上是0.567，在因子F2上也达到了0.376。"11. 新闻报道实实在在，不唱高调、不打官腔"在F1上的负荷值只有0.485，而在因子F2和因子F3上的负荷值也分别达到0.383和0.392。

题项"15. 新闻格调高尚，不随意炒作粗俗不雅的新闻"在因子F2上的负荷值是0.513，在因子F3上的负荷值是0.430，在两个因子上的差异不明显。在下面的分析中，将这6个题项从量表中剔除。

排除上述6个题项后进行第二次主成分分析和方差最大旋转，结果显示3个因子，累积可解释变异值为62.474%。

1. 考察因子矩阵成立的前提条件

从共同度上看，每个变量的共同度都在0.50以上，表明17个变量有公共因子存在。巴特勒特球体检验（Bartlett's Test）表明，卡方值＝31 852，显著度为0.000，可以认为变量之间的相关具有显著性。MSA＝0.938，说明了17个变量之间的相互联系程度和因子分析的适当性是非常好的。

2. 电视公信力的判断维度量表

从因子矩阵来看，抽取特征值大于1的公因子，可以得到3个因子。因子

F2 和 F3 分别与靳一建立量表中的新闻专业素质、媒介操守两个维度的指标构成是一样的。因子 F1 则包含了设计中的新闻技巧、有用性、权威性 3 个维度的指标，权威性的两个题项负荷值最大，这个因子可以理解为新闻技巧、有用性并入了权威性因子中。

这样，将 3 个因子 F1、F2 和 F3 分别命名为权威性、新闻专业素质、媒介操守，电视的公信力判断维度量表如表 16 - 3 所示。

表 16 - 3   电视公信力判断维度量表

序号	指 标	F1	F2	F3
1	真实报道，新闻报道不含虚假、猜测和虚构的成分。		0.750	
2	新闻报道准确无误。		0.754	
3	完整报道新闻事件，不回避新闻事件中的任何重要事实。		0.771	
4	对有争议的新闻事件，平衡报道争议各方的情况，不偏袒任何一方。		0.715	
5	客观呈现新闻事件原貌，不加入报道者的偏见。		0.706	
6	全面报道，不刻意漏报、瞒报重要的新闻事件。		0.646	
12	广告比例适当。			0.840
13	不发布虚假广告。			0.858
14	不刊播广告新闻、有偿新闻、软广告。			0.812
16	新闻报道迅速及时，有时效性。	0.636		
17	能够对复杂的新闻事件提供有深度的分析和解释。	0.658		
18	能够经常有独家新闻。	0.633		
19	是值得民众依靠的一个投诉渠道。	0.655		
20	媒体的批评性报道十分有效，能够有力地促使问题得到解决。	0.711		
21	提供了许多生活中有用的信息。	0.695		
22	代表党和政府的声音，具有权威性。	0.736		
23	媒体的报道有助于国家、社会的发展。	0.735		

注：3 个因子旋转后解释方差的比率分别为：44.864%、10.361%、7.249%；因子累计解释方差比率为 62.474%。

16.4　报纸公信力判断维度量表的建立

16.4.1　第一次因子分析结果

对报纸的二十三个题项采用主成分分析法和方差最大旋转，不限制因子数目，抽取特征值大于 1 的公因子，可以得到三个因子。

同电视一样，与之前设计的量表相比，维度结构有差异：新闻专业素质和社会关怀合并成了一个因子，新闻技巧、有用性和权威性三个因子合并成为了一个因子，媒介操守还是一个单独的因子（参见表 16－4）。

表 16－4　　报纸公信力判断维度量表第一次因子分析结果

序号	指　标	F1	F2	F3
1	真实报道，新闻报道不含虚假、猜测和虚构的成分。	0.254	0.726	0.129
2	新闻报道准确无误。	0.303	0.732	$9.724E-02$
3	完整报道新闻事件，不回避新闻事件中的任何重要事实。	0.249	0.759	0.182
4	对有争议的新闻事件，平衡报道争议各方的情况，不偏袒任何一方。	0.288	0.725	0.228
5	客观呈现新闻事件原貌，不加入报道者的偏见。	0.275	0.704	0.220
6	全面报道，不刻意漏报、瞒报重要的新闻事件。	0.301	0.639	0.275
9	敢于针砭时弊，批评性新闻比例高，批评力度大。	0.479	0.505	0.271
12	广告比例适当。	0.132	0.185	0.829
13	不发布虚假广告。	0.127	0.203	0.849
14	不刊播广告新闻、有偿新闻、软广告。	0.215	0.214	0.795
15	新闻格调高尚，不随意炒作粗俗不雅的新闻。	0.443	0.280	0.539
7	站在社会大众的立场上，关注最广大民众的利益。	0.490	0.465	0.258
8	关心处于困境的弱势群体，比如农民、下岗职工、残疾人等。	0.558	0.419	0.209
10	媒体以平等的姿态面对读者观众，而不是高高在上、傲慢自大。	0.492	0.432	0.261

序号	指　标	F1	F2	F3
11	新闻报道实实在在，不唱高调、不打官腔。	0.446	0.415	0.356
16	新闻报道迅速及时，有时效性。	0.647	0.273	0.213
17	能够对复杂的新闻事件提供有深度的分析和解释。	0.661	0.275	0.239
18	能够经常有独家新闻。	0.656	0.255	0.232
19	是值得民众依靠的一个投诉渠道。	0.650	0.276	0.286
20	媒体的批评性报道十分有效，能够有力地促使问题得到解决。	0.640	0.292	0.253
21	提供了许多生活中有用的信息。	0.732	0.198	2.957E−02
22	代表党和政府的声音，具有权威性。	0.693	0.210	7.808E−02
23	媒体的报道有助于国家、社会的发展。	0.732	0.247	2.148E−02

注：3 个因子旋转后解释方差的比率分别为：46.612% 、7.329% 、5.559% ；因子累计解释方差比率为 59.500% 。

16.4.2　量表的最后分析结果

在表 16-4 中，第一个因子 F1 有 4 个题项的负荷值不明显，分别是："7. 站在社会大众的立场上，关注最广大民众的利益"、"8. 关心处于困境的弱势群体，比如农民、下岗职工、残疾人等"、"10. 媒体以平等的姿态面对读者观众，而不是高高在上、傲慢自大"、"11. 新闻报道实实在在，不唱高调、不打官腔"。这 4 个题项在因子 F1 上的负荷值分别是 0.490、0.558、0.492、0.446，而在因子 F2 上的负荷值也都达到了 0.4 以上，在因子 F1 和因子 F2 上的差异不明显。

第二个因子 F2 有一个题项负荷值不明显，即 "9. 敢于针砭时弊，批评性新闻比例高，批评力度大"。这个题项在因子 F2 上的负荷值是 0.505，在因子 F1 上的负荷值也达到了 0.479。

第三个因子 F3 上有一个题项负荷值不明显，即 "15. 新闻格调高尚，不随意炒作粗俗不雅的新闻"。这个题项在因子 F3 上的负荷值是 0.539，在因子 F1 上的负荷值也达到了 0.443，在两个因子上的差异不明显。在下面的分析中，将这 6 个题项从量表中剔除。

排除上述 6 个题项后进行第二次主成分分析和方差最大旋转，结果显示 3 个因子，累积可解释变异值为 63.306% 。

1. 考察因子矩阵成立的前提条件

从共同度上看，每个变量的共同度都在 0.546 ~ 0.803 之间，表明 17 个变量有公共因子存在。巴特勒特球体检验表明，卡方值 = 30 153，显著度为 0.000，可以认为变量之间的相关具有显著性，MSA = 0.938，说明了 17 个变量之间的相互联系程度和因子分析的适当性是非常好的。

2. 报纸公信力的判断维度量表

从因子矩阵来看，抽取特征值大于 1 的公因子，可以得到 3 个因子。整个因子结构与电视的是完全一样的。同样将 3 个因子 F1、F2 和 F3 分别命名为权威性、新闻专业素质、媒介操守。报纸的公信力量表如表 16 – 5 所示：

表 16 – 5 报纸公信力判断维度量表

序号	指　　标	F1	F2	F3
1	真实报道，新闻报道不含虚假、猜测和虚构的成分。		0.740	
2	新闻报道准确无误。		0.746	
3	完整报道新闻事件，不回避新闻事件中的任何重要事实。		0.786	
4	对有争议的新闻事件，平衡报道争议各方的情况，不偏袒任何一方。		0.730	
5	客观呈现新闻事件原貌，不加入报道者的偏见。		0.711	
6	全面报道，不刻意漏报、瞒报重要的新闻事件。		0.630	
12	广告比例适当。			0.842
13	不发布虚假广告。			0.860
14	不刊播广告新闻、有偿新闻、软广告。			0.788
16	新闻报道迅速及时，有时效性。	0.654		
17	能够对复杂的新闻事件提供有深度的分析和解释。	0.670		
18	能够经常有独家新闻。	0.672		
19	是值得民众依靠的一个投诉渠道。	0.656		
20	媒体的批评性报道十分有效，能够有力地促使问题得到解决。	0.652		
21	提供了许多生活中有用的信息。	0.783		
22	代表党和政府的声音，具有权威性。	0.706		
23	媒体的报道有助于国家、社会的发展。	0.734		

注：3 个因子旋转后解释方差的比率分别为：46.393%、9.565%、7.348%；因子累计解释方差比率为 63.306%。

16.5　网络新闻公信力判断维度量表的建立

16.5.1　第一次因子分析结果

对报纸的 23 个题项采用主成分分析法和方差最大旋转，不限制因子数目，抽取特征值大于 1 的公因子，可以得到 3 个因子。

与之前设计的量表相比，维度结构有差异，显示为 4 个因子（具体参见表 16 - 6）。

表 16 - 6　　网络新闻公信力判断维度量表第一次因子分析结果

序号	指　　标	F1	F2	F3	F4
1	真实报道，新闻报道不含虚假、猜测和虚构的成分。	8.060E - 02	0.680	0.312	0.242
2	新闻报道准确无误。	0.141	0.727	0.294	0.272
3	完整报道新闻事件，不回避新闻事件中的任何重要事实。	0.405	0.693	0.158	0.114
4	对有争议的新闻事件，平衡报道争议各方的情况，不偏袒任何一方。	0.462	0.645	8.445E - 02	0.123
5	客观呈现新闻事件原貌，不加入报道者的偏见。	0.344	0.659	0.233	0.218
6	全面报道，不刻意漏报、瞒报重要的新闻事件。	0.547	0.540	0.110	0.112
7	站在社会大众的立场上，关注最广大民众的利益。	0.519	0.460	0.252	0.199
8	关心处于困境的弱势群体，比如农民、下岗职工、残疾人等。	0.440	0.373	0.332	0.262
9	敢于针砭时弊，批评性新闻比例高、批评力度大。	0.736	0.273	8.204E - 02	0.168
10	媒体以平等的姿态面对读者观众，而不是高高在上、傲慢自大。	0.732	0.239	2.186E - 02	0.297
11	新闻报道实实在在，不唱高调、不打官腔。	0.726	0.248	3.373E - 03	0.305
16	新闻报道迅速及时，有时效性。	0.682	0.178	0.305	- 1.701E - 02
17	能够对复杂的新闻事件提供有深度的分析和解释。	0.645	0.230	0.391	8.970E - 02
18	能够经常有独家新闻。	0.576	0.201	0.376	0.141
22	提供了许多生活中有用的信息。	0.666	8.686E - 02	0.375	6.115E - 02
23	媒体的报道有助于国家、社会的发展。	0.557	0.158	0.517	0.119
12	广告比例适当。	0.304	0.133	8.084E - 02	0.761
13	不发布虚假广告。	8.586E - 02	0.198	0.251	0.812
14	不刊播广告新闻、有偿新闻、软广告。	0.138	0.217	0.266	0.740

序号	指　　标	F1	F2	F3	F4
15	新闻格调高尚，不随意炒作粗俗不雅的新闻。	0.134	0.296	0.470	0.569
19	是值得民众依靠的一个投诉渠道。	0.269	0.203	0.697	0.275
20	媒体的批评性报道十分有效，能够有力地促使问题得到解决。	0.242	0.265	0.713	0.239
21	代表党和政府的声音，具有权威性。	0.167	0.303	0.670	0.297

注：4 个因子旋转后解释方差的比率分别为：46.688%、8.216%、5.014%、4.581%；因子累计解释方差比率 64.499%。

16.5.2　最终的因子分析结果

由表 16-6 可见，有 10 个题项的负荷值不明显。第一个因子 F1 有 7 个题项的负荷值与其他因子上的负荷值没有太大的差距，分别是："5. 客观呈现新闻事件原貌，不加入报道者的偏见"、"6. 全面报道，不刻意漏报、瞒报重要的新闻事件"、"7. 站在社会大众的立场上，关注最广大民众的利益"、"8. 关心处于困境的弱势群体，比如农民、下岗职工、残疾人等"、"17. 能够对复杂的新闻事件提供有深度的分析和解释"、"18. 能够经常有独家新闻"、"23. 媒体的报道有助于国家、社会的发展"。

第二个因子 F2 有两个题项负荷值不明显，分别是："3. 完整报道新闻事件，不回避新闻事件中的任何重要事实"、"4. 对有争议的新闻事件，平衡报道争议各方的情况，不偏袒任何一方"。

第四个因子 F4 有 1 个题项负荷值不明显，即 "15. 新闻格调高尚，不随意炒作粗俗不雅的新闻"。

由此，排除上面 10 个题项进行因子分析，采用主成分分析和方差最大旋转，结果显示 3 个因子，累积可解释变异值为 63.733%。

1. 因子矩阵成立的前提条件

从共同度上看，每个变量的共同度都在 0.548~0.791 之间，表明 13 个变量有公共因子存在。巴特勒特球体检验表明，卡方值 = 11 035，显著度为 0.000，可以认为变量之间的相关具有显著性。MSA = 0.899，说明了 13 个变量之间的相互联系程度和因子分析的适当性是非常好的。

2. 网络新闻公信力判断维度量表

从因子矩阵来看，抽取特征值大于 1 的公因子，可以得到 3 个因子。将 3 个因子 F1、F2 和 F3 分别命名为社会关怀、权威性、媒介操守。网络新闻的公信力量表参见表 16 – 7。

表 16 – 7　　　　　　网络新闻公信力判断维度量

序号	指　　标	F1	F2	F3
1	真实报道，新闻报道不含虚假、猜测和虚构的成分。		0.683	
2	新闻报道准确无误。		0.677	
19	是值得民众依靠的一个投诉渠道。		0.704	
20	媒体的批评性报道十分有效，能够有力地促使问题得到解决。		0.741	
21	代表党和政府的声音，具有权威性。		0.751	
9	敢于针砭时弊，批评性新闻比例高、批评力度大。	0.773		
10	媒体以平等的姿态面对读者观众，而不是高高在上、傲慢自大。	0.781		
11	新闻报道实实在在，不唱高调、不打官腔。	0.789		
16	新闻报道迅速及时，有时效性。	0.709		
22	提供了许多生活中有用的信息。	0.666		
12	广告比例适当。			0.776
13	不发布虚假广告。			0.820
14	不刊播广告新闻、有偿新闻、软广告。			0.740

　　注：3 个因子旋转后解释方差的比例分别为：45.284%、12.172%、7.838%；因子累计解释方差比率为 65.294%。

16.6　电视、报纸、网络新闻的多角度公信力比较

　　根据前面的公信力量表来对电视、报纸、网络新闻的公信力进行多角度比较。首先，电视和报纸的量表结构是一样的，对这两者先进行比较分析；然后考察网络新闻量表构成中各项指标的得分情况。具体的问卷提问是：

　　　　以下我们希望了解您对我国报纸、电视、网络新闻的一些具体评价。请根据您自己的感受，对三种媒介在下面所列的各个方面分别进行打分。最高为 10 分，最低为 0 分，6 分为及格，做得越好打分越高。

16.6.1　电视、报纸的公信力比较

　　对电视、报纸公信力进行多角度考察（参见表 16 – 8），可以发现：

　　（1）电视公信力的平均得分为 7.69，报纸公信力的平均得分为 7.27。电视

得分超过报纸。

（2）从电视、报纸的各项指标比较来看，电视都高过报纸。T检验显示各个指标的得分差距都有显著性。

（3）电视、报纸各个指标得分的高低顺序基本是一致的。"媒体的报道有助于国家、社会的发展"都是得分最高的题项，"代表党和政府的声音，具有权威性"、"提供了许多生活中有用的信息"、"新闻报道迅速及时，有时效性"是另外几个得分较高的题项。而得分较低的几个题项都是："不发布虚假广告"、"广告比例适当"、"不刊播广告新闻、有偿新闻、软广告"。

表 16 - 8   电视、报纸的公信力的多角度比较

| 序号 | 指 标 | 平均得分 | | 得分差距 | T值 | 显著度 |
		报纸	电视			
23	媒体的报道有助于国家、社会的发展。	7.51	7.89	- 0.38	- 20.2	0.000
22	提供了许多生活中有用的信息。	7.37	7.63	- 0.26	- 13.32	0.000
21	代表党和政府的声音，具有权威性。	7.35	7.79	- 0.44	- 22.18	0.000
16	新闻报道迅速及时，有时效性。	7.21	7.7	- 0.48	- 23.3	0.000
2	新闻报道准确无误。	7.16	7.66	- 0.5	- 24.1	0.000
1	真实报道，新闻报道不含虚假、猜测和虚构的成分。	7.08	7.61	- 0.53	- 23.66	0.000
17	能够对复杂的新闻事件提供有深度的分析和解释。	7.08	7.46	- 0.38	- 17.27	0.000
18	能够经常有独家新闻。	6.97	7.4	- 0.43	- 19.46	0.000
20	媒体的批评性报道十分有效，能够有力地促使问题得到解决。	6.96	7.47	- 0.51	- 23.95	0.000
3	完整报道新闻事件，不回避新闻事件中的任何重要事实。	6.9	7.24	- 0.34	- 15.73	0.000
4	对有争议的新闻事件，平衡报道争议各方的情况，不偏袒任何一方。	6.9	7.26	- 0.36	- 17.14	0.000
19	是值得民众依靠的一个投诉渠道。	6.9	7.3	- 0.4	- 17.93	0.000
6	全面报道，不刻意漏报、瞒报重要的新闻事件。	6.88	7.17	- 0.3	- 13.74	0.000
5	客观呈现新闻事件原貌，不加入报道者的偏见。	6.83	7.28	- 0.46	- 21.21	0.000
14	不刊播广告新闻、有偿新闻、软广告。	5.87	6.23	- 0.36	- 16.49	0.000
12	广告比例适当。	5.72	5.85	- 0.13	- 5.31	0.000
13	不发布虚假广告。	5.63	6.13	- 0.5	- 20.93	0.000
	平均得分	7.27	7.69			

注：最高为 10 分，最低为 1 分。

16.6.2 网络新闻的公信力

对网络新闻各项指标得分的统计发现，13 项指标的平均得分是 6.4，明显低于电视和报纸的 7.69、7.27。这三者的多角度测量得分与前面的绝对公信力测量的得分顺序是一致的。

具体来看题项的得分情况，"新闻报道迅速及时，有时效性"、"提供了许多生活中有用的信息" 两个题项的得分最高，分别是 7.27、7.20；而电视和报纸在 "不发布虚假广告"、"不刊播广告新闻、有偿新闻、软广告"、"广告比例适当" 3 个题项上得分都排在所有题项的最后（参见表 16 - 9）。

表 16 - 9　　　　　　　　　网络新闻的公信力

序号	指　　标	平均得分	样本数	标准差
16	新闻报道迅速及时，有时效性。	7.27	1 995	1.838
22	提供了许多生活中有用的信息。	7.20	2 004	1.888
9	敢于针砭时弊，批评性新闻比例高、批评力度。	6.92	1 957	1.862
10	媒体以平等的姿态面对读者观众，而不是高高在上、傲慢自大。	6.81	1 958	1.806
11	新闻报道实实在在，不唱高调、不打官腔。	6.80	1 971	1.828
2	新闻报道准确无误。	6.36	1 978	1.878
1	真实报道，新闻报道不含虚假、猜测和虚构的成分。	6.31	1975	1.855
19	是值得民众依靠的一个投诉渠道。	6.30	1 953	2.024
20	媒体的批评性报道十分有效，能够有力地促使问题得到解决。	6.20	1 969	2.003
21	代表党和政府的声音，具有权威性。	6.19	1 957	2.017
12	广告比例适当。	5.85	1 977	2.127
14	不刊播广告新闻、有偿新闻、软广告。	5.65	1 932	2.106
13	不发布虚假广告。	5.37	1 969	2.178
	平均得分	6.4		

注：最高为 10 分，最低为 1 分。

小　　结

从电视、报纸、网络新闻三者的公信力维度量表来看，电视和报纸作为传统大众媒介具有一样的量表结构，而网络新闻作为新兴媒介与前两者有一定的区别。电视和报纸的公信力维度有三个，分别是权威性、新闻专业素质、媒介操守；网络新闻的公信力维度则是社会关怀、权威性、媒介操守。从公信力维度量表的差异可以在一定程度上看出公众对传统媒介和新兴媒介的认知差异。这种差异值得进一步关注与探讨。

公信力的多角度测量表明，电视、报纸、网络新闻三者的得分顺序与绝对公信力得分是一致的，即电视最高，报纸第二，网络新闻最低。比较具体指标的得分情况，可以发现：（1）电视和报纸各个指标得分的高低顺序基本是一致的。（2）在得分最高的题项上，电视、报纸与网络新闻有差异，网络新闻得分最高的前5个题项都是"社会关怀"这一维度的指标，而电视、报纸得分最高的前4个题项都是"权威性"这一维度的指标。这种指标得分的差异可以看做是传统媒介与新兴媒介之间在功能扮演上的差异，这种差异直接影响着公众对它们的公信力认知，值得进一步探讨。（3）三者在最低的指标上都是一样的，都是媒介操守维度的3个题项："不发布虚假广告"、"广告比例适当"、"不刊播广告新闻、有偿新闻、软广告"。

需要指出的是，"代表党和政府的声音，具有权威性"这一题项存在方向性与其他题项不一致的缺陷。也就是说，这一题项得分越高，可能有人认为媒介的公信力就越高，也可能有人会认为媒介的公信力就越低。因此，在进行分析时，笔者将电视、报纸、网络新闻在这一题项上的得分分别与它们的绝对公信力得分进行了相关分析，结果显示，皮尔逊相关系数分别为0.323、0.324、0.355，在0.01水平上都具有相关显著性，即"代表党和政府的声音，具有权威性"这一题项的判断与公信力之间总体上是一致的。所以，本次研究采用了这一题项。但还是存在一定方向性的缺陷。在后续研究中，对这一题项的采用需要格外注意，特别是随着新传播渠道的快速发展和我国大众的媒介素养的提升，这一题项的缺陷就会显得突出。

第 17 章

媒介公信力的影响因素

从社会系统角度来看媒介公信力的影响因素，有宏观社会系统因素的影响、微观的受众因素和媒介因素的影响。对于具体个案的实证研究，学者们一般是从受众因素的影响来探讨的。本次研究也如此。在对媒介公信力受众影响因素的研究中，学者们的探讨主要是建立在社会分类论和社会关系论两种理论基础之上。如，美国俄亥俄大学的 Izard 教授（1985）认为影响媒介公信力的受众因素有：（1）受众本身的意识形态（idedogy）；（2）受众本身的政党认同（party identity）；（3）受众的年龄；（4）地理区域；（5）种族因素。① 除了 Izard 教授列出的这些因素外，还有受众的媒介使用、媒介依赖等。本研究分别从受众的人口统计变项、媒介使用、地理区域、政党团体、宗教信仰几个方面来看进行考察。

受众地理区域差异的影响在前面我国媒介公信力现状部分中已经作了分析，并得出结论：媒介公信力存在区域之间的差异。电视、报纸相对公信力的一个大致变化规律是随经济的发达程度、开放程度而变化。具体来说，电视公信力从华南沿海的最低开始，从南到北、从东到西依次升高，在西北地区最高。而报纸的公信力则刚好相反，沿海地区高，内地低。也就是说，越是在经济发达的沿海地区，电视的公信力越是偏低；而报纸的公信力则相反。在本章就不再对受众地理区域差异的影响作分析。

受众的人口统计变项包括性别（在进行回归分析时变为虚拟变量）、年龄、教育程度（变为虚拟变量，分为专科以下和专科以上两个类别）、月收入（变为

① 参见 http://distance.shu.edu.tw/distclass/classinfo/8602cs01/c8602t01cst03.htm。

虚拟变量，分为 5 000 元以下和 5 000 元及以上两个类别）等。

媒介使用是指受众对媒介的接触频率。

政党团体包括中共党员、民主党派、共青团员、无党派/一般群众、其他等，在分析中着重考察中共党员的情况，分为非中共党员和中共党员两个类别（在进行回归分析时分别变为虚拟变量）。

宗教信仰分为"有"和"没有"两个类别（在进行回分析时变为"虚拟变量"）。

17.1 电视公信力的影响因素

将电视的绝对公信力作为因变量，将受众的人口统计变项、媒介接触、政党身份、宗教信仰作为自变量，进行回归分析。

对城市居民的分析结果发现，电视的接触频率对电视公信力有正影响。而宗教信仰和学历对电视公信力是负影响，是否有宗教信仰的负影响大过学历的负影响。而对农村抽样地区数据的分析发现，只有接触频率一个变量有正影响，其他变量都没有明显的影响（参见表 17 - 1 和表 17 - 2）。

表 17 - 1　电视绝对公信力得分与城市居民人口统计变量的多元回归分析

自变量	标准回归系数	T 值	显著度
电视的接触频率	0.099	6.174	0.000
学历	- 0.052	- 2.941	0.003
性别	- 0.030	- 1.953	0.051
年龄	0.017	0.985	0.325
个人月收入	- 0.009	- 0.552	0.581
是否中共党员	0.033	1.989	0.047
是否有宗教信仰	- 0.053	- 3.446	0.001
复相关系数 = 0.37		方程显著（P = 0.001）	

表 17 - 2　　　电视绝对公信力得分与农村抽样地区居民
人口统计变量的多元回归分析

自变量	标准回归系数	T 值	显著度
电视的接触频率	0.143	3.519	0.000
年龄	0.072	1.546	0.123
性别	0.025	0.677	0.499
学历	0.000	0.004	0.997

续表

自变量	标准回归系数	T 值	显著度
个人月收入	− 0.043	− 1.132	0.258
是否中共党员	− 0.051	− 1.330	0.184
是否有宗教信仰	− 0.003	− 0.084	0.933
复相关系数 = 0.35		方程显著（P = 0.000）	

17.2 报纸公信力的影响因素

　　将报纸的绝对公信力作为因变量，将受众的人口统计变项、媒介接触、政党身份、宗教信仰作为自变量，进行回归分析。分析结果发现与电视一样，在城市地区，年龄、性别、个人月收入、政党身份等都没有明显的影响，报纸的接触频率对公信力是正影响，而是否有宗教信仰、学历是负影响，并且是否有宗教信仰的负影响大过学历的负影响。在农村地区只有接触频率一项是正影响。参见表17 - 3、表 17 - 4。

表 17 - 3　报纸绝对公信力得分与城市居民人口统计变量的多元回归分析

自变量	标准回归系数	T 值	显著度
报纸的接触频率	0.119	7.085	0.000
学历	− 0.043	− 2.338	0.019
性别	− 0.031	− 1.862	0.063
年龄	− 0.004	− 0.191	0.848
个人月收入	0.008	0.464	0.643
是否中共党员	0.027	1.505	0.133
是否有宗教信仰	− 0.062	− 3.799	0.000
复相关系数 = 0.36		方程显著（P = 0.000）	

**表 17 - 4　报纸绝对公信力得分与农村抽样地区居民
人口统计变量的多元回归分析**

自变量	标准回归系数	T 值	显著度
报纸的接触频率	0.211	5.056	0.000
年龄	0.007	0.145	0.885
性别	− 0.019	− 0.465	0.642
学历	0.023	0.467	0.641

自变量	标准回归系数	T 值	显著度
个人月收入	− 0.034	− 0.794	0.427
是否中共党员	− 0.045	− 1.056	0.292
是否有宗教信仰	− 0.011	− 0.278	0.781
复相关系数 = 0.38		方程显著（P = 0.000）	

17.3　网络新闻公信力的影响因素

　　将网络新闻的绝对公信力作为因变量，将受众的人口统计变项、媒介接触、政党身份、宗教信仰作为自变量，进行回归分析。分析结果发现，在城市有四个变量有影响，而在农村抽样地区的方程不显著（P = 0.274）。

　　在城市居民中，除了学历、性别、中共党员三个变量没有明显的影响外，其余几个变量都有影响。网络新闻的接触频率、个人月收入有明显的正影响，并且接触频率的正影响大过个人月收入。宗教信仰和年龄两个变量是负影响，前者的负影响大过后者（参见表 17 - 5）。

表 17 - 5　　　　　网络新闻绝对公信力得分与城市居民人口
统计变量的多元回归分析

自变量	标准回归系数	T 值	显著度
网络新闻的接触频率	0.158	6.657	0.000
学历	− 0.001	− 0.045	0.964
性别	− 0.004	− 0.182	0.856
年龄	− 0.059	− 2.357	0.019
个人月收入	0.083	3.416	0.001
是否中共党员	− 0.021	− 0.888	0.374
是否有宗教信仰	− 0.078	− 3.555	0.000
复相关系数 = 0.46		方程显著（P = 0.000）	

17.4　广播公信力的影响因素

　　对广播绝对公信力影响因素的多元回归分析发现，在城市地区接触频率和是否是中共党员两个变量有影响，而接触频率是显著的正影响，而是否是党员为负影响。

在农村的抽样地区，个人月收入和是否是中共党员两个变量有影响，前者是正影响，后者是负影响（参见表17-6和表17-7）。

表17-6 广播绝对公信力得分与城市居民人口
统计变量的多元回归分析

自变量	标准回归系数	T 值	显著度
广播的接触频率	0.267	13.105	0.000
学历	0.031	1.321	0.187
性别	0.018	0.893	0.372
年龄	0.017	0.725	0.469
个人月收入	-0.017	-0.777	0.437
是否中共党员	-0.067	-3.068	0.002
是否有宗教信仰	-0.032	-1.566	0.118
复相关系数 = 0.51		方程显著（P = 0.000）	

表17-7 广播新闻绝对公信力得分与农村抽样地区居民
人口统计变量的多元回归分析

自变量	标准回归系数	T 值	显著度
广播的接触频率	0.080	1.587	0.113
性别	-0.063	-1.240	0.216
学历	0.135	2.254	0.025
年龄	0.073	1.143	0.254
个人月收入	-0.157	-2.956	0.003
是否中共党员	-0.027	-0.526	0.599
是否有宗教信仰	0.044	0.870	0.385
复相关系数 = 0.41		方程显著（P = 0.003）	

17.5 新闻类杂志公信力的影响因素

对新闻类杂志绝对公信力影响因素的多元回归分析发现，在城市居民中，除了接触频率是显著的正影响外，其他（包括学历、性别、年龄、个人月收入、是否中共党员、是否有宗教信仰等）变量都没有明显的影响。而农村抽样地区的方程不显著（P = 0.328）（参见表17-8）。

374

表 17 - 8 　　　　　**新闻类杂志绝对公信力得分与城市居民**

人口统计变量的多元回归分析

自变量	标准回归系数	T 值	显著度
新闻类杂志的接触频率	0.179	**8.491**	**0.000**
学历	0.025	1.048	0.295
性别	0.013	0.612	0.540
年龄	-0.021	-0.882	0.378
个人月收入	-0.007	-0.312	0.755
是否中共党员	-0.012	-0.523	0.601
是否有宗教信仰	-0.029	-1.396	0.163
复相关系数 = 0.42		方程显著（P = 0.000）	

小　　结

　　作为传统的大众媒介，电视和报纸在城市居民中的公信力影响因素是一样的，接触频率对公信力是正影响，是否有宗教信仰和学历是负影响。而网络新闻除了接触频率是正影响外，个人月收入也是明显的正影响，宗教信仰和年龄是负影响。

　　在城市的各个媒介中，接触频率都是最大的正影响。在农村样本地区，对电视和报纸两大传统大众媒介来说，接触频率也是一个最主要的影响因素。在电视、报纸、网络新闻三大媒介中，宗教信仰都是负影响。

　　值得注意的一个影响关系是，在城市居民中是否是中共党员对广播的公信力评价为负影响。

　　各个媒介的公信力影响因素情况如下表所示。

各媒介公信力影响因素情况

	电视		报纸		网络新闻		广播		新闻类杂志	
	城市	农村	城市	农村	城市	农村	城市	农村	城市	农村
接触频率	+	+	+	+	+		+		+	
学历	-		-					+		
性别										
年龄						-				
个人月收入					+			-		
是否中共党员								-		
是否有宗教信仰	-		-		-					

第 18 章

新闻人物、事件的认知与信任

本次研究主要考察我国媒介典型性报道的传播效果。本次研究选择了牛玉儒和聂海胜、费俊龙两组典型性报道，将其放到 5 个具体的媒介报道中进行对比性考察。考察从知晓度、信任度和主要获取渠道 3 个方面来分别进行。这 7 条新闻内容都是在调查执行前的一段时间里发生的事件（2006 年），具体内容是：

中国共产党第十六届五中全会（10 月召开）

牛玉儒（党员领导干部的楷模）

聂海胜、费俊龙（神舟六号航天员）

李宇春（"超女"）

连战访问大陆（台湾国民党主席）

PVC 保鲜膜事件（有毒事件的报道）

卡特琳娜飓风（导致美国新奥尔良灾害）

关于牛玉儒和神舟六号航天员聂海胜、费俊龙的报道是典型人物报道，相对应比较的是当年的超女冠军李宇春、台湾国民党主席连战。中国共产党第十六届五中全会是重大政治事件，PVC 保鲜膜事件和卡特琳娜飓风是国内外的两个新闻事件。

18.1 知 晓 度

对知晓度的统计（见表 8 - 1）发现，聂海胜、费俊龙的知晓度是最高的，"知道比较多"和"知道非常多"两项超过了 50%；连战和李宇春两个题项的知晓度分列第二和第三位，"知道比较多"和"知道非常多"两项合计分别是36.81%、28.62%。而牛玉儒的知晓度是最低的，"知道比较多"和"知道非常多"两项合计只有15.09%。

聂海胜、费俊龙知晓度高的一个重要原因可能是依托神舟六号发射成功这一重大事件。作为党员领导干部楷模的牛玉儒是一个典型宣传，从知晓度上相比不是很高，有近六成的人"完全不知道"或"知道很少"。

表 18 - 1　　　　**所调查的 7 个新闻人物、事件的知晓度情况**　　　　单位：%

	完全不知道	知道很少	知道一些	知道比较多	知道非常多	合计
聂海胜、费俊龙（神舟六号航天员）	4.84	10.51	33.42	30.92	20.31	100
连战访问大陆（台湾国民党主席）	16.11	15.11	31.97	22.90	13.91	100
李宇春（"超女"）	25.25	18.33	27.80	18.05	10.57	100
卡特琳娜飓风（导致美国新奥尔良灾害）	34.88	18.36	26.80	12.72	7.24	100
PVC 保鲜膜事件（有毒事件的报道）	37.34	19.07	24.81	12.49	6.30	100
中国共产党第十六届五中全会（10月召开）	21.87	21.99	36.70	14.57	4.87	100
牛玉儒（党员领导干部的楷模）	35.84	21.75	27.31	10.71	4.38	100

18.2　信任度情况

民众对于这些新闻人物和事件都是持一定信任态度的。由表 18 - 2 可见，聂海胜、费俊龙的信任度最高，平均信任度达到了五分制的 4.39 分，绝大多数民众是相信比较多或者完全相信的（85.04%），其中，又有近六成的被访者是完全相信的。

总的来看，信任度的高低与知晓度是基本一致的，聂海胜、费俊龙和连战的知晓度与信任度都排在前两位，而牛玉儒的知晓度低，信任度也相对低。只有娱乐人物超女李宇春的知晓度较高，信任度却低。

表 18 - 2　　　　**所调查的 7 个新闻人物、事件的信任度情况**　　　　单位：%

	完全不信	相信很少	相信一部分	相信比较多	完全相信	合计	平均指数
聂海胜、费俊龙（神舟六号航天员）	0.72	2.84	11.40	26.82	58.22	100	4.39
连战访问大陆（台湾国民党主席）	0.73	5.30	19.08	33.28	41.61	100	4.10
中国共产党第十六届五中全会（10月召开）	1.11	4.39	19.92	34.43	40.14	100	4.08

续表

	完全不信	相信很少	相信一部分	相信比较多	完全相信	合计	平均指数
卡特琳娜飓风（导致美国新奥尔良灾害）	0.69	5.42	20.44	31.82	41.64	100	4.08
PVC保鲜膜事件（有毒事件的报道）	0.79	6.67	24.73	31.88	35.93	100	3.96
牛玉儒（党员领导干部的楷模）	1.10	6.30	25.70	33.09	33.82	100	3.92
李宇春（"超女"）	3.12	13.88	30.15	26.06	26.79	100	3.60

注：平均指数最高为5，最低为1。

18.3　最主要的获取渠道

这些信息的最大获取渠道都是电视，都是六七成的比例。其次是报纸，网络新闻是第三位的信息主要获取渠道。

表18－3　所调查的7个新闻人物、事件的主要获取渠道情况　单位：%

	报纸	电视	广播	杂志	网络新闻	网络论坛	认识的人	单位通知/学习	其他渠道	合计
中国共产党第十六届五中全会（10月召开）	72.88	15.43	2.55	0.57	4.38	0.39	1.20	1.98	0.63	100
牛玉儒（党员领导干部的楷模）	67.12	18.71	3.00	1.68	3.63	0.48	1.32	2.75	1.32	100
聂海胜、费俊龙（神舟六号航天员）	79.31	10.20	2.22	0.86	5.74	0.39	0.81	0.22	0.25	100
李宇春（"超女"）	77.08	8.40	2.00	1.35	5.38	1.42	3.08	0.16	1.13	100
连战访问大陆（台湾国民党主席）	73.04	15.30	2.02	1.21	5.86	0.64	1.09	0.25	0.59	100
PVC保鲜膜事件（有毒事件的报道）	60.34	21.31	2.96	1.58	8.22	0.94	3.04	0.23	1.39	100
卡特琳娜飓风（导致美国新奥尔良灾害）	67.81	16.33	2.57	0.94	8.24	1.26	1.59	0.29	0.98	100

378

小　结

　　总地来说，我国媒介报道内容都有较高的信任度，但不同的内容之间有差异，而知晓度之间的差异更大。这些内容最主要的一条传播渠道都是电视。

　　虽然作为典型宣传的神舟六号航天员聂海胜、费俊龙在知晓度和信任度上都很高，但这不足以说明典型报道都一定有这样的效果，因为他们是依托神舟六号发射成功这一重大事件的。优秀共产党员楷模牛玉儒作为一个典型宣传，没有很重大的新闻事件做背景，知晓度和信任度相对就不是很高，与聂海胜、费俊龙相比有明显的差距；在知晓度上比娱乐人物（李宇春）、新闻人物（连战）和国内外的新闻事件都要低，在信任度上也只比娱乐人物高一些。也就是说，单纯的典型报道的传播效果是有一定局限性的。

第 19 章

下 篇 结 语

    本篇在大量研究和总结国际学术界近百年来于传媒公信力评测理论和方法及繁多实证案例的基础上，成功地建立起一个可将中国大众传媒公信力状况进行量化表达的传媒公信力测评指标，中国大众传媒公信力的状况究竟如何、怎样才能提高传媒公信力，可以说是传媒公信力研究中最为迫切、最具有现实意义的论题。而这一问题解决的基础就是建立适合中国社会背景的传媒公信力测评体系，因为只有在确切了解公信力实际状况的基础上，才能对传媒公信力的建设问题提出具有现实指导意义和实证支持的方案和建议。因此，探究中国公信力的特点并建立传媒公信力测评指标，成为本篇研究的另一重点。围绕着这一目标，本篇研究重点解决了评测方法上的两个基本问题：一是分析中国大众在判断媒介是否可信时都看重哪些因素；二是建立传媒公信力的测评量表。在调查数据的基础上，我们对传媒公信力评判准则重要程度和公信力评判特点进行分析。最后，通过探索性和证实性因子分析、信度效度检验等统计技术对中国大众传媒公信力的测量指标进行筛选和分析，最终建立起了具有较高科学认识和实践价值的传媒公信力的测评量表。

    本篇的主体——《中国传媒公信力问题的全国居民调查报告》是 2005 年 11 月组织实施的，这是迄今为止我国所进行的最大规模、指标体系最为完整、综合测评传媒种类最多的一项实证研究与评测分析，具有较高的实践认识价值和理论促进价值。事实上，通过调查，我们不但对我国传媒的公信力状况进行了全面描述、梳理和测评判断，同时也进一步完善了我们的方法论体系和相应指标体系的构建。

中国大众媒介的传播效果与公信力研究

附 录

附录一　国内传媒公信力研究的文献综述与试调查报告

一、国内学者对公信力影响因素的论述

有研究者提出公信力的获得需要注意的方面为：

◆作为舆论工具，传播媒介必须诚实守信，才能获得受众的信赖

◆作为舆论工具，传播媒介必须公正、正派，才能赢得社会的推崇①

有研究者总结保证媒介公信力需要媒体做到：

◆导向要正确，不能偏离

◆新闻要公正，不能有偿

◆信息要真实，不能虚假

◆广告要诚信，不能欺诈②

有研究者指出新闻传媒丧失公信力的行为，主要表现在以下几个方面：

◆刊播虚假新闻欺骗受众。虚假新闻，指的是那些违反真实性原则，导致失实、失真的新闻

◆虚假广告对传媒的公信力也是非常严重的伤害

◆刊播低俗新闻毒害受众。低俗新闻，指的是那些迎合低级趣味，品位低下、粗俗不雅的新闻。一些新闻传媒刊播的低俗新闻已严重侵害了其公信力，并使其社会形象受到损害

---

① 李忠昌：《试论大众传媒的公信力》，载于《西安建筑科技大学学报（社会科学版）》2003年第1期。

② 张志新：《新闻媒体公信力解读》，载于《新闻采编》2004年第2期。

◆刊播偏见报道误导受众。偏见报道，指的是那些违反客观公正原则，带有明显偏见的新闻报道

◆刊播"有偿新闻"侵扰受众。"有偿新闻"，是指新闻传媒及其从业者利用其传播权力，向要求刊播新闻者索取钱财而刊播的新闻

而相应的，增强新闻传媒公信力的途径主要包括：

◆把好政治关，坚持正确舆论导向

◆把好事实关，杜绝虚假新闻

◆把好道德关，杜绝"有偿新闻"

◆把好品位关，抵制低俗新闻。[1]

有研究者认为目前中国公信力状况比较好的原因是：

◆新闻舆论监督受到重视和政策法律的保护

◆揭黑扶弱，彰显媒体的社会良知

◆搭建公众论坛，使媒体成为意见交流的平台

◆放下架子做服务，拉近与公众的距离

而对公信力产生负面影响的因素包括：

◆地方保护主义制约新闻媒体对同级政府的监督

◆片面追求发行量或收视率，使虚假新闻、黄色新闻抬头

◆有偿新闻使新闻的真实性、公正性受到威胁

◆不正当竞争干扰了媒体新闻业务的正常开展，这些不正当竞争行为包括新闻作品剽窃、报纸的恶意价格战或变相价格战、人为阻碍报纸发行等等[2]

有研究者认为，"三贴近"是对"媒体公信力"内涵的全新诠释，就此提出了一系列的意见：

◆媒体公信力要始终建筑在群众利益之上，建筑在媒体与群众的血肉联系之上

◆"新闻宣传一定要讲效果，一定要为人民群众所喜闻乐见。"媒介从业人员不能高高在上，脱离现实生活板着脸孔说话……否则，媒体缺乏应有的审美效果，整个面目呆板、生硬、冷冰冰，让受众都走光了还有什么公信力可谈

◆文章还指出，记者通过明察暗访的手段可以保证媒体内容的真实性、彰显记者及媒体的社会责任感和社会正义、能够直面社会矛盾，彰显媒体的独立品格从而有利于提高媒体的公信力

◆有偿新闻会对媒体公信力造成致命威胁[3]

---

[1] 郑保卫、唐远清：《试论新闻传媒的公信力》，载于《新闻爱好者》2004年第3期。

[2] 王欣、赵虎：《我国媒体公信力现状考察》，载于《新闻前哨》2004年第4期。

[3] 时统宇、申琳：《2003：打造媒体公信力》，载于《新闻与写作》2004年第1期。

有研究者认为；

◆ 重塑传媒公信，必须在任何时候都要坚持真实、及时的报道原则

◆ 重塑传媒公信，要求媒介和从业者具有正确的公众立场，体现出自己的风格、风尚和风范

◆ 重塑传媒公信，并不排斥对真实性传播策略的艺术性运用

◆ 重塑传媒公信，要重视在新时期对舆论引导新方法的探索

◆ 重塑传媒公信，传媒得贴近群众，折射出平民视角，体现人文关怀精神

◆ 重塑媒体公信，还要实施媒介公共关系策略①

有研究者认为，对公信力有正面影响的三个因素：

◆ 真实

◆ 高尚

◆ 权威

而权威主要来自以下几个方面的媒介表现：

①传媒时刻关注国计民生，对重大时事和社会热点保持敏锐的洞察力和深度的剖析力，为受众决策提供有价值的参考信息

②传媒发挥舆论监督的作用，在坚持正面宣传为主的同时，敢于针砭时弊，伸张正义

③传媒所作的新闻报道公正客观，真实可靠，高瞻远瞩，令人信服

④传媒拥有名牌栏目和知名主持人、评论员、编辑和记者

相反对公信力造成损害的具体表现为：

◆ 新闻失实

◆ 内容低俗

◆ 广告性新闻②

公信力下降的原因是：

◆ 造假新闻

◆ 热衷炒作

◆ 媚俗猎奇

◆ 新闻语式空泛无物，千篇一律，缺乏个性、缺乏韧性、缺乏灵魂

◆ 观"事"不语，不能及时满足受众的知情权

◆ 搞有偿新闻③

---

① 蒋晓丽、王东、孙勇：《从公共危机事件传播透视传媒公信——"非典型肺炎"报道个案解读》，载于《西华师范大学学报（哲社版）》2003年第5期。

② 余文斌：《公信力——传媒竞争的重要砝码》，载于《新闻战线》2002年第5期。

③ 孙静：《公信力：打造主流强势媒体之本》，载于《中国广播电视学刊》2004年第6期。

衡量公信力大小的指标主要有：

◆ 真实

◆ 对国内、国际基本地区的局势应有敏锐的洞察力，在重大问题的报道上能表现出权威性，能始终以公众代言人的形象出现，不仅能做出一般的新闻报道，还能做出有独到见解的评论

◆ 媒介能与广大手中水乳交融，怀有浓厚的人文关怀意识[1]

市场类报纸公信力下降的原因：

◆ 作为一种新闻宣传工具，新闻报道本身不到位。不是以新闻的时效性、真实性和显著性来论新闻价值，而是多少受新闻背后的广告影响，即是否该报道能引起轰动，从而引来广告客户

◆ 媒介广告的经营管理不善，出现虚假广告、广告搞客、新闻广告等问题

◆ 新闻的无序竞争和市场运作导致新闻炒作过多

◆ 新闻报道的原创性不强，舆论导向作用发挥不够

◆ 媒介关心的与受众关心的发生错位[2]

有研究者以《南方周末》为个案，分析了其在读者中有较强的公信力及广泛的社会影响力的原因：

◆ 回归、坚守新闻本位，以独立观察社会的视角，广泛关注社情、国运、民生

◆ 以"彰显爱心、维护正义、坚守良知"为宗旨，凸现出其"人文关怀"的倾向

◆ 注重媒体操守，注重良好的传媒形象的培养[3]

有研究者专门分析了造成典型报道不可信的原因：

◆ 一是夸大，把某人的一点优点说成完美无缺，把初步效果夸大为显著成绩，吹捧拔高

◆ 二是隐瞒，不作整体考量，不作全面报道，而是为了宣传的需要，将一部分事实甚至是重要事实隐瞒起来

◆ 三是偏颇，有偏见褒贬，或偏袒，或视而不见，或片面强调某一点

◆ 四是不辨真假，道听途说，以伪充真。或是想当然合理想象，无中生有

◆ 五是把大家的成绩集中在某一个人身上[4]

有研究者专门提出民生新闻的公信力要件包括：

---

① 黄晓芳：《媒介公信力与视听率、发行量》，载于《新闻记者》2000 年第 2 期。
② 冯艳丹、喻泉：《浅析市场类报纸公信力危机及建设》，载于《湖北社会科学》2004 年第 8 期。
③ 曹丽虹：《试析〈南方周末〉的品位追求》，载于《伊犁师范学院学报》2004 年第 1 期。
④ 莫壮衡：《提高典型报道可信度的思考》，载于《军事记者》2002 年第 11 期。

◆第一是固守新闻本位，也就是只思考新闻报道的真实性、时效性、新闻价值等要素，新闻报道真实、关注老百姓的故事、公平公正关注各方面内容、及时报道正在发生的故事

◆其次要敢于批评

◆第三是体现人文关怀①

有研究者指出造成媒体诚信出现问题的原因主要有：

◆虚假报道

◆不良广告

◆媚俗新闻②

有研究者提出媒介公信力的多地要从以下三个方面考虑：

◆第一要切实尊重和保障受众的知情权，要让人民及时地、客观地、充分地知情。具体说来就是及时报道，在尊重客观事实的基础上平衡报道，立体表现，要充分相信人民群众的智慧和辨别能力；尽可能提供足量的信息，在不影响整体稳定的情况下，最大限度地公布事件的各个方面和细节

◆第二要严格按新闻规律办事，淡化宣传说教色彩

◆第三新闻报道要客观真实，避免造假和炒作③

有研究者专门分析了媒介公信力的构成要素，包括：

◆正确导向要素

◆思想高度要素

◆舆论主调要素

◆新闻真实要素

◆高雅格调要素

◆舆论监督要素

◆情感亲和要素

◆品牌特色要素

◆新闻精品要素

◆职业道德要素④

有研究者指出公信力的建设需要从以下几个方面做起：

◆处理好正面报道与舆论监督之间的关系，以正面报道为主但不能放弃舆论

---

① 陈龙：《新闻本位、舆论监督、人文关怀：民生新闻的公信力要件》，载于《中国电视》2004年第6期。

② 张志新：《新闻媒体诚信论》，载于《报刊之友》2002年第6期。

③ 吴月艳：《论新闻媒体的公信力》，载于《求索》2004年第7期。

④ 陈心安：《媒体公信力的要素构成》，载于《新闻前哨》2004年第5期。

监督的职责

◆深入实际，报道老百姓想说想听的新闻

◆抓住重大新闻事件，树立媒体权威

◆从每个记者的形象做起①

二、通过网络或面访得到的部分有关媒介公信力看法的资料

访谈问题的设计为：

冒昧地打搅您一下，我是中国人民大学 2002 级博士生靳一，正在做毕业论文，需要向您提一个问题征询您的意见，作为我论文的素材。您怎样想的就怎样回答，不是考试，只是想了解您的想法和看法，想到多少就回答多少。

问题：请问，您觉得什么样的新闻媒体是值得信任的，请简要描述一下能让您信任的媒体应该具有什么特征。

为了作分析，请您留下您的年龄：　性别：　文化程度：　职业：

非常感谢您的合作与支持！

1. 敢于揭发社会问题，以不同角度来报道客观事件，不要过多地加以主观的评论，还事实一个本来面目！快速！准确！客观！公正！（24 岁，女，硕士在读）

2. 独立观点，不受广告商左右，所处环境不限制。（31 岁，男，硕士，软件工程师）

3. 首先要独立，经济上，行政管理上都要独立；其次要有规模，小报小刊一般做不到客观公正；当然，完全公正的媒体可能是不存在的。（34 岁，男，本科，财经行业）

4. 有长期的公众信誉做保证的，真实可信、不偏不倚的新闻媒介应该是具有公信力的，比如说《纽约时报》这样的媒介，美国有一种说法：总统说的话可能有人会不信，但是《纽约时报》的话，是绝对可信的。另外，像著名的克拉凯特大叔，他所能够形成的社会影响甚至不弱于美国总统，这种公信力是长期说真话、说不偏不倚的话所造成的。

在中国新闻史上有一个叫做《大公报》的报纸，它的办报方针"不党、不私、不卖"，在我看来就是营造媒体公信力的一个良方。（27 岁，男，硕士，媒体工作者）

5. 股权结构：国有资本所占比例比较低，股权分散；媒介宗旨：为民呼还是为某个阶层呼；报道力度：是否经常有独家，或内幕披露，如《财经》；诉讼

---

① 俞熙娜：《增强媒体公信力：从我做起》，载于《新闻实践》2004 年第 5 期。

频率：年均应诉次数，应诉原因，以及诉讼胜率；发行量：足够大。（29岁，男，本科，保险业）

6. 专业性的新闻报道机构、具有参与性的新闻（比如网站上的）比较具有信任基础。（24岁，男，本科）

7. ××台最是没有公信力的，自己大量报发票偷税，还到处装世界警察说这个说那个，贼喊捉贼。（33岁，男，本科，软件工程师）

8. 对于国内来讲，能够采编分开的媒体就具备了具有公信力的最基本的特征。现在太多的媒体为了赚钱，把报道和经营混为一体了。（30岁，男，本科，媒体工作者）

9. 造就一篇好新闻的，绝不仅仅是漂亮的文字、敏锐的嗅觉和机巧的处理，最重要的是一种俯天仰地的境界，一种悲天悯人的情怀，一种大彻大悟的智慧。不冲动、不盲从、不破坏、不媚俗。媒体要勇敢无畏，公平合理，竭尽全力保证准确。朝气蓬勃而不怀恶意，趣味盎然而不耸人听闻。搜集与传播新闻，永不懈怠。（31岁，男，工商管理硕士在读）

10. 具有客观、公正的报道，有良知的媒体是具有公信力的。（25岁，男，本科，新闻记者）

11. 针对一个事实的报道全面而客观，尽量少下结论，将所有的事实告知公众，由公众自己判断；而所给的结论都是根据严密的推理得来的。

挖掘一条新闻背后所隐藏的各种问题，对一个主题进行深入报道。这方面我觉得《经济半小时》做得比较好。

主持人方面应该更多起用中年或老年人士，这个年龄段给人以稳重感。央视的主持人过于年轻化。

应该保持自己一定的独立性，这一点是针对舆论自由而言，应该与执政党的论调有所区别。（28岁，女，硕士，人力资源管理）

12. 真实、客观、敏锐＋尖锐。（35岁，男，本科，广告业）

三、样本具体构成情况

性别（街访样本部分）

		Frequency	Percent	Valid Percent	Cumulative Percent
Valid	男	189	57.1	57.1	57.1
	女	142	42.9	42.9	100.0
	总计	331	100.0	100.0	

性别（校园样本部分）

		Frequency	Percent	Valid Percent	Cumulative Percent
Valid	男	204	56.5	56.7	56.7
	女	156	43.2	43.3	100.0
	总计	360	99.7	100.0	
Missing System		1	0.3		
Total		361	100.0		

文化程度（街访样本部分）

		Frequency	Percent	Valid Percent	Cumulative Percent
Valid	小学及小学以下	6	1.8	1.8	1.8
	初中	50	15.1	15.1	16.9
	高中、中专、技校	78	23.6	23.6	40.5
	大专	71	21.5	21.5	61.9
	大学本科	95	28.7	28.7	90.6
	双学位、硕士、博士	31	9.4	9.4	100.0
	总计	331	100.0	100.0	

文化程度（校园样本部分）

		Frequency	Percent	Valid Percent	Cumulative Percent
Valid	初中	1	0.3	0.3	0.3
	高中、中专、技校	4	1.1	1.1	1.4
	大专	7	1.9	1.9	3.3
	大学本科	307	85.0	85.3	88.6
	双学位、硕士、博士	41	11.4	11.4	100.0
	总计	360	99.7	100.0	
Missing System		1	0.3		
Total		361	100.0		

职业（街访样本部分）

		Frequency	Percent	Valid Percent	Cumulative Percent
Valid	工人/商业服务人员	63	19.0	19.2	19.2
	企业领导或管理人员	17	5.1	5.2	24.4
	农民或农民工	14	4.2	4.3	28.7
	机关事业单位干部	10	3.0	3.0	31.7
	一般职员/文员/秘书	29	8.8	8.8	40.5
	公检法/军人/武警	3	0.9	0.9	41.5

	Frequency	Percent	Valid Percent	Cumulative Percent
专业技术人员/教师/医生	63	19.0	19.2	60.7
私营或个体劳动者	46	13.9	14.0	74.7
在校学生	46	13.9	14.0	88.7
离退休人员	13	3.9	4.0	92.7
其他人员	24	7.3	7.3	100.0
总计	328	99.1	100.0	
Missing System	3	0.9		
Total	331	100.0		

职业（校园样本部分）

		Frequency	Percent	Valid Percent	Cumulative Percent
Valid	工人/商业服务人员	2	0.6	0.6	0.6
	机关/事业单位干部	1	0.3	0.3	0.8
	一般职员/文员/秘书	3	0.8	0.8	1.7
	公检法/军人/武警	1	0.3	0.3	2.0
	专业技术人员/教师/医生	12	3.3	3.4	5.3
	在校学生	329	91.1	92.4	97.8
	其他	8	2.2	2.2	100.0
	总计	356	98.6	100.0	
Missing System		5	1.4		
Total		361	100.0		

注：由于大学的自习室基本是向社会开放的，因此自习室里也有少量非学生身份人。

月收入（街访样本部分）

		Frequency	Percent	Valid Percent	Cumulative Percent
Valid	500 元以下	57	17.2	18.1	18.1
	500 ~ 999 元	61	18.4	19.4	37.5
	1 000 ~ 1 999 元	90	27.2	28.6	66.0
	2 000 ~ 3 999 元	55	16.6	17.5	83.5
	4 000 ~ 5 999 元	28	8.5	8.9	92.4
	6 000 ~ 9 999 元	14	4.2	4.4	96.8
	10 000 元以上	10	3.0	3.2	100.0
	总计	315	95.2	100.0	
Missing System		16	4.8		
Total		331	100.0		

月收入（校园样本部分）

		Frequency	Percent	Valid Percent	Cumulative Percent
Valid	500 元以下	289	80.1	80.1	80.1
	500～999 元	35	9.7	9.7	89.8
	1 000～1 999 元	21	5.8	5.8	95.6
	2 000～3 999 元	13	3.6	3.6	99.2
	10 000 元以上	3	0.8	0.8	100.0
	总计	361	100.0	100.0	

政治面貌（街访样本部分）

		Frequency	Percent	Valid Percent	Cumulative Percent
Valid	中共党员	54	16.3	16.6	16.6
	民主党派	2	0.6	0.6	17.2
	共青团员	118	35.6	36.2	53.4
	无党派、群众	139	42.0	42.6	96.0
	其他	13	3.9	4.0	100.0
	总计	326	98.5	100.0	
Missing System		5	1.5		
Total		331	100.0		

政治面貌（校园样本部分）

		Frequency	Percent	Valid Percent	Cumulative Percent
Valid	共产党员	73	20.2	20.4	20.4
	共青团员	263	72.9	73.5	93.9
	群众	19	5.3	5.3	99.2
	其他	3	0.8	0.8	100.0
	总计	358	99.2	100.0	
Missing System		3	0.8		
Total		361	100.0		

居住地（街访样本部分）

		Frequency	Percent	Valid Percent	Cumulative Percent
Valid	本市人	112	33.8	34.0	34.0
	在京半年以上的外地人	193	58.3	58.7	92.7
	在京不到半年的外地人	24	7.3	7.3	100.0
	总计	329	99.4	100.0	
Missing System		2	0.6		
Total		331	100.0		

居住地（校园样本部分）

		Frequency	Percent	Valid Percent	Cumulative Percent
Valid	本地人	62	17.2	17.4	17.4
	在京半年以上的外地人	182	50.4	51.1	68.5
	在京不到半年的外地人	112	31.0	31.5	100.0
	总计	356	98.6	100.0	
Missing	System	5	1.4		
Total		361	100.0		

宗教信仰（街访样本部分）

		Frequency	Percent	Valid Percent	Cumulative Percent
Valid	有宗教信仰	42	12.7	13.2	13.2
	无宗教信仰	276	83.4	86.8	100.0
	总计	318	96.1	100.0	
Missing	System	13	3.9		
Total		331	100.0		

宗教信仰（校园样本部分）

		Frequency	Percent	Valid Percent	Cumulative Percent
Valid	有宗教信仰	18	5.0	5.0	5.0
	无宗教信仰	339	93.9	95.0	100.0
	总计	357	98.9	100.0	
Missing	System	4	1.1		
Total		361	100.0		

四、媒介评价组间差异的多重比较

Scheffe Dependent Variable	（I）学识分组	（J）学识分组	Mean Difference (I−J)	Sig.
真实报道	在校本科生	本科以下学识	−0.51*	0.027
		本科以上学识	0.28	0.323
	本科以下学识	在校本科生	0.51*	0.027
		本科以上学识	0.79*	0.000
	本科以上学识	在校本科生	−0.28*	0.323
		本科以下学识	−0.79*	0.000

续表

Scheffe Dependent Variable	（I）学识分组	（J）学识分组	Mean Difference (I－J)	Sig.
完整报道	在校本科生	本科以下学识	－0.95*	0.000
		本科以上学识	0.38	0.163
	本科以下学识	在校本科生	0.95*	0.000
		本科以上学识	1.34*	0.000
	本科以上学识	在校本科生	－0.38	0.163
		本科以下学识	－1.34*	0.000
全面报道	在校本科生	本科以下学识	－1.02*	0.000
		本科以上学识	0.30	0.344
	本科以下学识	在校本科生	1.02*	0.000
		本科以上学识	1.31*	0.000
	本科以上学识	在校本科生	－0.30	0.344
		本科以下学识	－1.31*	0.000
准确报道	在校本科生	本科以下学识	－0.54*	－0.025
		本科以上学识	0.25	0.414
	本科以下学识	在校本科生	0.54*	0.025
		本科以上学识	0.79*	0.000
	本科以上学识	在校本科生	－0.25	0.414
		本科以下学识	－0.79*	0.000
客观无偏见	在校本科生	本科以下学识	－0.12	0.821
		本科以上学识	0.46	0.058
	本科以下学识	在校本科生	0.12	0.821
		本科以上学识	0.58*	0.011
	本科以上学识	在校本科生	－0.46	0.058
		本科以下学识	－0.58*	0.011
平衡不偏袒	在校本科生	本科以下学识	－0.80*	0.000
		本科以上学识	0.32	0.217
	本科以下学识	在校本科生	0.80*	0.000
		本科以上学识	1.12*	0.000
	本科以上学识	在校本科生	－0.32	0.217
		本科以下学识	－1.12*	0.000
迅速及时	在校本科生	本科以下学识	0.15	0.700
		本科以上学识	0.56*	0.007
	本科以下学识	在校本科生	－0.15	0.700
		本科以上学识	0.41	0.076
	本科以上学识	在校本科生	－0.56*	0.007
		本科以下学识	－0.41	0.076

中国大众媒介的传播效果与公信力研究

续表

Scheffe Dependent Variable	（I）学识分组	（J）学识分组	Mean Difference (I－J)	Sig.
深度	在校本科生	本科以下学识	0.08	0.914
		本科以上学识	0.44	0.056
	本科以下学识	在校本科生	－0.08	0.914
		本科以上学识	0.36	0.152
	本科以上学识	在校本科生	－0.44	0.056
		本科以下学识	－0.36	0.152
独家	在校本科生	本科以下学识	－0.18	0.667
		本科以上学识	0.61*	0.010
	本科以下学识	在校本科生	0.18	0.667
		本科以上学识	0.79*	0.000
	本科以上学识	在校本科生	－0.61*	0.010
		本科以下学识	－0.79*	0.000
新颖生动	在校本科生	本科以下学识	－0.54*	0.027
		本科以上学识	0.46	0.062
	本科以下学识	在校本科生	0.54*	0.027
		本科以上学识	0.99*	0.000
	本科以上学识	在校本科生	－0.46	0.062
		本科以下学识	－0.99*	0.000
更正失误	在校本科生	本科以下学识	－0.70*	0.009
		本科以上学识	0.51	0.066
	本科以下学识	在校本科生	0.70*	0.009
		本科以上学识	1.21*	0.000
	本科以上学识	在校本科生	－0.51	0.066
		本科以下学识	－1.21*	0.000
关注现实	在校本科生	本科以下学识	－0.15	0.707
		本科以上学识	0.61*	0.003
	本科以下学识	在校本科生	0.15	0.707
		本科以上学识	0.76*	0.000
	本科以上学识	在校本科生	－0.61*	0.003
		本科以下学识	－0.76*	0.000
视角敏锐	在校本科生	本科以下学识	－0.22	0.538
		本科以上学识	0.67*	0.002
	本科以下学识	在校本科生	0.22	0.538
		本科以上学识	0.89*	0.000
	本科以上学识	在校本科生	－0.67*	0.002
		本科以下学识	－0.89*	0.000

393

续表

Scheffe Dependent Variable	（I）学识分组	（J）学识分组	Mean Difference （I－J）	Sig.
监督政府	在校本科生	本科以下学识	－ 0. 99 *	0. 000
		本科以上学识	0. 62 *	0. 036
	本科以下学识	在校本科生	0. 99 *	0. 000
		本科以上学识	1. 61 *	0. 000
	本科以上学识	在校本科生	－ 0. 62 *	0. 036
		本科以下学识	－ 1. 61 *	0. 000
尊重隐私	在校本科生	本科以下学识	－ 0. 63 *	0. 008
		本科以上学识	0. 30	0. 310
	本科以下学识	在校本科生	0. 63 *	0. 008
		本科以上学识	0. 93 *	0. 000
	本科以上学识	在校本科生	－ 0. 30	0. 310
		本科以下学识	－ 0. 93 *	0. 000
针砭时弊	在校本科生	本科以下学识	－ 0. 74 *	0. 002
		本科以上学识	0. 74 *	0. 001
	本科以下学识	在校本科生	0. 74 *	0. 002
		本科以上学识	1. 48 *	0. 000
	本科以上学识	在校本科生	－ 0. 74 *	0. 001
		本科以下学识	－ 1. 48 *	0. 000
民众立场	在校本科生	本科以下学识	－ 0. 43	0. 110
		本科以上学识	0. 81 *	0. 000
	本科以下学识	在校本科生	0. 43	0. 110
		本科以上学识	1. 24 *	0. 000
	本科以上学识	在校本科生	－ 0. 81 *	0. 001
		本科以下学识	－ 1. 24 *	0. 000
关注弱势群体	在校本科生	本科以下学识	－ 0. 29	0. 375
		本科以上学识	0. 99 *	0. 000
	本科以下学识	在校本科生	0. 29	0. 375
		本科以上学识	1. 28 *	0. 000
	本科以上学识	在校本科生	－ 0. 99 *	0. 000
		本科以下学识	－ 1. 28 *	0. 000
姿态平等	在校本科生	本科以下学识	－ 0. 27	0. 414
		本科以上学识	0. 86 *	0. 000
	本科以下学识	在校本科生	0. 27	0. 414
		本科以上学识	1. 13 *	0. 000
	本科以上学识	在校本科生	－ 0. 86 *	0. 000
		本科以下学识	－ 1. 13 *	0. 000

续表

Scheffe Dependent Variable	（I）学识分组	（J）学识分组	Mean Difference （I－J）	Sig.
不唱高调	在校本科生	本科以下学识	－ 0. 86 *	0. 000
		本科以上学识	0. 71 *	0. 003
	本科以下学识	在校本科生	0. 86 *	0. 000
		本科以上学识	1. 57 *	0. 000
	本科以上学识	在校本科生	－ 0. 71 *	0. 003
		本科以下学识	－ 1. 57 *	0. 000
控制广告比例	在校本科生	本科以下学识	－ 0. 44	0. 184
		本科以上学识	0. 43	0. 171
	本科以下学识	在校本科生	0. 44	0. 184
		本科以上学识	0. 87 *	0. 001
	本科以上学识	在校本科生	－ 0. 43	0. 171
		本科以下学识	－ 0. 87 *	0. 001
杜绝虚假广告	在校本科生	本科以下学识	－ 0. 86 *	0. 002
		本科以上学识	0. 45	0. 174
	本科以下学识	在校本科生	0. 86 *	0. 002
		本科以上学识	1. 31 *	0. 000
	本科以上学识	在校本科生	－ 0. 45	0. 174
		本科以下学识	－ 1. 31 *	0. 000
杜绝有偿新闻	在校本科生	本科以下学识	－ 0. 82 *	0. 002
		本科以上学识	0. 31	0. 374
	本科以下学识	在校本科生	0. 82 *	0. 002
		本科以上学识	1. 13 *	0. 000
	本科以上学识	在校本科生	－ 0. 31	0. 374
		本科以下学识	－ 1. 13 *	0. 000
格调高尚	在校本科生	本科以下学识	－ 0. 95 *	0. 000
		本科以上学识	0. 20	0. 642
	本科以下学识	在校本科生	0. 95 *	0. 000
		本科以上学识	1. 15 *	0. 000
	本科以上学识	在校本科生	－ 0. 20	0. 642
		本科以下学识	－ 1. 15 *	0. 000
采编经营分离	在校本科生	本科以下学识	－ 0. 76 *	0. 003
		本科以上学识	0. 54 *	0. 044
	本科以下学识	在校本科生	0. 76 *	0. 003
		本科以上学识	1. 30 *	0. 000
	本科以上学识	在校本科生	－ 0. 54 *	0. 044
		本科以下学识	－ 1. 30 *	0. 000

* The mean difference is significant at the 0. 05 level.

395

附录二 中国新闻媒介现状调查问卷·全国

【督导填写】问卷编号＿＿＿＿＿＿＿

中国新闻媒介现状调查问卷·全国

【督导填写配额控制】

城市	大连——1	阜新——2	吉林——3	哈尔滨——4
	北京——5	唐山——6	青岛——7	莱芜——8
	上海——9	无锡——10	淮安——11	宁波——12
	广州——13	汕头——14	泉州——15	南宁——16
	新乡——17	武汉——18	衡阳——19	阜阳——20
	重庆——21	泸州——22	南充——23	贵阳——24
	宝鸡——25	兰州——26	定西——27	呼和浩特——28
样本类型	城市样本——1		农村样本——2	

【访问员填写】访问员姓名＿＿＿＿ 访问员编号＿＿＿＿ 座位号＿＿＿＿

访问日期：2005 年 11 月 〔 〕〔 〕日 本次访问时间：〔 〕〔 〕分钟

被访者信息

姓名＿＿＿＿ 家庭电话＿＿＿＿ 手机＿＿＿＿

【一审填写】验收签名＿＿＿＿ 一次合格——1 补问合格——2

不合格——0

【二审填写】审核签名＿＿＿＿ 审核意见 合格——1 不合格——0

【质控填写】复核签名＿＿＿＿ 复核意见 合格——1 不合格——0

【编码填写】编码员签名＿＿＿＿ 编码情况 部分——1 全部——2

396

【录入员填写】录入员签名＿＿＿＿ 录入员编号＿＿＿＿

真实才可信，规范才有效
——研究者寄语

本研究结果将作为客户制定营销策略的依据。在数据收集过程中，任何人为的疏忽（包括：未严格使用抽样地址、不按调查要求访问、访问技巧粗糙、任何作弊行为）都会引起数据的偏差，导致研究失败。"差之毫厘，谬以千里"，误导将会给课题研究造成重大损失。

我们真诚希望各位给我们一份"真实、规范"的答卷。

为保证项目执行的质量，请访问员了解以下要求，并严格遵守：

1. 按要求甄别被访者，并准确填写《接触情况登记表》。

2. 珍惜每一个抽样地址或电话号码。

3. 按要求访问：

- 不可主观推断，不可"想当然"；

- 提问时，原话读题；

- 原话记录被访者答案。

4. 准时交卷。

5. 如果认为该项目不适合自己做，请尽早告知督导。

6. 如发现一份作弊，扣发当事人所有劳务费，并永不录用。

7. 不与督导以外的人员谈论有关项目事宜（包括项目要求、做法、问卷）。

8. 切实保管好项目工具（只运用在访问过程之中）。

谢谢各位！

调查组负责人签名：_____

访问员承诺

我清楚本人的访问态度对研究结果的影响；

我保证本问卷所填各项资料都由我按照访问程序规定记录，绝对真实无欺；

若有一份作假，本人访问的所有问卷全部作废，并赔偿课题组损失。

访问员签名：_____

导　　语

您好！我叫_____；我是中国人民大学舆论研究所的访问员，为了更好地了解人们对新闻媒体的一些看法和意见，人民大学舆论研究所组织了一项学术研究。下面需要占用您大约 20 分钟的时间请您回答一些问题。问卷完全匿名，您只需按照自己的真实情况和真实想法来选择答案就可以了。问卷的结果只用作学术研究，不向外公布。感谢您对我们研究工作所给予的合作与支持！

【必要时解释：您家是我们从全国上千万个家庭中采用科学抽样原则随机抽取的】

甄别部分

【访问员请记录开始询问时间，24 小时制】［　］［　］时［　］［　］分

【访问员注意：所有问题，如无指明"可多选"，均为单选】

【访问员读出：正式了解您对报纸的看法之前，我想先问您几个简单问题】

S1. 请问，包括您在内，您家中有几位 14 周岁以上 65 周岁以下（包括 14 周岁和 65 周岁在内）、每周至少有两天住在这里的家庭成员呢？

家庭成员［　］位。

【如果被访者家中没有符合这一年龄段的家庭成员，则终止访问。并在电话访问登记表中做记录】

S2. 那么，这_____【读出 S1 的答案】位家庭成员中，从现在往前数，哪一位的生日最近？【指将要过生日的人】？

本人——1→跳问 S5

其他（请注明）_____——2

S3. 【如果最终选定的被访者非接待者本人，则用以下过渡句转移交谈对象，并重新介绍到访目的】

按照本次访问的要求，我希望能与_____【☞读出 S2 选定的被访者称谓】谈谈。

【如果被访者不在家，则请预约时间再访。预约一次不成功，则放弃】

【访问员记录】预约［　］［　］月［　］［　］日［　］［　］时［　］［　］分

S4. 请问您的实际年龄是多少周岁呢？　　　　［　］［　］周岁。

【如果被访者年龄不在 14 ~ 65 周岁的范围内，则从 S2 重新甄别】

S5. 【记录被访者性别】

男——1　　女——2

主体问卷

第一部分　媒体接触基本情况

【访问员读出】首先我们想了解一下您接触媒体的一些基本情况。

Q1. 在过去的 7 天里，您有几天接触过_____？【从循环勾处读出新闻媒介名称】是一周几乎未接触、接触 1 ~ 2 天、接触 3 ~ 5 天，还是接触 6 ~ 7 天？

循环	媒体	一周几乎未接触	接触 1~2 天	接触 3~5 天	接触 6~7 天	不知道	拒答
1	电视	1	2	3	4	88	99
2	报纸	1	2	3	4	88	99
3	新闻类杂志	1	2	3	4	88	99
4	广播	1	2	3	4	88	99
5	网络新闻	1	2	3	4	88	99

【如被访者从来都不接触某个媒体，则选择"一周几乎未接触"，并且 Q2 相应的问题不再询问，直接记录"几乎未接触"】

Q2. 过去的 7 天里，您平均每天接触_____【从循环勾处读出新闻媒介名称】的时间大约多长？是基本不接触、少于半小时、半小时到 1 小时、1 小时到 2 小时、2 小时到 3 小时，还是 3 小时以上？

循环	媒体	几乎未接触	1~30 分钟	31~60 分钟	61~120 分钟	2~3 小时	3 小时以上
1	电视	1	2	3	4	5	6
2	报纸	1	2	3	4	5	6
3	新闻类杂志	1	2	3	4	5	6
4	广播	1	2	3	4	5	6
5	网络新闻	1	2	3	4	5	6

Q3. 和过去相比，现在您接触_____【从循环勾处读出新闻媒介名称】是比过去明显接触多了、明显接触少了，还是没有太大的变化？

循环	媒体	比过去明显接触多了	比过去明显接触少了	和过去比没有太大的变化	不知道	拒答
1	电视	1	2	3	88	99
2	报纸	1	2	3	88	99
3	新闻类杂志	1	2	3	88	99
4	广播	1	2	3	88	99
5	网络新闻	1	2	3	88	99

第二部分　媒体评价

Q4. 以下我们希望了解您对我国报纸、电视、网络新闻的一些具体评价。请

399

根据您自己的感受，对三种媒介在下面所列的各个方面分别进行打分。最高为10分，最低为0分，6分为及格，做得越好打分越高。

_____【从循环勾处读出内容】，在您看来，整体而言，现在我国的报纸做得怎么样？请您打分。电视呢？网络新闻呢？【访问员将评分写在相应的空格里，"不知道"记为88，"拒答"记为99】

循环	方　　　面	报纸	电视	网络新闻
1	真实报道，新闻报道不含虚假、猜测和虚构的成分。			
2	新闻报道准确无误。			
3	完整报道新闻事件，不回避新闻事件中的任何重要事实。			
4	对有争议的新闻事件，平衡报道争议各方的情况，不偏袒任何一方。			
5	客观呈现新闻事件原貌，不加入报道者的偏见。			
6	全面报道，不刻意漏报、瞒报重要的新闻事件。			
7	站在社会大众的立场上，关注最广大民众的利益。			
8	关心处于困境的弱势群体，比如农民、下岗职工、残疾人等。			
9	敢于针砭时弊，批评性新闻比例高、批评力度大。			
10	媒体以平等的姿态面对读者观众，而不是高高在上、傲慢自大。			
11	新闻报道实实在在，不唱高调、不打官腔。			
12	广告比例适当。			
13	不发布虚假广告。			
14	不刊播广告新闻、有偿新闻、软广告。			
15	新闻格调高尚，不随意炒作粗俗不雅的新闻。			
16	新闻报道迅速及时，有时效性。			
17	能够对复杂的新闻事件提供有深度的分析和解释。			
18	能够经常有独家新闻。			
19	是值得民众依靠的一个投诉渠道。			
20	媒体的批评性报道十分有效，能够有力地促使问题得到解决。			
21	代表党和政府的声音，具有权威性。			
22	提供了许多生活中有用的信息。			
23	媒体的报道有助于国家、社会的发展。			

【请不要忘记循环勾前的内容】

第三部分　媒介新闻信任度

Q5A. 总的来说，您对我国下列新闻媒体的信任程度是怎么样的？还用 10 分制打分，10 分为最高分，表示非常信任；0 分最低，表示非常不信任；6 分为及格。

对于_____【从循环勾处读出新闻媒介名称】，您的信任程度如何？请您用 0 ~ 10 之间的一个数字来表示您的信任程度。

循环	媒体	非常信任										非常不信任	不知道	拒答
1	电视	10	9	8	7	6	5	4	3	2	1	0	88	99
2	报纸	10	9	8	7	6	5	4	3	2	1	0	88	99
3	新闻类杂志	10	9	8	7	6	5	4	3	2	1	0	88	99
4	广播	10	9	8	7	6	5	4	3	2	1	0	88	99
5	网络新闻	10	9	8	7	6	5	4	3	2	1	0	88	99

Q5B. 如果您发现国内广播、杂志、报纸、电视、网络新闻媒介对同一事件的报道不一样时，您会比较相信哪一种媒介的报道？（单选）【访问员读出选项】

广播——1	杂志——2	报纸——3	电视——4	网络新闻——5	其他——6

Q5C. 当遇到一件事情有很多种不同的说法时，下列的各个传播渠道中，您一般最相信哪一个是最真实的？【访问员读出选项】

国内广播——1	国内杂志——2	国内报纸——3
国内电视——4	国内网站新闻——5	国内网络论坛/聊天室——6
周围认识的人——7	网友——8	境外的网络新闻——9
港台电视/报纸/杂志/广播——10	欧美广播/电视/报纸/杂志——11	其他境外渠道——12

Q6.【访问员读出】您在获取_____【从循环勾处读出新闻类别】时，在报纸、电视、杂志、广播、网络、手机等其他交流手段这 6 类媒介中，一般会首选哪一类？其次呢？再次呢？

循环	新闻类别	首选							次选							再次选择						
		报纸	电视	杂志	广播	网络	手机等	其他（无）	报纸	电视	杂志	广播	网络	手机等	其他（无）	报纸	电视	杂志	广播	网络	手机等	其他（无）
A	国内时政类新闻	1	2	3	4	5	6	8	1	2	3	4	5	6	8	1	2	3	4	5	6	8
B	国际新闻	1	2	3	4	5	6	8	1	2	3	4	5	6	8	1	2	3	4	5	6	8
C	财经新闻	1	2	3	4	5	6	8	1	2	3	4	5	6	8	1	2	3	4	5	6	8
D	实用生活资讯类新闻	1	2	3	4	5	6	8	1	2	3	4	5	6	8	1	2	3	4	5	6	8
E	社会新闻	1	2	3	4	5	6	8	1	2	3	4	5	6	8	1	2	3	4	5	6	8
F	娱乐新闻	1	2	3	4	5	6	8	1	2	3	4	5	6	8	1	2	3	4	5	6	8
G	体育新闻	1	2	3	4	5	6	8	1	2	3	4	5	6	8	1	2	3	4	5	6	8
H	模范典型宣传类新闻	1	2	3	4	5	6	8	1	2	3	4	5	6	8	1	2	3	4	5	6	8
I	政策解读类新闻	1	2	3	4	5	6	8	1	2	3	4	5	6	8	1	2	3	4	5	6	8
J	热点话题类新闻	1	2	3	4	5	6	8	1	2	3	4	5	6	8	1	2	3	4	5	6	8
K	批评揭露类新闻	1	2	3	4	5	6	8	1	2	3	4	5	6	8	1	2	3	4	5	6	8
L	社会问题类新闻	1	2	3	4	5	6	8	1	2	3	4	5	6	8	1	2	3	4	5	6	8
M	灾难、事故新闻	1	2	3	4	5	6	8	1	2	3	4	5	6	8	1	2	3	4	5	6	8
N	公共安全类新闻	1	2	3	4	5	6	8	1	2	3	4	5	6	8	1	2	3	4	5	6	8
循环	新闻类别	报纸	电视	杂志	广播	网络	手机等	其他（无）	报纸	电视	杂志	广播	网络	手机等	其他（无）	报纸	电视	杂志	广播	网络	手机等	其他（无）

【请不要忘记循环勾前的内容】

Q7. 下面我会读出一些新闻的类别，对于每一类别，请根据您的感觉，请您分别表示您对报纸、电视和网络新闻三种媒介的信任程度。请用 10 分制表示信任程度，满分为 10 分，最低为 0 分，6 分为及格。

_____【从循环勾处读出新闻类别】，您对报纸的信任度打多少分？电视呢？

网络新闻呢？【访问员将评分写在下面的括号里，不知道记为88，拒答记为99】

循环	新闻类别	报纸	电视	网络新闻
A	国内时政类新闻			
B	国际新闻			
C	财经新闻			
D	实用生活资讯类新闻			
E	社会新闻			
F	娱乐新闻			
G	体育新闻			
H	模范典型宣传类新闻			
I	政策解读类新闻			
J	热点话题类新闻			
K	批评揭露类新闻			
L	社会问题类新闻			
M	灾难、事故新闻			
N	公共安全类新闻			

【请不要忘记循环勾前的内容】

Q8A. 下面我们想了解您对一些电视台的信任程度。

您对_____【从循环勾处读出电视台名称】的信任程度如何？请还用10分制表示信任程度，满分为10分，最低为0分，6分为及格。【访问员在下表相应的评分上画圈，不知道记为88，拒答记为99】

Q8B. 在上面我们提到的电视台中，当您想寻求您关心的新闻和信息时，您会首选哪一个电视台？【在下表电视台相对应的数字上画圈，不知道或其他选项选择88】

Q8C. 一般来说，刚才提到的电视台中，您最信任的是哪一个？【在下表电视台相对应的数字上画圈，不知道或其他选项选择88】

循环	电视台	Q8A												非常不信任	不知道	拒答	Q8B 首选	Q8C 最信任
		非常信任																
1	中央电视台	10	9	8	7	6	5	4	3	2	1	0			88	99	1	1
2	北京卫视	10	9	8	7	6	5	4	3	2	1	0			88	99	2	2
3	湖南卫视	10	9	8	7	6	5	4	3	2	1	0			88	99	3	3

续表

循环	电视台	Q8A											非常不信任	不知道	拒答	Q8B 首选	Q8C 最信任
		非常信任															
4	东方卫视	10	9	8	7	6	5	4	3	2	1	0		88	99	4	4
5	山东卫视	10	9	8	7	6	5	4	3	2	1	0		88	99	5	5
6	安徽卫视	10	9	8	7	6	5	4	3	2	1	0		88	99	6	6
7	四川卫视	10	9	8	7	6	5	4	3	2	1	0		88	99	7	7
8	凤凰卫视	10	9	8	7	6	5	4	3	2	1	0		88	99	8	8
9	其他上星省台	10	9	8	7	6	5	4	3	2	1	0		88	99	9	9
10	其他境外电视台	10	9	8	7	6	5	4	3	2	1	0		88	99	10	10
11	本省电视台	10	9	8	7	6	5	4	3	2	1	0		88	99	11	11
12	本市电视台	10	9	8	7	6	5	4	3	2	1	0		88	99	12	12
																88	88

【请不要忘记循环勾前的内容】

Q9A. 下面我们想了解您对一些报纸的信任程度。

您对_____【从循环勾处读出报纸的名称】的信任程度如何？请还用 10 分制表示信任程度，满分为 10 分，最低为 0 分，6 分为及格。【访问员在下表相应的评分上画圈，不知道记为 88，拒答记为 99】

Q9B. 在上面我们提到的报纸中，当您想寻求您关心的新闻和信息时，您会首选哪份报纸？【在下表报纸相对应的数字上画圈，不知道或其他选项选择 88】

Q9C. 一般来说，刚才提到的报纸中，您最信任的是哪一个？【在下表报纸相对应的数字上画圈，不知道或其他选项选择 88】

循环	报纸	Q9A											非常不信任	不知道	拒答	Q9B 首选	Q9C 最信任
		非常信任															
1	人民日报	10	9	8	7	6	5	4	3	2	1	0		88	99	1	1
2	21 世纪经济报道	10	9	8	7	6	5	4	3	2	1	0		88	99	2	2

循环	报纸	Q9 A												非常不信任	不知道	拒答	Q9 B 首选	Q9 C 最信任
		非常信任																
3	经济观察报	10	9	8	7	6	5	4	3	2	1	0		88	99	3	3
4	南方周末	10	9	8	7	6	5	4	3	2	1	0		88	99	4	4
5	参考消息	10	9	8	7	6	5	4	3	2	1	0		88	99	5	5
6	环球时报	10	9	8	7	6	5	4	3	2	1	0		88	99	6	6
7	本省或本市党报	10	9	8	7	6	5	4	3	2	1	0		88	99	7	7
8	本市晚报	10	9	8	7	6	5	4	3	2	1	0		88	99	8	8
9	本市都市报 1	10	9	8	7	6	5	4	3	2	1	0		88	99	9	9
10	本市都市报 2	10	9	8	7	6	5	4	3	2	1	0		88	99	10	10
11	当地其他报纸	10	9	8	7	6	5	4	3	2	1	0		88	99	11	11
																88	88

【请不要忘记循环勾前的内容】

Q10A. 下面我们想了解您对几家网站的信任程度。

您对_____【从循环勾处读出网站的名称】的信任程度如何？请还用 10 分制表示信任程度，满分为 10 分，最低为 0 分，6 分为及格。【访问员在下表相应的评分上画圈，不知道记为 88，拒答记为 99】

Q10B. 在上面我们提到的网站中，当您想寻求您关心的新闻和信息时，您会首选哪个网站？【在下表网站相对应的数字上画圈，不知道或其他选项选择 88】

Q10C. 一般来说，刚才提到的网站中，您最信任的是哪一个？【在下表网站相对应的数字上画圈，不知道或其他选项选择 88】

循环	网站	Q10A												非常不信任	不知道	拒答	Q10B 首选	Q10C 最信任
		非常信任																
1	人民网	10	9	8	7	6	5	4	3	2	1	0		88	99	1	1
2	新华网	10	9	8	7	6	5	4	3	2	1	0		88	99	2	2
3	新浪网	10	9	8	7	6	5	4	3	2	1	0		88	99	3	3

循环	网站	Q10A				Q10B	Q10C
		非常信任　　　　　　　　　非常不信任	不知道	拒答		首选	最信任
4	搜狐网	10 9 8 7 6 5 4 3 2 1 0	88	99		4	4
5	本地政府新闻网站	10 9 8 7 6 5 4 3 2 1 0	88	99		5	5
6	境外网站	10 9 8 7 6 5 4 3 2 1 0	88	99		6	6
						88	88

Q11A. 下面我们想了解您对几份杂志的信任程度。

您对_____【从循环勾处读出杂志的名称】的信任程度如何？请还用 10 分制表示信任程度，满分为 10 分，最低为 0 分，6 分为及格。【访问员在下表相应的评分上画圈，不知道记为 88，拒答记为 99】

Q11B. 在上面我们提到的杂志中，当您想寻求您关心的新闻和信息时，您会首选哪份杂志？【在下表杂志相对应的数字上画圈，不知道或其他选项选择 88】

Q11C. 一般来说，刚才提到的杂志中，您最信任的是哪一个？【在下表杂志相对应的数字上画圈，不知道或其他选项选择 88】

循环	网站	Q11A				Q11B	Q11C
		非常信任　　　　　　　　　非常不信任	不知道	拒答		首选	最信任
1	财经	10 9 8 7 6 5 4 3 2 1 0	88	99		1	1
2	三联生活周刊	10 9 8 7 6 5 4 3 2 1 0	88	99		2	2
3	南风窗	10 9 8 7 6 5 4 3 2 1 0	88	99		3	3
4	瞭望	10 9 8 7 6 5 4 3 2 1 0	88	99		4	4
5	半月谈	10 9 8 7 6 5 4 3 2 1 0	88	99		5	5
6	瞭望东方	10 9 8 7 6 5 4 3 2 1 0	88	99		6	6
7	中国新闻周刊	10 9 8 7 6 5 4 3 2 1 0	88	99		7	7
8	凤凰周刊	10 9 8 7 6 5 4 3 2 1 0	88	99		8	8
9	求是	10 9 8 7 6 5 4 3 2 1 0	88	99		9	9
10	新民周刊	10 9 8 7 6 5 4 3 2 1 0	88	99		10	10
						88	88

【请不要忘记循环勾前的内容】

第四部分 机构或部门的信任程度

Q12. 下面我们想了解您对一些机构或部门的信任程度。

您对_____【从循环勾处读出机构的名称】的信任程度如何？请还用 10 分制表示信任程度，满分为 10 分，最低为 0 分，6 分为及格。【访问员在下表相应的评分上画圈，不知道记为 88，拒答记为 99】

循环	机构或部门	非常信任										非常不信任	不知道	拒答
1	教育界	10	9	8	7	6	5	4	3	2	1	0	88	99
2	医疗界	10	9	8	7	6	5	4	3	2	1	0	88	99
3	政府机关	10	9	8	7	6	5	4	3	2	1	0	88	99
4	人民代表大会	10	9	8	7	6	5	4	3	2	1	0	88	99
5	政协	10	9	8	7	6	5	4	3	2	1	0	88	99
6	军队	10	9	8	7	6	5	4	3	2	1	0	88	99
7	学术界	10	9	8	7	6	5	4	3	2	1	0	88	99
8	法院	10	9	8	7	6	5	4	3	2	1	0	88	99
9	公安机关	10	9	8	7	6	5	4	3	2	1	0	88	99
10	质量检查部门	10	9	8	7	6	5	4	3	2	1	0	88	99
11	公证部门	10	9	8	7	6	5	4	3	2	1	0	88	99
12	大企业	10	9	8	7	6	5	4	3	2	1	0	88	99
13	宗教界	10	9	8	7	6	5	4	3	2	1	0	88	99
14	新闻媒体	10	9	8	7	6	5	4	3	2	1	0	88	99

【请不要忘记循环勾前的内容】

第五部分 新闻人物、事件的认知与评价

Q13A. 下面我们想了解您对几个新闻人物或新闻事件的看法。

请问_____【从循环勾处读出新闻人物、事件，必要时解释括号中的内容】您知道吗？是完全不知道、知道很少、知道一些、知道比较多还是知道非常多？

【如被访者对某一人物、事件回答"完全不知道"，则不必针对该人物、事件询问 Q13B 和 Q13C】

Q13B. 您了解_____【针对 Q13A 的新闻人物、事件】最主要是通过报纸、电视、广播、杂志、网络新闻、网络论坛、认识的人、单位通知、学习中的哪一个渠道？

Q13C. 对于_____【针对 Q13A 的新闻人物、事件】的情况，您是完全不信、相信很少、相信一部分、相信比较多还是完全相信？

循环	新闻人物、事件	Q13A. 了解状况					Q13B. 最主要了解渠道									Q13C. 信任度				
		完全不知道	知道很少	知道一些	知道比较多	知道非常多	报纸	电视	广播	杂志	网络新闻	网络论坛	认识的人	单位通知或学习	其他渠道	完全不信	相信很少	相信一部分	相信比较多	完全相信
1	中国共产党第十六届五中全会（10月召开）	1	2	3	4	5	1	2	3	4	5	6	7	8	9	1	2	3	4	5
2	牛玉儒（党员领导干部的楷模）	1	2	3	4	5	1	2	3	4	5	6	7	8	9	1	2	3	4	5
3	聂海胜、费俊龙（神舟六号航天员）	1	2	3	4	5	1	2	3	4	5	6	7	8	9	1	2	3	4	5
4	李宇春（"超女"）	1	2	3	4	5	1	2	3	4	5	6	7	8	9	1	2	3	4	5
5	连战访问大陆（台湾国民党主席）	1	2	3	4	5	1	2	3	4	5	6	7	8	9	1	2	3	4	5
6	PVC保鲜膜事件（有毒事件的报道）	1	2	3	4	5	1	2	3	4	5	6	7	8	9	1	2	3	4	5
7	卡特琳娜飓风（导致美国新奥尔良灾害）	1	2	3	4	5	1	2	3	4	5	6	7	8	9	1	2	3	4	5
循环	新闻人物、事件	完全不知道	知道很少	知道一些	知道比较多	知道非常多	报纸	电视	广播	杂志	网络新闻	网络论坛	认识的人	单位通知或学习	其他渠道	完全不信	相信很少	相信一部分	相信比较多	完全相信

【请不要忘记循环勾前的内容】

第六部分　对媒体监管的看法

Q14. 据您所知，我国的媒体有没有独立发布重大或敏感新闻的自由？

没有——1　　　　　　　　有——2　　　　　　　　不清楚——3

Q15. 您认为媒体通过舆论力量影响司法审判程序（来干预司法审判），是否合理？【访问员请读出选项】

不合理，媒体不应该超越自己的职责范围——1　　　　完全合理——2

在中国现阶段，这种现象具有一定的合理性——3　　　　不清楚——4

Q16. 据您所知，我国的新闻记者是否需要先领取专业资格证书，才可以从事新闻工作？【单选】

中国大众媒介的传播效果与公信力研究

需要——1　　　　　不需要——2　　　　　不清楚——3

Q17. 据您所知，我国有新闻法吗？

有——1　　　　　没有——2　　　　　不清楚——3

Q18. 如果发生了关系到民众（比如您及身边人）利益的新闻事件，媒体因为种种原因没有进行报道，您认为这是否侵害了您【如果前面用民众，这里也用"民众"】的权力呢？【访问员读出选项】

不觉得侵害，媒体有没有报道，是媒体的事情，我没有权力干涉——1

侵害了我的知情权——2

不清楚——3

Q19. 如果某一家媒体报道了不利于政府或公共管理部门的新闻，该部门今后是否有权力拒绝这家媒体的一切采访报道（也就是所谓的"封杀"该媒体）？

应该有这种权力——1　　　不应该有这种权力——2　　　不清楚——3

Q20. 您是否可以看出来，电视上的现场新闻报道，哪些是真正的现场报道，哪些是经过事先"设计"和"导演"过的现场报道？

一般都能看出来——1　　　　一般看不出来——2

没注意过——3　　　　不清楚——4

Q21. 据您所知，主管国家意识形态方面工作，负责对全国宣传系统实施协调、管理和方针政策指导的部门是哪一个？

新闻出版署——1　　　　中宣部——2　　　　　文化部——3
广电总局——4　　　　　信息产业部——5　　　　不清楚——6

Q22. 对于那些看上去是新闻报道，实际上是在为商品或商家做宣传的"广告新闻"、"有偿新闻"、"软广告"，是否可以识别出来？【访问员读出选项】

能轻易识别出来——1　　　不容易识别出来——2

从没留意过这种现象——3

Q23. 就您所知，在我国，现行法律法规允许电视、报纸、杂志、广播等大众媒体由私人资本控股吗？

允许——1　　　　　不允许——2　　　　　不清楚——3

Q24. 您是否接触过国外或港澳台地区的媒体或新闻信息网站？【访问员读出选项】

经常可以接触到——1　　　接触不多——2　　　　从未接触过——3

Q25. 您是否接触过下列网络论坛：【可多选】【访问员读出选项】

世纪沙龙——1　　　　　一塌糊涂的"三角地"——2
西祠胡同"记者的家"——3　　　强国论坛——4
从没接触过以上论坛——5　　　还接触过其他类似论坛——6

Q26. 您认为媒体由官方直接主办能够提高还是降低您对媒体的信任？

能够提高——1 　　　　　　　会降低——2

视具体情况而定——3 　　　　说不清——4

Q27. 您最希望媒体担当什么样的角色？【最多可选3项】【访问员读出选项】

政府和社会的监督者——1 　　　党和政府的喉舌——2

人民群众的喉舌——3 　　　　　各种意见自由交流竞争的平台——4

娱乐消闲的工具——5 　　　　　党和政府引导社会舆论的工具——6

其他角色——7（请写明）＿＿＿＿＿＿＿

第七部分　背景资料

【导语】下面我想了解一下您的一些个人情况，只是想把访问结果推论到像您这样的人身上，请别介意。

T1. 请问您的学历是：【必要时读出选项】

小学及小学以下——1 　　　　　初中——2

高中、中专或中技——3 　　　　大专——4

大学本科——5 　　　　　　　　双学士、硕士、博士——6

T2. 您的具体职业或身份是：【必要时读出选项】

下岗、待业或无业人员——1 　　农民或外来民工——2

离退休人员——3 　　　　　　　国营、私营、三资企业的工人——4

初高中/中专学生——5 　　　　　高校学生——6

商业服务业人员——7 　　　　　个体工商户——8

自由职业者——9 　　　　　　　一般职员/文员/秘书——10

专业技术人员/教师/医生——11 　私营企业主——12

公检法/军人/武警——13 　　　　企业中高层管理人员——14

机关/事业单位干部——15 　　　　其他——16

T3. 包括各种固定或临时的收入，您目前每个月的各项收入合计大约为多少元人民币？【访问员读出选项】

无收入——1 　　　500元以下——2 　　　　500～999元——3

1 000～1 499元——4 　1 500～2 499元——5 　2 500～4 999元——6

5 000～9 999元——7 　10 000～14 999元——8 　15 000元以上——9

T4. 您的政治面貌是：【访问员读出选项】

中共党员——1 　　　民主党派——2 　　　　共青团员——3

无党派、一般群众——4 　其他——5

T5. 您是否有宗教信仰？

有——1　　　　　　　　没有——2

T6. 您及您的家庭是否有下面的这些设施？【多选】【访问员读出选项逐一确认】

固定电话——1　　　　　手机——2　　　　　　电视——3

收音机——4　　　　　　电脑——5　　　　　　录像机——6

VCD 或 DVD 机——7　　宽带上网——8　　　　上网——9

卫星电视接收设备有线电视——10

T7. 您是否经常进行下列活动？【可多选】【访问员读出选项逐一确认】

手机上网——1　　　　　　从网络上看电视或者下载节目——2

经常登录境外网站——3　　建立自己的博客（或播客等）网页——4

经常通过 QQ 或者 MSN 等或者在聊天室与网友聊天——5

以上均无——6

访问员注意：快速检查问卷，有漏答及时补上。

【访问员请记录结束访问时间】：〔　〕〔　〕时〔　〕〔　〕分

【访问员确认记录没有问题，在封面处记录被访者姓名、电话号码后，致谢终止访问】

附录三　传媒公信力评测分析案例：《北京晚报》公信力与竞争力研究报告

目　　录

中国大众媒介的传播效果与公信力研究

图表目录

413

附录三　传媒公信力评测分析案例：《北京晚报》公信力与竞争力研究报告

中国大众媒介的传播效果与公信力研究

摘　　要

一、报纸公信力与《北京晚报》的竞争力

报纸公信力是显示报纸竞争力水准的一项重要指标，与报纸发行量指标不同的是，发行量是对报纸运行情况的历史总结，此一时的发行量数据往往是在数据收集之前一段时间报纸表现的结果。以《北京晚报》为例，决定今年订阅《北京晚报》或者今天购买《北京晚报》的读者，主要是基于去年或者昨天《北京晚报》的表现而做出的选择，因此，发行量数据并无法反映此时报纸的实际表现情况，也无法对明年或者明天人们还是否会选择《北京晚报》做出预测。而媒介公信力指标反映的正是目前读者对媒介的意见和评价，并可以对媒介未来的发展态势做出预测。

另外，媒介公信力与发行量等指标相比，是能够反映出报纸综合实力和可持续发展能力的特殊指标，对于《北京晚报》这样以履行社会职责为主要诉求的媒体来说，报纸的公信力情况尤其值得关注。

除此之外，媒介公信力指标可以用标准化并且含义清晰明确的百分制或十分制数字来表示，这样可以对不同种类、不同地区、不同历史时期的媒介情况进行多维度的横向和纵向的比较，有利于从多角度对媒介的竞争力水准进行综合考察与定位。

因此本报告以北京报业和《北京晚报》为主要对象，从公信力角度对北京媒介市场进行了多角度分析，在此基础上可以对《北京晚报》的绝对与相对竞争力以及发展前景进行综合分析。

二、北京不同种类媒介的比较显示，报业第二强势媒体的地位面临挑战

《北京晚报》作为面向北京市场的大众化报纸，首先需要对北京报业的整体情况进行分析和定位。

自电视普及以来，报纸一直都保持着仅次于电视远高于其他媒体的第二强势媒体地位。本次调查的多项指标显示，电视第一强势媒体的地位依然没有发生大的改变，但报纸的地位正在发生显著的变化，下降趋势较为明显。从媒介受众规模、日平均接触时间以及相对公信力、绝对公信力等数据来看，报纸在北京媒介市场上，处于一个不太稳定的变动期，受到了来自广播媒介、网络以及杂志的挑战，不少指标开始接近或低于其他几类媒介（详见图2、图8、图13、图14、图16、图17及其分析），这其中，来自互联网和广播的挑战最为突出。在新的竞争环境下，与其他种类的媒介相比，报纸没有十分突出的竞争优势点，这是报业未

来发展中的最大问题。从报纸日平均阅读时间的急速滑落趋势来看，如何在新的媒介环境下对报纸的角色进行重新定位，是解决问题的关键。

三、同类城市的比较显示，北京报业竞争力水准较低

北京报业与上海、广州、重庆报业竞争力多项指标的比较显示，北京报业几乎没有一项指标具有明显的优势地位，大多落后于上海和广州，整体竞争力水准较低，北京报业市场应该还有可开发的空间（详见图7、图9、图10、图11、图14及其分析）。

北京报业相对于广州、上海和重庆报业的差距并非是专业技术水准的差距。北京对高端新闻人才的吸引力毋庸置疑，因此，对北京报业市场空间开发的主要途径不是技术水准方面的提升，而是取决于对北京报纸读者的兴趣、习惯、性格、价值观等方面近乎精确的把握。不同城市由其"城市性格"所影响，具有各自不同的信息获取习惯和倾向，对于像《北京晚报》这样的大众化报纸来说，挖掘研究读者的信息兴趣取向至关重要。在日趋激烈的竞争环境下，以"受众为中心"的办报原则不应只是一个宽泛抽象的理念，而是需要具体到一条新闻标题的措辞、一张新闻图片的摆放、一则新闻类型的选择等更为深入和微观的层面。

四、《北京晚报》竞争力水准和发展态势

整体来说，《北京晚报》虽然拥有很高的接触率（在被调查的36家媒体中名列第3位；14家报纸中排第1位），但报纸的公信力则已经沦为北京媒体的中下游水平，在包括电视、报纸、杂志和互联网在内的36家主要媒体当中，《北京晚报》的公信力排名第17位（详见表3）；在北京地区14家主要报纸当中，公信力排名第8位；在7家市场化大众类报纸当中，公信力排名第4位（详见表4）。中下游的公信力水平与《北京晚报》的高接触率以及在北京媒介市场上的历史地位不相符，公信力调查数据揭示了《北京晚报》"山雨欲来风满楼"的处境。

在北京报业市场第一梯队中，《北京晚报》的主要竞争对手是《法制晚报》、《京华时报》和《北京青年报》。从目前的情况来看，《北京晨报》和《北京娱乐信报》分别拥有最低接触率和最低的公信力，基本上退出了北京报业市场的第一梯队行列；《新京报》虽然情况好于《北京晨报》和《北京娱乐信报》，但还是处于一种较为疲软的发展状态，虽然有可能脱离北京报业市场的第二梯队，但距离第一梯队还是有不小的距离（详见表4、图19和图20）。如果没有大的意外，这三份报纸都无力对《北京晚报》构成威胁。

能够对《北京晚报》形成威胁的最大竞争对手是创刊时间不长的《法制晚报》。虽然创刊历史较短，目前的接触率低于《北京晚报》、《北京青年报》和《京华时报》，但《法制晚报》的公信力在北京36家主要媒体中排在第5位，在北京14家主要报纸中仅次于《人民日报》排在第2位，在7家市场化大众类报纸中则排在第1位。而且从潜力指数来看，《法制晚报》是7家定位类似的报纸中潜力指数唯一高于0（也就是唯一呈现上升发展势头）的报纸；而《北京晚报》的潜力指数在14家报纸中排在最末位。在竞争激烈的媒介市场上，1%的微小差距就极有可能意味着被选择机会100%的丧失，明显的下降趋势再加上《法制晚报》咄咄逼人的发展态势，《北京晚报》的发展前景令人担忧。（详见表3、表4和图20）

其次的竞争对手是《北京青年报》和《京华时报》。《北京青年报》的接触率略低于《北京晚报》排在第2位，但公信力和潜力指数则明显高于《京华时报》，很可能动摇《北京晚报》目前的地位。《京华时报》的公信力、接触率和潜力指数都处于北京媒体的中上游水平，虽然北京市民对《北京晚报》强大的心理依赖和选择惯性不是短时间可以改变的，但由于目前《北京晚报》发展态势不理想，《京华时报》对《北京晚报》的可能冲击不容小视。

可以说，《北京晚报》与《法制晚报》、《北京青年报》以及《京华时报》的竞争正处于一个关键时期，北京报业市场的格局很可能会从《北京晚报》的地位松动开始而发生大的改变（详见表4、图19、图20及其分析）。

第一部分：北京报业竞争环境分析

一、北京 5 类媒介的受众规模与日平均接触时间

从受众规模上来看，北京的报业还占有一定的优势，仅次于电视，处于第 2 位。但从媒介的日平均接触时间来看，报纸的接触时间已从 2000 年的 76.1 分钟降至 2005 年的 48.0 分钟，成为日平均接触时间最少的媒介。报纸很大程度上已经成为人们生活中的"信息快餐"。

将一周里接触过一天及一天以上电视、报纸、网络新闻、新闻类杂志或广播的居民定义为一种媒介的受众。本次调查显示，北京报纸的受众规模为 76.69%，仅次于电视 90.05%，跟随报纸之后的则是新兴互联网媒体，受众规模为 59.93%，再次则是广播（52.78%）、新闻类杂志（43.94%）。具体情况详见图 1。

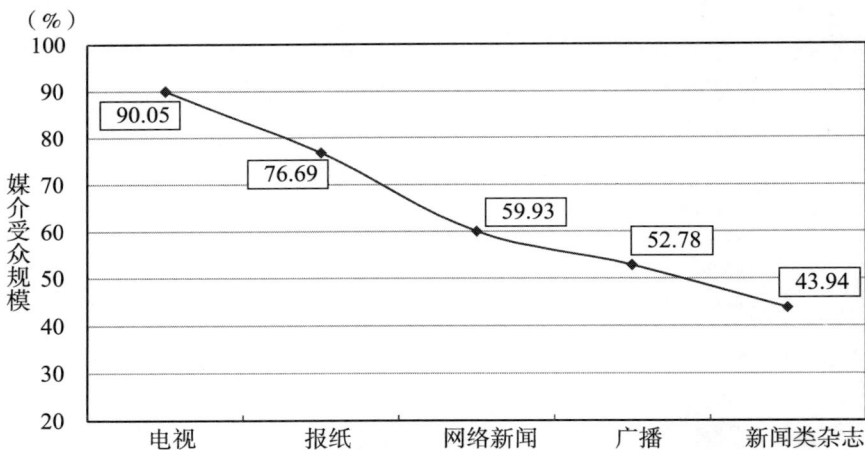

图 1　北京不同种类媒介受众规模

从受众规模来看，报纸还占有相当优势，但从五类媒介日平均接触时间数据来看，网络、广播已经开始挤占人们阅读报纸的时间——报纸成为 5 类媒介中日平均接触时间最少的媒介（详见图 2）。数据显示出现代都市阅报习惯的特征：传统"一杯茶，一张报纸"细细品、细细看的阅报习惯已经被快餐式的阅读方式所取代，由于人们生活方式和媒介环境的改变，报纸很大程度上已经成为人们生活中的"信息快餐"。

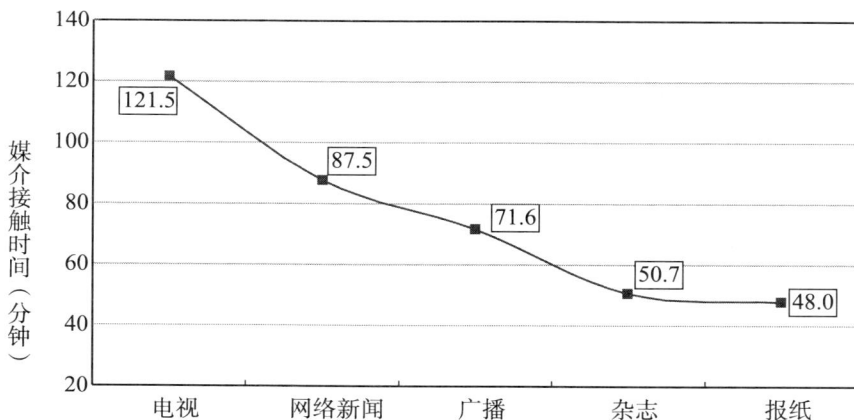

图 2　北京不同种类媒介日平均接触时间

综合来看读者规模和阅读时间两项数据，人们选择报纸的主要原因应该是报纸的便捷与快速的特点，报纸因而在北京还拥有较大的受众规模。应该说，便捷快速等特点是目前报纸媒介的主要竞争优势，如何更好地发挥这一竞争优势，是北京报业应重点关注的问题。不过，从更为长远的角度来看，随着电子媒介的数字化，带宽和移动接收方面突破传统的瓶颈，更为时尚便捷、并且信息内容形式更为丰满的电子接收终端（比如手机、掌上电脑）将对报纸目前快捷便利的竞争优势发起极大的冲击。如何在即将到来的新一轮竞争中寻找新的竞争优势和增长点，是报纸在未来实践探索中需要持续关注的问题。

二、北京 5 类媒介日平均接触时间的历史变化

北京的报纸沦为日平均接触时间最少的媒介是一个值得关注的现象。从历史数据的比较来看，报纸接触时间的变化不过是最近 5 年的事情，在这 5 年中，新媒体（网络）和老媒体（广播）与报纸接触时间之间"此起彼伏"的趋势最为突出，人们每天花在报纸上的时间在不断缩减，报纸面临着来自新老媒体的共同冲击（详见图 3）。

报纸接触时间下降经历了两个阶段：

1. 2000～2002 年，新兴的网络媒体与传统强势媒体（电视和报纸）接触时间变化明显

2000 年，报纸日平均接触时间为 76.1 分钟，仅次于电视，在 5 种媒介中居于第 2 位；2002 年，网络媒体呈现爆发态势，日平均接触时间增加了 4 倍多，从 16.8 分钟增长到 84.8 分钟，而报纸的接触时间则减少了 20 分钟，由 76.1 降

419

为 56.0。同时受到网络冲击的还有电视，接触时间从 178.9 降为 126.9，不过电视虽然出现显著滑落，但依然保持了日平均接触时间第 1 位的地位，而报纸的地位则由第 2 位降为第 3 位。

2. 2002～2005 年，传统弱势媒体（广播）的崛起成为报纸的最大挑战

在 2002～2005 年的几年时间中，接触时间变化最为显著的媒体是广播和报纸，而电视、网络和杂志的接触时间基本没有变化。广播的日平均接触时间显著上升，由 55.2 分钟上升到 71.6 分钟，而报纸接触时间继续呈现下滑趋势，由 56 分钟降为 48 分钟，这一升一降不仅让报纸的接触时间落后于广播，甚至低于了略呈上升趋势的杂志，报纸沦为北京日平均接触时间最少的媒体（如图 3 所示）。

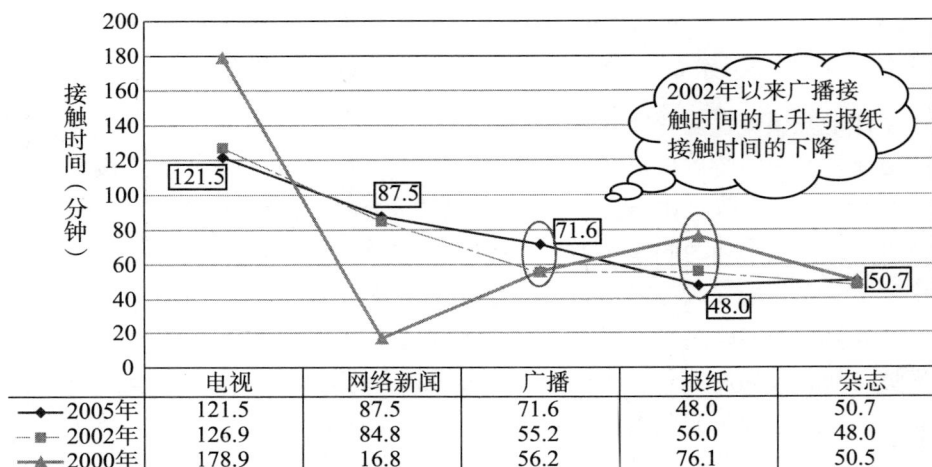

图3　北京不同类媒介日均接触时间的历史变化（2000～2005）

	电视	网络新闻	广播	报纸	杂志
2005年	121.5	87.5	71.6	48.0	50.7
2002年	126.9	84.8	55.2	56.0	48.0
2000年	178.9	16.8	56.2	76.1	50.5

三、从全国范围考察北京报业的竞争力水准

由于市场化报纸大部分是地区性媒介，因此以上横向和历史性的分析比较仅限于北京范围内，主要目的是考察北京报纸所直接面临的媒介竞争环境（也就是《北京晚报》所面临的竞争环境）。如果将北京报纸放在全国范围内，对比北京与类似城市的报纸竞争力状况，则能够衡量出北京报业在全国范围内的竞争力水准。

另外，如果以上数据所显示的北京报纸接触时间的显著降低现象主要由于客观原因所致（比如新媒介的兴起、人们生活方式的改变等），那么在国内其他同类型城市中，报纸的接触时间也应该有类似的情况，因此，通过类似城市之间的比较，可以对造成报纸阅读时间下降的原因作进一步的分析。

1. 北京与全国城市平均水平的比较

北京人看电视和读报纸的比例低于全国平均水平，但对于新媒介（网络）

以及与现代都市生活特点相适应的媒介（杂志和广播）则表现出了较高的关注。其中网络新闻的接触率得益于大型城市中网络使用的普及；杂志与城市中产阶级生活趣味相投合；而广播则与出租车和私家车的普及相关联（详见图4）。

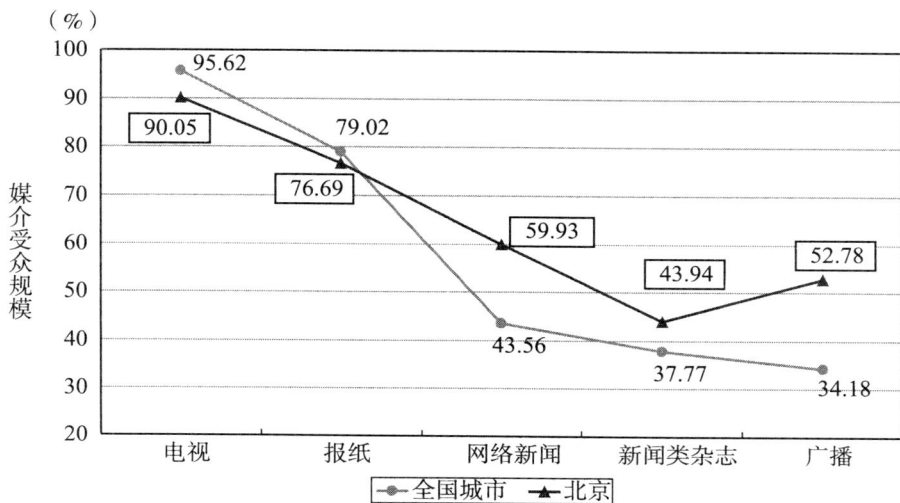

图4　北京与全国城市媒介受众规模比较

从媒介接触时间来看，北京电视和报纸的日平均接触时间与全国水平相近，而广播、网络和杂志的日平均接触时间则明显高于全国平均水平，再次显示了北京作为经济、文化发达的大型城市在媒介使用方面的与众不同之处（详见图5）。

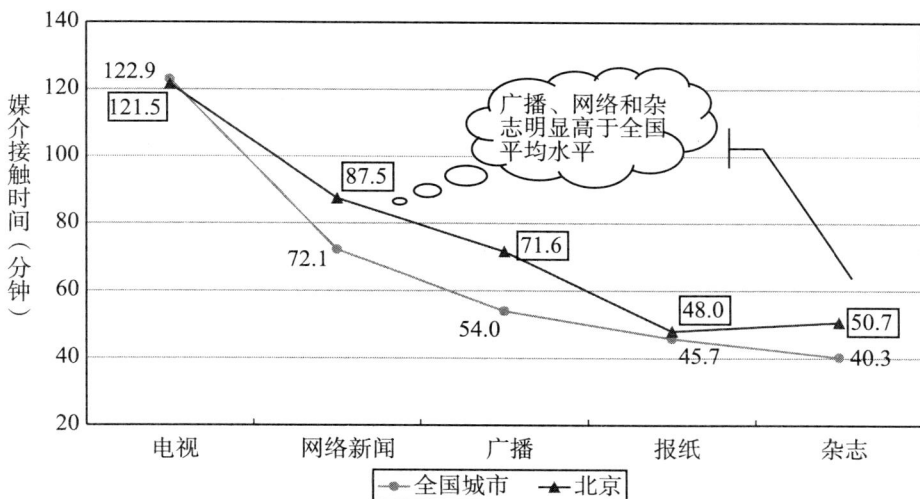

图5　北京与全国城市媒介接触时间比较

2. 北京与同类城市报纸竞争水准的分析比较

北京报纸的日均接触时间低于重庆，略高于上海和广州，但与北京报纸处境不同的是，报纸并不是上海与广州接触时间最少的媒介，可见北京报业相比其他城市，面临着更多来自其他类媒介的挑战。随着接触时间的下降，对于报纸在新的媒介环境下的竞争优势应该有新的思考。

三大经济发达城市每天接触报纸的时间都低于48分钟，广州更是低至34分钟，人们报纸阅读时间的缩短已经成为一种普遍的事实。这再次证明，随着都市生活节奏不断加快、新型媒体不断出现，人们对报纸最为认同的角色应该是一种方便、快捷、廉价的"信息快餐"。随着电视的深度报道类节目日渐精良、刊载高水准调查类新闻的杂志在经济发达城市解除了消费能力的瓶颈、网络新闻信息量极大丰富同时又具有讨论交流空间等情况的出现，报纸的深度解读优势是否还能够成为下一轮媒介竞争中的优势，应该有重新的思考（详见图6）。

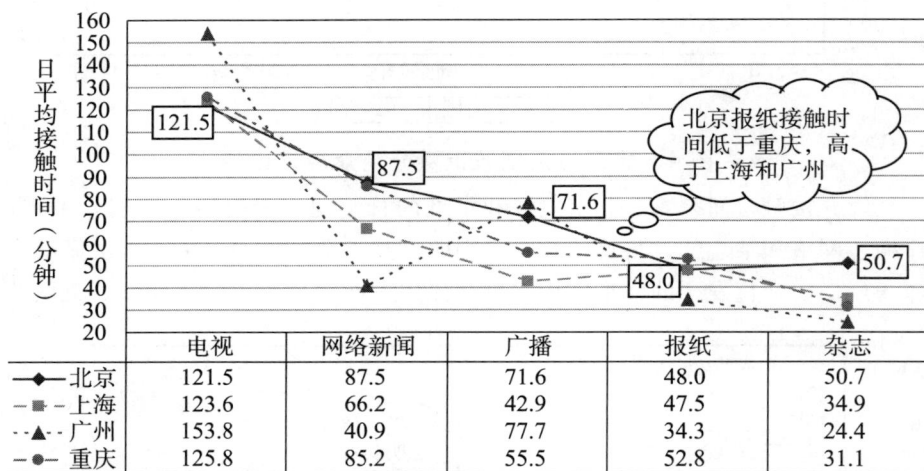

	电视	网络新闻	广播	报纸	杂志
北京	121.5	87.5	71.6	48.0	50.7
上海	123.6	66.2	42.9	47.5	34.9
广州	153.8	40.9	77.7	34.3	24.4
重庆	125.8	85.2	55.5	52.8	31.1

图 6　四城市媒介日平均接触时间比较

但值得关注的是，上海人和广州人虽然读报的时间略低于北京，但报纸的受众规模却明显高于北京（详见图7）。可见，在生活方式、生活节奏加快的同时，上海人和广州人改变了阅报习惯但并没有放弃报纸，而北京人在减少阅报时间的同时，有一部分人干脆放弃了报纸。受众规模与报纸的发行量和经济效益直接相关，受众规模的降低对于报纸来说是非常危险的信号。既然同样的经济发达城市上海和广州并没有因为客观环境的改变而造成报纸受众规模的降低，那么北京报业似乎应该对自身的竞争力水准进行一些反思，这也从另一侧面反映出，报纸在北京媒介市场上应该还有一定的空间可以挖掘。

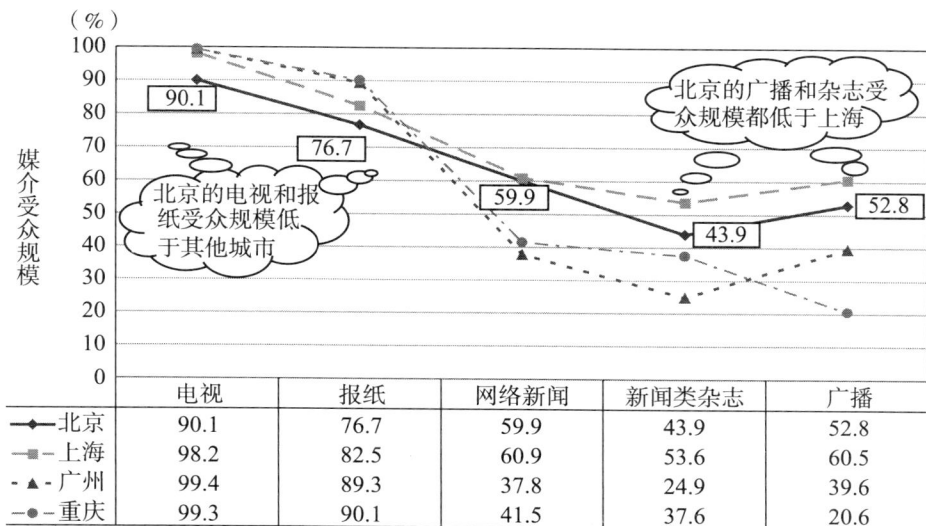

图7　四城市媒介受众规模比较

	电视	报纸	网络新闻	新闻类杂志	广播
北京	90.1	76.7	59.9	43.9	52.8
上海	98.2	82.5	60.9	53.6	60.5
广州	99.4	89.3	37.8	24.9	39.6
重庆	99.3	90.1	41.5	37.6	20.6

3. 不同城市媒介环境具有各自的特征

从受众规模与媒介接触时间两项数据可以看出不同城市的媒介环境特点。广州因为境外电视台较为丰富，每天看电视的时间明显高于其他地区，但对于网络新闻接触则明显较少；而重庆地区由于拥有独特的茶馆文化，报纸的受众规模与日均接触时间都显著高于其他地区；上海作为最"都市化"和最"小资"的城市，在广播和杂志的受众规模上明显领先于其他城市。就像不同的人有不同的性格，不同地区的媒介环境也有着自己的独特个性。

第二部分：北京报业整体公信力状况比较分析

本次调查设计了多种媒介公信力考察方式，从不同角度对不同媒介对象的公信力进行了全面测评，其中最为基本的两种测评方法为相对公信力和绝对公信力。相对公信力是指当不同媒介对同一事件的报道不一致时，受众最为相信的媒介被选择的几率，也就是在几种媒介中选出一个最信任的媒介，测评结果是一个百分比数值。绝对公信力则是受众根据自己的感受，分别对不同媒介信任度进行直接评价，一般用0~10分来评分，评测结果一般是一个区间在0~10或0~100的数值。从统计学上来说，绝对公信力测出的结果更为精确，相对公信力主要用于测评对象之间的公信力水平比较，测评方法受媒介接触率等外在的非公信力因素影响较大，但这种测量方法简明易用，而且可以显示出测评对象在竞争环境下的竞争实力，同时可以将媒介之间的公信力差异放大，使公信力比较结果更为鲜明。

在调查中，对媒介公信力的考察是多角度、多层面的，因此公信力测评对象又可分为不同类型：不同种类的媒介（电视、报纸、广播、杂志、互联网）；不同媒体（中央电视台、《人民日报》、《京华时报》等）；不同种类的新闻（法制新闻、公共安全新闻、财经新闻等）；媒介表现的不同方面（真实、客观、关注民生等）。

下面就从不同角度对北京报业的公信力竞争状况进行分析。

一、不同种类媒介公信力状况分析

1. 北京地区不同种类媒介公信力状况分析

无论是相对公信力还是绝对公信力，电视都是公信力最高的媒介，这一结果自从电视普及以来就是世界各国公信力测量的统一结果，可见电视在社会生活中的重要地位。报纸在北京地区的绝对公信力与相对公信力都处于第 2 位，但从数据可以看到"广播"的绝对公信力以及"网络新闻"的相对公信力与报纸公信力水平差异很小（详见图 8）。

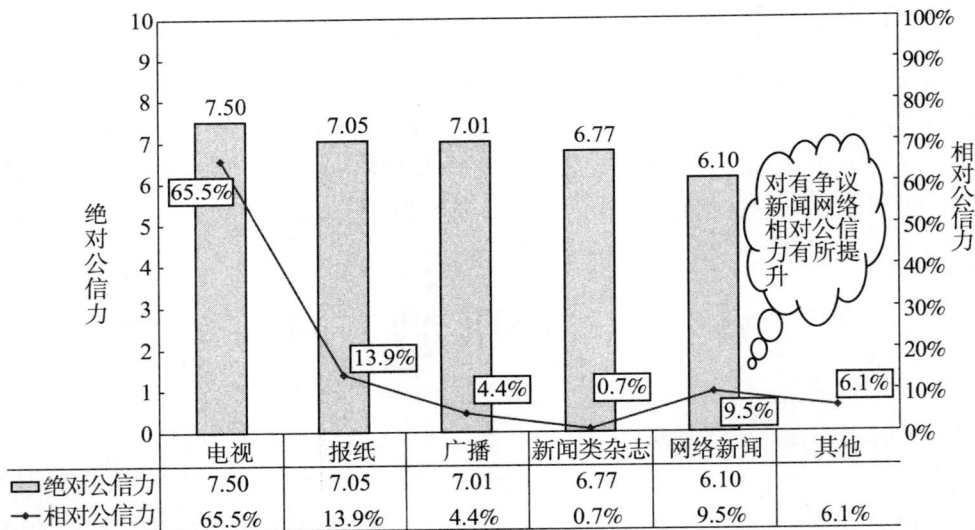

	电视	报纸	广播	新闻类杂志	网络新闻	其他
绝对公信力	7.50	7.05	7.01	6.77	6.10	
相对公信力	65.5%	13.9%	4.4%	0.7%	9.5%	6.1%

图 8　北京 5 类媒介绝对公信力与相对公信力

与国外的相对公信力测评结果相比，北京报纸的地位显得不够稳固。而且，当各种媒体发生报道不一致的情况时，网络新闻的相对公信力排名由绝对公信力的最后一位上升到了第 3 位，仅次于报纸。而在本科以上学历人群当中，相对公信力的排名又有一些不同：电视的相对公信力略微下降（63%），报纸略微上升（14.3%），而网络新闻的相对公信力则显著提升到 16%，超过了报纸，居于第 2

位。网络新闻的公信力超越了报纸，这是在国外的相关研究中很少出现的现象。

2. 从全国范围对北京媒介公信力水准的评测

将北京地区主要媒介的绝对公信力与上海、广州和全国城市平均水平进行比较，可以从中发现大型城市与全国城市之间以及北京与上海、广州 3 个大型城市之间的媒介公信力差异，从而为北京报业公信力水准进行定位。

（1）不同城市绝对公信力比较分析

数据显示，上海与广州对不同媒介的公信力评价结果十分类似，而北京则与这两个经济化城市有较大的差异，集中表现在对报纸和电视两大传统优势媒体的评价方面：上海和广州的报纸公信力明显高于全国平均，而北京的报纸明显低于全国平均水平；上海与广州的电视公信力都略高于全国平均，而北京则远远落后于全国平均水平。

三大城市对广播公信力的评价较为接近，都明显高于全国平均水平，显示了广播媒体在大城市中竞争力不断上升的态势。北京只有新闻类杂志的公信力略高于全国和另外两城市（详见图9）。

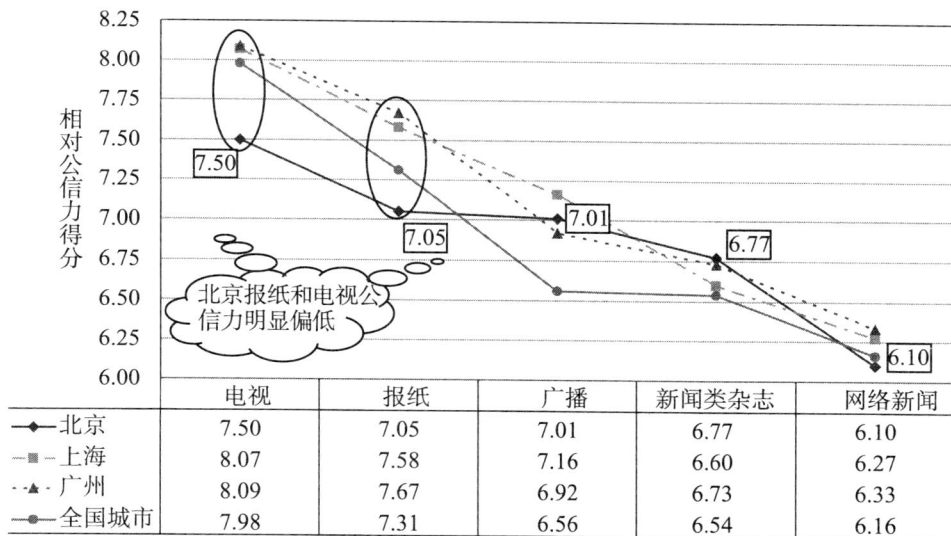

	电视	报纸	广播	新闻类杂志	网络新闻
◆ 北京	7.50	7.05	7.01	6.77	6.10
■ 上海	8.07	7.58	7.16	6.60	6.27
▲ 广州	8.09	7.67	6.92	6.73	6.33
● 全国城市	7.98	7.31	6.56	6.54	6.16

图 9 北京、上海、广州三城市与全国绝对公信力比较

（2）不同城市相对公信力比较分析

从相对公信力结果来看，与绝对公信力的趋势基本一致，只是各类媒介的公信力差异被放大了。三大城市的电视相对公信力明显低于全国平均水平，而报纸则高于全国平均，说明在大城市，人们对电视的信赖相对较低，对报纸信赖程度相对较高。这同高学历人群与低学历人群对媒介信赖的趋势相一致：高学历人群相对低学历人群来说，也同样是较少信赖电视而较多信赖报纸，可见报纸在高学历人群当中具有一定的公信力竞争优势（详见图10）。

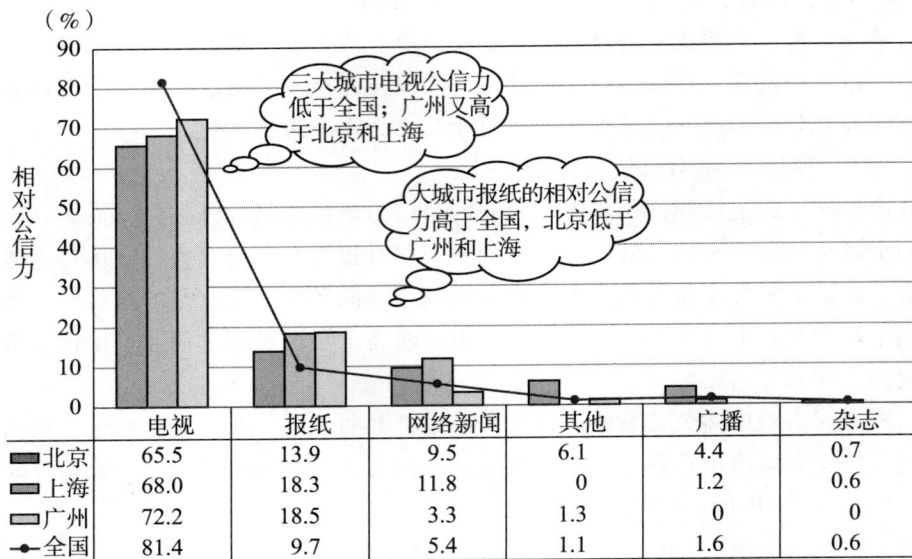

图中文字气泡：三大城市电视公信力低于全国；广州又高于北京和上海

大城市报纸的相对公信力高于全国，北京低于广州和上海

	电视	报纸	网络新闻	其他	广播	杂志
北京	65.5	13.9	9.5	6.1	4.4	0.7
上海	68.0	18.3	11.8	0	1.2	0.6
广州	72.2	18.5	3.3	1.3	0	0
全国	81.4	9.7	5.4	1.1	1.6	0.6

图 10　北京、上海、广州三城市与全国不同种类媒介相对公信力比较

（3）媒介公信力与媒介受众规模的关联

从三城市的调查结果来看，报纸公信力与受众规模成正比，报纸公信力较高的城市，其报纸的受众规模也较高（详见图11）。与上海和广州相比，北京报纸的公信力水平和受众规模都较低，可以说，与客观环境类似的上海和广州相比，北京报业从整体上来说还没有让读者感到真正的满意。

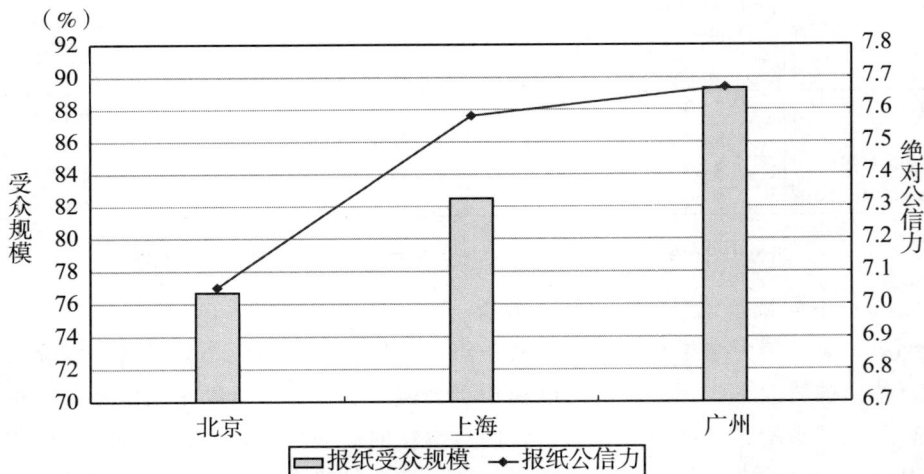

图例：报纸受众规模　报纸公信力

图 11　北京、上海、广州三城市报纸受众规模与公信力相关性示意图

二、媒介公信力各项指标状况分析

媒介公信力指标是媒介公信力测评量表最基本的构成要素，指标的理论内涵相当于媒介公信力的影响因素，这些指标是舆论研究所多轮实证和理论研究的成果，并经过了科学的统计检验。通过对媒介公信力指标也就是影响因素的分析，可以找出导致媒介公信力出现高低差异的原因，并对媒介的各方面表现进行评价和比较。

1. 北京报纸各项指标得分情况分析

按照中国人的评分习惯，10 分制的评价体系中，9 分以上可视为"优秀"，8 分以上为"良好"，从北京报纸公信力各项指标得分来看，没有一项指标得分达到"优良"水平，最高得分为 7.24。共有 4 项指标得分在 7 分以上，3 项指标低于 6 分及格线，其余 14 项指标在 6 ~ 7 分之间。北京报纸读者基本肯定了报纸在"促进社会发展"的作用，对报纸"迅速及时报道"、"深度分析"以及"报道的准确性"也给予基本肯定。人们对报纸媒介操守方面的评价则有些"忍无可忍"的味道，对"虚假广告"、"有偿新闻"、"广告泛滥"的现象，用不及格的分数表达了强烈的不满（详见图 12）。

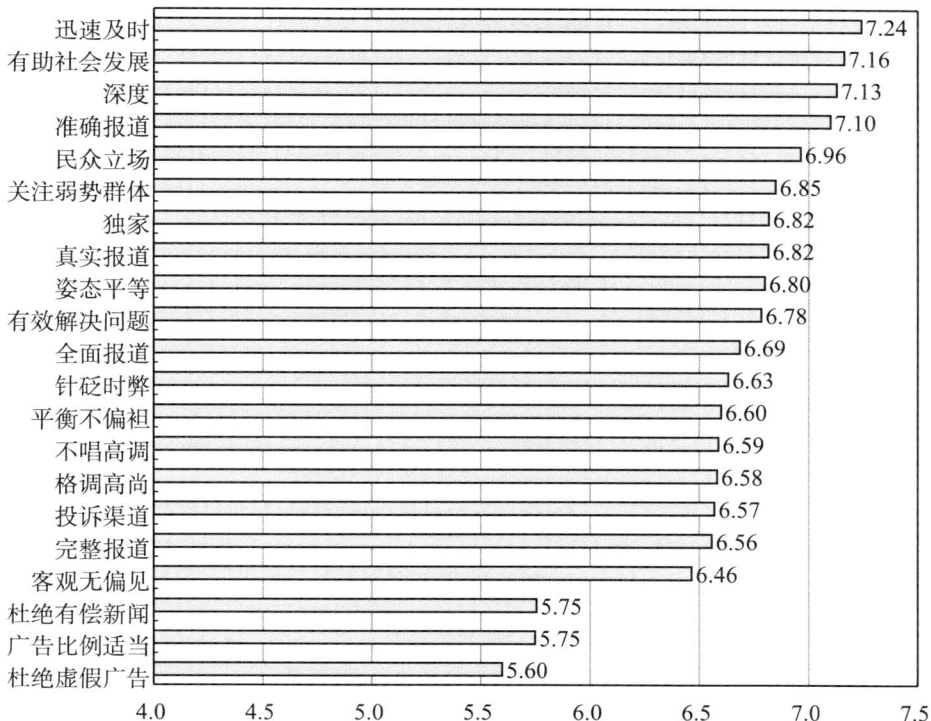

图 12　北京报纸公信力各项指标得分

2. 北京地区 3 类媒介公信力各项指标状况比较

从北京地区电视、报纸和网络的公信力各项指标得分情况来看，电视在多项指标上的表现都领先于其他媒介；网络媒介的特点是不同指标的起伏非常明显，虽然综合得分低于电视和报纸，但有些指标公信力得分非常高，甚至明显超越了电视，同时又有一些指标得分非常低，远低于传统媒介；报纸各项指标则显得比较平淡，与电视媒介的趋势大体一致，但大部分指标都低于或接近电视，综合得分处于电视和网络之间（详见表 1）。

表 1   **北京主要媒介公信力及差异**

公信力指标	报纸	电视	网络	公信力差异 （报纸－电视）	公信力差异 （报纸－网络）
真实报道	6.82	7.30	6.04	− 0.48	0.78
准确报道	7.10	7.52	6.22	− 0.42	0.88
完整报道	6.56	6.67	6.51	− 0.11	0.05
平衡不偏袒	6.60	6.80	6.74	− 0.20	− 0.14
客观无偏见	6.46	6.88	6.34	− 0.42	0.12
全面报道	6.69	6.83	6.91	− 0.14	− 0.22
民众立场	6.96	7.10	6.76	− 0.14	0.20
关注弱势群体	6.85	6.96	6.47	− 0.11	0.38
针砭时弊	6.63	6.64	7.24	− 0.01	− 0.61
姿态平等	6.80	6.78	7.05	0.02	− 0.25
不唱高调	6.59	6.62	7.09	− 0.03	− 0.50
广告比例适当	5.75	5.77	6.17	− 0.02	− 0.42
杜绝虚假广告	5.60	6.19	5.36	− 0.59	0.24
杜绝有偿新闻	5.75	6.21	5.77	− 0.46	− 0.02
格调高尚	6.58	7.04	5.51	− 0.46	1.07
迅速及时	7.24	7.67	7.69	− 0.43	− 0.45
深度	7.13	7.29	6.80	− 0.16	0.33
独家	6.82	7.10	7.00	− 0.28	− 0.18
投诉渠道	6.57	6.88	6.03	− 0.31	0.54
有效解决问题	6.78	7.41	6.10	− 0.63	0.68
有助社会发展	7.16	7.66	6.72	− 0.50	0.44

从竞争优势点的角度来看，网络有 6 项指标超越了电视和报纸，处于第 1 位，分别是：

（1）"全面报道"（全面报道，不刻意漏报、瞒报重要的新闻事件）；

（2）"针砭时弊"（敢于针砭时弊，批评性新闻比例高、批评力度大）；

（3）"姿态平等"（媒体以平等的姿态面对读者观众，而不是高高在上傲慢自大）；

（4）"不唱高调"（新闻报道实实在在，不唱高调、不打官腔）；

（5）"广告比例适当"；

（6）"新闻报道迅速及时，有时效性"。（详见图 13 和表 1）。

与网络相比，报纸则没有一项指标在 3 种媒介中排在第 1 位，也就是说报纸在公信力方面缺乏与其他类媒介开展竞争的优势点。随着网络的不断普及，随着数字化、具有移动便携功能的新媒介的出现，报纸势必面临更为激烈的竞争环境，报纸如果一直没有独特的竞争优势，被边缘化甚至被淘汰的命运也并非危言耸听。

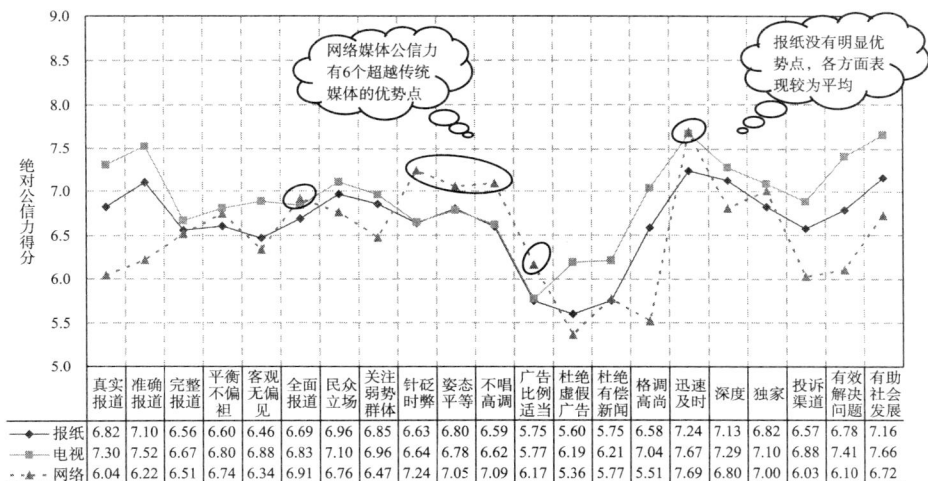

	真实报道	准确报道	完整报道	平衡不偏袒	客观无偏见	全面报道	民众立场	关注弱势群体	针砭时弊	姿态平等	不唱高调	广告比例适当	杜绝虚假广告	杜绝有偿新闻	格调高尚	迅速及时	深度	独家	投诉渠道	有效解决问题	有助社会发展
报纸	6.82	7.10	6.56	6.60	6.46	6.69	6.96	6.63	6.59	6.80	5.75	5.60	5.75	6.58	7.24	7.23	6.82	6.57	6.78	7.16
电视	7.30	7.52	6.67	6.80	6.88	6.83	7.10	6.96	6.64	6.78	6.62	5.77	6.19	6.21	7.04	7.67	7.29	7.10	6.88	7.41	7.66
网络	6.04	6.22	6.51	6.74	6.34	6.91	6.76	6.47	7.24	7.05	7.09	5.17	5.36	5.77	5.51	7.69	6.80	7.00	6.03	6.10	6.72

图 13　北京 3 类媒介各项公信力指标得分比较

3. 北京报纸与同类城市以及全国公信力不同指标比较

对比三大城市报纸公信力各项指标得分，广州绝大多数指标的领先显示了广州报业走在全国前列的事实。除了"敢于针砭时弊"一项指标略低于上海，广州报纸的其余各项指标均为 3 城市中最高的。北京有 6 项指标高于上海排在广州之后，其余 15 项指标得分都是 3 城市中最低的，没有一项指标在 3 城市中处于领先地位。与全国城市平均水平相比，北京报纸公信力指标得分大部分低于全国平均水平，只有 4 项指标略微高于全国平均水平。而广州的全部指标和上海的大部分指标得分高于全国平均水平（详见图 14）。

北京报纸高于上海但低于广州具有一定优势的 6 项公信力指标分别为：

（1）真实报道（真实报道，新闻报道不含虚假、猜测和虚构的成分）；

（2）准确报道（新闻报道准确无误）；

（3）格调高尚（新闻格调高尚，不随意炒作粗俗不雅的新闻）；

429

（4）有效解决问题（媒体的批评性报道十分有效，能够有力地促使问题得到解决）；

（5）投诉渠道（是值得民众依靠的一个投诉渠道）；

（6）深度（能够对复杂的新闻事件提供有深度的分析和解释）。

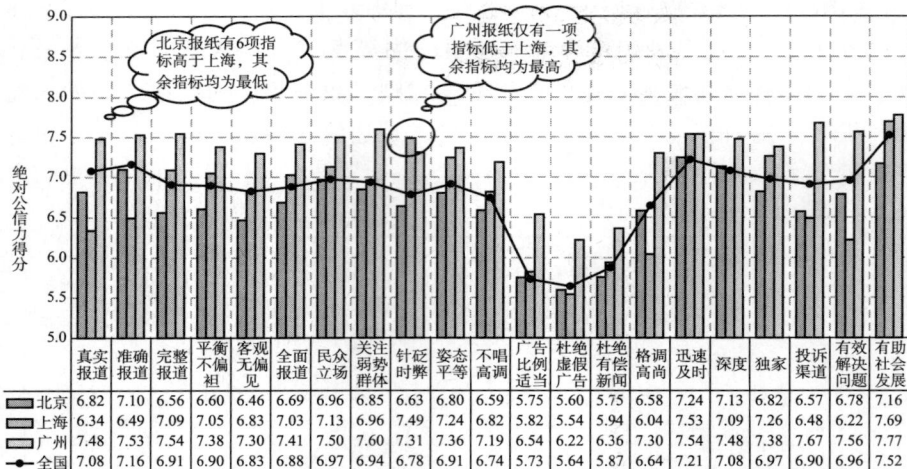

图中气泡注释：
- 北京报纸有6项指标高于上海，其余指标均为最低
- 广州报纸仅有一项指标低于上海，其余指标均为最高

	真实报道	准确报道	完整报道	平衡不偏袒	客观无偏见	全面报道	民众立场	关注弱势群体	针砭时弊	姿态平等	不唱高调	广告比例适当	杜绝虚假广告	杜绝有偿新闻	格调高尚	迅速及时	深度	独家	投诉渠道	有效解决问题	有助社会发展
北京	6.82	7.10	6.56	6.96	6.46	6.69	6.85	6.69	6.63	6.80	6.59	5.75	5.82	5.75	6.04	7.24	7.13	6.82	6.57	6.78	7.16
上海	6.34	6.49	7.09	7.05	6.83	7.03	7.13	6.96	7.49	7.24	6.82	5.82	5.54	5.94	6.04	7.23	7.09	7.26	6.48	6.22	7.69
广州	7.48	7.53	7.54	7.38	7.30	7.41	7.50	7.60	7.31	7.36	7.19	6.54	6.22	6.36	7.30	7.54	7.48	7.38	7.67	7.56	7.77
全国	7.08	7.16	6.91	6.90	6.83	6.88	6.97	6.94	6.78	6.91	6.74	5.73	5.64	5.87	6.64	7.21	7.08	6.97	6.90	6.96	7.52

纵轴：绝对公信力得分

图14　北京、上海、广州三城市与全国报纸公信力各项指标得分比较

由于地处全国政治中心，北京报纸自然受到较多的政治压力，而且北京居民文化程度相对较高，对媒介更具有评判精神，通俗地讲就是北京的报纸读者"更不好伺候"，这些是导致北京媒介公信力较低的客观原因。但不可否认的是，北京报业的竞争力水准与上海尤其是广州相比的确还存在一定的差距。这并不表示从专业评价角度来说北京的报纸就一定比广州和上海的报纸差，但报纸的价值尤其是市场价值的最终评判者不是专家而是普通受众，可以说北京的报纸还没有找到北京报纸读者真正的兴趣点。每个城市都有各自独特的"城市性格"，在南方受欢迎的报纸北京读者并不见得买账。北京报纸如何找到北京读者的兴趣点，如何与读者的意愿更好地契合，是提高北京报纸公信力，增加北京报纸读者规模和市场份额的关键。

三、不同种类新闻的公信力状况分析

由于我国特殊的媒介政治环境，不同类别新闻的管制力度不尽相同，而且，不同种类的媒介有各自所擅长的新闻报道类型，相应的公信力水平也会有所差异。以下就对报纸不同类别新闻的公信力状况进行考察和分析。

1. 北京报纸不同种类新闻公信力状况分析

在报纸经常报道的14类新闻中，绝对公信力最高的是体育新闻，这应该与体育事件本身客观性较强、媒介发挥空间较大、北京市场上几种体育类报纸专业水准较高有直接关系。而娱乐类新闻绝对公信力最低，说明报纸在最近几年因为竞争压力而加大娱乐新闻炒作的倾向，对报纸的公信力具有一定的伤害。

虽然报纸的"体育新闻"绝对公信力最高，但由于其他种类媒介相应的报道水平也较高，因此绝对公信力最高的新闻类别并不见得是报纸最具竞争优势的新闻类别。从相对公信力来看，"政策解读类新闻"是报纸最具有竞争优势的新闻类型，相对公信力在14类新闻中得分最高。由于我国特殊的社会政治背景，报纸对政策的解读是报纸的竞争优势点之一。有重大政策出台之时，应该是报纸积极发挥自身优势，为报纸公信力加分的时机（详见图15）。

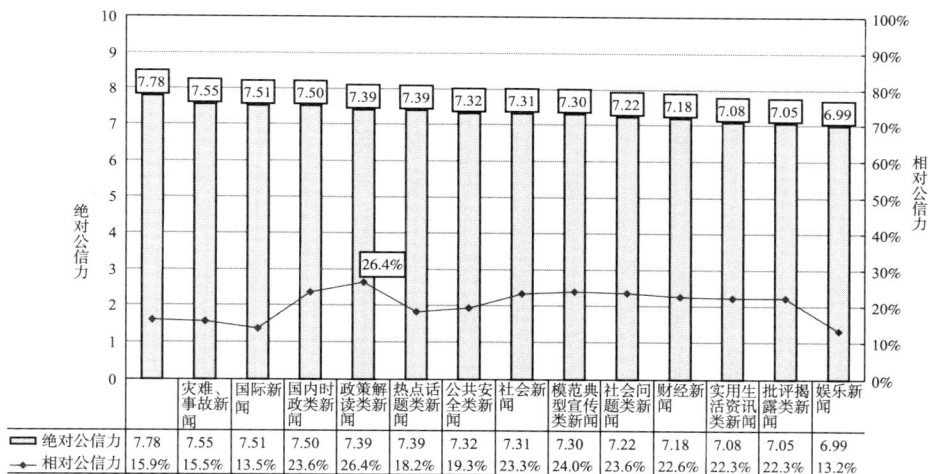

	灾难、事故新闻	国际新闻	国内时政类新闻	政策解读类新闻	热点话题类新闻	公共安全类新闻	社会新闻	模范典型宣传类新闻	社会问题类新闻	财经新闻	实用生活资讯类新闻	批评揭露类新闻	娱乐新闻
绝对公信力	7.78	7.55	7.51	7.50	7.39	7.39	7.32	7.31	7.30	7.22	7.18	7.08	7.05	6.99
相对公信力	15.9%	15.5%	13.5%	23.6%	26.4%	18.2%	19.3%	23.3%	24.0%	23.6%	22.6%	22.3%	22.3%	13.2%

图15　北京报纸不同种类新闻的绝对公信力与相对公信力

2. 北京不同种类媒介的不同种类新闻公信力状况比较

对北京的电视、报纸和网络3类媒体不同类新闻报道的公信力进行比较，可以看到电视无论是绝对还是相对公信力在14类新闻中都居于第1位，再次显示了电视第一强势媒介的优势地位。

报纸由于媒介本身的客观条件差异很难与电视正面竞争，目前报纸的真正竞争对手是网络。绝对公信力数据显示，除了"模范宣传"、"政策解读"等特殊的新闻类别报纸占有较明显优势，其余新闻类别报纸与网络的公信力差异都比较小。虽然报纸在大部分新闻类别上公信力略高于网络媒体，但已经有4类新闻的绝对公信力落后于网络媒体，分别是："热点话题类新闻"、"批评揭露类新闻"、"娱乐类新闻"和"实用生活资讯类新闻"（详见图16）。

431

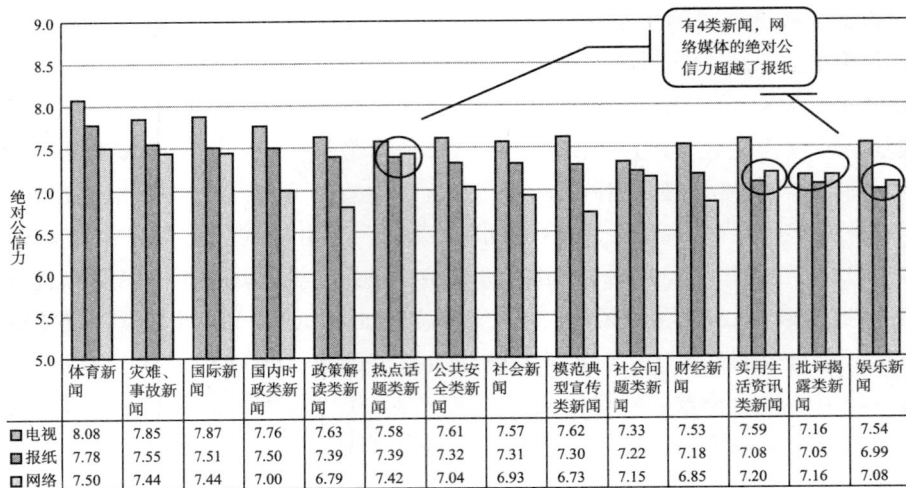

图 16　北京 3 类媒介不同种类新闻的绝对公信力比较

在相对公信力方面报纸也有四类新闻的公信力落后于网络媒体，分别是："热点话题类新闻"、"批评揭露类新闻"、"娱乐新闻" 和 "国际新闻"，这其中既有 "硬性新闻" 也有 "软性新闻"，正是网络媒体开放性、互动性、信息量丰富等优势的反映（详见图 17）。

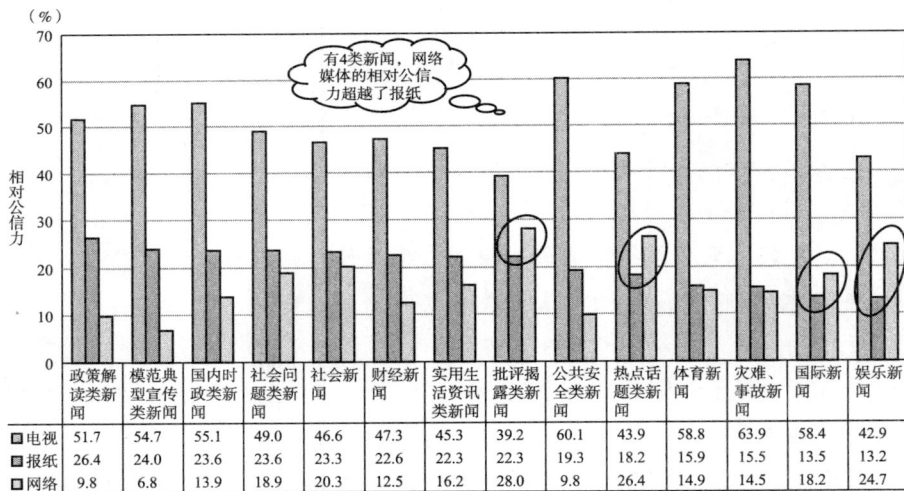

图 17　北京 3 类媒介不同种类新闻的相对公信力比较

报纸相对于电视来说，相对公信力差距最大的是 "公共安全类新闻"、"灾难、事故新闻"、"体育新闻" 和 "国际新闻" 4 类，相对公信力差距达到了 40% 以上（详见表 2）。这说明最近两年来电视在 "公共安全" 和 "灾难事故" 新闻方面有较为突出的表现。"体育新闻" 与 "国际新闻" 产生较大差距的原因

中国大众媒介的传播效果与公信力研究

则主要由于报纸的表现有所欠缺所引起的，当然这也与电视媒体本身的表现手段比报纸更为丰富有直接关系。

报纸与网络相对公信力差异达到 9% 以上的共有 5 类新闻，除去比较特殊的"政策解读"和"模范宣传"两类新闻，报纸的"国内时政"和"财经"两类新闻相对网络来说还具有一定的公信力优势。而在娱乐新闻方面，报纸则出现了明显落后于网络的情况（详见表2）。这也说明，由于新闻管制在娱乐新闻方面的宽松以及网络媒体图文并茂、拥有强大链接功能、信息量极大丰富等特点，网络相对于报纸来说在娱乐新闻报道方面更具有先天优势，报纸如果与网络在"娱乐化"方面进行"比拼"，不仅很难取得优势，反而可能会因此损害报纸本身优越于网络媒体的严肃性和权威性优势，这应该是对报纸发展方向的一种警示。

表2　　　　不同媒介不同种类新闻相对公信力及差异情况　　　　单位：%

新闻类别	电视	报纸	网络	公信力差异（电视－报纸）	公信力差异（报纸－网络）
政策解读类新闻	51.7	26.4	9.8	25.3	16.6
模范典型宣传类新闻	54.7	24.0	6.8	30.7	17.2
国内时政类新闻	55.1	23.6	13.9	31.5	9.7
社会问题类新闻	49.0	23.6	18.9	25.4	4.7
社会新闻	46.6	23.3	20.3	23.3	3.0
财经新闻	47.3	22.6	12.5	24.7	10.1
实用生活资讯类新闻	45.3	22.3	16.2	23.0	6.1
批评揭露类新闻	39.2	22.3	28.0	16.9	-5.7
公共安全类新闻	60.1	19.3	9.8	40.8	9.5
热点话题类新闻	43.9	18.2	26.4	25.7	-8.2
体育新闻	58.8	15.9	14.9	42.9	1.0
灾难、事故新闻	63.9	15.5	14.5	48.4	1.0
国际新闻	58.4	13.5	18.2	44.9	-4.7
娱乐新闻	42.9	13.2	24.7	29.7	-11.5

第三部分：《北京晚报》公信力状况与发展趋势分析

本次调查对北京地区的主要媒体公信力进行了考察，从中可以看到北京报业以及《北京晚报》在北京媒介市场上的地位。

一、《北京晚报》公信力分析

1. 《北京晚报》在北京媒介市场上的公信力水准分析

整体来看，北京 14 家报纸公信力绝对水平不高，除了《人民日报》之外，所有报纸公信力得分都没有超过 8 分，《北京娱乐信报》甚至低于 7 分。不过相对来说，报纸在北京的媒体市场上还是具有相当的影响力，在公信力前 10 名的媒体中，报纸占据了 60% 的份额：除了前 3 名是电视，以及"搜狐网"新闻排在了第 9 位之外，其余的媒体都是报纸。

《北京晚报》的公信力状况不够理想，排名第 17 位，已经属于北京主要报纸以及主要媒体的中下层行列。与二流的电视频道（东方卫视和湖南卫视）公信力水平相当、略低于一流的新闻杂志（《中国新闻周刊》、《凤凰周刊》）和网络新闻水平（搜狐网新闻、新浪新闻）（详见图 18）。

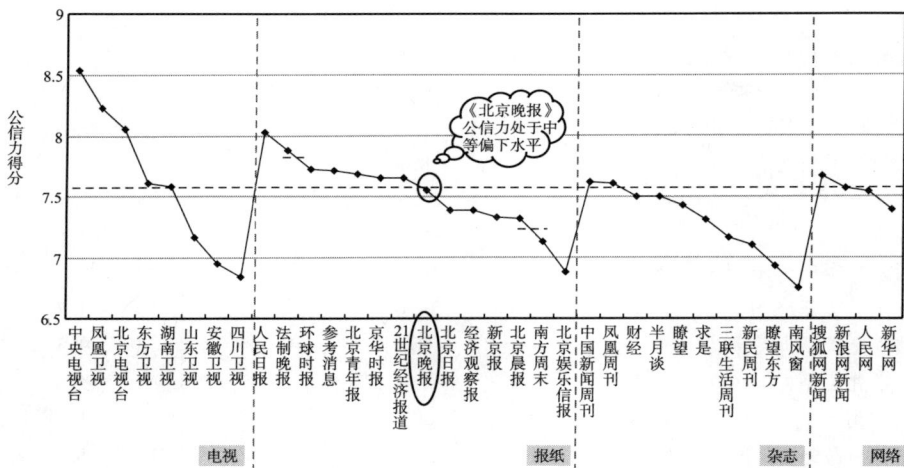

图 18　《北京晚报》在北京媒介市场上的公信力水准

值得关注的是，与《北京晚报》在目标受众群与发报时间都具有高度一致性的《法制晚报》进入了公信力排名前 5 位的行列，属于北京媒介市场上公信力居于上游的媒体，甚至超过了《环球时报》和《参考消息》的公信力得分。《法制晚报》的公信力与迅速上升中的发行量引人思考：是否《法制晚报》就是契合了北京"城市性格"，找到了北京报纸读者"兴趣点"的大众化报纸？

《北京青年报》和《京华时报》也进入了公信力前 10 名的行列，分别排在第 8 位和第 10 位，已经与《北京晚报》（第 17 位）、《新京报》（第 25 位）、《晨报》（第 26 位）和《信报》（第 34 位）拉开了一定的距离。

北京市场上公信力得分排在前 3 位的都是电视，全国性（中央电视台）、境外（凤凰卫视）、北京本地电视台（北京电视台）各占一席。电视、报纸和网络都有相应的媒体进入公信力前 10 名的行列，其中有 6 家报纸进入前 10 行列，数量优势明显。

不同电视台的公信力情况差异较大，中央、凤凰和北京 3 家电视台高居前 3 名；而"东方卫视"和"湖南卫视"则属于第二梯队，分列第 14、15 位；山东、四川、安徽等在全国卫视收视率领先的频道，公信力排名都在 28 名之后。

网络媒体中搜狐网新闻公信力最高，排名第 9 位，新浪网、人民网、新华网分别排在第 16、18 和 22 位。"搜狐网"和"新浪网"新闻的接触率是"人民网"和"新华网"的 1.5 倍多，可见门户网站的新闻在接触率方面具有先天的优势。

北京的新闻类周报和杂志的公信力排名不占优势，最高的是《中国新闻周刊》和《凤凰周刊》，分别排在第 12 位和 13 位。新闻类杂志的接触率大多在 50% 以下，接触率较低一定程度上影响了媒体的影响力和公信力（详见表 3）。

表 3　　　　　北京 36 家主要媒体的公信力与接触率情况

北京主要媒体	公信力	接触率	公信力排名	接触率排名
中央电视台	8.54	98.0%	1	1
凤凰卫视	8.23	73.3%	2	6
北京电视台	8.06	84.5%	3	2
人民日报	8.03	68.6%	4	10
法制晚报	7.88	67.2%	5	14
环球时报	7.72	68.9%	6	9
参考消息	7.71	70.3%	7	8
北京青年报	7.68	76.0%	8	5
搜狐网新闻	7.67	68.2%	9	11
京华时报	7.65	72.6%	10	7
21 世纪经济报道	7.65	40.5%	11	32
中国新闻周刊	7.62	53.4%	12	24
凤凰周刊	7.61	41.2%	13	30
东方卫视	7.61	68.2%	14	12
湖南卫视	7.58	78.0%	15	4
新浪网新闻	7.57	67.6%	16	13
北京晚报	7.55	80.4%	17	3
人民网	7.54	42.9%	18	29
财经	7.50	46.3%	19	25
半月谈	7.50	54.4%	20	23
瞭望	7.43	43.6%	21	27
新华网	7.39	46.3%	22	26

续表

北京主要媒体	公信力	接触率	公信力排名	接触率排名
北京日报	7.39	63.2%	23	17
经济观察报	7.39	41.2%	24	31
新京报	7.33	63.2%	25	18
北京晨报	7.32	57.8%	26	20
求是	7.31	43.2%	27	28
山东卫视	7.17	67.2%	28	15
三联生活周刊	7.16	35.5%	29	34
南方周末	7.13	55.4%	30	22
新民周刊	7.10	36.1%	31	33
安徽卫视	6.95	63.5%	32	16
瞭望东方	6.93	30.4%	33	36
北京娱乐信报	6.88	55.7%	34	21
四川卫视	6.84	62.5%	35	19
南风窗	6.75	32.1%	36	35

2. 《北京晚报》在北京报业市场上的公信力水准分析

综合类市场化日报排名比较分散,《法制晚报》的高公信力显示了该报纸强劲的发展势头。《北京青年报》与《京华时报》的公信力排名分列第8位和第10位。可以说《法制晚报》、《北京青年报》以及《京华时报》是北京市场上最具有公信力优势的市场化报纸,而《北京晚报》在公信力方面可以说已经不属于第一集团行列,这应该与竞争对手《法制晚报》的出现与优异表现有直接联系。

读者的公信力评价实质上是读者对报纸满意程度的反映,较高的公信力说明这三家报纸2005年的表现相对来说得到了较多的肯定和认可,在未来的报纸竞争中具有一定的竞争优势和发展潜力。

《北京晚报》、《新京报》、《北京晨报》、《南方周末》和《北京娱乐信报》的公信力情况不够理想,尤其是《南方周末》下降态势非常明显,落在了30名以外,《南方周末》似乎一直没有走出人事变动和风格转变的彷徨期,读者是不问原因只看结果的,读者也没有耐心给媒体太多的调整时间,这份曾经获得很高公信力的报纸在读者心目的地位正在不断走下坡路。

国际政治类报纸《环球时报》和《参考消息》的公信力排名也较高,分列在第6位和第7位。经济类专业报纸《21世纪经济报道》的公信力状况也较好,排在第11位,《经济观察报》公信力则相对较,排在第24位。

《人民日报》排在了报纸公信力的第1位,我国多次不同地区公信力调查也大多呈现这样的结果。这种现象与我国特殊的政治、媒介体制有直接关系。作为执政党最高级别的机关报,《人民日报》在许多关系到国计民生的重大事件中拥有独一无二的发言权和解释权，这是《人民日报》获得公信力的坚实基础。但《人民日报》的特殊地位并不适用于推及所有的党政机关报，而是《人民日报》所独有的，无论是较高级别的报纸（如《光明日报》、《经济日报》），还是地方党委机关报，公信力得分都比较低，比如《北京日报》作为北京市委机关报，在北京 36 种媒体公信力排名中仅列第 23 位（详见图 19）。

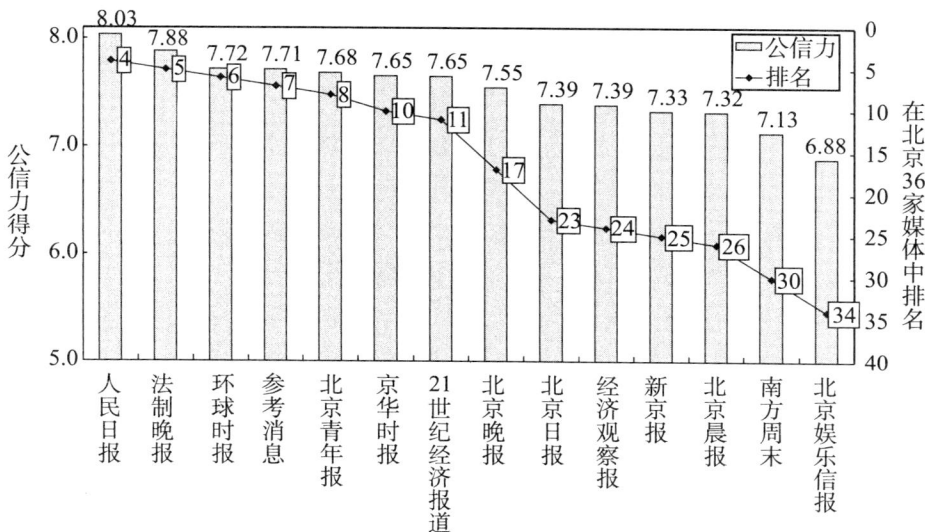

图 19　北京主要报纸绝对公信力及其在北京媒体中的排名

二、《北京晚报》公信力与接触率综合情况分析

报纸的接触率指曾经读过该报纸的人数比例，一般来说，报纸存在的时间长、知名度和公信力高、发行量大等因素会提升报纸的接触率。报纸的公信力与报纸读者对报纸的满意程度成正比，但公信力高的报纸并不一定是接触率高的报纸，这一方面因为有些报纸本身就是小众化或专业性报纸，另一个主要原因则是报纸读者规模的扩大需要一个过程，报纸的公信力高意味着该报纸在未来一段时间里具有稳定或增加读者群的可能。也就是说，报纸的接触率（与发行量相关）更多的是对目前媒体状况的描述，而报纸的公信力则是对报纸未来市场竞争力的一种预示。这样，除了专业小众类的报纸，如果公信力相对较高而读者规模相对较小，表示该报纸的读者会比较稳定并有增加新读者的可能，如果公信力相对较低而受众规模较高，则该报纸的读者稳定性较小，发行量的扩展会比较困难。

以下就对北京主要报纸的公信力与接触率情况进行综合分析，并通过对不同报纸"潜力指数"① 的比较，对《北京晚报》及其竞争对手的目前状况以及发展前景进行比较分析。

1. 北京 14 家主要报纸的公信力与接触率情况分析

《北京晚报》毕竟是存在历史最长、北京市民最为熟悉的大众化报纸，因此保持着接触率最高的地位，但《北京晚报》的公信力排名在 14 家报纸中仅列第 8 位，可见人们对《北京晚报》的接触很大程度上是出于一种习惯，而对报纸的满意程度相对来说并不高。这也说明《北京晚报》读者规模的增加将会比较困难，而且目前的读者稳定程度也并不高。

《人民日报》与《北京晚报》的情况相反，公信力最高但是接触率仅排在第 6 位，低于大众化的报纸。

公信力和接触率相对来说都比较高的报纸是《环球时报》和《参考消息》，两项指标排名都在前五位，说明两家报纸的读者稳定性比较高。

北京 14 家主要报纸中两份专业类小众化的报纸《21 世纪经济报道》和《经济观察报》的读者规模相对于公信力水平来说有较大差距，这说明读者相对来说较为稳定，但由于这两份报纸在北京 36 家媒体中的公信力排名比较靠后，而且报纸媒介本身相对于电视和网络来说并没有明显优势，因此并不能避免这两份报纸的读者会选择电视或者网络来满足财经类新闻的需求（详见图 20 和表 4）。

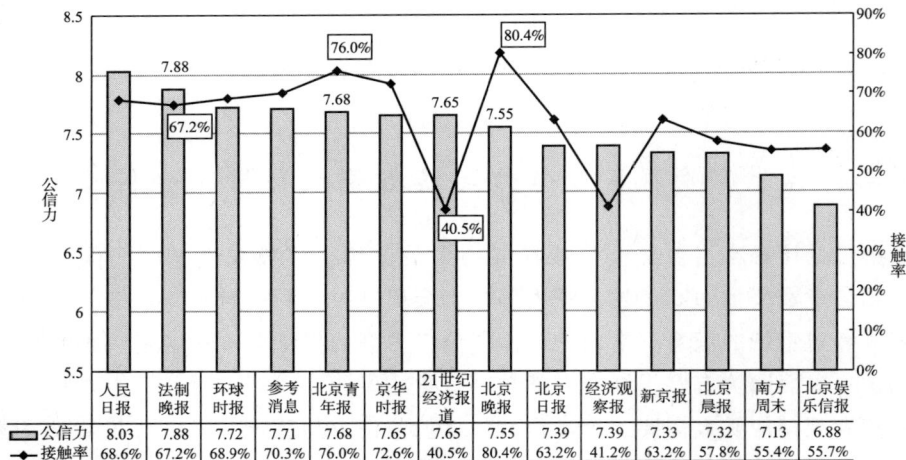

	人民日报	法制晚报	环球时报	参考消息	北京青年报	京华时报	21世纪经济报道	北京晚报	北京日报	经济观察报	新京报	北京晨报	南方周末	北京娱乐信息报
公信力	8.03	7.88	7.72	7.71	7.68	7.65	7.65	7.55	7.39	7.39	7.33	7.32	7.13	6.88
接触率	68.6%	67.2%	68.9%	70.3%	76.0%	72.6%	40.5%	80.4%	63.2%	41.2%	63.2%	57.8%	55.4%	55.7%

图 20　北京 14 家报纸公信力与接触率情况

---

① "潜力指数"是表示媒体公信力与媒体接触率之间关系的综合性指数，可以用来反映大众化媒体未来的发展潜力。将北京 14 家主要报纸的公信力与接触率进行标准化转换，然后将标准化的得分相减最终得到媒体"潜力指数"。潜力指数是一个围绕 0 分上下波动的数值，数值越接近 0 分，表示媒体的稳定性越强，在未来一段时间里出现受众规模变化的可能性越小。数值越是大于 0，表示在未来一段时间里受众规模增长的可能性越大；相反，越是低于 0 分，在报纸下一步的发展中出现受众规模降低的可能性越大。

表 4　　　　　　　　　　北京 14 家报纸公信力与接触率情况

媒体	公信力	接触率	报纸公信力排名	报纸接触率排名	潜力指数
人民日报	8.03	68.6%	1	6	2.96
法制晚报	7.88	67.2%	2	7	2.00
环球时报	7.72	68.9%	3	5	0.19
参考消息	7.71	70.3%	4	4	-0.25
北京青年报	7.68	76.0%	5	2	-1.94
京华时报	7.65	72.6%	6	3	-1.35
21 世纪经济报道	7.65	40.5%	7	14	6.70
北京晚报	7.55	80.4%	8	1	-4.17
北京日报	7.39	63.2%	9	8	-1.25
经济观察报	7.39	41.2%	10	13	4.26
新京报	7.33	63.2%	11	9	-1.78
北京晨报	7.32	57.8%	12	10	-0.51
南方周末	7.13	55.4%	13	12	-1.56
北京娱乐信报	6.88	55.7%	14	11	-3.81

2.《北京晚报》主要竞争对手发展潜力分析

北京 14 家报纸中潜力指数最为接近 0 的报纸是《环球时报》和《参考消息》，说明这两份报纸的读者群比较稳定，出现上涨或下降的可能性都不大。潜力指数最高的报纸是《21 世纪经济报道》和《经济观察报》，不过由于这两份报纸本身属于面对高学历小众人群的专业化报纸，受众规模的增长将不可避免受到报纸本身特点的限制。

《法制晚报》、《北京青年报》、《京华时报》、《新京报》、《北京晨报》和《北京娱乐信报》6 家综合型大众化市场类报纸是《北京晚报》的直接竞争对手，以下就从报纸"潜力指数"的角度对这 7 家报纸的竞争态势进行分析。

7 家报纸中《北京娱乐信报》潜力指数略高于《北京晚报》排在倒数第 2 位，不过虽然潜力指数显示两份报纸下降的可能性相近，但《北京娱乐信报》是在本来已经相当低的受众接触率（55.7%）基础上的下降，比起《北京晚报》在最高报纸接触率（80.4%）基础上的下降，《北京娱乐信报》的处境显然更加危险：《北京晚报》所要面对的是受众规模第一的地位可能会被其他媒体所动摇，而《北京娱乐信报》则可以说是面临着"生与死的考验"（详见图 21）。

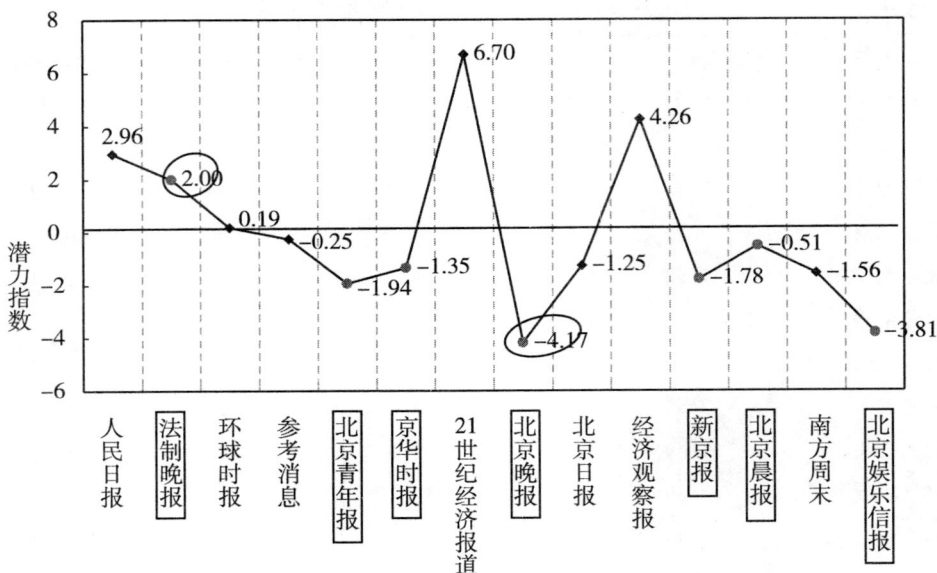

图 21　北京主要报纸潜力指数

从"潜力指数"来看，7 家报纸中最具有发展潜力、唯一呈现上升势头的报纸是《法制晚报》，是 7 家报纸中公信力得分最高，而且潜力指数最高的报纸。与此呈现强烈反差的是，《北京晚报》的潜力指数是 14 家报纸中最低的，与《法制晚报》的竞争潜力差距相当大。《北京晚报》虽然接触率位居第一，但从潜力指数来看，报纸的发展潜力最小，目前《法制晚报》的接触率（62.7%）与《北京晚报》还有不小的差距，但从受众市场、发行时间来看，《法制晚报》的上升势头无疑对《北京晚报》的冲击最为直接，如果《北京晚报》在未来的发展中不采取必要的措施，《法制晚报》进一步吞噬《北京晚报》的市场份额将是必然。

除《法制晚报》之外的 6 家媒体潜力指数都小于 0，也就是说 6 家报纸都呈现下降趋势，都在不同程度上面临受众规模减小的困境，这其中，《北京晚报》的下降趋势最令人担忧。

参考文献

上篇参考文献

一、中文文献

（一）专著

1. 艾风：《舆论监督与新闻策划》，四川人民出版社 1999 年版。

2. 卜卫：《大众媒介对儿童的影响》，新华出版社 2002 年版。

3. 曹荣湘选编：《走出囚徒困境——社会资本与制度分析》，上海三联书店 2003 年版。

4. 陈力丹：《舆论学——舆论导向研究》，中国广播电视出版社 1999 年版。

5. 陈世敏：《大众传播与社会变迁》，中国台湾三民书局 1983 年版。

6. 陈崇山、弥秀玲主编：《中国传播效果透视》，沈阳出版社 1989 年版。

7. 郭庆光：《传播学教程》，中国人民大学出版社 1999 年版。

8. 李惠斌、杨雪冬主编：《社会资本与社会发展》，社会科学文献出版社 2000 年版。

9. 李金铨：《大众传播理论》，中国台湾三民书局 1996 年版。

10. 李茂政：《大众传播新论》，中国台湾三民书局 1994 年版。

11. 李良荣：《西方新闻事业概论》，复旦大学出版社 1997 年版。

12. 林之达：《传播心理学新探》，北京大学出版社 2004 年版。

13. 刘建明：《天理明心——当代中国的社会舆论问题》，今日中国出版社 1998 年版。

14. 刘京林：《大众传播心理学》，北京广播学院出版社 1997 年版。

15. 刘晓红、卜卫：《大众传播心理研究》，中国广播电视出版社 2001 年版。

16. 陆扬、王毅：《大众文化与传媒》，上海三联书店 2000 年版。

17. 罗文辉：《新闻理论与实证》，中国台北，黎明文化事业公司 1993 年版。

18. 孙云晓、卜卫主编：《培养独生子女的健康人格》，天津教育出版社 1998 年版。

19. 魏昕、博阳：《诚信危机——透视中国一个严重的社会问题》，中国社会科学出版社 2003 年版。

20. 喻国明：《中国新闻业透视——中国新闻改革的现实动因和未来走向》，河南人民出版社 1993 年版。

21. 喻国明：《解析传媒变局》，南方日报出版社 2002 年版。

22. 喻国明：《传媒影响力》，南方日报出版社 2003 年版。

23. 张维迎：《博弈论与信息经济学》，上海三联书店 1996 年版。

24. 张维迎：《信息、信任与法律》，上海三联书店 2003 年版。

25. 张昆：《大众媒介的政治社会化功能》，武汉大学出版社 2003 年版。

26. 张国良主编：《新闻媒介与社会》，上海人民出版社 2001 年版。

27. 藏国仁：《新闻媒体与消息来源——媒介框架与真实建构之论述》，中国台湾三民书局。

28. 展江主编：《中国社会转型的守望者——新世纪新闻舆论监督的语境与实践》，中国海关出版社 2002 年版。

29. 郑也夫、彭泗清等：《中国社会中的信任》，中国城市出版社 2003 年版。

30. 郑也夫：《信任论》，中国广播电视出版社 2001 年版。

31. 郑也夫：《信任：合作关系的建立与破坏》，中国城市出版社 2003 年版。

32. 张彗元：《大众传播理论解析》，中国台北五南图书出版公司。

33. 钟蔚文：《从媒介真实到主观真实》，中国台北正中书局 1992 年版。

34. 中国社科院新闻与传播研究所：《中国新闻年鉴——传媒调查篇》，2003 年。

35. 周晓虹：《现代社会心理学》，上海人民出版社 1997 年版。

36. 朱智贤主编：《心理学大词典》，北京师范大学出版社 1989 年版。

（二）译著

1. ［美］埃瑞克·G·菲吕博顿、［德］鲁道夫·瑞切特编，孙经纬译：《新制度经济学》，上海财经大学出版社 1998 年版。

2. ［美］艾尔·巴比（1975）：《社会研究方法》，华夏出版社 2000 年版。

3. ［美］安东尼·M·奥勒姆：《政治社会学导论——对政治实体的社会剖析》，浙江人民出版社 1989 年版。

4. 常昌富、李依倩、关世杰编译：《大众传播学：影响研究范式》，中国社会科学出版社 2000 年版。

5. ［美］丹尼斯·麦奎尔、斯文·温德尔著，祝建华、武伟译：《大众传播模式论》，上海译文出版社 1997 年版。

6. ［美］梅尔文·L·德弗勒和桑德拉·鲍尔—洛基奇著，杜力平译：《大众传播学理论》，中国台北五南图书出版公司 1995 年版。

7. ［美］弗朗西斯·福山著，彭志华译：《信任——社会美德与创造经济繁荣》，海南出版社 2001 年版。

8. ［美］加布里埃尔．A．阿尔蒙德、小 G·宾厄姆·鲍威尔著，曹沛林等译：《比较政治学：体系、过程和政策》，上海译文出版社 1987 年版。

9. ［美］金黛如（Daryl Koehn）：《信任与生意：障碍与桥梁》，上海社会科学院出版社 2003 年版。

10. ［美］凯瑟琳·米勒：《组织传播》，华夏出版社 2000 年版。

11. ［美］雷蒙·阿隆：《社会学主要思潮》，华夏出版社 2000 年版。

12. ［美］罗德里克·M·克雷默、汤姆·R·泰勒编：《组织中的信任》，中国城市出版社 2003 年版。

13. ［澳］马尔科姆·沃特斯：《现代社会学理论》，华夏出版社 2000 年版。

14. ［美］迈克尔·埃默里、埃德温·埃默里著，展江、殷文主译：《美国新闻史》第八版，新华出版社 2001 年版。

15. ［美］迈克尔·辛格尔特里：《大众传播研究》，华夏出版社 2000 年版。

16. ［美］梅尔文·门彻著，展江主译：《新闻报道与写作》，华夏出版社 2003 年版。

17. ［英］苏珊·L·卡拉瑟斯著，张毓强等译：《西方传媒与战争》，新华出版社 2002 年版。

18. ［美］乔纳森·特纳，邱泽奇译：《社会学理论的结构》，华夏出版社 2001 年版。

19. ［美］斯蒂文·小约翰：《传播理论》，中国社会科学出版社 1999 年版。

20. ［美］韦尔伯·施拉姆著，金燕宁等译：《大众传播媒介与社会发展》，华夏出版社。

（三）论文

1. 《新闻与传播》（人大复印资料）、《新闻记者》、《中国记者》、《新闻战线》、《新闻界》、《现代传播》的有关论文。

2. 程雄：《公信力：评价领导者的重要尺度》，载于《领导科学》2003 年第 17 期。

3. 程晓鸿：《杰森事件冲击〈纽约时报〉，假新闻羞辱百年媒体》，载于 www.sina.com，2003 年 5 月 22 日。

4. cctv.com 专稿：《公信力——互联网发展的生命线》，载于《电视批判》，

2003 年 7 月 18 日。

5. 党国英：《经济学如何理解诚信？》，载于 http://business.sohu.com/，2002 年 7 月 14 日。

6. 高庆西、赵谦：《信用在法制结构中的位置》，载于《比较》第 10 期，中信出版社 2004 年版。

7. 龚培兴、陈洪生：《政府公信力：理念、行为与效率的研究视角——以"非典型性肺炎"防治为例》，载于《中共中央党校学报》2003 年第 3 期。

8. 郭德宏：《我们该怎样看待社会转型》，载于《北京日报》，2003 年 2 月 24 日。

9. 何水明、汪水波：《地方政府公信力与政府运作成本相关性的制度分析》，载于《国家行政学院学报》2002 年专刊。

10. 蒯光武：《受播者评价新闻媒介可信度的研究》，辅仁大学大众传播研究所硕士论文（1989 年）。

11. 李希光、秦轩：《谁在设置中国今天的议程？——电子论坛在重大新闻事件中对党报议题的重构》，载于《新闻与传播研究》2001 年第 3 期。

12. 刘红燃：《论信用伦理》，湖南师范大学硕士论文（2002 年）。

13. 李新庚：《信用论纲》，中共中央党校博士论文（2003 年）。

14. 廖祖海：《论我国社会信用制度的建设》，江西财经大学硕士论文（2003 年）。

15. 卢鸿毅：《新闻媒介可信度之研究》，中国台湾，政治大学新闻研究所硕士论文（1992 年）。

16. 罗文辉、陈韬文、潘忠党：《大陆、香港与台湾新闻人员对新闻伦理的态度与认知》，载于中国台湾《新闻学研究》第 68 集（2001 年）。

17. 罗文辉、林文琪、牛隆光、蔡卓芬：《媒介依赖与媒介使用对选举新闻可信度的影响：五种媒介的比较》，载于中国台湾《新闻学研究》2003 年第 74 期。

18. 罗文辉、陈世敏：《新闻媒介可信度之研究》，中国台湾"行政院国科会专题研究报告"（1993 年）。

19. 李江涛：《论政治公信力》，载于《南方日报》，2003 年 9 月 10 日。

20. 林东泰：《民众对选举新闻报道意见调查》，台湾师范大学民意调查中心（1998 年）。

21. 陆晔、潘忠党：《成名的想象》，载于中国台湾《新闻学研究》，2002 年 4 月。

22. 尚大雷、柯惠新：《社会转型时期我国不同受众类型对实证研究的影响》，载于《现代传播》2002 年第 4 期。

23. 孙立平：《90 年代中期以来中国"断裂的社会"之演变前景》，载于 http：//chinese-thought. unix-vip. cn4e. com/modules. php？ name = Content&pa.

24. 孙智英：《信用问题的经济学分析》，福建师范大学博士论文（2002 年）。

25. 唐庆国：《金融安全、公信力和中国证券市场》，载于《管理世界》2002 年第 12 期。

26.《券商受托理财公信力下降》，载于《中国经济时报》，2003 年 9 月 7 日。

27. 屠建路：《从 TCL 与波导的排名之争看公信力的价值》，载于《北京现代商报》，2003 年 3 月 10 日。

28. 佘文斌：《公信力——传媒竞争的重要砝码》，载于新华网湖南频道，2002 年 5 月 31 日。

29. 王旭、莫文雍、汤允一：《媒介表现：关于新闻可信度的讨论与测量》，中华传播学会年会论文（1999 年）。

30. 吴翠珍：《台湾地区民众电视使用与社会实体之建构》，中国台湾"国科会 1984 ~ 1986 学年度社会组专题计划补助成果发表会"，南港，中央研究院（1998 年）。

31. 许成钢、卡塔琳娜·皮斯托（2004）：《转型的大陆法法律体系中的诚信义务：从不完备法律理论得到的经验》，载于《比较》第 11 期，中信出版社 2004 年版。

32. 叶恒芬：《网路媒体可信度及其影响因素初探研究——以台湾地区网路使用者为例》，台湾中正大学电讯传播研究所硕士论文（2000 年）。

33. 于海：《从社会学角度看信任》，载于《文汇报》，2004 年 3 月 3 日。

34. 赵晓：《谈提升政府公信力的价值》，载于《决策咨询》2003 年第 4 期。

35. 张国庆：《试论我国政府行政改革的基本价值选择》，载于《中国人民大学学报》1999 年第 4 期。

36. 周运清：《SARS 危机对中国政府及其公信力的影响》，载于《武汉大学学报（社会科学版）》2003 年第 4 期。

二、英文文献

1. Abel，J. D. ，and Wirth，M. O. *Newspaper vs. TV credibility for local news.* Journalism Quarterly，54，371 – 375. 1977.

2. ASNE. *Newspaper credibility*：*building reader trust.* The American Society of Newspaper Editors. 1985.

3. ASNE. *Examining our credibility*：*perspectives of the public and the press.* The American Society of Newspaper Editors. 1999.

4. ASNE. *Building reader trust*. The American Society of Newspaper Editors. 2000.

5. ASNE. *Newpaper credibility handbook*. The American Society of Newspaper Editors. 2001.

6. Austin E. , and Dong, Q. *Source V. content effects on judgments of news believability*. Journalism Quarterly, 71（4）, 973 – 983. 1994.

7. Becker, L. B. , G. M. Kosicki and F. Jones. *Racial differences in evaluations of the mass media*. Journalism Quarterly, 70, 124 – 134. 1992.

8. Berlo, D. K. , Lemert, J. B. , and Mertz, R. J. *Dimensions for evaluating the acceptability of message sources*. Public Opinion Quarterly, 33, 563 – 576. 1970.

9. Brewer, M. and McCombs, M. E. *Setting the community agenda*. Journalism and Mass Communication Quarterly. 1996.

10. Burgoon, J. K. *The ideal source：a reexamination of source credibility measurement*. Central States Speech Journal, 2, 200 – 206. 1976.

11. Cappella, J. *Cynicism and social trust in the new media environment*. Journalcof Communication, 229 – 241. 2002.

12. Cappella, J. W. and Jamieson, K. H. *Spiral of cyracism：the press and the public good*. NY：Oxford University Press. 1997.

13. Carter, R. , and Greenberg, B. *Newspapers or television：which do you believe?* Journalism Quarterly, 42, 29 – 34. 1965.

14. Flanagin, A. J. and Metzger, M. J. *Perceptions of internet information credibility*. Journalism & mass Communication Quarterly, 77（3）, 515 – 540. 2000.

15. Fischof, S. *Perceived credibility of news sources as a function of news focus*. http：//www. calstatela. edu/faculty/sfischo/newsrev. html. 1999.

16. Gaziano, C. and K. McGrath. *Measuring the concept of credibility*. Journalism Quarterly, 63, 451 – 462. 1986.

17. Gaziano, C. *How credible is the credibility crisis*. Journalism Quarterly, 65（2）, 267 – 278. 1988.

18. Greenberg, B. *Media use and believability：some multiple correlates*. Journalism Quarterly, 43, 665 – 732. 1966.

19. Gunther, A. C. *Biased press or biased public? Attitudes toward media coverage of social groups*. Public Opinion Quarterly, 56, 147 – 167. 1992.

20. Hovland, C. I. , Janis I. L. , and Kelley, H. H. *Communication and persuasion*. New Haven, CT：Yale University Press. 1953.

21. Jacobson, H. K. *Mass media believability, a study of receiver judgments.* Journalism Quarterly, 46 (1), 20 - 28. 1969.

22. Johnson, T. J. *Exploring media credibility: how media and nonmedia workers judged media performance in Iran/contra.* Journalism Quarterly, 70 (1), 87 - 97. 1993.

23. Johnson, T. J. and Kay, B. *Cruising is believing? comparing internet and traditional sources on media credibility measures.* Journalism & mass Communication Quarterly, 75 (2), 325 - 340. 1998.

24. Johnson, T. J. and Kay, B. , *Using is believing: the influence of reliance on the credibility of onling political information among politically interested internet users.* Journalism & Mass Communication Quarterly, 77 (4), 865 - 879. 2000.

25. Lasica, J. D. *Marvin kalb on journalism in the internet age.* http://jdlasica. com/interviews/kalb. html. 1999.

26. Nye, J. S. *Tarred with the wame brush.* http://www. naa. org//presstime/9807/cred. html. 1998.

27. Kiousis, S. *Public trust or mistrust? perceptions of media credibility in the information age.* Mass Communication & society, 4 (4), 381 - 403. 2001.

28. Kelman, H. C. *Processes of opinion change.* Public Opinion Quarterly, 25, 57 - 78. 1961.

29. Lee, R. *Credibility of newspaper and TV news.* Journalism Quarterly, 55 (1), 282 - 287. 1978.

30. Levine, T. and McCornack, S. *The dark side of trust: conceptualizing and measuring types of communicative suspicion.* Communication Quarterly, 39, 325 - 340. 1991.

31. Major, A. and Atwood, L. *Changes in media credibility when a predicted disaster doesn't happy.* Journalism & Mass Communication Quarterly. 74 (4), 797 - 813. 1998.

32. Markham, D. *The dimensions of source credibility of television newscasters.* Journal of Communication, 18, 57 - 64. 1968.

33. McCombs, M. E. and Shaw, D. L. *The agenda-setting function of mass media.* Public Opinion Quarterly. 1972.

34. McCroskey, J. C. *Scales for the measurement of ethos.* Speech Monographs, 33, 65 - 72. 1966.

35. McCroskey, J. C. and T. A. Jenson. *Image of mass media news sources.* Jour-

nal of Broadcasting, 19, 169 – 180. 1975.

36. Meyer, P. *Defining and measuring credibility of newspapers: developing and index.* Journalism Quarterly, 65, 567 – 574. 1988. 1988.

37. Mike France. *Commentary: journalism's online credibility gap.* http://www. businesswek. com/1999/99 – 41/b3650163. htm. 1999.

38. Mulder, R. *A log-linear analysis of media credibility.* Journalism Quarterly, 58, 635 – 638. 1981.

39. Newhagen, J. and Nass, C. *Differential criteria for evaluating credibility of newspapers and TV news.* Journalism Quarterly, 65, 277 – 284. 1989.

40. Rimmer, T. and Weaver, D. *Different questions, different answers? Media use and media credibility.* Journalism Quarterly, 64 (1), 28 – 36. 1987.

41. Robinson, M. and Kohut, A. *Believability and the press.* Public Opinion Quarterly, 52, 174 – 189. 1988.

42. Slater, M. and Rouner, D. *How messager evaluation and source attributes may influence credibility assessment and change.* Journalism & Mass Communication Quarterly. 73 (4), 974 – 991. 1996.

43. S ilberman, S. *Getting around mainstream media myopia.* http://www. contentious. com/articles/1 – 3/qa1 – 3/wired news. htm. 1999.

44. Shaw, E. *Media credibility: taking the mrasure of a mrasure.* Journalism Quarterly, 50, 306 – 311. 1973.

45. Stamm, K. and Dube, R. *The relationship of attitudinal components to trust in media.* Communication Research, 21 (1), 105 – 123. 1994.

46. Stempel III, G. and Stewart, R. *The internet provides both opportunities and challenges for mass communication researchers.* Journalism & Mass Communication Quarterly, 77 (3), 541 – 548. 2000.

47. Stephen Hess: *The public & the media—the credibility gap revisited*, 1985 – 1995, http://naa. org. /presstime/96/ptime/novhess. html. 1996.

48. Terkildsen, N., Schnell, F. I. and Ling, C. *Interest groups, the media, and policy debate formation: analysis of massage structure, rhetoric, and source cues.* Political Communication. 1998.

49. The Stanford Persuasive Technology Lab and Makovsky & Company. Stanford-makovsky web credibility study 2002, Investigating what makes web sites credible today. 2002.

50. Wanta, W. and Hu, H. W. *The effects of credibility, reliance, and exposure*

on media agenda-setting: *a path analysis model*. Journalism Quarterly, 71 (1), 90 – 98. 1994.

51. Westly, B. H. and Severin, W. J. *Some correlates of media credibility*. Journalitsm Quarterly, 41, 325 – 335. 1964.

52. West, M. D. *Validating a scale for the measurement of credibility*: *a covariance structure modeling approach*. Journalism Quarterly, 71 (1), 159 – 168. 1994.

53. Yoon, K. *A cross-cultural comparison of the effects of source credibility on attitudes and behavioral intentions*. Mass Communication & Society, 1 (3), 153 – 173. 1998.

54. Xiaoming Hao. *The press and public trust*: *the case of Singapore*. 1994. （打印稿）

55. Zhang, Kewen and Hao Xiaoming. *Television credibility revisited*: *a longitudinal study*. AEJMC Conference Papers, Washington, D. C. August 9 – 12. 1995.

中篇参考文献

一、中文文献

1. 喻国明等:《信息透明化处理的传播效果——SARS 事件中的民意调查及分析》,载于《新闻记者》2003 年第 7 期。

2. 曹丽虹:《试析〈南方周末〉的品位追求》,载于《伊犁师范学院学报》2004 年第 1 期。

3. 陈龙:《新闻本位、舆论监督、人文关怀:民生新闻的公信力要件》,载于《中国电视》2004 年第 6 期。

4. 陈韬文、苏钥机、李金铨文章,载于 http://www.hku.hk/mstudies/chinese/Res6.htm.

5. 陈心安:《媒体公信力的要素构成》,载于《新闻前哨》2004 年第 5 期。

6. 冯艳丹、喻泉:《浅析市场类报纸公信力危机及建设》,载于《湖北社会科学》2004 年第 8 期。

7. 龚文庠:《说服学的源起和发展趋向——从亚里士多德的"信誉证明(ethos)"、"情感证明(pathos)"、"逻辑证明(logos)"三手段谈起》,载于《北京大学学报(哲学社会科学版)》1994 年第 3 期。

8. 郭志刚:《社会统计分析方法——SPSS 软件应用》,中国人民大学出版社 1999 年版。

9. 柯惠新、祝建华、孙江华:《传播统计学》,北京广播学院出版社 2003 年版。

10. 何国平:《大众媒介公信力形成过程的分析》,载于《新闻界》2004 年第 2 期。

11. 黄晓芳：《公信力与媒介的权威性》，载于《电视研究》1999 年第 11 期。

12. 黄晓芳：《媒介公信力与视听率、发行量》，载于《新闻记者》2000 年第 2 期。

13. 蒋晓丽、王东、孙勇：《从公共危机事件传播透视传媒公信——"非典型肺炎"报道个案解读》，载于《西华师范大学学报（哲社版）》2003 年第 5 期。

14. 柯惠新、祝建华、孙江华：《传播统计学》，北京广播学院出版社 2003 年版。

15. 李剑军：《非常事件与媒体公信力》，载于《新闻前哨》2003 年第 4 期。

16. 李惊雷：《问题性报道彰显媒体公信力》，载于《传媒观察》2004 年第 8 期。

17. 李忠昌：《试论大众传媒的公信力》，载于《西安建筑科技大学学报（社会科学版）》2003 年第 1 期。

18. 刘笑盈：cctv.com 中国网络媒体论坛访谈"公信力——互联网发展的生命线"，载于 http://202.108.249.200/tvguide/tvcomment/wtjj/xzlz/7517_2.shtml。

19. 罗文辉、陈世敏：《新闻媒介可信度之研究》，中国台湾"行政院国科会专题研究报告"（1993 年）。

20. 莫壮衡：《提高典型报道可信度的思考》，载于《军事记者》2002 年第 11 期。

21. 纽伯尔德编著：《媒介研究进路：经典文献读本》，新华出版社 2004 年版。

22. 诺思：《经济史中的结构与变迁》，上海三联书店 1991 年版。

23. 潘家庆、王石番、谢瀛春：《台湾地区民众传播与议题设定之研究》，中国台湾"行政院国科会专题研究报告"（1990 年）。

24. 彭芸：《媒体负责人对选举期间媒体可信度的评估》，载于中国台湾《新闻学研究》1991 年第 44 期。

25. 佘文斌：《公信力——传媒竞争的重要砝码》，载于《新闻战线》2002 年第 5 期。

26. 时统宇、申琳：《2003：打造媒体公信力》，载于《新闻与写作》2004 年第 1 期。

27. 苏钥机：《2001 香港传媒生态——由新闻工作者问卷调查说起》，载于 http://www.rthk.org.hk/mediadigest/md1101/02.html。

28. 孙静：《公信力：打造主流强势媒体之本》，载于《中国广播电视学刊》2004 年第 6 期。

29. 王国珍：《媒体服务公众的基本途径》，载于《新闻爱好者》2004 年第 7 期。

30. 王欣、赵虎：《我国媒体公信力现状考察》，载于《新闻前哨》2004 年第 4 期。

31. 吴月艳：《论新闻媒体的公信力》，载于《求索》2004 年第 7 期。

32. 香港大学民意研究计划："香港新闻传媒的公信力评价调查"，参见 http://hkupop. hku. hk/chinese/archive/popexpress/winword/pe36. doc。

33. 叶恒芬：《网络媒体可信度及其影响因素初探研究——以台湾地区网络使用者为例》，中国台湾国立中正大学硕士学位论文（2000 年）。

34. 俞熙娜：《增强媒体公信力：从我做起》，载于《新闻实践》2004 年第 5 期。

35. 张志新：《新闻媒体诚信论》，载于《报刊之友》2002 年第 6 期。

36. 张志新：《新闻媒体公信力解读》，载于《新闻采编》2004 年第 2 期。

37. 郑保卫、唐远清：《试论新闻传媒的公信力》，载于《新闻爱好者》2004 年第 3 期。

38. 郑兴东：《探索和营造和谐的传授关系》，载于《新闻与写作》2005 年第 4 期。

39. 郑也夫、彭泗清：《中国社会中的信任》，中国城市出版社 2003 年版。

40. 周树华：《媒介公信力概念、心理、社会功能及其研究》，阿拉巴马大学传播与信息科学学院"中国大众媒介公信力与传播效果"课题成果之一（2004 年）。

二、英文文献

1. Abel, J. D. and Wirth, M. O. *Newspaper vs. TV credibility for local news*. Journalism Quarterly, 54 (2), 371 – 375. 1977.

2. Becker, L. , Whitney, C. and Collins, E. *Public understanding of how the news media operate*. Journalism Quarterly. 57. 571 – 578, 605. 1980.

3. Berlo, D. K. , Lemert, J. B. and Mertz, R. J. *Dimensions for evaluating the acceptability of message sources*. Public Opinion Quarterly, 33, 563 – 576. 1969.

4. Bucy, E. P. *Media credibility reconsidered：synergy effects between on-air and online news*. Journalism & Mass Communication Quarterly. 80. 247 – 264. 2003.

5. Carter, R. F. and Greenberg B. S. *Newspaper or television：which do you believe?* Journalism Quarterly, 42 (1), 29 – 34. 1965.

6. Dube, Richard. *Focus of attention：a behavioral perspective on media credibility*. Doctor Dissertation. The Washington University. 1998.

7. Edelstein, Alex S. , Ito, Youichi and Kepplinger, Hans Mathias. *Communication & culture：a comparative approach*. New York：Longman. 1989.

8. Flanagin, A. J. and Metzger, M. J. *Perceptions of Internet information credibility*. Journalism & Mass Communication Quarterly, 77, 515 – 540. 2000.

9. Ganahl, R. *Newspaper readership and credibility：an application of media uses and gratification theory*. Unpublished doctoral dissertation, University of Missouri, Co-

lumbia. 1994.

10. Gaziano, C. and K. McGrath. *Measuring the concept of credibility.* Journalism Quarterly, 63, 451 – 462. 1986.

11. Gunther, A. C. *Biased press or biased public? —attitude toward media coverage of social groups.* Public Opinion Quarterly, 56: 147 – 167. 1992.

12. Gunther, Albert. *Attitude extremity and trust in media.* Journalism Quarterly, 65, 279 – 287. 1988.

13. Izard, R. *Public confidence in the news media.* Journalism Quarterly, 62. 247 – 255. 1985.

14. Jacobson, H. *Mass media believability: a study of receiver judgments.* Journalism Quarterly, 46. 20 – 22. 1969.

15. Johnson T. J. and Kaye, B. K. *Cruising is believing? Comparing internet and traditional sources on media credibility measures.* Journalism Quarterly, 75 (2), 523 – 540. 1998.

16. Kiousis, S. *Public trust or mistrust? Perceptions of media credibility in the information age.* Mass Communication & Society, 4 (4), 381 – 403. 2001.

17. Lee, S. H. Raymond. *Credibility of newspaper and television news.* Journalism Quarterly, 55, 282 – 287. 1978.

18. Markham, D. *The dimensions of source credibility of television newscasters.* Journal of Communication, 18, 57 – 64. 1968.

19. McCroskey, J. C. and T. A. Jenson. *Image of mass media news sources.* Journal of Broadcasting, 19, 169 – 180. 1975.

20. McQuail, D. *Mass communication theory: an introduction* (3rd.). Thousand Oak, CA: Sage. 1994.

21. Meyer, P. *Defining and measuring credibility of newspapers: developing and index.* Journalism Quarterly, 65, 567 – 574. 1988.

22. Moy, P. and Pfau, M. *Witb malice toward all? The media and public confidence in democratic institutions.* Westport, CT: Praeger. 2000.

23. O'Keffe, D. J. *Persuasion: theory and research.* Newbury Park: Sage. 1992.

24. Richardson, B., Detweiler, J. S. and Bush, M. B. *Linkages between journalists' community associations, attitudes and expression of viewpoints on selected issues.* Paper presented to Association for Education in Journalism and Communication, Portland, Ore. July. 1988.

25. Schweiger, Wolgfang. *Media credibility – experience or image? A survey on the*

credibility of the World wide web in germany in comparison to other media. European Journal of Communication, 15（1）, 37 – 59. 2000.

26. Shaw, E. F. *Media credibility*：*taking the measure of a measure.* Journalism Quarterly, 50, 306 – 311. 1973.

27. Singletary, M. W. *Components of credibility of a favorable news source.* Journalism Quarterly, 53（2）, 316 – 319. 1976.

28. Stamm, K. and Dube, R. *The relationship of attitudinal components to trust in media.* Communication Research, 21, 105 – 123. 1994.

29. Time Mirror The People & Press. *A time mirror investigation of public attitudes toward the news media.* Conducted by Gallup in collaboration with Michael J. Roberon, Los Angeles：Times Mirror Company. 1986.

30. Wanta, Wayne and Hu, Yu-Wei. *The effects of credibility, reliance, and exposure on media agenda-setting*：*a path analysis model.* Journalism Quarterly, 71, 90 – 98. 1994.

31. Webster Seventh New Collegiate Dictionary. Spingfield：G. & C. Merriam Company, 1963.

32. West, M. D. *Validating a scale for the measurement of credibility*：*a covariance structure modeling approach.* Journalism Quarterly, 71（1）, 159 – 168. 1994.

33. Westley, Bruce H. and Severin, Werner J. *Some correlates of media credibility.* Journalism Quarterly, 41, 325 – 335. 1964.

34. Whitney, D. Charles. *The media and the people*：*surroundings from two communities.* New York：Gannett Center for Media Studies, Columbia University. 1985.

下篇参考文献

一、中文文献

（一）专著

1. 艾风：《舆论监督与新闻策划》，四川人民出版社1999年版。

2. 卜卫：《大众媒介对儿童的影响》，新华出版社2002年版。

3. 曹荣湘选编：《走出囚徒困境——社会资本与制度分析》，上海三联书店2003年版。

4. 陈力丹：《舆论学——舆论导向研究》，中国广播电视出版社1999年版。

5. 陈世敏：《大众传播与社会变迁》，中国台湾三民书局1983年版。

6. 陈崇山、弥秀玲主编：《中国传播效果透视》，沈阳出版社1989年版。

7. 郭庆光：《传播学教程》，中国人民大学出版社1999年版。

8. 李惠斌、杨雪冬主编：《社会资本与社会发展》，社会科学文献出版社 2000 年版。

9. 李金铨：《大众传播理论》，中国台湾三民书局 1996 年版。

10. 李茂政：《大众传播新论》，中国台湾三民书局 1994 年版。

11. 李良荣：《西方新闻事业概论》，复旦大学出版社 1997 年版。

12. 林之达：《传播心理学新探》，北京大学出版社 2004 年版。

13. 刘建明：《天理明心——当代中国的社会舆论问题》，今日中国出版社 1998 年版。

14. 刘京林：《大众传播心理学》，北京广播学院出版社 1997 年版。

15. 刘晓红、卜卫：《大众传播心理研究》，中国广播电视出版社 2001 年版。

16. 陆扬、王毅：《大众文化与传媒》，上海三联书店 2000 年版。

17. 罗文辉：《新闻理论与实证》，中国台北，黎明文化事业公司 1993 年版。

18. 孙云晓、卜卫主编：《培养独生子女的健康人格》，天津教育出版社 1998 年版。

19. 魏昕、博阳：《诚信危机——透视中国一个严重的社会问题》，中国社会科学出版社 2003 年版。

20. 喻国明：《中国新闻业透视——中国新闻改革的现实动因和未来走向》，河南人民出版社 1993 年版。

21. 喻国明：《解析传媒变局》，南方日报出版社 2002 年版。

22. 喻国明：《传媒影响力》，南方日报出版社 2003 年版

23. 张维迎：《博弈论与信息经济学》，上海三联书店 1996 年版。

24. 张维迎：《信息、信任与法律》，上海三联书店 2003 年版。

25. 张昆：《大众媒介的政治社会化功能》，武汉大学出版社 2003 年版。

26. 张国良主编：《新闻媒介与社会》，上海人民出版社 2001 年版。

27. 藏国仁：《新闻媒体与消息来源——媒介框架与真实建构之论述》，中国台湾三民书局。

28. 展江主编：《中国社会转型的守望者——新世纪新闻舆论监督的语境与实践》，中国海关出版社 2002 年版。

29. 郑也夫、彭泗清等：《中国社会中的信任》，中国城市出版社 2003 年版。

30. 郑也夫：《信任论》，中国广播电视出版社 2001 年版。

31. 郑也夫：《信任：合作关系的建立与破坏》，中国城市出版社 2003 年版

32. 张彗元：《大众传播理论解析》，中国台北五南图书出版公司。

33. 钟蔚文：《从媒介真实到主观真实》，中国台北正中书局 1992 年版。

34. 中国社科院新闻与传播研究所：《中国新闻年鉴——传媒调查篇》（2003

年）。

35. 周晓虹《现代社会心理学》，上海人民出版社 1997 年版。

36. 朱智贤主编：《心理学大词典》，北京师范大学出版社 1989 年版。

37. 纽伯尔德编著：《媒介研究进路：经典文献读本》，新华出版社 2004 年版。

38. 诺思：《经济史中的结构与变迁》，上海三联书店 1991 年版。

39. 潘家庆、王石番、谢瀛春：《台湾地区民众传播与议题设定之研究》，中国台湾 "行政院国科会专题研究报告"（1990 年）。

40. 周树华：《媒介公信力概念、心理、社会功能及其研究》，阿拉巴马大学传播与信息科学学院 "中国大众媒介公信力与传播效果" 课题成果之一（2004 年）。

（二）译著

1. ［美］埃瑞克·G·菲吕博顿、［德］鲁道夫·瑞切特编，孙经纬译：《新制度经济学》，上海财经大学出版社 1998 年版。

2. ［美］艾尔·巴比（1975）：《社会研究方法》，华夏出版社 2000 年版。

3. ［美］安东尼·M·奥勒姆：《政治社会学导论——对政治实体的社会剖析》，浙江人民出版社 1989 年版。

4. 常昌富、李依倩、关世杰编译：《大众传播学：影响研究范式》，中国社会科学出版社 2000 年版。

5. ［美］丹尼斯·麦奎尔、斯文·温德尔，祝建华、武伟译：《大众传播模式论》，上海译文出版社 1997 年版。

6. ［美］梅尔文·L·德弗勒和桑德拉·鲍尔—洛基奇著，杜力平译：《大众传播学理论》，中国台北五南图书出版公司 1995 年版。

7. ［美］弗朗西斯·福山著，彭志华译：《信任——社会美德与创造经济繁荣》，海南出版社 2001 年版。

8. ［美］加布里埃尔.A. 阿尔蒙德，小 G. 宾厄姆. 鲍威尔著，曹沛林等译：《比较政治学：体系、过程和政策》，上海译文出版社 1987 年版。

9. ［美］金黛如（Daryl Koehn）：《信任与生意：障碍与桥梁》，上海社会科学院出版社 2003 年版。

10. ［美］凯瑟琳·米勒：《组织传播》，华夏出版社 2000 年版。

11. ［美］雷蒙·阿隆：《社会学主要思潮》，华夏出版社 2000 年版。

12. ［美］罗德里克·M·克雷默、汤姆·R·泰勒编：《组织中的信任》，中国城市出版社 2003 年版。

13. ［澳］马尔科姆·沃特斯：《现代社会学理论》，华夏出版社 2000 年版。

14. ［美］迈克尔·埃默里、埃德温·埃默里著，展江、殷文主译：《美国新闻史》第八版，新华出版社 2001 年版。

15．［美］迈克尔·辛格尔特里：《大众传播研究》，华夏出版社 2000 年版。

16．［美］梅尔文·门彻著，展江主译：《新闻报道与写作》，华夏出版社 2003 年版。

17．［英］苏珊·L·卡拉瑟斯著，张毓强等译：《西方传媒与战争》，新华出版社 2002 年版。

18．［美］乔纳森·特纳，邱泽奇译：《社会学理论的结构》，华夏出版社 2001 年版。

19．［美］斯蒂文·小约翰：《传播理论》，中国社会科学出版社 1999 年版。

20．［美］韦尔伯·施拉姆著，金燕宁等译：《大众传播媒介与社会发展》，华夏出版社。

二、英文文献

1. Abel, J. D. and Wirth, M. O. *Newspaper vs. TV credibility for local news.* Journalism Quarterly, 54, 371 – 375. 1977.

2. ASNE. *Newspaper credibility：building reader trust.* The American Society of Newspaper Editors. 1985.

3. ASNE. *Examining our credibility：perspectives of the public and the press.* . The American Society of Newspaper Editors. 1999.

4. ASNE. *Building reader trust.* The American Society of Newspaper Editors. 2000.

5. ASNE. *Newpaper credibility handbook.* The American Society of Newspaper Editors. 2001.

6. Terkildsen, N. , Schnell, F. I. and Ling, C. *Interest groups, the media, and policy debate formation：analysis of massage structure, rhetoric, and source cues.* Political Communication. 1998.

7. The Stanford Persuasive Technology Lab and Makovsky & Company. Stanfordmakovsky web credibility study 2002, Investigating what makes web sites credible today. 2002.

8. Xiaoming Hao. *The press and public trust：the case of singapore.* 1994. （打印稿）

9. Zhang, Kewen and Hao Xiaoming. *Television credibility revisited：a longitudinal study.* AEJMC Conference Papers, Washington, D. C. August 9 – 12. 1995.

10. Edelstein, Alex S. , Ito, Youichi, and Kepplinger, Hans Mathias. *Communication & culture：a comparative approach.* New York：Longman. 1989.

11. Markham，D. *The dimensions of source credibility of television newscasters.* Journal of Communication，18，57 - 64. 1968.

12. McQuail，D. *Mass communication theory：an introduction.*（3rd.）Thousand Oak，CA：Sage. 1994.

13. Moy，P. and Pfau，M. *Witb malice toward all？The media and public confidence in democratic institutions.* Westport，CT：Praeger. 2000.

14. O'Keffe，D. J. *Persuasion：theory and research.* Newbury Park：Sage. 1992.

15. Time Mirror The People & Press. *A time mirror investigation of public attitudes toward the news media.* Conducted by Gallup in collaboration with Michael J. Roberon，Los Angeles：Times Mirror Company. 1986.

16. Webster Seventh New Collegiate Dictionary. Spingfield：G. & C. Merriam Company，1963.

17. Whitney，D. Charles. *The media and the people：surroundings from two communities.* New York：Gannett Center for Media Studies，Columbia University. 1985.

457

后　记

本书是 2003 年度教育部哲学社会科学研究重大课题攻关项目《中国大众媒介的传播效果与公信力研究》的最终课题报告。

以喻国明教授为首席专家的中国人民大学新闻学院课题组在成功夺标后，对于本课题的展开以高度负责的态度不敢稍有懈怠，在长达三年的时间里，全体课题组成员的状态可以用"殚精竭虑"和"夙兴夜寐"这八个字来形容。围绕本课题，课题组成员先后发表了 20 余篇学术论文及调研报告，受到了学术界、传媒业界和政府部门的高度重视及广泛好评，其中，部分研究成果还被权威学术文摘刊物《新华文摘》、人大报刊复印资料《新闻与传播》全文转载。

本书初稿的执笔人是张洪忠博士和靳一博士，由喻国明教授最后统稿。应该指出的是，本书所呈现的其实远非本项研究课题的全部成果。在本课题的研究过程中，我们还组织编辑和翻译了传媒公信力方面最具代表性的理论、方法和案例分析性的译文集——《传媒公信力：西方视野与经验》。这本译文集共收入 25 篇译文，文章基本按照时间先后顺序排列。该译文集中的文章主要从《新闻与大众传播学季刊》（J&MC Quarterly）和《新闻学季刊》（Journalism Quarterly）以及其他有代表性的国外期刊中选择，时间跨度为 1965 年至 2004 年。我们翻译的原则是，在文风上尽量保持原文语言风格，在句式、修辞上都尊重原文，只在少数地方改变句式以符合汉语语言习惯。这本译作应该被视为研究传媒公信力理论和方法的最有价值的参考书和工具书。韩晓宁博士、欧亚博士以及张洪忠博士和靳一博士承担了该书主要的编辑和翻译工作，中国人民大学新闻学院 2004 级传媒经济学方向的研究生参与了其中的部分工作。此外，丁汉青副教授为本课题采集分析了国际国内 30 多个公信力问题的个案，分析报告长达 10 余万字，限于篇幅，这些内容在本报告的最终成果中未能收录，殊为可惜。

本课题自始至终是在各方大家和友好鼎力支持下展开的。特别需要指出的是本课题组的校外合作专家——清华大学的刘建明教授、李希光教授，以及美国阿拉巴玛大学的周树华博士在课题进展的每一个关键环节上都给予我们关键性的指导和帮助。

最后，我们有必要指出，我们的研究成果是在前人和他人研究成果基础上实现的一次跨越，如果没有借鉴他们丰厚的思想成果和睿智的分析逻辑，我们要实现这样的跨越是难以想象的。为此，我们要感谢所有的前辈和同仁，特别是在本书中被引用其观点和看法的那些作者。

进行一项课题研究，本质上是进行一次思想、学术的旅行，我们在本书中所呈现的，不过是这一旅途中我们所采集到的枝叶、花瓣。更为丰富和绚烂的是传媒业界的伟大实践，是他们的不懈努力、探索和创新，才点燃了我们这个世界的文明之光，拓宽了我们的自由空间，我们每一个人都应该对这些普罗米修斯式的"盗火者"和丹柯式的捧出自己的心照亮社会前程的人深致敬意。

已出版书目

书　名	首席专家
《马克思主义基础理论若干重大问题研究》	陈先达
《网络思想政治教育研究》	张再兴
《高校思想政治理论课程建设研究》	顾海良
《马克思主义文艺理论中国化研究》	朱立元
《弘扬与培育民族精神研究》	杨叔子
《当代科学哲学的发展趋势》	郭贵春
《当代中国人精神生活研究》	童世骏
《面向知识表示与推理的自然语言逻辑》	鞠实儿
《中国大众媒介的传播效果与公信力研究》	喻国明
《楚地出土戰國簡册［十四種］》	陳　偉
《中国特大都市圈与世界制造业中心研究》	李廉水
《WTO主要成员贸易政策体系与对策研究》	张汉林
《全球经济调整中的中国经济增长与宏观调控体系研究》	黄　达
《中国产业竞争力研究》	赵彦云
《东北老工业基地资源型城市发展接续产业问题研究》	宋冬林
《中国民营经济制度创新与发展》	李维安
《东北老工业基地改造与振兴研究》	程　伟
《中国加入区域经济一体化研究》	黄卫平
《金融体制改革和货币问题研究》	王广谦
《中国市场经济发展研究》	刘　伟
《我国民法典体系问题研究》	王利明
《中国农村与农民问题前沿研究》	徐　勇
《城市化进程中的重大社会问题及其对策研究》	李　强
《中国公民人文素质研究》	石亚军
《生活质量的指标构建与现状评价》	周长城
《人文社会科学研究成果评价体系研究》	刘大椿
《教育投入、资源配置与人力资本收益》	闵维方
《创新人才与教育创新研究》	林崇德
《中国农村教育发展指标研究》	袁桂林
《高校招生考试制度改革研究》	刘海峰
《基础教育改革与中国教育学理论重建研究》	叶　澜
《处境不利儿童的心理发展现状与教育对策研究》	申继亮
《中国和平发展的国际环境分析》	叶自成

即将出版书目

书　名	首席专家
《中国司法制度基础理论问题研究》	陈光中
《完善社会主义市场经济体制的理论研究》	刘　伟
《和谐社会构建背景下的社会保障制度研究》	邓大松
《社会主义道德体系及运行机制研究》	罗国杰
《中国青少年心理健康素质调查研究》	沈德立
《学无止境——构建学习型社会研究》	顾明远
《产权理论比较与中国产权制度改革》	黄少安
《中国水资源问题研究丛书》	伍新木
《中国法制现代化的理论与实践》	徐显明
《中国和平发展的重大国际法律问题研究》	曾令良
《知识产权制度的变革与发展研究》	吴汉东
《全国建设小康社会进程中的我国就业战略研究》	曾湘泉
《现当代中西艺术教育比较研究》	曾繁仁
《数字传播技术与媒体产业发展研究报告》	黄升民
《非传统安全与新时期中俄关系》	冯绍雷
《中国政治文明与宪政建设》	谢庆奎